国家职业技能等级认定培训教材

国家基本职业培训包教材资源

汽车维修工

（中级）

本书编审人员

主　编　卫云贵

编　者　沐俊杰　张庆龙　王松尧　汤　娜　张登裕

王勇勇　张爱玲　郭　锐　夏　晓　陈学冰

郑红春　李恩光　张　秧　姜　鑫

中国人力资源和社会保障出版集团

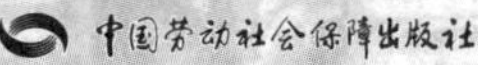

图书在版编目（CIP）数据

汽车维修工：中级 / 人力资源社会保障部教材办公室组织编写. -- 北京：中国劳动社会保障出版社：中国人事出版社，2021

国家职业技能等级认定培训教材

ISBN 978-7-5167-4985-2

Ⅰ. ①汽… Ⅱ. ①人… Ⅲ. ①汽车 - 车辆修理 - 职业技能 - 鉴定 - 教材 Ⅳ. ①U472.4

中国版本图书馆 CIP 数据核字（2021）第 154223 号

中国劳动社会保障出版社
中 国 人 事 出 版 社 出版发行

（北京市惠新东街 1 号 邮政编码：100029）

*

北京市白帆印务有限公司印刷装订 新华书店经销

787 毫米 ×1092 毫米 16 开本 33.5 印张 597 千字

2021 年 10 月第 1 版 2026 年 1 月第 9 次印刷

定价：69.00 元

营销中心电话：400-606-6496

出版社网址：http://www.class.com.cn

前言
Preface

为加快建立劳动者终身职业技能培训制度，大力实施职业技能提升行动，全面推行职业技能等级制度，推进技能人才评价制度改革，促进国家基本职业培训包制度与职业技能等级认定制度的有效衔接，进一步规范培训管理，提高培训质量，人力资源社会保障部教材办公室组织有关专家在《汽车维修工国家职业技能标准（2018 年版）》（以下简称《标准》）和国家基本职业培训包（以下简称培训包）制定工作基础上，编写了汽车维修工国家职业技能等级认定培训教材（以下简称等级教材）。

汽车维修工等级教材紧贴《标准》和培训包要求编写，内容上突出职业能力优先的编写原则，结构上按照职业功能模块分级别编写。该等级教材共包括《汽车维修工（基础知识）》《汽车维修工（初级）》《汽车维修工（中级）》《汽车维修工（高级）》《汽车维修工（技师　高级技师）》5 本。《汽车维修工（基础知识）》是各级别汽车维修工均需掌握的基础知识，其他各级别教材内容分别包括各级别汽车维修工应掌握的理论知识和操作技能。

本书是汽车维修工等级教材中的一本，是职业技能等级认定推荐教材，也是职业技能等级认定题库开发的重要依据，已纳入国家基本职业培训包教材资源，适用于职业技能等级认定培训和中短期职业技能培训。

本书在编写过程中得到杭州技师学院、山西交通技师学院等单位的大力支持与协助，在此一并表示衷心的感谢。

人力资源社会保障部教材办公室

Contents
目录 汽车维修工（中级）

汽车维护

模块 2 检修发动机

检修汽车电器

模块 4

模块 1 汽车维护

- 课程 1-1 发动机维护
- 课程 1-2 底盘维护

课程设置

课程	学习单元	课堂学时
1-1　发动机维护	（1）发动机二级维护作业内容及操作要点和技术要求	2
	（2）检测气缸压力	2
	（3）更换燃油滤清器	2
	（4）检查进、排气系统	2
	（5）检查冷却系统	2
	（6）检查、调整及更换发动机传动带	2
	（7）检查、更换发动机正时带或正时链	4
1-2　底盘维护	（1）底盘二级维护作业内容及操作要点和技术要求	2
	（2）检查、调整离合器踏板自由行程	4
	（3）检查万向节、传动轴工作情况	4
	（4）检查、调整转向拉杆及球头	4
	（5）检查悬架弹簧、减振器的性能	4
	（6）检查、调整轮毂轴承间隙	4
	（7）检查、调整制动器及更换制动片	6

课程 1-1　发动机维护

【学习内容】

学习单元	课程内容	培训建议	课堂学时
（1）发动机二级维护作业内容及操作要点和技术要求	1）发动机二级维护作业内容 2）发动机二级维护作业操作要点和技术要求	（1）方法：讲授法 （2）重点与难点：发动机二级维护作业内容	2

续表

学习单元	课程内容	培训建议	课堂学时
（2）检测气缸压力	1）气缸压力表的功用和类型	（1）方法：讲授法、实训法 （2）重点与难点：气缸压力的检测方法与注意事项	2
	2）气缸压力的检测		
（3）更换燃油滤清器	1）燃油滤清器的类型、功用及安装位置	（1）方法：讲授法、实训法 （2）重点与难点：燃油滤清器的更换方法与注意事项	2
	2）燃油滤清器的拆卸及注意事项		
	3）燃油滤清器的安装及注意事项		
	4）释放燃油系统的油压及建立油压		
（4）检查进、排气系统	1）进、排气系统的类型、功用及安装位置	（1）方法：讲授法、实训法 （2）重点与难点：进、排气系统的检查方法与注意事项	2
	2）进气系统的检查		
	3）排气系统的检查		
（5）检查冷却系统	1）冷却系统的类型、功用及组成	（1）方法：讲授法、实训法 （2）重点与难点：冷却系统密封性的检查方法与注意事项	2
	2）水冷式冷却系统密封性的检查		
	3）冷却液冰点的检查		
（6）检查、调整及更换发动机传动带	1）发动机传动带的结构、功用和类型	（1）方法：讲授法、实训法、演示法 （2）重点与难点：发动机传动带的检查与更换	2
	2）发动机传动带的检查、调整及更换		
（7）检查、更换发动机正时带或正时链	1）发动机正时带或正时链的结构、功用和类型	（1）方法：讲授法、实训法、演示法 （2）重点与难点：发动机正时带或正时链的检查与更换	4
	2）发动机正时带或正时链的检查与更换		

学习单元 1　发动机二级维护作业内容及操作要点和技术要求

汽车二级维护是我国现行汽车维护作业中的最高一级维修作业。二级维护要求在维护前进行不解体检测诊断，以确定附加作业项目；强调对安全部件的检查和调整；要求检查、调整发动机工况和排气污染控制装置的工作情况等。

一、发动机二级维护作业内容

汽车发动机二级维护作业项目包括基本作业项目和附加作业项目，在二级维护作业时一并进行。二级维护前应进行进厂检测，依据进厂检测结果进行故障诊断并确定附加作业项目。二级维护作业过程中发现的维修项目也应作为附加作业项目。

发动机二级维护作业内容如下。

1. 发动机工作状况：检查发动机启动性能和柴油发动机停机装置；检查发动机运转情况。

2. 发动机尾气排放机外净化装置：检查发动机尾气排放机外净化装置。

3. 燃油蒸发控制装置：检查外观，检查装置是否畅通，视情况予以更换。

4. 曲轴箱通风装置：检查外观，检查装置是否畅通，视情况予以更换。

5. 增压器、中冷器：检查、清洁增压器和中冷器。

6. 发电机、起动机：检查、清洁发电机和起动机。

7. 发动机传动带（链）：检查空气压缩机、水泵、发电机、空调机组和正时带（链）磨损及老化程度，视情况调整传动带（链）松紧度。

8. 冷却装置：检查散热器和管路密封，检查水泵和节温器工作状况。

9. 火花塞、高压线：检查火花塞间隙、积炭和烧蚀情况，按规定里程或时间更换火花塞；检查高压线外观及连接情况，按规定里程或时间更换高压线。

10. 进气歧管、排气歧管、消声器、排气管：检查进气歧管、排气歧管、消声器、排气管有无松动、损伤和渗漏，必要时紧固或更换。

11. 发动机总成：清洁发动机外部，检查隔热层；检查、紧固连接螺栓、螺母。

二、发动机二级维护作业操作要点和技术要求（见表 1-1-1）

表 1-1-1　发动机二级维护作业操作要点和技术要求

序号	作业项目	检测内容及操作要点	技术要求
1	发动机工作状况	检查发动机启动性能和柴油发动机停机装置	启动性能良好，停机装置功能有效
		检查发动机运转情况	低、中、高速运转稳定，无异响
2	发动机尾气排放机外净化装置	检查发动机尾气排放机外净化装置	外观无损坏，安装牢固
3	燃油蒸发控制装置	检查外观，检查装置是否畅通，视情况予以更换	活性炭罐及管路外观无损坏，密封良好，连接可靠，装置畅通无堵塞
4	曲轴箱通风装置	检查外观，检查装置是否畅通，视情况予以更换	管路及阀体外观无损坏，密封良好，连接可靠，装置畅通无堵塞
5	增压器、中冷器	检查、清洁增压器和中冷器	增压器运转正常，无异响，无渗漏。中冷器散热片清洁，管路无老化，连接可靠，密封良好
6	发电机、起动机	检查、清洁发电机和起动机	发电机和起动机外表清洁，导线接头无松动，运转无异响，工作正常
7	发动机传动带（链）	检查空气压缩机、水泵、发电机、空调机组和正时带（链）磨损及老化程度，视情况调整传动带（链）松紧度	按规定里程或时间更换传动带（链）。传动带（链）无裂痕和过量磨损，表面无油污，松紧度符合规定
8	冷却装置	检查散热器和管路密封	散热器和管路固定可靠，无变形、堵塞、破损及渗漏。箱盖接合表面良好，胶垫无老化
		检查水泵和节温器工作状况	水泵不漏水，无异响，节温器工作正常
9	火花塞、高压线	检查火花塞间隙、积炭和烧蚀情况，按规定里程或时间更换火花塞	无积炭，无严重烧蚀现象，电极间隙符合规定
		检查高压线外观及连接情况，按规定里程或时间更换高压线	高压线外观无破损，连接可靠

续表

序号	作业项目	检测内容及操作要点	技术要求
10	进气歧管、排气歧管、消声器、排气管	检查进气歧管、排气歧管、消声器、排气管有无松动、损伤和渗漏，必要时紧固或更换	外观无破损、无裂痕，消声器功能良好
11	发动机总成	清洁发动机外部，检查隔热层	无油污、无灰尘，隔热层密封良好
		检查、紧固连接螺栓、螺母	油底壳、发动机支承、水泵、空气压缩机、涡轮增压器、进气歧管、排气歧管、消声器、排气管、输油泵和喷油泵等部位连接可靠

学习单元 2　检测气缸压力

当发动机启动困难甚至不能启动、最高车速达不到、加速时间延长、最大爬坡能力下降、燃料与机油消耗增加、排烟增多且有异常气味时，需要进行气缸密封性检测诊断，气缸密封性是保证发动机缸内压力正常并有足够的动力输出的基本条件。常用的诊断方法有测量气缸压力、曲轴箱窜气量、气缸漏气量与漏气率、进气管真空度以及气缸活塞组因磨损过大引起异响的振动测量、曲轴箱内磨损金属等颗粒含量的测定。

一、气缸压力表的功用和类型

1. 气缸压力表的功用

气缸压力表是一种专门用于检测气缸内气体压力的量具。

2. 气缸压力表的类型

（1）根据气缸压力表测量范围分类

根据气缸压力表测量范围的不同，可将其分为 0 ~ 1.4 MPa（汽油机）和 0 ~ 4.9 MPa

（柴油机）两种。

（2）按气缸压力表连接形式分类

按其连接形式不同，可将气缸压力表分为推力式和螺纹接口式两种，其中螺纹接口式气缸压力表如图 1–1–1 所示。

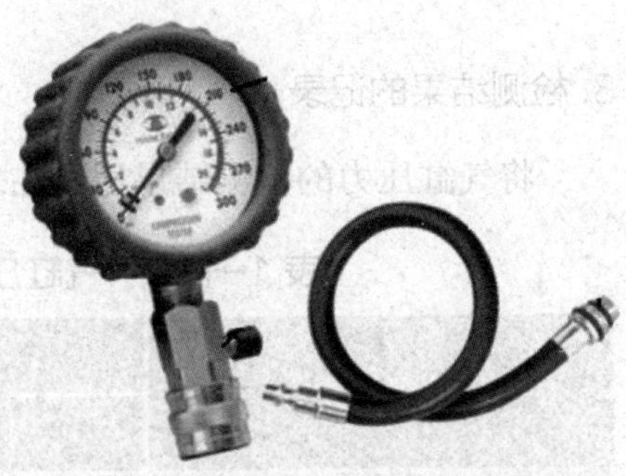

图 1–1–1　螺纹接口式气缸压力表

二、气缸压力的检测

1. 气缸压力检测条件

由于气缸压力受很多因素影响，因此，必须在下列条件下测量气缸压力：

（1）蓄电池电力充足。

（2）用规定的力矩拧紧气缸盖螺栓。

（3）彻底清洁空气滤清器或更换新的空气滤清器。

（4）发动机达到正常的工作温度（水温为 80 ~ 90 ℃，油温为 70 ~ 90 ℃）。

（5）用起动机带动已卸除全部火花塞的发动机运转，转速规定：汽油机为 200 ~ 300 r/min；柴油机为 500 r/min，或按原厂规定。

2. 检测方法

（1）先用压缩空气吹净发动机舱内的污物。

（2）发动机运转至正常工作温度（90 ~ 110 ℃）。

（3）对于汽油机应断开点火线圈和模块总成插接件，断开各缸喷油器插接件，并可靠搭铁，以防止电击或着火。

（4）连接组装气缸压力表。

（5）用压缩空气吹净火花塞及喷油器周围的污物，并用棘轮扳手和火花塞套筒拆下全部火花塞。

（6）把专用气缸压力表的锥形橡胶头插在被测量气缸的火花塞孔内，扶正并压紧。

（7）拆下空气滤清器，将节气门置于全开位置，用起动机带动曲轴转动 3 ~ 5 s（不少于 4 个压缩行程），待气缸压力表表针指示并保持最大压力读数后停止转动。

（8）取下气缸压力表，记下读数。按下单向阀使气缸压力表指针回零。

（9）按此法依次测量各缸，每缸测量次数不少于两次，每缸测量结果取算术平均值。

3. 检测结果的记录

将气缸压力的检测结果记录在表 1–1–2 中。

表 1–1–2　气缸压力检测结果（以 4 缸发动机为例）

检测结果	缸号			
	1	2	3	4
第一次				
第二次				
算术平均值				

4. 气缸压力检测时的注意事项

（1）不能在冷车时检测气缸压力。由于温度和大气压等因素的影响，只有在发动机达到正常工作温度时所测得的气缸压力才具有实质性的参考价值。

（2）对于电控燃油车，在检测过程中必须拆下燃油泵熔断器或继电器、点火控制器熔断器再测量；否则往往会导致“淹缸”以及气缸压力偏低。

（3）在检测过程中必须将节气门全部打开，否则会由于燃烧室内进气量不足而导致气缸压力偏低。

（4）由于气缸压力的检测具有一定的偶然性，只测一次往往不准确，只有经过 2 ~ 3 次检测，然后取其算术平均值，检测结果才较准确。

（5）在检测过程中起动机运转时间不能过长或过短。时间过长会过多消耗电能及损坏起动机，时间过短则会达不到测试标准。

5. 结果分析

（1）若测得的结果超出原厂标准，说明燃烧室内积炭过多，是由于气缸盖衬垫过薄或缸体和缸盖接合面经多次维修磨削过多造成。

（2）若测得的结果低于原厂标准，说明气缸密封性变差，可向该缸火花塞孔内注入 20 ~ 30 mL 机油，然后用气缸压力表重测气缸压力。

（3）若第二次测得的压力值比第一次高，接近标准压力，说明是由于气缸活塞环、活塞磨损过大或活塞环对口、卡死、断裂及缸壁拉伤等造成气缸密封不严。

（4）若第二次测得的压力值与第一次相同，即仍比标准压力低，说明进气门、排气门或气缸衬垫密封不良。

（5）若两次测量结果均显示某相邻两气缸压力相当且都偏低，则说明这相邻两气缸间的气缸衬垫烧蚀而造成这两缸间窜气。

学习单元 3　更换燃油滤清器

一、燃油滤清器的类型、功用及安装位置

1. 燃油滤清器的类型

燃油滤清器有柴油滤清器、汽油滤清器和天然气滤清器三类。汽油滤清器如图 1–1–2 所示。

图 1–1–2　汽油滤清器

2. 燃油滤清器的功用

汽油滤清器的功用是滤去汽油中的固体杂质，防止污物堵塞喷油器针阀等精密机件，减少机械磨损，确保发动机稳定运行。

柴油滤清器的功用是滤除柴油在运输及储存中混入的尘土和水分，以及因储存过久而产生的一些胶质，以减少柴油机燃油供给系统中精密偶件的磨损，保证喷雾质量。

天然气滤清器适用于 CNG（compressed natural gas，压缩天然气）和 LNG（liquified natural gas，液态天然气）车型的燃料供给系统，用以除去天然气中的水分和杂质，以减少其对燃油供给系统中精密偶件的磨损等。

3. 燃油滤清器的安装位置

汽油滤清器安装在电动汽油泵出油管和燃油分配管之间。许多汽车的汽油滤清器布置在汽车底盘下面。汽油滤清器的安装位置如图 1–1–3 所示。

图 1-1-3　汽油滤清器的安装位置

二、燃油滤清器的拆卸及注意事项

1. 燃油滤清器的拆卸步骤

现代汽车上一般都使用不可维修的燃油滤清器，更换时应整体更换，燃油滤清器更换步骤如下。

（1）松开车辆底部燃油滤清器托架紧固螺栓，取下燃油滤清器托架。

（2）松开夹箍，拔下燃油滤清器的油管。

（3）取下燃油滤清器。

2. 燃油滤清器拆卸时的注意事项

（1）拆卸前需要先释放燃油系统的油压，防止燃油管内的燃油喷出。

（2）最好选择在冷车时更换，这时燃油管内压力较低。更换时用干毛巾吸附漏出的燃油。

三、燃油滤清器的安装及注意事项

1. 燃油滤清器的安装步骤

（1）按与拆卸相反的顺序安装。

（2）建立燃油系统油压：打开电源开关，接通油泵电源，恢复燃油压力（不启动发动机）。注意事项：恢复油压只需接通电源，先检查油管渗漏情况，再打开发动机，以预防危险。

（3）检漏：检查燃油滤清器的进油管、出油管处是否存在燃油渗漏现象，进行路试后再次确认该处是否有燃油渗漏。

2. 燃油滤清器安装时的注意事项

（1）燃油滤清器有进、出油口箭头标记，更换时切勿装反。若不慎倒装，即使在倒装状态下工作的时间很短，也必须更换。

（2）目前，大多数发动机上装的都是一次性不可拆洗式的纸质滤芯燃油滤清器，其更换周期一般为 10 000 km，强制更换周期为 30 000 km。当燃料中杂质含量大时，更换时的行驶距离应相应缩短。

四、释放燃油系统的油压及建立油压

1. 释放燃油系统的油压

（1）关闭点火开关。

（2）拆下仪表板左侧熔断器盖→拆下驾驶员侧转向盘下部饰板→拔下油泵继电器，如图 1–1–4 所示。

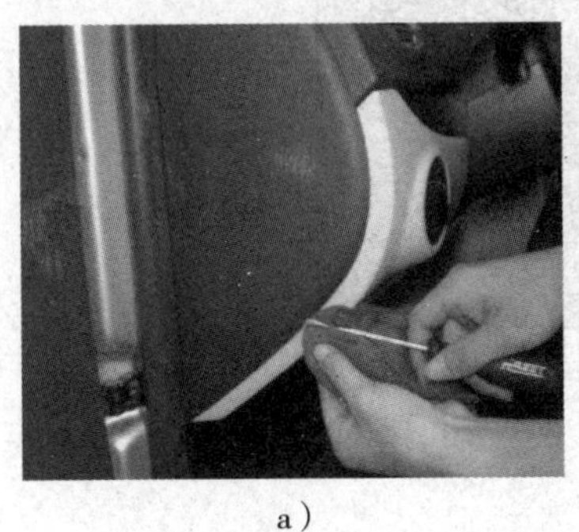

a）

b）

c）

图 1–1–4　拔下油泵继电器的方法

a）拆下熔断器盖　b）拆下下部饰板　c）拔下油泵继电器

（3）启动发动机，待发动机自行熄火后，再启动发动机 2 ~ 3 次，即可完全释放油压。

2. 建立油压。更换燃油滤清器后，将点火开关旋至“ON”位置再关闭，如此反复进行数次，使燃油系统建立起油压。

3. 启动发动机，检查连接处是否漏油。

学习单元 4　检查进、排气系统

一、进、排气系统的类型、功用及安装位置

1. 进、排气系统的类型

进气系统按是否采用增压，可以分为自然吸气式（非增压式）和强制进气式（增压式），如图 1–1–5 所示。

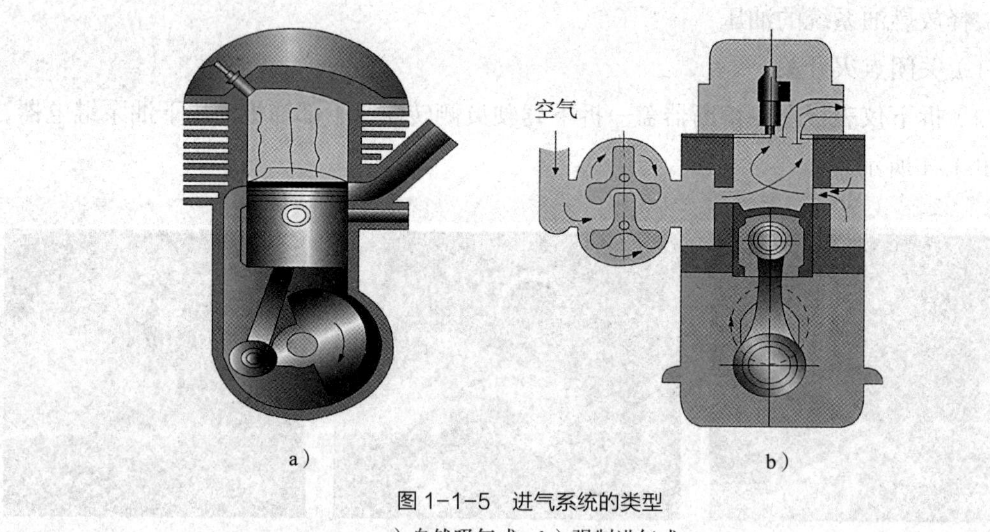

图 1–1–5　进气系统的类型
a）自然吸气式　b）强制进气式

如图 1–1–6 所示，排气系统根据发动机排气管数目不同，可分为单排气系统和双排气系统。直列式发动机通常采用单排气系统；V 型发动机有的采用单排气系统，也有的采用双排气系统。

2. 进、排气系统的功用及组成

进气系统的功用是尽可能多、尽可能均匀地向各气缸供给可燃混合气或纯空气，

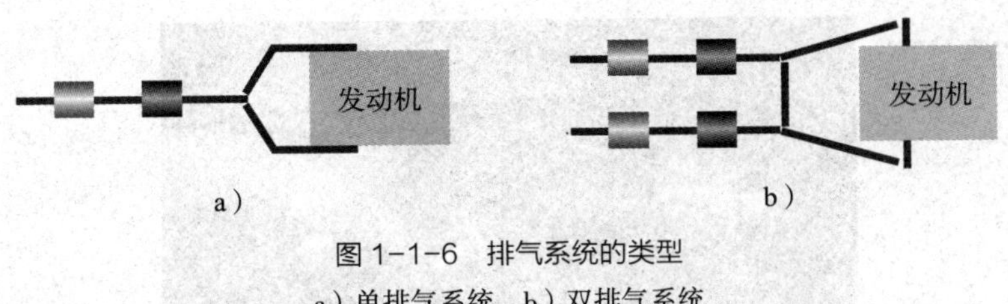

图 1-1-6　排气系统的类型
a）单排气系统　b）双排气系统

其由空气滤清器和进气歧管组成。

排气系统的功用是尽可能多地把燃烧后的废气排出气缸。

3. 进、排气系统的安装位置

进、排气系统的安装位置如图 1-1-7 所示。

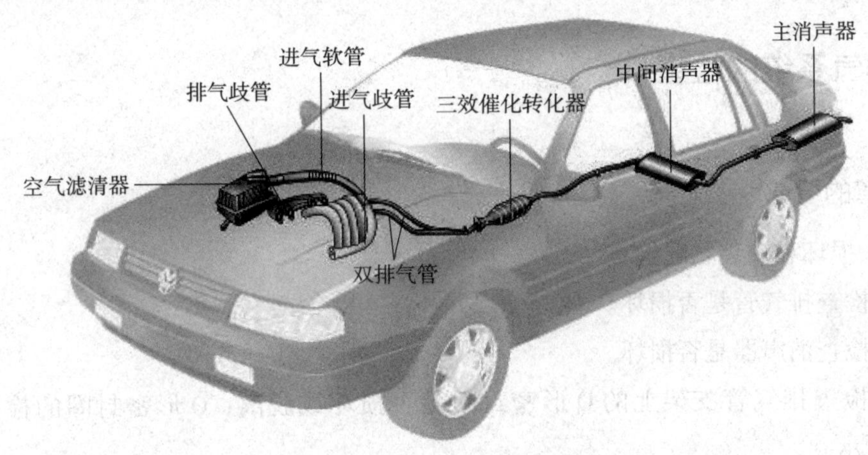

图 1-1-7　进、排气系统的安装位置

二、进气系统的检查

1. 外观检查

检查进气管是否存在破损和变形。

2. 连接状况检查

（1）检查进气管连接卡箍是否存在松动现象。

（2）晃动进气管，检查其连接是否可靠，如图 1-1-8 所示。

图 1-1-8　进气管的检查

（3）在发动机运转状态下，检查连接处是否存在漏气现象。

三、排气系统的检查

1. 排气管的检查

（1）损坏和安装状况检查

1）检查排气管是否损坏。

2）检查消声器是否损坏。

3）检查排气管支架上的 O 形密封圈是否损坏或脱离，O 形密封圈的检查如图 1-1-9 所示。

图 1-1-9　O 形密封圈的检查

4）检查垫片是否损坏。

（2）渗漏检查

通过观察接头周围是否存在炭黑，检查排气管连接部分是否渗漏废气。排气管连接部分如图 1-1-10 所示。

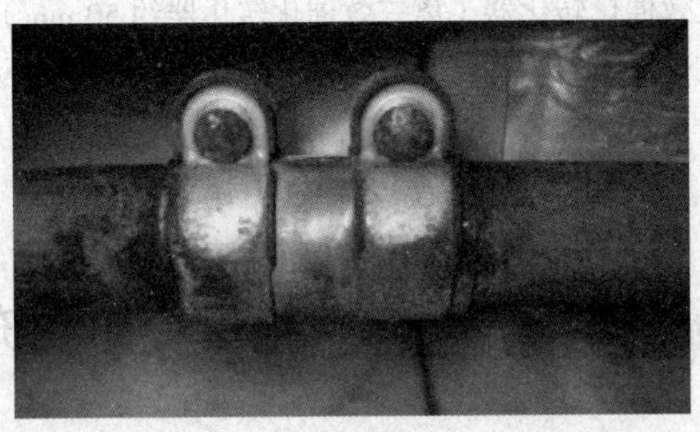

图 1-1-10　排气管连接部分

2. 三效催化转化器的检查

（1）外观检查

1）检查三效催化转化器表面是否有凹陷，如有明显的凹陷和刮痕，则说明三效催化转化器的载体可能受到损伤。

2）检查三效催化转化器外壳是否有严重的褪色斑点或略有呈青色或紫色的痕迹，如有，则说明三效催化转化器曾处于过热工作状态，需进行进一步的检查，如图 1-1-11 所示。

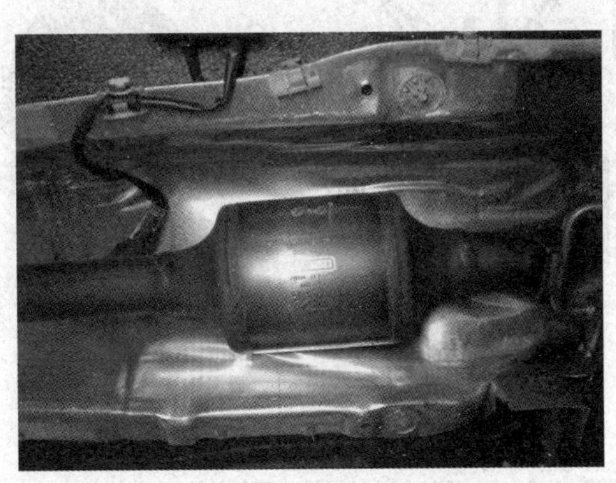

图 1-1-11　三效催化转化器的检查

（2）进出口温度检查

三效催化转化器在正常工作状态下会因氧化反应产生大量的反应热，因此，可通过温差对比来判断三效催化转化器性能的好坏。

1）启动发动机，预热至正常工作温度，将发动机转速维持在 2 500 r/min 左右。

2）将汽车举升，用数字式温度计测量三效催化转化器进口和出口的温度。数字式温度计需尽量靠近三效催化转化器（离三效催化转化器约 50 mm），三效催化转化器出口温度至少高于进口温度 10% ~ 15%。

学习单元 5 检查冷却系统

一、冷却系统的类型、功用及组成

1. 冷却系统的类型

按照冷却介质的不同，发动机的冷却系统有水冷式冷却系统和风冷式冷却系统两种，如图 1–1–12 所示。现代汽车发动机普遍使用强制循环式水冷式冷却系统。

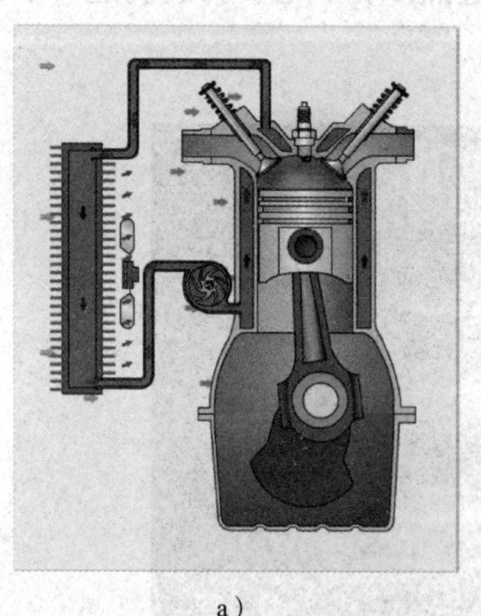

a）

b）

图 1–1–12 冷却系统的类型

a）水冷式 b）风冷式

2. 冷却系统的功用

发动机冷却系统使工作中的发动机得到适度的冷却，从而保持发动机在最适宜的温度范围内工作。另外，冷却系统还为暖风系统提供热源。

3. 水冷式冷却系统的组成

水冷式冷却系统一般由水泵、散热器、节温器、冷却风扇、进水和出水软管、膨胀水箱等组成，如图 1–1–13 所示。

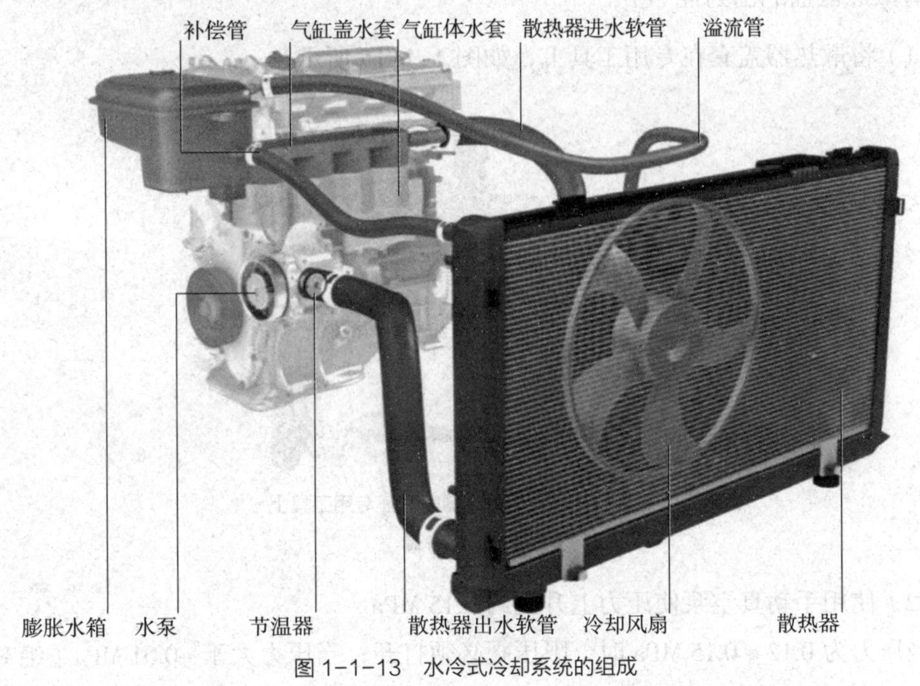

图 1–1–13　水冷式冷却系统的组成

二、水冷式冷却系统密封性的检查

1. 检查冷却系统的渗漏情况

（1）将发动机热机，打开膨胀水箱。在打开膨胀水箱时可能会有蒸气喷出，可在膨胀水箱盖子上包上抹布后小心地拧松，然后再旋开盖子。

（2）将压力测试仪 V.A.G 1274 及 V.A.G 1274/8 安装到膨胀水箱上，如图 1–1–14 所示。

（3）使用手动真空泵产生约 0.2 MPa 的压力（表压），保压 2 min。

（4）如果压力迅速下降，则找出渗漏的位置并排除故障。一般容易出现渗漏的部位包括散热器、橡胶软管（有无裂纹、凸起和硬化，橡胶软管的连接有无松动）、软管夹周围、膨胀水箱盖等处。

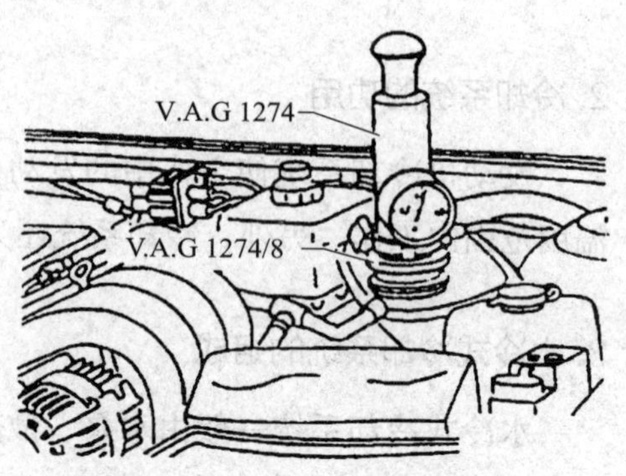

图 1–1–14　检查冷却系统有无渗漏

2. 检查散热器盖的密封性

（1）将散热器盖套在专用工具上，如图 1–1–15 所示。

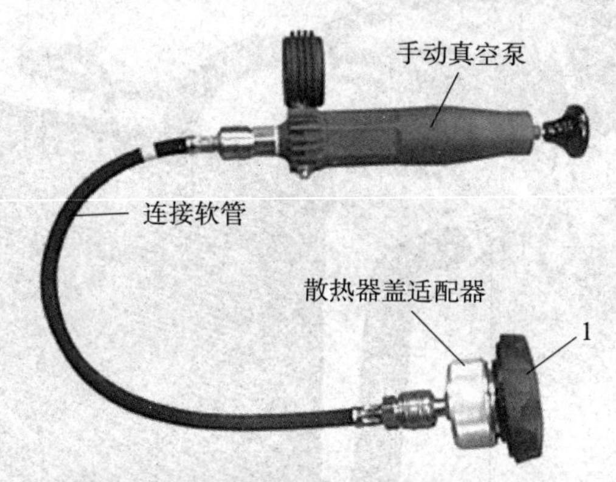

图 1–1–15　将散热器盖套在专用工具上
1—散热器盖

（2）使用手动真空泵使压力上升到约 0.15 MPa。

当压力为 0.12 ~ 0.15 MPa 时，限压阀必须打开；当压力大于 –0.01 MPa（绝对压力为 0.09 MPa）时，真空阀应打开。

三、冷却液冰点的检查

冷却液冰点由冰点测试仪测试，冰点测试仪的使用方法如图 1–1–16 所示。

1. 掀起盖板，用柔软绒布将盖板和棱镜表面擦拭干净。

2. 将待测液体用吸管滴于棱镜表面，合上盖板轻轻按压，将折射计对着明亮处，旋转目镜使视场内刻度线清晰，读出明暗分界线在标示板上相应标尺上的数值即可。

3. 测试完毕，用绒布擦净棱镜表面和盖板，清洗吸管，将仪器放于包装盒内。

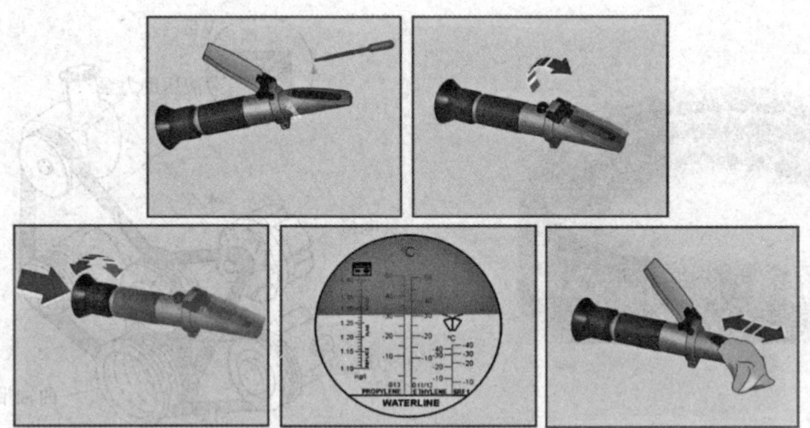

图 1–1–16　冰点测试仪的使用方法

学习单元 6　检查、调整及更换发动机传动带

一、发动机传动带的结构、功用和类型

1. 发动机传动带的结构

发动机传动带一般由橡胶与帘布层所组成。

2. 发动机传动带的功用

发动机作为汽车的唯一动力源，汽车的其他附件（如动力转向泵、交流发电机和空调压缩机电动机等）需要发动机的曲轴通过传动带驱动。发动机传动带如图 1–1–17 所示。

图 1–1–17　发动机传动带

3. 发动机传动带的类型

发动机传动带的类型有 V 带和多楔带，V 带如图 1–1–18 所示，多楔带如图 1–1–19 所示。

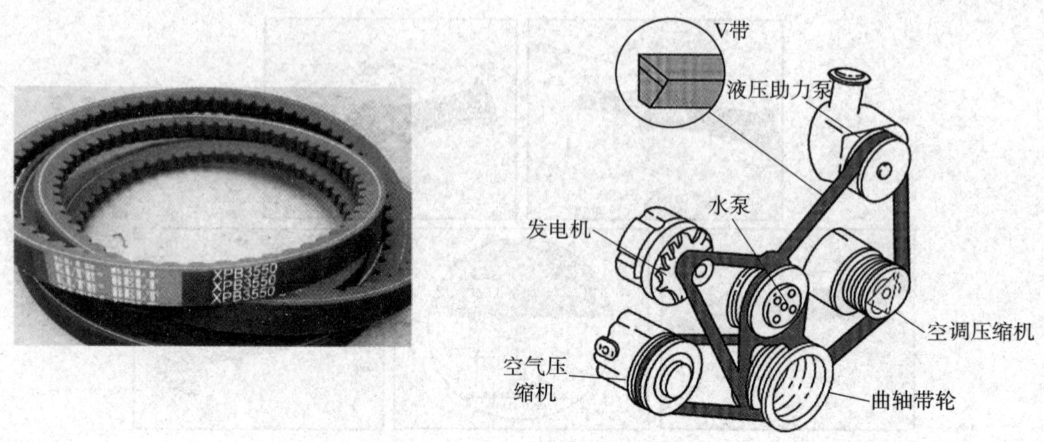

图 1–1–18　发动机 V 带

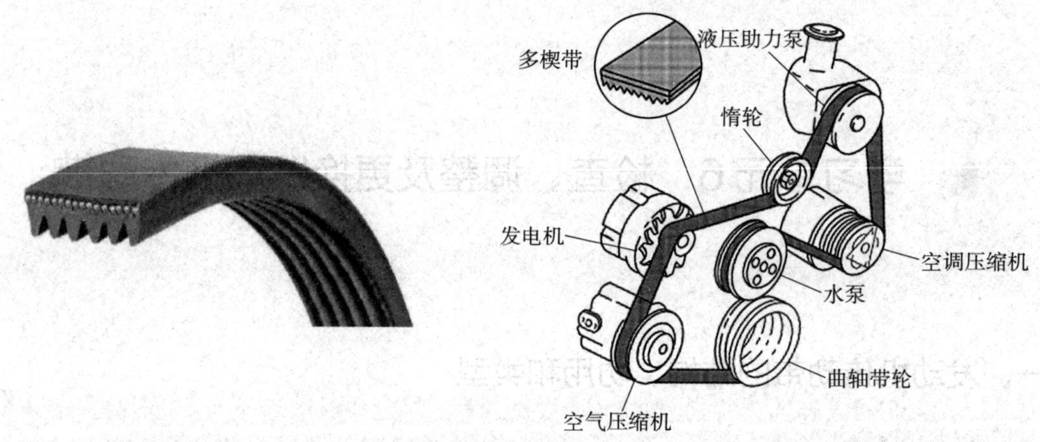

图 1–1–19　发动机多楔带

二、发动机传动带的检查、调整及更换

1. 类型

发动机传动带的检查分为定期检查和非定期检查。使用里程达到规定值时的检查称为传动带的定期检查；在使用过程中损坏时进行的检查称为非定期检查。传动带的调整有非自动张紧装置调节和自动张紧装置调节两种。非自动张紧装置调节包括惰轮调节型（见图 1–1–20）、无惰轮型（见图 1–1–21）、无惰轮无调节螺栓型（见图 1–1–22）；自动张紧装置调节如图 1–1–23 所示。

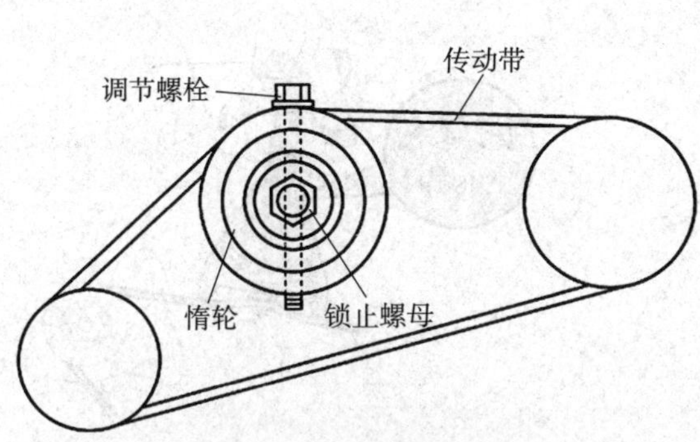

图 1-1-20　惰轮调节型

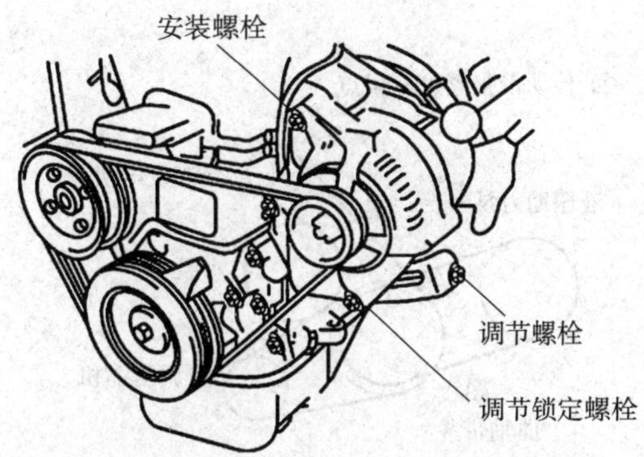

图 1-1-21　无惰轮型

图 1-1-22　无惰轮无调节螺栓型

图 1-1-23　自动张紧装置调节

非自动张紧装置调节需要汽车维修人员通过改变带轮（一般为发电机带轮）或惰轮的位置来调节传动带的张紧度。

自动张紧装置可自动调节传动带的张紧度，不需要人工定期对传动带的张紧度进行调节。

2. 检查及调整

（1）用指压法检查，如图 1-1-24 所示。

第一步：将精密钢直尺靠放在交流发电机和曲轴带轮之间的传动带上。

第二步：用约 98 N 的力推压带的中部。

第三步：用钢直尺测量传动带的挠度（约 10 mm 为宜）。

（2）用传动带张力计检查，如图 1-1-25 所示。

第一步：旋转传动带张力计上的重置杠杆以重置针阀。

第二步：握紧传动带张力计上的把手和手柄，将传动带张力计安装到传动带上。

第三步：将手松开后，指针指示值显示传动带张紧力的大小。

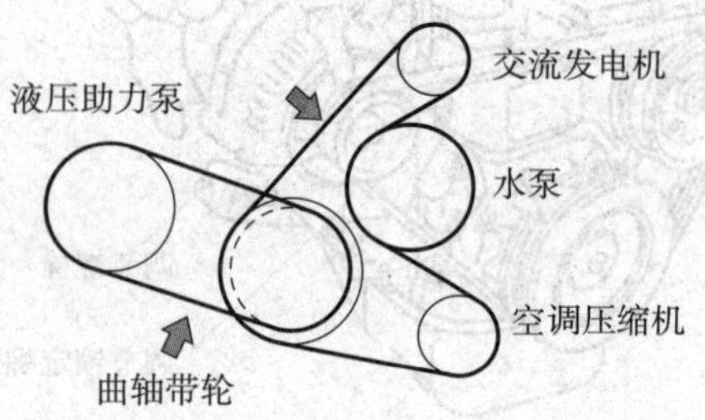

图 1-1-24　用指压法检查传动带张紧度

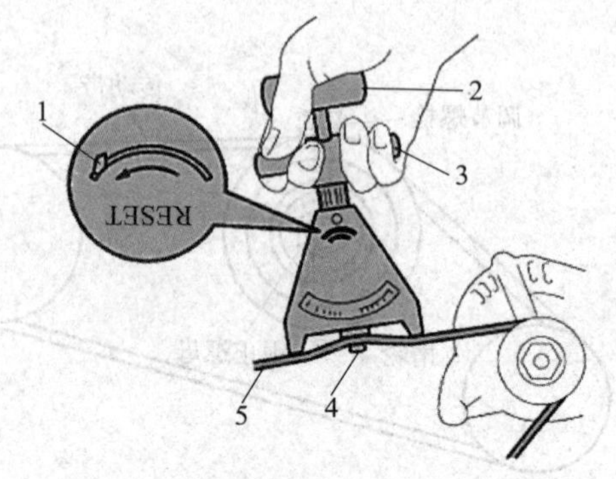

图 1-1-25　用传动带张力计检查传动带张紧度
1—重置杠杆重置针阀　2—把手　3—推杆手柄
4—传动带舌钩　5—传动带

全新的传动带与重复使用的传动带的张紧度大小必须有所区别。

3. 传动带的更换

目前，在用车使用较多的传动带张紧力调节方式是手动调节型和自动调节型，下面以最常见的自动张紧装置调节型传动带（见图 1-1-26）更换流程为例进行介绍。

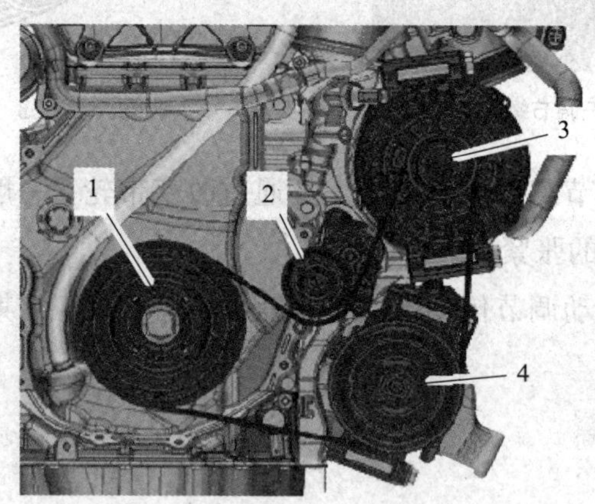

图 1-1-26　自动张紧装置调节型传动带的结构
1—曲轴带轮　2—张紧装置　3—交流发电机　4—空调压缩机

（1）读取并记录电子控制单元（electronic control unit，ECU）储存的必要信息，包括发动机故障码、收音机电台频率、带记忆功能的座椅位置和转向盘位置等。关闭点火开关并拔下钥匙，打开发动机舱盖，松开蓄电池负极电缆紧固螺母并将负极电缆拆下，以防止操作过程中造成短路。

（2）判断是否需要移动或拆除其他部件才能更换发动机传动带，如果拆下空气滤清器或冷却液管，要用干净的抹布堵住管道，以防止异物进入发动机内部。

（3）如果此传动带有可能重新安装使用，需在传动带上标明其旋转方向。

（4）拆卸传动带。如图 1–1–27 所示，松开传动带时沿顺时针方向旋转张紧装置，并将张紧装置用定位芯棒进行锁定，之后取下传动带。

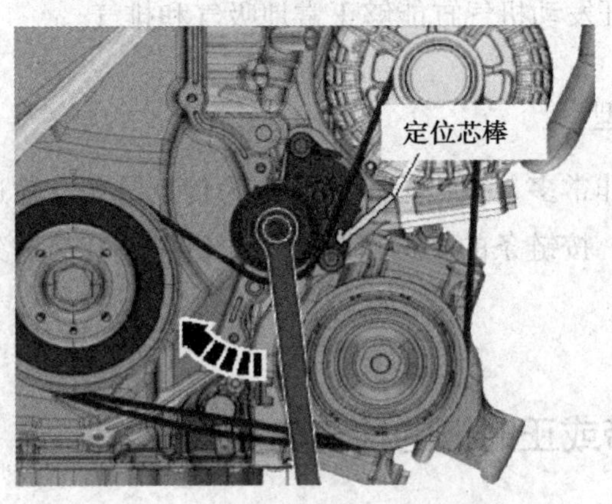

图 1–1–27　自动张紧装置调节型传动带的拆卸

（5）将新传动带放置在所有带轮上，或按原旋转方向将重新使用的传动带放置在所有带轮上，检查传动带与各带轮轮槽的配合情况。

（6）沿顺时针方向转动张紧装置并拉出定位芯棒。

（7）检查发动机传动带安装情况，启动发动机并检查传动带是否正确运转。

学习单元 7　检查、更换发动机正时带或正时链

一、发动机正时带或正时链的结构、功用和类型

1. 发动机正时链的结构

正时链一般都由链板、链销、轴套等部件组成。有的链条只是将链板根据不同的需求做了相应的改动，有的在链板上装上刮板，有的在链板上装上导向轴承，还有的在链板上装了滚轮等，这些都是为了应用在不同的场合进行的改装。

2. 发动机正时链的功用

发动机正时链的功用是驱动发动机的配气机构，使发动机进、排气门在适当的时候开启或关闭，以保证发动机气缸能够正常地吸气和排气。

3. 发动机正时链的类型

链条的分类方式非常多，按用途不同可分为传动链条、输送链条、装饰链条、锁紧链条和特种链条等；按链条的结构可分为滚子链条、套筒链条、板式链条、刮板链条、套环链条等。

二、发动机正时带或正时链的检查与更换

1. 发动机正时带的检查

正时带没有破裂，并不意味着它没有问题。随着正时带越用越旧，它拉伸的程度势必超过张紧装置能够补偿的范围，从而造成正时带轮打滑。检查时，如果正时带有硬度降低、腐蚀、纤维断裂或者裂纹、裂缝的现象，就表明正时带已破损，不能继续使用。接下来，检查带轮故障。损坏的带轮能“烧毁”正时带材料，并加剧正时带齿的磨损。带轮故障还可能使气门机构对正时带产生更大的阻力。

正时带张紧度的检测方法如下：对于张紧力大小的判断，一般认为用手指将正时带旋转 90° 时张紧力正好；进行压力检测（能压下 10 ~ 15 mm）时，转动正时带能转过 90° 为宜。

2. 发动机正时带的更换

（1）转动曲轴带轮，将带轮缺口和机油泵外壳凸点处对正。

（2）检查并对准凸轮轴正时齿轮上的正时标记（具体方法查阅相应型号发动机手册）。

（3）拆卸曲轴带轮螺栓和曲轴带轮。

（4）拆卸正时带下盖。

（5）拆卸正时带导轮。

（6）拆卸正时带张紧器和正时带。

（7）安装时按与拆卸相反的顺序安装正时带（注意事项：对准两处正时记号）。

课程 1-2　底盘维护

【学习内容】

学习单元	课程内容	培训建议	课堂学时
（1）底盘二级维护作业内容及操作要点和技术要求	1）底盘二级维护作业内容 2）底盘二级维护作业操作要点和技术要求	（1）方法：讲授法 （2）重点与难点：底盘二级维护作业内容	2
（2）检查、调整离合器踏板自由行程	1）离合器踏板自由行程的功用 2）离合器踏板自由行程的检查 3）离合器踏板自由行程的调整	（1）方法：讲授法、实训法、演示法 （2）重点与难点：离合器踏板自由行程的调整方法和技术要求	4
（3）检查万向节、传动轴工作情况	1）万向节、传动轴的功用及类型 2）检查万向节、传动轴的工作情况	（1）方法：讲授法、实训法、演示法 （2）重点与难点：万向节、传动轴的检查方法和技术要求	4
（4）检查、调整转向拉杆及球头	1）转向拉杆及球头的功用与类型 2）转向拉杆及球头的检查	（1）方法：讲授法、实训法、演示法 （2）重点与难点：转向拉杆及球头的检查方法和技术要求	4
（5）检查悬架弹簧、减振器的性能	1）悬架弹簧、减振器的功用与类型 2）悬架弹簧与减振器性能的检查	（1）方法：讲授法、实训法、演示法 （2）重点与难点：悬架弹簧、减振器的检查方法和技术要求	4
（6）检查、调整轮毂轴承间隙	1）轮毂轴承的功用与类型 2）轮毂轴承间隙的检查 3）轮毂轴承间隙的调整	（1）方法：讲授法、实训法、演示法 （2）重点与难点：轮毂轴承间隙的调整方法和技术要求	4
（7）检查、调整制动器及更换制动片	1）制动器的功用与类型 2）制动器的检查与调整 3）制动片的更换	（1）方法：讲授法、实训法、演示法 （2）重点与难点：制动器的调整方法和技术要求	6

学习单元 1　底盘二级维护作业内容及操作要点和技术要求

一、底盘二级维护作业内容

底盘二级维护由专业维修企业负责执行，主要内容除一级维护作业所包括的工作外，以检查、调整为主，并拆检轮胎，进行轮胎换位，是在汽车行驶更长一点的里程后（约 30 000 km/12 个月）强制进行的，底盘二级维护前应进行汽车检测诊断和技术评定，具体作业内容见表 1–2–1。

表 1–2–1　汽车底盘二级维护作业内容

序号	作业项目	作业点	作业内容
1	离合器	踏板自由行程、分离轴承	检查
2	变速器、主减速器和差速器	齿轮油液面和油质、变速器通气孔塞、各部位连接螺栓	检查油液；疏通变速器通气孔塞；紧固连接螺栓
3	驱动轴及万向节	驱动轴防尘罩，卡箍，内、外万向节	检查防尘罩是否损坏；卡箍是否紧固、可靠；检查内、外万向节的工作状态，看有无明显卡滞现象
4	转向系统的维护	转向器的工作状况、转向器齿轮油油面、转向盘自由行程	转向器的工作状况良好且密封完好，转向器齿轮油油面符合要求，转向盘自由行程符合规定
5	车轮定位	车轮定位参数	检查车轮定位参数是否在规定范围内
6	制动系统的维护	驻车制动器拉索、制动器的制动片厚度、制动盘、制动蹄片卡簧、制动轮缸	检查驻车制动器拉索情况；检查制动片厚度；检查制动盘是否有裂纹等；检查制动蹄片卡簧；检查制动轮缸是否完好
7	行驶系统的维护	减振器、悬架弹簧、车桥与车身连接、车轮磨损及轮胎气压	检查减振器是否漏油；检查悬架弹簧有无损伤且定位是否可靠；检查后桥与车身连接情况；检查车轮磨损情况，测定轮胎气压

二、底盘二级维护作业操作要点和技术要求

1. 离合器维护作业操作要点和技术要求

（1）检查离合器工作状态，应不打滑，不发抖，分离彻底，无异响。

（2）分离轴承应灵活、无卡滞，如发现卡滞或过度松旷，应更换轴承衬套。

（3）分离叉轴传动臂无扭曲、裂纹，花键过度磨损可换新件。

2. 变速器、主减速器和差速器维护作业操作要点和技术要求

（1）检查齿轮油油面和油量，当油量不足时，补充齿轮油。

（2）拆检、疏通变速器通气孔塞。

（3）清洁齿轮箱外部并紧固各部位连接螺栓。

（4）检查差速器工作情况，要求正常、无异响。

3. 驱动轴及万向节维护作业操作要点和技术要求

（1）检查驱动轴防尘罩，不得使防尘罩内产生真空，形成内吸折痕，因此，要给防尘罩充气，使其压力平衡，不产生褶皱。

（2）检查卡箍，应紧固可靠。

（3）检查内、外万向节的工作状态，万向节应不松旷，运动自如，无异响，无明显卡滞现象。

4. 转向系统的维护

检查转向器的工作状况，应良好且密封完好，转向器齿轮油油面符合要求，转向盘自由行程符合规定。

5. 检查车轮定位

车轮定位在规定范围内，调整前束。

6. 制动系统的维护

（1）检查驻车制动器拉索及工作情况，要求拉索不得有断裂或锈蚀，运动灵活。要求棘爪、棘轮磨损不大于 0.2 mm，有效齿数为 2 齿，且锁止可靠。

（2）检查制动器的制动片厚度，制动片厚度应未达到极限值，摩擦面上的轴向圆跳动量应不大于规定值；制动盘表面不得有裂纹、沟槽；制动蹄片卡簧应换用新件；制动轮缸防尘完好，不漏油。

7. 行驶系统的维护

（1）检查减振器，应不漏油，连接紧固，减振阻尼作用良好；悬架弹簧无损伤且定位可靠；后桥与车身连接支座衬套不变形，橡胶无损坏。

（2）检查前、后轮毂。轴头无裂纹，螺纹完好，连接可靠；轮毂轴承表面无明显点蚀、损伤，油封应换用新件；装合后，车轮转动灵活，轴向间隙符合规定，并且不松旷，无异响。

（3）检查车轮。从轮胎花纹观察其磨损程度，测定轮胎气压，其值应符合规定，必要时进行轮胎换位。

学习单元 2　检查、调整离合器踏板自由行程

一、离合器踏板自由行程的功用

离合器处于接合状态时，分离杠杆内端与分离轴承之间需要预留一定的间隙，一般为几毫米。从踩下离合器踏板到消除自由间隙所对应的踏板行程称为离合器踏板自由行程，如图 1–2–1 所示。

图 1–2–1　离合器踏板自由行程
a—自由行程　b—踏板有效区

在车辆的使用过程中，如果离合器踏板位置不正常，即离合器踏板高度、自由行程不符合规定，会导致离合器分离不彻底、换挡困难、离合器打滑、车辆加速不良、分离轴承及压盘总成过早损坏等故障的发生。因此，正确地检查、调整离合器踏板位置，对提高车辆使用性能和减轻驾驶员劳动强度具有十分重要的意义。

二、离合器踏板自由行程的检查

1. 连续踩下离合器踏板，使其恢复到自由状态。将钢直尺沿着离合器踏板垂直支在驾驶室地板上，观察钢直尺刻度，记录离合器踏板自由状态高度，如图 1–2–2 所示。

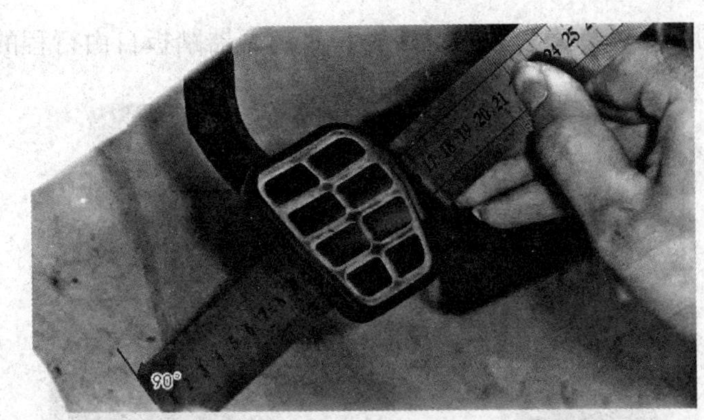

图 1-2-2　测量离合器踏板自由状态高度

2. 轻轻按压离合器踏板，直至遇到阻力时为止。观察踏板下降高度，记录离合器踏板自由行程，如图 1–2–3 所示。

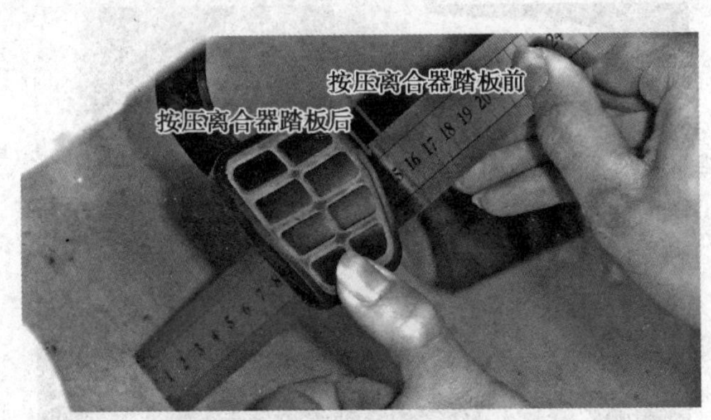

图 1-2-3　测量离合器踏板自由行程

使用一把钢直尺检查离合器踏板高度是否处于标准值内，如果超出范围，应调整踏板高度。

三、离合器踏板自由行程的调整

离合器踏板自由行程必须处于标准值内，如果超出范围，则需要进行调整。离合器踏板自由行程的调整方法如下。

1. 先用扳手松开离合器踏板与离合器主缸连接顶杆上的锁紧螺母，用手旋松，如图 1–2–4 所示。

2. 调整螺杆长度，如将螺杆收短，则离合器踏板行程变短；反之，则离合器踏板行程变长，如图 1–2–5 所示。

3. 一次调整量不宜过多，调整不合适可反复多次进行调整。

4. 螺杆长度调整好后，旋紧锁紧螺母，检查离合器踏板自由行程的大小。

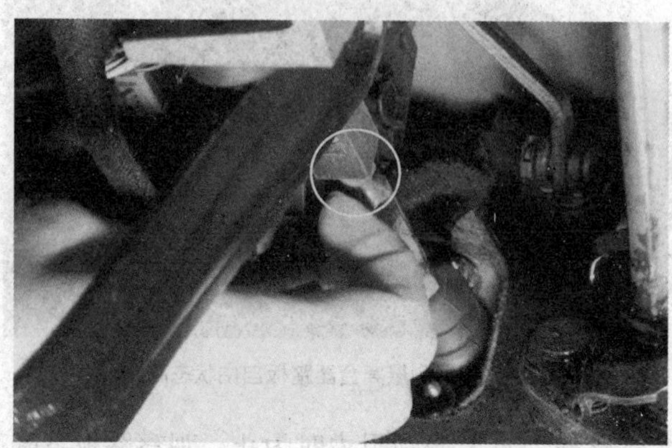

图 1-2-4　旋松锁紧螺母

图 1-2-5　调整螺杆长度

学习单元 3　检查万向节、传动轴工作情况

一、万向节、传动轴的功用及类型

1. 万向节的功用及类型

万向节可以改变力的传递方向。万向节按其刚度大小，可分为刚性万向节和挠性

万向节。目前，大多数汽车都采用刚性万向节。刚性万向节按其速度特性不同可分为以下三种。

（1）不等速万向节：常用的有十字轴式万向节，如图 1–2–6 所示。

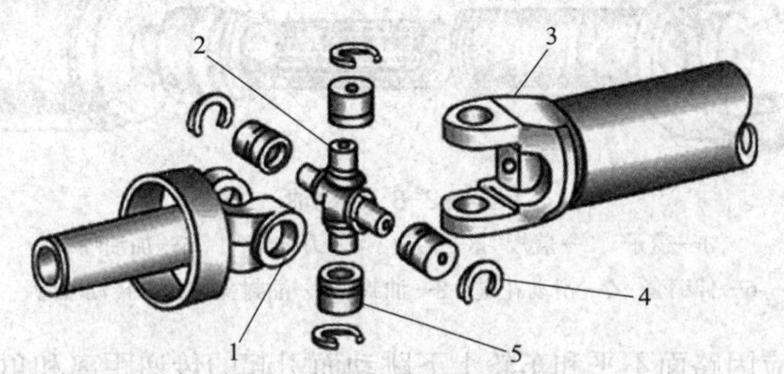

图 1–2–6　十字轴式万向节

1—套筒叉　2—十字轴　3—万向节叉　4—卡环　5—轴承外圈

（2）准等速万向节：常用的有双联式万向节、三销式万向节。

（3）等速万向节：常用的有球叉式万向节、球笼式万向节，如图 1–2–7 所示。

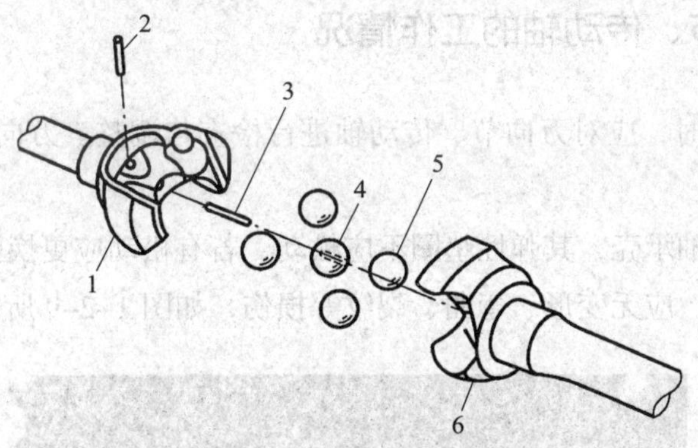

图 1–2–7　球叉式万向节

1—从动叉　2—锁止销　3—定位销　4—定心钢球　5—传动钢球　6—主动叉

2. 传动轴的功用及类型

传动轴一般由传动轴管、滑动叉总成、中间传动轴及中间支承总成组成。其中，中间传动轴的前端与变速器的输出法兰盘相连接。中间支承位于车架的横梁下，其轴承可以沿轴向微量滑动，以此来补偿轴向位置安装误差，减小轴承的轴向受力。传动轴一般设有由滑动叉和花键轴组成的滑动花键（见图 1–2–8），以实现传动长度的变化。为减小传动轴花键连接部分的轴向滑动阻力和磨损，须加注润滑脂进行润滑。加注润滑脂的加油嘴位置如图 1–2–8 中 5 所指。

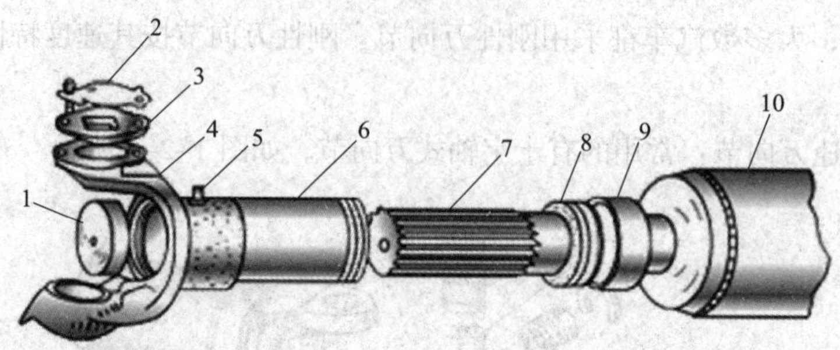

图 1-2-8　传动轴

1—盖子　2—盖板　3—盖垫　4—万向节叉　5—加油嘴
6—伸缩套　7—滑动花键　8—油封　9—油封盖　10—传动轴管

传动轴能适应因路面不平和车轮上下跳动而引起的传递距离和角度的变化，可将来自变速器的输出转矩和旋转运动传递到驱动桥，以驱动车轮转动。

传动轴总成出厂时必须 100% 进行动平衡校验，并在合适的部位焊接平衡片，以满足传动轴总成的平衡要求。

二、检查万向节、传动轴的工作情况

进行二级维护时，应对万向节、传动轴进行检查与调整。万向节和传动轴的检查与调整方法如下。

1. 检查万向节轴承壳，其弹性垫圈不应松动，若有松动应更换弹性垫圈。

2. 检查传动轴，应无变形、弯曲、裂纹等损伤，如图 1-2-9 所示。

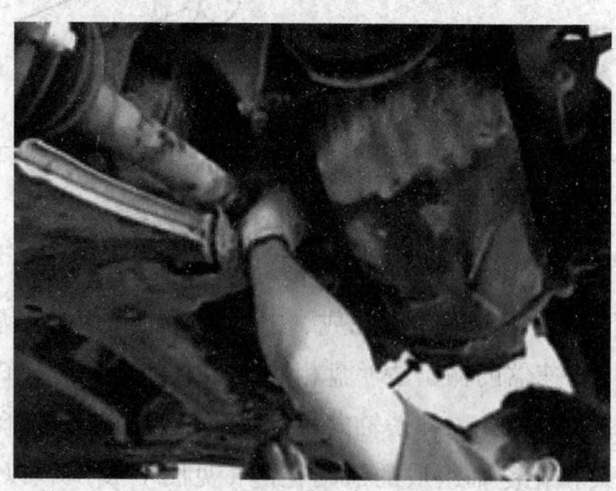

图 1-2-9　检查传动轴

3. 用手推拉传动轴，检查万向节轴承的轴向间隙、中间支承橡胶垫环及中间支承轴承的松旷量，应无间隙感，检查运转中有无异响。用手握住传动轴并使其转动，检查花键毂、滑动叉，应无明显的间隙感。

4. 支起后桥，启动发动机，挂入直接挡高速运转，仔细察听运转中有无异响。

5. 经过前边的初步检查后，当确定需解体检查时，应将传动轴从车上拆下进行分解，做进一步的检查，如图 1-2-10 所示。

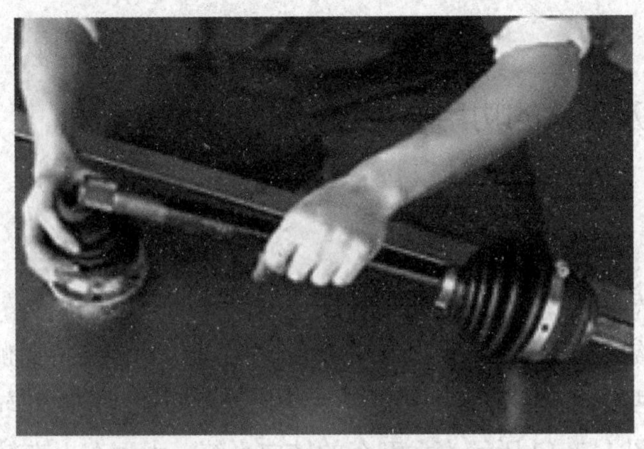

图 1-2-10　拆下传动轴进行检查

6. 紧固中间支承凸缘锁紧螺母，紧固传动轴凸缘叉连接螺栓，紧固中间支承支架固定螺栓。

7. 使用润滑脂对万向节及传动轴进行润滑，如图 1-2-11 所示。

图 1-2-11　润滑万向节

学习单元 4　检查、调整转向拉杆及球头

一、转向拉杆及球头的功用与类型

1. 转向拉杆

从转向器到转向节之间的所有传动杆件（不含转向节）总称为转向传动机构。

转向传动机构的功用是将转向器输出的力和运动传到转向桥两侧的转向节，使转向轮偏转，并使两转向轮偏转角按一定关系变化，以保证转向时车轮与地面的相对滑动尽可能小。如图 1-2-12 所示为大型车的转向系统。大型车上有转向直拉杆和转向横拉杆，而家用轿车上只有转向横拉杆。

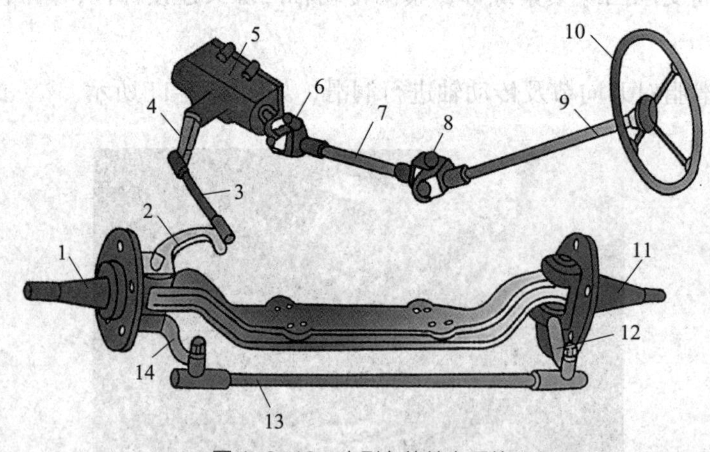

图 1-2-12　大型车的转向系统

1—左转向节　2—转向节臂　3—转向直拉杆　4—转向摇臂　5—转向器　6、8—转向万向节　7—转向传动轴　9—转向轴　10—转向盘　11—右转向节　12、14—梯形臂　13—转向横拉杆

转向直拉杆是指转向摇臂与转向节臂之间的传动杆件，具有传力和缓冲作用。

转向横拉杆是指转向梯形机构的底边，由横拉杆体和旋装在两端的横拉杆接头组成。其长度可调，可用来调整前轮前束。

2. 转向拉杆球头

如图 1-2-13 所示的转向拉杆球头起万向轴的作用，因为汽车在转向或上下颠簸时，转向轴的角度都是有变化的。

图 1-2-13　转向拉杆球头

二、转向拉杆及球头的检查

1. 目视检查转向拉杆有无弯曲、变形，防尘罩和球头有无裂纹或破损，如图 1-2-14 和图 1-2-15 所示。

图 1-2-14　检查转向拉杆防尘罩

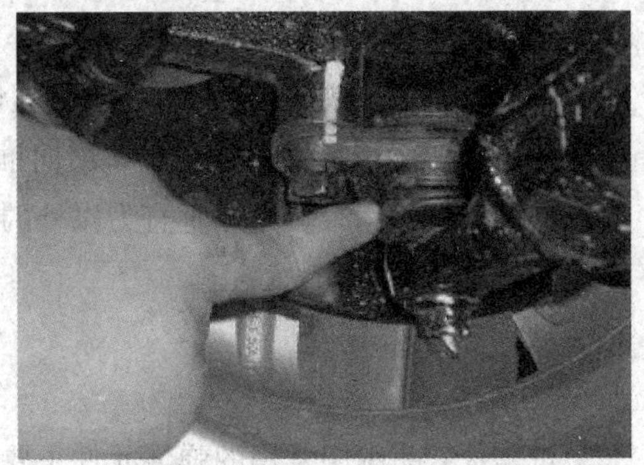

图 1-2-15　检查转向拉杆球头

2. 用手晃动转向拉杆及球头，检查其是否松动、摆动或损坏。

3. 检查转向拉杆球头的上下滑动间隙

（1）使用制动踏板压力器保持制动踏板被踩下。

（2）前轮垂直向前，用举升器举起车辆并且在一个前轮下放一高度为 180～200 mm 的木块。

（3）放低举升器，直到前螺旋弹簧承载一半的负荷。

（4）再次确认前轮笔直向前。

（5）在下臂的末端使用工具检查转向拉杆球头的上下滑动间隙。

学习单元 5　检查悬架弹簧、减振器的性能

一、悬架弹簧、减振器的功用与类型

如图 1–2–16 所示，悬架系统一般由弹性元件、减振器和导向装置三部分组成。

汽车悬架弹簧是汽车悬架中的弹性元件，用于承受并传递垂直载荷，缓和不平路面引起的冲击，使车架（或承载式车身）与车桥（或车轮）之间保持弹性连接。

减振器用于衰减振动，提高乘坐舒适性。

图 1–2–16　悬架系统的组成

1—弹性元件　2—导向装置　3—减振器

导向装置（包括横向稳定杆、横向推力杆和纵向推力杆）用来传递除垂直力以外的各种力和力矩，并确定车轮相对于车架（或车身）的运动关系。

1. 悬架弹簧

汽车悬架系统中常用的弹性元件主要有钢板弹簧、螺旋弹簧、扭杆弹簧、油气弹簧和橡胶弹簧等几种。

（1）钢板弹簧

钢板弹簧由多片不等长和不等曲率的钢板叠合而成，安装好后两端自然向上弯曲，

如图 1–2–17 所示。钢板弹簧除具有缓冲作用外，还有减振作用，纵向布置时还具有导向传力的作用。

（2）螺旋弹簧

如图 1–2–18 所示，螺旋弹簧只具备缓冲作用，多用于轿车独立悬架装置。其特点是没有减振和导向功能，只能承受垂直载荷。在螺旋弹簧悬架中必须另装减振器和导向装置，前者起减振作用，后者用以传递垂直力以外的各种力和力矩，并起导向作用。

图 1–2–17　钢板弹簧

图 1–2–18　螺旋弹簧

（3）扭杆弹簧

扭杆弹簧将用弹簧杆制作成的扭杆一端固定于车架上，另一端通过摆臂与车轮相连，利用车轮跳动时扭杆的扭转变形起到缓冲的作用，如图 1–2–19 所示。

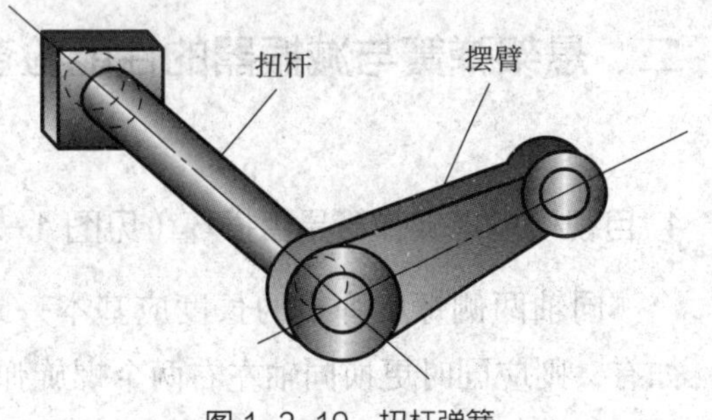

图 1–2–19　扭杆弹簧

（4）油气弹簧

油气弹簧以气体作为弹性介质，以油液作为传力介质。油气弹簧不但具有良好的缓冲能力，还具有减振作用，同时还可调节车架的高度，但需设置导向装置，油气弹簧适用于重型车辆。

（5）橡胶弹簧

橡胶弹簧是利用橡胶本身的弹性起作用的弹性元件，它可以承受压缩载荷和扭转载荷，如图 1–2–20 所示。

2. 减振器的功用与类型

为加速车身振动的衰减，改善汽车行驶的平顺性，在大多数汽车的悬架系统内都

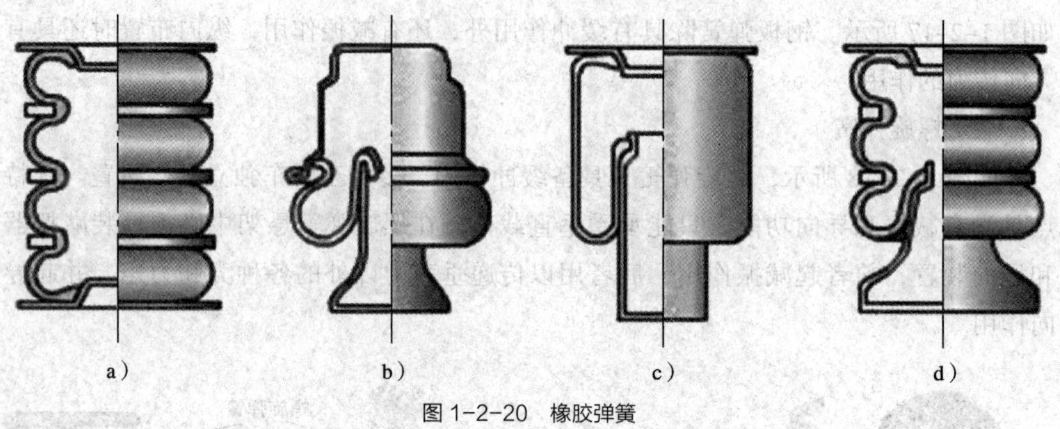

图 1-2-20 橡胶弹簧
a）、b）、c）、d）不同形状的橡胶弹簧

装有减振器。汽车悬架系统中广泛采用液力减振器，它的作用原理是利用液体流动的阻力来消耗振动的能量。

减振器的类型如下。

（1）按工作原理分为单向作用式减振器和双向作用式减振器。

（2）按结构分为双筒式减振器和单筒式减振器。

（3）按工作介质分为液压式减振器和充气式减振器。

二、悬架弹簧与减振器的性能检查

1. 目视检查螺旋弹簧是否损坏（见图 1-2-21）

同轴两侧螺旋弹簧的长度应基本一致，没有裂纹或断裂，没有严重的锈蚀痕迹。如有，则应同时更换同轴左右两个螺旋弹簧，以保持车辆左右两侧的高度相同。

2. 目视检查减振器

目视检查减振器有无漏油、损坏现象，如图 1-2-22 所示。

3. 就车检查减振器的减振效果

（1）在车辆的四个角落用手抬起和压下车辆，每个角来回 3 次。

（2）将双手从车辆上移开。

（3）找出振动超过两次的减振器。

图 1-2-21　目视检查螺旋弹簧是否损坏

图 1-2-22　目视检查减振器是否损坏、漏油

学习单元 6　检查、调整轮毂轴承间隙

一、轮毂轴承的功用与类型

如图 1-2-23 所示，轮毂轴承是汽车的关键零部件之一，其主要功用是承载质量和为轮毂的转动提供精确引导，因此，它不仅要承受轴向载荷，还要承受径向载荷。

图 1-2-23　轮毂轴承

轮毂轴承已经发展到了第四代产品。

1. 第一代轮毂轴承单元

第一代轮毂轴承单元（见图 1-2-24）主要是双列角接触球轴承或双列圆锥滚子轴承。它由一个外圈和两个内圈组成。主要优点是可靠，有效载荷间距短，易安装，结构紧凑等。目前第一代轮毂轴承单元的装机量已达 2 000 万套。

2. 第二代轮毂轴承单元

第二代轮毂轴承单元（见图 1-2-25）与第一代轮毂轴承单元相比，就是为了有利于与相配合的结构进行连接，将万向节或轮毂与轴承套圈制成一体，也就是带法兰盘的轴承单元，目前第二代轮毂轴承单元的装机量已达 1 500 万套。

3. 第三代轮毂轴承单元

第三代轮毂轴承单元（见图 1–2–26）是把与轴承相配合的零件即轮毂、ABS（anti–lock brake system，防抱死制动系统）传感器与轴承套圈制成整体化的形式，是继第二代后又进一步发展的单元。

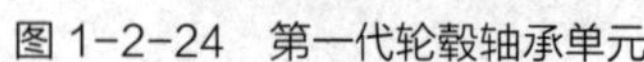
图 1–2–24　第一代轮毂轴承单元

图 1–2–25　第二代轮毂轴承单元

图 1–2–26　第三代轮毂轴承单元

4. 第四代轮毂轴承单元

第四代轮毂轴承单元将等速万向节与轴承制成整体，这种型式废除了轮毂花键轴，使轮毂轴承单元更加小型化，安装结构更加合理。

二、轮毂轴承间隙的检查

轮毂轴承预紧度过小，当车轮高速转动时会造成轮毂轴承轴向窜动，如果长期在这种状态下运行会缩短轮毂轴承使用寿命，导致车辆行驶时产生异常晃动等不安全因素，严重的会引发交通事故。轮毂轴承预紧度过大，则会造成车轮转动困难，增加油耗。

轮毂轴承间隙的检查方法如下。

1. 转动车轮，检查轮毂轴承转动是否灵活，有无异响，如图 1–2–27 所示。

2. 抓住轮胎上下面，用力沿轮毂轴线方向晃动车轮，检查轮毂轴承有无轴向窜动，如图 1–2–28 所示。

3. 抓住轮胎左右面，用力沿轮毂径向方向晃动车轮，检查轮毂有无径向摆动。

图 1-2-27　检查轮毂轴承转动是否灵活

图 1-2-28　检查轮毂轴承有无轴向窜动

三、轮毂轴承间隙的调整

轮毂轴承间隙的调整方法如下。

1. 用千斤顶支起车轮，拆下轮毂盖，如图 1-2-29 所示。

2. 取下开口销及开槽垫圈。

3. 旋转调整螺母，同时转动轮毂，用一字旋具在手指的压力下刚好能够拨动止推垫圈即可，如图 1-2-30 所示。

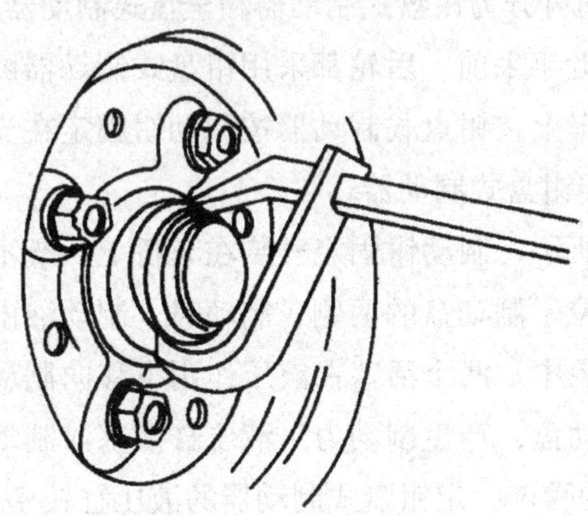
图 1-2-29　拆下轮毂盖

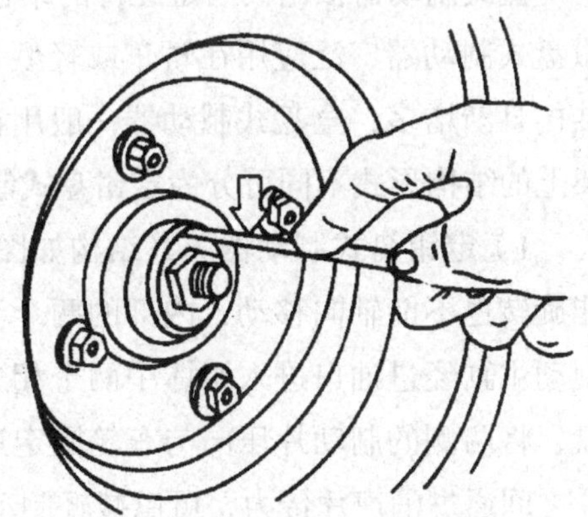
图 1-2-30　调整轴承间隙

4. 合适的轮毂轴承预紧度应使车轮能够自由转动，且轴向推动无明显间隙。

5. 装回开槽垫圈，换上新的开口销，装上轮毂盖。

学习单元 7　检查、调整制动器及更换制动片

一、制动器的功用与类型

1. 制动器的功用

制动器可以将气压或液压转变为制动器制动力，以迫使车轮停转，从而使路面对车轮产生一个与汽车行驶方向相反的汽车制动力，在该力作用下，使汽车迅速减速，维持一定的车速或停车。

2. 制动器的类型

（1）盘式制动器

盘式制动器根据其固定元件的结构形式不同可分为钳盘式制动器和全盘式制动器。钳盘式制动器广泛应用在轿车或轻型货车上，近年来前、后轮都采用钳盘式制动器的结构日渐增多；全盘式制动器一般用在重型货车上。钳盘式制动器按制动钳固定在支架上的结构形式不同可分为定钳盘式制动器和浮钳盘式制动器。

1）定钳盘式制动器。其结构如图 1–2–31 所示，制动钳固定安装在车桥上，既不能旋转也不能轴向移动，内部的两个活塞分别位于制动盘的两侧。制动时，制动液由制动主缸经进油口进入钳体中两个相通的液压腔中，两个活塞在液压作用下移向制动盘，将两侧的制动片压向与车轮固定连接的制动盘，产生制动力。液压缸活塞与制动片之间通过消声片传力，可以减轻制动时产生的噪声。定钳盘式制动器的液压缸较多，制动钳结构复杂，且尺寸过大，难以适应现代汽车的要求，已很少使用。

2）浮钳盘式制动器。其结构如图 1–2–32 所示，制动钳通过导向销与车桥相连，可以相对于制动盘轴向移动。制动钳只在制动盘的内侧设置液压缸，而外侧的制动片则附装在制动钳体上。制动时，来自制动主缸的液压油通过进油口进入制动轮缸，推动活塞及制动片向右移动，压在制动盘上，于是制动盘给活塞一个向左的反作用力，使活塞连同制动钳体整体沿导向销向左移动，直到制动盘右侧的制动片也压紧在制动

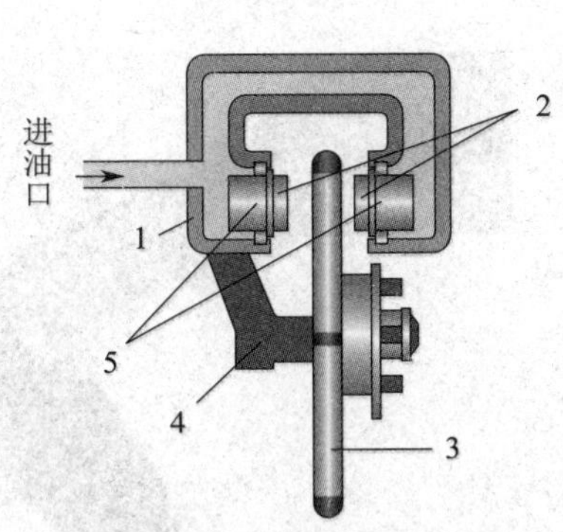

图 1-2-31　定钳盘式制动器的结构

1—制动钳体　2—制动片　3—制动片

4—车桥部分　5—活塞

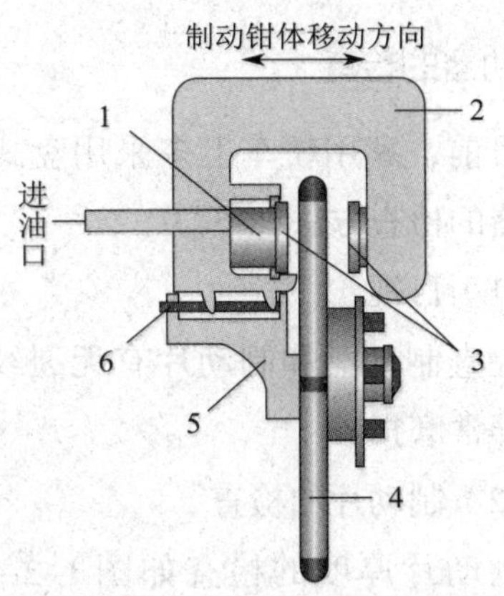

图 1-2-32　浮钳盘式制动器的结构

1—活塞　2—制动钳体　3—制动片

4—制动盘　5—车桥部分　6—导向销

盘上为止。此时，两侧的制动片都压在制动盘上，夹住制动盘使其制动。

（2）鼓式制动器

鼓式制动器由旋转部分、固定部分、促动装置和间隙调整装置组成。旋转部分为制动鼓；固定部分是制动底板和制动蹄，制动底板固装在车桥的凸缘盘上，通过支承销与制动蹄相连接；促动装置的作用是对制动蹄施加力使其向外张开，常用的促动装置有凸轮或制动轮缸（车轮轮缸）；间隙调整装置的作用是保持及调整制动蹄和制动鼓间有正确的相对位置，如图 1-2-33 所示。

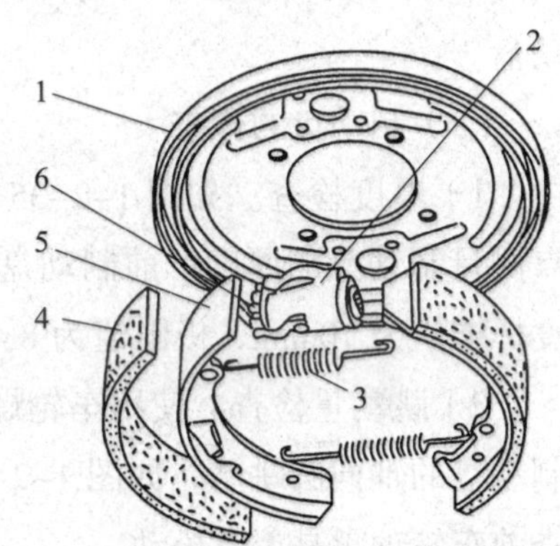

图 1-2-33　鼓式制动器的结构

1—制动底板　2—制动轮缸　3—回位弹簧

4—制动片　5—制动蹄　6—调节螺母

二、制动器的检查与调整

1. 检查制动踏板工作状况

进入驾驶室，关闭发动机，踩几次制动踏板，检查踏板是否存在以下故障：反应灵敏度差，踏板不完全落下，异常噪声，过度松动。

2. 制动器的检查

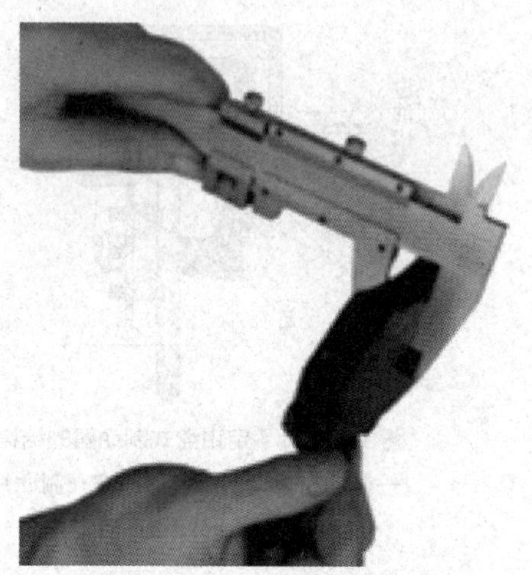
图 1-2-34　制动片厚度的检查

目前，家用轿车上多采用盘式制动器。盘式制动器的检查方法如下。

（1）目视

检查制动盘和制动片有无裂纹、油渍、划痕或者异常磨损。

（2）制动片的检查

制动片厚度的检查如图 1-2-34 所示。使用游标卡尺检查制动片的厚度，当低于规定要求时，应更换新件。绝不能用砂纸抛光制动器的衬片，因为砂纸的硬颗粒会渗入衬片内，可能会损坏制动盘。

（3）制动盘的检查

1）厚度检查。如图 1-2-35 所示，检查制动盘表面与磨损件的擦痕，至少取 8 个点测量制动盘的厚度。前制动盘厚度标准值为 26 mm，极限值为 24 mm；后制动盘厚度标准值为 10 mm，极限值为 8.4 mm。如果磨损超过规定值，则应更换。

2）跳动量检查。使用车轮螺母把制动盘对着轮毂固定牢靠，然后安装百分表测量制动盘的轴向圆跳动，如图 1-2-36 所示。制动盘跳动量极限是 0.10 mm。测量前应检查前车轮轴承是否有松动。

图 1-2-35　制动盘厚度的检查

图 1-2-36　制动盘跳动量的检查

（4）轮缸滑销、卡钳销螺栓的检查

检查滑销是否能平滑移动，如图 1–2–37 所示，如发现有损坏，应修理或更换。给滑销和卡钳销螺栓外表面涂抹橡胶润滑脂。

（5）防尘罩和衬套的检查

检查防尘罩和衬套是否有裂纹和损坏，如图 1–2–38 所示，如有损坏应更换。

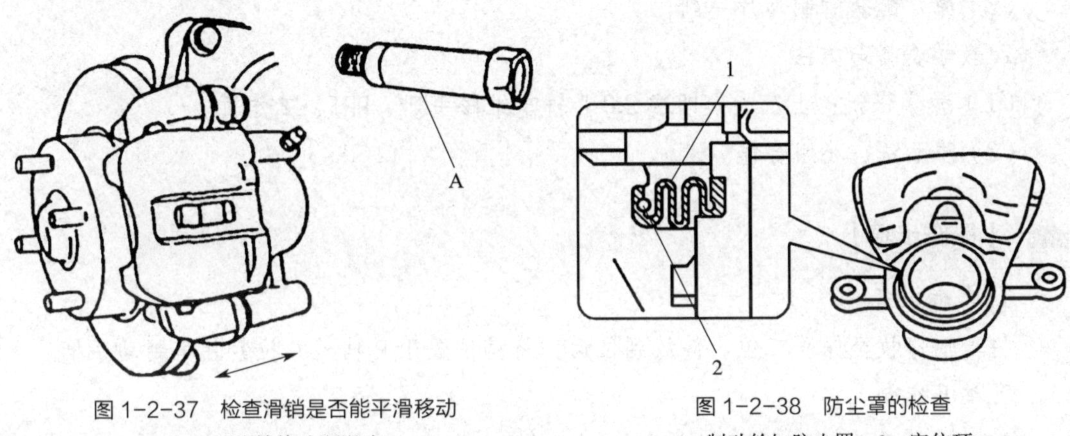

图 1–2–37　检查滑销是否能平滑移动
在 A 处涂抹橡胶润滑脂

图 1–2–38　防尘罩的检查
1—制动轮缸防尘罩　2—定位环

三、制动片的更换

在汽车制动系统中，制动片是最关键的安全部件。由于驾驶员驾驶习惯和驾驶环境的差异，建议每行驶 10 000 km 或 6 个月检查一次制动片。正常情况下，建议前制动片在车辆行驶里程为 30 000 ~ 50 000 km 时更换；后制动片在车辆行驶里程为 40 000 ~ 60 000 km 时更换。但是不同的车况、路况和制动片自身的质量又会对其使用寿命产生影响。如长期行驶在山路上的车辆肯定比长期行驶在平路上的车辆更需要频繁地更换制动片。制动片的更换方法参见本学习单元的综合实训。

综合实训

【实训任务】

某客户的 2012 款上汽大众朗逸 2.0 L 轿车制动距离过长，经组长检查，确认为制动片磨损严重而导致的制动效果变差。你作为车辆维修人员，根据组长的分工，需要为客户的轿车更换新的制动片。

【操作准备】

1. 工具材料

（1）2012 款上汽大众朗逸 2.0 L 轿车。

（2）汽车维修常用工具。

（3）原厂配套的制动片一副。

2. 教学资料与方法

（1）教学资料：上汽大众朗逸 2.0 L 轿车维修手册、PPT、工作页。

（2）演示法、小组合作。

【操作步骤】

1. 车辆准备

将车辆停放至保养工位。停放到位后，将挡位置于 P 挡，并拉紧驻车制动手柄。

2. 举升车辆

在车辆举升前预松车轮固定螺栓；在确保车辆固定无误的条件下举升车辆，举升至合适高度停止，将举升机保险落锁；拆卸车轮，如图 1-2-39 所示。

图 1-2-39　拆卸车轮

3. 如图 1-2-40 所示，用梅花扳手拧下制动卡钳的滑销螺栓；用一字旋具推开制动钳壳体。

4. 将制动卡钳翻转过去（制动钳体需用挂钩挂好），如图 1-2-41 所示，拆卸制动片。

5. 安装新制动片；用制动轮缸活塞压缩钳把制动轮缸活塞压进去，如图 1-2-42 所示。

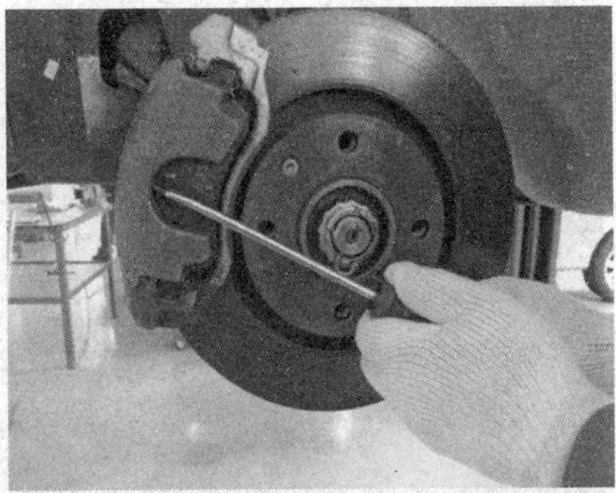

图 1-2-40　拆卸制动卡钳滑销螺栓

图 1-2-41　拆卸制动片

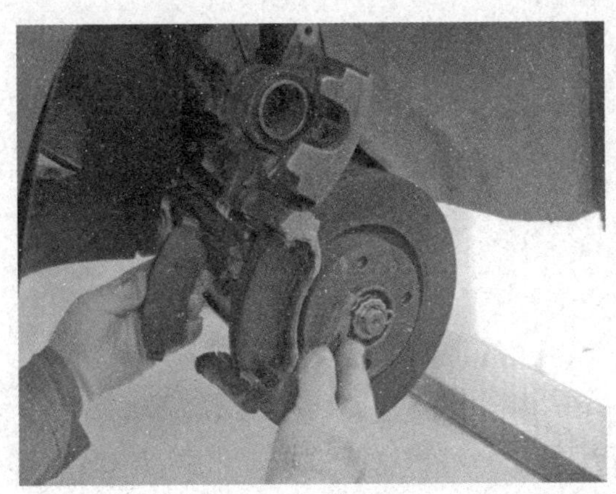
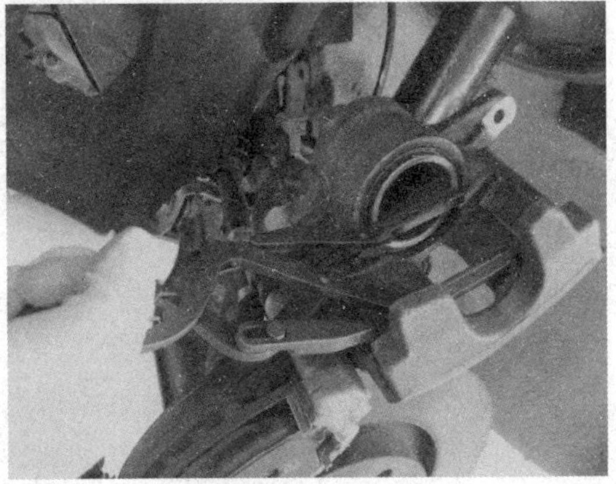

图 1-2-42　安装新制动片及将制动轮缸活塞压进去

6. 把制动卡钳翻转回来；旋入制动卡钳滑销螺栓（必须涂防松胶），并用规定的力矩将其拧紧，如图 1-2-43 所示。

图 1-2-43　安装制动卡钳

7. 安装车轮，旋入车轮固定螺栓；将车辆降至地面，拧紧车轮固定螺栓，拧紧力矩为 90 N·m。

8. 启动发动机，连续多次踩制动踏板，恢复制动片与制动盘之间的间隙。

9. 检查完毕，对保养工位和维修工具进行 7S 整理。

模块 2 检修发动机

- 课程 2-1 诊断参数检测
- 课程 2-2 检修曲柄连杆机构
- 课程 2-3 检修配气机构
- 课程 2-4 检修燃油、电控系统
- 课程 2-5 检修润滑系统和冷却系统
- 课程 2-6 检修进、排气系统

课程设置

课程	学习单元	课堂学时
2-1　诊断参数检测	（1）检测进气歧管真空度	2
	（2）检测汽油机燃油压力	2
	（3）检测汽车尾气排放	4
	（4）使用汽车故障电脑诊断仪	4
2-2　检修曲柄连杆机构	（1）拆检气缸体及气缸	4
	（2）拆检活塞、活塞环及活塞销	4
	（3）拆检连杆及轴承	4
	（4）拆检飞轮、曲轴及轴承	4
2-3　检修配气机构	（1）拆检凸轮轴	4
	（2）拆检气门组件	4
	（3）拆检气缸盖	4
2-4　检修燃油、电控系统	（1）检测燃油供给系统	4
	（2）检测各传感器性能	12
	（3）检测各执行器性能	8
	（4）检测点火系统电路	4
2-5　检修润滑系统和冷却系统	（1）检测机油压力	2
	（2）检查水泵密封性	2
	（3）检测节温器工作状况	2
	（4）检测冷却风扇和温控开关工作情况	2
2-6　检修进、排气系统	（1）拆检废气涡轮增压器	4
	（2）检测进气系统密封性	2
	（3）检测排气系统的排气阻力	2

课程 2-1　诊断参数检测

【学习内容】

学习单元	课程内容	培训建议	课堂学时
（1）检测进气歧管真空度	1）真空表的功用及结构 2）进气歧管真空度的检测	（1）方法：讲授法、演示法、实训法 （2）重点与难点：进气歧管真空度的检测	2
（2）检测汽油机燃油压力	1）燃油压力表的功用及类型 2）汽油机燃油压力的检测	（1）方法：讲授法、演示法、实训法 （2）重点与难点：燃油压力的测量方法	2
（3）检测汽车尾气排放	1）尾气分析仪的类型及功用 2）汽车尾气排放的检测	（1）方法：讲授法、演示法、实训法 （2）重点与难点：汽车尾气排放的检测	4
（4）使用汽车故障电脑诊断仪	1）汽车故障电脑诊断仪的功用及类型 2）汽车故障码相关知识 3）就车使用汽车故障电脑诊断仪	（1）方法：讲授法、演示法、实训法 （2）重点与难点：汽车故障电脑诊断仪操作方法及故障码相关知识	4

学习单元 1 检测进气歧管真空度

一、真空表的功用及结构

1. 真空表的功用

真空表可用来检测发动机进气歧管的真空度。发动机进气歧管真空度是指发动机进气歧管内压力与外面大气压力之差。发动机进气歧管真空度是随其自身密封性和气缸密封性的变化而变化的。通过检测该参数可以分析、判断进气管及气缸的密封性，并能诊断故障。

2. 真空表的结构

真空表由表头和软管组成，如图 2–1–1 所示。真空表的表头与气缸压力表表头一样，多为鲍登管。当真空（负压）进入表头内弯管时，弯管更加弯曲。于是，通过杠杆和齿轮机构等带动指针动作，在表盘上指示出真空度的大小。真空表表头的量程为 0 ~ 101.325 kPa（旧式表头量程：公制为 0 ~ 760 mmHg，英制为 0 ~ 30 inHg）。软管的一头固定在表头上，另一头连接在节气门后方的进气管专用接头上。

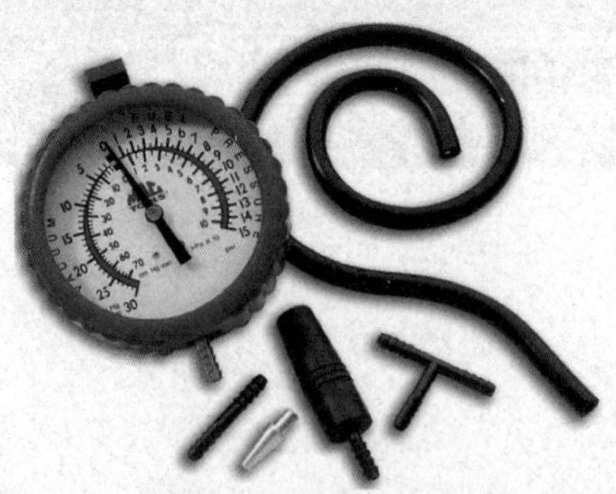

图 2–1–1 真空表的结构

二、进气歧管真空度的检测

1. 启动发动机，使发动机达到正常工作温度。

2. 用一根真空管将真空表连接到节气门后方的进气管专用接头上，如图 2–1–2 所示。如果没有专用接头，可拔掉进气歧管上的一根真空管，然后用三通接头连接真空表。

图 2–1–2　连接真空管

3. 变速器挂空挡，发动机怠速运转。

4. 在怠速、减速、加速等各种工况下读取真空表上的读数，如图 2–1–3 所示。考虑到进气管真空度有随海拔增加而降低的现象（一般海拔每增加 1 000 m，真空度将减少 10 kPa 左右），因此，真空度检测中应根据所在地海拔修正真空度标准值。

图 2–1–3　测量进气歧管真空度

学习单元 2　检测汽油机燃油压力

一、燃油压力表的功用及类型

燃油压力表是用来测量燃油系统燃油压力的专用工具，是对燃油系统进行检查和故障诊断的常用工具，如图 2-1-4 所示。

使用燃油压力表测量燃油系统压力时，应注意选择量程与被测系统压力范围相适应的燃油压力表。普通式的燃油压力表量程一般为 7 ~ 103 kPa，专用的高压式燃油压力表量程一般为 7 ~ 690 kPa。电控燃油喷射发动机燃油系统压力：单点喷射系统一般为 62 ~ 69 kPa，多点喷射系统一般为 207 ~ 275 kPa。

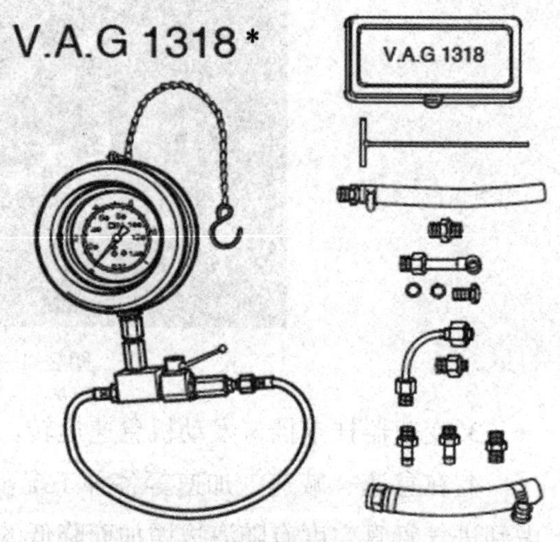

图 2-1-4　燃油压力表

*—大众汽车公司专用工具编号

二、汽油机燃油压力的检测

1. 完成车辆防护工作

检测过程中需启动车辆，放置车轮挡块，将排气管连接尾气抽吸装置。除此之外，还需铺垫转向盘套、座椅套、脚垫、翼子板布等。

2. 释放燃油系统的压力

在拆卸燃油系统内任何部件时，都必须先释放燃油系统内的压力，以免造成人员伤害或火灾。

（1）打开燃油箱盖，释放油箱中的燃油蒸气，然后再关闭燃油箱盖。

（2）拆下燃油泵的熔断器。

（3）数次启动车辆直至发动机自动熄火。

（4）关闭点火开关，装上燃油泵的熔断器。

由于缸内喷射式发动机无法完全释放燃油系统内的压力，可在进油管接头处垫上抹布或棉纱，然后松开进油管接头，让流出的燃油被毛巾或棉纱吸掉。

3. 连接燃油压力表

（1）检查燃油压力表连接管路有无裂纹、破损。

（2）在燃油压力检测口处连接燃油压力表，如图 2–1–5 所示。如果没有燃油压力检测口，可断开进油管，将燃油压力表串联在进油管中。然后，检查燃油压力表接头处有无松动，检查燃油压力表指针是否在 0 刻线。

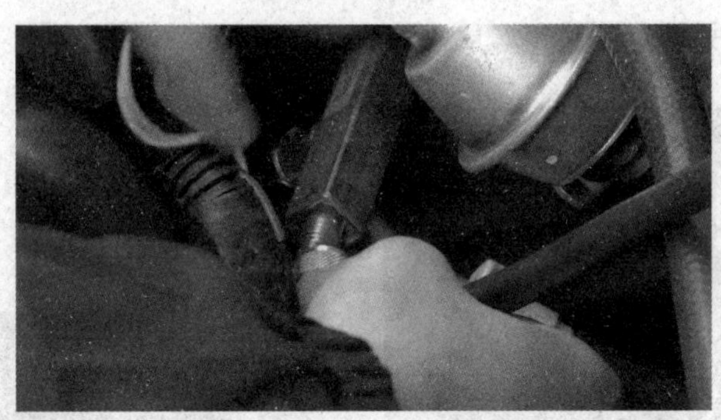

图 2–1–5　连接燃油压力表

4. 读取燃油压力表的读数

（1）打开点火开关至“ON”挡，使燃油泵运转，然后关闭点火开关。打开燃油压力表的排气阀，直至有燃油流出，排出燃油压力表管路内的空气。注意，要用容器接住流出的燃油。

（2）打开点火开关至“ON”挡，读取燃油压力表的读数，此压力为静态油压。

（3）启动车辆并保持怠速，读取燃油压力表的数值，如图 2–1–6 所示，此压力为标准油压。

（4）发动机熄火，燃油泵停止运转 10 min（或维修手册规定的时间）后，读取燃油压力表的数值，此压力为保持压力。

图 2–1–6　检测标准油压

5. 拆卸燃油压力表

（1）按压燃油压力表的排气阀进行泄压，用容器接住流出的燃油，如图 2–1–7 所示。

（2）拆下燃油压力检测口处的连接管并装回检测口盖，用抹布或棉纱接住流出的燃油，如图 2–1–8 所示。

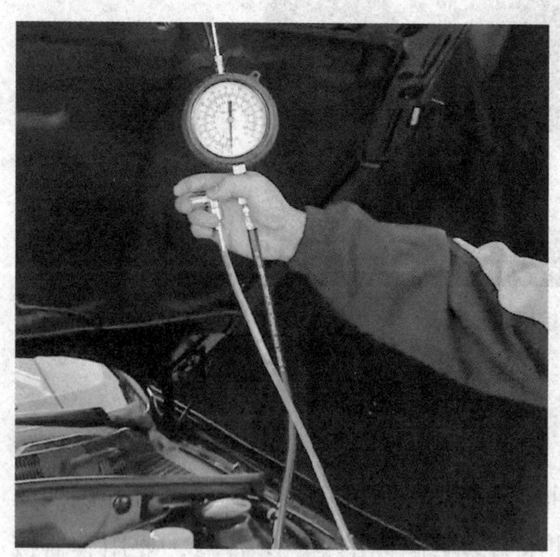

图 2–1–7　按压燃油压力表的排气阀

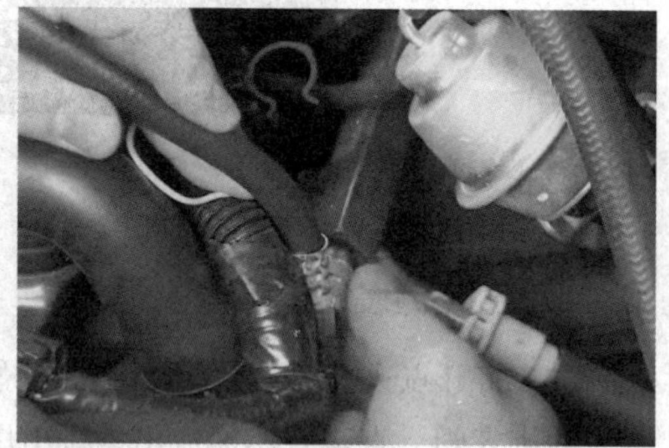

图 2–1–8　拆下燃油压力检测口处的连接管

（3）启动车辆，检查燃油压力检测口有无漏油现象。

学习单元 3　检测汽车尾气排放

一、尾气分析仪的类型及功用

1. 汽油发动机尾气分析仪的类型及功用

根据尾气分析仪能检测的气体数目分类，尾气分析仪可分为单气体分析仪、二气体分析仪、四气体分析仪和五气体分析仪等多种类型。

单气体分析仪仅能检测 CO、HC 或其他一种气体的含量；二气体分析仪能检测 CO 和 HC 这两种气体或其他两种气体的含量；四气体分析仪可检测 CO、CO_2、HC、O_2 四种气体的含量和过量空气系数 λ；五气体分析仪可检测 CO、CO_2、HC、O_2、NO 五种气体的含量和过量空气系数 λ。

（1）二气体分析仪的功用及组成

二气体分析仪最常见的是 CO 和 HC 气体分析仪，这是一种能够从汽车排气管中采集气样，对其中 CO 和 HC 的含量连续进行分析的仪器，在国内使用比较普遍。二气体分析仪由排气取样装置、排气分析装置、含量指示装置和校准装置等组成。CO 和 HC 气体分析仪如图 2-1-9 所示。

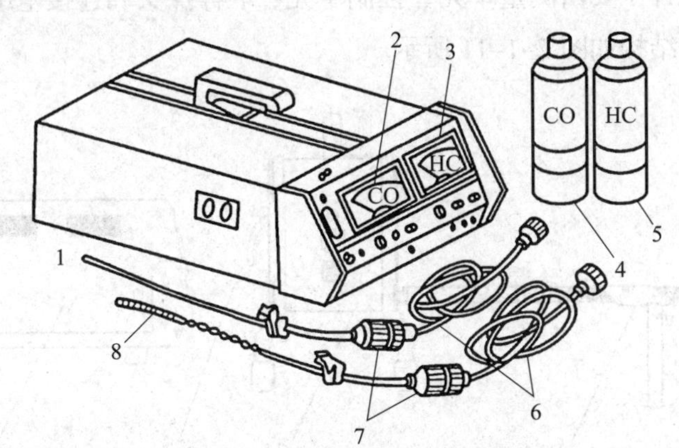

图 2-1-9　CO 和 HC 气体分析仪

1—高体积分数取样头　2—CO 指示仪表　3—HC 指示仪表　4—标准 CO 气样瓶　5—标准 HC 气样瓶　6—导管　7—过滤器　8—低体积分数取样头

（2）五气体分析仪的功用

五气体分析仪可检测 CO、CO_2、HC、O_2、NO 五种气体的含量和过量空气系数 λ。南华 NHA-502 尾气分析仪就是一种五气体分析仪，如图 2-1-10 所示。

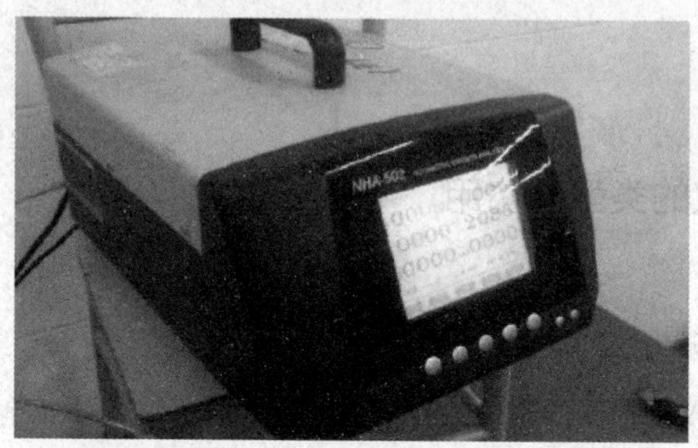

图 2-1-10　南华 NHA-502 五气体尾气分析仪

2. 柴油发动机尾气分析仪的类型及作用

柴油发动机汽车排放的可见污染物表现在排气烟色上。排气烟色主要有黑烟、蓝烟和白烟三种。黑烟的发暗程度用排气烟度表示，排气烟度可用烟度计检测。烟度计可分为滤纸式、不透光式、重量式等。

国家标准《柴油车污染物排放限值及测量方法（自由加速法及加载减速法）》（GB 3847—2018）要求在用车辆应采用自由加速法或加载减速法进行尾气检测，这两种方法均需使用不透光式烟度计进行检测。

不透光式烟度计主要由测量单元、控制单元、取样探头和连接电缆等组成，NHT-6 不透光式烟度计的结构如图 2-1-11 所示。

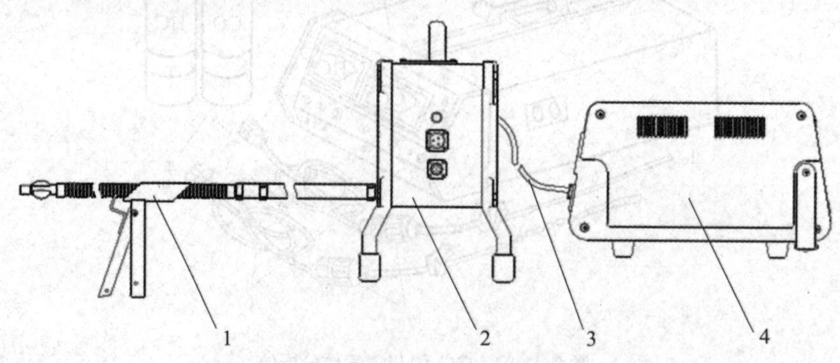

图 2-1-11　NHT-6 不透光式烟度计的结构

1—取样探头　2—测量单元　3—连接电缆　4—控制单元

二、汽车尾气排放的检测

1. 用双怠速法测量汽油发动机汽车排气污染物的步骤

（1）给汽车尾气分析仪接通电源，对尾气分析仪进行预热，预热时间参照尾气分析仪说明书。

（2）检查尾气分析仪取样探头、滤清器等部件是否有破损、堵塞等。用堵头将取样探头堵住，选中尾气分析仪检漏功能，检查尾气分析仪是否存在泄漏故障。

（3）尾气分析仪的校准。先让尾气分析仪吸入清洁空气，用零点调整旋钮或调零按钮把仪表指针调整至零点，然后把仪器附带的标准气样从标准气样注入口注入，再用标准调整旋钮或显示器选中校准功能，把仪表指针调到标准指示值。

（4）把取样探头和取样导管安装到尾气分析仪上，检查取样探头和导管内是否有残留的 HC。如果管的内壁吸附残留的 HC 较多，仪表指针大大超过零点位置，要用压缩空气吹洗或用布条等物清洁取样探头和导管内壁。

（5）应保证被检测车辆处于制造厂规定的正常状态，发动机进气系统应装有空气滤清器，排气系统应装有排气消声器和排气后处理装置，并不得有泄漏处。

（6）应在发动机上安装转速计（见图 2–1–12）、点火正时仪、冷却液和润滑油测温计等测量仪器。测量时，发动机冷却液和润滑油温度应不低于 80 ℃，或者达到汽车使用说明书规定的热车状态。

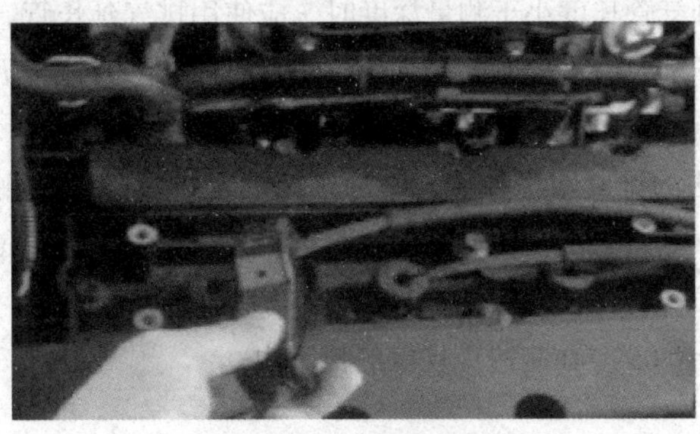

图 2–1–12　安装转速计

（7）发动机从怠速状态加速至 70% 额定转速，运转 30 s 后降至高怠速状态。将取样探头插入排气管中，深度不小于 400 mm，并固定在排气管上，如图 2–1–13 所示。维持 15 s 后，由具有平均值计算功能的仪器读取 30 s 内的平均值，或者人工读取 30 s

内的最高值和最低值，其平均值即为高怠速污染物测量结果。对于使用闭环控制电子燃油喷射系统和三效催化转化器技术的汽车，还应同时读取过量空气系数 λ 的数值。

（8）发动机从高怠速降至怠速状态 15 s 后，由具有平均值计算功能的仪器读取 30 s 内的平均值，或者人工读取 30 s 内的最高值和最低值，其平均值即为怠速污染物测量结果。测量结果如图 2–1–14 所示。

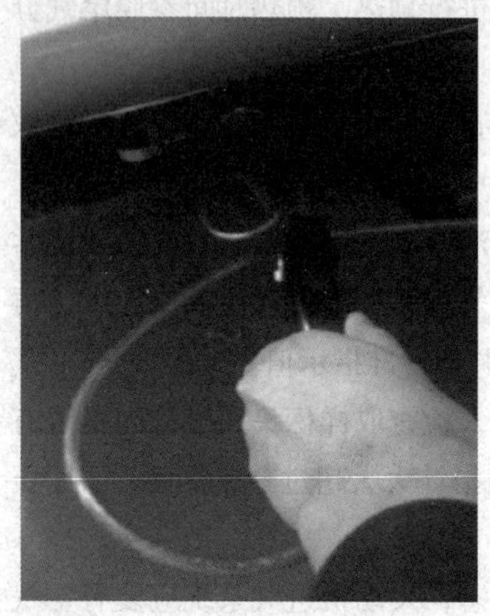

图 2–1–13　插入并固定取样探头

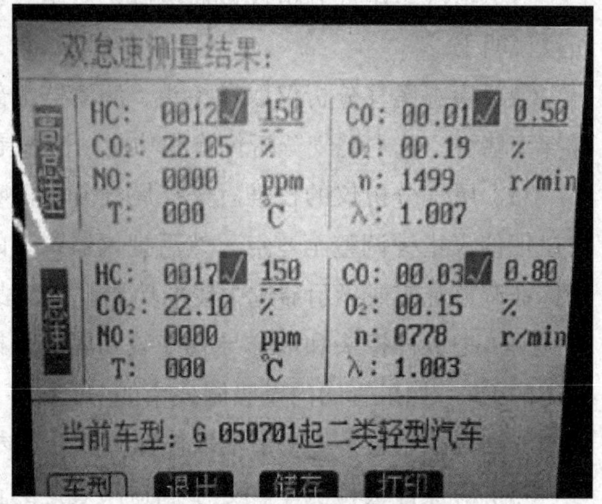

图 2–1–14　测量结果

（9）在测量过程中，如果任何时刻 CO 和 CO_2 的浓度之和小于 6.0%，或者发动机熄火，应终止测试，排放测量结果无效，需重新进行测试。

（10）若为多排气管汽车，取各排气管测量结果的算术平均值作为测量结果。

（11）若车辆排气管长度小于测量深度时，应使用排气延长管。

（12）测量工作结束后，把取样探头从排气管里抽出来，让它吸入新鲜空气 5 min，待仪器指针回到零点后再关闭电源。

（13）双怠速法的排放限值参照《汽油车污染物排放限值及测量方法（双怠速法及简易工况法）》（GB 18285—2018）中的规定，双怠速法检验排气污染物排放限值见表 2–1–1。进行排放检验的同时，应对过量空气系数 λ 进行测定。发动机转速为高怠速时，λ 应为 1.00 ± 0.05 或在制造厂规定的范围内。

2. 在用压燃式发动机汽车自由加速试验

（1）试验条件

1）试验应针对整车进行。

2）试验前车辆发动机不应停机或长时间怠速运转。

表 2-1-1　双怠速法检验排气污染物排放限值

排放限值	类别			
	怠速		高怠速	
	CO（%）	HC（$\times10^{-6}$）	CO（%）	HC（$\times10^{-6}$）
限值 *a*	0.6	80	0.3	50
限值 *b*	0.4	40	0.3	30

注：1. 对以天然气为燃料点燃式发动机汽车，HC 作为推荐性要求。

2. 在用汽车排气污染物检测应符合本标准规定的限值 *a*。

3. 对于汽车保有量达到 500 万辆以上，或机动车排放污染物为当地首要空气污染源，或按照法律法规设置低排放控制区的城市，应在充分征求社会各方面意见基础上，经省级人民政府批准和国务院生态环境主管部门备案后，可提前选用限值 *b*，但应设置足够的实施过渡期。

3）不透光式烟度计及其安装应满足 GB 3847—2018 附录 C 的规定。

4）试验采用符合国家标准的车用燃料。

（2）车辆准备

1）车辆在不进行预处理的情况下也可以进行自由加速烟度试验。但出于安全考虑，试验前应确保发动机处于热状态，并且机械状态良好。

2）发动机充分预热后，在发动机机油标尺孔位置测得的机油温度至少应为 80 ℃。因车辆结构无法进行温度测量时，可以通过其他方法判断发动机温度是否处于正常运转温度范围内。

3）采用至少 3 次自由加速过程或其他等效方法对排气系统进行吹拂，以清扫排气系统中的残余污染物。

（3）试验步骤

1）目测车辆排气系统的相关部件是否泄漏。

2）发动机（包括所有装有废气涡轮增压装置的发动机）在每个自由加速循环的开始点均处于怠速状态。对重型发动机，将加速踏板放开后至少等 10 s。

3）在进行自由加速测量时，必须在 1 s 内将加速踏板快速、连续地完全踩到底，使喷油泵在最短时间内供给最大油量。

4）对每个自由加速测量，在松开加速踏板前，发动机必须达到断油转速。对带自动变速器的车辆，则应达到制造厂申明的转速（如果没有该数据值，则应达到断油转速的 2/3）。

在测量过程中应监测发动机转速检查是否符合试验要求（特殊无法测得发动机转速的车辆除外），将发动机转速数据实时记录并上报。

5）检测结果取最后 3 次自由加速测量结果的算术平均值。

3. 在用压燃式发动机汽车加载减速试验

排放检测由三部分组成：第一部分是对车辆进行预先检查，以检查受检车辆身份与车辆行驶证是否一致，以及进行排放检测的安全性；第二部分是检查检测系统和车辆状况是否适合进行检测；第三部分则是进行排放检测。

（1）预先检查

1）待检车辆完成检测登记后，检测驾驶员应将车辆驾驶到底盘测功机前等待检测，并进行车辆的预先检查，具体要求参见 GB 3847—2018 附件 BA。

2）将车辆驾驶上底盘测功机前，需进行以下调整。

①中断车上所有主动型制动功能和扭矩控制功能，如中断制动防抱死系统（ABS）、电子稳定程序（EPS）等。无法中断车上主动型制动功能和扭矩控制功能的车辆则采用自由加速法进行排放检测。

②关闭车上所有以发动机为动力的附加设备，如空调系统，并切断其动力传动机构（如果适用）。

③除检测驾驶员外，受检车辆不能载客、载货，不得有附加的动力装置。必要时，需判断底盘测功机能否承受待检车辆驱动桥的质量。

④对于紧密型多驱动轴的车辆，或全时四轮驱动车辆等不能按照加载减速法进行试验的车辆可按自由加速法进行检测。

3）在按照 GB 3847—2018 附件 BA 进行检查时，如果发现受检车辆的车况太差，不适合进行加载减速法检测，应在车辆维修合格后才能进行检测。

（2）检测系统和车辆的检查

如果待检车辆通过了预检程序，检测员应按以下步骤将待检车辆驾驶到底盘测功机上。

1）举起测功机升降板，并检查是否已将转鼓牢固锁好。

2）按照底盘测功机的规定方向，小心将车辆驾驶到底盘测功机上，并将驱动轮置于转鼓中央位置。

3）放下测功机升降板，松开转鼓制动器。待完全放下升降板后，缓慢驾驶，使受检车辆的车轮与试验转鼓完全吻合。

4）轻踩制动踏板使车轮停止转动，发动机熄火。

5）按照测功机设备商的建议将受检车辆的非驱动轮楔住，固定车辆安全限位装置。对前轮驱动的车辆，应有防侧滑措施。

6）为受检车辆配备辅助冷却风扇，掀开发动机舱盖，保证冷却空气流通顺畅，以防止发动机过热。

（3）试验准备

1）安装好发动机转速传感器，测量发动机曲轴转速。

2）选择合适的挡位，使油门踏板在最大位置时，受检车辆的最高车速最接近 70 km/h。

3）由主控计算机判断测功机能否吸收受检车辆的最大功率，如果车辆的最大功率超过了测功机的功率吸收范围，不能在该测功机上进行加载减速检测。

4）除检测员外，在检测过程中，其他人员不得在测试现场逗留。车辆安置到位，将测功机举升机放下后应对车辆进行低速运行检测，确保车辆运行处于稳定状态。

5）发动机充分预热后，在发动机机油标尺孔位置测得的机油温度至少应为 80 ℃。因车辆结构无法进行温度测量时，可以通过其他方法判断发动机温度是否处于正常运转温度范围内。若传动系统处于冷车状态，应在测功机无加载状态下低、中速运行车辆，使车辆的传动部件达到正常工作温度。

6）发动机熄火，变速器置空挡，将不透光式烟度计的采样探头置于大气中，检查不透光式烟度计的零刻度和满刻度。检查完毕，将采样探头插入受检车辆的排气管中，插入深度不得低于 400 mm。

（4）试验步骤

1）启动发动机，变速器置空挡，逐渐加大油门踏板开度直到达到最大，并保持最大开度状态，记录这时发动机的最大转速，然后松开油门踏板，使发动机回到怠速状态。

2）使用前进挡驱动被检车辆，选择合适的挡位，使油门踏板处于全开位置时，测功机指示的车速最接近 70 km/h，但不能超过 100 km/h。装有自动变速器的车辆不要在超速挡下进行测量。

3）计算机按照上述步骤获得的数据进行分析，判断是否可以继续进行后续的检测，被判定为不适合检测的车辆不允许进行加载减速检测。在确认机动车可以进行排放检测后，将底盘测功机切换到自动检测状态。

自动控制系统采集两组检测数据，并将不同工况点的测量结果与排放限值进行比较。若测得的排气光吸收系数 k 或 NO_x 超过了规定的限值，均判断该车的排放不合格。

4）检测开始后，检测员应始终将油门踏板保持在最大开度状态，直到检测系统通知松开油门踏板为止。在检测过程中，检测员实时监控发动机冷却液温度和机油压力。

一旦冷却液温度超过了规定的温度范围，或机油压力偏低，都必须立即暂时停止检测。冷却液温度过高时，检测员应松开油门踏板，将变速器置空挡，使车辆停止运转。然后使发动机在怠速工况下运转，直到冷却液温度重新恢复到正常范围为止。

5）检测结束后，打印检测报告并存档。

（5）卸载步骤

1）驾驶受检车辆离开底盘测功机前，检测员应检查相关检测工作是否已经全部完成，是否完成相关检测数据的记录和保护。

2）从受检车辆上拆下所有测试和保护装置。

3）将发动机舱盖复位。

4）举起测功机升降板，锁住转鼓。

5）去掉车轮挡块，确认受检车辆及其行驶路线周围没有障碍物或无关人员。

6）车辆驾驶员在得到明确的驶离指令后，将受检车辆驶离底盘测功机，并停放到指定地点。

学习单元 4　使用汽车故障电脑诊断仪

一、汽车故障电脑诊断仪的功用及类型

1. 汽车故障电脑诊断仪的功用

汽车故障电脑诊断仪又称电脑解码器，它实质上是一种微型计算机，用于测试汽车电控系统的故障。现代汽车故障电脑诊断仪的主要功能有读取和清除故障码、执行元件测试、读取数据流等。

2. 汽车故障电脑诊断仪的类型

汽车故障电脑诊断仪分为通用型和专用型两大类。通用型汽车故障电脑诊断仪适用于各种车型，如国产的“电眼睛”“修车王”和金德 KT660 等；专用型汽车故障电脑诊断仪适用于特定品牌车型，如大众汽车公司的 VAS 6150 诊断仪和 V.A.G 1551/1552 故

障阅读仪、宝马汽车公司的 ISID NEXT 综合信息显示屏、通用汽车公司的 TECH2 等。

3. 金德 KT660 汽车故障电脑诊断仪的组成

金德 KT660 汽车故障电脑诊断仪由各种诊断接头、测试延长线、电源延长线、蓄电池夹电源线、点烟器电源线及 KT660 主机组成，如图 2-1-15 所示。

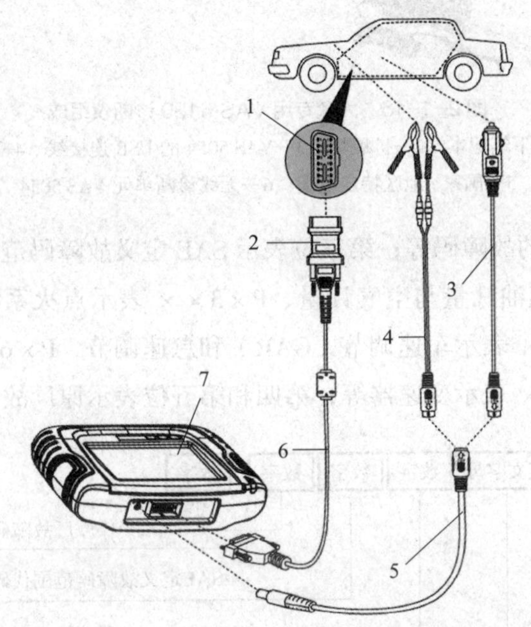

图 2-1-15　金德 KT660 汽车故障电脑诊断仪的组成

1—汽车上的诊断座　2—各种诊断接头　3—点烟器电源线　4—蓄电池夹电源线
5—电源延长线　6—测试延长线　7—KT660 主机

4. 大众专用诊断仪 VAS 6150

VAS 6150 诊断仪主要由松下笔记本、扩展坞、电源、无线诊断单元 VAS 5054、VAS 5054 的 USB 连接线等组成，如图 2-1-16 所示。

二、汽车故障码相关知识

OBE Ⅱ（on board diagnostics Ⅱ，第二代车载自动诊断系统）汽车故障码由 1 个英文字母和 4 个数字组成，如图 2-1-17 所示。第一位是英文字母，表示系统代码：P 表示动力系统、B 表示车身、C 表示底盘、U 表示网路连接相关的系统；第二位表示故障码定义者：如 P0 × × × 表示由 SAE 统一制定的故障码、P1 × × × 表示由各厂家制

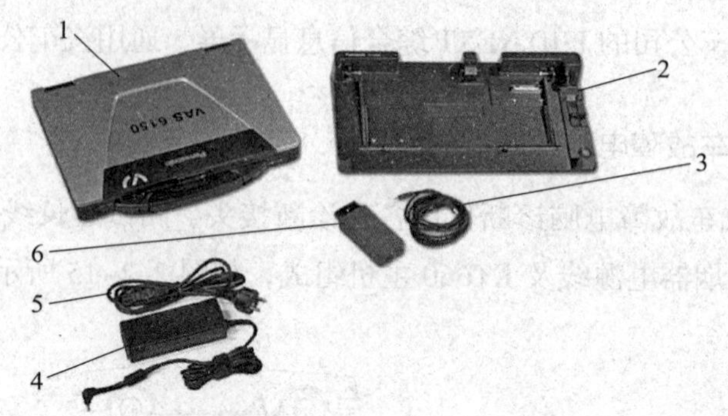

图 2-1-16　大众专用 VAS 6150 诊断仪组成

1—松下笔记本　2—扩展坞　3—VAS 5054 的 USB 连接线　4—电源
5—国家 / 地区特定电缆　6—无线诊断单元 VAS 5054

定的与废气排放有关的故障码等；第三位表示 SAE 定义故障码范围代码，如 P×1×× 和 P×2×× 都表示燃油计量与空气计量、P×3×× 表示点火系统、P×4×× 表示辅助废气调节、P×5×× 表示车速调节（GAR）和怠速调节、P×6×× 表示计算机信号和输出信号、P×7×× 表示变速器等；第四和第五位表示原厂故障码。

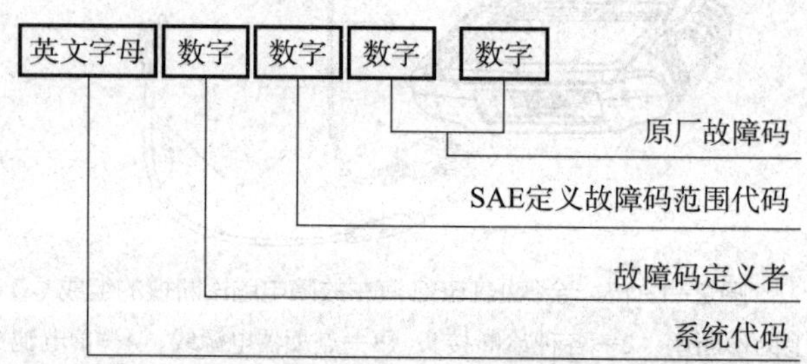

图 2-1-17　OBD Ⅱ故障码形式

根据故障对排放是否有影响及其严重程度，故障码分为以下两类。

1. 影响排放故障码

A 类：发生一次就会点亮 OBD 故障指示灯及记录故障码。

B 类：两个连续行程中各发生一次，才会点亮故障指示灯及记录故障码。

E 类：三个连续行程中各发生一次，才会点亮故障指示灯及记录故障码。

OBD 要求任何影响排放的故障都必须在三个连续行程中诊断出，且点亮 OBD 故障指示灯，记录故障码和故障发生时的定格数据。

2. 不影响排放故障码

C 类：故障发生时记录故障码，但不点亮 OBD 故障指示灯。厂家可根据需要点亮另外一个警告灯。

D 类：故障发生时记录故障码，但不点亮任何警告灯。

三、就车使用汽车故障电脑诊断仪

1. 金德 KT660 汽车故障电脑诊断仪的使用

（1）打开点火开关，使用诊断接头与测试延长线连接车辆 OBD 接口和 KT660 主机，使用蓄电池夹电源线或点烟器电源线给 KT660 主机供电。

（2）进入汽车诊断主界面，如图 2–1–18 所示。图中①为导航栏，所有车型品牌可以按区域分类显示，也可以按品牌首字母 A–Z 的顺序显示，还可以通过 VIN（vehicle identification number，车辆识别码）直接识别；图中②为折叠按钮，显示或隐藏导航栏；图中③为区域显示或首字母区间显示；图中④为上下翻页按钮。

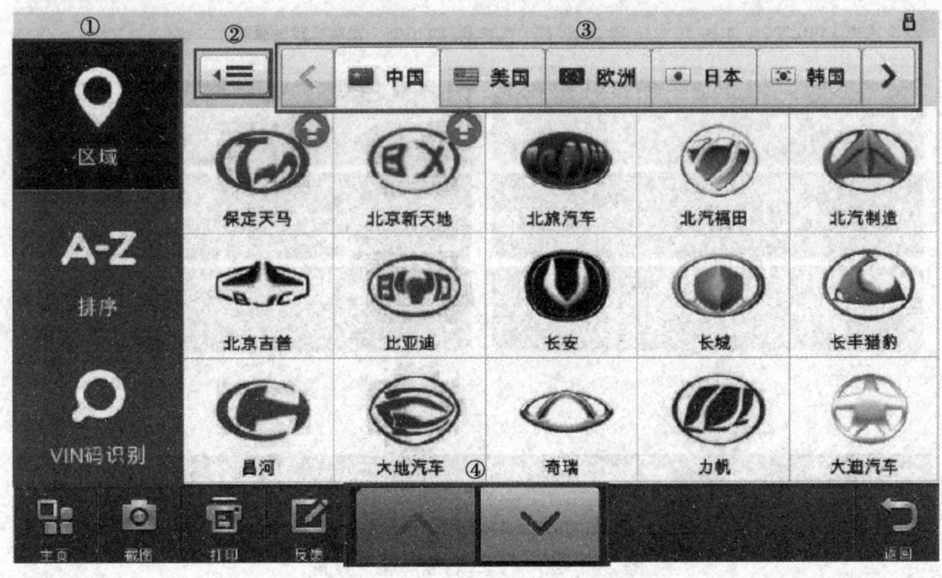

图 2–1–18 KT660 汽车诊断主界面

（3）识别车辆，可通过品牌识别或 VIN 码识别。如图 2–1–19 所示为通过 VIN 码识别车辆。

（4）车辆经识别后，单击“确认”按钮，进入如图 2–1–20 所示的“汽车诊断功能”界面。

（5）读取故障码。单击图 2–1–20 中“读取故障码”按钮，进入“读取故障码”

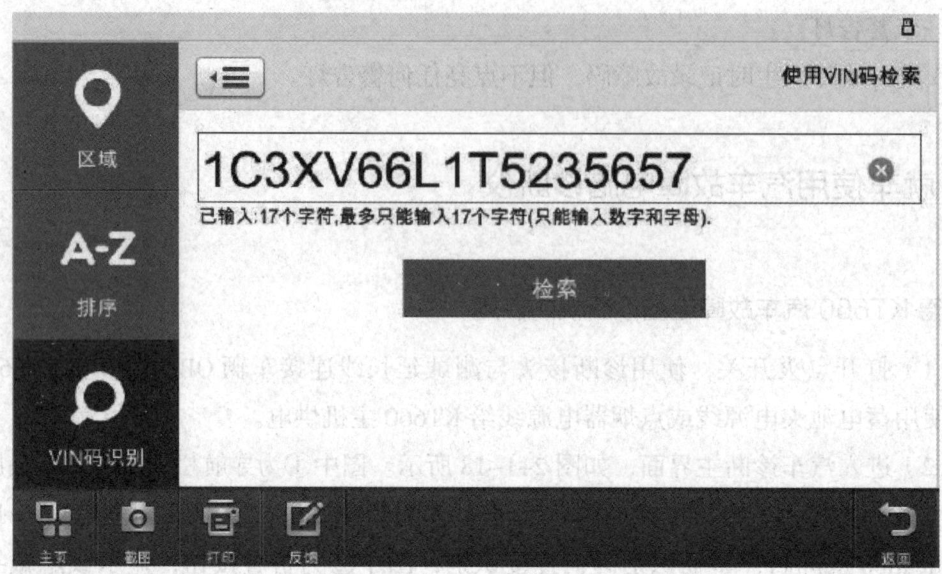

图 2–1–19　使用 VIN 码识别车辆

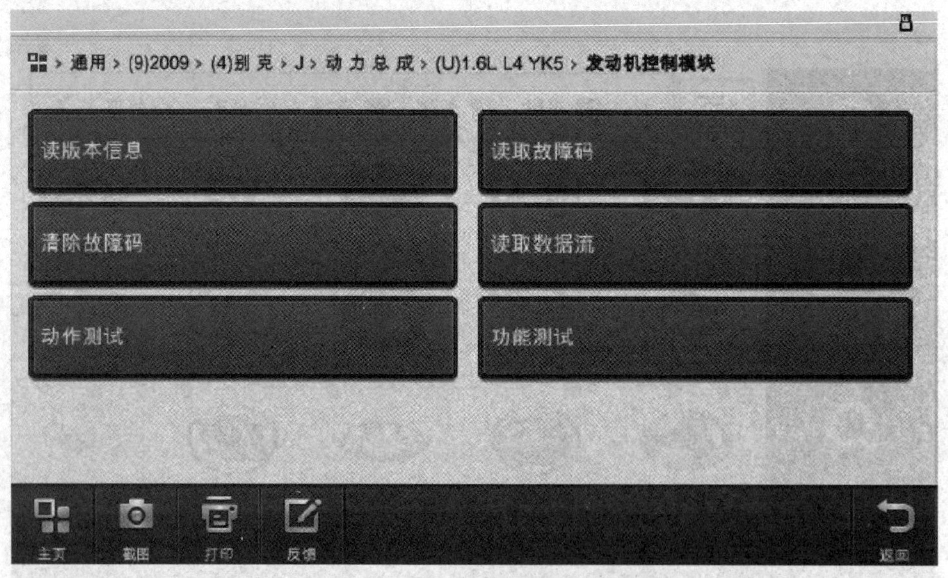

图 2–1–20　“汽车诊断功能”界面

界面，如图 2–1–21 所示。该界面包括故障码的内容、是否有冻结帧和帮助信息。

冻结帧功能是发动机管理系统对故障码功能的补充，主要是用于冻结发动机故障触发时发动机的相关工况，以帮助维修人员了解故障发生时的整车工况。

（6）清除故障码，单击图 2–1–20 中“清除故障码”按钮。

读取 / 清除故障码的操作流程如下：先读取故障码并记录，然后清除故障码。试车、再次读取故障码进行验证，维修车辆，清除故障码，最后再次试车确认故障排除、

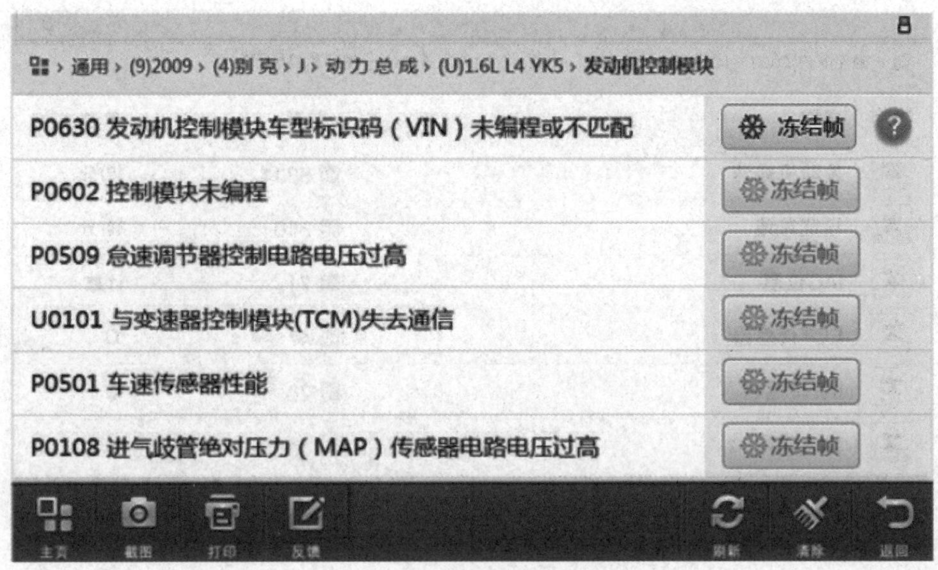

图 2–1–21　“读取故障码”界面

故障码不再出现。

（7）读取数据流。单击图 2–1–20 中“读取数据流”按钮，进入“读取数据流”界面，选择需要读取的数据流，如图 2–1–22 所示。然后单击图 2–1–22 右下角的“读数据流”按钮，在“数据流显示”界面将显示数据流的名称、结果和单位，如图 2–1–23 所示。

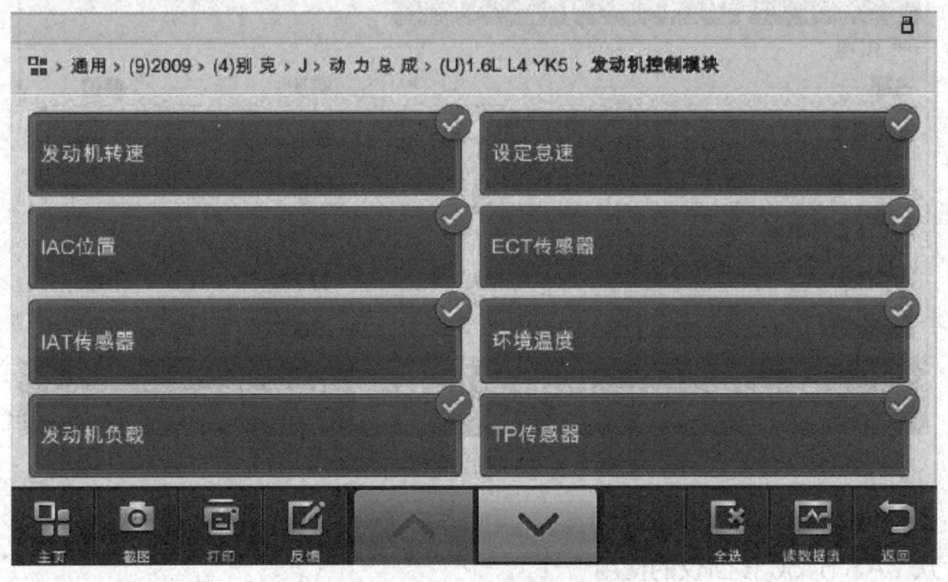

图 2–1–22　“读取数据流”界面

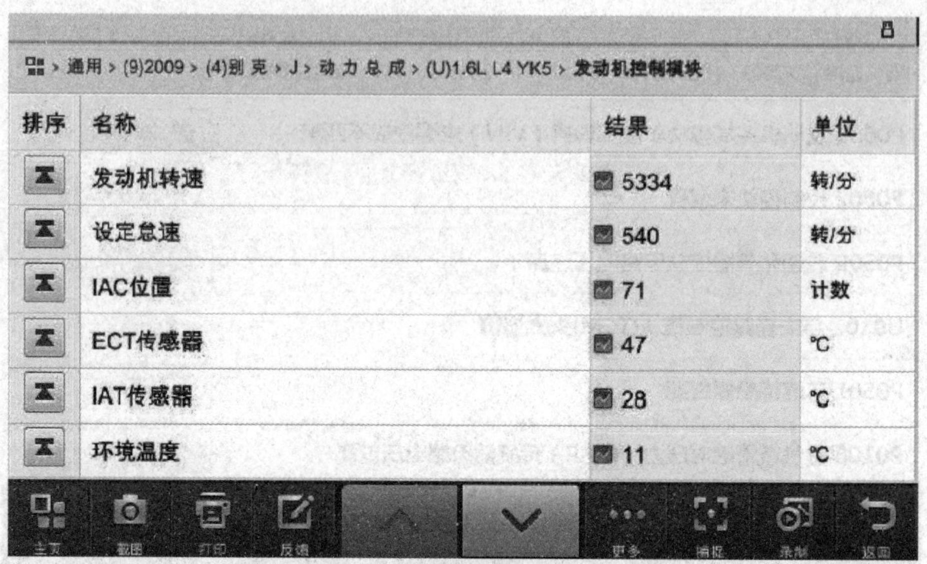

图 2-1-23 “数据流显示”界面

（8）动作测试，该功能可以测试电控系统中的执行器能否正常工作。单击图 2-1-20 中“动作测试”按钮，进入“动作测试”界面，该界面将显示所有可操作的动作测试，如图 2-1-24 所示。

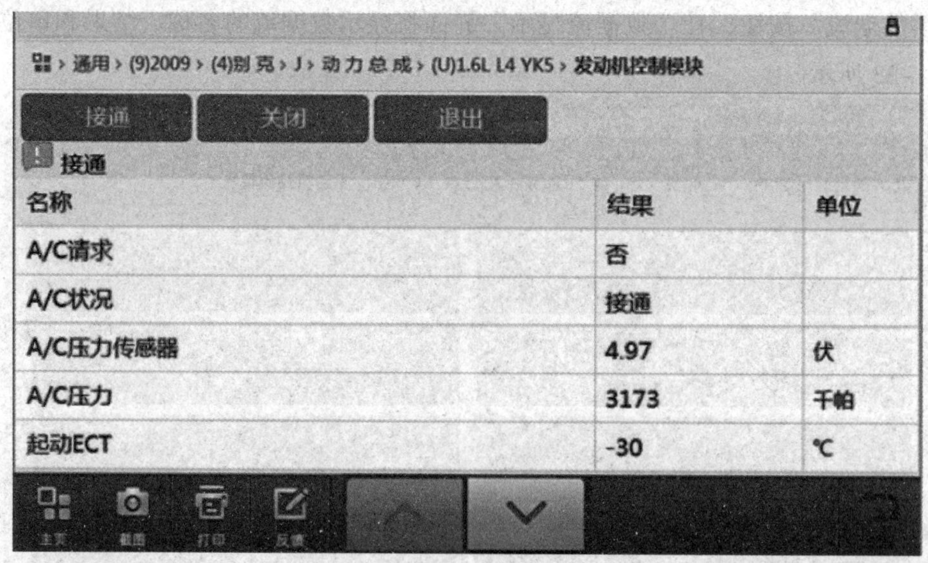

图 2-1-24 “动作测试”界面

2. 大众 VAS 6150 诊断仪的使用

（1）将无线诊断单元 VAS 5054 的一端与车辆诊断接口连接，然后通过蓝牙或 USB

连接线与诊断仪连接。

（2）在诊断仪中打开诊断软件 ODIS（offboard diagnostic information system，非车载诊断信息系统）系统，ODIS 系统可以手动或自动识别车辆，手动方式如图 2-1-25 所示。注意，如果是在线方式，需登录 GEKO 账户。

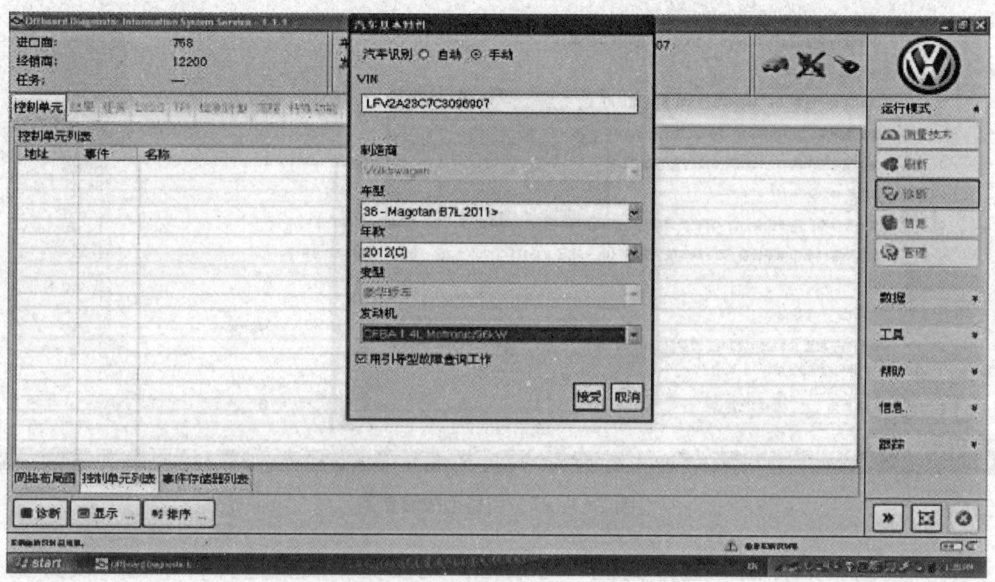

图 2-1-25　手动方式识别车辆

（3）单击“无任务”按钮，开始识别控制单元，如图 2-1-26 所示。

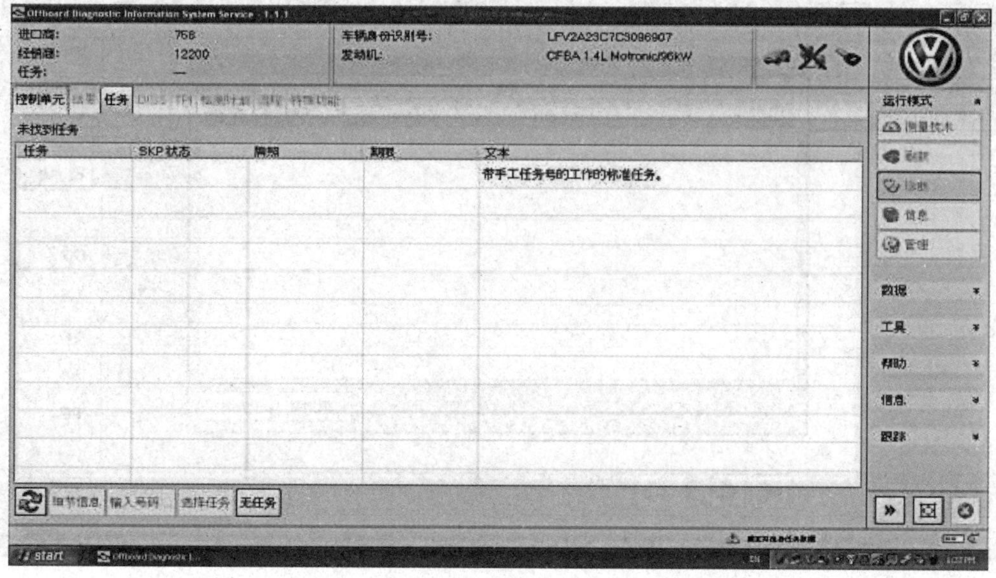

图 2-1-26　识别控制单元

（4）然后单击“确定”按钮，开始引导型故障查询，如图 2–1–27 所示。

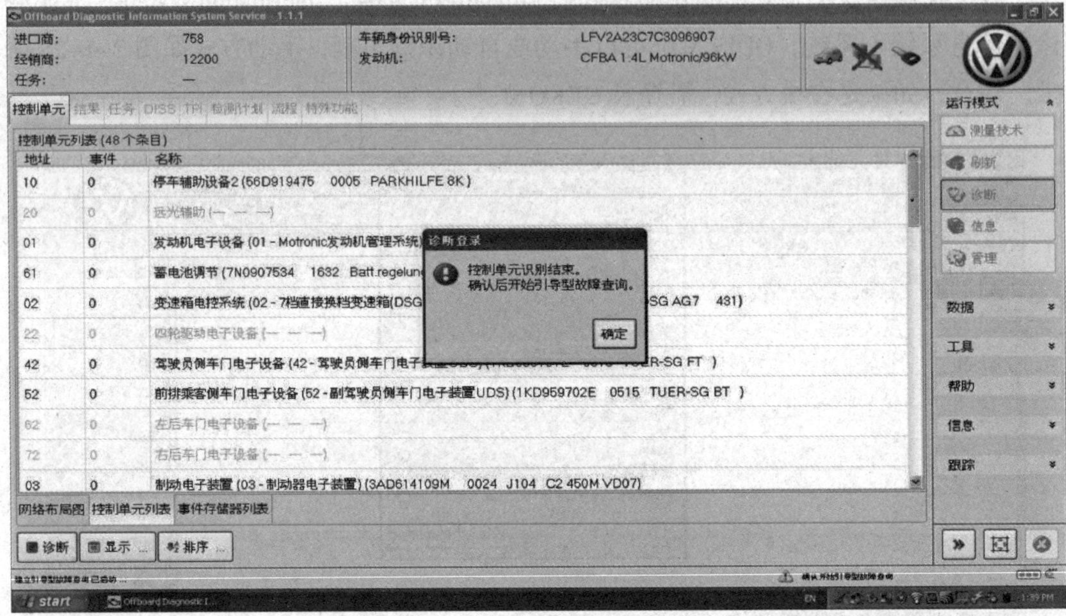

图 2–1–27　引导型故障查询

（5）查询中如弹出“选择变型”对话框，则按实车装置选择，单击“设置变型”按钮，如图 2–1–28 所示。

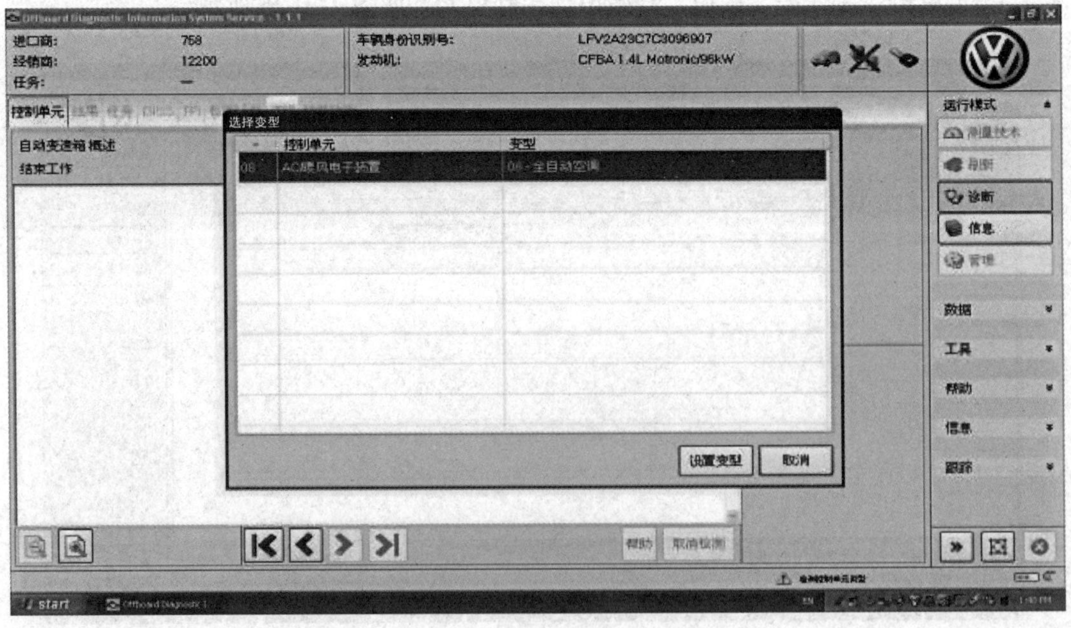

图 2–1–28　设置变型

（6）单击“诊断”按钮，事件存储器（即故障存储器）如图 2-1-29 所示。

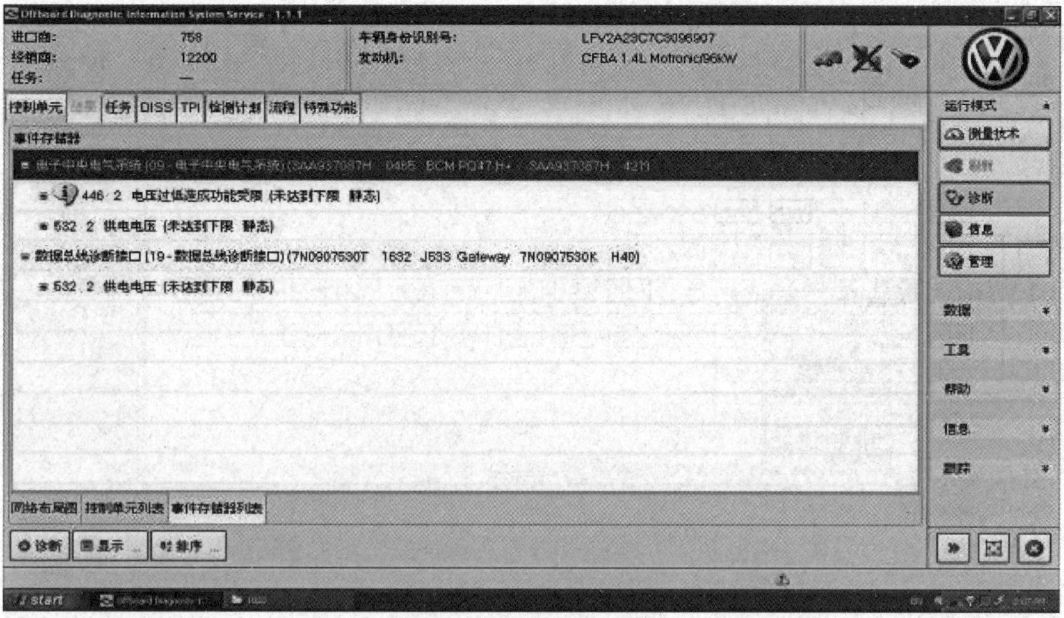

图 2-1-29　故障存储器

（7）单击“网络布局图”按钮，网络布局图如图 2-1-30 所示。

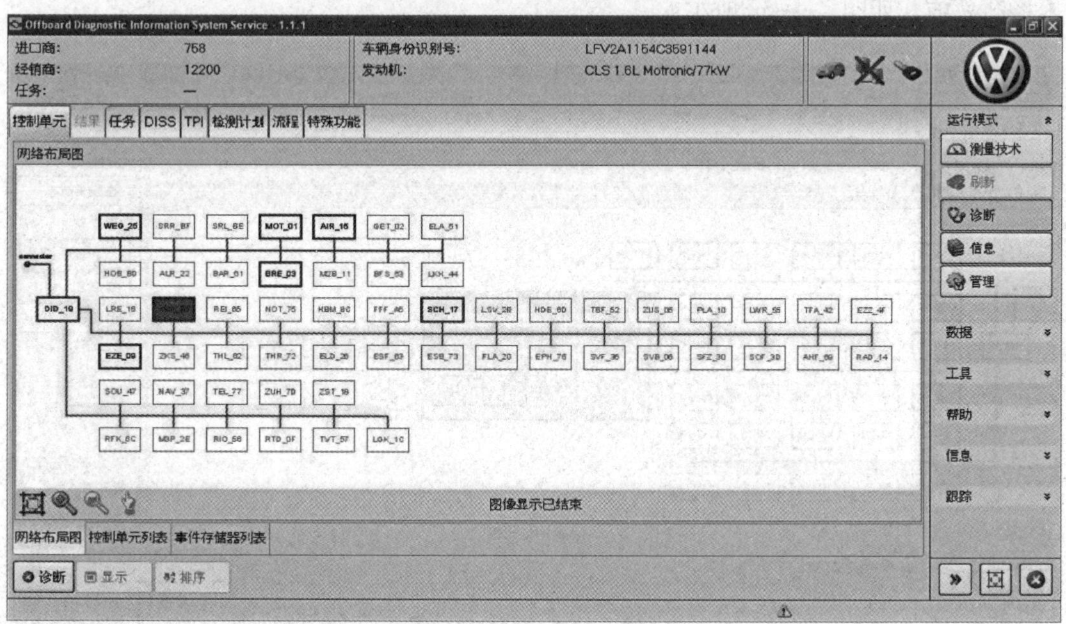

图 2-1-30　网络布局图

（8）对控制单元右击或单击 1 s 以上，弹出功能菜单，如图 2-1-31 所示。

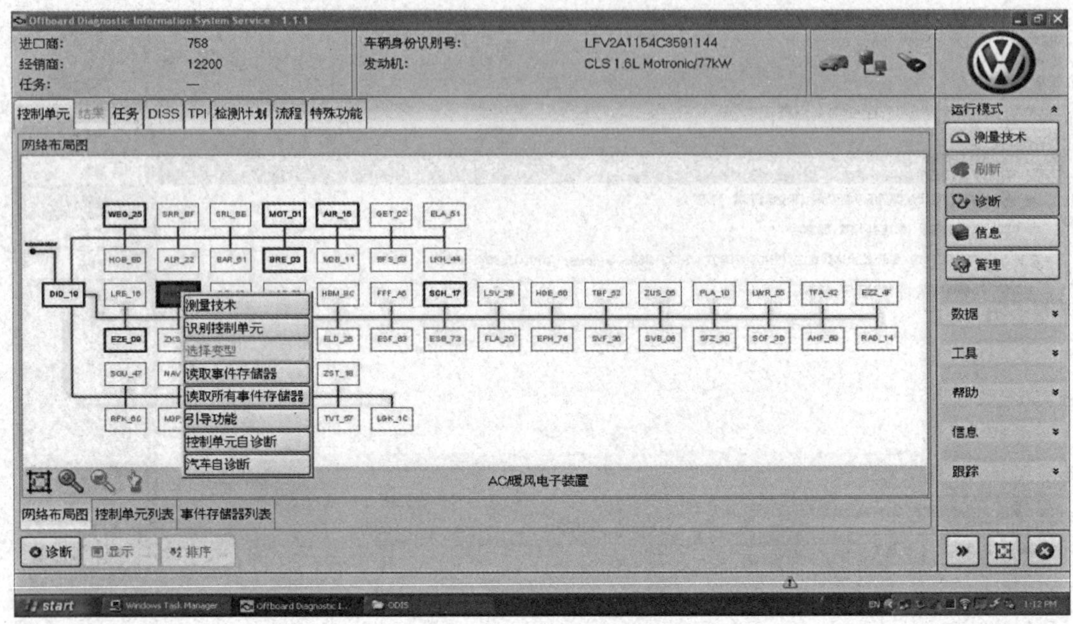

图 2-1-31　弹出功能菜单

（9）单击左下角“诊断”按钮，以退出诊断会话。然后单击“是”按钮，确认结束诊断会话，如图 2-1-32 所示。

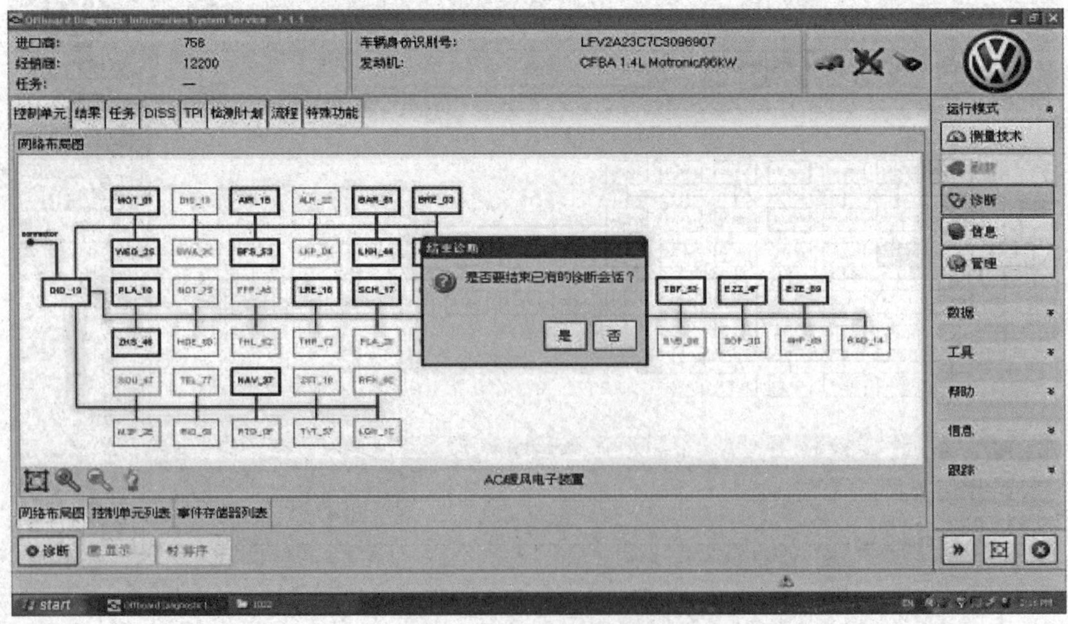

图 2-1-32　退出诊断会话

（10）如果单击“否”按钮，可以删除诊断数据，如图 2-1-33 所示。

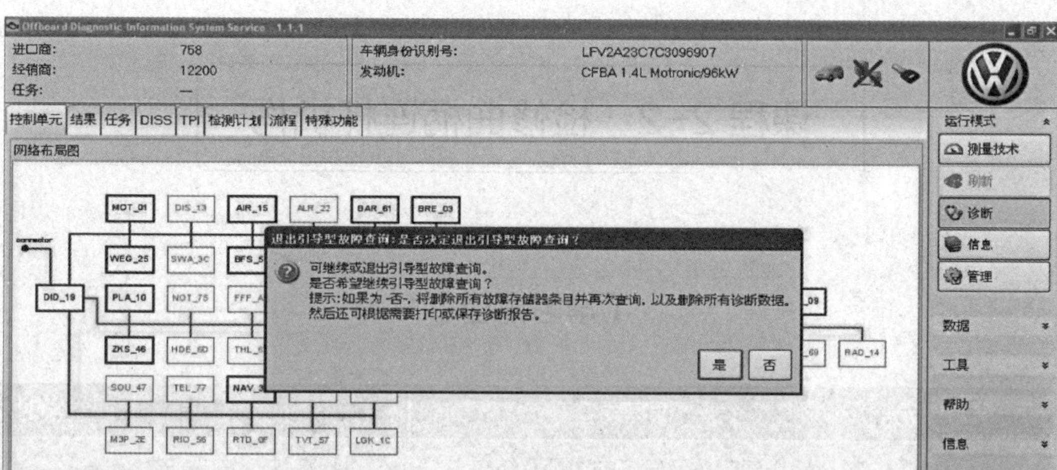

图 2-1-33　单击“否”按钮

（11）然后单击“完成 / 继续”按钮，如图 2-1-34 所示。

图 2-1-34　单击“完成 / 继续”按钮

课程 2-2　检修曲柄连杆机构

【学习内容】

学习单元	课程内容	培训建议	课堂学时
（1）拆检气缸体及气缸	1）气缸体及气缸的功用及结构 2）气缸套的更换 3）气缸体及气缸的检查	（1）方法：讲授法、演示法、实训法 （2）重点与难点：气缸体及气缸的检查	4
（2）拆检活塞、活塞环及活塞销	1）活塞、活塞环及活塞销的功用及结构 2）活塞、活塞环及活塞销的分解 3）活塞、活塞环及活塞销的检查 4）活塞环及活塞销的安装与调整	（1）方法：讲授法、演示法、实训法 （2）重点与难点：活塞、活塞环及活塞销的检查	4
（3）拆检连杆及轴承	1）连杆及轴承的功用及结构 2）连杆及轴承的分解 3）连杆及轴承的检查 4）连杆及轴承的安装	（1）方法：讲授法、演示法、实训法 （2）重点与难点：连杆及轴承的检查	4
（4）拆检飞轮、曲轴及轴承	1）飞轮、曲轴及轴承的功用及结构 2）飞轮、曲轴及轴承的分解 3）飞轮及曲轴的检查 4）曲轴及轴承的装配	（1）方法：讲授法、演示法、实训法 （2）重点与难点：飞轮及曲轴的检查	4

学习单元 1　拆检气缸体及气缸

一、气缸体及气缸的功用及结构

1. 气缸体的功用及结构

气缸体是构成发动机的骨架，是发动机各机构和各系统的安装基础，其内、外安装着发动机所有主要零件和附件，承受各种负荷。

汽车水冷发动机的气缸体和上曲轴箱常铸成一体，称为气缸体－曲轴箱，简称为气缸体，如图 2-2-1 所示。气缸体与曲轴箱也有分体制造的，如奔驰的 M275 V12 发动机。

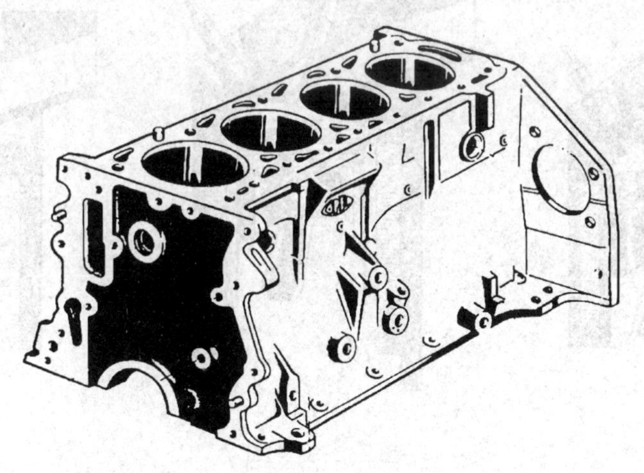

图 2-2-1　气缸体

气缸的布置形式有直列型、V 型和水平对置型三种，如图 2-2-2 所示。直列型气缸体一般适用于 6 缸及以下气缸数的发动机，V 型气缸体一般适用于 6 缸及以上气缸数的发动机。

2. 气缸的功用及结构

气缸为气缸体上半部的圆柱形空腔，其主要作用是为活塞在气缸中运动导向，并

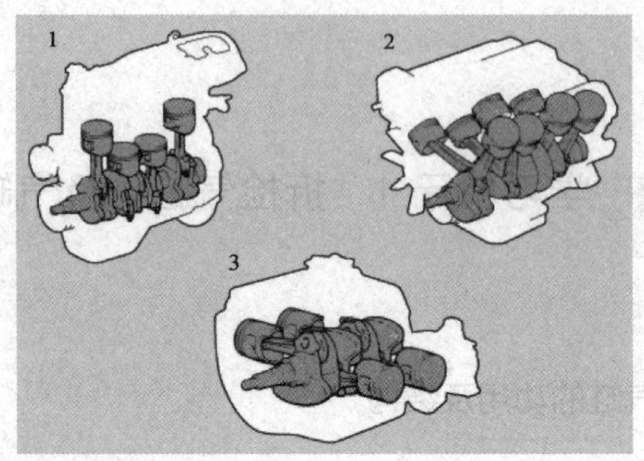

图 2-2-2　多缸发动机气缸布置形式

1—直列型　2—V 型　3—水平对置型

与活塞、活塞环一起密封燃烧室。

气缸分为有气缸套式和无气缸套式两种。有气缸套式根据气缸套是否直接与冷却液接触，分为干气缸套式和湿气缸套式两种，如图 2-2-3 所示。

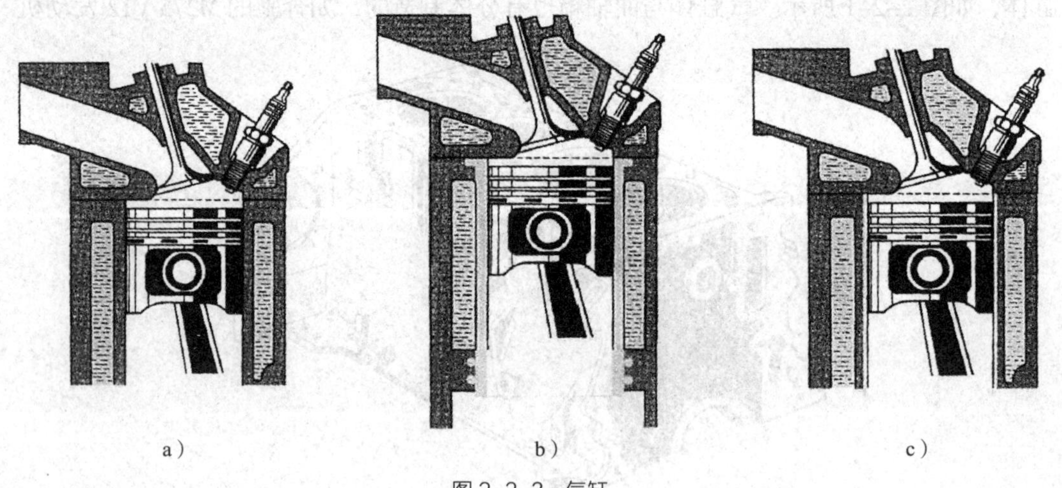

图 2-2-3　气缸

a）无气缸套式　b）湿气缸套式　c）干气缸套式

（1）无气缸套式气缸

无气缸套式气缸直接在气缸体上加工出来，其强度和刚度都较高，但其对材料的要求高。

（2）干式气缸套

不直接与冷却液接触的气缸套称为干式气缸套。干式气缸套与气缸体的配合关系为过盈配合，因此其拆装不方便。

干式气缸套磨损后，可通过镗缸进行修理，必要时可更换气缸套。

（3）湿式气缸套

直接与冷却液接触的气缸套称为湿式气缸套。湿式气缸套磨损后，可通过更换气缸套进行修理，一般不必镗缸。

二、气缸套的更换

当气缸套存在拉伤痕迹、裂纹、偏磨和超过磨损极限等情况时，需视情况更换气缸套。

1. 干式气缸套的更换步骤

第一步：取出旧气缸套。用专用工具压出或拉出旧气缸套，如图 2–2–4 所示。

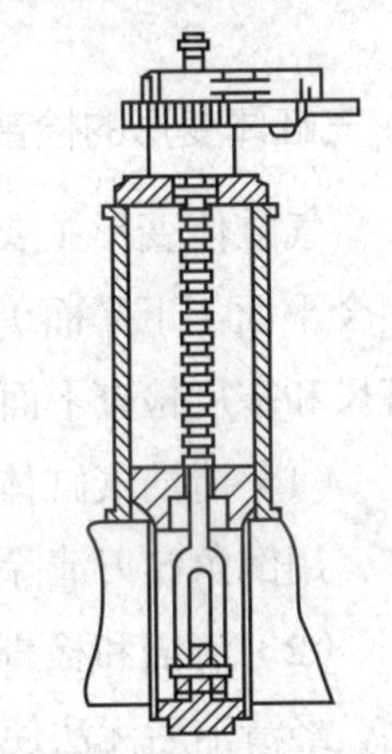

图 2–2–4　取出旧气缸套

第二步：选择新气缸套。根据气缸套承孔大小和修理尺寸（四级：标准、+0.50 mm、+1.00 mm、+1.50 mm）的要求选配新气缸套。第一次选用标准尺寸的气缸套。

第三步：镗削气缸套承孔。根据新气缸套的外径尺寸进行镗缸，并留适当的压入过盈量，一般有凸缘的气缸套压入过盈量为 0.05 ~ 0.07 mm；无凸缘的气缸套压入过盈量为 0.07 ~ 0.10 mm。另外，对于有凸缘的气缸套，应在气缸体上端镗出凸缘槽，凸缘与槽口每边应有不小于 0.05 mm 的间隙。

第四步：压入新气缸套。将气缸套放正，并在气缸套外表面涂上机油，用压力机缓慢将其压入，压力以（20 ~ 50）× 10^3 N 为宜，如图 2–2–5 所示。

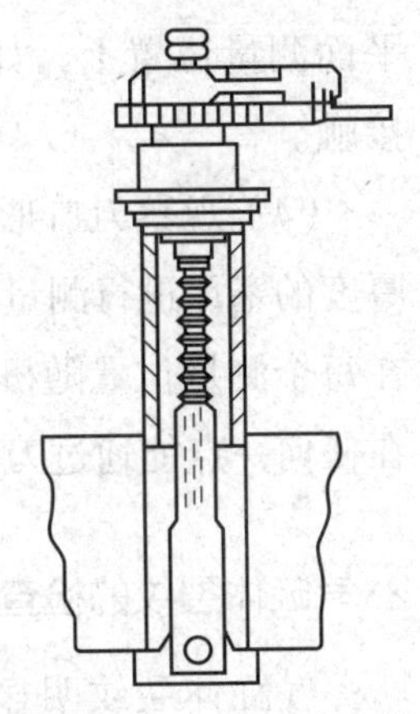

图 2–2–5　压入新气缸套

2. 湿式气缸套的更换步骤

第一步：拆除旧气缸套，并清除气缸体各接合面间的铁锈、污物。难以清除的坚硬物质可以用砂布打磨，直至露出金属光泽为止，特别是与密封圈接触的部位必须光滑，以防止漏水。

第二步：试装新气缸套。将未装密封圈的气缸套装入气缸内，气缸套应能在气缸内轻轻转动且无明显晃动。压紧后检查气缸套上端面高出气缸体平面的高度，一般厂家规定为 0.03 ~ 0.10 mm。如高出量过大，应修磨气缸套上端面；如高出量过小，可在气缸套台肩下装入适当厚度的铜质垫片进行调整，相连两缸间的凸出量误差应不大于 0.04 mm。

第三步：装入气缸套。先在新气缸套上装好密封圈，涂上机油或密封胶，然后稍加用力即可将新气缸套装入。

第四步：进行水压试验。新的气缸套装好后，将气缸盖、气缸盖衬垫装在气缸体上，封闭水道口，然后向气缸体水道内注水，保持一定压力（0.15 ~ 0.20 MPa），5 min 后观察装配接合处有无渗漏现象。如有问题，应及时排除。

三、气缸体及气缸的检查

气缸体的常见损伤形式有变形、裂纹、磨损等。

1. 气缸体变形的检查

气缸体变形主要是指气缸体与气缸盖的接合平面（上平面）和气缸体与油底壳的接合平面（下平面）的翘曲变形。气缸体的平面变形可放在平台上做接触检查或用钢直尺和塞尺检查平面度。以下为气缸体上、下平面平面度的检查步骤。

（1）清洁气缸体。首先，用铲刀铲除气缸体上、下平面上的密封垫残余物或密封胶，用倒角铰刀清除气缸内壁积炭。然后，用高压气枪将残余物吹干净。

（2）清洁和检查精密钢直尺和塞尺。如钢直尺和塞尺存在锈蚀、变形、破损等情况，经清洁后无法使用的，应予以更换。

（3）把气缸体平面朝上放在工作台平面上，将刀口形直尺先轻轻斜放到气缸体平面测量位置上，如图 2–2–6 所示。然后将刀口形直尺竖直放置，使其与被测平面接触。

（4）观察刀口形直尺与气缸体平面之间是否有漏光点。如有漏光点，优先用合适厚度的塞尺进行测量，合适厚度的塞尺即维修手册规定的最大翘曲度；如没有漏光点，在每个测量位置随机选择 6 个点进行测量，如图 2–2–7 所示。在测量过程中，如塞尺在任何一点能通过刀口形直尺，则说明气缸体平面需要根据维修手册的要求进行修理。

2. 气缸体裂纹的检查

气缸体裂纹明显的，可直接通过目视检查。对于细微裂纹和内部裂纹，一般是将气缸体和气缸盖装合后用水压试验法进行检查。进行水压试验时，将气缸盖、气缸盖衬垫装在气缸体上，在气缸体前壁装上盖板并用水管与水压机相连，如图 2–2–8

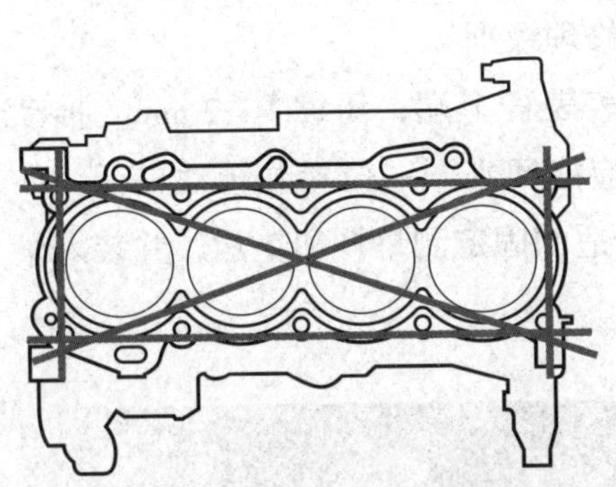

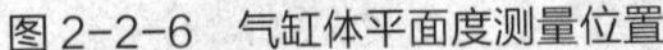

图 2-2-6　气缸体平面度测量位置

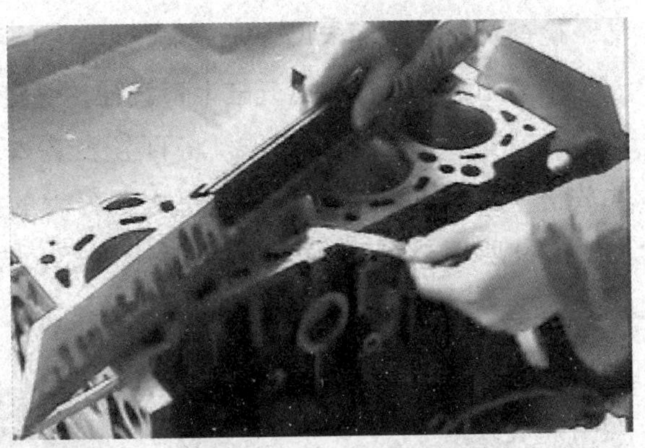

图 2-2-7　气缸体平面度测量

所示。先封闭其他水道口，然后将水压入水套，要求在 350 ~ 400 kPa 的压力下保持 5 min，如某处有水珠出现，即表明该处有裂纹。

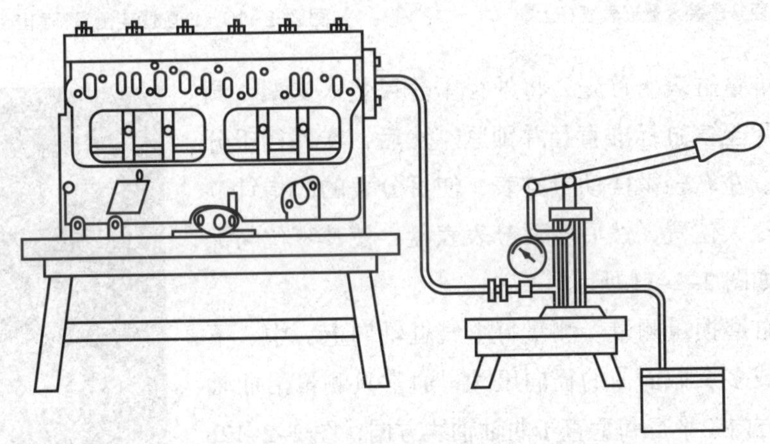

图 2-2-8　气缸体、气缸盖的水压试验

当需要镶换气缸套（干式）时，应在镶好气缸套后再进行一次水压试验。气缸体在焊接后，也应进行水压试验。

3. 气缸磨损的检查

发动机长期使用后，气缸会发生磨损，磨损到一定程度，将使发动机的动力性和经济性严重下降，排气净化状况恶化。气缸工作表面沿轴向的磨损呈“上大下小”的不规则锥形；气缸工作表面沿径向的磨损呈不规则的椭圆形。

气缸的磨损程度是确定发动机是否需要大修的主要依据。气缸磨损的检查步骤如下。

（1）清洁各气缸表面并清除气缸上部积炭，检查气缸表面是否有刮伤或划痕。清洁、检查及校准游标卡尺、千分尺、量缸表等量具。

（2）用游标卡尺测量气缸上口直径，确定气缸修理级别。

（3）安装量缸表。首先，将百分表装入量缸表表杆上端，压缩 1 ~ 2 mm，推动并放松量缸表的活动测量杆，每次百分表的指针应能回到同一位置并转动灵活，如图 2–2–9 所示。然后，根据气缸标准直径，选择合适的固定测量杆和垫片，并装入量缸表下端，如图 2–2–10 所示。

图 2–2–9　将百分表装入量缸表表杆上端

图 2–2–10　选配固定测量杆和垫片

（4）校准量缸表。首先，将外径千分尺装入支架，调整外径千分尺至气缸标准直径并锁紧。然后，在外径千分尺上，上下、左右轻微摆动量缸表，使百分表的大指针顺时针摆动到最大位置，然后转百分表表盘，使其零位与大指针对齐，如图 2–2–11 所示。

图 2–2–11　校准量缸表

（5）气缸磨损量测量。测量每个气缸轴向上、中、下三个截面（或多个截面）的径向尺寸，通常只测量沿曲轴的纵横两个方向（平行和垂直于曲轴轴线方向，图 2–2–12b 中的 *A* 值为垂直于曲轴中心线方向的直径，*B* 值为平行于曲轴中心线方向的直径），即可得到气缸的最大磨损量以及圆度误差和圆柱度误差。气缸的最大磨损量用所测量的最大直径与标准直径之差的一半表示。气缸轴向最大尺寸与最小尺寸之差的一半为圆柱度误差，用来衡量气缸轴向的磨损程度。同一截面上气缸径向最大尺寸与最小尺寸之差的一半为圆度误差，用来衡量气缸径向的磨损程度。测量气缸时，上截面取相当于活塞位于上止点时第一道活塞环所对应的气缸壁位置（图 2–2–12b 中的①处）；中间截面取气缸中部位置（图 2–2–12b 中的②处）；下截面取距离气缸下边缘 10 ~ 20 mm 处的气缸壁位置（图 2–2–12b 的③处）。上海通用别克凯越轿车 L91 发动机气缸的检测如图 2–2–12 所示。

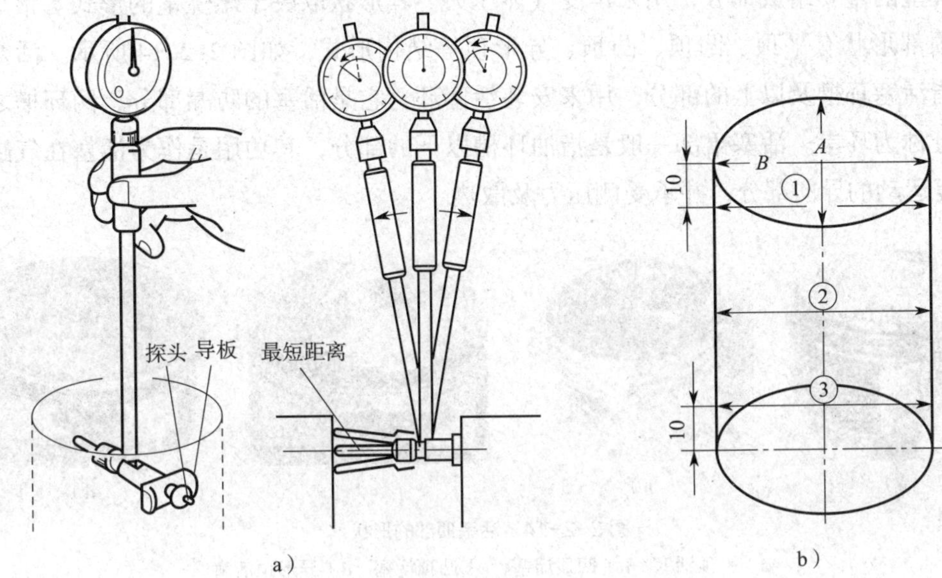

图2-2-12　上海通用别克凯越轿车L91发动机气缸的检测

a）气缸的测量方法　b）气缸的测量位置

学习单元2　拆检活塞、活塞环及活塞销

一、活塞、活塞环及活塞销的功用及结构

1. 活塞的功用及结构

活塞的功用是承受燃气燃烧后的膨胀压力，并通过活塞销和连杆将此力传递给曲轴，以驱动曲轴旋转；活塞顶部与气缸盖和气缸壁共同构成燃烧室；活塞还将燃烧期间吸收的热量传递给气缸壁或活塞环。

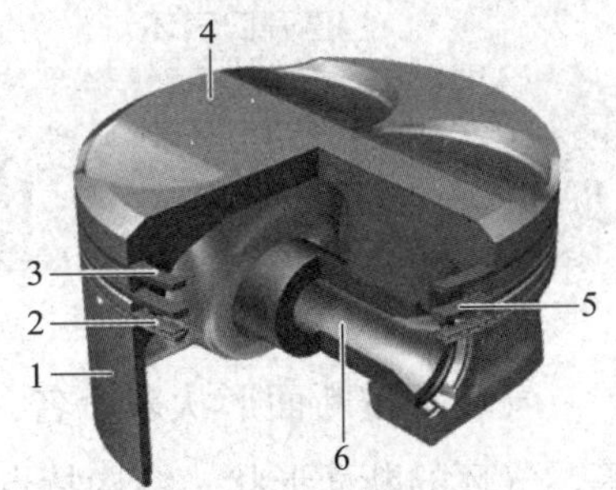

图2-2-13　活塞的结构

1—活塞裙部　2—油环　3—第一道气环　4—活塞顶部　5—第二道气环　6—活塞销

活塞的基本结构由活塞顶部、活塞头部和活塞裙部三大部分组成，如图2-2-13所示。活塞顶部

是燃烧室的重要组成部分，用来承受气体压力。其形状取决于燃烧室的形式。常见的活塞顶部形状有平顶、凹顶、凸顶、异形顶等结构形式，如图 2–2–14 所示。活塞头部是指活塞环槽及以上的部分，用来安装活塞环，它是活塞的防漏部分，两环槽之间的部分称为环岸。活塞裙部一般是指油环槽以下的部分，其功用是作为活塞在气缸内做往复运动的导向部分，并承受侧压力及散热。

a）　　b）　　c）　　d）

图 2–2–14　活塞顶部的形状

a）平顶活塞　b）凹顶活塞　c）凸顶活塞　d）异形顶活塞

2. 活塞环的功用及结构

发动机采用了两种不同的活塞环，即气环和油环。汽油发动机一般采用两道气环和一道油环，如图 2–2–13 所示。

（1）气环

气环的功用如下：密封气缸，将气缸与曲轴箱之间隔离开来；散热，将活塞吸收的部分热量传递给气缸壁。气环的开口形状及特点见表 2–2–1。

表 2–2–1　气环的开口形状及特点

形状	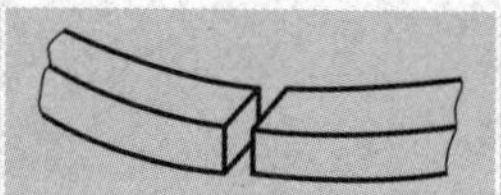 直开口气环	 斜开口气环	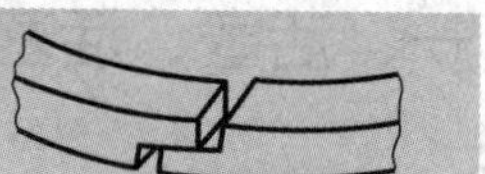 阶梯形开口气环
特点	直开口气环制作工艺性好，但密封性差	斜开口气环的密封性和制作工艺性介于直开口气环和阶梯形开口气环之间，斜角一般为 30° 或 45°	阶梯形开口气环密封性好，制作工艺差

气环常按断面形状来命名，常见的有矩形环、锥面环、扭曲环、梯形环和桶面环等，气环的断面形状、结构特点和装配要点见表 2–2–2。

表 2-2-2　气环的断面形状、结构特点和装配要点

名称	断面形状	结构特点	装配要点
矩形环		结构简单，制造方便，与气缸壁接触面积大，有利于活塞散热。但其存在“泵油现象”，使其机油消耗量增加	可以用在两个方向
锥面环		锥面环与气缸壁为线接触，磨合性好。但其传热性差，所以不用作第一道气环	活塞环侧面标有向上的记号，如“TOP”
正扭曲环		减轻“泵油现象”，增加刮油效果，广泛应用于第二道气环	内切口朝上，外切口朝下
反扭曲环			外切口朝上，内切口朝下
单侧梯形环		可防止气环卡死在环槽内，但其加工困难，精度要求高	活塞环侧面标有向上的记号，如“TOP”
双侧梯形环			可以用在两个方向
桶面环		密封性、磨合性及对气缸壁表面形状的适应性都比较好，减轻环与气缸壁的磨损	可以用在两个方向

（2）油环

油环用来刮除气缸壁上多余的机油，并在气缸壁上涂覆一层均匀的油膜，这样既可以防止机油窜入气缸被燃烧，又可减小活塞、活塞环与气缸的磨损和摩擦阻力。此外，油环也起到密封的辅助作用。油环按结构不同分为整体式油环和组合式油环两种。

3. 活塞销的功用及结构

活塞销的功用是连接活塞与连杆，并将气体作用在活塞上的力传给连杆。活塞销的基本结构为一空心圆柱体，有时也按等强度要求做成变截面管状结构，如图 2-2-15 所示。

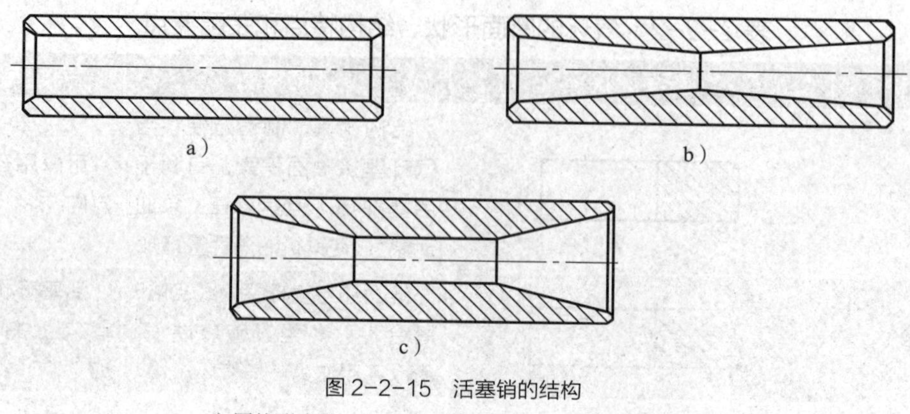

图 2-2-15 活塞销的结构

a）圆柱形内孔 b）两段截锥形内孔 c）组合形内孔

二、活塞、活塞环及活塞销的分解

1. 活塞环的拆卸

（1）气环的拆卸

拆卸气环需要用到专用工具——活塞环扩张器。让气环开口平整地与活塞环扩张器的底面接触，依次拆卸第一道和第二道气环，如图 2-2-16a 所示。在拆卸过程中，若过度扩张或扭曲气环，可能会将其损坏。

（2）油环的拆卸

用手拆卸油环，如图 2-2-16b 所示。

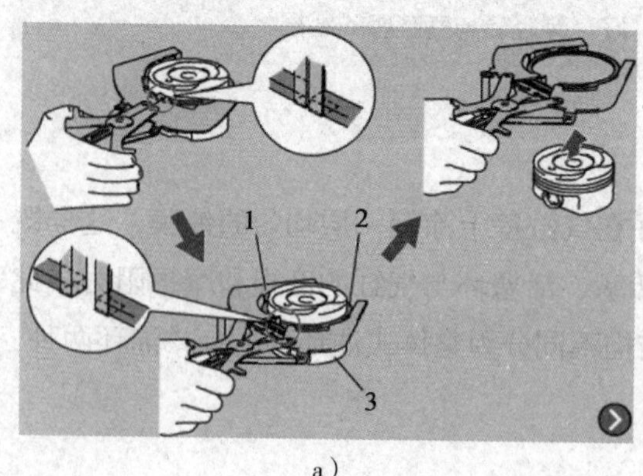

a）

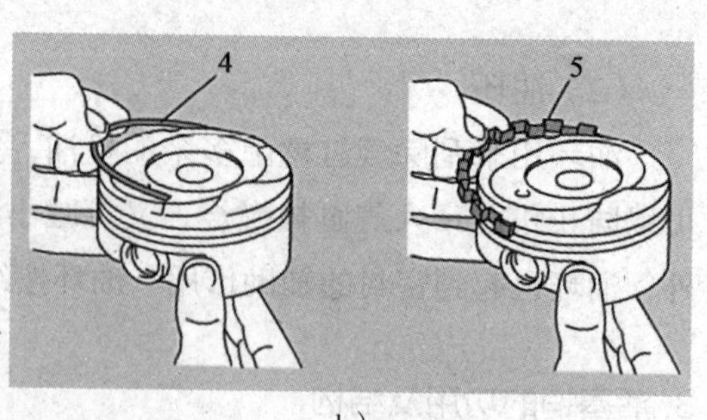

b）

图 2-2-16 拆卸活塞环

a）拆卸气环 b）拆卸油环

1—活塞环扩张器 2—气环 3—活塞 4—油环刮片 5—油环轨形撑环

2. 活塞销的拆卸

活塞销与活塞销座孔和连杆小头的连接方式有全浮式和半浮式两种，如图 2–2–17 所示。

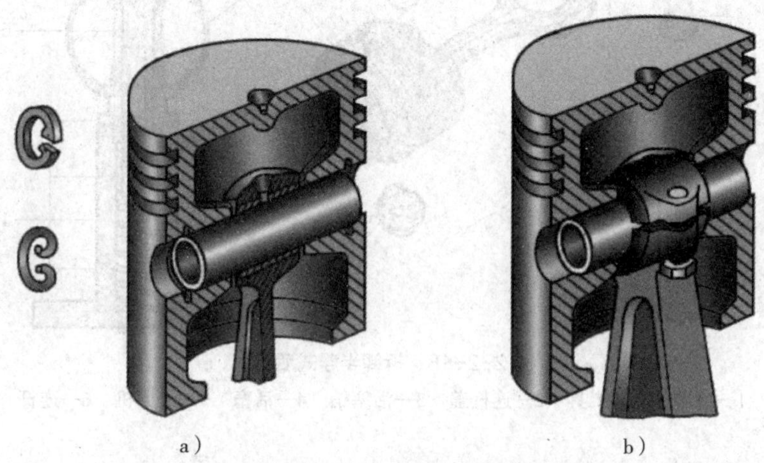

a）　　　　　　b）

图 2–2–17　活塞销的连接方式

a）全浮式连接方式　b）半浮式连接方式

（1）全浮式活塞销的拆卸

采用全浮式连接方式时，活塞销可以在活塞销孔内或连杆轴承套中转动，磨损均匀。为了防止因活塞销的轴向窜动而刮伤气缸壁，在销座两端装有卡簧。拆卸全浮式活塞销时，首先拆卸卡簧，然后就可以取出活塞销。

（2）半浮式活塞销的拆卸

采用半浮式连接方式时，结构简单，销座孔内无卡簧，连杆小头处无衬套，修理方便，如图 2–2–17b 所示。拆卸半浮式活塞销时需用到专用工具，如图 2–2–18 所示，拆卸时应注意以下几点。

1）在拆卸活塞销前，需确认活塞和连杆上都有方向记号，如没有则需做记号，以免安装时装错方向。

2）将活塞竖直放入活塞销拆卸工具中，注意，如果活塞销拆卸工具和活塞倾斜，可能导致活塞破裂。

3）使用液压机将活塞销拆卸工具往里推并拆卸活塞销。

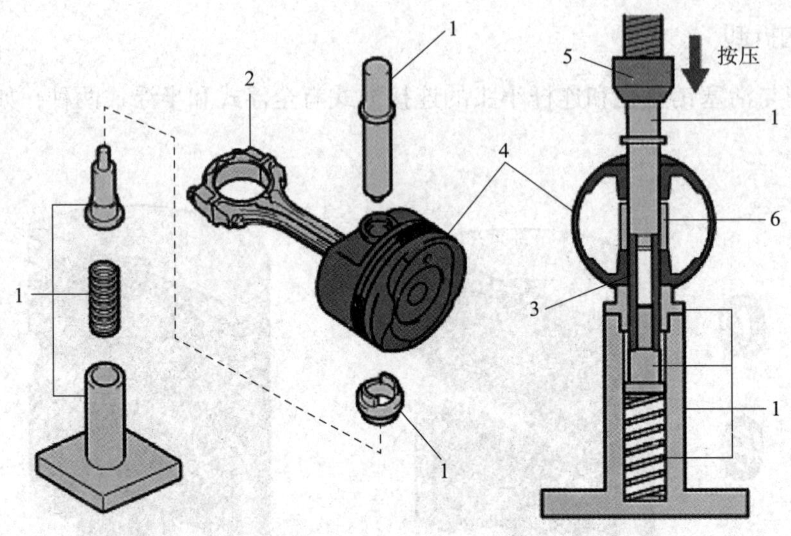

图 2-2-18　拆卸半浮式活塞销

1—活塞销拆卸工具　2—连杆盖　3—活塞销　4—活塞　5—液压机　6—连杆

三、活塞、活塞环及活塞销的检查

1. 活塞的检查

活塞的常见损伤有活塞环槽磨损、裙部磨损、销座孔磨损等。活塞的非正常损伤有拉伤、擦伤、烧顶、脱顶、裂纹等。在汽车维修中，一般不对活塞进行修理，而是直接更换。

（1）活塞环槽磨损的检查

活塞环槽是活塞磨损最大的部位，其中第一道环槽磨损最为严重。由于环槽磨损严重会导致气缸漏气和机油窜入气缸，因此，当环槽磨损超过极限时应更换活塞。

检查活塞环槽磨损时，可将新的活塞环放入环槽，用塞尺测量环的侧隙，如图 2-2-19 所示。如侧隙过大，说明环槽磨损，应更换活塞。

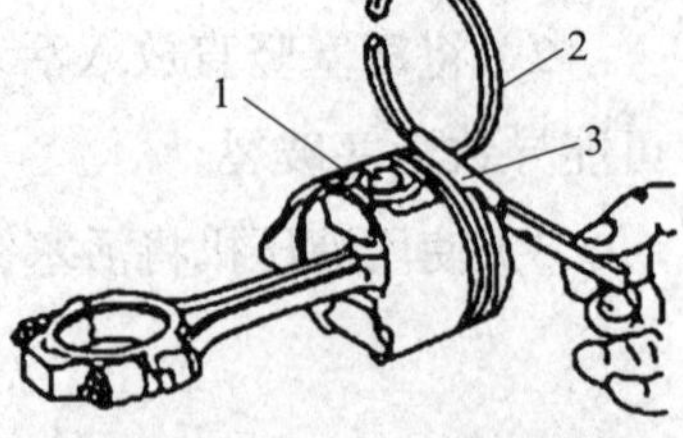

图 2-2-19　活塞环槽磨损的检查

1—活塞　2—活塞环　3—塞尺

（2）活塞裙部磨损的检查

活塞裙部的磨损普遍较小，当活塞裙部与缸壁间隙过大时，发动机易出现敲缸故障，并有严重的窜油现象，如图 2-2-20 所示为活塞裙部磨损的检查。检查活塞裙部磨损时，在与活塞销垂直的方向，按维修手册规定的位置（图 2–2–20 中尺寸 a），用外径千分尺测量活塞的直径。若测量值超过极限值时，应予以更换。

（3）活塞销座孔磨损的检查

活塞销座孔最大磨损发生在销座孔的上下方向，导致销与销座孔配合松旷，出现活塞销响的故障，如图 2–2–21 所示为活塞销座孔磨损的检查。

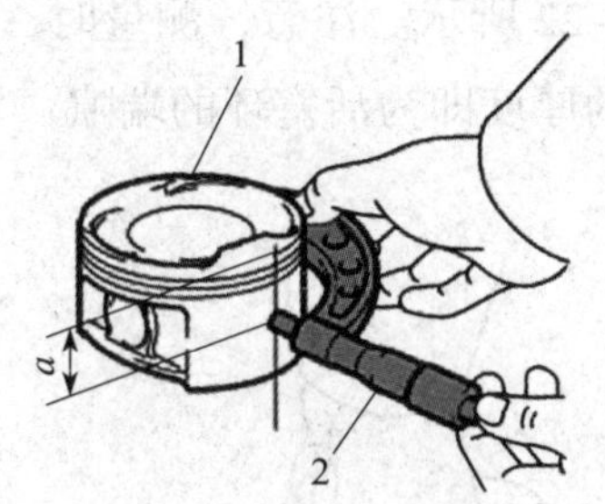

图 2–2–20　活塞裙部磨损的检查

1—活塞　2—千分尺

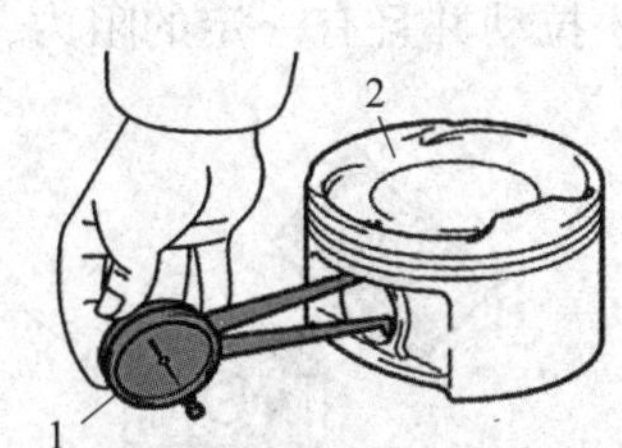

图 2–2–21　活塞销座孔磨损的检查

1—卡规　2—活塞

（4）活塞非正常损伤的检修

活塞的非正常损伤一般用目检即可，若发现有非正常损伤，应更换活塞。

2. 活塞环的检查

活塞环的常见损伤主要是活塞环的磨损、弹性减弱和断裂。

活塞环磨损的检查主要是检查活塞环的“三隙”，即端隙、侧隙和背隙，见表 2–2–3。

表 2–2–3　活塞环的“三隙”

	端隙	侧隙	背隙
定义	指活塞环置于气缸内时在开口处呈现的间隙（见下图）	指活塞环高度方向与环槽之间的间隙（见下图）	指活塞环随活塞装入气缸后，环的背面与环槽底部之间的间隙（见下图）
位置	端隙 Δ_1 活塞环端隙	侧隙 背隙 活塞环侧隙和背隙	

（1）活塞环端隙的检查

1）测量端隙前，先用化油器清洗剂或专用清洗剂清洗气缸壁和活塞环。

2）使用活塞将活塞环推入气缸中维修手册规定的位置（图 2–2–22 中尺寸 A），并保持活塞环水平。

3）根据维修手册活塞环端隙的技术数据，选择合适厚度的塞尺，并将塞尺插入活塞环开口处，进行活塞环端隙的测量，如图 2–2–22 所示。注意，测量时，塞尺插入间隙后能轻松拉动并且有一定的阻力，那么塞尺的厚度即为活塞环的端隙。

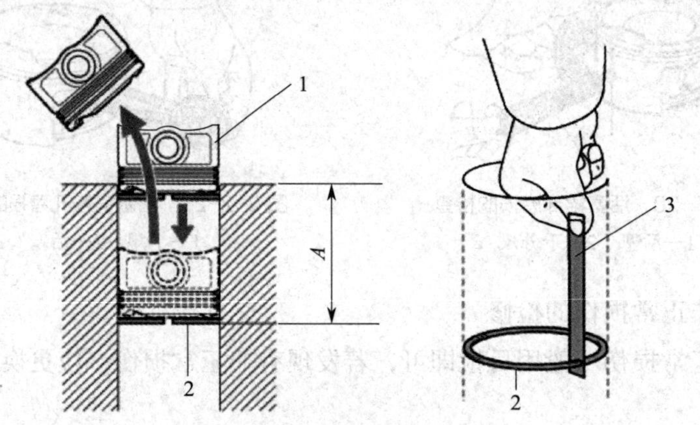

图 2–2–22　活塞环端隙的检查

1—活塞　2—活塞环　3—塞尺

（2）活塞环侧隙的检查

1）测量侧隙前，先用铲刀或断裂的活塞环清除活塞环槽内的积炭等污物，再用化油器清洗剂或专用清洗剂清洗活塞环和活塞。

2）将活塞环放入相应的活塞环槽中（例如，第一道活塞环放入第一道活塞环槽中），使活塞环在环槽内转动一圈，活塞环应转动自如，既无松动又无阻滞现象。

3）根据维修手册活塞环侧隙的技术数据，选择合适厚度的塞尺，如图 2–2–23 所示，用塞尺测量活塞环侧隙，需测量 3 个点，如其中有 1 个点测量值不符合技术要求，则活塞环侧隙不符合技术要求。

（3）活塞环背隙的测量

1）将活塞环放入环槽内，活塞环的宽度应低于活塞环槽岸。

2）用深度游标卡尺测量环槽深度。活塞环的背隙计算公式：环槽深度（见图 2–2–24）+ 活塞与气缸壁间的间隙 – 环的宽度 = 环的背隙（由于活塞与气缸壁的间隙很小，一般忽略不计）。

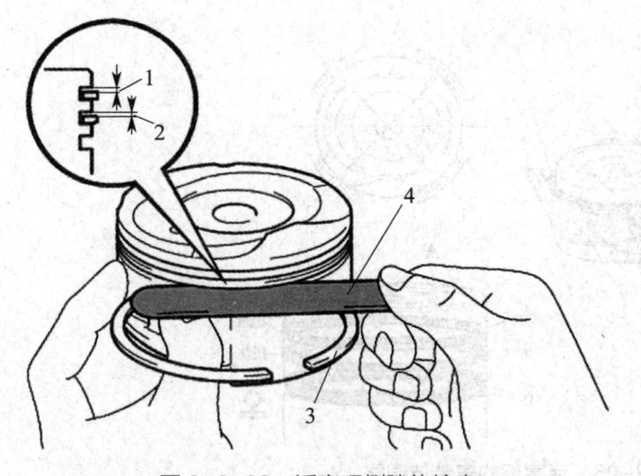

图 2-2-23　活塞环侧隙的检查

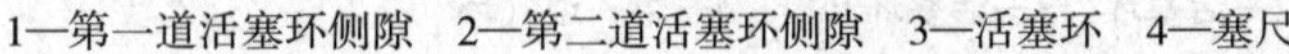
1—第一道活塞环侧隙　2—第二道活塞环侧隙　3—活塞环　4—塞尺

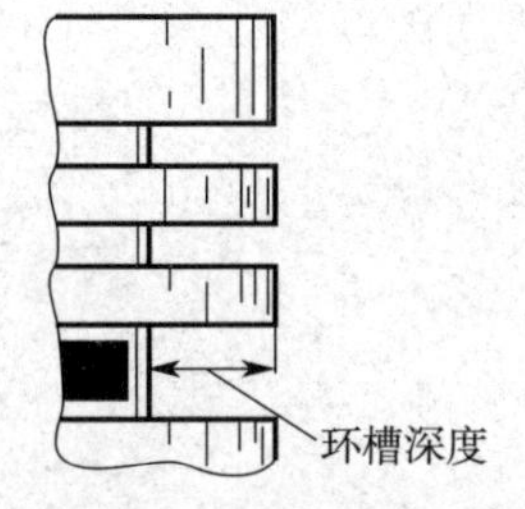

图 2-2-24　活塞环槽深度

3. 活塞销的检查

活塞销的损伤形式主要有磨损和弯曲。目视检查活塞销有无明显损伤。

发动机大修时，活塞销应随活塞一起更换。

四、活塞环及活塞销的安装与调整

1. 活塞环的安装与调整

（1）油环的安装

用手安装油环。组合式油环的安装顺序是油环轨形撑簧、上刮片、下刮片，注意撑簧接头处不能重叠过多。

（2）气环的安装

气环的安装顺序是先装第二道气环，再装第一道气环，注意区分第一道气环和第二道气环，有些气环上会有记号，如“1”和“2”等。

1）安装气环前，先检查气环断面上的记号，如“TOP”，有记号的断面朝向发动机上部。

2）将气环平整地放在活塞环扩张器座上，按照顺序安装气环，如图 2-2-25 所示，图中 A 为活塞上的向前记号。安装过程中，不要过度扩张气环或使气环扭曲，否则气环可能会损坏。

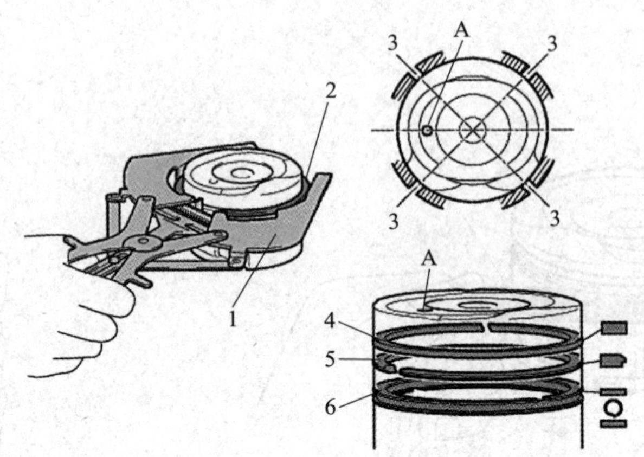

图 2-2-25　活塞环的安装与调整

1—活塞环扩张器　2—活塞环　3—活塞环开口　4—第一道气环
5—第二道气环　6—油环　A—活塞上的向前记号

（3）活塞环的调整

活塞环安装好后，不能让其开口处于同一方向，这样会导致更多的可燃混合气和废气通过开口泄漏到曲轴箱中。因此，活塞环安装好后需对活塞环进行调整。

1）调整活塞环前，先给活塞环和活塞头部涂一层机油，进行润滑。这样可以避免安装活塞连杆组时破坏掉调整好的活塞环开口布置形式。

2）按照维修手册的要求进行活塞环开口的调整，图 2-2-25 中活塞环开口布置形式为丰田卡罗拉轿车发动机的布置形式。注意，不同发动机的布置形式会有所区别，具体详见维修手册。

2. 活塞销的安装与调整

安装活塞销时应注意活塞和连杆上的方向记号。

（1）半浮式活塞销的安装

活塞销与连杆衬套的装配可采用热胀法或冷压法。热胀法要做到“三迅速”，方法是将连杆放入能控制温度的电炉中，加热至 250 ℃左右，保温 15 min 以上，迅速将连杆竖直，并将其大头夹在台虎钳上，迅速套上活塞，对准销孔（方向不要套反），迅速将活塞销插入销座孔并推入到位。冷压法是用一套专用压具，将活塞销压入活塞和连杆中。

（2）全浮式活塞销的安装

相对于半浮式活塞销，全浮式活塞销的安装较为简单。先用相应的专用工具（不同发动机有所区别，详见维修手册）将活塞销装入活塞销座孔和连杆小头中，然后装入卡簧。

学习单元 3　拆检连杆及轴承

一、连杆及轴承的功用及结构

连杆包括连杆杆身、连杆盖、连杆轴承（又称连杆轴瓦）和连杆螺栓等零件，如图 2-2-26 所示。

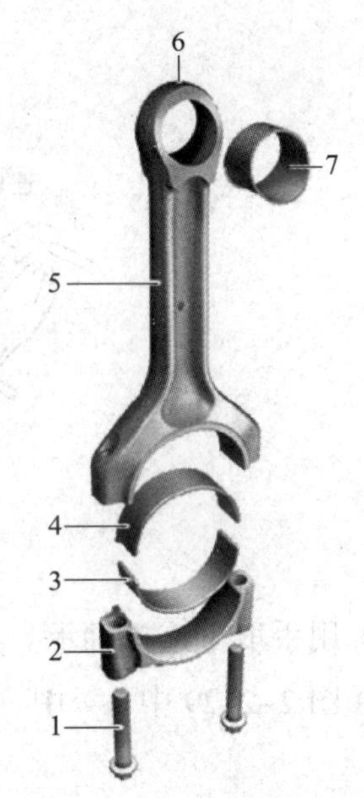

图 2-2-26　连杆的组成
1—连杆螺栓　2—连杆盖　3—连杆下轴承
4—连杆上轴承　5—连杆杆身
6—连杆小头　7—连杆衬套

1. 连杆的功用及结构

连杆的功用是连接活塞与曲轴，将活塞承受的燃气压力传给曲轴，使活塞的往复直线运动转变为曲轴的旋转运动。

连杆的基本结构可分为连杆小头、连杆杆身和连杆大头三个组成部分。

（1）连杆小头

连杆小头孔内装有减摩的连杆衬套，一般为青铜衬套或铁基粉末冶金衬套。

（2）连杆杆身

连杆杆身通常做成“工”字形断面，以求在满足强度和刚度要求的前提下尽量减轻其质量。

（3）连杆大头

连杆大头一般是分开式的，与连杆杆身分开的部分称为连杆盖，连杆盖与连杆用连杆螺栓连接。

2. 连杆轴承的功用及结构

连杆大头与曲轴连接，大头内孔装有剖分成两半的薄壁滑动轴承，称为连杆轴承，其结构如图 2-2-27 所示。

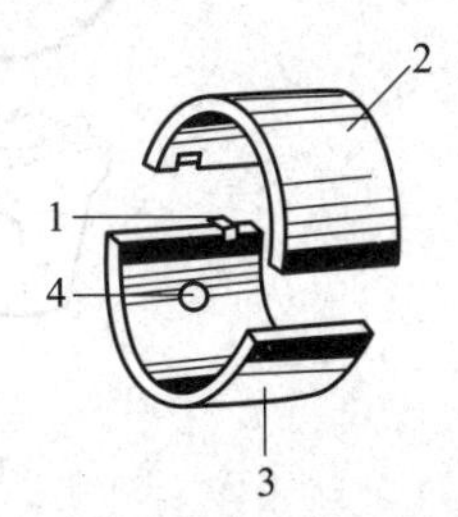

图 2-2-27　连杆轴承的结构
1—定位凸榫　2—上轴承
3—下轴承　4—油孔

二、连杆及轴承的分解

1. 使用梅花扳手或套筒扳手顺时针旋转曲轴，将所拆气缸的活塞转至下止点。

2. 检查连杆盖、连杆、活塞上的方向标记和配缸号，如没有记号，则分别在连杆盖、连杆和活塞上做出记号。

3. 使用合适的套筒扳手分次拧松连杆螺栓，并取下连杆螺栓和连杆盖。如果连杆盖拆卸困难，可将取下的连杆螺栓放入螺栓孔，并拧动螺栓，以便拆卸连杆盖，如图 2–2–28 所示。

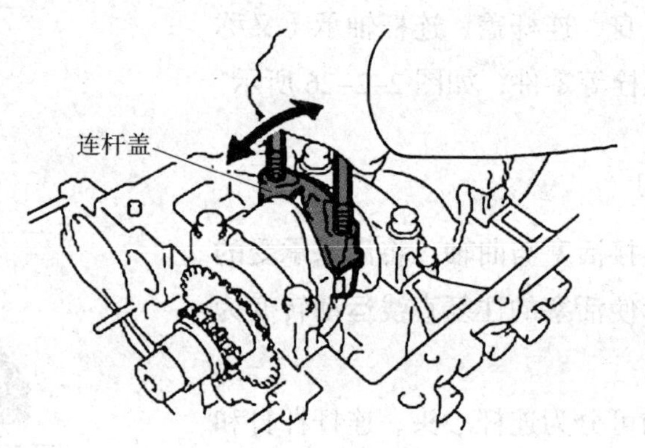

图 2–2–28 拆卸连杆盖

4. 用手取下连杆轴承。如连杆轴承拆卸困难，可用一字旋具小心地插入连杆盖的狭缝（图 2–2–29 中 A）中，然后用旋具往外撬轴承，取下轴承，如图 2–2–29 所示。

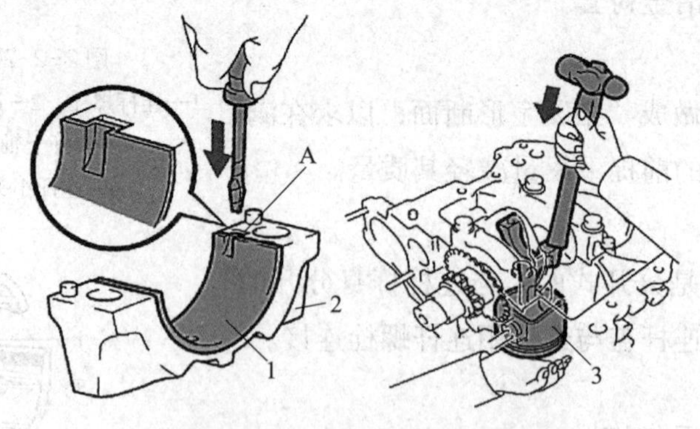

图 2–2–29 拆卸连杆轴承和活塞

1—连杆轴承 2—连杆盖 3—活塞 A—狭缝

5. 使用木棒或锤子的木柄轻轻敲打连杆大头，将活塞和连杆一起推出，如图 2–2–29 所示。注意，在推出过程中，连杆不要触碰气缸壁，以免划伤气缸壁。如连杆大头上有螺栓，需在螺栓上套入塑料套，以免螺栓划伤气缸壁，如图 2–2–30 所示。

6. 拆卸活塞销。参见本课程学习单元 2，在此不再赘述。

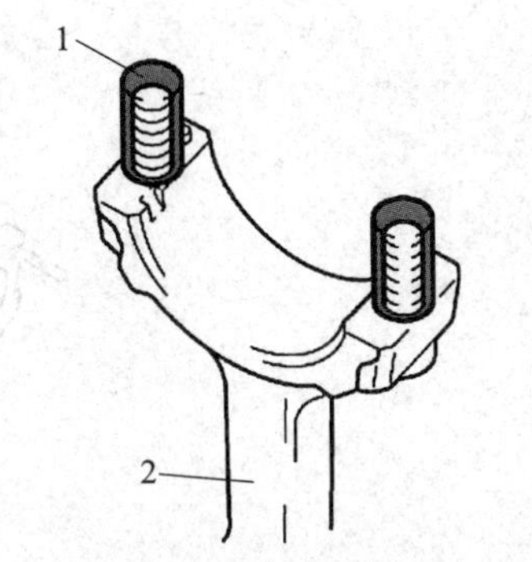

图 2–2–30　在连杆螺栓上套入塑料套

1—塑料套　2—连杆

三、连杆及轴承的检查

1. 连杆裂纹的检查

连杆在工作中受到交变载荷的作用，有时会出现裂纹，严重时会导致连杆断裂，一般采用磁力探伤检查。若连杆出现裂纹，应更换。

2. 连杆轴承的检查

轴承径向间隙的检验。其检验方法有通用量具检验法和塑料间隙规检验法。

（1）通用量具检验法。分别用千分尺和百分表（见图 2–2–31）测量出连杆轴径和轴承孔径，然后计算出径向间隙值。当其接近或超过限值时，即应更换轴承。

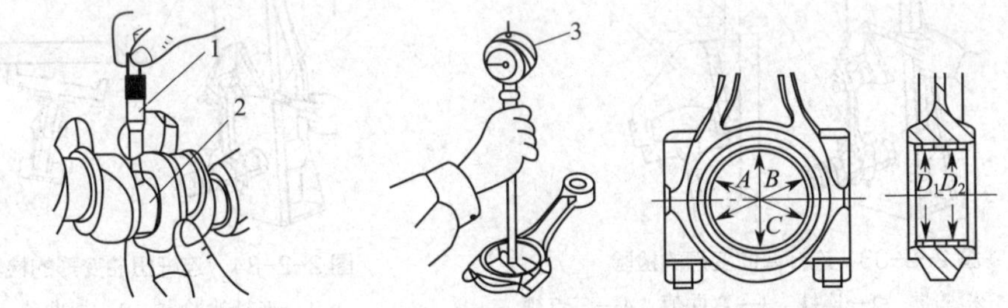

图 2–2–31　分别用千分尺和百分表测量连杆轴径和轴承孔径

1—千分尺　2—连杆轴颈　3—百分表　A、B、C、D_1、D_2—不同的测量位置

（2）塑料间隙规检验法。如图 2–2–32 所示，按以下步骤进行。

1）拆卸连杆盖，清洁轴承盖和连杆轴颈。

2）将与轴承宽度同样长的塑料间隙规放在连杆盖或轴颈上。

3）将轴承和轴承盖放在轴颈上并按维修手册的规定将其拧紧，然后再拆下轴承盖和轴承。

4）测量塑料间隙规压扁后的宽度，该值可使用游标卡尺或者装在塑料间隙规上的计量表来测量。

5）压扁后的塑料间隙规的宽度就是轴承间隙的测量值。

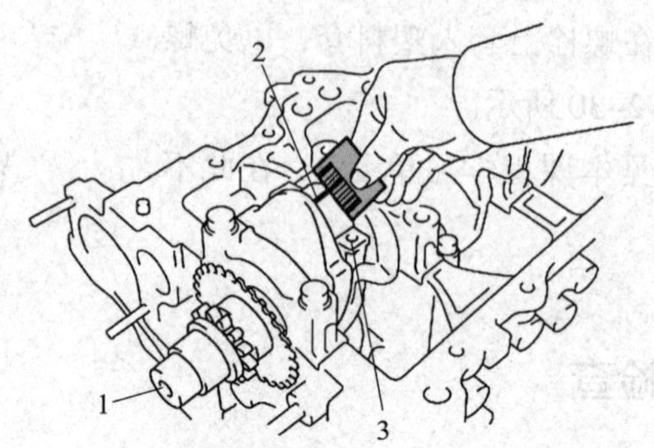

图 2-2-32　用塑料间隙规检查轴承径向间隙

1—曲轴　2—塑料间隙规　3—连杆

3. 连杆变形的检查

连杆发生的变形主要是弯曲变形和扭曲变形。连杆变形可能导致发动机活塞偏缸、偏磨，引起气缸敲缸、拉缸等故障。

连杆的弯曲变形和扭曲变形一般通过连杆检验器来检验，如图 2-2-33 和图 2-2-34 所示。

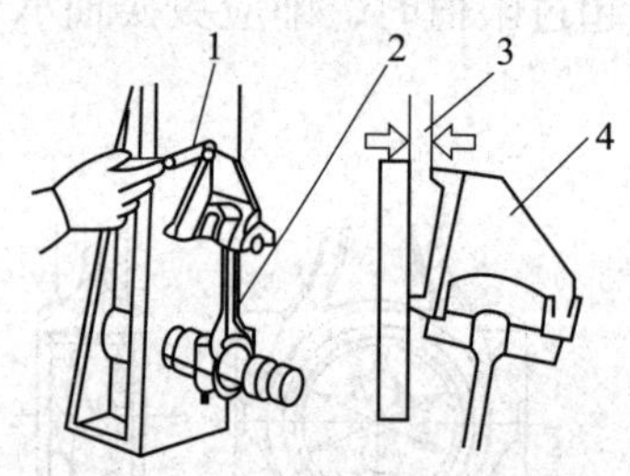

图 2-2-33　连杆弯曲变形的检验

1—连杆检验器　2—连杆　3—弯曲值　4—三点规

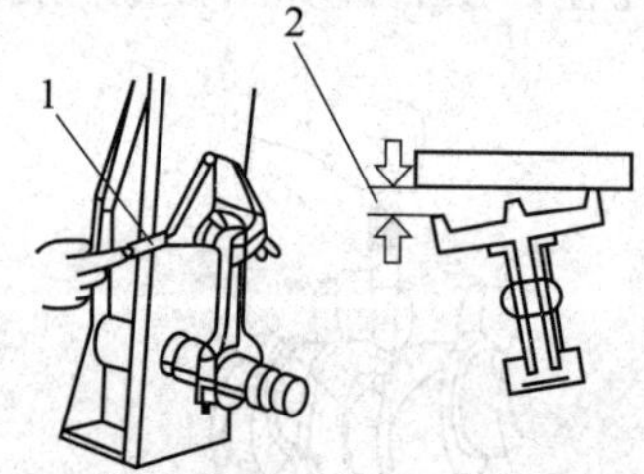

图 2-2-34　连杆扭曲变形的检验

1—连杆检验器　2—扭曲值

（1）检验时，应将连杆轴承取下，将轴承孔清洁干净。

（2）然后将连杆盖装在连杆杆身上，并按标准力矩拧紧连杆螺栓。

（3）连杆大头安装在连杆检验器的可调横轴上，拧动调整柄使半圆键向外扩张，并将连杆固定在检验器上。

（4）检验工具是带有 V 形槽的三点规。三点规上的三个测点在同一平面上，并与 V 形槽相垂直。下面两个测点的距离为 100 mm，而上面的一个测点处在下面两个测点连线的垂直平分线上，与下面两个测点连线的距离也是 100 mm。检验时，将三点规放在连杆小头的心轴或活塞销上，使三点规的三个测点与检验器的平板相接触。

（5）根据三个测点与平板的接触情况，便可判断连杆有无弯曲变形和扭曲变形。

1）当三点规的三个测点都与检验器的平板相接触时，说明连杆无变形。

2）若三点规仅上测点（或两个下测点）与平板接触，且两个下测点与平板间隙相等，说明连杆有弯曲变形。这时，用塞尺测量测点与平板的间隙，便是连杆在 100 mm 长度上的弯曲值。

3）检验时若只有一个下测点与检验平板相接触，且上测点与检验平板的间隙等于另一个测点与平板间隙的一半，则表明连杆发生了扭曲变形，其下测点与平板的间隙便是连杆在 100 mm 长度上的扭曲值。

4）检验时若一个下测点与检验平板接触，但上测点与检验平板的间隙不等于另一个下测点与平板间隙的一半，则表明连杆同时存在弯曲变形和扭曲变形。

汽车修理技术标准规定：连杆在 100 mm 长度上弯曲值应不大于 0.03 mm，扭曲值应不大于 0.06 mm。超过允许极限时，应进行校正或更换连杆。

四、连杆及轴承的安装

1. 安装活塞销。参见本课程学习单元 2，在此不再赘述。

2. 保持气缸体安装面竖直朝上，如果气缸体倾斜，则活塞的装入可能导致连杆划伤气缸壁，如图 2–2–35 所示。如果连杆上有螺栓，应在螺栓上套入塑料套，如图 2–2–30 所示，以免螺栓划伤气缸壁。

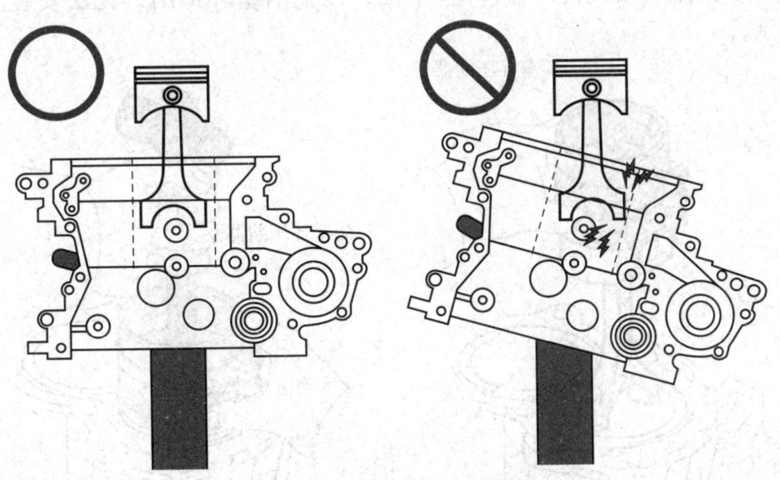

图 2–2–35　将气缸体安装面竖直朝上

3. 将连杆轴承分别装入连杆盖和连杆大头，并在连杆轴承表面涂一薄层机油，如

图 2-2-36 所示。注意，不要在连杆轴承背面涂抹机油，这样会使轴承摩擦产生的热量不能及时传递给连杆大头或连杆盖，可能会导致连杆轴承损伤。

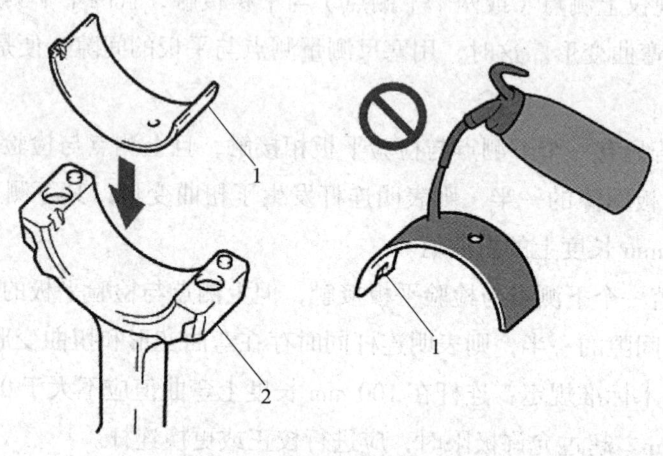

图 2-2-36　安装连杆轴承

1—连杆轴承　2—连杆大头

4. 使用梅花扳手或套筒扳手顺时针旋转曲轴，将所拆缸活塞转至下止点。

5. 在活塞环压缩器、活塞裙部等部位涂一薄层机油。用活塞环压缩器收紧活塞环，露出部分活塞裙部，以便于将活塞装入气缸中，如图 2-2-37 所示，注意不要转动活塞环压缩器，以免改变活塞环的开口位置。将活塞插入气缸中，注意活塞上的方向记号。用木棒或锤子的木柄轻轻敲击活塞顶部，将活塞推入气缸中，注意敲击过程中，始终让活塞环压缩器下部贴合气缸体上平面，以免活塞环弹出，无法安装。

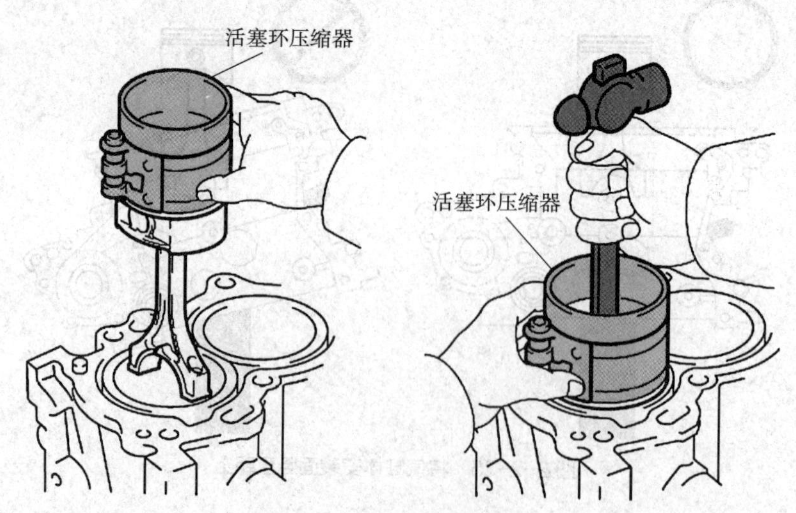

图 2-2-37　装入活塞及连杆

6. 安装连杆盖，拧上连杆螺栓或螺母。使用扭力扳手分次拧紧连杆螺栓或螺母至维修手册规定的力矩。

7. 使用百分表检查连杆轴向间隙，如图 2–2–38 所示。先用木棒或橡胶锤将连杆盖敲击至某侧极限位置，并将百分表用磁性表座固定。然后，将百分表测头顶在连杆盖上，用木棒或橡胶锤将连杆盖敲击至另一侧，观察百分表指针摆动值，该值即为连杆轴向间隙。

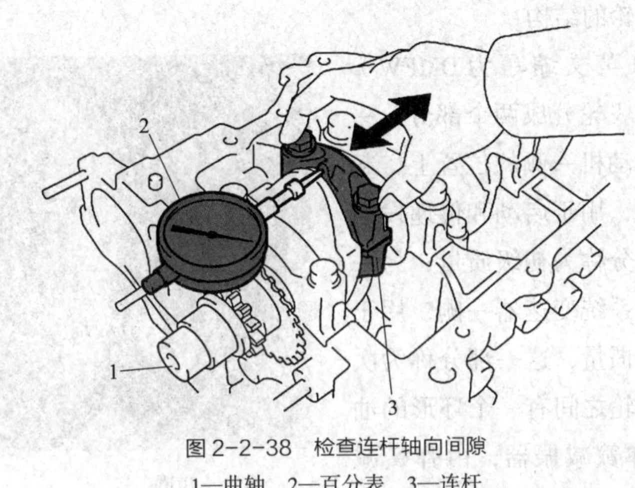

图 2–2–38　检查连杆轴向间隙

1—曲轴　2—百分表　3—连杆

8. 每安装一组活塞及连杆后，顺时针旋转曲轴两圈，确保其能自由转动。

学习单元 4　拆检飞轮、曲轴及轴承

一、飞轮、曲轴及轴承的功用及结构

1. 飞轮（包括双质量飞轮）的功用及结构

（1）飞轮的功用及结构

飞轮的主要功用是将发动机做功行程中曲轴得到的能量的一部分储存起来，用以克服进气、压缩和排气三个辅助行程的阻力，使发动机运转平稳；能提高发动机短时间的超负荷工作能力，使汽车容易起步，便于发动机启动；此外，飞轮还是离合器的组成部件。

飞轮是用铸铁制成的圆盘，用螺栓固定于曲轴后端凸缘或后端面上。飞轮外缘一边镶有启动齿圈，以便发动机启动时与起动机齿轮啮合，带动曲轴旋转。齿圈与飞轮有很大的配合过盈量，是将齿圈加热后装上去的。飞轮上通常刻有表示第一缸活塞在上止点位置的标记。

（2）双质量飞轮的结构

双质量飞轮（英文缩写为 DMFW），就是将原来的一个飞轮分成两个部分，一部分保留在原来发动机一侧的位置上，起到原来飞轮的作用，用于启动和传递发动机的转矩，这一部分称为初级质量；另一部分则放置在传动系统变速器一侧，用于提高变速器的转动惯量，这一部分称为次级质量。两部分飞轮之间有一个环形的油腔，在腔内装有弹簧减振器，由弹簧减振器将两部分飞轮连接为一个整体，如图 2-2-39 所示。

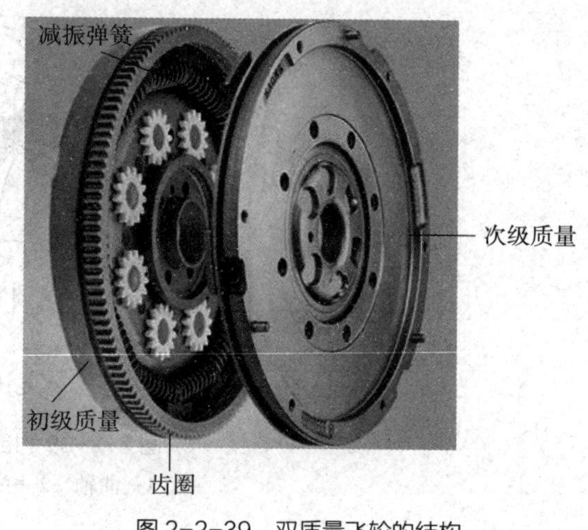

图 2-2-39　双质量飞轮的结构

2. 曲轴的功用及结构

（1）曲轴的功用

曲轴是发动机最重要的机件之一。其功用是将活塞连杆组传来的气体压力转变成曲轴的转矩对外输出，并驱动发动机的配气机构及其他辅助装置（如发电机、水泵、风扇、空气压缩机、机油泵、柴油机喷油泵等）工作。

（2）曲轴的结构

曲轴一般由前端轴、主轴颈、连杆轴颈、曲柄、平衡重块、后端轴等组成，如图 2-2-40 所示。一个连杆轴颈和它两端的曲柄及主轴颈构成一个曲拐。直列型发动机曲轴的曲拐数与气缸数相同，V 型发动机曲轴的曲拐数等于气缸数的一半。

1）主轴颈。主轴颈是曲轴的支承部分。整个曲轴通过主轴颈安装在气缸体曲轴主轴承座孔中的滑动轴承（曲轴主轴承）上，用曲轴主轴承盖定位，曲轴主轴承盖通过螺栓拧在气缸体上。

2）连杆轴颈。连杆轴颈也叫曲柄销，与连杆大头装配在一起。在直列式发动机

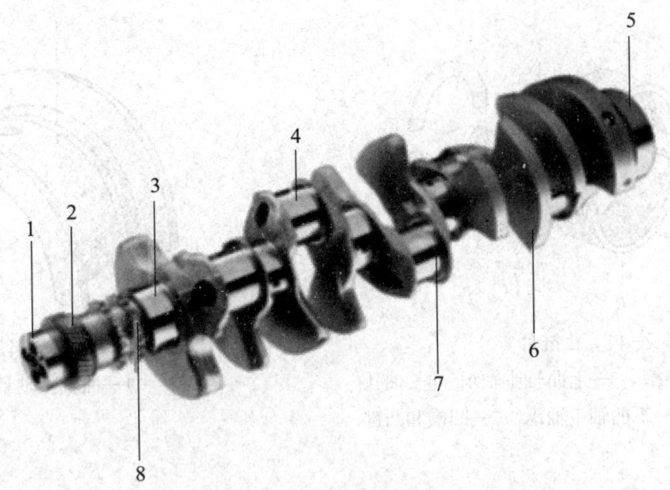

图 2-2-40　曲轴的结构

1—扭转减振器的固定装置　2—用于驱动机油泵的齿轮　3—主轴颈
4—连杆轴颈　5—输出端　6—平衡重块　7—油孔　8—正时链链轮

上，连杆轴颈数与气缸数相同。在 V 型发动机上，连杆轴颈数为气缸数的一半。

3）曲柄和平衡重块。曲柄是连接主轴颈和连杆轴颈的部分，其长度取决于活塞行程。连杆轴颈和曲柄的质量分布不均匀，通过在连杆轴颈的相对一侧添加平衡重块，对质量分布不均匀进行补偿。

4）前端轴和后端轴。曲轴前端通常加工有键槽和螺纹，用来安装正时齿轮、带轮、启动爪、扭转减振器等，以驱动配气机构及水泵、风扇、发电机等附属装置工作。

曲轴后端一般设有挡油凸缘、回油螺纹和后端凸缘。挡油凸缘和回油螺纹用来防止机油向后渗漏。后端凸缘用来安装飞轮。部分曲轴后端没有凸缘，飞轮用螺栓紧固于曲轴后端面。

5）曲轴的轴向定位。发动机工作时，曲轴经常受到离合器施加于飞轮的轴向力作用而有轴向窜动的趋势。曲轴窜动将破坏曲柄连杆机构各零件正确的相对位置，因此，必须对曲轴进行轴向定位。曲轴的轴向定位装置是装在某一道曲轴主轴承两侧的止推片（见图 2-2-41）或翻边轴瓦的翻边部分（见图 2-2-42）。

3. 轴承的功用及结构

曲轴轴承的功用及结构同本课程学习单元 3 中连杆轴承的功用和结构类似，不再赘述。

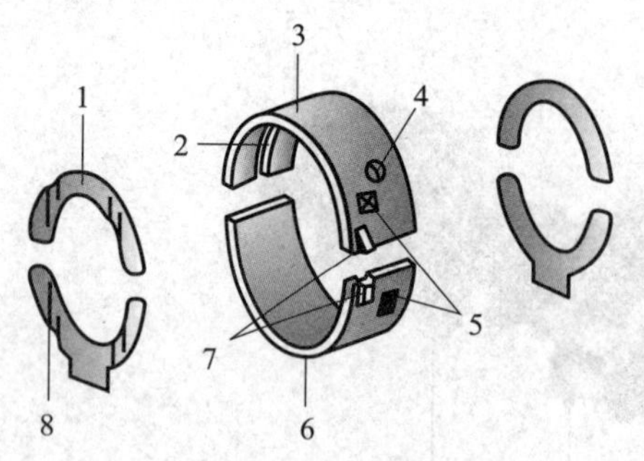

图 2-2-41　止推片

1—止推片　2、8—油槽　3—上曲轴主轴承　4—油孔
5—轴承尺寸代码　6—下曲轴主轴承　7—凹槽和凸键

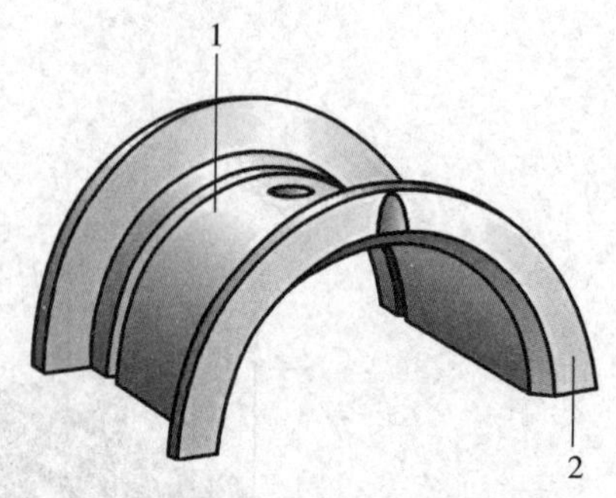

图 2-2-42　翻边轴瓦

1—曲轴主轴承　2—翻边部分

二、飞轮、曲轴及轴承的分解

1. 飞轮的分解

（1）拆卸飞轮前，需在离合器壳和飞轮上做好装配标记。

（2）固定曲轴或飞轮，以便拆卸飞轮固定螺栓，如图 2-2-43 所示。

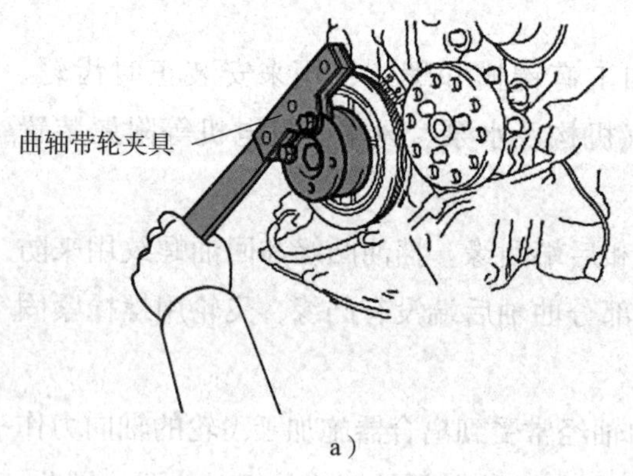

a）

b）

图 2-2-43　固定曲轴或飞轮

a）固定曲轴　b）固定飞轮

* 宝马轿车用于固定飞轮的专用工具

（3）拆卸离合器壳的固定螺栓，取下离合器壳和离合器盘。

（4）对角分次拆卸飞轮的固定螺栓，取下飞轮。

2. 曲轴及轴承的分解

（1）拆卸曲轴主轴承盖。按照从外及内的顺序分次拧松并取下曲轴主轴承盖螺栓，如图 2–2–44 所示，拆卸顺序为①到⑩。

如果曲轴主轴承盖取下比较困难，可以将螺栓放入曲轴主轴承盖螺栓孔，并扭转曲轴主轴承盖，以便拆卸曲轴主轴承盖，如图 2–2–45 所示。

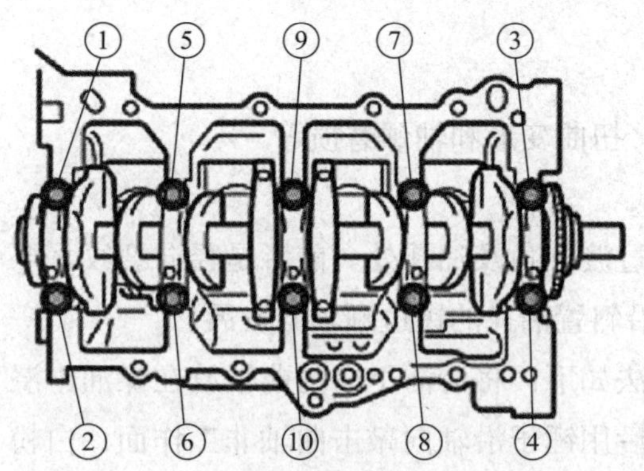

图 2–2–44　曲轴主轴承盖螺栓拆卸顺序
①～⑩—螺栓拆卸顺序

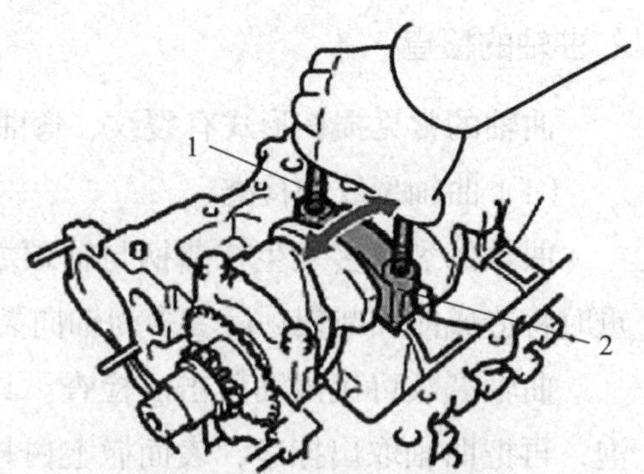

图 2–2–45　取下曲轴主轴承盖
1—曲轴主轴承盖螺栓　2—曲轴主轴承盖

（2）通过从上面往外拉的方式拆卸曲轴。

（3）拆卸曲轴主轴承。拆卸方法同本课程学习单元 3 中连杆轴承的拆卸方法一样，不再赘述。

三、飞轮及曲轴的检查

1. 飞轮的检查

飞轮的常见损伤是齿圈磨损、打坏以及离合器工作面磨损。飞轮壳的主要损伤是与变速器接合面不平以及定位孔与曲轴座孔不同轴。

（1）飞轮的检查

飞轮的主要检查内容如下。

1）齿圈松动，轮齿两面磨损或多个轮齿损坏，应换齿圈。

2）齿圈轮齿单面磨损，可将齿圈翻面后继续使用。重镶齿圈时，将齿圈加热到 300～350 ℃时镶到飞轮上。

3）飞轮工作面磨损成波浪形或沟槽，深度超过 0.5 mm 时，应在平面磨床上予以磨削加工。但飞轮磨削量不得大于 1.2 mm。

4）飞轮装在曲轴上，其工作面在半径为 150 mm 处的摆差不得大于 0.15 mm，超过时允许在曲轴后凸缘与飞轮之间加垫片进行调整。

（2）飞轮壳的检查

飞轮壳后端面孔边缘的跳动量（用百分表测量）不得大于 0.20 mm，否则会影响变速器的正常工作。飞轮壳与气缸体接合定位销如有松旷，应及时更换。

2. 曲轴的检查

曲轴的常见损伤形式有裂纹、弯曲变形、扭曲变形和轴颈磨损等。

（1）曲轴裂纹的检查

曲轴的裂纹多发生在曲柄与轴颈之间的过渡圆角及油孔处。前者是径向裂纹，严重时将造成曲轴断裂；后者多为轴向裂纹，沿斜置油孔的锐边顺轴向发展。

曲轴裂纹可用浸油敲击法检查。具体做法如下：将清洁干净的曲轴放在煤油中浸泡，再把曲轴取出擦净，表面撒上白粉，然后用锤子沿轴向敲击曲轴非工作面，白粉中如有明显裂纹状油迹出现，说明该处有裂纹。还可以用磁力探伤法检查裂纹。

（2）曲轴弯曲变形的检查

曲轴由于中间主轴颈受负荷与振动较大，其弯曲变形在中间主轴颈处比较明显。检查时，把曲轴放在平台的 V 形架上（或在车床上），将百分表测头抵在中间主轴颈处，如图 2–2–46 所示。当曲轴转一周时，其指针摆差若超过一定的数值（查阅维修手册），应进行冷压校正。

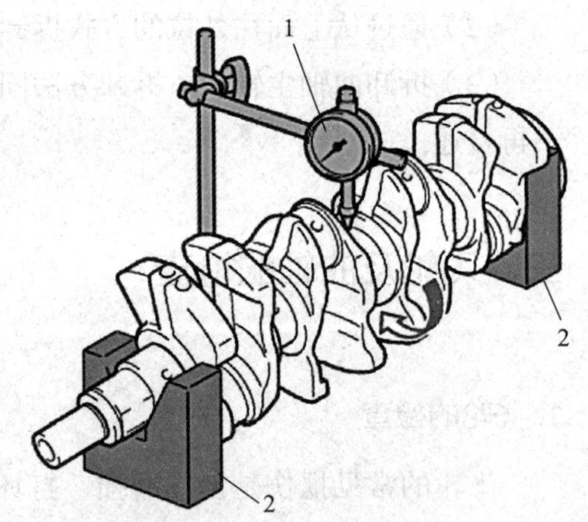

图 2–2–46　曲轴弯曲变形的检查
1—百分表　2—V 形架

（3）曲轴扭曲变形的检查

曲轴扭曲变形的检查是将连杆轴颈转到水平位置上，用百分表分别确定同一方位上两个轴颈的高度差。这个高度差即为扭曲变形量。

（4）曲轴轴颈磨损的检查

曲轴轴颈的磨损用外径千分尺进行测量。每个轴颈测量两个截面，每个截面测量 3 ~ 4 个点的直径，如图 2–2–47 所示。将每次测量的直径值记录下来，最后计算出曲轴各轴颈的圆度误差和圆柱度误差，计算方法与气缸相同。一般当连杆轴颈和主轴颈的圆度与圆柱度误差超过维修手册中的技术数据时，应对轴颈进行修磨。

（5）检查曲轴轴向和径向间隙

曲轴轴向间隙可用塞尺或百分表来测量。检查时，将曲轴装入缸体轴承座，用撬棒将曲轴撬向一端，在曲柄臂与止推片之间用塞尺测得的间隙即为曲轴轴向间隙。用百分表测量时，将百分表测头顶在曲轴平衡重块上，用撬棒将曲轴前后撬动，观察百分表指针摆动数，指针的最大摆差数值即为曲轴的轴向间隙，如图 2-2-48 所示。

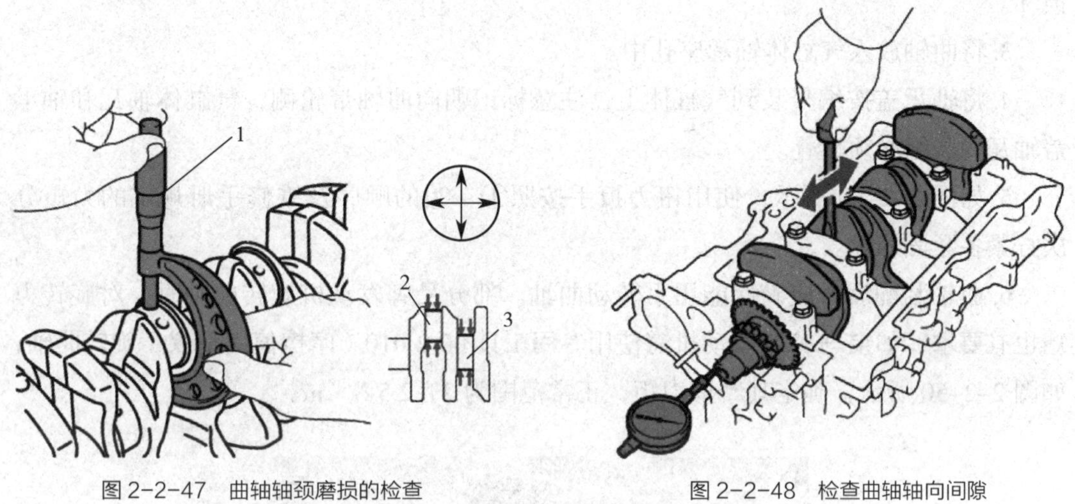

图 2-2-47　曲轴轴颈磨损的检查

1—千分尺　2—连杆轴颈　3—曲轴主轴颈

图 2-2-48　检查曲轴轴向间隙

曲轴径向间隙的检查方法与连杆径向间隙的检查方法基本相同，在此不再赘述。

四、曲轴及轴承的装配

1. 在曲轴主轴承盖与气缸体上安装曲轴主轴承和止推片，如图 2-2-49 所示。

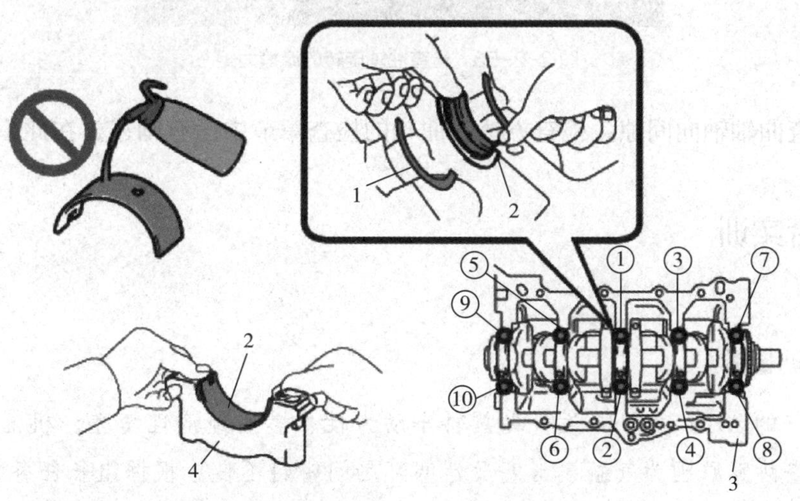

图 2-2-49　安装曲轴主轴承和止推片

1—止推片　2—曲轴主轴承　3—气缸体　4—曲轴主轴承盖

①～⑩—各固定螺栓的拧紧顺序

2. 在轴承表面涂上发动机机油。注意轴承背面不允许涂抹机油，如图 2–2–49 所示；否则，会造成轴承不能及时将热量传递给轴承盖和气缸体，可能会导致部件损坏。

3. 将曲轴放入气缸体轴承座孔中。

4. 将轴承盖按编号装到气缸体上，注意标记朝向曲轴带轮侧，气缸体轴瓦和轴承盖轴瓦的凸缘必须重叠。

5. 如图 2–2–49 所示，使用扭力扳手按照①～⑩的顺序及维修手册规定的力矩分次拧紧各紧固螺栓。

6. 曲轴装配后，应确保能用手转动曲轴。部分品牌发动机旋转曲轴时，对旋转力矩也有要求，如宝马 N20 发动机需使用专用工具 00 2 010（摩擦值测量仪）旋转曲轴，如图 2–2–50 所示，确定其摩擦力矩，正常范围为 2～2.5 N · m。

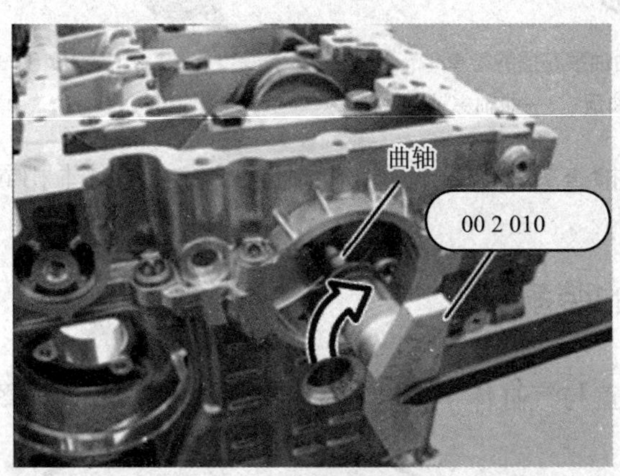

图 2–2–50　检查曲轴旋转的摩擦力矩

7. 检查曲轴轴向间隙。检查方法在曲轴的检查章节中已有阐述，在此不再赘述。

综合实训

【实训任务】

某客户的 2011 款雪佛兰科鲁兹轿车动力性、燃油经济性变差，机油消耗加大，经组长检查故障原因为气缸、活塞及活塞环之间密封不良。根据组长任务分工，请你对活塞连杆组进行分解、检查并安装。

【操作准备】

1. 工具材料

（1）上海通用雪佛兰 2H0 发动机。

（2）汽车维修常用工具。

（3）专用工具：预置力式扭力扳手、活塞环扩张器、抱箍、转角扳手、塞尺等。

2. 教学资料

（1）PPT。

（2）工作页。

（3）上海通用雪佛兰维修手册。

【操作步骤】

1. 整体拆下活塞连杆组

（1）使用合适的工具顺时针旋转曲轴，使 1 号缸活塞处于下止点。

（2）检查连杆盖上的装配标记（方向记号和配缸号），如果没有标记，请在连杆盖上做好记号。

（3）使用指针式扭力扳手或 L 形扳手分次拧松连杆螺栓，但不要取下连杆螺栓，如图 2-2-51 所示。然后，用手晃动连杆螺栓，取下连杆螺栓和连杆盖，如图 2-2-52 所示。

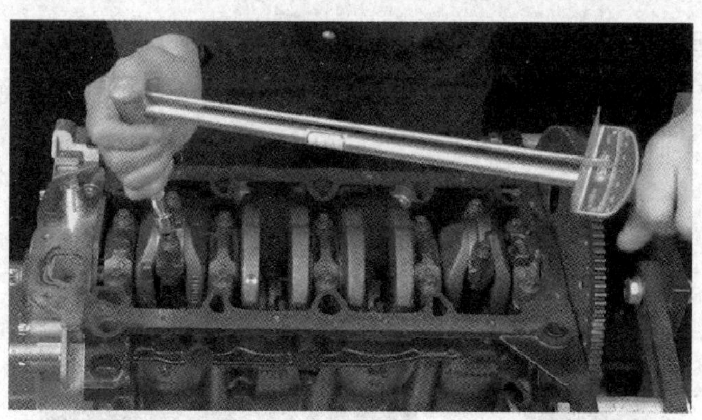

图 2-2-51　拧松连杆螺栓

（4）用锤子的木柄轻轻敲击连杆大头，推出活塞连杆组，如图 2-2-53 所示。注意，避免连杆触碰气缸壁，以免导致气缸壁损坏。

图 2-2-52　取下连杆螺栓和连杆盖

图 2-2-53　用锤子的木柄推出活塞连杆组

（5）使用压缩空气吹净连杆轴颈，检查连杆轴颈有无异常磨损、划痕等。

（6）用干净的抹布清洁气缸壁，检查气缸壁有无异常磨损、划痕等。

2. 分解活塞连杆组

（1）使用活塞环扩张器拆卸两道气环，如图 2-2-54 所示。注意，不要过度扩张气环，以免导致其断裂。

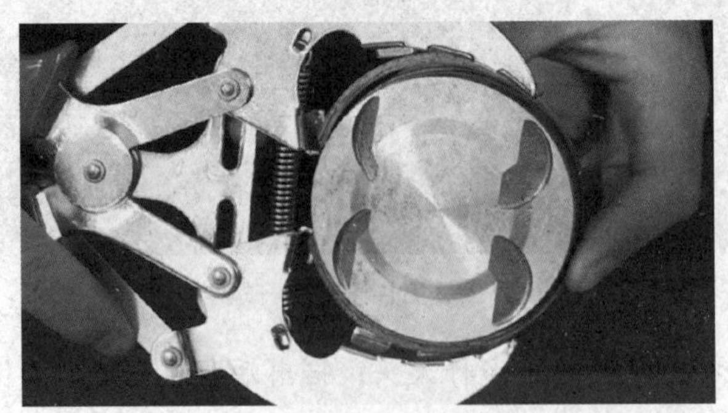

图 2-2-54　拆卸气环

（2）用手拆卸油环刮片和撑环，如图 2-2-55 所示。

图 2-2-55　拆卸油环刮片和撑环

（3）用手拆卸连杆上、下轴承，如图 2-2-56 所示。

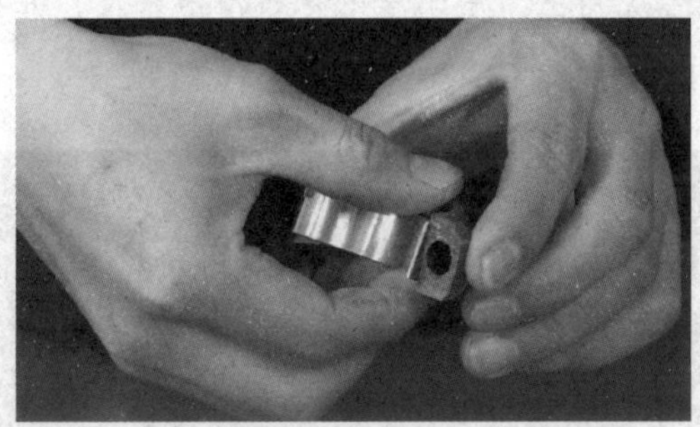

图 2-2-56　拆卸连杆上、下轴承

3. 清洗零部件

用煤油或专用清洗剂清洗活塞、活塞环、连杆轴承等部件，如图 2-2-57 所示。然后，用压缩空气吹净活塞、活塞环等部件，如图 2-2-58 所示。

图 2-2-57　清洗活塞、活塞环、连杆轴承等部件

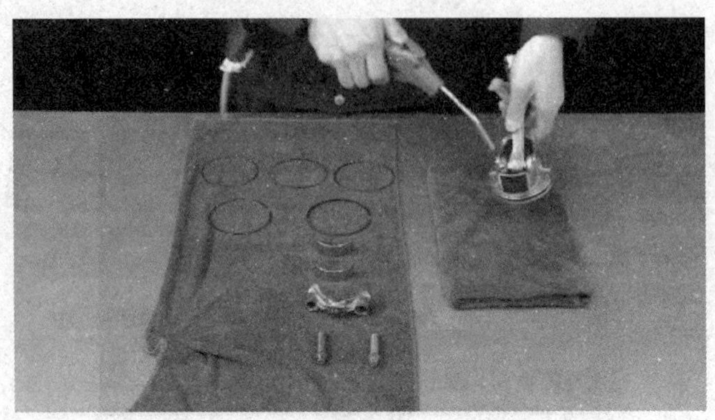

图 2-2-58　用压缩空气吹净活塞、活塞环等部件

4. 检查活塞环的端隙和侧隙

（1）将活塞固定在台虎钳上，用干净的抹布清洁塞尺，并检查塞尺有无变形、锈蚀等，如图 2-2-59 所示。

图 2-2-59　清洁及检查塞尺

（2）将第一道气环放置在第一道活塞环槽内，转动一圈，应转动自如。选择合适厚度的塞尺测量第一道气环的侧隙，如图 2-2-60 所示。测量侧隙时需测量三个点，其值应在 0.04～0.08 mm 范围内。

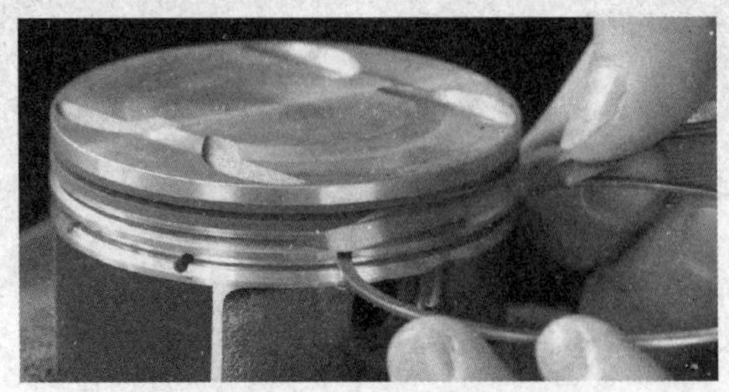

图 2-2-60　测量第一道气环的侧隙

（3）测量第二道气环的侧隙，与第一道气环侧隙的测量方法一样，不再赘述。第二道气环的侧隙应在0.03～0.07 mm范围内。

（4）用倒置的活塞将第一道气环推入气缸，上海通用雪佛兰轿车2H0发动机对气环的测量位置没有要求，注意，不同的发动机对气环端隙的测量位置要求不同，参见维修手册。然后，选择合适厚度的塞尺测量第一道气环的端隙，如图2-2-61所示，测量值应在0.2～0.4 mm范围内。

图2-2-61　测量第一道气环的端隙

（5）测量第二道气环的端隙，与第一道气环端隙的测量方法一样，不再赘述。第二道气环端隙测量值应在0.4～0.6 mm范围内。

5. 组装活塞连杆组

（1）用手安装油环，如图2-2-62所示。

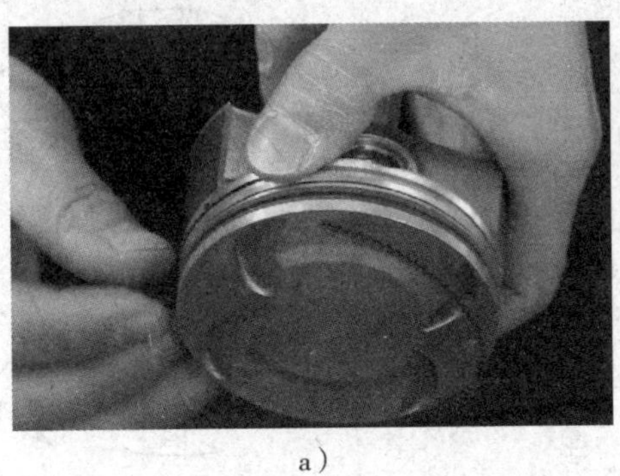

a）

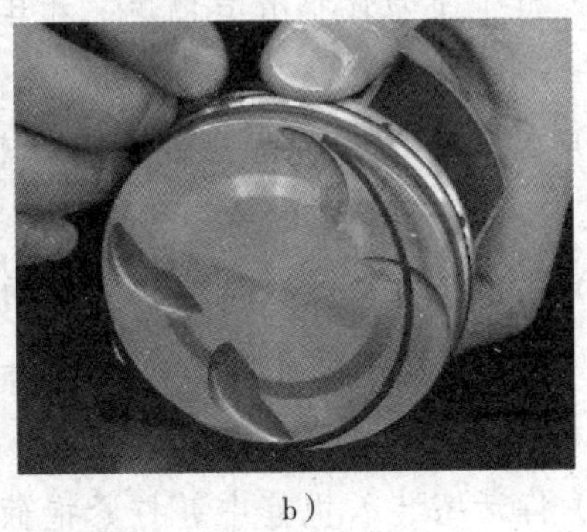

b）

图2-2-62　安装油环

a）用手安装油环撑环　b）用手安装油环上、下刮片

（2）用活塞环扩张器安装气环，注意代码标记（如“TOP”）朝向活塞顶部，如图2-2-63所示。

（3）用手安装连杆轴承，如图2-2-64所示。

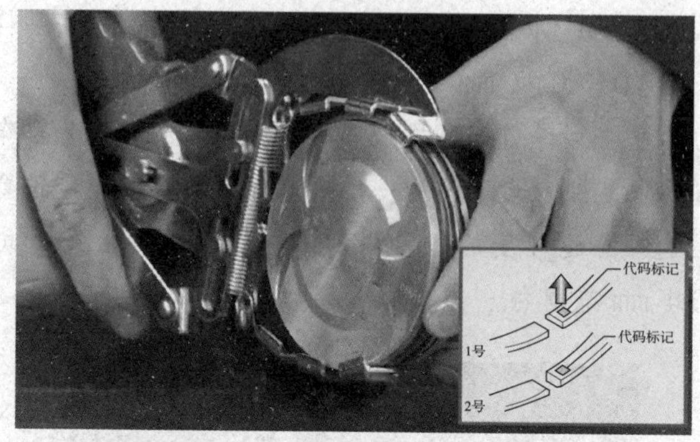

图 2-2-63　用活塞环扩张器安装气环

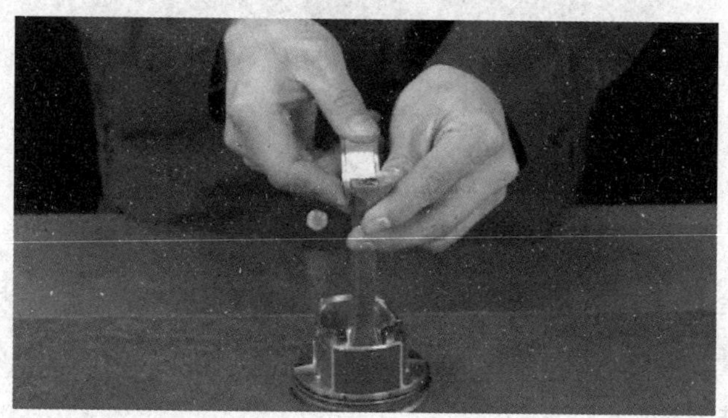

图 2-2-64　安装连杆轴承

（4）用干净的抹布清洁抱箍，并在抱箍内壁涂一薄层机油。

（5）在活塞环、活塞裙部、连杆轴承、气缸壁、连杆轴颈等部位涂一薄层机油。

（6）调整活塞环开口位置，上海通用雪佛兰 2H0 发动机活塞环开口位置如图 2-2-65 所示。

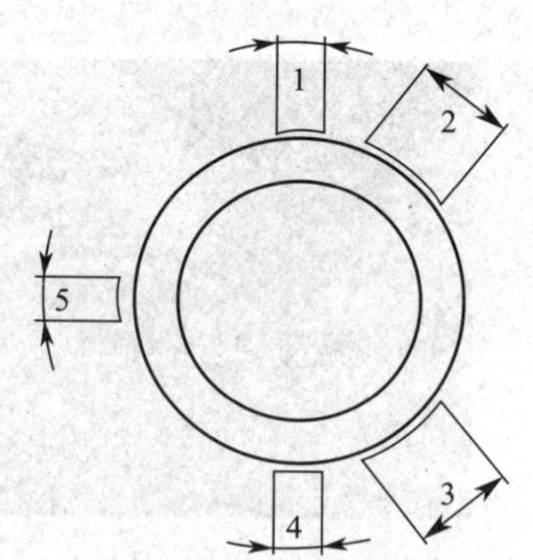

图 2-2-65　上海通用雪佛兰 2HO 发动机活塞环开口位置

1—第一道气环开口位置　2—第二道气环开口位置　3—油环撑环开口位置　4—油环上刮片开口位置　5—油环下刮片开口位置

（7）将活塞装入抱箍中并拧紧抱箍，活塞裙部露出 1/3 左右，以便于活塞连杆组放入气缸，如图 2-2-66 所示。注意，活塞装入抱箍后，不要转动活塞，以免改变活塞环开口的位置。

（8）确认相应气缸的连杆轴颈处于下止点位置，将活塞连杆组放入气缸，注意活塞顶部的方向记号，该记号朝向曲轴带轮，如图 2-2-67 所示。

图 2-2-66　将活塞装入抱箍中并拧紧抱箍

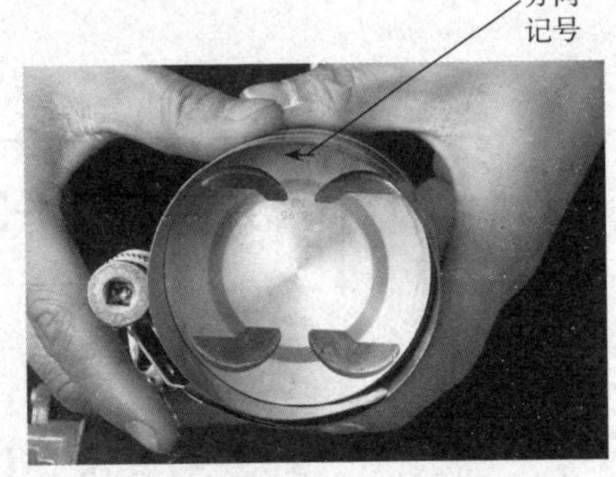

图 2-2-67　活塞顶部的方向记号

（9）确认抱箍与气缸体上平面紧密贴合，用木柄将活塞连杆组推入气缸，直到连杆上轴承与连杆轴颈紧密贴合，如图 2-2-68 所示。

图 2-2-68　用木柄将活塞连杆组推入气缸

（10）在连杆螺栓上涂一薄层机油，安装连杆盖和连杆螺栓，注意连杆盖的方向标记和配缸号。用手旋入连杆螺栓，然后用扭力扳手拧紧至 35 N·m，再用转角扳手继续旋转 45°，如图 2-2-69 所示。

图 2-2-69　用扭力扳手和转角扳手拧紧连杆螺栓

（11）用合适的工具顺时针旋转曲轴两圈，曲轴应能转动自如。

课程 2-3　检修配气机构

【学习内容】

学习单元	课程内容	培训建议	课堂学时
（1）拆检凸轮轴	1）凸轮轴的功用及结构 2）凸轮轴的拆卸 3）凸轮轴的检查 4）凸轮轴的安装	（1）方法：讲授法、演示法、实训法 （2）重点与难点：凸轮轴的安装	4
（2）拆检气门组件	1）气门组件的功用及结构 2）气门组件的分解 3）气门组件的检查 4）气门组件的安装	（1）方法：讲授法、演示法、实训法 （2）重点与难点：气门组件的安装	4
（3）拆检气缸盖	1）气缸盖的功用及结构 2）气缸盖的分解 3）气缸盖的检查 4）气缸盖的安装	（1）方法：讲授法、演示法、实训法 （2）重点与难点：气缸盖的安装	4

学习单元 1　拆检凸轮轴

一、凸轮轴的功用及结构

1. 凸轮轴的功用

凸轮轴是气门驱动组中最主要的零件。其功用是用来驱动并控制各缸气门的开启和关闭，使其符合发动机的工作顺序、配气相位及气门开度的变化规律等要求。

2. 凸轮轴的结构

凸轮轴主要由凸轮和轴颈两部分组成，如图 2–3–1 所示。

（1）凸轮

凸轮是凸轮轴的主要工作部分，其形状影响气门开启的持续时间、气门开闭的速度、气门的升程等。凸轮的轮廓如图 2–3–2 所示。

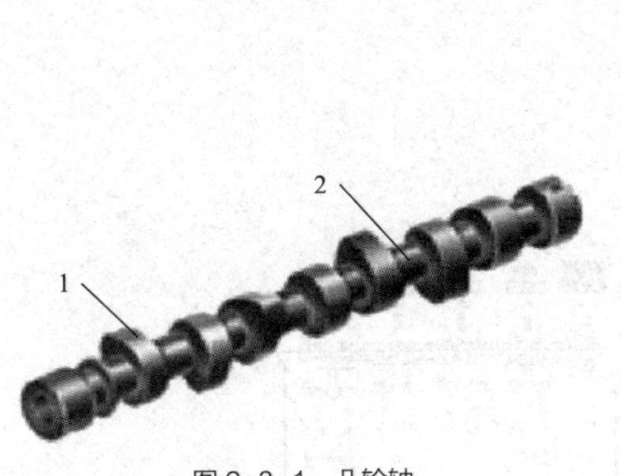

图 2–3–1　凸轮轴
1—凸轮　2—轴颈

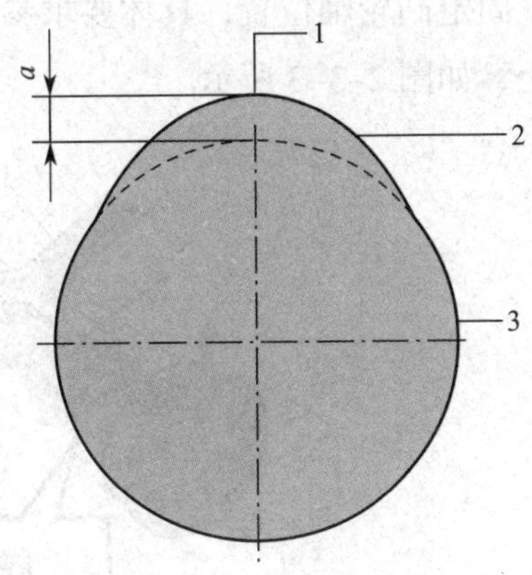

图 2–3–2　凸轮的轮廓
1—凸轮顶部　2—凸轮工作面　3—基圆　a—凸轮升程

（2）轴颈与轴承

凸轮轴轴颈用来支承凸轮轴。凸轮轴有全支承和非全支承两种。全支承凸轮轴每个气缸两端都有一个轴颈，而非全支承凸轮轴则是每隔两个气缸设置一个轴颈。凸轮轴轴承一般做成衬套压入整体式的座孔中，与轴颈配合。

凸轮轴轴颈采用压力润滑，气缸体或气缸盖上钻有油道与轴承相通。凸轮与挺柱间采用飞溅润滑。

3. 凸轮轴的驱动

凸轮轴是由曲轴通过传动装置来驱动的。由于四冲程发动机每完成 1 个工作循环时曲轴转 2 圈，而各缸只进气、排气 1 次，即凸轮轴只需转 1 圈，因此，曲轴与凸轮轴的传动比为 2∶1。凸轮轴的传动装置有齿轮式、链条式和齿形带式三种，现代汽车多采用链条式和齿形带式两种传动装置。

4. 凸轮轴的轴向定位

为了防止凸轮轴在工作中产生轴向窜动，凸轮轴都设有轴向定位装置。上置式凸轮轴利用某一道凸轮轴轴承的翻边或轴承盖的两侧实现轴向定位。

二、凸轮轴的拆卸

因凸轮轴受到气门弹簧的作用力，故一定要按照操作规范或维修手册中的相关规定进行拆卸；否则凸轮轴及轴承盖很容易损坏。

1. 固定凸轮轴位置，具体要求参见维修手册，确保气门弹簧的弹力均匀作用在凸轮轴上，如图 2–3–3 所示。

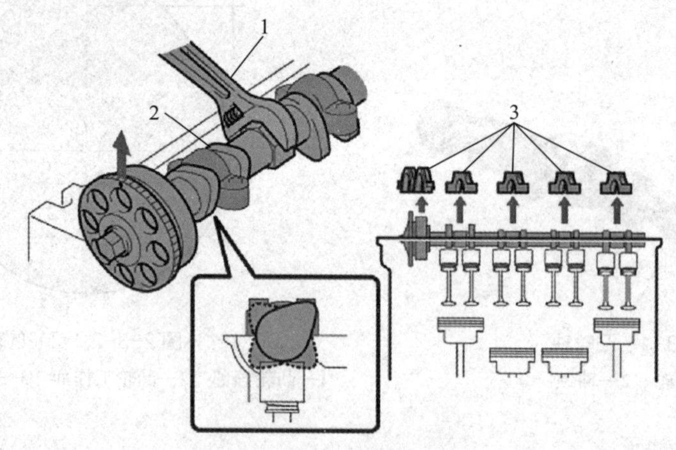

图 2–3–3　凸轮轴的拆卸

1—可调扳手　2—凸轮轴　3—凸轮轴轴承盖

2. 每次少许均匀地松动固定凸轮轴轴承盖的螺栓，重复该操作，以卸掉所有的螺栓。注意，不同的发动机，凸轮轴轴承盖螺栓的拆卸顺序也不同，具体要求查阅维修手册。

三、凸轮轴的检查

凸轮轴的主要损伤有凸轮磨损、凸轮轴弯曲、轴颈磨损等。

1. 凸轮磨损的检查

凸轮的磨损通过用千分尺或专门的仪器测量凸轮的高度来检查，如图 2-3-4 所示。若凸轮的高度低于维修手册的规定要求或其表面有严重的擦伤、拉毛、麻点，应予以更换。

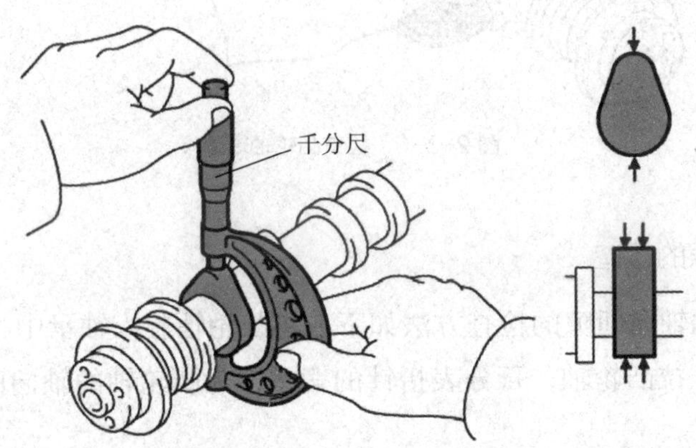

图 2-3-4　测量凸轮高度

2. 凸轮轴弯曲的检查

凸轮轴弯曲度的检查方法如下：将凸轮轴支在车床两顶尖间或将凸轮轴两端轴颈放在 V 形架上，如图 2-3-5 所示。转动凸轮轴一周，如百分表指针的摆差超过 0.10 mm 或维修手册的规定要求，即应进行冷压校直。校直后，中间各轴颈的弯曲度应不大于 0.03 mm 或维修手册的规定要求。

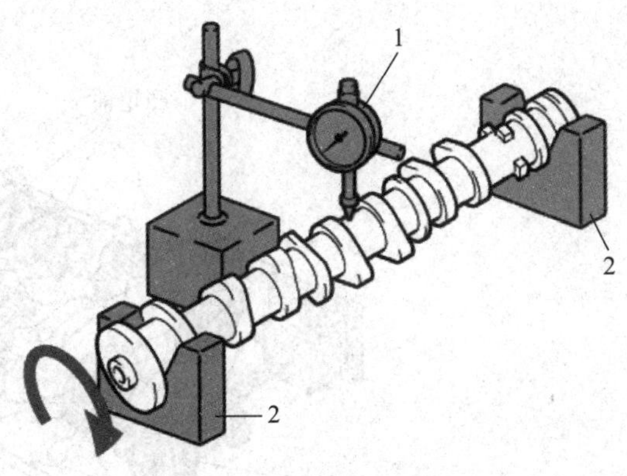

图 2-3-5　凸轮轴弯曲度的检查

1—百分表　2—V 形架

3. 凸轮轴轴颈磨损的检查

凸轮轴轴颈的磨损用千分尺测量轴颈的圆度和圆柱度误差来检查，如图 2–3–6 所示。如超过规定值，应按修理尺寸磨削轴颈并选用相配的凸轮轴轴承，轴颈磨损严重时应予以更换。

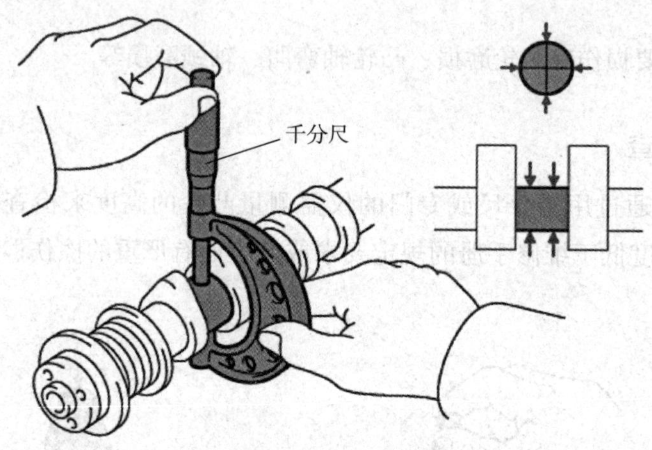

图 2–3–6　检查凸轮轴轴颈

4. 凸轮轴轴向间隙的检查

上置式凸轮轴轴向间隙的检查方法如下：将凸轮轴装入轴承中，使百分表的测头抵住凸轮轴端，推拉凸轮轴，百分表指针的摆差即为凸轮轴的轴向间隙，如图 2–3–7 所示。

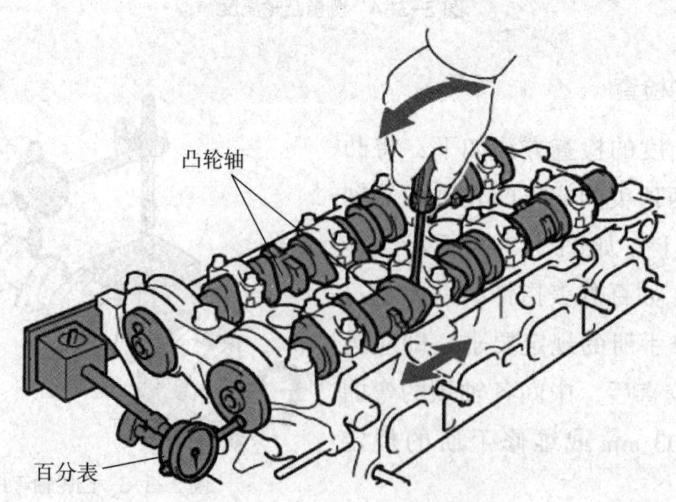

图 2–3–7　检查凸轮轴轴向间隙

5. 凸轮轴径向间隙的检查

凸轮轴径向间隙的检查方法与曲轴径向间隙的检查方法一样，参见本模块课程 2–2 学习单元 4 中的相关内容，在此不再赘述。

四、凸轮轴的安装

1. 使用梅花扳手或套筒扳手顺时针旋转曲轴，将 1 号缸活塞转至从下止点往上止点运动的中间位置。

2. 给凸轮轴轴颈、凸轮及气缸盖上的凸轮轴轴承座处涂抹一薄层机油。

3. 将凸轮轴放置在气缸盖上。注意，维修手册对凸轮轴的放置位置有要求，而且不同发动机会有所差异，请详细阅读维修手册。

4. 安装凸轮轴轴承盖，注意轴承盖上的方向记号和顺序记号，不要装错。然后，按照维修手册规定的顺序分次拧紧螺栓至规定力矩。注意，不同发动机其拧紧顺序会有所不同。

5. 检查凸轮轴的轴向间隙和径向间隙，检查方法同上述凸轮轴的检查中所述，此处不再赘述。

学习单元 2　拆检气门组件

一、气门组件的功用及结构

气门组件包括气门、气门座、气门导管、气门弹簧、气门锁片和油封等，如图 2–3–8 所示。其功用是保证实现气门对气缸的可靠密封。

1. 气门的功用与结构

气门分为进气门和排气门两种。通常进气门头部直径大于排气门头部直径。气门的功用是分别用来开关进气和排气通道。

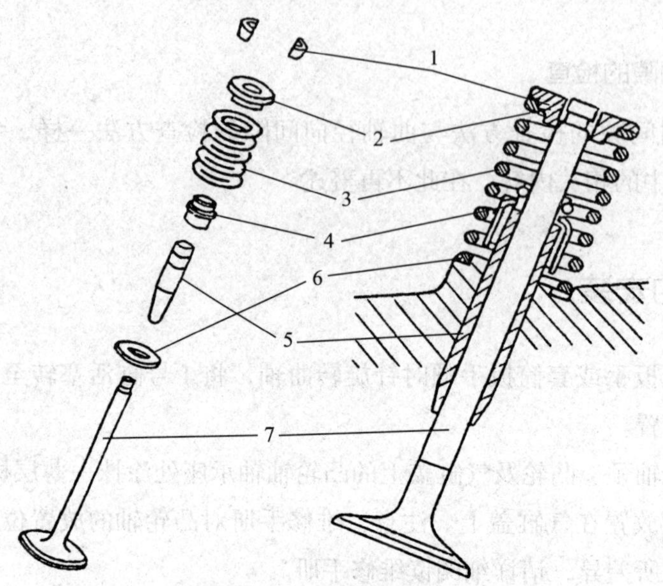

图 2-3-8　气门组件的组成

1—气门锁片　2—上气门弹簧座　3—气门弹簧　4—气门油封　5—气门导管　6—下气门弹簧座　7—气门

气门由气门头部和气门杆部两部分组成，如图 2-3-9 所示。

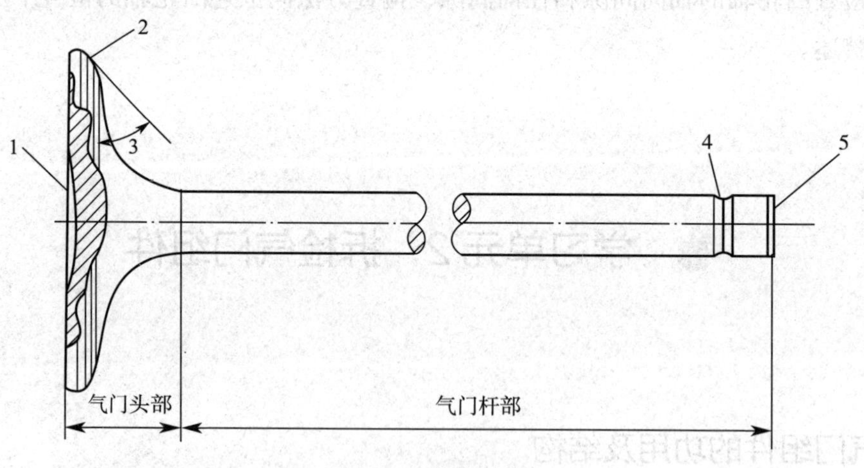

图 2-3-9　气门结构

1—气门顶部　2—气门密封锥面　3—气门锥角　4—气门锁片槽　5—气门尾端面

（1）气门头部

气门顶部的形状有平顶、凹顶（喇叭顶）和凸顶（球面顶）三种，其特点见表 2-3-1。

表 2-3-1　气门顶部的形状、图示及特点

形状	平顶	凹顶（喇叭顶）	凸顶（球面顶）
图示			
特点	平顶气门结构简单，制造容易，受热面积小，故应用最广泛	凹顶气门呈喇叭形，头部与杆部有较大的过渡圆弧，使气流阻力减小，但受热面积较大，故仅用于进气门	凸顶气门刚度高，适用于排气门

气门密封锥面是与杆身同轴的圆锥面，用来与气门座接触，起到密封气道的作用。

（2）气门杆部

气门杆与气门导管配合，为气门运动导向和传热。气门杆身为圆柱形，气门杆的尾部结构随气门弹簧座的固定方式不同而异。常用的固定方式有锥形锁片式和锁销式两种，如图 2-3-10 所示。

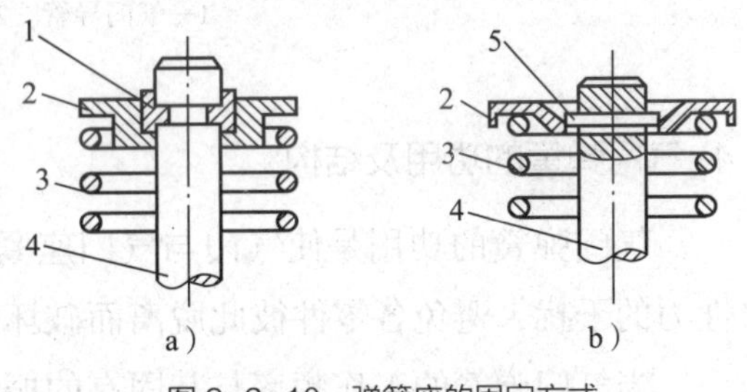

图 2-3-10　弹簧座的固定方式

a）锥形锁片式　b）锁销式

1—锁片　2—气门弹簧座　3—气门弹簧　4—气门杆　5—锁销

2. 气门座与气门座圈的功用及结构

进气道和排气道口与气门密封锥面直接贴合的部位称为气门座。气门座与气门头部密封锥面配合对气缸起密封作用，同时气门头部的热量也经过气门座外传，对气门起散热的作用。气门座的锥角由三部分组成，其中 45°（或 30°）的锥面与气门密封锥面贴合。

3. 气门导管的功用及结构

气门导管的主要功用是为气门运动导向，以保证气门上下运动时不发生径向摆动

而准确回到气门座，同时起传热作用。

气门导管的结构如图 2–3–11 所示。气门导管外圆与气缸盖轴承孔为过盈配合，内孔与气门杆相配合。为了防止气门导管在使用过程中松脱，有的发动机用卡环对气门导管定位。

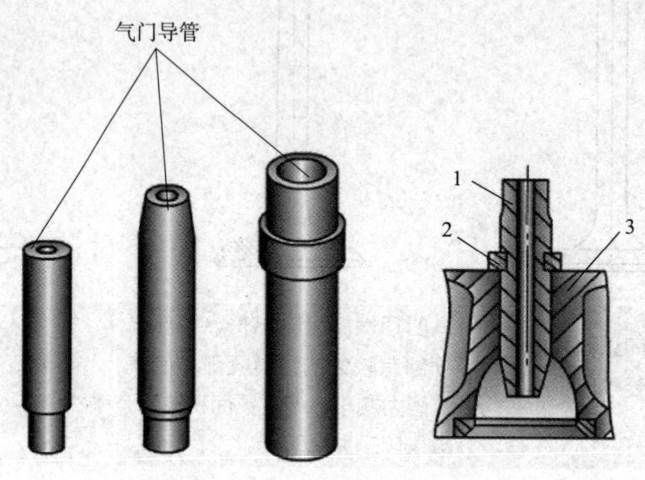

图 2–3–11　气门导管的结构

1—气门导管　2—卡环　3—气缸盖

4. 气门弹簧的功用及结构

气门弹簧的功用是使气门与气门座紧密贴合，克服气门和气门驱动件所产生的惯性力的干扰，避免各零件彼此脱离而破坏配气机构的正常工作。

当气门弹簧的工作频率与其固有的振动频率相等或为其固有振动频率的整数倍时，气门弹簧就会发生共振。共振时，配气相位将遭到破坏，使气门发生反跳和冲击，甚至使弹簧折断。为防止共振的发生，常采用双气门弹簧、变螺距气门弹簧、锥形气门弹簧、气门弹簧振动阻尼器等，如图 2–3–12 所示。

二、气门组件的分解

1. 拆卸气门

（1）安装气门弹簧压缩工具，使其与气门和气门弹簧座处于一条直线，如图 2–3–13 所示。

（2）压紧气门弹簧压缩工具，将气门弹簧座及气门弹簧往下压，露出气门锁片槽，

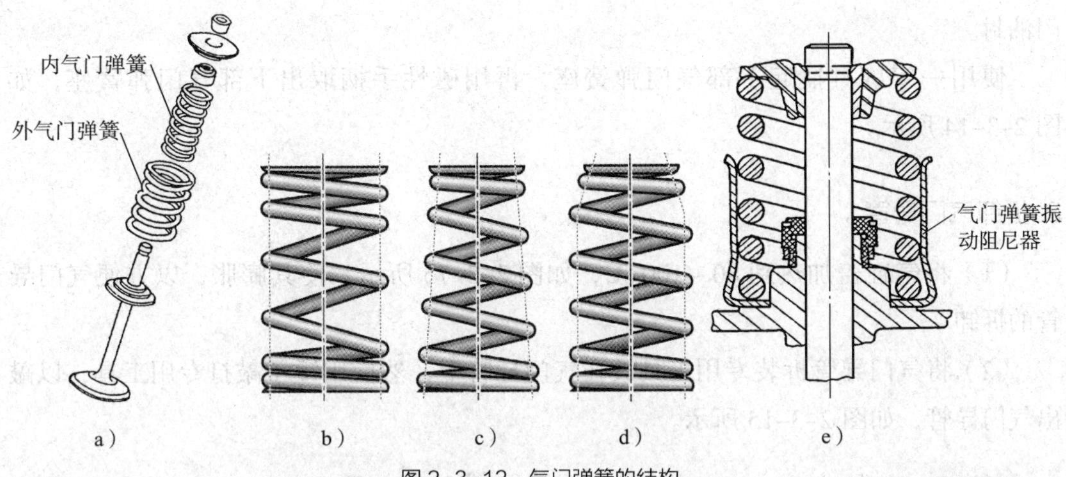

图 2-3-12　气门弹簧的结构

a）双气门弹簧　b）变螺距气门弹簧　c）锥形气门弹簧　d）半锥形气门弹簧　e）气门弹簧振动阻尼器

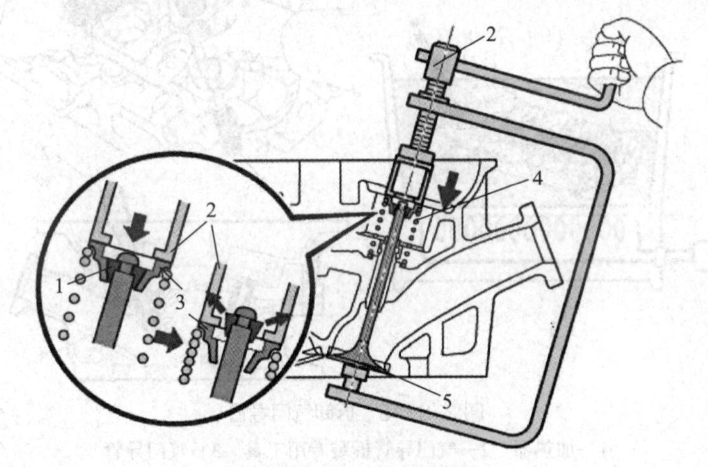

图 2-3-13　拆卸气门

1—气门锁片　2—气门弹簧压缩工具　3—气门弹簧座　4—气门弹簧　5—气门

取下气门锁片，如图 2-3-13 所示。

（3）松开气门弹簧压缩工具，取下气门弹簧座、气门弹簧及气门，将气门组件按顺序摆好。

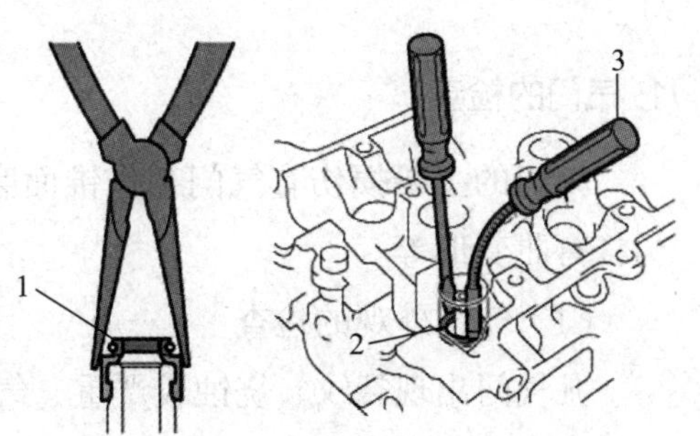

图 2-3-14　拆卸气门油封及下部气门弹簧座

1—气门油封　2—下部气门弹簧座　3—磁性手柄

2. 拆卸气门油封及下部气门弹簧座

使用尖嘴钳或专用工具钳住气门油封底部金属部分，取下气门油封，如图 2-3-14 所示。注意，不要钳夹橡胶部分，以免损坏气门油封。

使用一字旋具撬起下部气门弹簧座，再用磁性手柄取出下部气门弹簧座，如图 2-3-14 所示。

3. 拆卸气门导管

（1）将气缸盖加热到 80 ~ 100 ℃，如图 2-3-15 所示，使其膨胀，以方便气门导管的拆卸。

（2）将气门导管拆装专用工具放在气门导管上，然后用锤子敲打专用工具，以敲出气门导管，如图 2-3-15 所示。

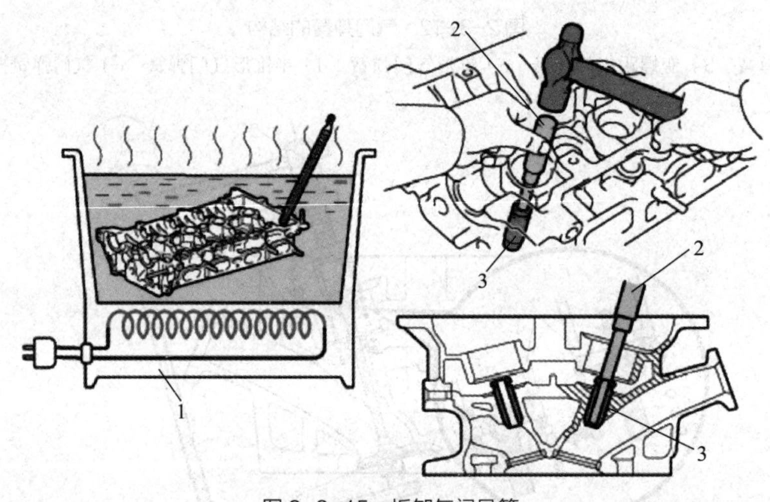

图 2-3-15　拆卸气门导管

1—加热器　2—气门导管拆装专用工具　3—气门导管

三、气门组件的检查

1. 气门的检查

气门的主要损伤有气门工作锥面磨损与烧蚀、气门杆磨损、气门杆端面磨损、气门杆弯曲变形等。

（1）气门外观的检查

凡气门出现裂纹、烧蚀较严重、气门顶部边缘的厚度小于 0.5 mm 或气门头部歪斜严重不能修复的，均应换用新气门。

（2）气门工作锥面的检查

观察气门的工作锥面，若变宽、起槽，因烧蚀导致气门出现斑点或用手指能摸出磨损台阶，应用气门光磨机光磨气门的工作锥面（注意气门锥角的大小）。修磨后，气门头部边缘的厚度应不小于维修手册的规定值，如图 2–3–16 所示。

（3）气门杆磨损的检查

用千分尺测量气门杆直径，如图 2–3–17 所示。若磨损量超过维修手册的规定值或用手触摸有明显台阶感时，应更换气门。

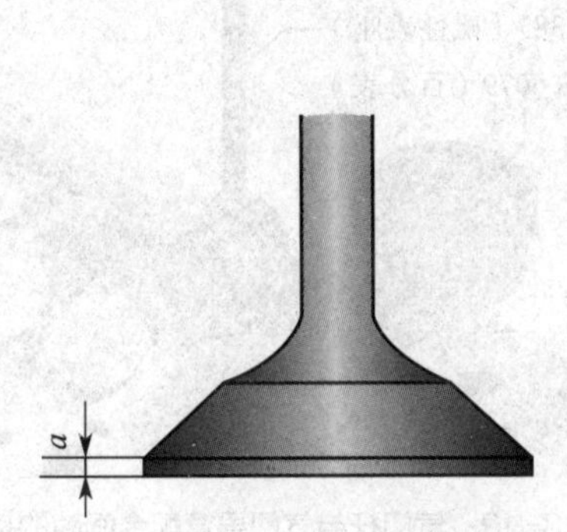

图 2–3–16　气门头部边缘的厚度

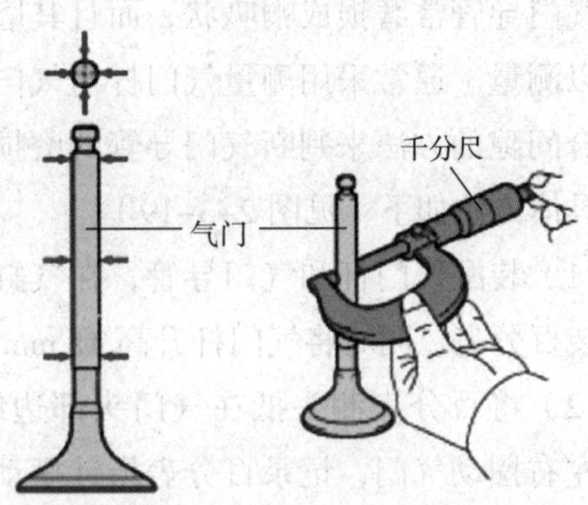

图 2–3–17　气门杆磨损的检测

（4）气门杆端面磨损的检查

气门杆端面若有凹陷，应磨平，但气门全长应符合规定要求。

（5）气门杆弯曲变形的检查

如图 2–3–18 所示，将气门架在检测台上，转动气门杆一圈，百分表指针的摆差不得大于维修手册的规定值；否则应更换气门或在平板上进行冷压校直。

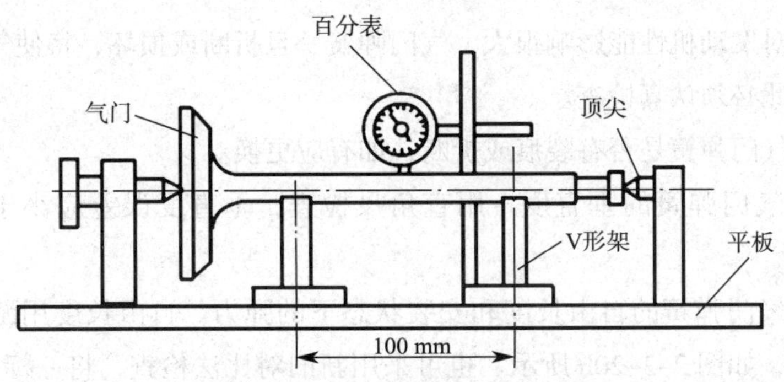

图 2–3–18　气门杆弯曲变形的检查

2. 气门座的检查

气门座工作面因磨损变宽、凹陷或烧蚀出现斑点时，应对气门座进行铰削或磨削。当气门座经过多次铰削，引起气门与气门座工作面下沉（工作面低于缸盖平面 2 mm），或气门座有严重烧蚀，原气门座圈有裂纹或松动时，应镶配或更换气门座圈。

3. 气门导管的检查

气门导管常磨损成喇叭状，而且其磨损量难以测量。通常采用测量气门杆与气门导管配合间隙的方法来判断气门导管的磨损程度。具体方法如下（见图 2–3–19）。

（1）装配气门杆和气门导管，在气缸体上安装百分表，同时将气门杆升高 15 mm。

（2）将百分表测头抵在气门头部边缘，然后左右摆动气门，记录百分表指针摆动的读数，该读数即为被测气门杆与气门导管的配合间隙。

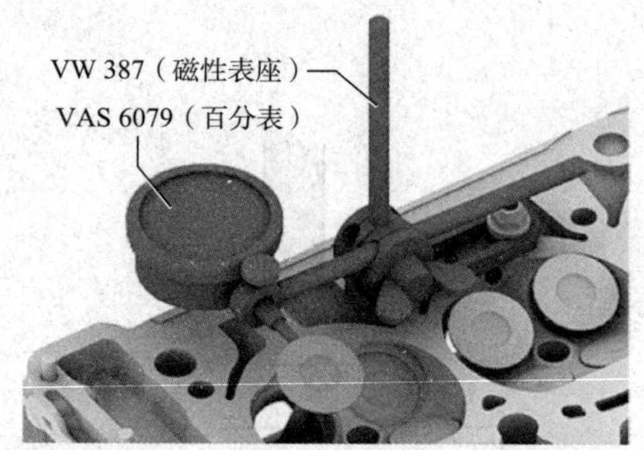

图 2–3–19　气门杆与气门导管配合间隙的检查

气门杆与气门导管的最大配合间隙应符合技术要求，大众帕萨特轿车 EA211 发动机进、排气门导管磨损极限均为 0.8 mm。如测量值超过极限值，应用新气门重新测量。如更换气门后测量值仍超过极限值，则需更换气门导管或气缸盖。

4. 气门弹簧的检查

气门弹簧对发动机性能影响很大，气门弹簧一旦折断或损坏，将使气门掉入气缸，造成事故，因此必须认真检查。

（1）检查气门弹簧是否有裂痕或折断，如有应更换。

（2）检查气门弹簧的垂直度。用直角尺检查，垂直度误差应小于 2 mm，如图 2–3–20a 所示。

（3）测量气门弹簧的自由长度和安装状态下的弹力。自由长度用游标卡尺测量，应符合规定值，如图 2–3–20b 所示。也可采用新旧对比法检查，将一标准弹簧与被测弹簧置于同一平板上，比较其长度是否一致；若不一致，应更换。弹簧的弹力在弹力检测器上测量，测量时应将弹簧压缩至装配状态，其弹力应符合规定值，如图 2–3–20c 所示。

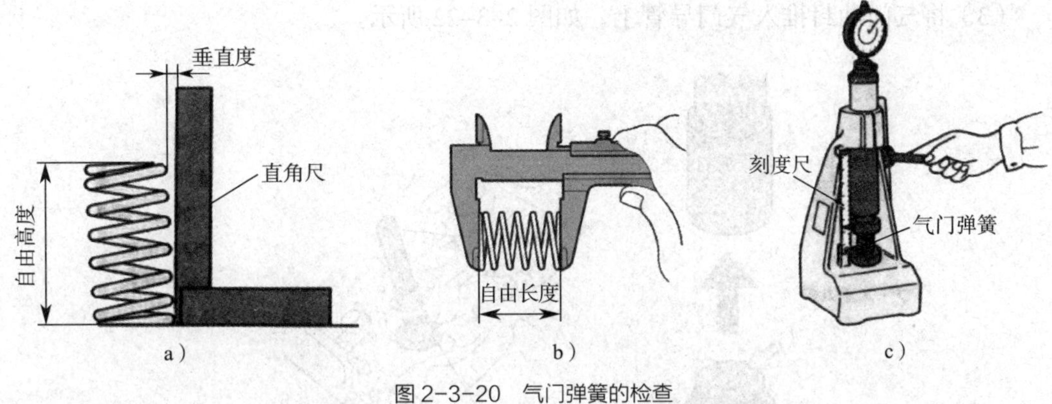

图 2-3-20　气门弹簧的检查

a）检查垂直度　b）测量自由长度　c）测量弹簧弹力

四、气门组件的安装

1. 安装气门导管

（1）将气缸盖加热到 80～100 ℃，如图 2-3-15 所示，使其膨胀，以方便气门导管的安装。

（2）使用锤子和气门导管拆装专用工具将气门导管从气缸盖上部敲入，（参考图 2-3-15）。注意，一边敲气门导管，一边用游标卡尺测量敲入深度，如图 2-3-21 所示。

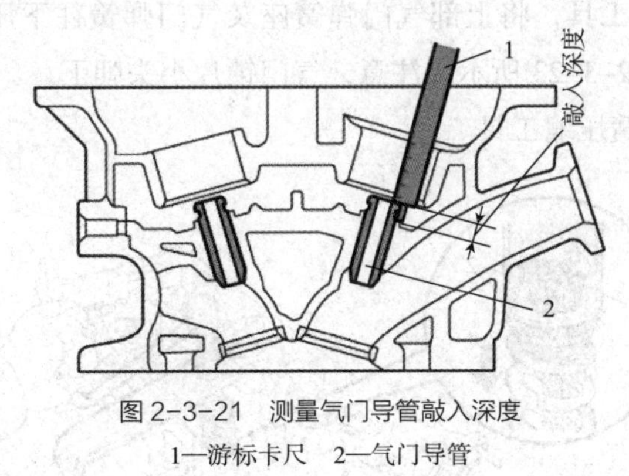

图 2-3-21　测量气门导管敲入深度

1—游标卡尺　2—气门导管

2. 安装下部气门弹簧座及气门油封

（1）安装下部气门弹簧座。

（2）在气门油封唇部涂抹一薄层机油，并将其固定在气门油封更换工具上，如图 2-3-22 所示。

（3）将气门油封推入气门导管上，如图 2–3–22 所示。

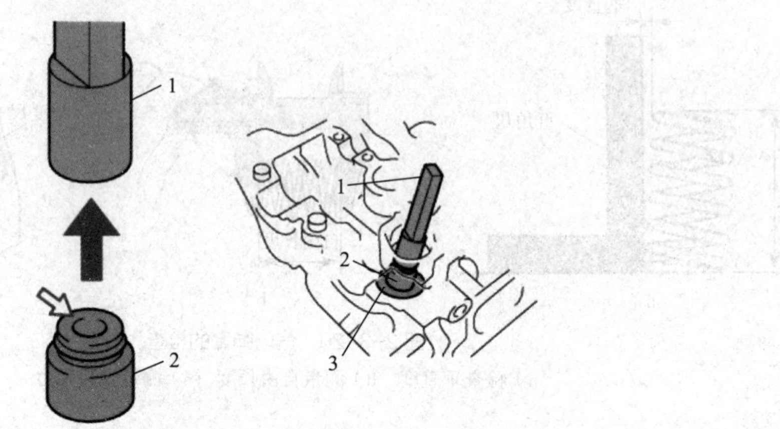

图 2–3–22　安装气门油封

1—气门油封更换工具　2—气门油封　3—下部气门弹簧座

3. 安装气门

（1）在气门杆部涂一薄层机油，并将其从气缸盖下部插入气门导管中，确保气门能在气门导管中平滑移动。

（2）安装气门弹簧和上部气门弹簧座。

（3）安装好气门弹簧压缩工具，使其与气门和上部气门弹簧座处于同一直线。然后压缩气门弹簧压缩工具，将上部气门弹簧座及气门弹簧往下压，露出气门锁片槽，安装气门锁片，如图 2–3–23 所示。注意，气门锁片小头朝下。

（4）拆卸气门弹簧压缩工具。

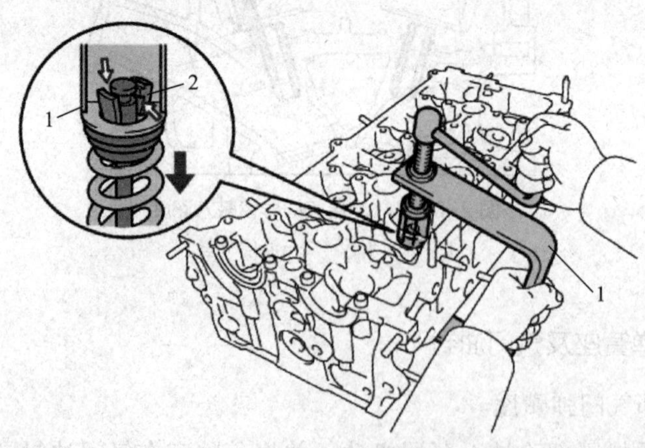

图 2–3–23　安装气门锁片

1—气门弹簧压缩工具　2—气门锁片

学习单元 3　拆检气缸盖

一、气缸盖的功用及结构

1. 气缸盖的功用

气缸盖的功用是封闭气缸的上部，并与处于上止点时的活塞顶部和气缸壁共同构成燃烧室，同时气缸盖也是某些零件的装配机体。

2. 气缸盖的结构

气缸盖的下部用于密封气缸和构成燃烧室，两侧用于进、排气歧管的安装，中部用于气门组件的安装，上部空间用于安装凸轮轴。气缸盖上还加工有安装火花塞（对于汽油机）或喷油器（对于柴油机）的座孔。水冷发动机气缸盖内部还铸有冷却系统的水套。水冷发动机的气缸盖有整体式、分块式、单体式等形式，如图 2–3–24 所示。

（1）整体式

全部气缸共用一个气缸盖。其结构紧凑，气缸中心距较短。一般用于气缸直径小于 105 mm、气缸数不超过 6 个的发动机。

（2）分块式

每两缸一盖或三缸一盖。一般适用于气缸直径介于 100 ~ 140 mm 之间的发动机。

（3）单体式

每缸一盖。这种气缸盖刚度高，但结构复杂。一般适用于气缸直径≥140 mm 的发动机。

二、气缸盖的分解

1. 从外往内分次拧松气缸盖固定螺栓，并取下螺栓，如图 2–3–25 所示，螺栓拧

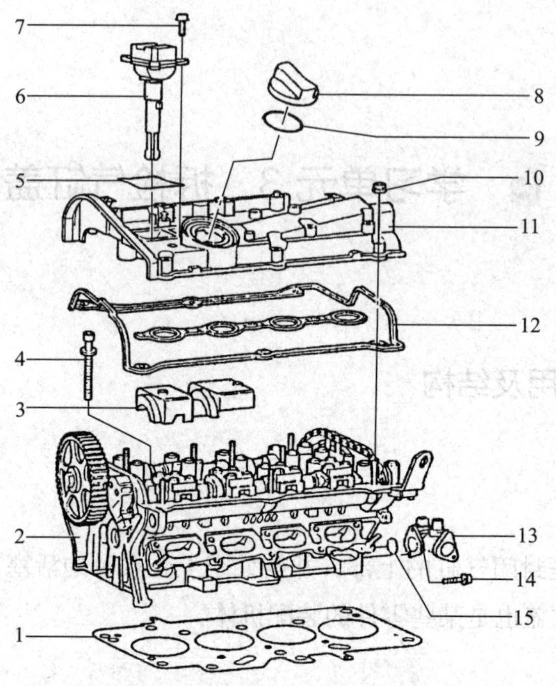

图 2-3-24　发动机气缸盖分解图

1—气缸盖衬垫　2—气缸盖　3—挡油器　4—气缸盖螺栓　5—点火线圈密封垫
6—点火线圈　7、14—螺栓　8—加油口盖　9—密封圈　10—螺母　11—气门室罩
12—气门室罩密封垫　13—冷却液法兰（带有冷却液温度传感器）　15—O 形环

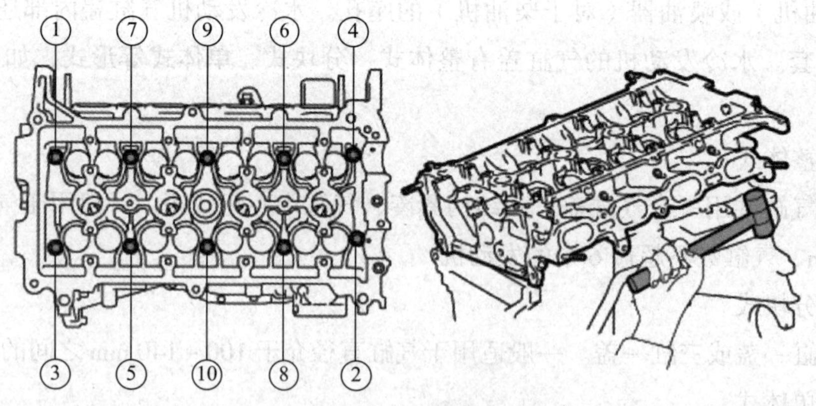

图 2-3-25　拆卸气缸盖

①～⑩—螺栓拧松顺序

松顺序为①～⑩。注意，不同发动机气缸盖螺栓拧松顺序会略有不同，具体参见维修手册。

2. 使用橡胶锤轻敲气缸盖，如图 2-3-25 所示，以便取下气缸盖。

三、气缸盖的检查

1. 气缸盖变形的检查

气缸盖的主要损伤有裂纹、变形、气缸盖腐蚀与击伤、气缸盖螺纹孔损坏等。

气缸盖平面度的检查方法与气缸体平面度的检查方法相同，参见课程 2–2 学习单元 1 的内容，在此不再赘述。

2. 气缸盖固定螺栓的检查

气缸盖固定螺栓使用后会变长，因此，需要检查气缸盖固定螺栓的长度和外径，以判断气缸盖固定螺栓是否需要更换。

四、气缸盖的安装

1. 安装气缸盖衬垫和气缸盖之前，清洁气缸盖下部和气缸体上部，清洁螺栓孔及清除任何油污或者湿气。

2. 按照规定的方向安装气缸盖衬垫。如果安装错误，可能会导致油道和水道被覆盖。

3. 将气缸盖放在气缸体上，注意，不要移动气缸盖，以免划伤气缸盖下平面。按照从内往外的顺序分次拧紧气缸盖固定螺栓至规定力矩，如图 2–3–25 所示，拧紧顺序为⑩ ~ ①。注意，不同发动机的拧紧顺序略有不同，具体参见维修手册。

综合实训

【实训任务】

某客户的帕萨特轿车动力性、燃油经济性变差，机油消耗加大，经组长检查故障原因为气门与气门座之间密封不良。根据组长的任务分工，需要你对气缸盖和气门组件进行分解，然后经过组长检查更换损坏的零部件后，对气门组件和气缸盖进行安装。

【操作准备】

1. 工具材料

（1）上汽大众 EA888 发动机。

（2）汽车维修常用工具。

（3）专用工具：预置力式扭力扳手、大众专用工具 VAS 5161 等。

2. 教学资料

（1）PPT。

（2）工作页。

（3）上汽大众帕萨特轿车维修手册。

【操作步骤】

1. 气缸盖的分解

按照图 2-3-26 中①～⑩的顺序分次拧松并旋出气缸盖的固定螺栓，取下气缸盖。

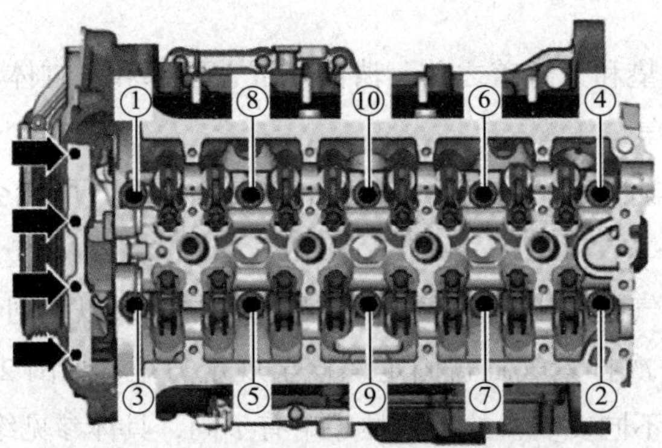

图 2-3-26　气缸盖固定螺栓的拧松 / 拧紧顺序

①～⑩—固定螺栓的拧松 / 拧紧顺序

2. 气门组件的分解

（1）将修整导板 VAS 5161/19C 放到气缸盖上，直到修整导板紧贴在气缸盖上并且导向销露出为止。然后用滚花螺栓 VAS 5161/12 将修整导板固定在气缸盖上，如图 2-3-27 所示。将相应缸的活塞转至下止点为止。

（2）拆卸进气门。将棘爪 VAS 5161/6 和 VAS 5161/5 一同拧入修整导板 VAS 5161/19C 的中间螺纹中。将装配套筒 VAS 5161/8 插入修整导板 VAS 5161/19C 中。然后将按压叉 VAS 5161/2 挂到棘爪 VAS 5161/6 上，如图 2-3-28 所示。按住按压叉，压下气门弹簧座，取出气门锁片、气门弹簧座、气门弹簧。

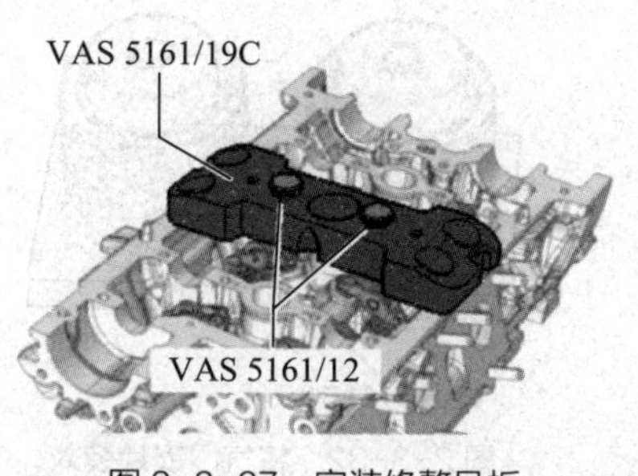

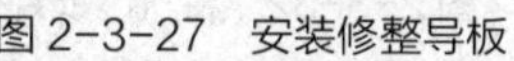

图 2-3-27　安装修整导板

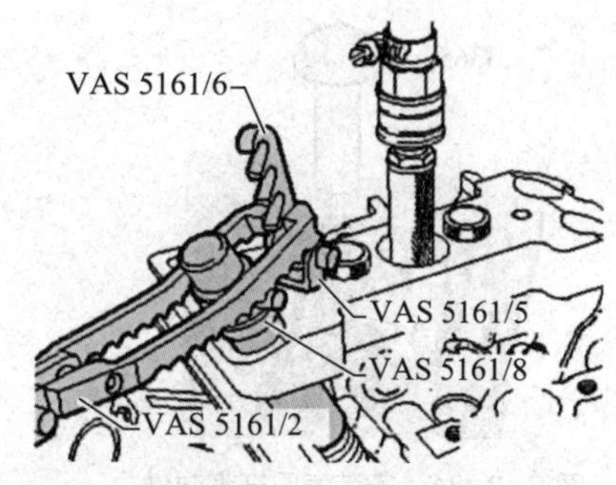

图 2-3-28　拆卸进气门

（3）拆卸排气门。将棘爪 VAS 5161/6 和 VAS 5161/5 一同拧入修整导板 VAS 5161/19C 的外侧螺纹中。将装配套筒 VAS 5161/8 压出，同时将装配套筒 VAS 5161/8 的滚花螺栓向右旋转，直到其尖端卡入气门锁夹中。来回略微移动滚花螺栓，将气门锁片相互压开并插入装配套筒中。松开按压叉 VAS 5161/2，取出装配套筒 VAS 5161/8，如图 2-3-29 所示。

（4）用气门杆密封件拔出器 3364 拆卸气门油封，如图 2-3-30 所示。

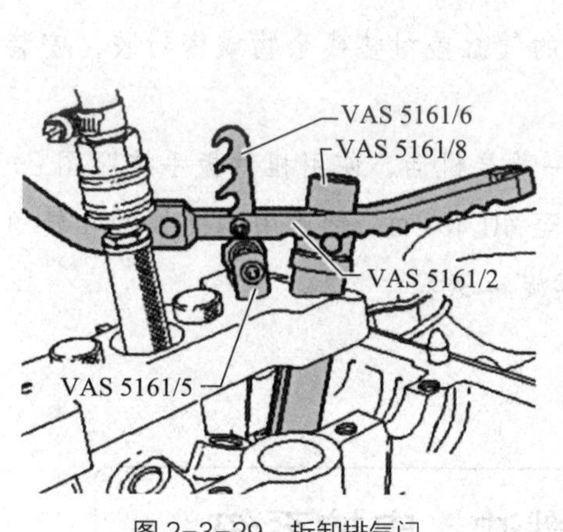

图 2-3-29　拆卸排气门

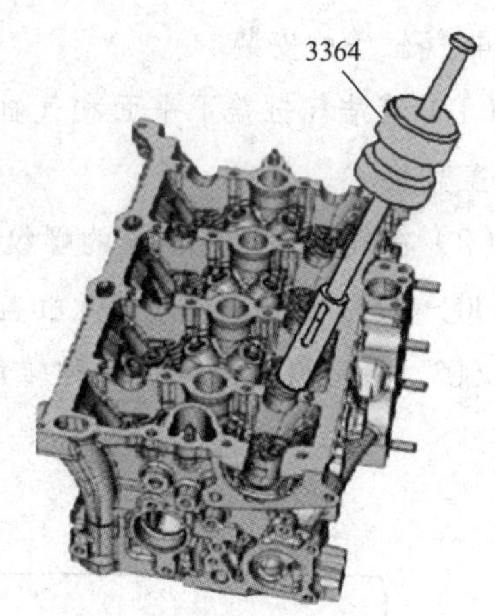

图 2-3-30　拆卸气门油封

3. 气门组件的安装

（1）安装气门油封，如图 2-3-31 所示。将新气门油封 B 的塑料套筒 A 插到气门杆上，给新气门油封的密封唇上油。然后将气门油封推到塑料套筒上，使用气门杆密封件压入器 3365 小心地将气门油封压到气门导管上，取下塑料套筒。

（2）将气门锁片装入专用工具 VAS 5161/18（安置工装）中，如图 2-3-32 所示。注意锁片直径的大端朝上。

（3）安装进气门。按与拆卸时相反的步骤将专用工具 VAS 5161 装到气缸盖上。

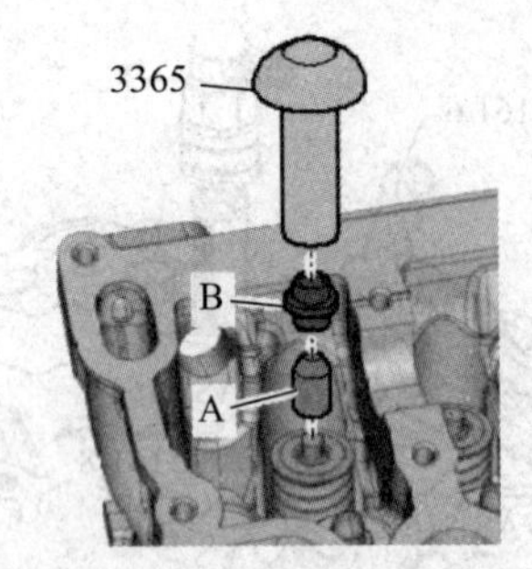

图 2-3-31　安装气门杆密封件
A—塑料套筒　B—新气门油封

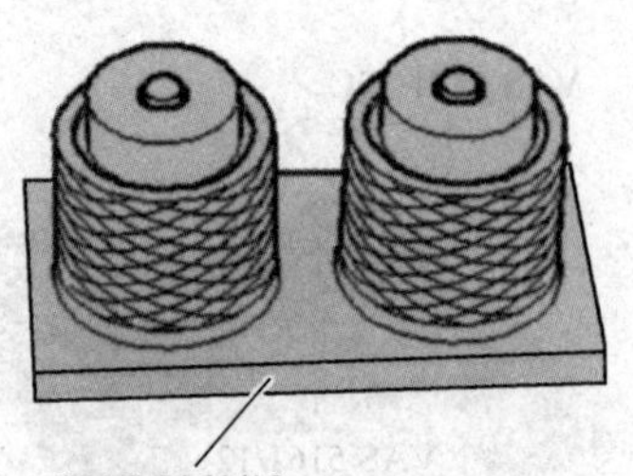

图 2-3-32　将气门锁片装入专用工具 VAS 5161/18 中

装入气门弹簧和气门弹簧座。然后将按压叉向下按压并向上拉滚花螺栓，这样气门锁片就装入了。仍然拉住滚花螺栓，松开按压叉。

（4）安装排气门。按与拆卸时相反的步骤将专用工具 VAS 5161 装到气缸盖上。然后安装步骤与安装进气门一致，不再赘述。

（5）进气门和排气门安装好后，用木棒或锤子的木柄敲击气门弹簧座，检查气门组件是否安装到位。

4. 气缸盖的安装

（1）清洁气缸盖下平面和气缸体上平面的气缸盖衬垫残余物或密封胶，安装新的气缸盖衬垫。

（2）在气缸盖固定螺栓的螺纹部位涂抹一薄层机油，使用扭力扳手按照图 2-3-26 中从⑩～①的顺序分次拧紧气缸盖固定螺栓至 40 N·m，然后用刚性扳手和转角扳手旋转 90°，最后再用刚性扳手和转角扳手继续旋转 90°。

课程 2-4　检修燃油、电控系统

【学习内容】

学习单元	课程内容	培训建议	课堂学时
（1）检测燃油供给系统	1）燃油供给系统的功用、组成及工作过程	（1）方法：讲授法、演示法、实训法	4

续表

学习单元	课程内容	培训建议	课堂学时
（1）检测燃油供给系统	2）电动燃油泵的拆卸（以北京现代名图为例） 3）电动燃油泵的检查 4）电动燃油泵的安装	（2）重点与难点：电动燃油泵的检查	4
（2）检测各传感器性能	1）传感器的类型、组成、功用及安装位置 2）传感器的检测	（1）方法：讲授法、演示法、实训法 （2）重点与难点：传感器的检测	12
（3）检测各执行器性能	1）执行器的类型、组成、功用及安装位置 2）喷油器等执行器的检测	（1）方法：讲授法、演示法、实训法 （2）重点与难点：喷油器等执行器的检测	8
（4）检测点火系统电路	1）点火系统的分类、组成、功用和控制原理 2）电控点火系统主要部件的检修	（1）方法：讲授法、演示法、实训法 （2）重点与难点：电控点火系统主要部件的检修	4

学习单元 1　检测燃油供给系统

一、燃油供给系统的功用、组成及工作过程

1. 燃油供给系统的功用

燃油供给系统的功用是储存并滤清燃油，根据发动机各工况的要求，向发动机供给清洁的、压力与进气歧管气压相匹配的、数量经精确计量的燃油。

2. 燃油供给系统的组成

（1）缸外喷射燃油供给系统的组成

多点缸外喷射燃油供给系统一般由汽油箱、电动汽油泵、汽油滤清器、燃油分配管、油压调节器、喷油器和连接油管等组成。如图 2-4-1 所示为发动机燃油供给系统的组成。

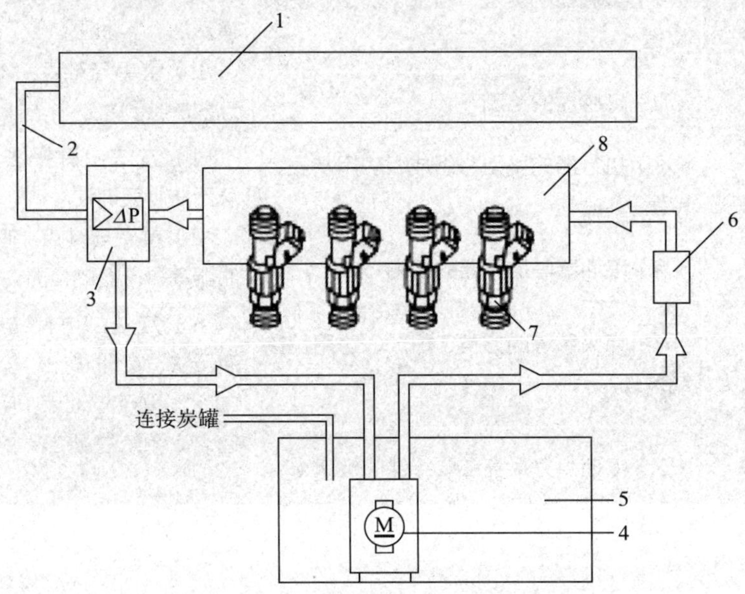

图 2-4-1　发动机燃油供给系统的组成

1—进气歧管　2—真空软管　3—油压调节器　4—电动汽油泵
5—汽油箱　6—汽油滤清器　7—喷油器　8—燃油分配管

（2）缸内直接喷射燃油供给系统

如图 2-4-2 所示为缸内直接喷射燃油供给系统的组成。它一般由汽油箱、低压输油泵、汽油滤清器、高压燃油泵、燃油共轨、共轨压力调节器、燃油卸压阀共轨压力传感器及高压喷油器等组成。

3. 燃油供给系统的工作过程

如图 2-4-3 所示为燃油供给系统（多点缸外喷射）供油路线方框图。电动汽油泵把汽油从汽油箱中泵出，经汽油滤清器过滤后压送至燃油分配总管，在油压调节器的作用下，使油管油压与进气歧管内压差基本保持恒定，ECU 控制喷油器适时开启，将一定量的汽油喷入进气歧管，多余的汽油经油压调节器、回油管回流到汽油箱。

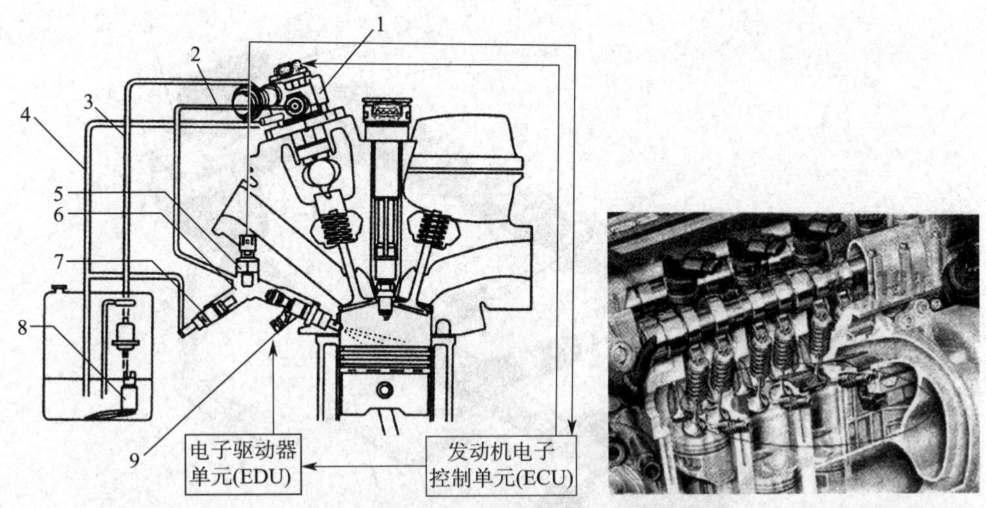

图 2-4-2　缸内直接喷射燃油供给系统的组成

1—高压燃油泵　2—高压燃油管　3—输油管　4—回油管　5—共轨压力传感器
6—共轨　7—燃油卸压阀　8—低压输油泵　9—高压喷油器

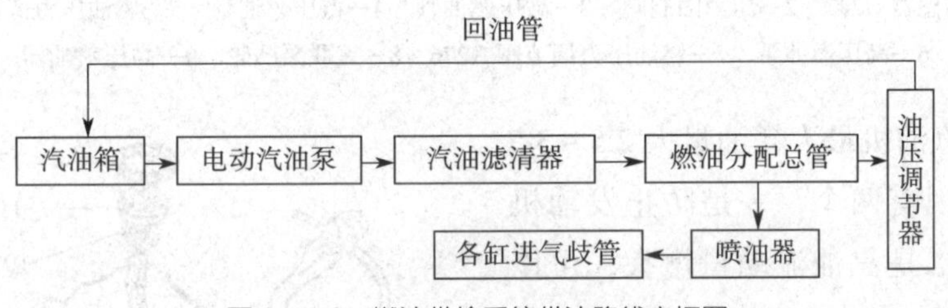

图 2-4-3　燃油供给系统供油路线方框图

缸内直接喷射燃油供给系统有一级和二级燃油回路，一级燃油回路由输油泵（低压油泵）建立油压。二级回路如图 2-4-4 所示，高压燃油泵由凸轮轴驱动，建立高压后，由高压喷油器将高压燃油直接喷入气缸。

4. 汽油箱

汽油箱用于储存汽油，其容量一般能使汽车行驶 300 ~ 600 km。汽油箱安装位置和外形服从于全车的合理布置，其位置多在车身的一侧或后部。如图 2-4-5 所示为桑塔纳轿车汽油箱及附件。

5. 电动汽油泵

（1）电动汽油泵的功用

电子控制燃油喷射系统均采用电动汽油泵，其功用是将汽油从汽油箱中吸出并加压，向喷油器提供油压高于进气歧管压力（250 ~ 300 kPa）的燃油。一般汽油泵的最

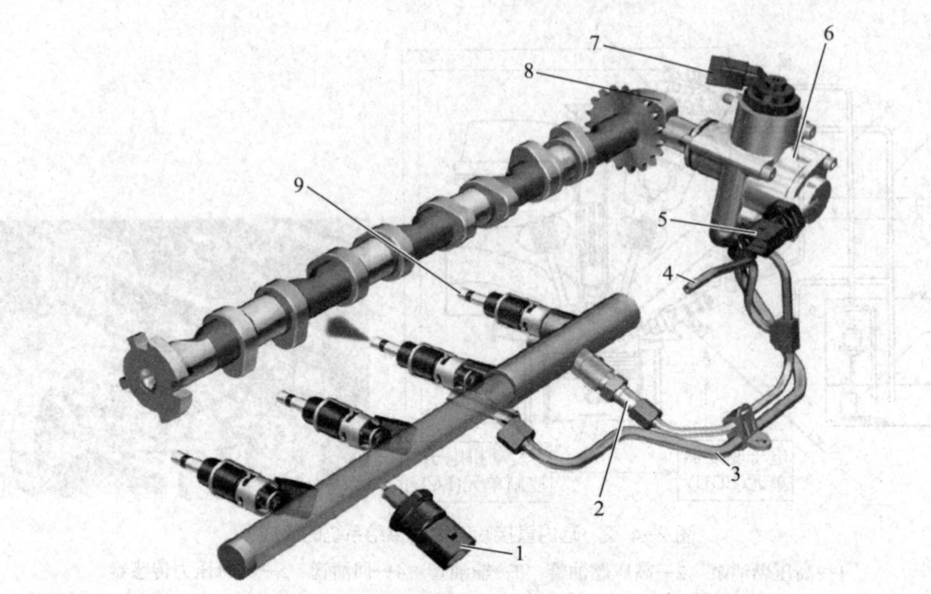

图 2-4-4　缸内直喷二级回路

1—燃油压力传感器 G247　2—压力限制阀　3—高压燃油管　4—低压燃油管　5—燃油压力低压传感器 G410
6—高压燃油泵　7—燃油压力调节阀 N276　8—三联泵凸轮　9—高压喷油器

大供油量比汽油机最大耗油量大 2.5 ~ 3.5 倍，主要原因有两个，一是防止发动机供油不足；二是汽油流动量增大，可以散发供油系统的热量，从而防止油路产生气阻。

（2）电动汽油泵的类型

根据安装位置不同，电动汽油泵可分为内装式电动汽油泵和外装式电动汽油泵两种，外装式电动汽油泵安装在输油管路上，内装式电动汽油泵安装在汽油箱内。目前，大多数汽车上都采用内装式电动汽油泵。因为与外装式电动汽油泵相比，内装式电动汽油泵不易产生气阻和泄漏，有利于汽油的输送和电动机的冷却，并且噪声较低。

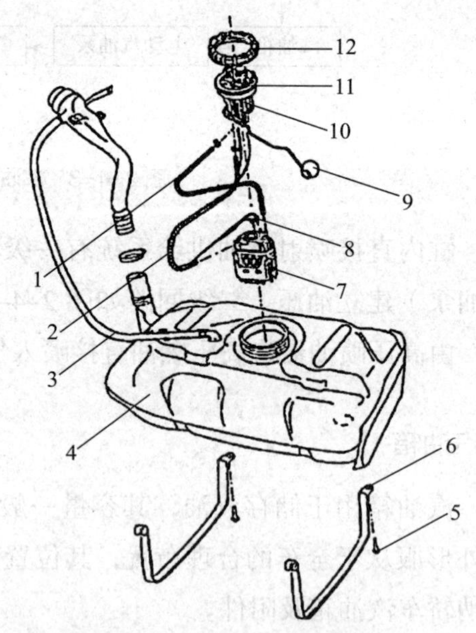

图 2-4-5　轿车汽油箱及附件

1—输油管　2—回油管　3—加注燃油透气管
4—汽油箱　5—夹带螺栓　6—油箱夹带
7—油泵总成　8—导线　9—浮子（用于燃油表传感器）
10—密封凸缘　11—透气管（连接活性炭罐）
12—塑料紧固螺母

根据泵体结构不同，电动汽油泵可分为滚柱式电动汽油泵、齿轮式电动汽油泵、涡轮式电动汽油泵和侧槽式电动汽油泵四种，目前使用较多的是滚柱式电动汽油泵和涡轮式电动汽油泵。

根据电动汽油泵的级数不同，可分为单级式电动汽油泵和双级式电动汽油泵。

电动汽油泵的类型及特点见表 2–4–1。

表 2–4–1　电动汽油泵的类型及特点

分类依据	类型	特点
按安装位置分	外装式电动汽油泵	汽油泵装在汽油箱之外的输油管中，汽油压力脉动大，噪声高
	内装式电动汽油泵	汽油泵装在汽油箱内，噪声低，输出燃油压力脉动小
按泵体结构分	滚柱式电动汽油泵	由转子、滚柱和泵隔板组成，燃油压力脉动大，噪声高，易磨损
	齿轮式电动汽油泵	由内、外两个主、从动齿轮和泵体组成
	涡轮式电动汽油泵	由在圆周开有小槽的叶轮和泵壳组成，自吸能力强，叶轮与泵体无接触，不会产生磨损，但叶轮与泵体间隙小，密封要求高
	侧槽式电动汽油泵	工作原理与涡轮式电动汽油泵类似，其主要的特点是能在蒸气和汽油混合物的状态下工作，并能有效防止气阻
按级数分	单级式电动汽油泵	结构简单
	双级式电动汽油泵	热态下汽油输送性能好

（3）电动汽油泵的结构及工作原理

1）结构。电动汽油泵主要由永磁式直流电动机、油泵、限压阀、单向阀和泵壳等组成，直流电动机由永久磁铁、电枢、换向器和电刷等组成，油泵由泵转子和泵体组成，泵转子固定在电动机轴上，随电动机转动而转动。电动汽油泵的结构如图 2–4–6 所示。

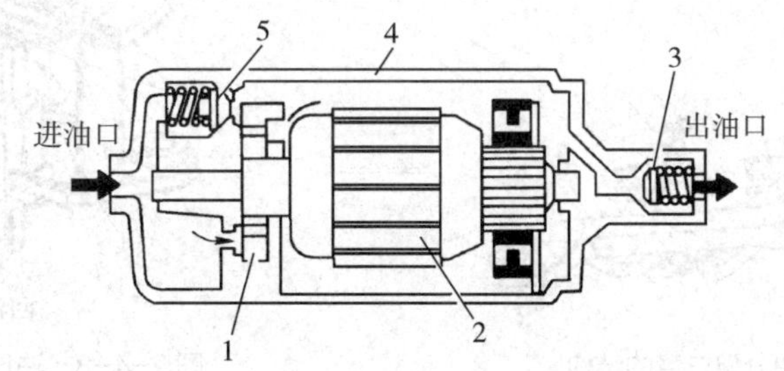

图 2–4–6　电动汽油泵的结构

1—泵体　2—直流电动机总成　3—单向阀　4—泵壳　5—限压阀

2）工作原理。打开点火开关，直流电动机电路接通，电枢受到电磁力的作用而开始转动，泵转子随电动机一起转动，将汽油从汽油箱中吸入，经汽油泵进油口进入汽油泵，当汽油泵内油压超过单向阀的弹簧压力时，汽油经出油口泵入燃油分配总管，再分配到各喷油器。当汽油泵的油压超过规定值时（一般为 320 kPa），油压将克服泵体上限压阀弹簧的弹力，使限压阀打开，部分汽油便经限压阀返回进油口一侧，使泵内压力不至于过高而损坏汽油泵。当汽油泵停止工作时，汽油泵出油口的单向阀就会在单向阀弹簧弹力作用下关闭，阻止汽油回流，并保持燃油分配总管内有一定的残余油压，以便发动机下次启动。

6. 燃油分配总管和油压调节器

（1）燃油分配总管

燃油分配总管又称供油总管，安装在发动机进气歧管上部，其功用是固定喷油器和油压调节器，并将汽油分配到各喷油器。燃油分配总管的结构如图 2–4–7 所示。

燃油分配总管一般用铝合金制成圆形管状或方形管状，虽然燃油分配总管位于发动机舱上部，所处环境温度较高，管中汽油容易蒸发，但是由于汽油泵的供油量远远大于发动机的最大耗油量，剩余的汽油经油压调节器上的回油管返回油箱，因此，燃油分配总管及进油管中的汽油不断流动，带走了燃油分配总管及进油管中的热量，对燃油分配总管和进油管起到了冷却的作用；另外，由于大量的汽油返回油箱，也带走了燃油分配总管中的汽油蒸气，因此，可以防止发生气阻，提高发动机的热启动性能。

（2）油压调节器

1）油压调节器的结构与安装位置。油压调节器的结构如图 2–4–8 所示。油压调

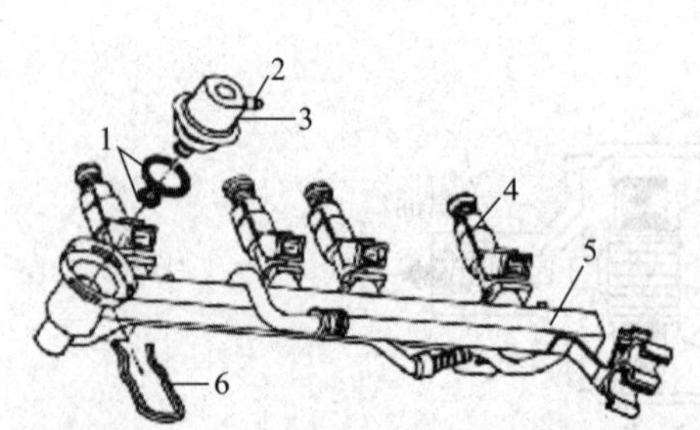

图 2–4–7　燃油分配总管的结构

1—O 形圈　2—与进气歧管相连　3—油压调节器
4—喷油器　5—燃油分配总管　6—卡簧

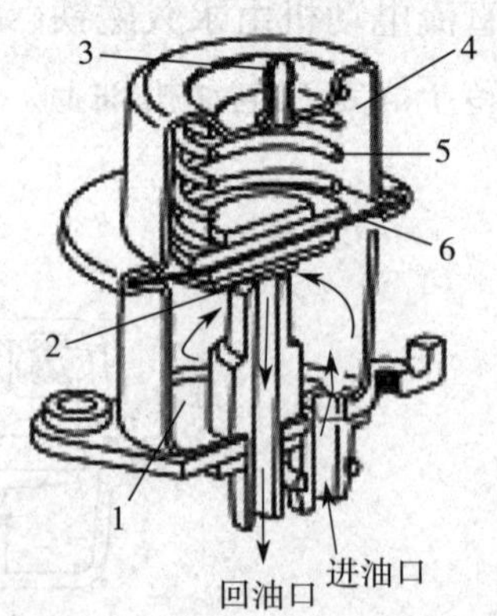

图 2–4–8　油压调节器的结构

1—汽油室　2—阀座总成　3—真空管接头
4—真空室　5—预紧弹簧　6—膜片

节器整体由金属壳体构成，内部由橡胶膜片分为真空室和汽油室两部分，壳体上有进油口、回油口、真空管接头，另有预紧弹簧和回油阀总成。油压调节器位于燃油分配总管和回油管之间，多数固定在燃油分配总管上，如图 2–4–7 所示。

2）油压调节器的功用。油压调节器的功用就是使燃油分配管内的汽油压力与进气歧管内气体压力之差保持恒定，一般为 250 ~ 300 kPa；另外，油压调节器还起到缓冲汽油泵供油时产生的压力脉动及喷油器断续喷油时产生的压力脉动。

二、电动燃油泵的拆卸（以北京现代名图为例）

1. 释放燃油管路内剩余的压力

（1）点火开关置于“OFF”，分离蓄电池负极导线。

（2）拆卸燃油泵熔断器。

（3）连接蓄电池负极搭铁线。

（4）启动发动机，使其处于怠速状态运行，直到发动机自动停止后，将点火开关置于“OFF”。

（5）拆下蓄电池负极搭铁线，然后安装燃油泵熔断器。

（6）连接蓄电池负极搭铁线。

（7）使用故障诊断仪删除与燃油泵熔断器相关的故障码。

2. 打开行李舱盖，拆卸地板垫。

3. 拆卸燃油泵维修盖 A，如图 2–4–9 所示。

4. 分离燃油泵连接器 A，分离燃油供油管快接连接器 B，拧下安装螺栓后拆卸板盖 C，从燃油箱上拆卸燃油泵，如图 2–4–10 所示。

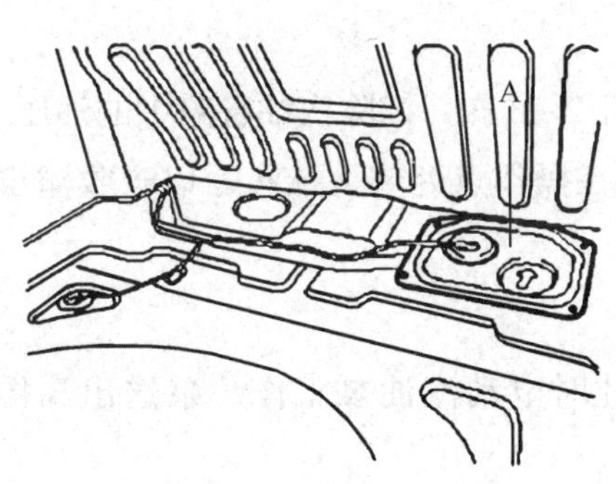

图 2–4–9　燃油泵维修盖

A—燃油泵维修盖

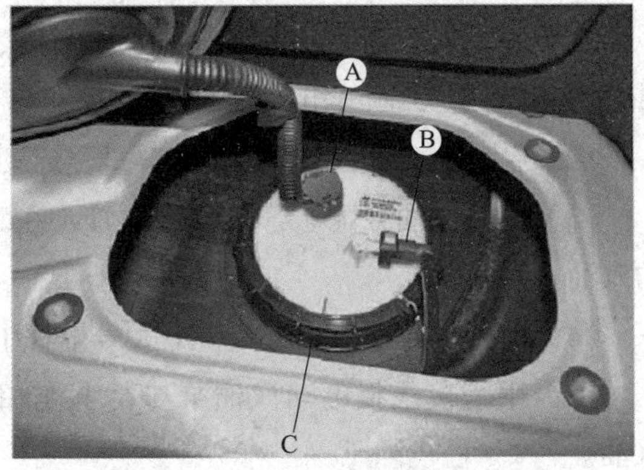

图 2–4–10　燃油泵连接器

A—燃油泵连接器　B—燃油供油管快接连接器　C—板盖

三、电动燃油泵的检查

1. 电动燃油泵工作情况的检查

（1）点火开关置于“OFF”，拆卸蓄电池负极（-）导线。

（2）拆卸燃油泵总成。

（3）在燃油泵连接器 A 上连接电源（NO.4）和搭铁（NO.5），检查电动机运转情况，如图 2-4-11 所示。

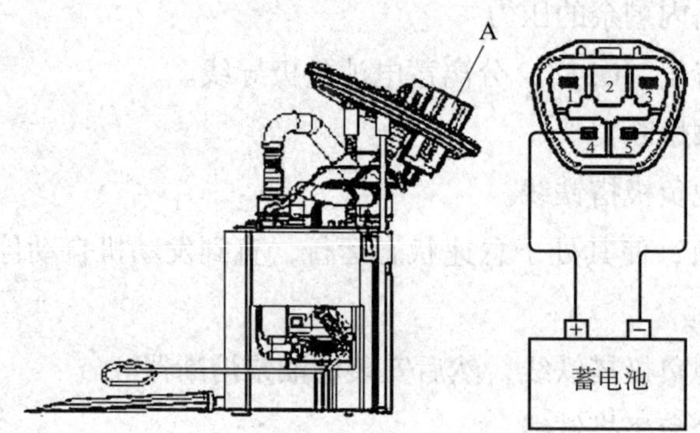

图 2-4-11　电动燃油泵工作情况的检查
A—燃油泵连接器

2. 电动汽油泵供油量的检查

电动汽油泵供油量一般是发动机工作时所需汽油量的 6 ~ 7 倍，多余的汽油经回油管流回汽油箱。电动汽油泵的供油量检测方法如下。

（1）关闭点火开关，拆除汽油泵熔断器、汽油泵继电器或电动汽油泵导线连接器（依据车型而定），断开电动汽油泵的电源。

（2）启动发动机直至自行熄火，重复启动发动机 2 ~ 3 次，卸除汽油管路中的油压。

（3）拆除燃油分配总管上的进油管，注意，应在操作点处垫上抹布，以吸收溢出的汽油。

（4）把拆开的进油管放入一个大号量杯中。

（5）用跨接线将电动汽油泵与蓄电池相连，此时电动汽油泵工作，泵送出高压汽油。

（6）记录电动汽油泵工作时间和供油体积，供油量应符合车型技术要求。一般经汽油滤清器过滤后的供油量为 0.6 ~ 1 L/30 s。

四、电动燃油泵的安装

电动燃油泵的安装按与拆卸相反的顺序进行，注意安装时燃油泵的方向。

学习单元 2　检测各传感器性能

电控发动机是为了改善发动机的动力性、燃油经济性，降低排放污染，提高发动机加速和减速性能，改善发动机的启动性能，在传统发动机的基础上发展起来的。主要利用现代的电子控制技术对原有传统发动机的两大机构五大系统进行改进和改造，在原有传统发动机基础上增加了电子控制系统。而电子控制系统主要由传感器、电控单元、执行器三大部分组成，如图 2-4-12 所示。

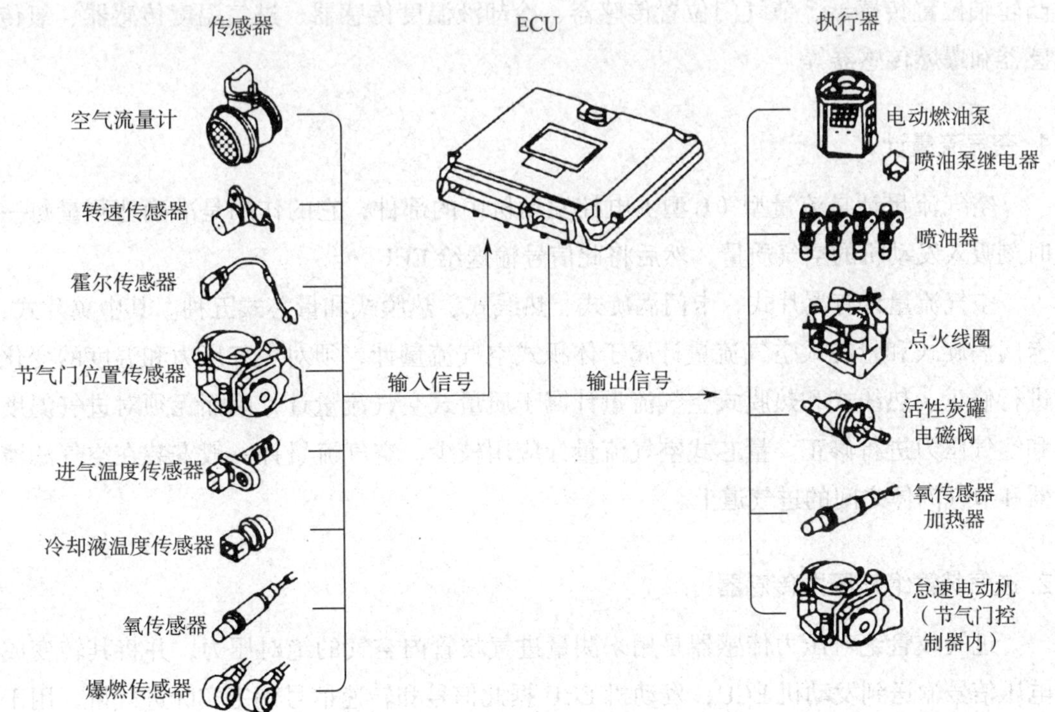

图 2-4-12　发动机电子控制系统

传感器的功能是检测发动机运行状态的各种电量、物理量和化学量等参数，并将这些参数转变为电信号后通过线路输送给电控单元（ECU）。

电控单元又称 ECU 或 ECM（engine control module，发动机控制模块，俗称电脑），有的发动机电控单元与自动变速器的电控单元集成在一起，称为动力控制模块，简称 PCM（powertrain control module，动力总成控制模块）。它是一种综合控制电子装置，其功用是给各传感器提供参考电压，接收传感器或其他输入装置的电信号，并对所接收的电信号进行存储、计算和分析处理，根据计算和分析结果对执行部件发出指令。

执行器是执行电控单元发出的命令，能够完成某项功能的装置。例如，喷油器的通电时间受 ECU 控制，能够准确地喷油。

电控发动机的控制系统主要包括电控燃油喷射系统和电控点火系统，除此之外还包括怠速控制系统、排放控制系统、进气控制系统、增压控制系统、巡航控制系统、警告提示系统、自诊断与报警系统、失效保护系统、应急备用系统等。

一、传感器的类型、组成、功用及安装位置

发动机传感器主要有空气流量计、进气歧管绝对压力传感器、曲轴位置传感器、凸轮轴位置传感器、节气门位置传感器、冷却液温度传感器、进气温度传感器、氧传感器和爆燃传感器等。

1. 空气流量计

空气流量计是流量型（L 型）电控发动机中的部件，它的作用是准确地测量每一时刻吸入发动机的空气质量，然后将此信号输送给 ECU。

空气流量计有翼片式、卡门涡旋式、热线式、热膜式和量芯式五种。其中翼片式、卡门涡旋式和量芯式空气流量计属于体积式空气流量计，须对大气压力和温度的变化进行修正。热线式和热膜式空气流量计属于质量式空气流量计，因而无须对进气温度和空气压力进行修正。量芯式空气流量计应用较少。空气流量计一般安装在空气滤清器和节气门体之间的进气道上。

2. 进气歧管绝对压力传感器

进气歧管绝对压力传感器是用来测量进气歧管内空气的绝对压力，并将其转变成电压信号输送到发动机 ECU，发动机 ECU 据此信号和转速信号确定实际进气量，用于修正点火提前角及控制喷射时间。

进气歧管绝对压力传感器常见的类型有半导体压敏电阻式、三线高灵敏度可变电阻式和膜盒传动可变电感式。安装位置有通过软管安装和直接安装在进气管上两种。

3. 曲轴位置传感器和凸轮轴位置传感器

曲轴位置传感器用于检测曲轴转角位移，给 ECU 提供发动机转速信号和曲轴转角信号，作为喷油正时控制和点火正时控制的主控制信号。凸轮轴位置传感器用于提供凸轮轴转角基准位置信号，作为喷油正时控制和点火正时控制的主控制信号。

按工作原理分类，曲轴位置和凸轮轴位置信号可以分为磁感应式（又称磁脉冲式）、霍尔感应式和光电式。光电式传感器一般安装在分电器内，而磁感应式和霍尔感应式传感器一般安装在分电器内、曲轴前端或凸轮轴前端。

4. 节气门位置传感器

节气门位置传感器用于检测节气门的开度及开度的变化，将节气门的开度信号转换成电压信号输送到发动机 ECU，进行燃油喷射控制及其他辅助控制。

节气门位置传感器安装在节气门体上。其常见的类型有触点式（开关式）节气门位置传感器、电位计（线性式）节气门位置传感器和综合式节气门位置传感器。

5. 温度传感器

冷却液温度传感器安装在发动机冷却液通路上，该传感器将冷却液温度的信号输入 ECU，作为燃油喷射和点火控制的修正信号。

进气温度传感器安装在进气管上，该传感器将进气温度的信号输入 ECU，作为燃油喷射和点火控制的修正信号。

温度传感器种类繁多，有热敏电阻式温度传感器、金属膜电阻式温度传感器、绕线电阻式温度传感器、半导体晶体管式温度传感器。目前应用较多的是热敏电阻式温度传感器。

热敏电阻可分为正温度系数热敏电阻（PTC）、负温度系数热敏电阻（NTC）、临界温度系数热敏电阻（CTR）和线性热敏电阻。汽车上的冷却液温度传感器和进气温度传感器普遍采用负温度系数热敏电阻，其电阻值随温度的上升而变小。

6. 氧传感器

氧传感器用来监测废气中的氧含量，发动机控制单元根据传感器的输出信号来调节燃油喷射时间，以便保持精确的理想空燃比，使三效催化转化器达到最佳的净化效率。

氧传感器按原理不同可分为氧化锆式氧传感器和氧化钛式氧传感器两种，其中应用最多的是氧化锆式氧传感器；按接线柱分类可以分为单线、双线、三线和四线氧传感器，多线式氧传感器是今后发展的趋势。

7. 爆燃传感器

爆燃传感器用于检测汽油机是否爆燃及爆燃程度，作为点火正时的修正信号。

爆燃传感器将检测到的发动机爆燃信号（气缸体振动的压力波）转变为电压信号传给 ECU，ECU 立即将点火时间推迟，以避免爆燃。爆燃消失后，控制系统使点火提前角逐步恢复。大多数发动机有一个或两个爆燃传感器，为了感应发动机敲缸情况，爆燃传感器只能安装在缸体上。常见的爆燃传感器有磁致伸缩式爆燃传感器和压电式爆燃传感器两种。

二、传感器的检测

1. 空气流量计的检测

（1）热线式空气流量计的检测

以日产千里马轿车发动机热线式空气流量计为例，其连接电路如图 2-4-13 所示。

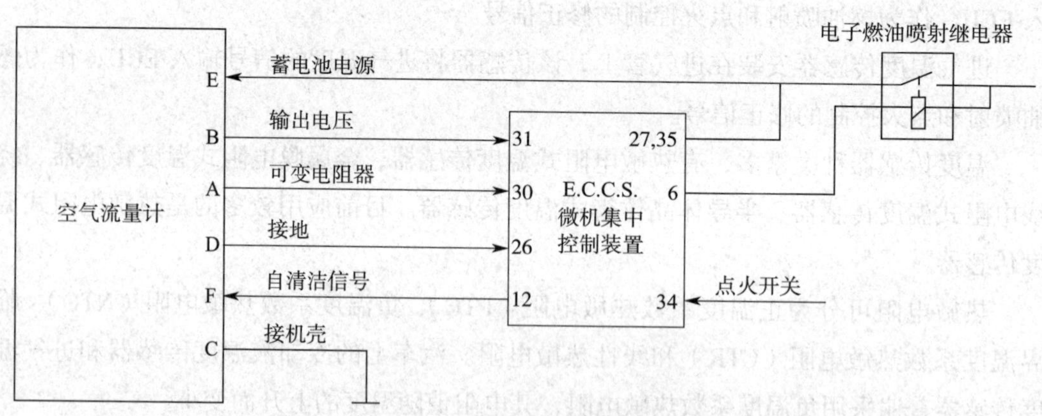

图 2-4-13　日产千里马轿车发动机热线式空气流量计连接电路

1）检查主电源。拔下热线式空气流量计线束插接件，检查端子 E 与地线之间是否有电压，有电压就进行第二步，没有电压则检查热线式空气流量计与电子燃油喷射继电器之间线束是否导通，如果不导通，修理线束或插接件。

2）检查地线。点火开关置于“OFF”，拔下 ECU 线束插接件，检查端子 C 是否搭铁，如不导通则修理线束或插接件。

3）检查输入信号线路。重新插上热线式空气流量计线束插接件和 ECU 线束插接件，启动发动机并充分热机，检查输入信号线路，检查端子 D 与 E.C.C.S. 微机集中控制装置端子 26 之间的线束是否导通。

4）在线束插接件连接的情况下，将热线式空气流量计线束插接件的橡胶罩拔开，打开点火开关，启动发动机并充分热机，检查端子 A 与地线之间的电压，在打开点火开关（停机）时电压值应小于 1.0 V；在怠速（发动机充分热机）时电压值应为 1.3 ~ 1.7 V。

5）检查 ECM 针状端子是否损坏或 ECM 线束或插接件连接情况。修理完毕，连接好 ECM 线束插接件，并再次测试。

6）检查自清洁功能。装好热线式空气流量计及其导线插接器，拆下此空气流量计的防尘网，启动发动机并加速到 2 500 r/min 以上。当发动机停转后 5 s，从热线式空气流量计进气口处可以看到热线自动加热烧红（约 1 000 ℃）约 1 s。如无此现象发生，则须检查自清洁信号或更换热线式空气流量计。

（2）热膜式空气流量计的检测

大众车系热膜式空气流量计连接电路如图 2–4–14 所示。

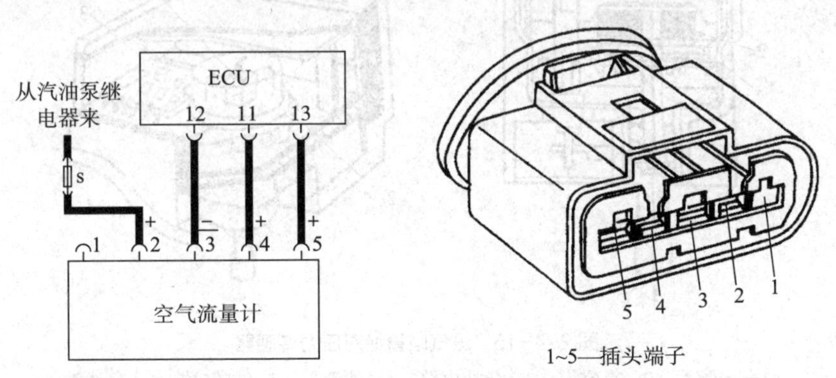

图 2–4–14　大众车系热膜式空气流量计连接电路

1）就车检测流量计电源电压

①拔下热膜式空气流量计上的导线连接器，导线连接器端子如图 2–4–14 所示。启动发动机，用万用表电压挡测量热膜式空气流量计导线连接器端子 2 与搭铁线间的电压，其电压值应大于 11.5 V；否则，应检查附加熔断器、油泵继电器或连接线路。

②打开点火开关，用万用表电压挡测量热膜式空气流量计导线连接器端子 4 与搭铁线间的电压，其电压值应接近 5 V；否则，应检查连接线路，如正常，则应更换发

动机 ECU。

2）元件检测

①拆下热膜式空气流量计，方法同热线式空气流量计的拆卸方法。检查防护网、热膜有无异常。如有异常，则应更换热膜式空气流量计。

②在热膜式空气流量计插头端子 4 与搭铁线之间加 5 V 直流电压，端子 2 与搭铁线之间加 12 V 直流电压。

③用吹风机向热膜式空气流量计内吹风，用万用表测量插头端子 5 与端子 3 之间的电压。改变距离，电压表读数应平稳、缓慢变化，接近时电压值升高；离远时电压值下降。否则，应更换热膜式空气流量计。

2. 进气歧管绝对压力传感器的检测

汽车上常见的进气歧管绝对压力传感器主要是半导体压敏电阻式进气歧管绝对压力传感器，它由硅膜片、集成电路、滤清器真空室和壳体等组成，如图 2–4–15 所示。硅膜片是压力转换元件，它是利用半导体的压电效应制成的。硅膜片的一面是真空室，另一面是导入的进气压力。集成电路是信号放大装置，它的端头与 ECU 连接。

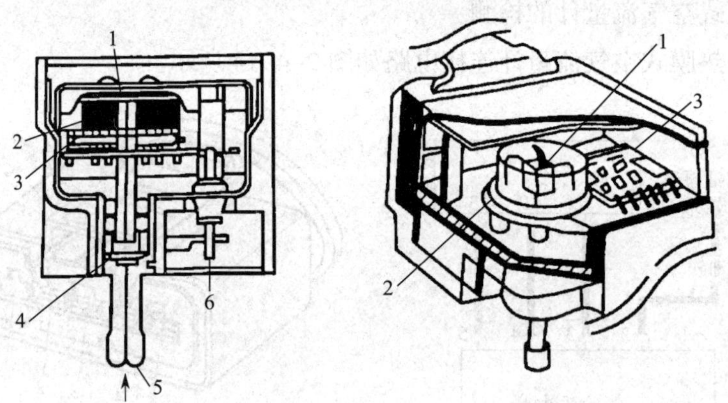

图 2–4–15 进气歧管绝对压力传感器

1—硅膜片 2—真空室 3—集成电路 4—滤清器 5—进气端 6—接线端

富康汽车的进气歧管绝对压力传感器为压敏电阻型，工作电压为 5 V，其外形和电路如图 2–4–16 所示。进气歧管的压力通过真空管导入传感器内，使元件发生变形，产生与进气歧管绝对压力相对应的电压信号，并通过 3 号端子向 ECU 输出。进气歧管绝对压力与传感器信号电压的关系如图 2–4–17 所示。

（1）静态测量

检测进气歧管绝对压力传感器电源电压，接通点火开关，测量 ECU 12 和 26 号端

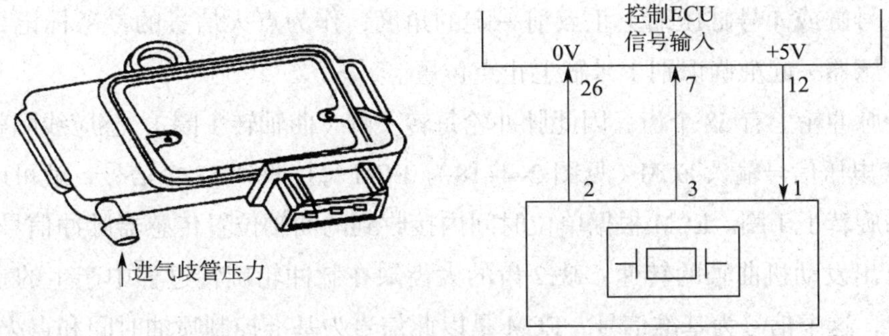

图 2-4-16　进气歧管绝对压力传感器（富康汽车）

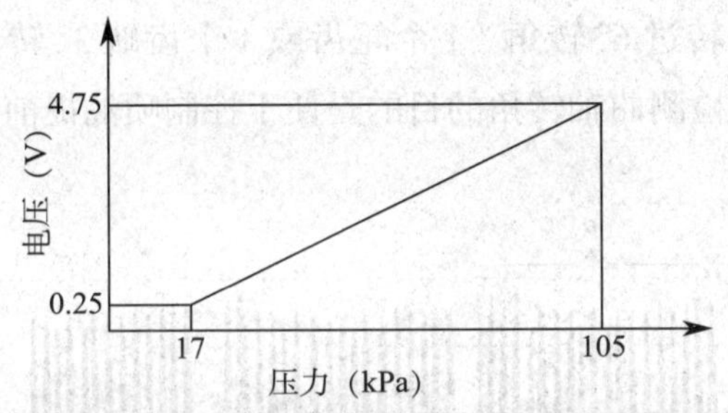

图 2-4-17　进气歧管绝对压力与传感器信号电压的关系

子之间的电压，其值应为 5 V。测量进气歧管绝对压力传感器端子 1 和 2 之间的电压，其值应为 5 V。如果 ECU 12 和 26 号端子之间的电压不正常，则需检修 ECU 的电源线路或 ECU；如果 ECU 12 和 26 号端子之间的电压正常，而进气歧管绝对压力传感器端子 1 和 2 之间的电压低或无，则需检修进气歧管绝对压力传感器与 ECU 之间的线路。

（2）动态测量

接通点火开关，在发动机怠速（进气歧管绝对压力为 40 kPa）和发动机全负荷时（进气歧管绝对压力为 100 kPa）测量 ECU 7 和 26 号端子之间的电压，其值应分别为 1.4 V 和 4.5 V；测量进气歧管绝对压力传感器端子 2 和 3 之间的电压，其值应分别为 1.4 V 和 4.5 V。如果 ECU 7 和 26 号端子之间的电压低或无，而进气歧管绝对压力传感器端子 2 和 3 之间的电压正常，则需检修或更换进气歧管绝对压力传感器。

3. 曲轴位置传感器和凸轮轴位置传感器的检测

（1）磁感应式曲轴位置传感器的检测

脉冲轮在曲轴带动下转动时，由于脉冲轮上轮齿的作用，通过感应线圈的磁通量会发生周期性变化，线圈就会感应产生交变电动势，相应地输出一个交变电压信号。脉冲轮上有 58（即 60–2）个齿，即脉冲轮轮周有 60 个齿，其中某一部位连续缺 2 个齿，实际只有 58 个齿，所缺 2 齿处为一大齿缺，大齿缺产生基准信号，该信号对应于发动机 1 号缸或 4 号缸压缩上止点前一定的角度，作为点火信号的参考标记，与凸轮轴位置传感器一起准确识别 1 号缸上止点位置。

由于脉冲轮上有 58 个齿，因此脉冲轮每转 1 圈（曲轴转 1 圈），感应线圈就会产生 58 个交变电压信号输入 ECM（见图 2–4–18）。ECM 每接收到 58 个信号，就可以知道发动机曲轴旋转了 1 圈。ECM 根据单位时间内接收到的曲轴位置传感器脉冲信号的数量，便能计算出发动机曲轴的转速。缺 2 齿的大齿缺在脉冲轮旋转过程中产生的是一个宽脉冲信号，这个信号为基准信号，ECM 是以此信号为基准控制喷油时间和点火时间的。脉冲轮有 58 个齿，转过缺 2 齿的大齿缺就相当于曲轴旋转 15° 转角，转过每个轮齿和 1 个齿缺就相当于曲轴转过 6° 转角（1 个轮齿或 1 个齿缺 3° 转角），这样 ECM 便能精确计算出曲轴的转角，检测曲轴转角的目的是便于控制喷油提前角和点火提前角。

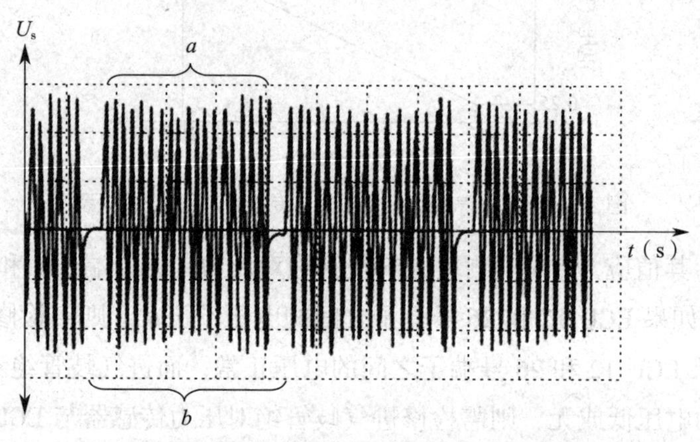

图 2–4–18　曲轴位置传感器输出电压信号

a—58 个波形　b—1 rad　U_s—感应电压　t（s）—时间

通用别克凯越发动机磁感应式曲轴位置传感器的检测方法如下。

1）检测电阻

①关闭点火开关，拔下曲轴位置传感器导线连接器。

②如图 2–4–19 所示，用万用表电阻挡检测传感器插座 1、2 端子间的电阻，其电阻值应为 460 ~ 620 Ω。如果电阻值不在规定范围内，则更换曲轴位置传感器。

③如图 2–4–19 所示，检测传感器与 ECM 之间的线束有无断路或短路故障。分别检测传

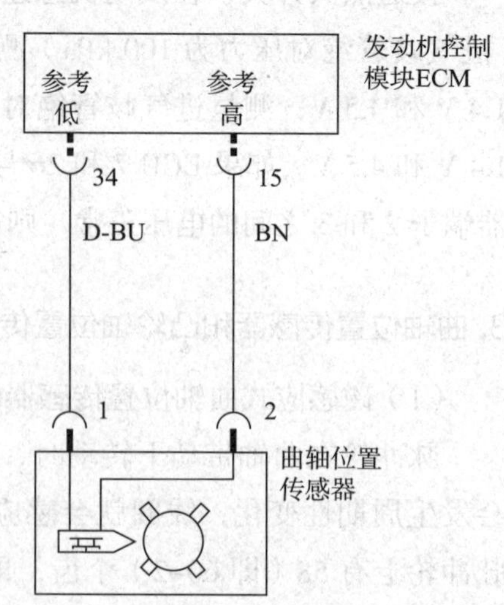

图 2–4–19　凯越发动机曲轴位置传感器电路

感器线束插头与 ECM 线束插头上端子 1 与 34、2 与 15 之间的电阻，其电阻值应不超过 0.5 Ω；如电阻值不对，则需对线路进行修理或更换。

2）检测信号电压。关闭点火开关，将万用表（交流电压挡）或示波器连接在曲轴位置传感器导线连接器 1、2 端子的背面。启动发动机，测试曲轴位置传感器的信号电压是否为 1.4 V 以上，并随发动机转速的升高而增大，信号的频率也应随发动机转速的升高而增大。如果低于 1.4 V，应更换曲轴位置传感器。

（2）霍尔式传感器的检测

霍尔式传感器的工作原理如图 2-4-20 所示，A、B 是霍尔基片通电流方向，C、D 是产生电信号方向，触发叶轮转动，当叶轮轮齿对准永久磁铁和霍尔基片时，磁感线被旁通，霍尔基片上的磁场消失，霍尔基片不产生感应电压；当气隙对准永久磁铁和霍尔基片时，磁感线通过霍尔基片，霍尔基片产生感应电压。

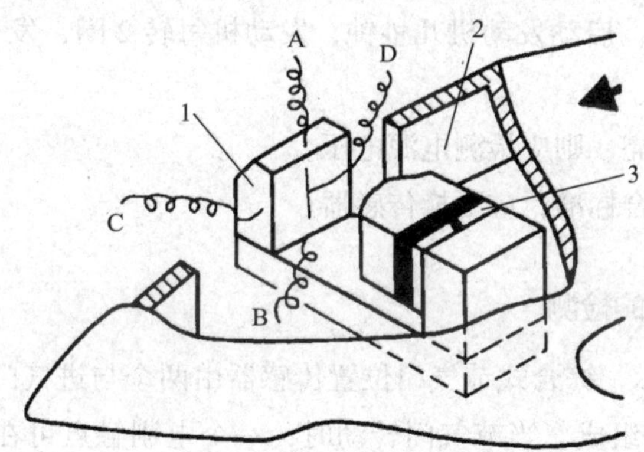

图 2-4-20　霍尔式传感器的工作原理

1—霍尔基片　2—信号转子叶片　3—永久磁铁

A、B—霍尔基片通电流方向　C、D—产生电信号方向

上海通用别克凯越轿车 1.8 发动机凸轮轴位置传感器的检测方法如下。

1）读取故障码存储器记录或数据流中的点火提前角。

2）电源电压检测

①关闭点火开关，拔下传感器连接器。

②打开点火开关，如图 2-4-21 所示，用万用表电压挡检测 1 与 2 端子间的电压，测得的电压值应高于 4.5 V，2 与 3 端子间的电压应接近蓄电池电压（11.5 V 以上）；若不符，则应检查传感器导线、插头和传感器的电气接口是否正确连接。

3）输出脉冲信号检测

①如图 2-4-21 所示，不拔传感器导线连接器，用发光二极管检测灯（或示波器）从传感器导线连接器背面连接端子 1 和 2。

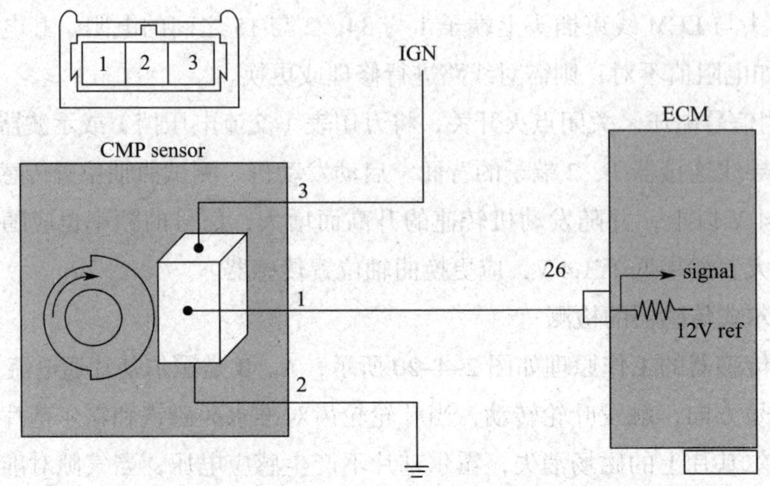

图 2–4–21　别克凯越轿车 1.8 发动机凸轮轴位置传感器控制电路图

②打开点火开关，启动发动机几秒钟，发动机每转 2 圈，发光二极管检测灯应亮一下。

③如果检测灯不亮，则应检测电源电压。

④若电源电压符合标准，应更换传感器。

4. 节气门位置传感器的检测

如图 2–4–22 所示，综合式节气门位置传感器由两个与进气门轴联动的电刷触点、电阻器和怠速触点等组成。当节气门转动时，一个电刷触点可在可变电阻器上滑动，将测得的与节气门开度相对应的线性输出电压输送到发动机 ECU；另一电刷触点在节气门全关时与怠速触点（IDL）接触，向 ECU 输出怠速信号；ECU 通过获得单位时间内节气门开度的变化率，可测得发动机的加、减速信号。

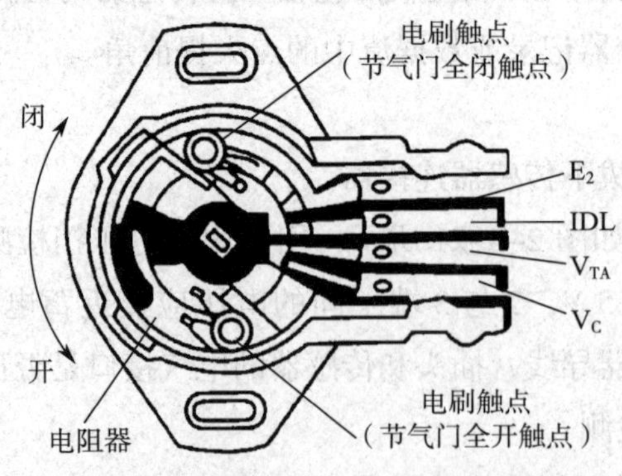

图 2–4–22　综合式节气门位置传感器的结构

E_2—接地　IDL—怠速触点　V_{TA}—信号输出端子　V_C—电源端子

（1）节气门位置传感器的拆装步骤

1）将节气门位置传感器装在节气门腔体上，不要拧紧螺钉。

2）插上节气门位置传感器线束插接件。

3）启动发动机并充分热机。

4）用汽车故障诊断仪进行节气门位置传感器的调整。

5）用电压表测量节气门位置传感器的输出电压。

6）旋转节气门位置传感器本体，把输出电压调整到 0.45 ~ 0.55 V。

7）拧紧安装螺钉。

8）拔下节气门位置传感器线束插接件几秒钟，然后重新插上。

（2）节气门位置传感器的调整

1）启动发动机怠速运转。

2）用万用表测节气门位置传感器 IDL 信号线电压。

3）当节气门止动螺钉和挡杆之间间隙小于 0.35 mm 时（节气门开度 $<3°$），IDL 信号线电压应为 0 V。

4）当节气门止动螺钉和挡杆之间间隙大于 0.70 mm 时（节气门开度 $>3°$），IDL 信号线电压应为 12 V。

5）若不符合以上要求，则松开传感器两个固定螺钉，慢慢转动传感器进行调节，直至 IDL 电压符合 3）和 4）的要求，并紧固传感器固定螺钉。

注意：有一些汽车没有怠速开关（IDL），其节气门位置传感器的调整方法如下。在节气门完全关闭时，调整节气门传感器位置，使其 V_{TA} 电压值小于 0.8 V 即可。

（3）综合式节气门位置传感器的检测

1）节气门位置传感器怠速触点的检测。关闭点火开关，拔下节气门位置传感器线束插接器，如图 2–4–23 所示，用万用表电阻挡测节气门位置传感器上 IDL 和 E_2 端之间的电阻。当节气门关闭时，IDL 和 E_2 之间的电阻值为 0 Ω；当节气门打开时，IDL 和 E_2 之间的电阻值为 ∞，否则更换节气门位置传感器。

2）节气门位置传感器电阻的检测。关闭点火开关，拔下节气门位置传感器线束插接器，如图 2–4–23 所示，检查信号输出端子 V_{TA} 与搭铁端子 E_2 之间的电阻，该电阻应随节气门开度增大而呈线性增大。

5. 温度传感器的检测

（1）温度传感器的原理

温度传感器的内部大都是一个半导体热敏电阻，而且一般采用负温度系数的热敏

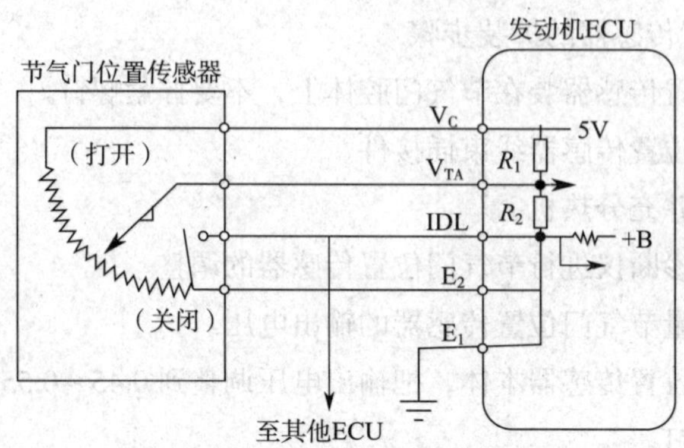

图 2-4-23　综合式节气门位置传感器

电阻。在 ECU 中有一标准电阻与传感器的热敏电阻串联，并由 ECU 提供标准电压，传感器搭铁端子通过 ECU 搭铁端子搭铁。当热敏电阻随进气温度或冷却液温度变化时，ECU 通过传感器端子测得的分压值随之变化，ECU 根据此分压值判断进气温度或发动机冷却液温度。

（2）温度传感器的拆装

在拆下和安装发动机冷却液温度传感器时，不要触碰到插接器（树脂部分），在拆卸冷却液温度传感器前，排泄掉冷却系统内的部分冷却液。安装时在螺纹部分涂上规定品牌的密封胶，安装冷却液温度传感器并拧紧到规定力矩。进气温度传感器安装位置不同，拆装时的方法也不同，要区别对待。

（3）冷却液温度传感器的检测

1）测量电阻。点火开关置于“OFF”位置，拆卸冷却液温度传感器导线插接器，用数字式高阻抗万用表欧姆挡，按图 2–4–24a 所示测试传感器两端子间的电阻。其电阻值与温度成反比，在热机时应小于 1 kΩ。

拔下冷却液温度传感器导线插接器，然后从发动机上拆下传感器，将该传感器置于烧杯内的水中，加热烧杯中的水，同时用万用表欧姆挡测量在不同冷却液温度条件下冷却液温度传感器两接线端子间的电阻，如图 2–4–24b 所示。将测得的电阻值与标准电阻值相比较，如果不符合标准，则应更换冷却液温度传感器。

2）信号电压的检测。装好冷却液温度传感器，将此传感器的导线插接器插好，当点火开关置于“ON”位置时，从冷却液温度传感器导线插接器“THW”端子（丰田汽车）或从 ECU 插接器“THW”端子与 E_2 间测试传感器输出信号电压。丰田汽车 THW 与 E_2 端子间的电压在 80 ℃时应为 0.25 ~ 1.0 V，且所测得的电压值应与冷却液温度成反比。当冷却液温度传感器线束断开时，如从 ECU 导线插接器端子“2”上测试电压，当点火开关打开时，其值应为 5 V 左右。

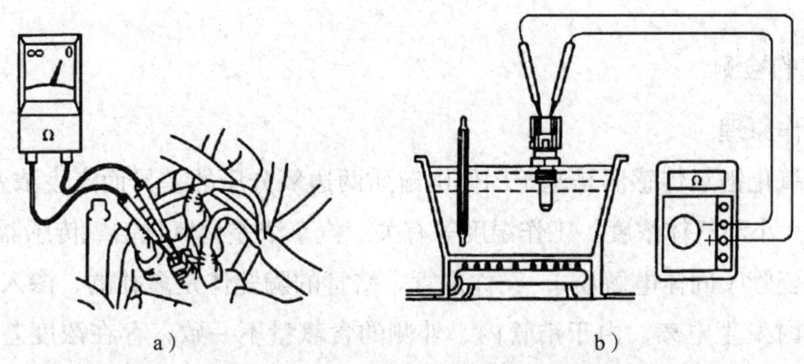

图 2-4-24　冷却液温度传感器的检测

a）将传感器置于烧杯内的水中　b）测量不同温度下传感器的电阻值

（4）进气温度传感器的检测

1）测量电阻。拆下进气温度传感器或空气流量计（或进气歧管绝对压力传感器）线束插头，测量进气温度传感器两个端子之间的电阻。标准值（4G64 发动机）：5.3 ~ 6.7 kΩ（进气温度为 0 ℃时），2.3 ~ 3.0 kΩ（进气温度为 20 ℃时），1.0 ~ 1.5 kΩ（进气温度为 40 ℃时），0.30 ~ 0.42 kΩ（进气温度为 80 ℃时）。用吹风机加热进气温度传感器，再重新测量电阻，如图 2-4-25 所示，正常状态下温度升高，电阻减小。如果电阻值偏离标准值或电阻值保持不变，则应更换进气温度传感器或空气流量计（或是进气歧管绝对压力传感器）线束插头。

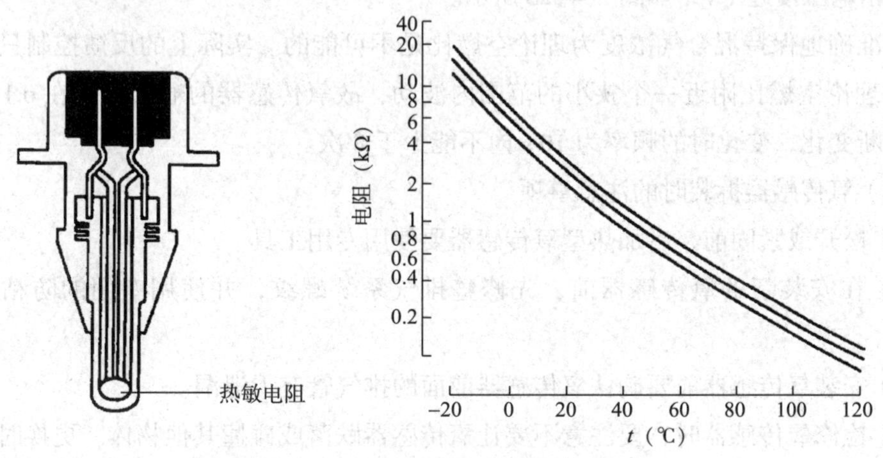

图 2-4-25　进气温度传感器的结构与特性

2）测量电压。将点火开关置于“ON”位置，进气温度 0 ℃时电压为 3.2 ~ 3.8 V，进气温度 20 ℃时电压为 2.3 ~ 2.9 V，进气温度 40 ℃时电压为 1.5 ~ 2.1 V，进气温度 80 ℃时电压为 0.4 ~ 1.0 V（数据限于 4G64 发动机）。

6. 氧传感器的检测

（1）工作原理

浓差型氧化锆氧传感器是基于固体电解质两边氧分压的差异而产生浓差电动势的，浓差电动势大小与气体浓度、工作温度等有关。汽车浓差型氧化锆氧传感器的基本元件是氧化锆陶瓷管（固体电解质），又称锆管。锆管的陶瓷体是多孔的，渗入其中的氧气在温度较高时发生电离，由于锆管内、外侧的含氧量不一致，存在浓度差，因而氧离子从大气侧向排气一侧扩散，从而使锆管成为一个微电池，在两铂极间产生电压，当混合气的实际空燃比小于理论空燃比，即发动机以较浓的混合气运转时，排气中含氧量少，但 CO、HC、H_2 等含量较多。这些气体在锆管外表面铂的催化作用下与氧发生反应，将耗尽排气中残余的氧，使锆管外表面氧气浓度变为零，这就使得锆管内、外侧氧浓度差加大，两铂极间电压陡增。因此，锆管氧传感器产生的电压将在理论空燃比时发生突变：混合气稀时，输出电压几乎为零；混合气浓时，输出电压接近 1 V，如图 2–4–26 所示。

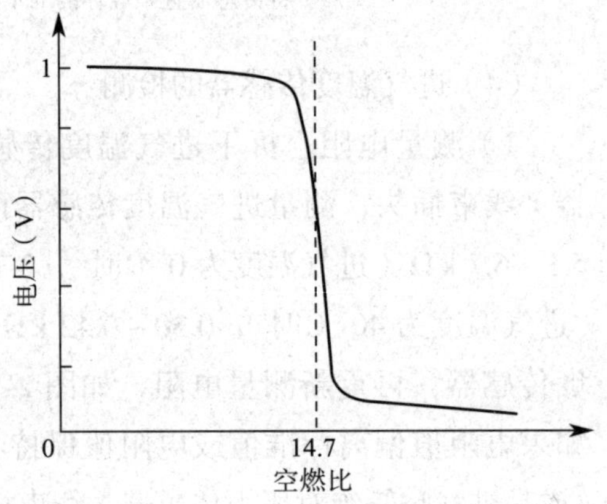

图 2–4–26　氧化锆氧传感器电压输出特性

要准确地保持混合气浓度为理论空燃比是不可能的。实际上的反馈控制只能使混合气在理论空燃比附近一个狭小的范围内波动，故氧传感器的输出电压在 0.1 ~ 0.8 V 之间不断变化，变化时的频率为 10 s 内不能少于 8 次。

（2）氧传感器拆装时的注意事项

1）松开或紧固前、后加热型氧传感器要使用专用工具。

2）在安装新的氧传感器前，先修整排气系统螺纹，并使用专用的防粘胶刷涂螺纹。

3）安装氧传感器前要确认氧传感器前面的排气管有无泄漏。

4）检修氧传感器时，要注意不要让氧传感器跌落或碰撞其他物体。更换时，一定要用专用的防粘胶刷涂螺纹，以免下次拆卸困难。

（3）氧传感器的检测

1）测量电阻。拔下氧传感器线束插头，用万用表电阻挡测量氧传感器接线端中加热器接线柱与搭铁接线柱之间的电阻，如不符合标准，应更换氧传感器，氧传感器加热器电阻约为 12 Ω。

2）测量电压。在正常情况下，随着反馈控制的进行，氧传感器的输出电压将在 0.45 V 上下不断变化，10 s 内输出电压的变化次数应不少于 8 次。如果少于 8 次，则说明氧传感器或反馈控制系统工作不正常，其原因可能是氧传感器表面有积炭，使其灵敏度降低所致。对此，应让发动机以 2 500 r/min 的转速运转约 2 min，以清除氧传感器表面的积炭，然后再检查输出电压。发动机暖机后转速为 2 000 r/min。电压在 0 ~ 0.8 V（重复变化）；发动机在暖机状态，从 4 000 r/min 使发动机突然减速时，电压小于 200 mV；发动机突然加速时，电压为 600 ~ 1 000 mV；发动机转速为 2 500 r/min 时，电压在正常的范围不断变化。

3）观察氧传感器顶尖部位的颜色。从排气管上拆下氧传感器，检查氧传感器外壳上的通气孔有无堵塞，陶瓷芯有无破损，如有破损，则应更换氧传感器。淡灰色顶尖是氧传感器的正常颜色；白色顶尖是由硅污染造成的，此时必须更换氧传感器；棕色顶尖是由铅污染造成的，如果严重，也必须更换氧传感器；黑色顶尖是由积炭造成的，在排除发动机积炭故障后，一般可以自动清除氧传感器上的积炭。

4）读取数据流。可以通过氧传感器数据流来判断氧传感器的状态。

7. 爆燃传感器的检测

（1）结构原理

压电式爆燃传感器的结构如图 2–4–27 所示，这种传感器利用结晶或陶瓷多晶体的压电效应而工作，也有利用掺杂硅的压电电阻效应的。该传感器的外壳内装有压电元件、平衡块及导线等。其工作原理是当发动机的气缸体出现振动且振动传递到传感器外壳上时，外壳与平衡块之间产生相对运动，夹在这两者之间的压电元件所受的压力发生变化，从而产生电压，ECU 检测出该电压，并根据其值的大小判断爆燃强度。

（2）爆燃传感器的拆装

爆燃传感器的安装力矩特别关键，安装爆燃传感器时，插接件应面向发动机前方。应确认爆燃传感器的上侧和下侧与缸体配合面是干净的，且无灰尘。拧紧爆燃传感器时，注意不要对插接件施加过大的力，确认爆燃传感器安装好后不要与邻近的部件接触。

（3）爆燃传感器的检测

爆燃传感器的电路如图 2–4–28 所示，点火开关置于“OFF”位置，拔出传感器插头，测量 1 号端子与 2 号端子之间的电阻应大于 1.0 MΩ。爆燃传感器的三个端子之间不应有短路现象；否则，应更换爆燃传感器。爆燃传感器插头和发动机控制单元线束插头间的线路若有断路或短路，应排除故障。

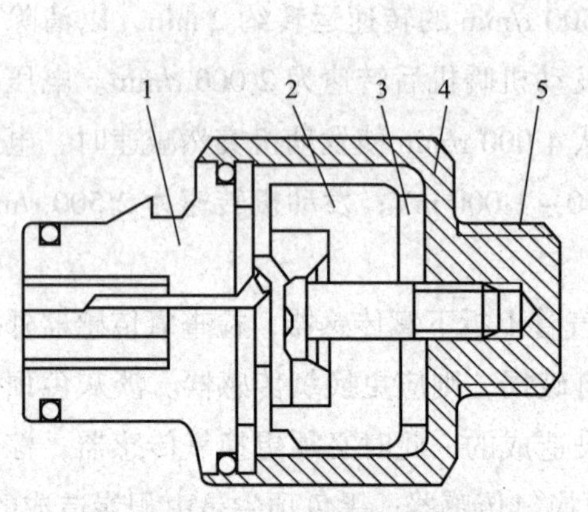

图 2-4-27　压电式爆燃传感器的结构
1—电器插接件　2—平衡块　3—压电元件
4—外壳　5—安装螺纹

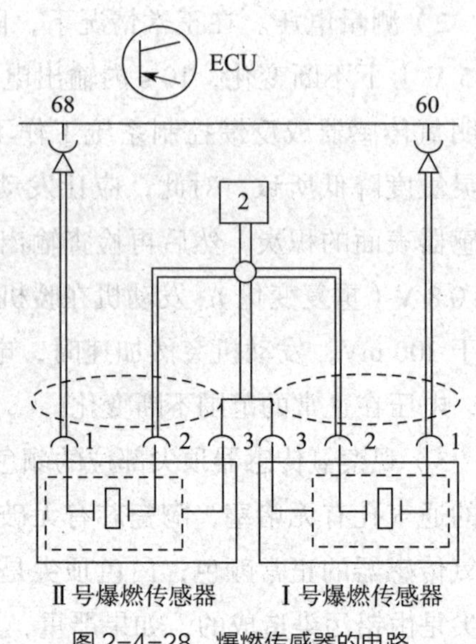

图 2-4-28　爆燃传感器的电路

学习单元 3　检测各执行器性能

执行器是受 ECU 控制具体执行某项功能的装置。根据发动机电子控制系统不同的控制功能，各种车型发动机电子控制系统执行器的数量也不同。随着控制功能的增加，执行器也将相应地增加。目前，发动机电子控制系统的主要执行元件有喷油器、点火线圈、活性炭罐电磁阀、电控节气门、怠速控制阀、可变气门正时电磁阀等。

一、执行器的类型、组成、功用及安装位置

1. 喷油器

（1）喷油器的功用与安装位置

在电控燃油喷射系统中，全部采用电磁式喷油器，它是电控汽油喷射系统中一个关键的执行元件，其功用是依据 ECU 的喷油脉冲信号，把汽油以雾状喷入发动机进气管。

多点缸外喷射的喷油器安装在各缸进气歧管或进气道附近的气缸盖上，并用燃油分配管固定，如图 2–4–29 所示。单点喷射系统的喷油器安装在节气门体空气入口处。

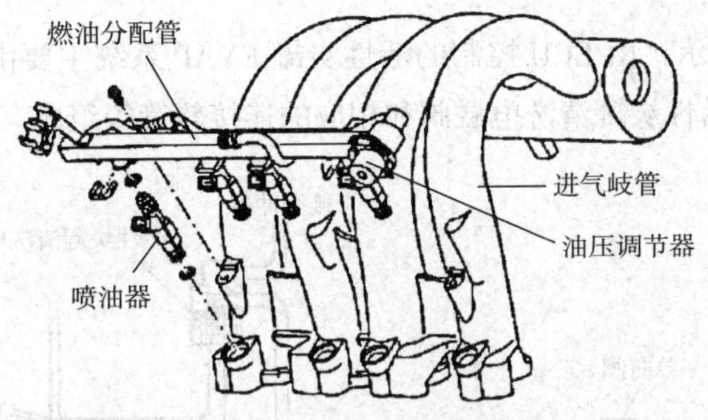

图 2–4–29　多点缸外喷射喷油器的安装位置

缸内喷射的喷油器安装在气缸盖上，将燃油直接喷入气缸内，这种喷射系统需要较高的喷射压力，一般为 3 ~ 5 MPa。

（2）喷油器的分类

按照喷油器的总体结构不同，喷油器可分为轴针式、球阀式和片阀式三种，目前常用的是轴针式喷油器。按照喷油器电磁线圈的阻值不同，可分为高阻值（13 ~ 18 Ω）喷油器和低阻值（2 ~ 5 Ω）喷油器两种，国内电控燃油喷射系统都采用高阻值喷油器。如桑塔纳 2000GSi 轿车的喷油器电磁线圈的阻值为（15.9 ± 0.35）Ω。

（3）喷油器的结构

如图 2–4–30 所示，喷油器（以轴针式喷油器为例）一般由电磁线圈、弹簧、衔铁、针阀、壳体、接线插孔等组成。

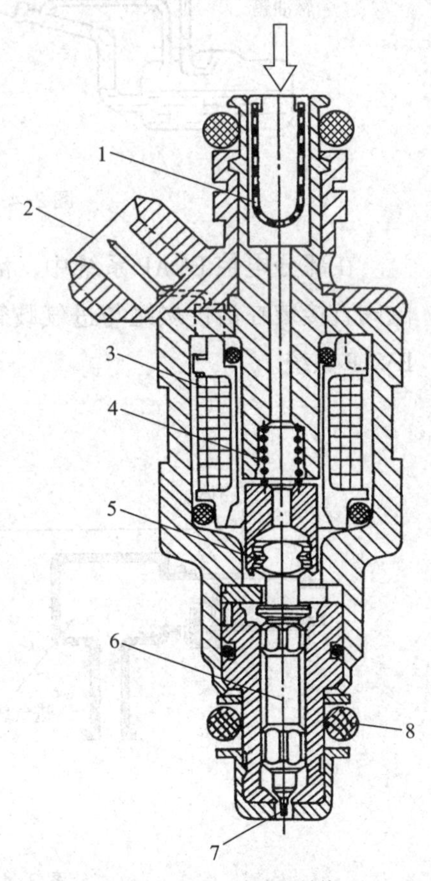

图 2–4–30　喷油器结构

1—燃油滤网　2—接线插孔　3—电磁线圈　4—复位弹簧　5—衔铁　6—针阀　7—轴针　8—密封圈

2. 活性炭罐电磁阀

燃油蒸发控制（evaporative emission control，EVAP）系统又称活性炭罐控制系统，其功能是收集汽油箱内蒸发的汽油蒸气，根据发动机工况，控制导入气缸参与燃烧的汽油蒸气量，将汽油蒸气引入进气歧管，与正常混合气混合进入气缸并参与燃烧，使汽油得以充分利用；同时，阻止汽油蒸气直接排入大气而造成环境污染。

（1）结构

如图 2–4–31 所示，由 ECU 控制的活性炭罐 EVAP 系统主要由燃油箱盖、活性炭罐、真空控制阀、活性炭罐清洗电磁阀和相应的连接软管等组成。

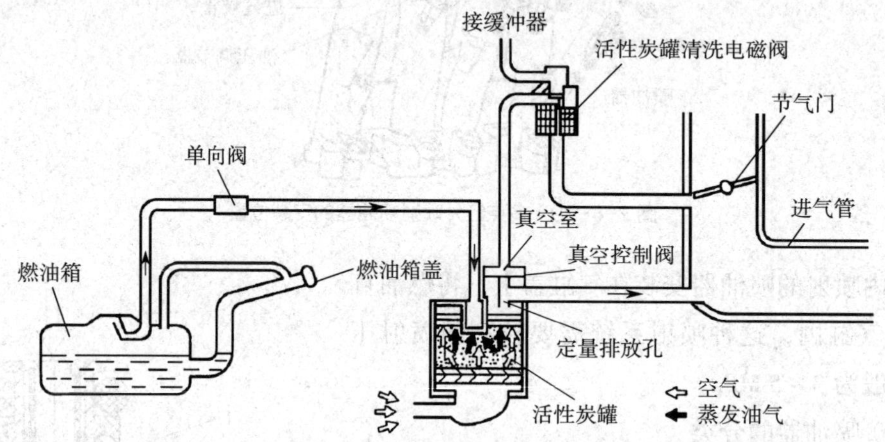

图 2–4–31　活性炭罐 EVAP 系统装置

在部分电控 EVAP 系统中，活性炭罐上不设真空控制阀，而将受 ECU 控制的电磁阀直接装在活性炭罐与进气歧管之间的吸气管中。如图 2–4–32 所示为现代轿车的 EVAP 系统。

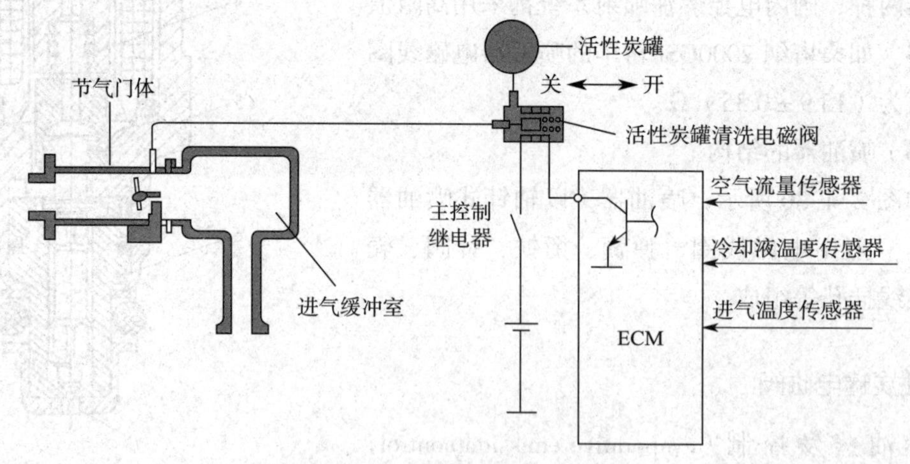

图 2–4–32　现代轿车的 EVAP 系统

（2）工作原理

发动机工作时，ECU 根据发动机转速、温度、空气流量等信号，通过控制活性炭罐清洗电磁阀的开闭来控制真空控制阀上部的真空度，从而控制真空控制阀的开度。当真空控制阀打开时，进气歧管通过真空控制阀吸入燃油蒸气。发动机怠速或温度较低时，ECU 使电磁阀断电，关闭吸气通道，进气歧管不能吸入活性炭罐内的燃油蒸气。

3. 节气门控制电动机

电控节气门的执行器主要是节气门控制电动机。节气门控制电动机是具有良好响应性和低能耗的直流步进电动机，发动机 ECU 控制其转动方向和步数，实现对节气门开度的控制。工作时，发动机 ECU 根据各传感器输入信号确定最佳的节气门开度，并通过节气门控制电动机来改变节气门的开度，以满足各种工况的需要。

二、喷油器等执行器的检测

1. 喷油器的检测

（1）检查工作情况

喷油器工作情况的检查如图 2-4-33 所示，发动机热车后使其怠速运转时，用旋具或听诊器（触杆式）接触喷油器，通过测听各缸喷油器工作的声音来判断喷油器是否工作。在发动机运转时应能听到喷油器有节奏的“嗒嗒”声，这是喷油器在电脉冲作用下喷油的工作声。若各缸喷油器工作声音清脆、均匀，则各缸喷油器工作正常；若某缸喷油器的工作声音很小，则该缸喷油器工作不正常，其原因可能是针阀卡滞，应进一步检查；若听不见某缸喷油器的工作声音，则该缸喷油器不工作，应检查喷油器及其控制线路。

图 2-4-33　喷油器工作情况的检查

（2）断缸检查

1）发动机热车后使其怠速运转，依次拔下各缸喷油器的导线连接器，使喷油器停止喷油，进行断缸检查。

2）若发动机转速有所下降，则说明该喷油器工作正常。

3）若发动机转速无明显下降，则说明该喷油器不工作或工作不良，应检查喷油器控制电路及喷油器。

（3）电磁线圈电阻检测

喷油器电磁线圈电阻检测如图 2–4–34 所示，拔下喷油器的导线连接器，用万用表欧姆挡测量喷油器上两接线端子间的电阻，在 20 ℃时，高阻值喷油器的电阻值应为 13 ~ 18 Ω；低阻值喷油器的电阻值应为 2 ~ 5 Ω，如果电阻值不符应更换喷油器。

（4）检测控制电路

喷油器控制电路出现故障后会导致喷油器不喷油或常喷油，应结合具体车型的相关电路图进行检测。喷油器控制电路检查方法如下。

1）关闭点火开关。

2）分别拔下喷油器导线连接器。

3）将发光二极管检测灯（见图 2–4–35）的两个端子依次插入各缸喷油器的导线连接器插头中。

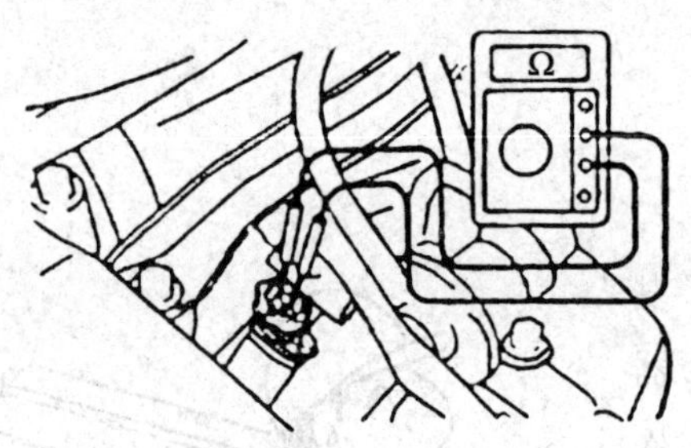

图 2–4–34 喷油器电磁线圈电阻检测

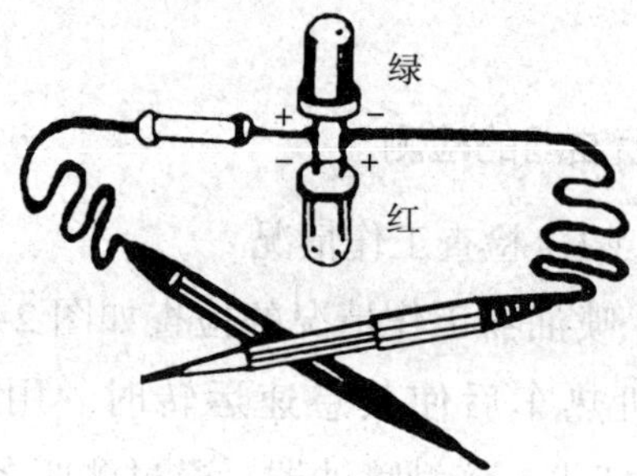

图 2–4–35 发光二极管检测灯

4）启动发动机后发光二极管应闪烁，其闪烁的频率随转速的上升而加快。发光二极管常亮或不亮时，应检查喷油器控制电路。

（5）喷油器喷油质量的检查

1）检查喷油质量。喷油器喷油质量的检查主要包括喷油量、雾化质量和针阀密封性检查。

①喷油器在正常工作压力下 15 s 常开喷油量一般为 45 ~ 75 mL，各缸喷油量误差不得超过平均喷油量的 5%。

②二孔以上喷油器喷雾形状为角度较大的白色锥体，而单孔喷油器的锥角则较小，若喷雾形状是一根或几根白色油线，说明喷油器脏堵，需清洗或更换。

③喷油器关闭后在正常工作压力下 1 min 内不得滴漏 2 滴以上油滴。大众 AJR 发动机喷油器规定 30 s 常开喷油量为 70 ~ 85 mL，1 min 内滴漏不超过 2 滴。

2）清洗喷油器。喷油器维护主要是清洗喷油器，堵塞严重时采用拆卸清洗法，堵塞不严重时采用就车清洗法。

①拆卸清洗法。将喷油器从车上拆下，如图 2–4–36 所示。

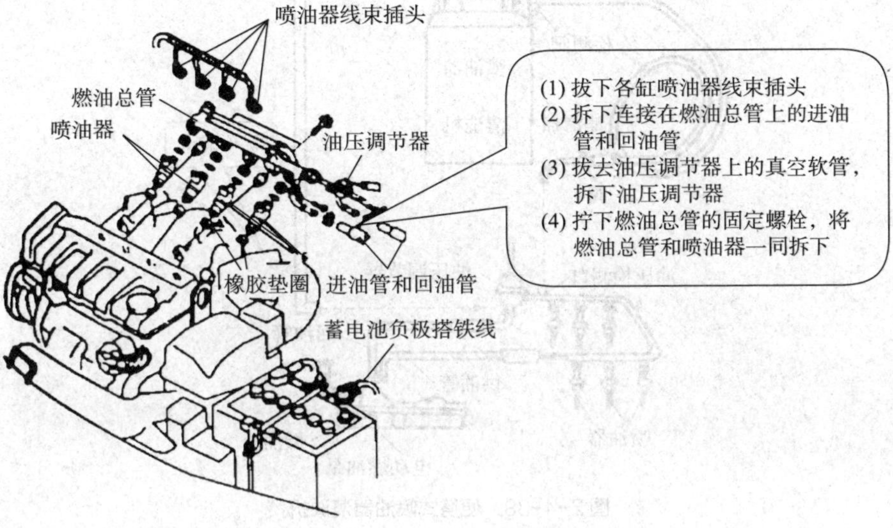

图 2–4–36　喷油器拆卸后清洗

用超声波喷油器清洗机（见图 2–4–37）清洗，此种清洗机一般除用于清洗喷油器外，还具有喷油器滴漏检查和喷油量检查功能。不同厂家生产的超声波喷油器清洗机使用方法也不完全相同，使用时应按使用说明书进行操作。

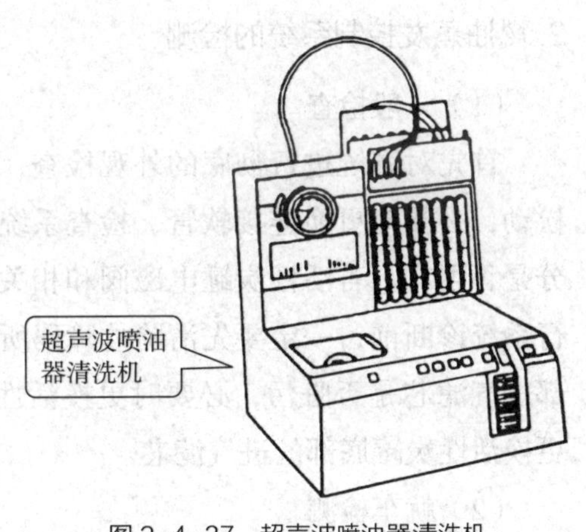

图 2–4–37　超声波喷油器清洗机

②就车清洗法。一般采用通用型的就车喷油器清洗设备，如图 2–4–38 所示为便携式喷油器清洗机。便携式喷油器清洗机无须拆卸喷油器，即可就车进行清洗，使用非常方便。便携式喷油器清洗机使用方法如下。

a. 将储液器加满喷油器清洗液。

b. 安装喷油器清洗机。首先释放燃油系统压力，将开关阀一侧的管路连接到燃油供给系统中的油压检测口处；从油压调节器上拆开回油管，将清洗机另一端的管路连接到油压调节器的回油管接头上。

c. 拆开电动燃油泵线束连接器，接通清洗机电动泵电源，启动发动机。

d. 使发动机以 2 000 r/min 的转速运转约 10 min 后熄火，即完成喷油器的清洗。

e. 最后拆下喷油器清洗机，恢复燃油供给系统。

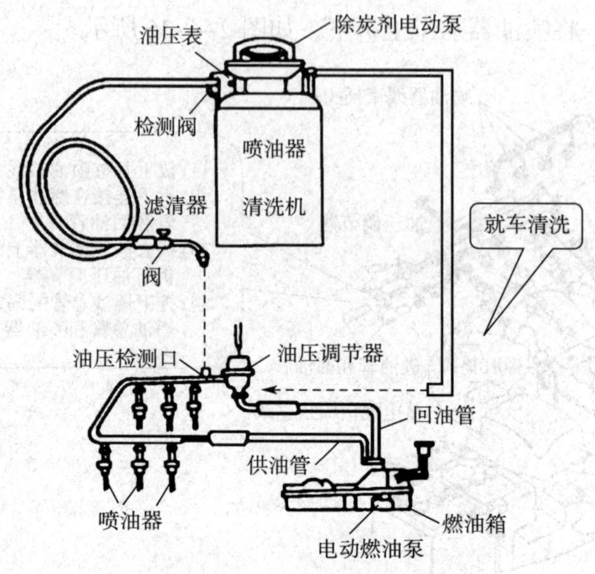

图 2-4-38　便携式喷油器清洗机

2. 燃油蒸发控制系统的检测

（1）一般检查

首先对系统进行彻底的外观检查，检查各连接管路是否破损、漏气、堵塞或连接松动，必要时更换连接软管。检查系统电路连接是否松动，接线端是否腐蚀，绝缘部分是否可靠。若活性炭罐电磁阀和相关电路有故障，系统会提示故障码，在进一步进行系统诊断前，一定要先清除故障码所指示的故障。检查活性炭罐壳体有无裂纹，底部进气滤芯是否脏污，必要时更换活性炭罐或滤芯。一般汽车每行驶 20 000 km 就应更换活性炭罐底部的进气滤芯。

（2）就车检测

1）将发动机预热至正常工作温度，并使之怠速运转。

2）拔下蒸气回收罐上的真空软管，检查软管内有无真空吸力。若 EVAP 系统工作正常，则发动机怠速运转中电磁阀应关闭，真空软管内应无真空吸力。如果此时真空软管内有真空吸力，则用万用表电压挡检查电磁阀线束插接器端子上是否有电压。若电磁阀线束插接器端子上有电压，则说明 ECU 有故障；若无电压，则说明电磁阀有故障。

3）踩下加速踏板，当发动机转速大于 2 000 r/min 时，检查上述真空软管内有无真空吸力。若真空软管内有真空吸力，则说明该系统工作正常；若真空软管内无真空吸力，则用万用表电压挡检查电磁阀线束插接器端子上是否有电压。若电压正常，则说明电磁阀有故障；若电压异常，则说明 ECU 或控制电路有故障。

（3）活性炭罐的检修

拆下活性炭罐，检查外表，应无破损，从 A 端（燃油蒸气输入端）吹入约 100 kPa 的压缩空气，应能无阻地从 B 和 C 箭头方向流出，如图 2–4–39a 所示；从 B 端反向吹气时应不通。将 300 kPa 的压缩空气从 A 端吹入，即可清洁过滤片，如图 2–4–39b 所示。如上述检查不符合要求，则应更换活性炭罐。

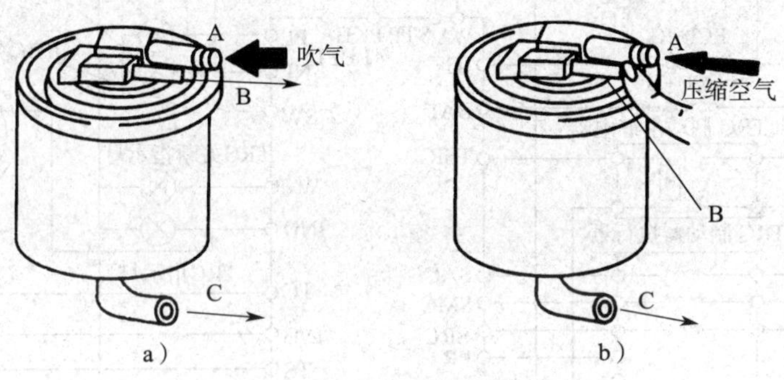

图 2–4–39　活性炭罐检修

A—燃油蒸气输入端

（4）活性炭罐电磁阀的检修

用电阻表测量活性炭罐电磁阀两端子的电阻，其标准值（20 ℃时）应为 30 ~ 34 Ω。检查电控端子与外壳，应保证绝缘。如图 2–4–40 所示，从 E 端吹入压缩空气，F 端应不通；将蓄电池电压加到电控端子上，从 E 端吹入压缩空气，F 端应畅通。如上述检查不符合要求，则应更换活性炭罐电磁阀。

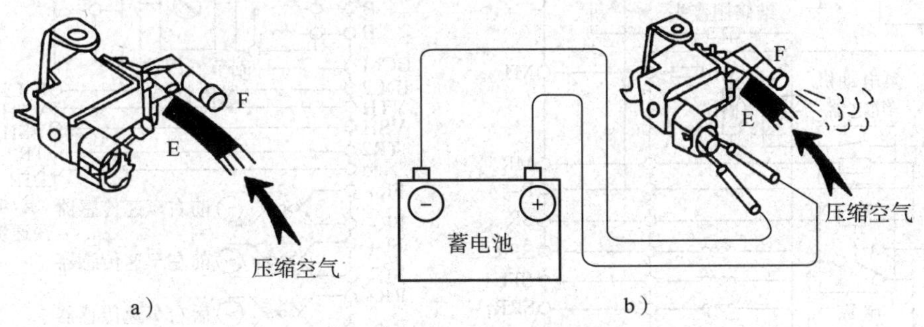

图 2–4–40　活性炭罐电磁阀的检修

a）F 端不通　b）F 端畅通

3. 电控节气门的检测

以丰田雷克萨斯 LS400 为例，其控制电路如图 2–4–41 所示。

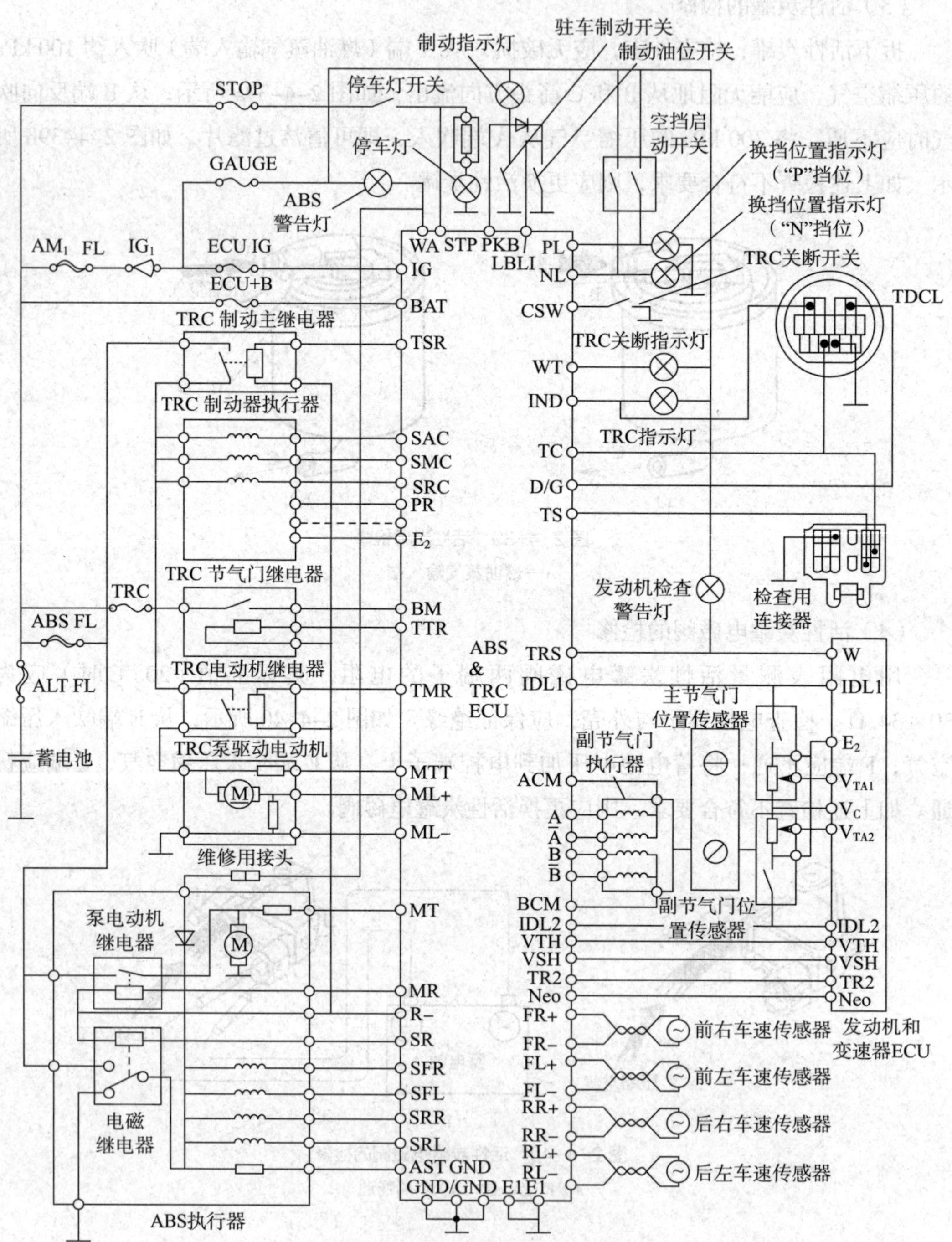

图 2-4-41　丰田轿车电控节气门系统电路

（1）基本检查

1）检查节气门的连接是否平滑，有无卡滞现象。

2）检查节气门起动机能否运转

①打开点火开关。

②转动加速踏板位置传感器拉杆，检查是否有起动机动作响声，同时不应有摩擦声。

3）检查加速踏板位置传感器

①将丰田手持式检测仪连接到仪表板左下角的诊断接头（DLC3）检测头上。

②检查发动机检查警告灯，此时灯不应点亮。

③转动加速踏板位置传感器拉杆至全开位置，检查“CURRENT DATA”（当前数据）菜单下的节气门开度数值是否符合标准，标准节气门开度为 60% 以上。若没有丰田手持式检测仪，则可测量加速踏板位置传感器信号线和 E_2 端子间的电压，标准电压值为 3.2 ~ 4.8 V。

4）检查进气系统

①启动发动机，检查发动机检查警告灯，此时灯不应点亮。

②使发动机暖机至正常工作温度。

③在空调开关关闭状态下检查起动机怠速，标准怠速值为（700 ± 50）r/min（变速器处于空挡）。

注意：上述检查均应在没有电负荷时进行。

5）完成上述检查后，进行路试，以检查响应是否不协调。

（2）检查节气门控制电动机

1）拆下节气门控制电动机插头。

2）用欧姆表测量节气门控制电动机电阻，即插头 1（M+）和 2（M−）端子间的电阻，其标准值为 0.3 ~ 100 Ω（20 ℃时）。若阻值不符合要求，则应更换节气门控制电动机。

3）用欧姆表测量离合器电阻，即插头 3（CL−）和 4（CL+）端子间的电阻，离合器电阻标准值为 4.2 ~ 5.2 Ω（20 ℃时）。若阻值不符合要求，则应更换离合器。

（3）检查节气门位置传感器

1）拆下节气门位置传感器插头。

2）用欧姆表测量 V_C 和 E_2 端子间的电阻，标准电阻值为 1.25 ~ 2.35 kΩ（20 ℃时）。若阻值不符合要求，则应更换节气门位置传感器。

（4）检查加速踏板位置传感器

1）拆下加速踏板位置传感器插头。

2）用欧姆表测量 V_C 和 E_2 端子间的电阻，标准电阻值为 1.64 ~ 3.28 kΩ（20 ℃时）。若阻值不符合要求，则应更换加速踏板位置传感器。

（5）故障码的读取与清除

读取故障码。若发动机 ECU 确认电控节气门系统有故障，ECU 即切断节气门控制电动机和电磁离合器的电源供应，进入失效保护状态；同时，组合仪表上的多元信息屏将显示“CHECK ENGINE”信息。此时，可用下列方法读取故障码：

1）打开点火开关。

2）用跨接线跨接 DLC3 的 13（TC）和 4（CG）端子。

3）由多元信息屏上读取故障码，若出现“EFI…·89”，则表明电控节气门系统有故障，故障码的内容和部位见表 2–4–2。

表 2–4–2　故障码的内容和部位

故障码	故障码内容	故障部位
21	节气门控制电动机线路	①节气门控制电动机线路短路或断路 ②节气门 ③ ECU
22	电磁离合器线路	①电磁离合器线路短路或断路 ②电磁离合器 ③ ECU
23	电控节气门系统执行器电源线路	① ETCS（electronic throttle control system，电控节气门系统）电源线路 ② ECU
31	节气门控制电动机卡死	①节气门控制电动机 ②节气门体 ③ ECU
32	电控节气门系统故障	① ETCS ② ECU
33	ECU 故障（电控节气门系统部分）	ECU

注：若多元信息屏显示“EFI…·19（加速踏板位置传感器线路）”或“ER…·41（节气门位置传感器线路）”，同样会使 ECU 切断节气门控制电动机和电磁离合器的电源供应，进入失效保护状态，应检修相应元器件及线路。

取下 EFI（electronic fuel injection，电控燃油喷射）熔断器即可清除故障码。

学习单元 4　检测点火系统电路

一、点火系统的分类、组成、功用和控制原理

1. 分类

汽车点火系统种类较多。按点火系统原理分有传统点火系统、电子点火系统和电控点火系统几种形式。电控点火系统分为有分电器式电控点火系统和无分电器式电控点火系统，无分电器式电控点火系统又分为双缸点火系统与独立点火系统两大类，现代轿车使用的点火系统主要为无分电器式电控点火系统。

2. 组成

如图 2–4–42 所示，无分电器式电控点火系统主要由与点火有关的传感器、发动机 ECU、点火模块、点火线圈、高压线、火花塞等部件构成。

3. 工作原理

发动机 ECU 综合各传感器输入的信息，从存储器中选出最佳空燃比数值、最适当的点火提前角，并判断出曲轴转速、位置及哪缸处于压缩上止点，最后控制大功率晶体管的导通和截止，从而控制点火线圈一次电流的通断，达到控制二次电压产生时机的目的。电控点火系统由于废除了真空和离心点火调节装置，点火提前角由 ECU 控制，从而使发动机在各种工况下都有最佳的点火提前角，并使点火提前角控制在轻微爆燃时刻，使汽车的经济性、动力性、排放净化性能达到最佳状态。

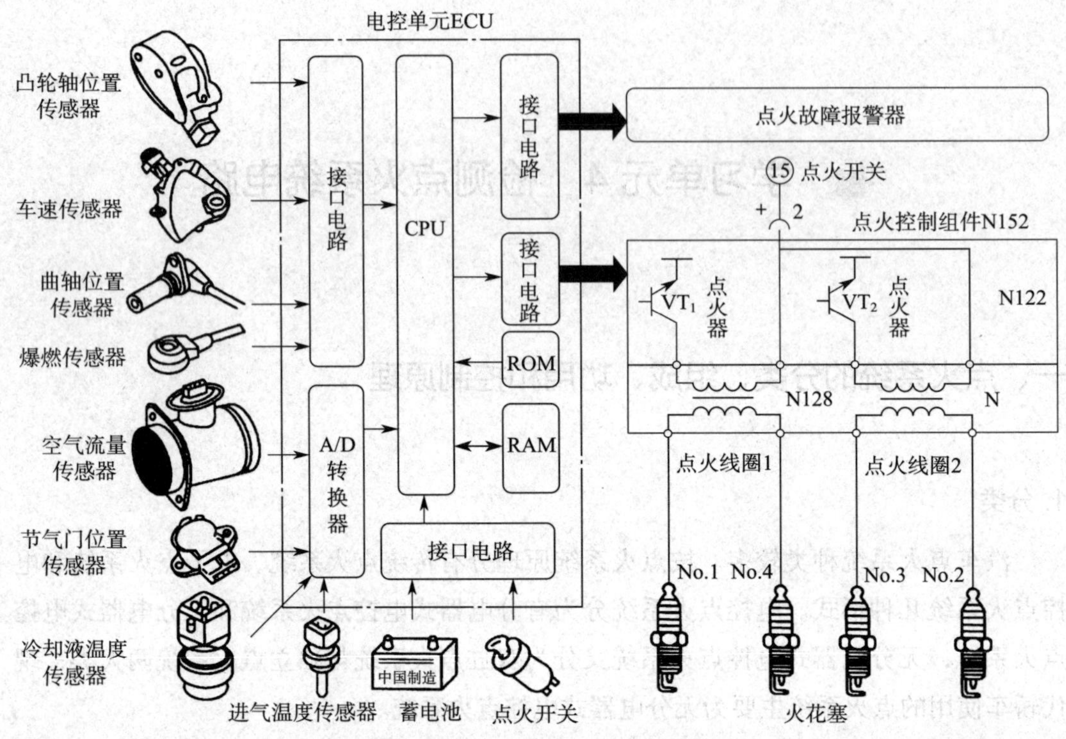

图 2-4-42　大众汽车发动机点火控制系统

二、电控点火系统主要部件的检修

1. 点火线圈的检修

（1）外观检查

目测点火线圈外表，若有脏污或接线柱锈蚀，应进行清洁后再做进一步检查；若有胶木盖裂损、接线柱松动、壳体变形、填充物外溢、高压插座接触不良等现象，应更换点火线圈。

（2）绝缘性能的检查

用万用表电阻挡测量点火线圈任一接线柱与壳体之间的电阻，其阻值应不小于 50 MΩ；否则说明点火线圈绝缘不良，应更换该点火线圈。

（3）绕组电阻的检查

用万用表电阻挡测量点火线圈一次绕组和二次绕组的电阻，使用欧姆表测量一次绕组正、负端子间的电阻，如图 2-4-43a 所示，冷态时一次绕组电阻值为 0.41 ~ 0.5 Ω。若电阻不符合规定，应更换点火线圈。用欧姆表测量点火线圈正极端子与高压端子间的电阻，如图 2–4–43b 所示，冷态时二次绕组电阻值为 10.2 ~ 13.8 kΩ。若电阻不符合上述规定，应更换点火线圈。

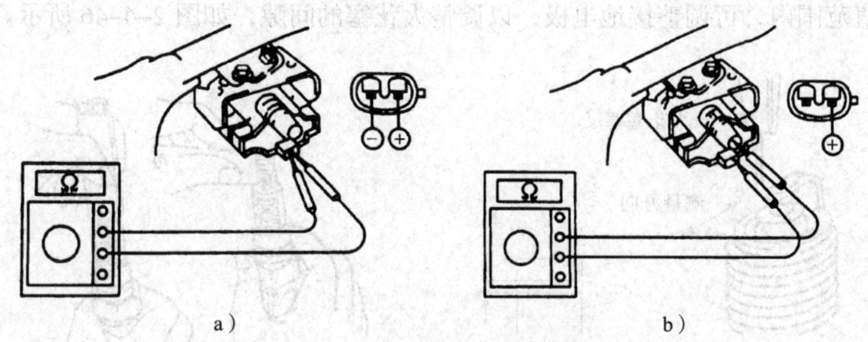

图 2–4–43　测量点火线圈的电阻
a）一次绕组电阻的检查　b）二次绕组电阻的检查

（4）附加电阻的检查

用万用表电阻挡测量附加电阻的阻值，应符合规定，否则应更换该点火线圈。

（5）点火线圈性能的检查

点火线圈的性能应在专用的电器试验台上利用三针放电器进行测试。

2. 火花塞的检修

（1）拆下点火线圈。

（2）使用专用工具拆下火花塞，如图 2–4–44 所示。

（3）检查有无烧坏的电极或损坏的绝缘体，检查烧痕是否均匀。

（4）拆下火花塞并放入煤油中，用铜丝刷刷除火花塞表面、电极之间、螺纹之间的污物或积炭，清除干净并用压缩空气吹干后装回使用。严禁用金属片或钢丝刷清除污物和积炭。如图 2–4–45 所示，用压缩空气从火花塞螺纹部吹净沙砾。

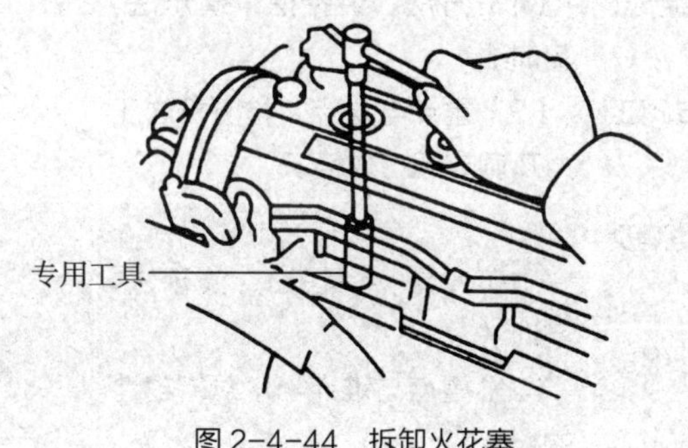

图 2–4–44　拆卸火花塞

图 2–4–45　清洁火花塞

（5）用火花塞塞尺检查火花塞间隙是否在标准值范围内。

火花塞间隙标准值为 1.1 mm（具体值参见相应的维修手册）。如果火花塞间隙不在标准值范围内，可调整接地电极，以调整火花塞的间隙，如图 2–4–46 所示。

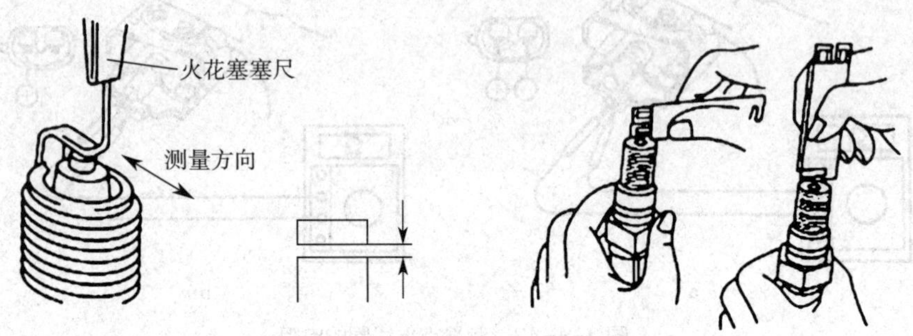

图 2–4–46　测量并调整火花塞电极间隙

（6）使用专用工具安装火花塞，力矩应符合规定值。注意：不要让外部污物进入气缸内。

课程 2–5　检修润滑系统和冷却系统

【学习内容】

学习单元	课程内容	培训建议	课堂学时
（1）检测机油压力	1）润滑系统的类型、组成、安装位置及工作原理 2）检测机油压力及调节阀工作情况	（1）方法：讲授法、演示法、实训法 （2）重点与难点：检测机油压力及调节阀工作情况	2
（2）检查水泵密封性	1）冷却系统的作用、类型及组成 2）水泵的功用、类型、组成及安装位置 3）水泵密封性的检查	（1）方法：讲授法、演示法、实训法 （2）重点与难点：水泵密封性的检查	2

续表

学习单元	课程内容	培训建议	课堂学时
（3）检测节温器工作状况	1）节温器的功用、类型、组成及安装位置 2）检测节温器的工作情况	（1）方法：讲授法、演示法、实训法 （2）重点与难点：检测节温器的工作情况	2
（4）检测冷却风扇和温控开关工作情况	1）冷却风扇和温控开关的功用、类型、组成及安装位置 2）检测冷却风扇、温控开关的工作情况	（1）方法：讲授法、演示法、实训法 （2）重点与难点：检测冷却风扇、温控开关的工作情况	2

学习单元 1　检测机油压力

一、润滑系统的类型、组成、安装位置及工作原理

1. 润滑系统的类型

现代汽车发动机均采用压力润滑和飞溅润滑相结合的复合润滑方式。由于发动机各运动副工作条件不同，对润滑强度要求也不同。根据承受负荷的不同和相对运动速度的高低，采用不同的润滑方式。

（1）压力润滑

对负荷大、相对运动速度高的摩擦表面采用压力润滑，如曲轴主轴承、连杆轴承、凸轮轴轴承等部位的润滑。

（2）飞溅润滑

对外露表面、负荷较小的摩擦表面采用飞溅润滑，如气缸壁、活塞销、凸轮等部位的润滑。

（3）定期润滑

对一些分散部位，采用定期加入润滑脂的方式进行润滑，如发动机水泵轴承、发电机、起动机等总成的润滑均采用这种润滑方式。近年来，有些发动机上采用含耐磨

润滑材料（如尼龙、二硫化钼等）的轴承来替代加注润滑脂的轴承。

2. 润滑系统的组成及安装位置

润滑系统的功用是不断地将清洁的、具有一定压力的润滑油输送到各零件的摩擦表面，以减小零件的摩擦和磨损。为保证发动机得到正常润滑，发动机润滑系统一般由机油泵、机油集滤器及滤清器、油道、油底壳、限压阀、旁通阀、机油压力开关、机油冷却器及机油标尺等组成。

（1）机油泵

机油泵是建立油压的装置，安装在油底壳内，如图 2–5–1 所示。机油泵的类型分为叶片式机油泵、齿轮式机油泵（外啮合齿轮式机油泵、内啮合齿轮式机油泵）、转子式机油泵。

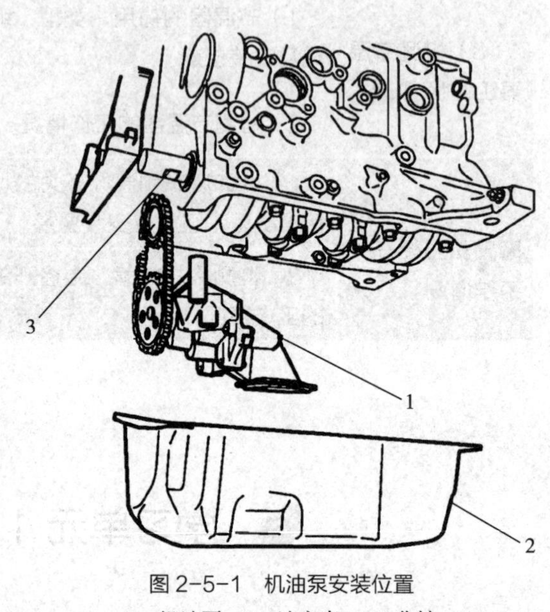

图 2–5–1　机油泵安装位置

1—机油泵　2—油底壳　3—曲轴

叶片式机油泵在涡轮增压发动机上采用较多，如图 2–5–2 所示。

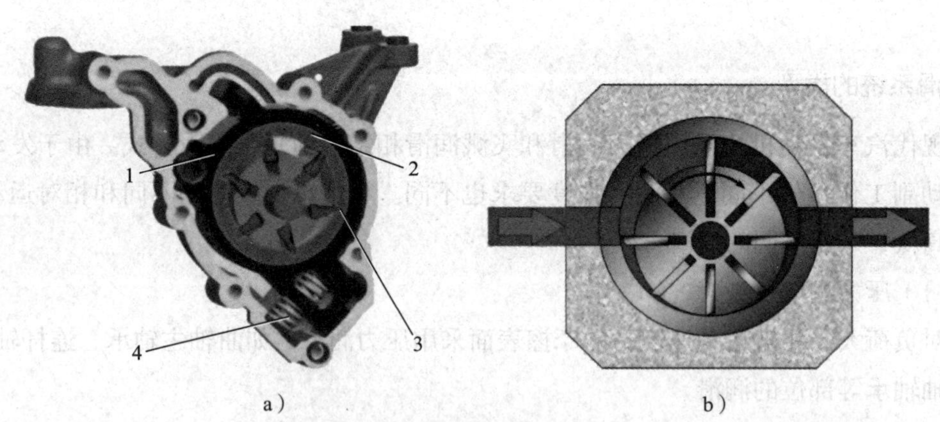

图 2–5–2　叶片式机油泵

a）结构图　b）原理图

1—凸轮　2—压力室（改变容量）　3—叶片　4—弹簧

外啮合齿轮式机油泵（见图 2–5–3）安装在油液最低的位置，可以提高它的工作效率。

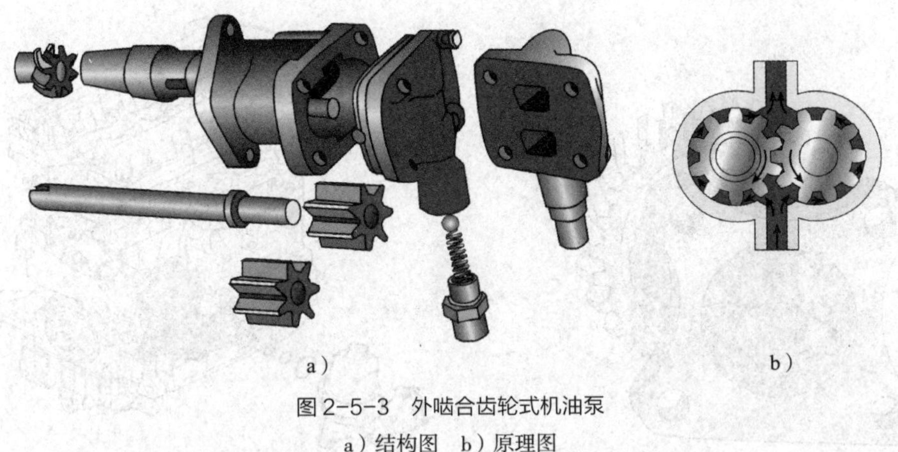

图 2-5-3　外啮合齿轮式机油泵

a）结构图　b）原理图

内啮合齿轮式机油泵（见图 2-5-4）的内齿轮套在曲轴前端，由于这种机油泵内、外齿轮之间有多余的空间，因此工作效率较低。

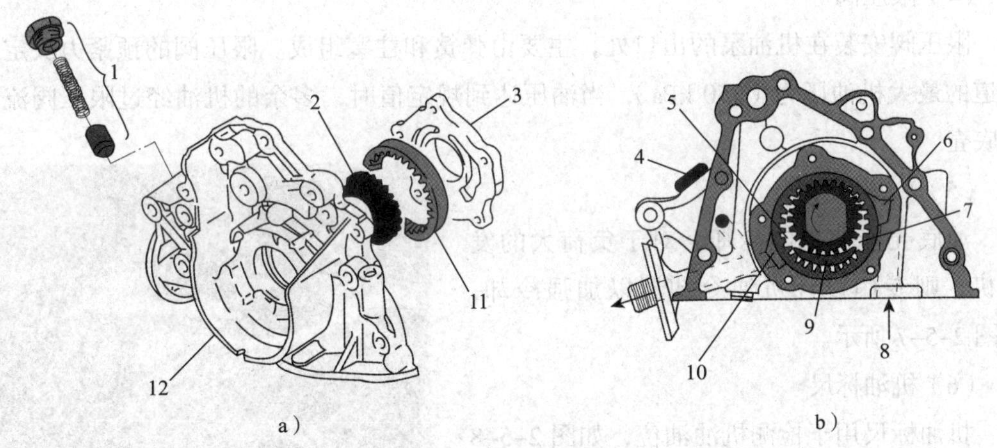

图 2-5-4　内啮合齿轮式机油泵

a）结构图　b）原理图

1、4—溢流阀　2—内齿轮　3—后盖　5—左间隙　6—进油腔　7—右间隙

8—进油口　9—月牙隔板　10—出油腔　11—外齿轮　12—前盖

转子式机油泵（见图 2-5-5）供油压力高，噪声比较小。

（2）机油滤清器

机油滤清器为机油过滤装置，通常安装在发动机气缸体的螺纹接头上，如图 2-5-6 所示。

（3）油道

机油油道是在发动机制造过程中提前钻好的。油道的末端被封堵，使机油可以从油道输送到发动机的各零部件处。曲轴中也设有油道，将机油从曲轴主轴承输送到连

图 2-5-5　转子式机油泵

图 2-5-6　机油滤清器的安装位置

杆轴承表面。

（4）限压阀

限压阀安装在机油泵的出口处，主要由弹簧和柱塞组成。限压阀的预紧力决定主油道的最大机油压力（350 kPa），当油压达到规定值时，多余的机油经过限压阀流回油底壳。

（5）冷却装置

油底壳能使机油冷却，对于负荷大的发动机，则专门设计机油冷却器以加强冷却，如图 2-5-7 所示。

图 2-5-7　机油冷却器

（6）机油标尺

机油标尺用于检测机油油位，如图 2-5-8 所示，有些发动机还配有机油位置传感器。

（7）油底壳

油底壳为机油储存装置，安装在曲轴箱或气缸体下面，它能储存满足发动机运转时进行可靠润滑所需的机油量，如图 2-5-1 所示。

（8）机油压力开关

机油压力开关为机油压力信号的发生装置，其安装位置如图 2-5-9 所示。

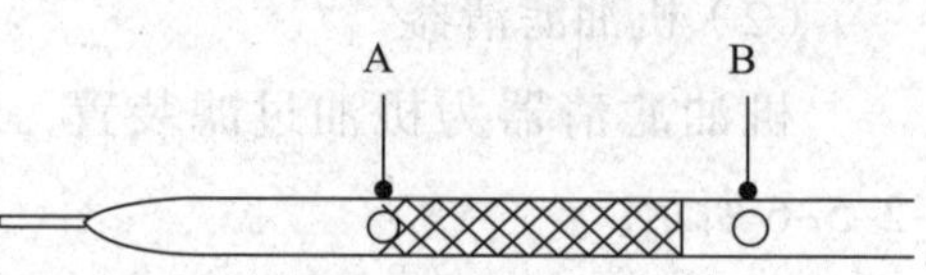

图 2-5-8　机油标尺油位刻度

A—MIN（最小值）B—MAX（最大值）

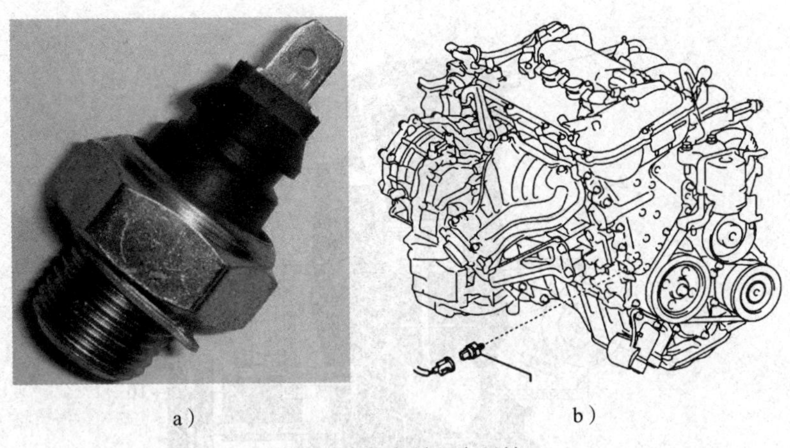

图 2-5-9　机油压力开关

a）外形　b）安装位置

（9）吸油管

机油泵吸油管将油底壳中的机油吸入机油泵的管路中，吸油管下端设有集滤器（见图 2-5-10），集滤器总是浸泡在机油中，其作用是防止大颗粒物质进入机油泵。

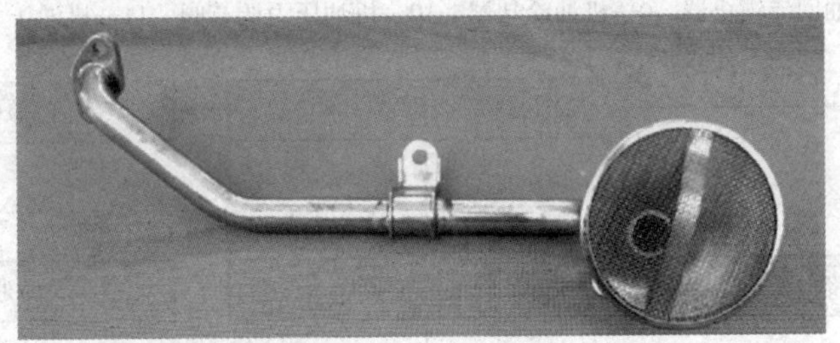

图 2-5-10　集滤器

3. 润滑系统的工作原理

如图 2-5-11 所示，在润滑系统中，机油通过集滤器由机油泵从油底壳中吸出（当机油压力过高时，泄压阀打开，使机油回流至油底壳），经油道和机油冷却器进入机油滤清器中。机油压力调节阀调节机油压力，当机油滤清器堵塞时，旁通阀打开，保证可靠供油。在发动机静止时，机油回流锁止器防止机油全部回流至油底壳，保证下一次发动机启动时快速建立油压。机油压力开关则通过机油压力显示信号告知驾驶员机油压力是否建立（机油指示灯熄灭）及是否低于最小机油压力（机油指示灯点亮）。

如图 2-5-12 所示，机油经机油滤清器过滤后被输送到主油道中，以压力润滑的方式，通过油孔分流为三路：第一路机油通向各曲轴主轴承，再由曲轴上的斜油孔通往各连杆轴承，由连杆杆身上的油孔通往连杆小头衬套；第二路机油通过一条垂直油

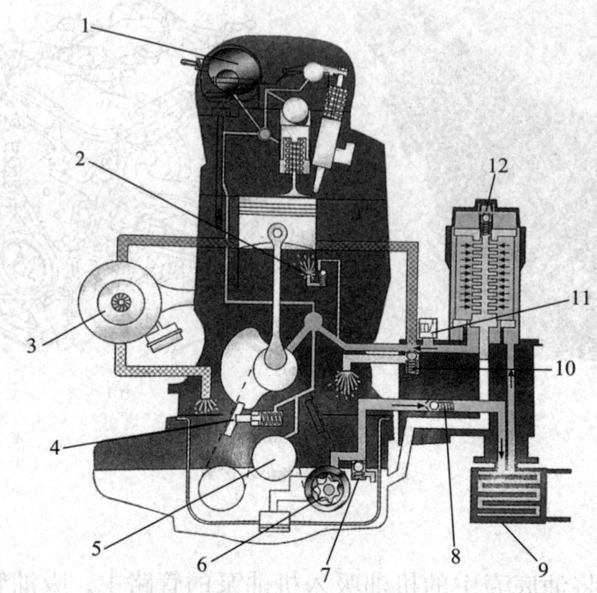

图 2-5-11 润滑系统

1—真空泵 2—活塞冷却机油喷嘴 3—涡轮增压器 4—液压链条张紧器 5—平衡轴 6—机油泵
7—泄压阀 8—机油回流锁止器 9—机油冷却器 10—机油压力调节阀 11—机油压力开关 12—旁通阀

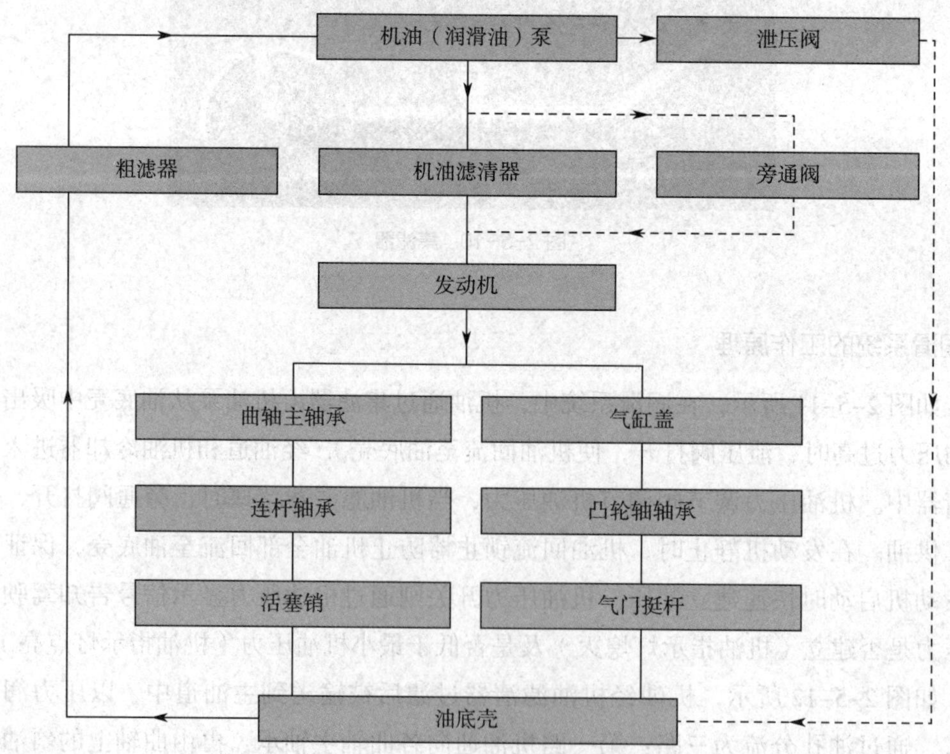

图 2-5-12 润滑油路图

道通向气门挺杆和凸轮轴轴承，经过一条纵向内嵌于凸轮轴中的油孔流向所有凸轮轴轴承并由此回流到油底壳中；第三路机油通过一个油孔输送至正时链、链条张紧器和涡轮增压器。

同时机油又以喷射润滑的方式从喷嘴喷出，甩到活塞顶上的机油向下滴落并对活塞进行冷却。除此之外，从曲轴抛上来的喷射油还润滑气缸工作面。

二、检测机油压力及调节阀工作情况

发动机正常运行时，润滑系统应具有一定的机油压力。润滑系统技术状况的好坏主要依据机油压力和机油品质来判断。通过一个机油压力指示灯告知驾驶员油压状态，该指示灯从位于机油循环高压管路中的机油压力开关检测压力。发动机运转时，一旦达到规定的机油压力，机油压力开关就会断开电路，机油压力指示灯熄灭，机油压力低于最小机油压力（怠速运转时最小油压为 2 bar，即 2×10^5 Pa）时指示灯点亮。

1. 机油压力调节阀的功用及检查

机油压力取决于机油泵的效率和机油的流通间隙。机油流通间隙过大会造成机油压力下降，从而导致发动机动力下降、噪声过大和启动困难。当发动机的机油压力过低时，会导致发动机零部件过早磨损。

机油压力调节阀（见图 2-5-13）主要用于调节和限制润滑系统的最高压力，其安装位置如图 2-5-11 所示，在油道中处于机油滤清器后面。在发动机刚启动时，机油压力调节阀控制主油道机油的流通间隙，使机油压力快速上升；当主油道机油压力高于设定值时，弹簧被压缩，阀门就会打开，多余的机油流回油底壳，实现压力的调节。

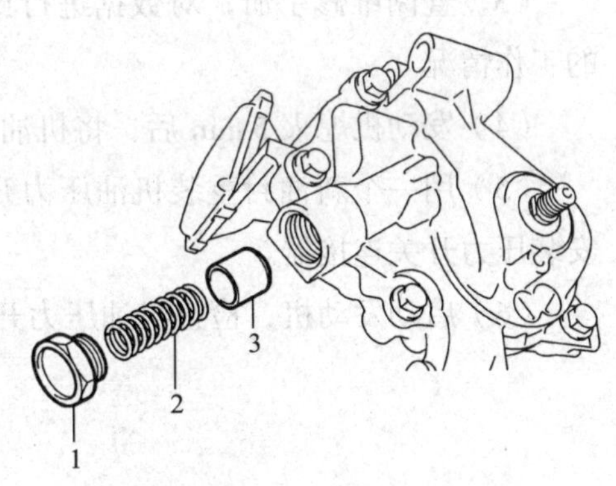

图 2-5-13　机油压力调节阀的结构

1—螺塞　2—弹簧　3—阀

检查时，可在阀体上涂抹一层发动机机油，检查并确认该阀能否依靠自身重力顺畅地滑入阀孔中，如果不能，则更换机油压力调节阀。

2. 机油压力测试

（1）从汽车上拆下机油压力开关，选取合适量程的机油压力表，将其接头安装在主油道测试孔中，拧紧管接头，将机油压力表放在接触不到旋转部件和炽热部件的地方，如图 2–5–14 所示。

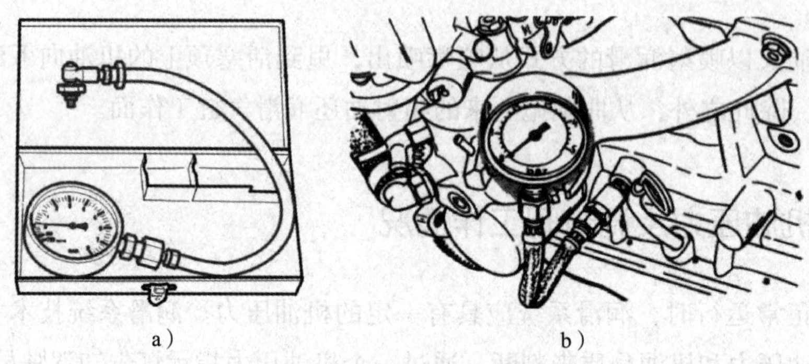

a）　　b）

图 2–5–14　机油压力表的安装

a）机油压力表　b）安装图

（2）启动发动机，检查机油压力表管接头处是否有泄漏现象，待发动机暖机后（机油温度为 80 ℃时），在怠速工况和 2 000 r/min 时读取机油压力表的数值（机油压力至少达到 2 bar）。

（3）查阅维修手册，对数据进行比较分析，从而判断机油压力是否正常及调节阀的工作情况。

（4）发动机熄火 5 min 后，将机油压力表从机油压力开关安装孔中拆下。

（5）用一个新油封重装机油压力开关，并将其拧紧到规定力矩（20 N · m），然后安装压力开关连接器。

（6）启动发动机，检查机油压力开关处是否有机油泄漏现象。

学习单元 2　检查水泵密封性

现代汽车采用封闭式强制循环水冷却系统，以保证发动机在最适宜的温度下工作。在水冷却系统中，燃烧室周围的热量由发动机内循环的冷却液吸收并带走，冷却液由水泵驱动在发动机内循环，吸收了燃烧热量后流进散热器，再由散热器散发到大气中，冷却后的液体返回发动机再进行循环。这个系统能够使发动机保持在发挥最佳性能的温度范围内，使活塞和气缸等发动机部件的热负荷保持在限值范围内且不造成材料损坏，润滑剂不被炽热的发动机部件蒸发掉且不会因温度过高而丧失润滑性能；燃油不会因炽热的部件而自燃。

一、冷却系统的作用、类型及组成

1. 冷却系统的作用

发动机冷却系统的作用是使工作中的发动机得到适度的冷却，从而保持发动机在最适宜的温度范围内工作（水冷发动机的适宜工作温度一般为 80～105 ℃）。

此外，冷却系统还为暖风系统提供热源，即当发动机冷却液大循环时，冷却液流过暖风系统中的热交换器（一般称为暖风水箱），将鼓风机送来的空气与发动机冷却液进行热交换，空气加热后被鼓风机通过各出风口送入车内供暖。

2. 冷却系统的类型

按照冷却介质的不同，发动机的冷却方式有水冷、风冷和油冷三种，如图 2-5-15 所示。

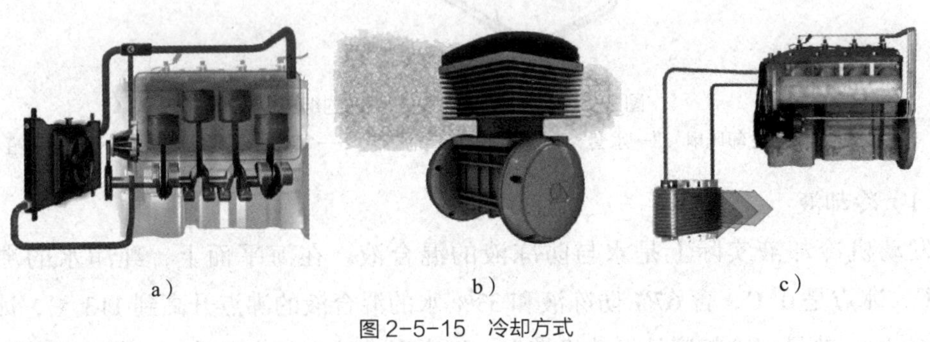

a）　b）　c）

图 2-5-15　冷却方式

a）水冷　b）风冷　c）油冷

水冷却系统是指发动机中高温零件的热量先传给冷却液，然后散发到大气而进行冷却。由于水冷却系统冷却均匀、可靠，工作噪声低，因此被广泛采用。汽车发动机上采用的水冷却系统大都是用水泵强制地使冷却液在冷却系统中进行循环流动的，故称为强制循环式水冷却系统。水冷却系统结构较复杂，维修和使用不当可能会出现冷却液渗漏、管路冻裂等故障。

风冷却系统是指发动机高温零件的热量通过散热片直接散发到大气而进行冷却。风冷却系统是利用高速空气流直接吹过气缸盖和气缸体表面，将热量散发到大气中，以保证发动机在最佳温度下工作。风冷却系统结构简单，使用和维修方便；但由于发动机与空气之间温差较大，风冷却系统的散热能力对气温变化不敏感，且存在冷却不可靠、消耗功率大和噪声高等缺点，目前在汽车上已不采用。

此外，机油冷却系统也可对发动机进行冷却，机油冷却系统通常与水冷却系统相结合，确保机油在正常工作温度，保证机油润滑性能。

3. 冷却系统的组成

水冷却系统一般由冷却液、膨胀水箱、冷却风扇、散热器、节温器、水泵、水套等组成，如图 2–5–16 所示。

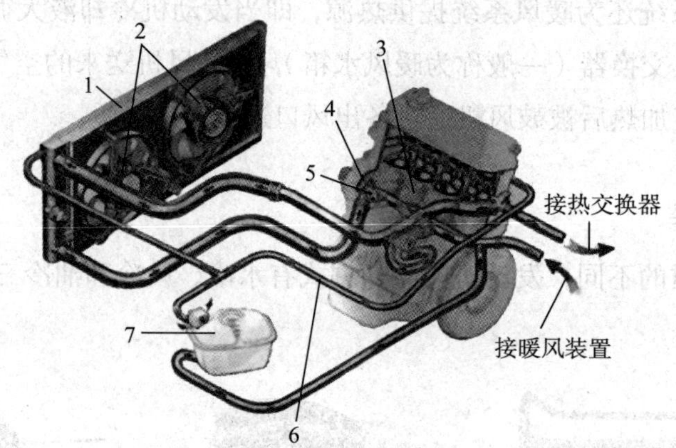

图 2–5–16　发动机水冷却系统的组成

1—散热器　2—冷却风扇　3—水套　4—水泵　5—节温器　6—发动机水套排气管　7—膨胀水箱

（1）冷却液

发动机冷却液实际上是水与防冻液的混合液。在海平面上，纯净水的沸点是 100 ℃，冰点是 0 ℃，含 67% 防冻液和 33% 水的混合液的沸点升高到 113 ℃，冰点降低到 69 ℃。热量由冷却液从发动机带出，而由混合液中的水释放，一般推荐使用含水和防冻液各为 50% 的混合液。冷却系统的液面降低时，可以直接加入这种水和防冻液的混合液，如图 2–5–17 所示。

（2）膨胀水箱

膨胀水箱上有冷却液液位刻度线（见图 2–5–18），以此来确定冷却液的液面高度。膨胀水箱多用半透明材料（如塑料等）制成，透过箱体可直接观察到冷却液的液面高度，无须打开散热器盖，冷却液的液面高度应在 MAX 与 MIN 之间。

一些膨胀水箱上装有冷却液液位传感器，用以检测冷却液液位，当冷却液液位降至标准以下时，通过仪表报警，如图 2–5–19 所示。

图 2-5-17　加入水和防冻液的混合液

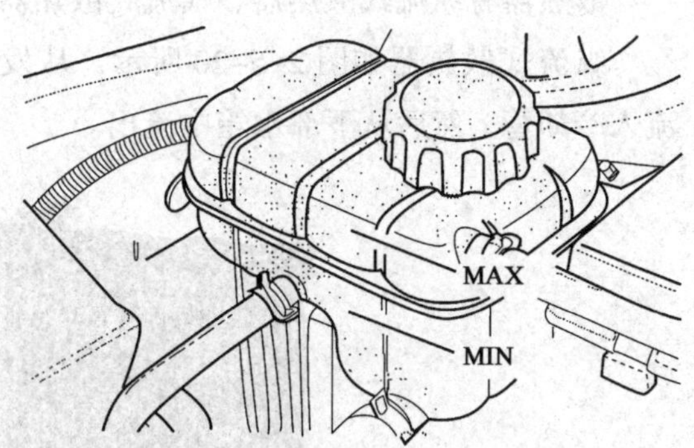

图 2-5-18　检查冷却液的液面高度

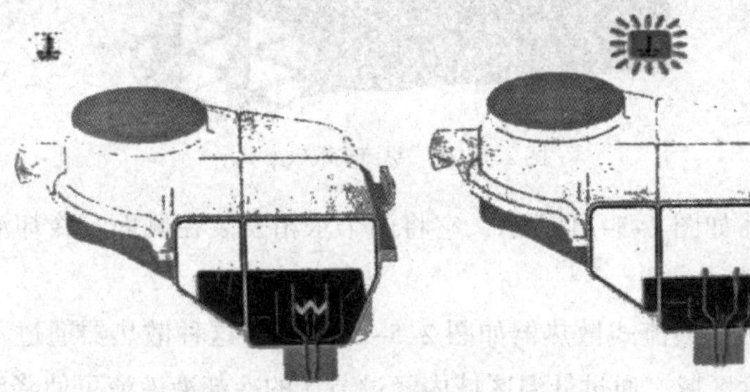
图 2-5-19　冷却液液位传感器

（3）冷却风扇

冷却风扇的作用是给散热器提供足够的冷却空气量。冷却风扇分为自动风扇和电动风扇，其中自动风扇只有超过运行温度时才会接通，使发动机迅速达到运行温度，并使其增加功率或节省燃油；电动风扇由电动机直接驱动，布置在冷却液中的温控开关控制风扇电动机的接通和关闭。

（4）节温器

节温器安装在冷却液循环的通路中，根据发动机负荷的大小和冷却液温度的高低自动改变冷却液的循环流动路线，以调节冷却系统的冷却强度。

（5）水泵

水泵是冷却系统的心脏，水泵的作用是驱动冷却液在冷却系统内进行循环。

（6）水套

水套是指气缸体和气缸盖内、外壳间的空间，冷却液即在其间循环。

（7）散热器

散热器有纵流式散热器、横流式散热器、带有高低温区的横流式散热器三种。

纵流式散热器如图 2–5–20 所示，从发动机流出的冷却液经过水箱的上部管接头流入冷却管，然后从下部水箱中流出。

图 2–5–20　纵流式散热器

横流式散热器如图 2–5–21 所示，它将两个水箱安装在侧面。冷却液沿水平方向从一侧流向另一侧。

带有高低温区的横流式散热器如图 2–5–22 所示，这种散热器通过不同流速来建立两个不同的温度区域。通过低温区域内经过节流的冷却液液流可使降温幅度比在上部冷却区域中大得多。用较冷的冷却液可以冷却自动变速器油或增压空气冷却循环系统的增压空气等。

图 2–5–21　横流式散热器

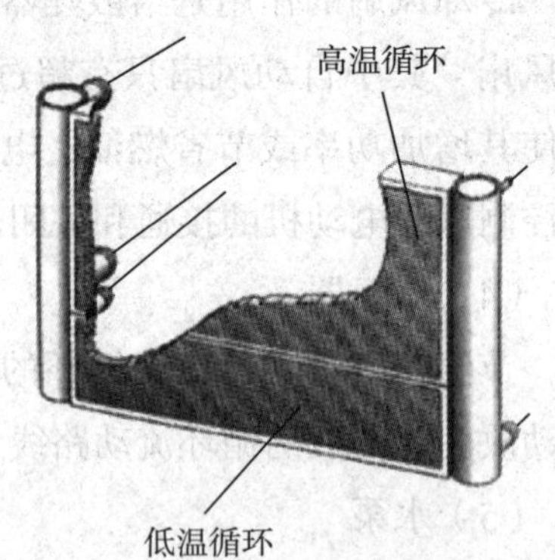

图 2–5–22　带有高低温区的横流式散热器

二、水泵的功用、类型、组成及安装位置

水泵是一个与驱动轴、支座和叶轮预先组装在一起的单元。驱动轴在输送侧支承叶轮，在驱动侧支承带有法兰的泵壳体和齿形带轮。用于壳体与支承轴之间密封的轴密封件布置在输送侧与驱动侧之间。

1. 水泵的功用

水泵的功用是对发动机冷却液加压，强制其在冷却系统中循环流动。

2. 水泵的类型

汽车发动机广泛采用机械离心式水泵，它具有尺寸小、排量大、结构简单、工作可靠以及水泵损坏后不妨碍冷却液在冷却系统内自然循环等特点。

3. 水泵的组成及工作原理

机械离心式水泵主要由壳体、叶轮、泵盖板、水泵轴、支承轴承、密封圈等组成，其结构如图 2–5–23 所示。

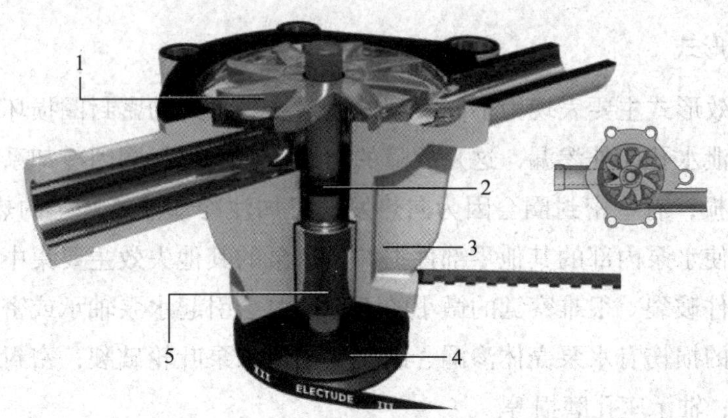

图 2–5–23　机械离心式水泵的结构

1—叶轮　2—密封圈　3—水泵壳体　4—带轮　5—轴承

发动机通过带轮带动水泵轴承及叶轮转动，水泵中的冷却液被叶轮带动一起旋转，在离心力的作用下被甩向水泵壳体的边缘，同时产生一定的压力，然后从出水道或水管流出。叶轮的中心处由于冷却液被甩出而压力降低，散热器中的冷却液在水泵进口与叶轮中心的压差作用下经水管被吸入叶轮中，实现冷却液的往复循环。

4. 水泵的安装位置

水泵一般由曲轴通过带轮和 V 带（或正时带）驱动。水泵安装于发动机的前端，与散热器出水管相连，如图 2-5-24 所示。

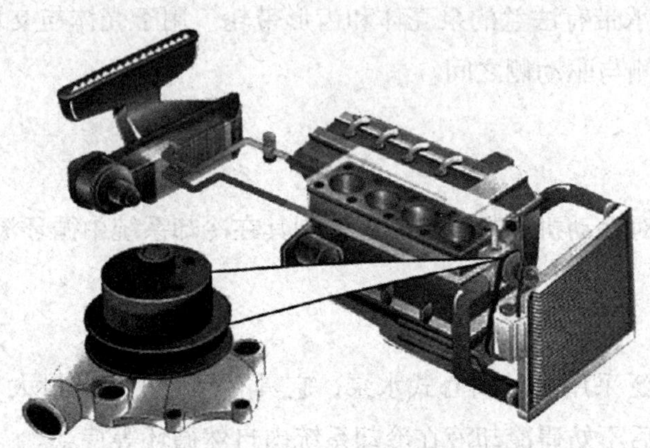

图 2-5-24　水泵的安装位置

三、水泵密封性的检查

1. 水泵的失效形式

水泵的失效形式主要表现为不同类型的泄漏。当水泵的密封圈损坏时，冷却液将从水泵壳体的泄水孔向外渗漏，这是故障的初期征兆。密封圈因冷却系统中有颗粒状杂质而发生磨损，有些密封圈会因为向热发动机加注冷却液所产生的热冲击而破裂，热冲击还可能使水泵内部的其他零部件损坏。水泵的其他失效主要集中在轴承、轴和偶尔发生的铸件破裂。很难察觉的微小的不平衡也会引起水泵轴承或密封圈损坏。总之，水泵常见的损伤有水泵壳体渗漏、破裂变形；水泵叶轮破裂；密封圈损坏；水泵轴与轴承磨损；轴承座孔磨损等。

2. 水泵总成的检查

（1）先进行外部检查，检查水泵有无渗漏（水封失效时会有大量的冷却液从检视孔处流出，水泵壳体有裂纹也会发生渗漏）。

（2）检查带轮的转动和轴向、径向窜动量。用手转动带轮，应运转灵活，无卡滞现象；否则，水泵轴可能弯曲或轴承浸水锈蚀。如发现不合格，则应拆检修理或更换水泵总成。

（3）在试验台上按原厂规定进行规定转速下的压力和流量试验。合格的水泵可继续使用，不合格的应拆检修理或更换。

学习单元 3　检测节温器工作状况

一、节温器的功用、类型、组成及安装位置

1. 节温器的功用

节温器又称温度响应控制阀，节温器控制进入散热器的冷却液的温度和流量。当发动机温度低时，节温器保持关闭，仅允许冷却液在发动机内循环，使发动机均匀地暖机。当冷却液达到节温器开启温度时，节温器开始允许冷却液流入散热器。冷却液温度越高，节温器开启得越大，以便允许更多的冷却液流入散热器。当冷却液流过散热器时，就会释放热量，然后进入水泵，再被压入燃烧室周围的水道，吸收热量，开始进行下一次循环。

2. 节温器的类型

节温器分为蜡式节温器和电控节温器。汽车发动机主要采用蜡式节温器，随着电控技术的发展，电控节温器也得到了广泛应用。

3. 节温器的组成

（1）蜡式节温器

蜡式节温器由充满石蜡的密封气缸构成，如图 2–5–25 所示。在石蜡填充物中有一个橡胶隔膜和一个柱塞。当温度较低时，石蜡为固态；当温度较高时，石蜡会熔化。石蜡的熔化会使其体积膨胀，由于石蜡体积的膨胀，柱塞被压出气缸外；发动机冷却时，石蜡会凝固，弹簧将柱塞拉回气缸。

（2）电控节温器

电控节温器的基本机械结构与蜡式节温器相同，如图 2-5-26 所示。电控节温器在膨胀元件（蜡制元件）内集成一个加热元件（即电阻加热器），并与节温器盖构成一个单元。电控节温器的节温器盖采用压铸铝合金制成，节温器盖内还集成有用于电控节温器膨胀元件与加热元件连接的电气接口。

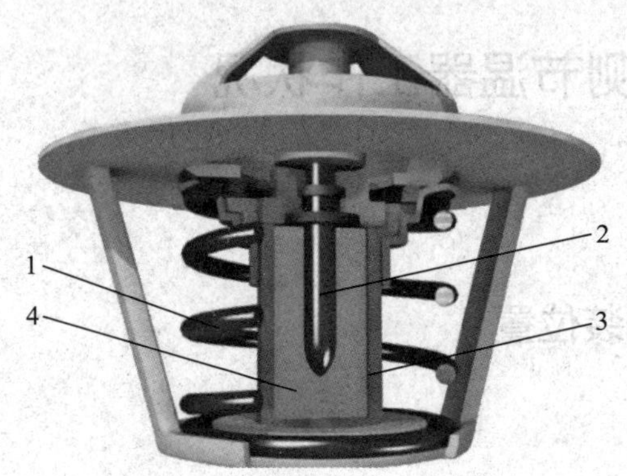

图 2-5-25　蜡式节温器的组成

1—弹簧　2—柱塞　3—气缸　4—石蜡

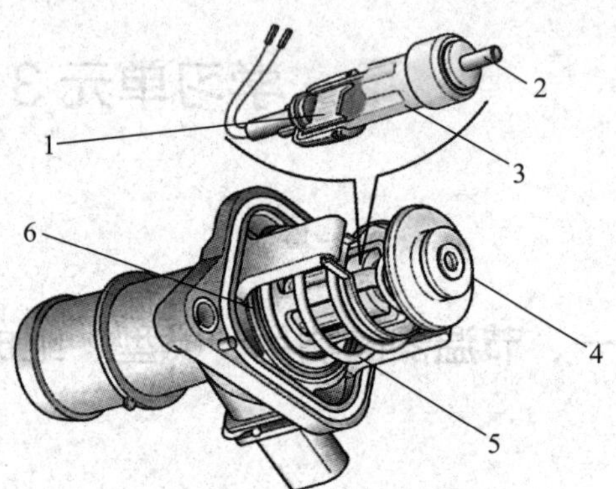

图 2-5-26　电控节温器的组成

1—电阻加热器　2—推杆　3—膨胀元件　4—小阀门座　5—压缩弹簧　6—大阀门座

4. 节温器的安装位置

节温器一般安装在出水口位置（见图 2-5-27），最常见的安装位置是发动机机体的上方，节温器的顶部是与散热器上部软管连接的冷却液出液口。

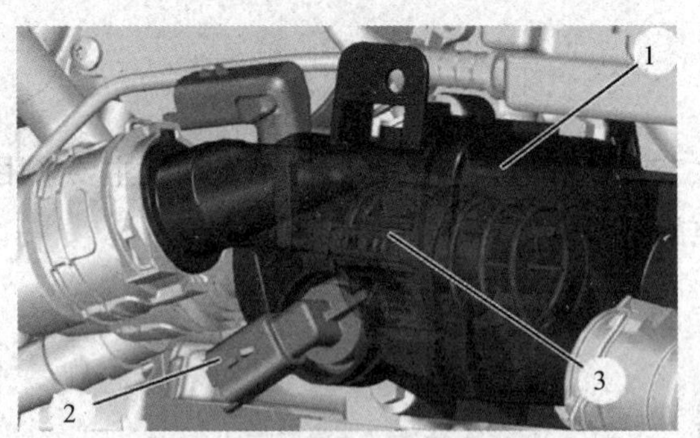

图 2-5-27　节温器安装在出水口

1—出液口　2—冷却液温度传感器　3—电控节温器

二、检测节温器的工作情况

1. 节温器的工作原理

节温器发生故障通常会导致发动机过热，如果节温器不能开启，就没有冷却液流过散热器。节温器发生故障也是暖风不足和发动机性能下降的一个原因。当发动机处于冷态或冷却液温度低于节温器开启温度时，节温器处于关闭状态，此时冷却液通过旁通管流回发动机，构成冷却系统小循环，如图 2–5–28a 所示。当冷却液温度达到节温器开启温度时，节温器中的石蜡体积膨胀，将节温器打开，允许冷却液流入散热器，构成冷却系统大循环，如图 2–5–28b 所示。冷却液温度越高，节温器的开度越大，允许流入散热器的冷却液就越多。

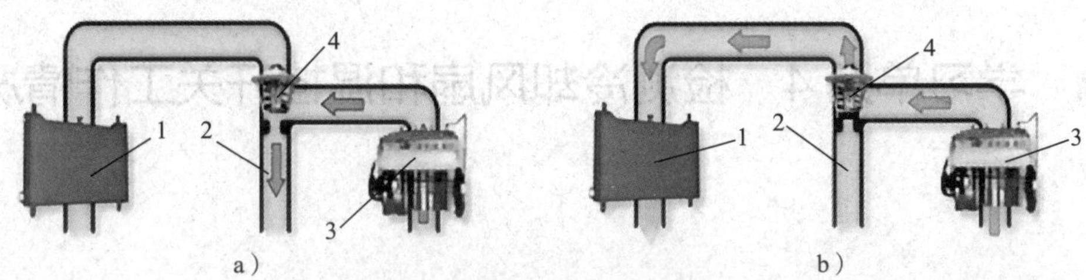

图 2–5–28　节温器工作原理

a）小循环　b）大循环

1—散热器　2—旁通管　3—发动机　4—节温器

发动机电控系统需要按照冷却液温度进行控制与调节，如果节温器发生故障，不仅会导致发动机过热或暖风机性能变差，而且会导致油耗增加和发动机动力性能降低。

2. 节温器开启温度的检测

（1）就车检查

不需要将节温器从发动机上拆下，只需将散热器盖从冷却后的散热器上拆下，将温度计直接插入冷却液中。启动发动机，让发动机温度升高，观察温度计和冷却液表面。当冷却液开始流动时，意味着节温器已经打开，温度计读数就是节温器的开启温度。如果发动机还是凉的，而冷却液已经进行循环，这意味着节温器卡滞在开启位置，必须予以更换。

（2）拆下检查

将节温器从车上拆下，如图 2–5–29 所示，检查节温器的排气口是否有污物堵塞；

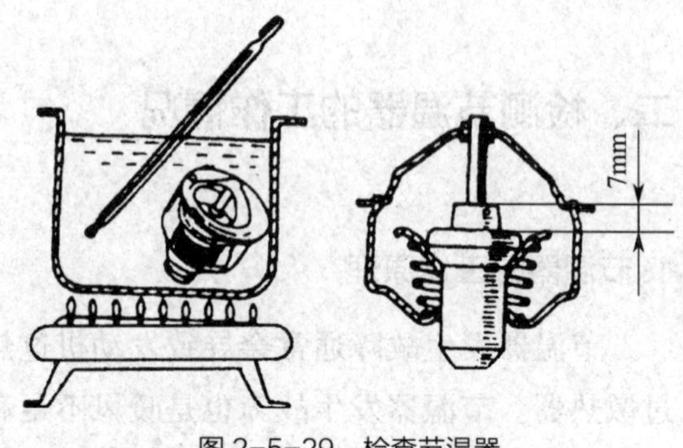

图 2-5-29　检查节温器

若有污物，需将其清除干净。检查节温器各部位是否有裂纹和变形。确保节温器完全关闭时阀门弹簧压紧；如果弹簧不紧，更换节温器。将整个节温器悬空浸没在水杯中，不要让节温器接触到杯底，将温度计也放在水杯中，也不要让它接触杯壁。在水中加热节温器，观察节温器阀门开启温度和升程。节温器开始打开的温度为（87±2）℃，全开温度约为 102 ℃，节温器最大升程约为 7 mm。如果节温器从水中拿出并冷却后仍然处于开启状态，表明节温器已经失效，必须予以更换。

学习单元 4　检测冷却风扇和温控开关工作情况

一、冷却风扇和温控开关的功用、类型、组成及安装位置

1. 冷却风扇

（1）冷却风扇的功用

冷却风扇是车辆冷却系统的重要组成部分，用于提高流经散热器的空气流速和流量，以增强散热器的散热能力，并使流经散热器的空气吹向发动机，以使发动机冷却，冷却风扇的性能直接影响发动机的散热效果，进而影响发动机的性能。

（2）冷却风扇的类型

冷却风扇的类型如图 2-5-30 所示，目前常用螺旋桨式风扇。风扇叶片材料有钢板、塑料和铝合金。为了减轻振动噪声，叶片间夹角不等，叶片数为 4～6 片。

叶片与叶轮旋转平面之间有一偏扭角，偏扭角可为定值，也可制成变偏扭角。因风扇旋转时叶片的气流速度外大内小，为了提高风扇的效率，叶片从叶根到叶尖偏扭角逐渐减小。

按转速控制方式分，冷却风扇有电动风扇、电磁耦合风扇和黏性耦合风扇三种。

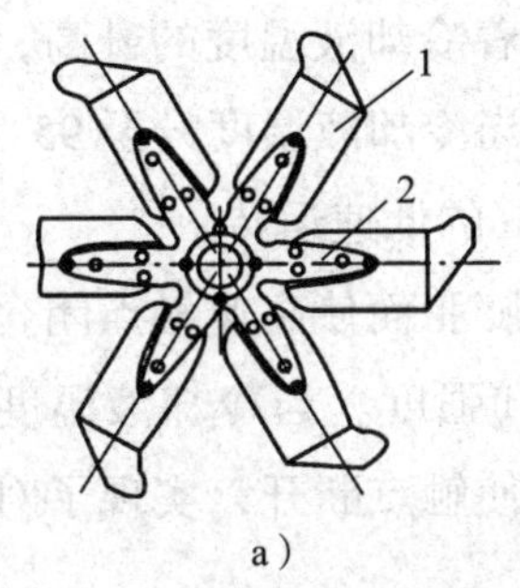

a）

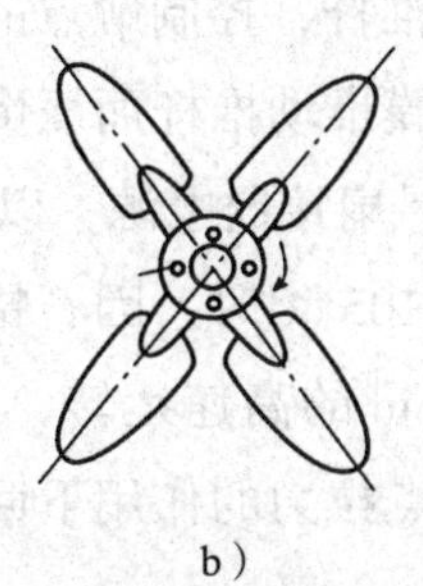
b）

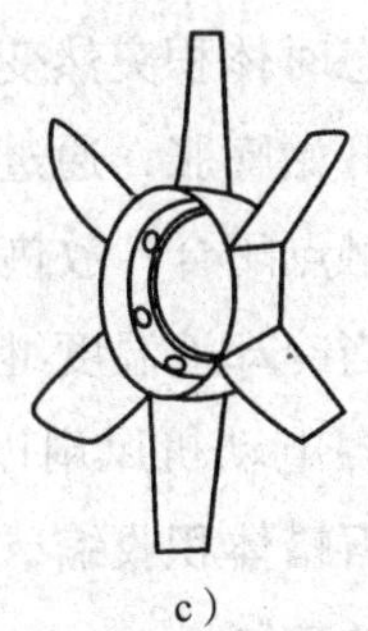
c）

图 2-5-30　冷却风扇的类型

a）叶尖前弯曲风扇　b）叶尖窄叶根宽风扇　c）尼龙压铸翼形叶片整体风扇

1—叶片　2—连接板

（3）冷却风扇的组成

冷却风扇一般由温控开关、风扇、电动机组成。

（4）冷却风扇的安装位置

冷却风扇通常安装在散热器后方，如图 2-5-31 所示。冷却风扇的外径略小于散热器的宽度和高度，位置布置应尽可能对准散热器的中部。冷却风扇可以受发动机 ECU 的控制，也可以通过独立的电路工作，不受发动机 ECU 的控制。不同车系甚至不同车型发动机的冷却风扇控制电路都存在较大差别。

2. 温控开关

（1）温控开关的功用

温控开关根据散热器内冷却液的温度变化控制冷却风扇的运转及转速，从而降低散热器内冷却液的温度。

（2）温控开关的类型

温控开关是由热敏材料制作的，又称热敏开关或冷却液温度开关。温控开关通过接通和断开冷却风扇继电器电路来控制冷却风扇的运行。当发动机冷却液温度超过 95 ℃，冷却风扇低速运行；当发动机冷却液温度超过 102 ℃，冷却风扇高速运行。

温控开关有电子式和机械式两种。机械式温控开关又分为双金属片温控开关和蜡式温控开关。

现代轿车已普遍采用风扇控制单元替代传统的温控开关来启动冷却风扇并控制转速。

（3）温控开关的组成

温控开关由蜡质感温驱动元件及两挡触点动作机构组成，利用石蜡受热由固态变为液态时体积突然变大来移动推杆，控制触点的开闭。随着冷却液温度的升高，石蜡体积开始膨胀，通过橡胶密封膜推动推杆而压倒拉簧架。当冷却液温度升至 95 ℃时，低速触点闭合，散热器电动机风扇接通电源，以 1 600 r/min 的低速运转。

当冷却液温度继续上升至 105 ℃时，因石蜡体积继续膨胀而使高速触点闭合，使散热器电动机风扇以 2 400 r/min 的高速运转，以增加冷却强度。当冷却液温度下降时，石蜡体积收缩，推杆在触点拉力的作用下回缩，从而使触点断开，实现了对冷却风扇的控制。

（4）温控开关的安装位置

温控开关通常安装于散热器两侧，靠近散热器下出水口，如图 2–5–31 所示。

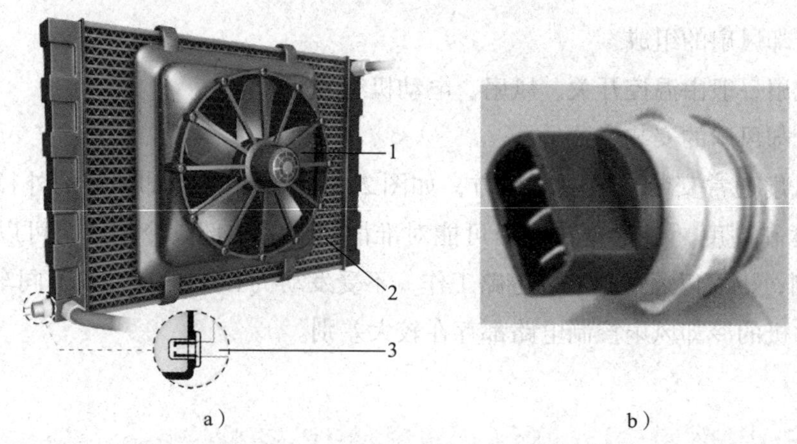

图 2–5–31　温控开关及其安装位置

a）温控开关的安装位置　b）温控开关

1—冷却风扇　2—散热器　3—温控开关

二、检测冷却风扇、温控开关的工作情况

1. 用手旋转风扇来检查风扇的工作情况，观察风扇是否有明显抖动。

2. 将风扇拆下并放在平面上进行检查，检查其是否有叶片与其他叶片不在同一平面，如果风扇是平齐的，所有的叶片都应与平面接触，如图 2–5–32 所示。

图 2–5–32　电动冷却风扇的检查

3. 检查风扇护罩是否损坏，聚乙烯和聚丙烯塑料可以用热风焊枪或无空气焊接方式

修复，玻璃纤维可以用环氧树脂黏结。

4. 检查风扇电动机。当拆下散热器上的温控开关线束插头并使其搭铁时，电动风扇应转动；接上温控开关线束插头时，风扇电动机应停止工作，若不符合以上要求则说明风扇电动机或电路有故障。

5. 就车检查温控开关。首先使发动机运转至冷却液的温度达到风扇电动机工作的最低温度（90 ℃），拆下温控开关线束插头，用万用表检查温控开关与接地之间的导通情况，正常应导通。

6. 如图 2–5–33 所示，拆下、检查温控开关。检查温控开关外观是否有破损，检查温控开关各部位是否有裂纹和变形；将整个温控开关悬空浸没在水杯中，不要让温控开关接触到杯底，将温度计也放在水杯中，也不要让它接触杯壁。将温控开关的两个端子与万用表相连，并将万用表调整到电阻挡。在水中加热温控开关，观察温控开关的导通情况。当水温达到 93 ~ 98 ℃时，万用表指针应指示温控开关导通；当水温下降至 88 ~ 93 ℃时，万用表指针指示温控开关断开（电阻为无穷大），否则表明温控开关损坏，应更换新件。

7. 如图 2–5–34 所示，电动风扇的具体检查过程如下。

图 2–5–33　拆下、检查温控开关
1—温控开关　2—温度计

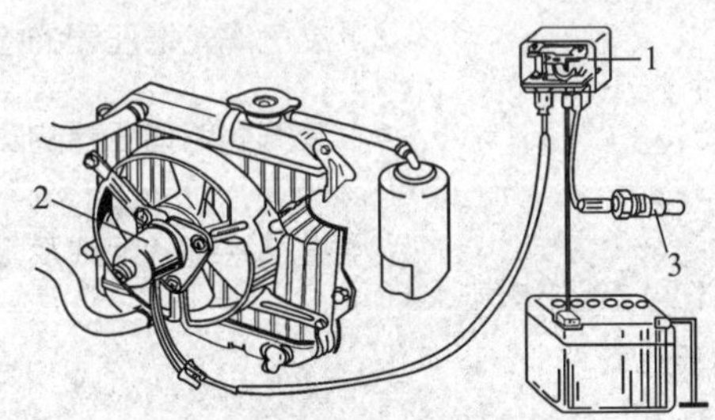

图 2–5–34　电动风扇连接图
1—继电器　2—风扇电动机　3—温控开关

（1）查阅资料获取信息——风扇 1 挡，转速为 1 600 r/min，工作温度为 93 ~ 98 ℃，关闭温度为 88 ~ 93 ℃；风扇 2 挡（快速），转速为 2 400 r/min，工作温度为 105 ℃，关闭温度为 93 ~ 98 ℃。

（2）启动发动机，使冷却液温度高于 98 ℃，如果风扇不转，应先检查熔断器是否熔断。

（3）如果熔断器良好，则检查风扇电动机继电器能否正常工作。

（4）如果继电器能正常工作，再拔下温控开关插头，将两插片直接接通。此时若风扇仍不转，表明电动风扇损坏，应予以检查或更换；若两插片接通后风扇转动，表明温控开关损坏，应检查或更换温控开关（温控开关应以 25 N · m 的力矩拧紧）。

课程 2-6　检修进、排气系统

【学习内容】

学习单元	课程内容	培训建议	课堂学时
（1）拆检废气涡轮增压器	1）废气涡轮增压器的功用、类型、结构及工作原理 2）废气涡轮增压器的拆卸 3）废气涡轮增压器的检查 4）废气涡轮增压器的安装与调整	（1）方法：讲授法、演示法、实训法 （2）重点与难点：废气涡轮增压器的安装与调整	4
（2）检测进气系统密封性	1）进气系统的组成及工作原理 2）进气系统的检查	（1）方法：讲授法、演示法、实训法 （2）重点与难点：检测进气系统密封性	2
（3）检测排气系统的排气阻力	1）排气系统的组成及工作原理 2）检测排气系统的阻力	（1）方法：讲授法、演示法、实训法 （2）重点与难点：检测排气系统的排气阻力	2

学习单元 1　拆检废气涡轮增压器

一、废气涡轮增压器的功用、类型、结构及工作原理

1. 废气涡轮增压器的功用

如图 2–6–1 所示，废气涡轮增压器的功用就是提高发动机的进气量，从而提高发动机的功率和转矩。发动机采用增压系统后，进气控制系统向气缸提供的空气比仅靠活塞自然吸入的空气更多，压力更高。当更多的空气被压入气缸时，发动机控制单元必须增加燃油量以保持 14.7∶1 的空燃比，使发动机功率和转矩增大，适应高速、大功率的要求，从而改善发动机的动力性。一台发动机装上废气涡轮增压器后，其最大功率与未装废气涡轮增压器时相比可以增加 40% 甚至更高。

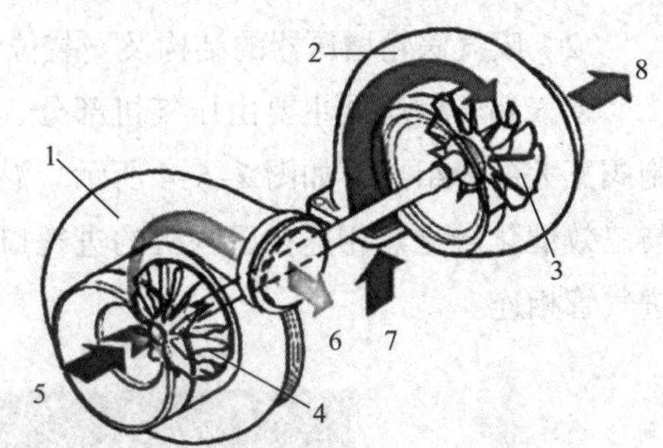

图 2–6–1　废气涡轮增压系统

1—压气机壳体　2—涡轮壳　3—涡轮
4—压气机叶轮　5—压气机进气口　6—压气机排气口
7—涡轮废气入口　8—涡轮废气出口

2. 废气涡轮增压器的类型、结构及安装位置

（1）废气涡轮增压器的类型

废气涡轮增压器根据增压器的数量可分为单级涡轮增压器和双级涡轮增压器两种，如图 2–6–2 和图 2–6–3 所示。普通车型常用单级增压系统，即采用一个废气涡轮增压器，而双级增压系统采用两个废气涡轮增压器，主要用于大排量车用柴油机。根据两个增压器的连接方式不同，双级增压系统可分为直列双级增压和并列双级增压两种系统。根据涡轮增压器所采用的涡轮形式不同，涡轮增压器分为径流式、轴流式和混流式三种。中、小功率发动机所用的涡轮增压器以径流式为主，轴流式极少使

用，混流式几乎不用。下面以径流式废气涡轮增压器为例，介绍涡轮增压器的结构和原理。

图 2-6-2　单级涡轮增压器

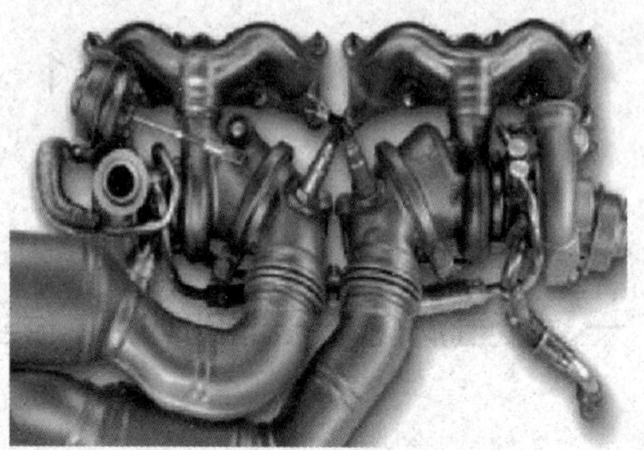
图 2-6-3　双级涡轮增压器

（2）废气涡轮增压器的结构及安装位置

废气涡轮增压器主要由压气机部分、涡轮部分、中间体、增压控制机构、减速控制阀五大部分组成，如图 2-6-4 所示。涡轮的进气口与发动机排气歧管相连，出气口与三效催化转化器相连。压气机的进气口前端装有空气滤清器，排气口则经中冷器与进气管相连。

图 2-6-4　涡轮增压器的结构
1—涡轮部分　2—中间体　3—减速控制阀　4—压气机部分　5—增压控制机构

1）压气机部分。废气涡轮增压器压气机部分的作用是吸入新鲜的空气并使其压缩后送入气缸，如图 2-6-5 所示，它由压气机壳体、叶轮和轴端螺母组成。

2）涡轮部分。废气涡轮增压器涡轮部分的作用是利用发动机排出的高速、高温气体驱动涡轮及转子轴高速旋转。如图 2-6-6 所示，涡轮部分由涡轮箱、涡轮转轴

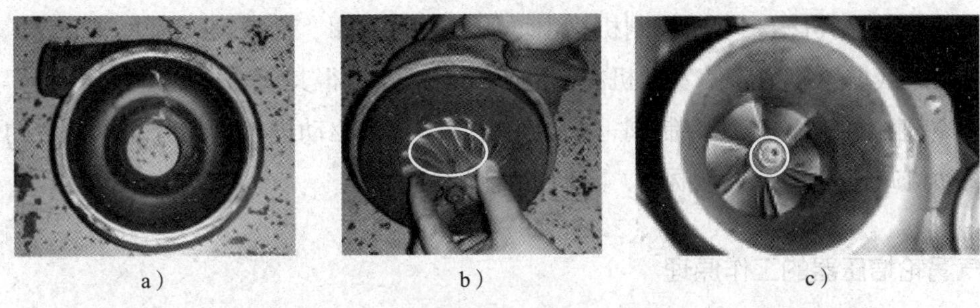

图 2-6-5　废气涡轮增压器压气机的结构

a）压气机壳体　b）叶轮　c）轴端螺母

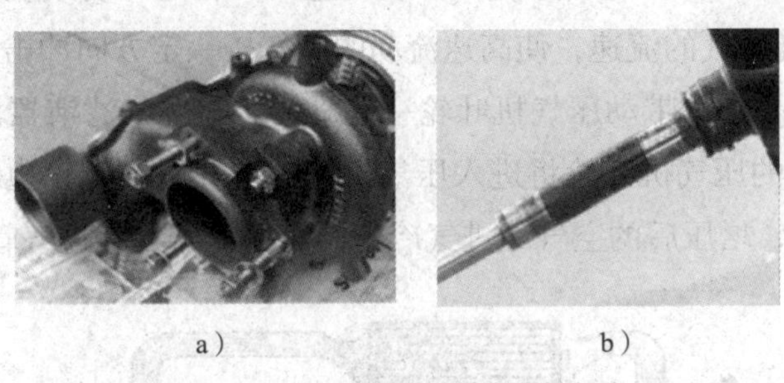

图 2-6-6　废气涡轮增压器涡轮部分

a）涡轮箱　b）涡轮转轴

（注：与叶轮轴为同一根轴）、隔热罩组成。

3）中间体。如图 2-6-7 所示，废气涡轮增压器中间体部分的作用是支承、润滑及冷却转子轴，阻止燃气和空气向轴承体内的油腔泄漏；同理，也阻止燃油向外界泄漏。如图 2-6-8 所示，废气涡轮增压器中间体部分由轴承体、浮动轴承、推力轴承、止推片、挡油片、轴封套、封油盖、胶圈和密封环等组成，废气涡轮增压器中间体总成组装后需要进行动平衡测试，以确保能高速、安全运转。

图 2-6-7　废气涡轮增压器中间体

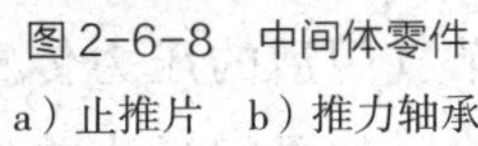

图 2-6-8　中间体零件

a）止推片　b）推力轴承

4）增压控制机构。增压控制机构由增压压力电磁阀、真空罐、旁通阀组成，其作用是控制进气增压压力，使发动机在不同工况下都能获得其所需要的进气压力。

5）减速控制阀。减速控制阀一般采用电磁阀直接驱动进气侧的旁通阀，它的作用是在发动机减速时减少功率损失，降低进气噪声。

3. 废气涡轮增压器的工作原理

废气涡轮增压器的工作原理如图 2–6–9 所示。发动机工作时，由排气管排出的高温、高压废气流经增压器的涡轮壳，在废气进入涡轮壳时利用废气通道截面的变化（由大到小）来提高废气的流速，使高速流动的废气按一定方向冲击涡轮，涡轮最高转速超过 100 000 r/min，并带动压气机叶轮一起旋转。经空气滤清器滤清后的空气被吸入压气机壳，旋转的压气机叶轮将进入压气机壳的空气甩向叶轮边缘出气口，使空气的压力和流速升高，增压后的空气经进气冷却器（中冷器）和进气管进入气缸。

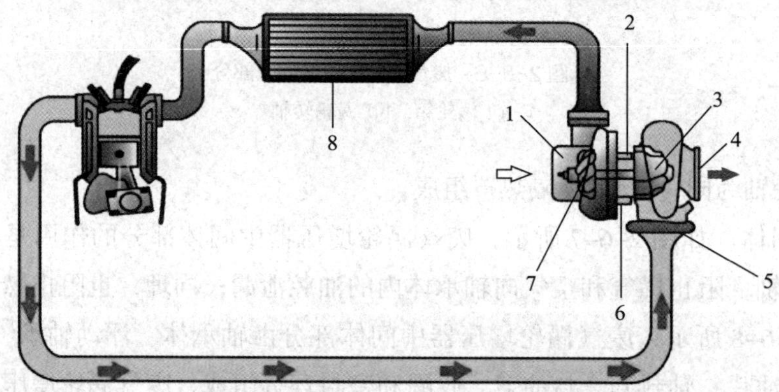

图 2–6–9　废气涡轮增压器的工作原理

1—进气口　2—进油口　3—涡轮　4—排气口　5—废气泄放阀　6—出油口　7—压气机叶轮　8—中冷器

（1）增压压力控制原理

增压压力控制主要有旁通阀式、节流阀式、可调叶片式三类。下面以常见的旁通阀式为例说明，其结构如图 2–6–10 所示。

图 2–6–10　旁通阀式增压压力控制机构

1—真空阀　2—拉杆　3—旁通阀

进气增压压力过大会使发动机过载，所以需要对增压压力进行控制。发动机控制单元通过节气门后的压力传感器监测进气增压压力，如果超过当前发动机工况所需要的目标值，发动机控制单元会采用 PWM（pulse width modulation，脉冲宽度调制）信号控制增压压力电磁阀工作，使进气压力室与真空阀相通，真空阀克服内部弹簧力推动拉杆，旁通阀打开，来自排气歧管的一部分废气从旁通阀直接流入排气管而未经过涡轮，直接通往三效催化转化器，通过涡轮的空气量下降，转速降低，所以同轴的压气机叶轮转速也下降，进气增压压力下降。当下降到发动机控制单元控制值的下限时，发动机控制单元会使增压控制电磁阀停止工作，真空阀没有进气压力而停止工作，旁通阀关闭，涡轮和叶轮转速提高，进气压力增大。

（2）减速控制原理

减速控制机构如图 2-6-11 所示，当高速汽车在急减速时，节气门瞬间关闭，而涡轮和叶轮在惯性的作用下还会高速旋转，使得进气增压延续而造成严重的振动，并产生啸叫声，为防止此类情况的发生，可以采用减速控制机构。发动机控制单元通过节气门位置传感器监测当前的节气门位置，当节气门瞬间关闭时，发动机控制单元触动减速控制阀开启，使得在节气门后方的进气通过旁通阀回到压气机叶轮上游，进气压力下降，消除噪声。减速控制阀一般有两种类型，一种是电磁阀直接触动机械阀开启；另一种是通过控制单元触动电磁阀工作，从而控制施加在减速控制阀上的真空度。

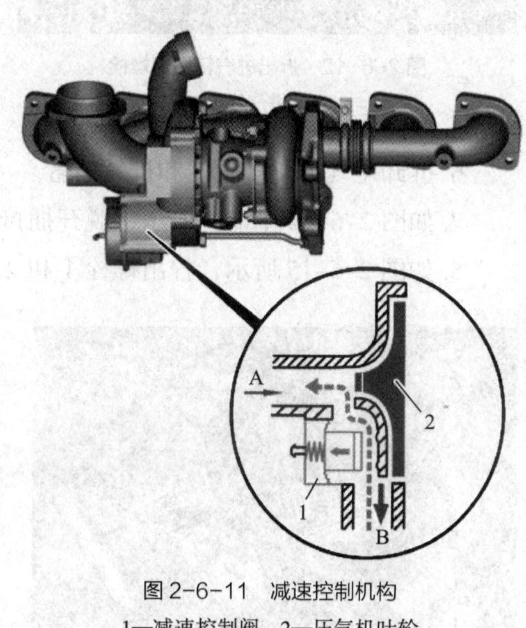

图 2-6-11　减速控制机构

1—减速控制阀　2—压气机叶轮

A—新鲜空气进口　B—压缩空气出口

二、废气涡轮增压器的拆卸

以上汽大众帕萨特 EA888 发动机废气涡轮增压器的拆卸为例，具体拆卸步骤如下。

1. 拆卸消声器。
2. 拆卸右侧轮罩内板。
3. 排放冷却液。
4. 如图 2-6-12 所示，拧出进气管固定螺栓。
5. 如图 2-6-13 所示，拧出右侧摆动半轴隔热板固定螺栓。

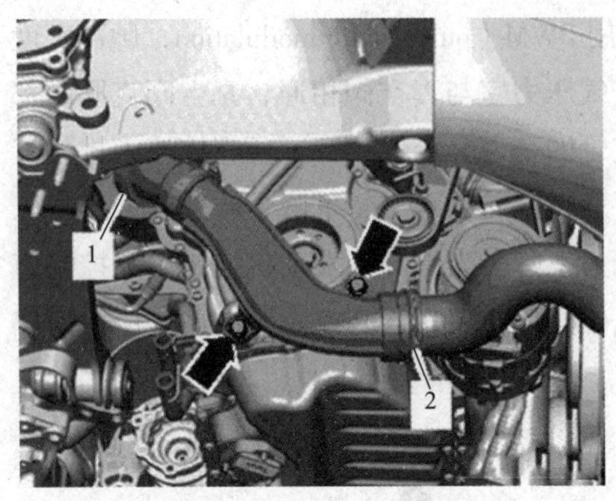

图 2-6-12　拆出进气管固定螺栓

1、2—进气管卡箍

图 2-6-13　拧出隔热板固定螺栓

6. 拆卸尾气催化净化器和排气前管。

7. 如图 2-6-14 中箭头所示，脱开插接器 1 和 2，露出导线。

8. 如图 2-6-15 所示，拧出螺栓 1 和 2。

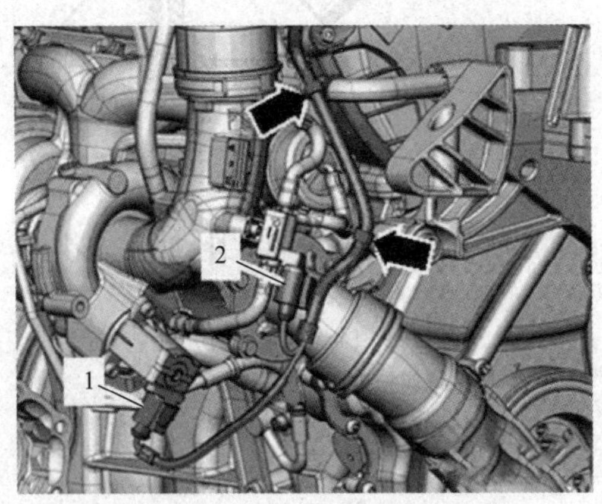

图 2-6-14　脱开插接器 1 和 2

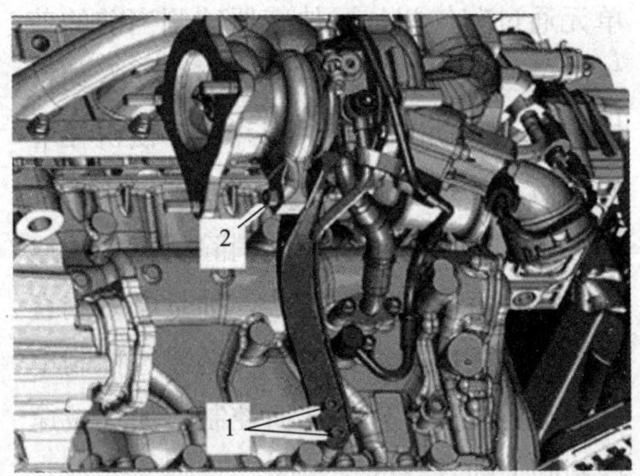

图 2-6-15　拧出螺栓 1 和 2

9. 用专用工具拧出带孔螺栓 2，将冷却液管路置于一侧，如图 2-6-16 所示。

10. 如图 2-6-16 所示，拧出机油回油管路上的螺栓 1，拧出机油进油管路上的螺栓 3。

11. 如图 2-6-17 中箭头所指，将增压压力控制电磁阀 N75 从废气涡轮增压器拆下，拧出螺栓 1，取下涡轮增压器的支座。

12. 拆卸空气滤清器壳体，拆下发动机盖板，如图 2-6-18 所示，拔出点火线圈的插头并将电气线束放在一边。

13. 如图 2-6-19 中箭头所指，旋出空气导管的螺栓，松开软管卡箍 1，将空气导

图 2-6-16　拧出机油管螺栓

1—机油回油管螺栓　2—带孔螺栓　3—机油进油管螺栓

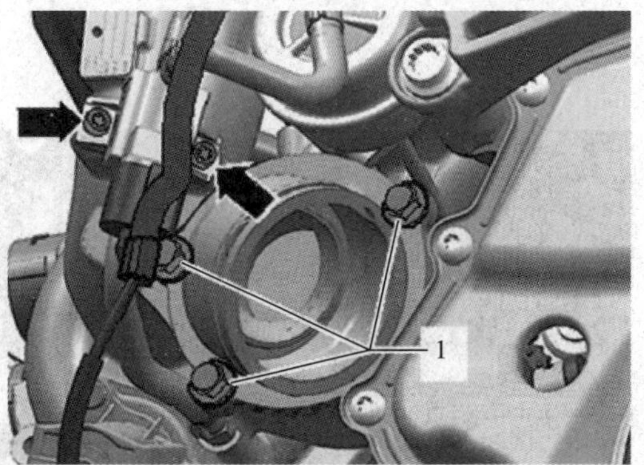

图 2-6-17　拧出涡轮增压器螺栓 1

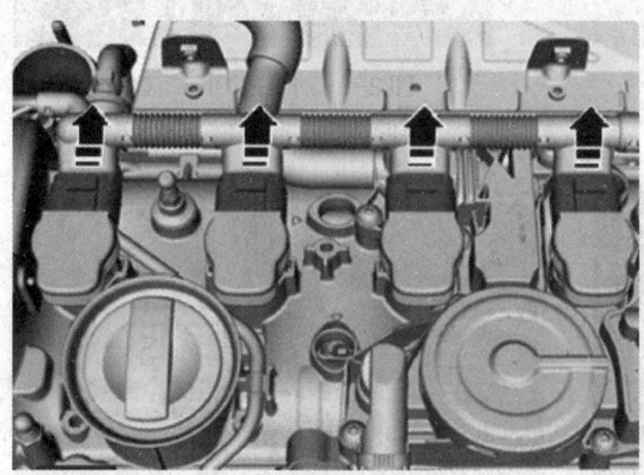

图 2-6-18　拔出点火线圈的插头

图 2-6-19　拆卸空气导管

1—软管卡箍　2—解锁键

管拆下，按下解锁键 2 并从空气导管中拉出曲轴箱排气装置。

14. 用发动机密封塞套件封闭涡轮增压器，如图 2-6-20 所示，拆卸冷却液软管 1，拧出螺栓 2 和 3。

15. 如图 2-6-21 所示，拔下冷却液软管 1，拧出螺栓 2 并将冷却液管 A 放在一边。

16. 如图 2-6-22 中箭头所指，拆卸隔热板，将进油管路从废气涡轮增压器 1 上拧下。

17. 如图 2-6-23 中箭头所指，脱开真空管路。

18. 如图 2-6-24 中箭头所指，分开并露出冷却液软管。

19. 如图 2-6-25 中箭头所指，拧下废气涡轮增压器固定螺母，将废气涡轮增压器和排气歧管向上取出。

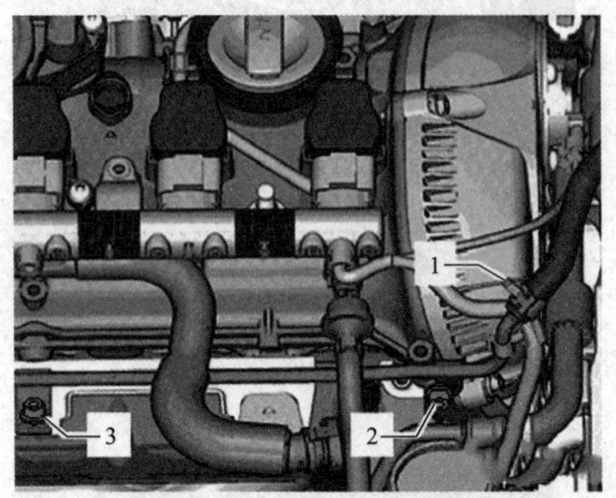

图 2-6-20　拆卸冷却液软管 1

1—冷却液软管　2、3—螺栓

图 2-6-21　拔下冷却液软管

1—冷却液软管　2—螺栓　A—冷却液管

图 2-6-22　拆卸隔热板

1—废气涡轮增压器

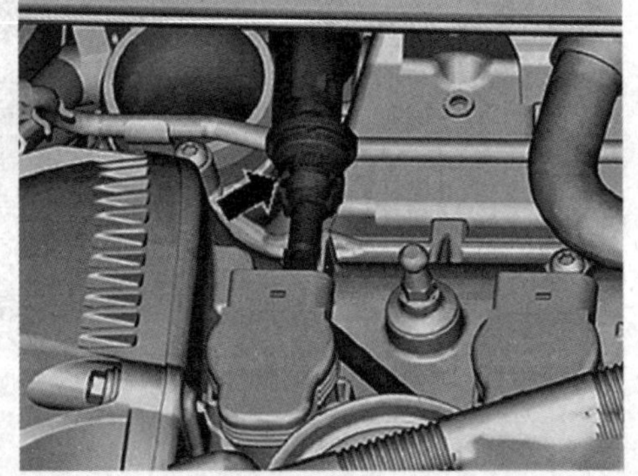

图 2-6-23　脱开真空管路

图 2-6-24　分开冷却液软管

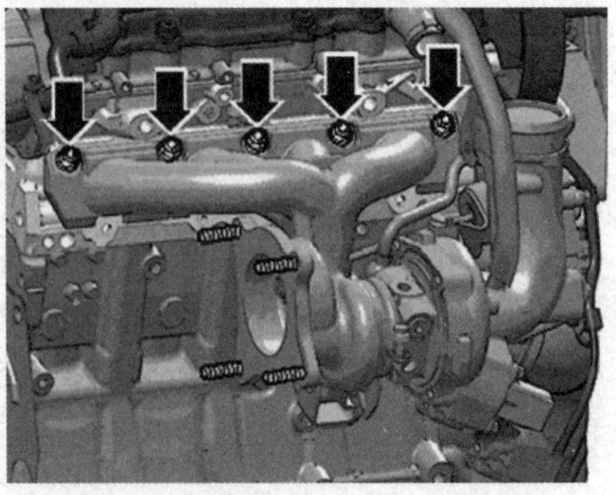

图 2-6-25　拧下废气涡轮增压器固定螺母

三、废气涡轮增压器的检查

1. 基本检查

（1）检查废气涡轮增压器的涡轮壳，应无因过热、咬合、变形或其他损伤而产生的裂纹，若有则应更换废气涡轮增压器。

（2）检查涡轮油孔，应无淤积和堵塞。

（3）检查废气涡轮增压器的进油管、回油管、进水管和出水管，应无堵塞、压瘪、变形或其他损坏。

（4）检查废气涡轮增压器，应不漏机油和冷却液。

（5）检查安装在活性炭罐和废气涡轮增压器前部进气软管之间的活性炭罐单向阀以及安装在制动助力器和进气歧管之间的单向阀，应安装正确，上面的箭头应指向导通方向。

（6）检查所有管路，应确保其连接牢固，无泄漏、老化等现象。

2. 用诊断仪检查

带有废气涡轮增压器的发动机一般进气道有三个压力传感器，第一个压力传感器安装在空气滤清器和涡轮增压器之间，第二个压力传感器安装在涡轮增压器和节气门之间，第三个压力传感器安装在节气门后方进气歧管处。用诊断仪读取三个压力传感器的数据，第一个压力传感器的数据应接近于大气压，如果偏小，说明空气滤清器堵塞；第二个压力传感器的数据在涡轮增压器全介入时应在 1.7 bar（即 1.7×10^5 Pa）左右，如不正常，需要进一步对增压控制机构等进行检查；第三个压力传感器的数据在怠速时应为 30 ~ 40 kPa，并随着负荷增大而升高，如不正常则需进一步检查。

3. 部件检查

（1）检查增压控制阀

拔下废气涡轮增压器增压控制真空阀上的软管，将压气机软管接在真空阀上加压，观察真空阀拉杆是否动作，如没动作为不正常。

（2）检查减速控制阀

从减速控制阀上拆下软管，将手动真空泵软管接在减速控制阀上抽真空，观察减速控制阀阀门是否打开，如没有打开，说明减速控制阀损坏。

（3）检查机械部件

分解涡轮增压器，检查涡轮部分、压气机部分和中间体。

1）检查涡轮和压气机叶轮是否变形、损坏，如图 2-6-26 所示为正常的叶轮，图 2-6-27 所示为损坏的叶轮。

图 2-6-26　正常的叶轮

图 2-6-27　损坏的叶轮

2）检查叶轮是否卡滞。当确认增压叶轮正常后，检查增压叶轮与增压器外壳是否存在干涉的现象，即所谓的刮壳现象。当增压器出现刮壳现象后，叶轮转速会急剧下降，甚至停止运转，增压器将无法实现对空气的压缩即增压作用。

用手转动叶轮，观察有无发卡或刮壳的现象，观察叶轮与涡轮增压器外壳是否有明显的摩擦痕迹，如涡轮增压器叶轮卡死且没有与外壳干涉，则说明叶轮轴已经抱死，如图 2-6-28 所示为叶轮刮壳现象。

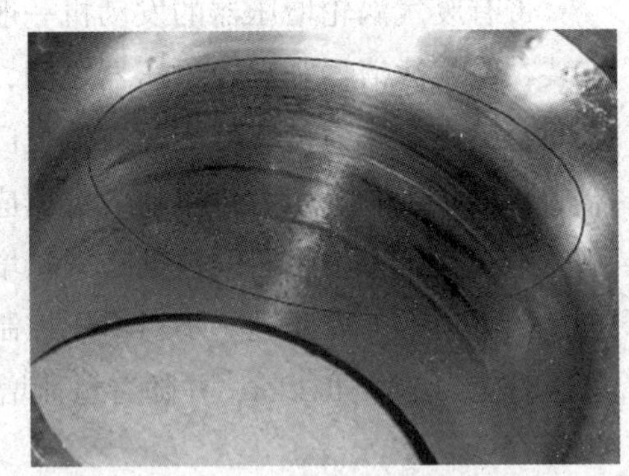
图 2-6-28　叶轮刮壳

3）检查涡轮增压器叶轮轴是否磨损。用手指捏住叶轮的两端上下、左右进行摇动，如摇动时手能明显感觉到轴向间隙或左右摇动时会碰到增压器外壳，说明磨损已经超过标准，即增压器已经损坏。

四、废气涡轮增压器的安装与调整

安装按与拆卸相反的顺序进行，同时必须注意下列事项：

1. 必须更换密封垫、密封环和自锁螺母。

2. 在机油进油管路管接头上给废气涡轮增压器加注发动机机油。

3. 安装废气涡轮增压器后，让发动机怠速运转约 1 min，以确保涡轮增压器的供油。

4. 安装前，增压空气系统的软管接头与软管必须无油和无油脂。仅在使用插接器时才必须在密封环和密封面上略微涂油。

5. 用符合标准的软管卡箍卡住所有软管连接处。

学习单元 2　检测进气系统密封性

一、进气系统的组成及工作原理

1. 进气系统的组成

进气系统由进气歧管、进气总管、进气软管、节气门、空气滤清器、空气流量计、进气压力传感器等部件组成，如图 2-6-29 所示。

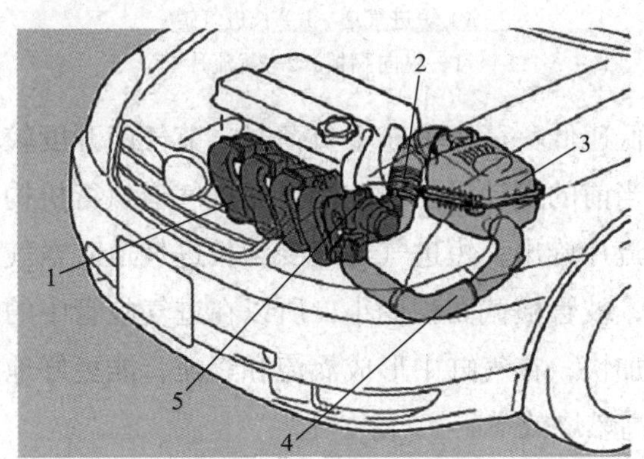

图 2-6-29　进气系统各部件

1—进气歧管　2—进气软管　3—空气滤清器　4—进气总管　5—节气门

2. 进气系统的工作原理

当发动机工作时，新鲜空气进入进气口后流向空气滤清器，过滤掉空气中的杂质后进入节气门，由驾驶员通过加速踏板调节节气门开度，节气门开度越大，进气量越大；反之越小。节气门和空气滤清器之间安装有空气流量传感器，空气流量传感器可以监测单位时间内进入气缸的进气量，并将其转换成电信号输送给发动机控制单元，从而为喷油量提供基本信号。有的发动机采用进气压力传感器来监测进气量，安装在节气门的后方，配合进气温度传感器，其作用都是为喷油量提供基本信号。经过节气门的新鲜空气流入进气歧管，此时为进气行程，进气门打开，新鲜空气流入气缸。

有些发动机装有可变进气系统，其优点是能提高发动机在必要工况下的充气效率和平顺性，从而提高发动机的功率和转矩，缺点是成本较高。可变进气系统的主要功能包括进气歧管长度可变和横截面积可变，如图 2-6-30 所示为可变进气系统长度可变示意图，其工作原理如下。

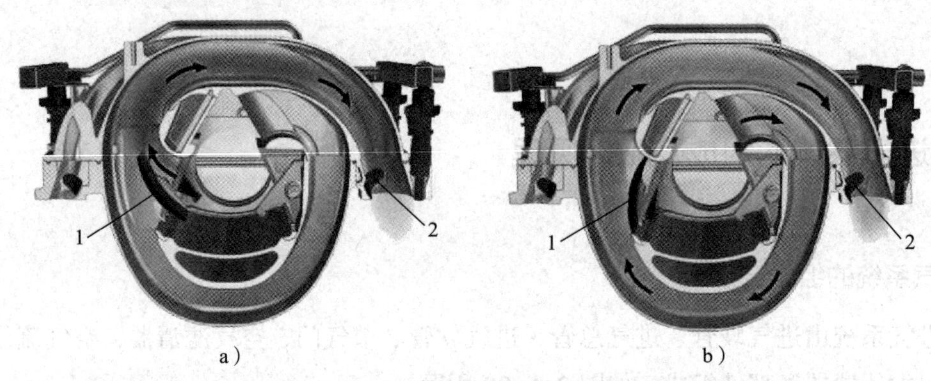

图 2-6-30　可变进气系统长度可变示意图

a）短进气道　b）长进气道

1—纵向翻板　2—扰流片

（1）当发动机在低速低负荷、中速中负荷时，节气门开度较小，进气量少，此时发动机控制单元根据当前的发动机工况控制可变进气道执行机构，使执行机构驱动内部纵向翻板关闭，扰流片旋出，短进气道即变为长进气道。空气流经长进气道进入气缸，因进气歧管较长，歧管横截面积变小，所以在进气歧管中的空气会有谐振增压的效果，使得进气流速加快，在气缸中形成涡流和紊流，能更好地提高进气效率并促使空气和燃油混合，提高燃烧效率。

（2）当发动机在低速高负荷、高速高负荷时，节气门开度较大，进气量大，此时发动机控制单元根据当前的发动机工况控制可变进气道执行机构，使执行机构驱动内部纵向翻板开启，扰流片旋入，长进气道又变为短进气道。空气流经短进气道进入气缸，因进气歧管较短，歧管横截面积变大，节气门开度又大，所以进气迅速，为大转矩提供支持。

二、进气系统的检查

进气系统的检查主要包括外观检查和部件检测，外观检查是指检查各部件是否有裂纹、损坏，各管路是否有破损、松动、漏气和堵塞现象，检查衬垫处是否泄漏；部件检测是指使用诊断仪、万用表、真空泵等设备检测部件或线路有无故障。

1. 进气系统外观检查

（1）静态外观检查

发动机运转前进行进气系统外观的泄漏检查，进气系统检查部位如图 2-6-31 所示（图中箭头处）。

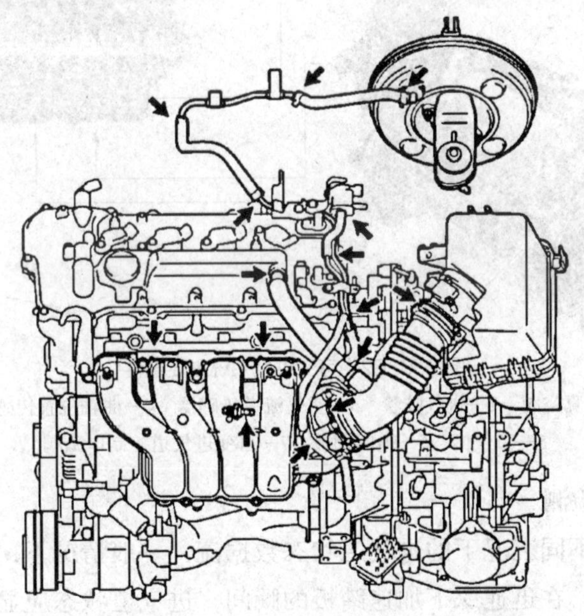

图 2-6-31　进气系统检查部位

1）检查并按捏空气滤清器软管总成、通风软管、真空助力器软管、PCV（positive crankcase ventilation，曲轴箱强制通风）软管等，看软管表面有无龟裂、老化、断裂等现象。

2）检查上述各连接软管的卡箍位置是否正确，卡箍是否完好，是否存在松动现象。

3）检查进气歧管有无裂纹、破损。

4）用手电筒检查节气门衬垫处、进气歧管衬垫处是否有破损、泄漏现象。

（2）动态外观检查

发动机运转时进行进气系统外观的泄漏检查。

1）启动发动机，保持怠速运转。

2）按发动机运转前外观检查项目对进气系统进行检查。

3）采用倾听和手感检查相结合的方法对进气系统相关零件的接合密封部位（见图2–6–31 中的箭头处）进行检查。如果存在吸气现象，则在漏气部位加以标注。

2. 可变进气系统部件检测

可变进气系统部件包括发动机控制单元、相关传感器、可变进气道控制电磁阀、扰流片控制电磁阀、真空阀、纵向翻板、扰流片等，如图 2–6–32 所示。

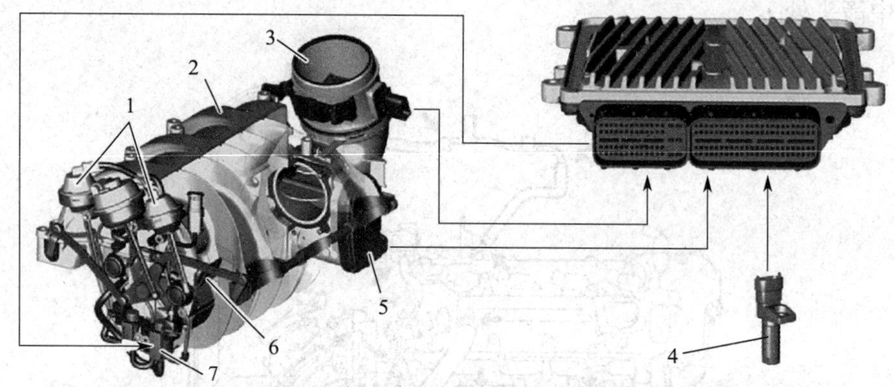

图 2–6–32　可变进气系统主要部件

1—真空阀　2—进气歧管　3—空气流量传感器　4—曲轴位置传感器
5—节气门　6—纵向翻板　7—可变进气道控制电磁阀

（1）诊断仪的检测

用诊断仪读取不同工况下的进气道状态数据流，一般情况下，怠速时，进气道状态应显示长进气道，在迅速踩下加速踏板的瞬间，进气道状态应显示短进气道（因车而异），如不正常应进一步检查。以奔驰 E300L 轿车的 M272 发动机为例，当发动机负荷大于 80%，转速为 2 000 ~ 3 500 r/min 时为长进气道；当发动机负荷小于 50%，转速 <2 000 r/min 或大于 3 500 r/min 时为短进气道。

（2）可变进气道控制电磁阀的检测

1）拆卸电磁阀插接器，用万用表电阻挡测量电磁阀电阻，应符合维修手册的要求。

2）拆卸电磁阀，用跨接线跨接电磁阀两端子到蓄电池正、负极，能听到“嗒嗒”声，否则需要更换电磁阀。

（3）真空阀的检测

用手动真空泵连接真空阀的真空口，当真空阀所指示的真空度达到规定值时，真空阀应有明显动作，否则需要更换真空阀，如图 2–6–33 所示。

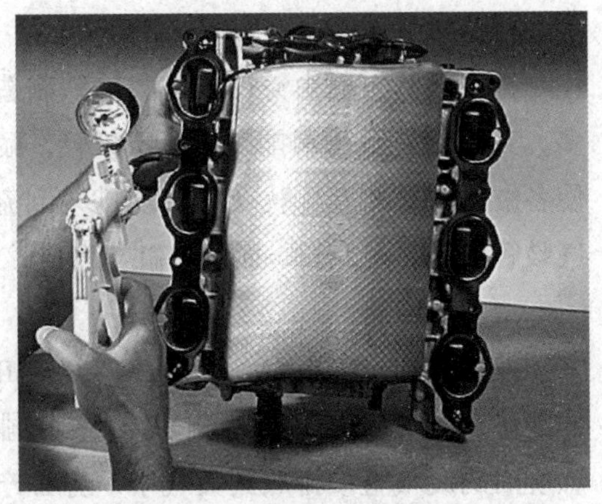

图 2–6–33　用真空泵检测真空阀

3. 进气系统密封性检测

进气系统密封性检测一般用真空压力表来完成，具体检测方法见本模块课程 2–1 中的学习单元 1“检测进气歧管真空度”。

学习单元 3　检测排气系统的排气阻力

一、排气系统的组成及工作原理

1. 排气系统的组成

如图 2–6–34 所示，排气系统主要由排气歧管、排气尾管、三效催化转化器、氧传感器和消声器等组成。

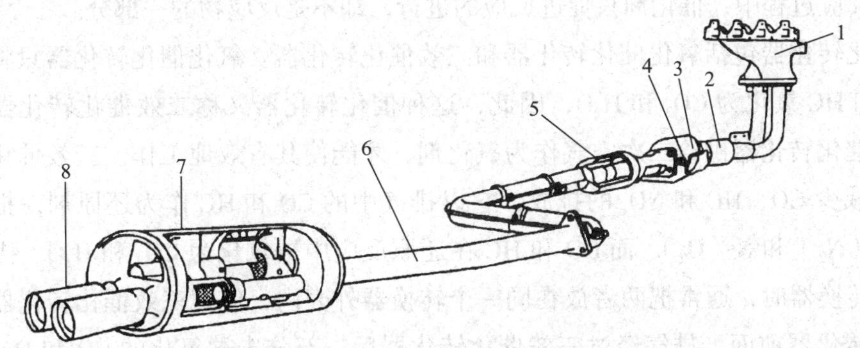

图 2–6–34　排气系统的组成

1—排气歧管　2—前排气歧管　3—三效催化转化器　4—氧传感器
5—前消声器　6—后排气歧管　7—后消声器　8—排气尾管

（1）排气歧管

排气歧管一般由铸铁或球墨铸铁制造，近年来采用不锈钢排气歧管的汽车越来越多，其原因是不锈钢排气歧管质量轻，耐久性好，同时内壁光滑，排气阻力小。为了使各缸排气不相互干扰及不出现排气倒流现象，并尽可能地利用惯性排气，应该将排气歧管做得尽可能长，而且各缸支管应该相互独立，长度相等。

（2）消声器

发动机的排气压力一般为 0.3 ~ 0.5 MPa，温度为 500 ~ 700 ℃，这表明排气有一定的能量。同时，由于排气的间歇性，在排气管内引起排气压力的脉动。如果将发动机燃烧后的废气直接排放到大气中，势必产生强烈的排气噪声。排气消声器的功用就是通过逐渐降低排气压力和衰减排气压力的脉动来消减排气噪声的。

消声器用镀铝钢板或不锈钢板制造。通常消声器由共振室、膨胀室和一组多孔的管子构成，有的还在消声器内充填耐热的吸声材料，吸声材料多为玻璃纤维或石棉。排气经多孔的管子流入膨胀室和共振室，在此过程中排气不断改变流动方向，逐渐降低及衰减其压力和压力脉动，消耗其能量，最终使排气噪声得到消减。消声器外壳由双层钢板焊合而成，其间留有夹层。内壳为波纹状，并与外壳的内壁形成排气通道。这种结构有利于声压的衰减和声波的漫射，可以增强消声的效果。

消声器安装在催化转化器与排气尾管中间、靠近汽车中心的位置。但有时由于空间的限制，常把消声器安装在汽车尾部。由于消声器温度较低，会有较多的水蒸气在消声器内凝结为水，使消声器生锈。

（3）三效催化转化器

催化转化器是利用催化剂的作用将排气中的 CO、HC 和 NO_x 转换为对人体无害的气体的一种排气净化装置，又称催化净化转换器。金属铂、钯或铑均可作为催化剂。在化学反应过程中，催化剂只促进反应的进行，却不是反应物的一部分。

催化转化器包括氧化催化转化器和三效催化转化器。氧化催化转化器只将排气中的 CO 和 HC 氧化为 CO_2 和 H_2O，因此，这种催化转化器又称二效催化转化器，必须向氧化催化转化器供给二次空气作为氧化剂，才能使其有效地工作。三效催化转化器可同时减少 CO、HC 和 NO_x 的排放，它以排气中的 CO 和 HC 作为还原剂，把 NO_x 还原为氮（N_2）和氧（O_2），而 CO 和 HC 在还原反应中被氧化为 CO_2 和 H_2O。当同时采用两种转换器时，通常把两者放在同一个转换器外壳内，但把三效催化转化器置于氧化催化转化器前面。排气经过三效催化转化器后，部分未被氧化的 CO 和 HC 继续在氧化催化转化器中与供入的二次空气进行氧化反应。

2. 排气系统工作原理

发动机燃烧产生的废气在排气行程经由排气门排出到达排气歧管，对于带有涡轮增压系统的发动机，废气冲刷涡轮高速旋转，使涡轮增压器工作，然后排出到达三效催化转化器，废气中的 HC、CO、NO_x 在三效催化转化器内进行氧化和还原反应，使得 HC、CO、NO_x 含量大幅下降，在三效催化转化器前面的氧传感器监测废气中氧的含量，进行空燃比控制，其后的氧传感器用来判断三效催化转化器的转化效率。废气从三效催化转化器排出后，进入前、后消声器，经过消声器的废气压力波迅速下降，噪声降低，最后由排气口排出。

二、检测排气系统的阻力

排气背压对发动机的动力性、经济性和排放性能都有重要影响，通常背压增大将导致发动机燃料燃烧效率下降，经济性变差，同时动力性下降，排放也变差。所以，现代的发动机采用多气门技术，多进气门可增加进气量，多排气门可增大排气流通面积，减小排气背压，使得排气阻力小，在自由排气阶段即可排出大部分废气，同时在强制排气阶段活塞上行排气消耗也少，因此，转矩高，动力性提高，而且缸内残余废气少，下个循环的进气量会增加，对动力性、经济性和排放都有好处。但在低转速工况，如果排气背压很低，由于排气门的提前开启，在活塞到达下止点前，仍具有一定压力的燃气就通过过于通畅的排气门排掉了，损失了一部分功，转矩自然要降低，因此，低转速时保持一定的排气背压可以提高低速时的扭矩。

1. 排气阻力过大的影响

（1）由于发动机排气背压过高，气缸内混合气燃烧后生成的废气难以排出，废气只能倒流，导致真空管路堵塞，使空气流量传感器、进气压力传感器、怠速空气阀及节气门等被污染，运动件卡滞，并使怠速时节气门的开启角度过大，引起混合气过稀。

（2）由于废气排放不充分，废气回流到进气歧管，使进气管真空度降低，因而导致进气管“回火”，这会使油压调节器里的真空度不正常，造成燃油压力过小。

（3）进气管真空度降低，造成新鲜混合气不能被顺利吸入，影响气缸的充气量，同时，由于废气的稀释作用使混合气相对稀薄，造成发动机功率下降。

（4）对于废气涡轮增压发动机，其工作原理是基于气缸内的废气在排出前具有相当大的压力能，从排气门排出后再进入涡轮增压器，压力能转化为动能，驱动涡轮增压器高速旋转，废气的流速越快，其驱动能力就越强。如果废气在排气管内积聚，排气背压升高，气缸内外的废气压力差减小，气流速度就会降低，涡轮增压能力必然下降。

（5）排气背压过高属于机械性故障，所以电控系统不记录故障码。

2. 排气阻力过大的原因

（1）三效催化转化器堵塞。引起三效催化转化器堵塞的原因是多方面的，其中最重要的原因是燃油和润滑油的质量不高。

（2）消声器堵塞。

（3）排气管受撞击而凹瘪。

3. 排气阻力的检测

在检测排气背压前，首先应确认点火正时和配气相位正确、气门间隙正确以及进气系统无泄漏和堵塞现象。

（1）利用气压表检测

1）预热发动机到正常工作温度。

2）清洁氧传感器周围。用压缩空气清洁氧传感器周围的灰尘、异物。

3）拆卸氧传感器。选择相应工具拆卸氧传感器（见图 2-6-35），不得敲击、磕碰。

4）压力表的度量范围为 0 ~ 30 kPa，如图 2-6-36 所示。

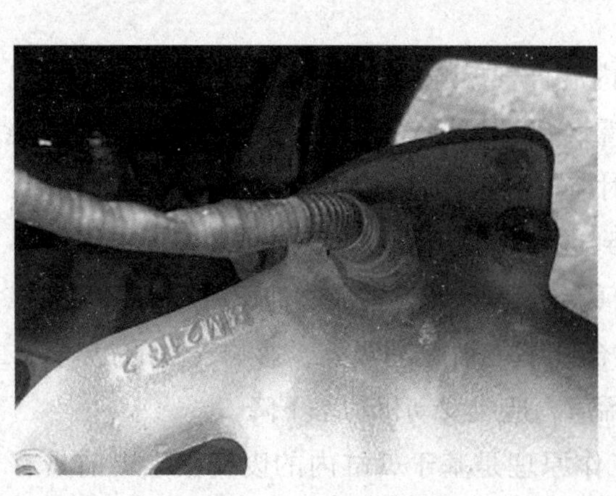

图 2-6-35　氧传感器

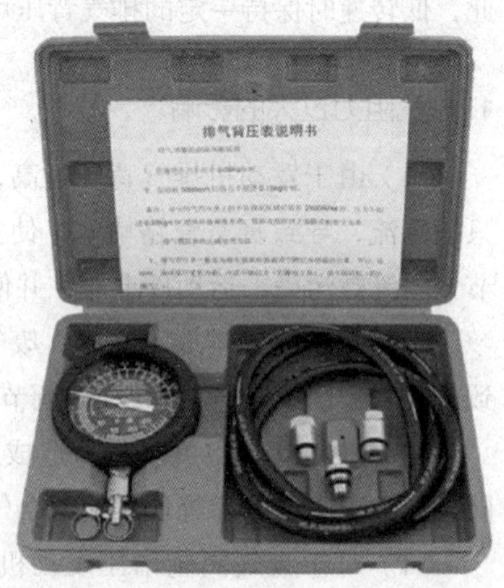

图 2-6-36　压力表

将压力表安装到氧传感器孔中，连接时要注意拧紧的力矩不能过大，否则会损坏螺纹；也不能过松，否则会漏气。

5）测试压力

①启动发动机，测量怠速时排气压力值应在 8.6 kPa 以下。如果怠速时压力值超过 20 kPa，则应立即熄火，不允许提高发动机转速，以防损坏仪器。

②将发动机转速提高到 2 000 r/min，检查排气压力值应不超过 20.7 kPa。

③根据压力表指示值，判断排气系统是否堵塞。

④由于排气温度较高，因此测试时间应尽量缩短（最长不超过 3 min），以免连接仪器的橡胶管部件因长时间高温而损坏。

6）拆下压力表。拆下排气压力表后，应采用自然冷却降温的方式，不能强行降低温度，待接头温度和室外温度一致时，方可将仪器放入盒内。

7）安装氧传感器。按规定拧紧力矩拧紧氧传感器，确认无漏气。

8）清洁工具。

（2）利用废气分析仪检测

将废气分析仪的探头插入排气管口，读取废气中的 HC 值；然后将发动机加速到 2 500 r/min，再读取 HC 值，若 HC 值升高，则表示排气阻力过大。

（3）检测进气歧管的真空度

正常情况下，发动机怠速运转时，若拔下进气歧管上一根真空管，应该感觉吸力很大，若吸力很小，则排气系统可能有堵塞处。这是因为若排气管时通时堵，则排气时的反压力增大，会使进气歧管的真空度降低，为了准确测量，可以用真空表软管连接到进气歧管的检测口，启动发动机，待转速稳定后，观察真空表的读数，现代汽车发动机怠速时的进气压力一般为 30 ~ 40 kPa。然后缓慢加速，若转速达到 2 000 ~ 2 500 r/min 时进气压力数值很高，说明排气系统有阻流现象，可以拆下排气管再试，若进气压力恢复正常，即可确定排气管堵塞。

3

检修底盘

- 课程 3-1　检修传动系统
- 课程 3-2　检修行驶系统
- 课程 3-3　检修转向系统
- 课程 3-4　检修制动系统

课程设置

课程	学习单元	课堂学时
3-1 检修传动系统	（1）更换离合器总成	4
	（2）更换手动变速器总成	6
	（3）更换万向传动装置总成	2
	（4）更换主减速器及差速器总成	6
	（5）更换自动变速器油	4
3-2 检修行驶系统	（1）更换轮毂轴承	4
	（2）四轮定位检查	6
	（3）车轮动平衡检查	4
	（4）更换轮胎	4
3-3 检修转向系统	（1）更换转向器总成	6
	（2）更换转向传动机构	4
3-4 检修制动系统	（1）更换制动主缸或制动控制阀	6
	（2）更换制动助力器总成	8
	（3）检修制动器总成	4
	（4）检修驻车制动装置	4

课程 3-1 检修传动系统

【学习内容】

学习单元	课程内容	培训建议	课堂学时
（1）更换离合器总成	1）传动系统的功用、类型、结构	（1）方法：讲授法、演示法、实训法	4

续表

学习单元	课程内容	培训建议	课堂学时
（1）更换离合器总成	2）离合器的类型、功用及安装位置 3）离合器总成的拆卸（以上汽大众新帕萨特轿车为例） 4）离合器总成的安装与调整	（2）重点：离合器的结构及总成更换操作 （3）难点：离合器总成的更换操作	4
（2）更换手动变速器总成	1）手动变速器的功用、类型、结构及安装位置 2）手动变速器总成的拆卸（以上汽大众新帕萨特轿车为例） 3）手动变速器总成的安装	（1）方法：讲授法、演示法、实训法 （2）重点：手动变速器的结构、功用及总成更换操作 （3）难点：手动变速器总成的更换操作	6
（3）更换万向传动装置总成	1）万向传动装置的功用、组成及安装位置 2）万向传动装置总成的拆卸（以上汽大众新帕萨特轿车为例） 3）万向传动装置总成的安装	（1）方法：讲授法、演示法、实训法 （2）重点：万向传动装置总成的组成及更换操作 （3）难点：万向传动装置总成的更换操作	2
（4）更换主减速器及差速器总成	1）主减速器及差速器总成的功用、类型及安装位置 2）主减速器及差速器总成的拆卸	（1）方法：讲授法、演示法、实训法 （2）重点：主减速器及差速器的功用、类型及总成更换操作 （3）难点：主减速器及差速器总成的更换操作	6
（5）更换自动变速器油	1）自动变速器的功用、类型及型号 2）自动变速器油的功用、类型 3）自动变速器油的更换	（1）方法：讲授法、演示法、实训法 （2）重点与难点：自动变速器油的更换步骤	4

学习单元 1　更换离合器总成

一、传动系统的功用、类型、结构

1. 功用

传动系统的基本功用就是将发动机发出的动力按照需要传递给驱动轮。传动系统应保证汽车具备在各种行驶条件下所能达到的驱动力、车速及两者随道路和交通状况变化的要求；具有良好的动力性和经济性；保证汽车在不改变发动机转向时实现倒车；能使左、右驱动轮适应差速要求；能使动力传递平稳地接合或彻底、迅速地分离。

2. 类型

传动系统按照其结构和传动介质的不同，可以分为机械式、液力机械式、静液式和电力式等。现代汽车上普遍采用机械式和液力机械式传动系统。如图 3–1–1 所示，机械式传动系统由离合器、变速器、万向传动装置（由传动轴和万向节组成）以及安装在驱动桥壳中的主减速器、差速器和半轴等组成。发动机发出的动力依次经离合器、

图 3–1–1　机械式传动系统的组成

变速器、万向传动装置、主减速器、差速器和半轴，最后传给驱动轮。

液力机械式传动系统的特点是组合运用液力传动和机械传动，以液力机械变速器取代机械式传动系统的摩擦式离合器和普通齿轮式变速器，其他组成部件及布置形式与机械式传动系统相同。

3. 机械式传动系统的结构

（1）离合器

按照需要适时地切断或接合发动机与传动系统之间的动力传递。

（2）变速器

改变发动机输出转速的高低、转矩的大小以及输出轴的旋转方向，也可以切断发动机向驱动轮的动力传递。

（3）万向传动装置

将变速器输出的动力传给主减速器，并适应两者之间距离和轴线夹角的变化。

（4）主减速器

降低转速，增大转矩，改变动力的传递方向。

（5）差速器

将主减速器传来的动力分配给左、右半轴，左、右半轴可以不同角速度旋转，以满足左、右驱动轮在行驶过程中差速的需要。

（6）半轴

将差速器传来的动力传给驱动轮，使驱动轮获得旋转的动力。

二、离合器的类型、功用及安装位置

1. 类型

离合器一般分为电磁式离合器、摩擦式离合器和液力离合器三类。在汽车机械式传动系统中广泛采用的是摩擦式离合器。

2. 功用及安装位置

离合器位于发动机飞轮与变速器之间，是汽车传动系统中直接与发动机相联系的总成，用来切断和实现发动机对传动系统的动力传递，保证汽车平稳起步，防止传动系统过载。

三、离合器总成的拆卸（以上汽大众新帕萨特轿车为例）

1. 拆卸前准备

检查是否安装了带有防盗密码的收音机设备。如果是，需先获取防盗密码；关闭点火开关；断开蓄电池接地线；拆卸空气滤清器；拆卸蓄电池和蓄电池支架；将一块不含纤维的抹布置于离合器主缸下。

2. 拆卸离合器装配支架

（1）如图 3–1–2 所示，拔出供液管，并迅速封住管口。

（2）将防松卡子从主缸中拉出，直到极限位置。

（3）将离合器油管总成从主缸中拉出并封闭。

（4）脱开 5 针插头。

（5）沿图 3–1–2 中箭头方向按压主缸上的行程传感器（离合器位置传感器 G476），并将其取出。

（6）将驾驶员座椅向后推到头，并将转向盘置于最高位置。

（7）拆卸驾驶员侧杂物箱。沿图 3–1–3 中箭头方向从驾驶员侧下部饰板上拆下驾驶员侧杂物箱。

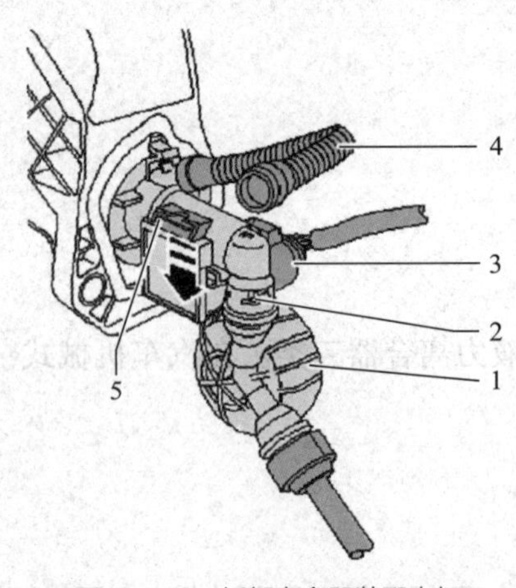

图 3–1–2　拆卸离合器装配支架

1—离合器油管总成　2—防松卡子
3—插头　4—供液管　5—行程传感器

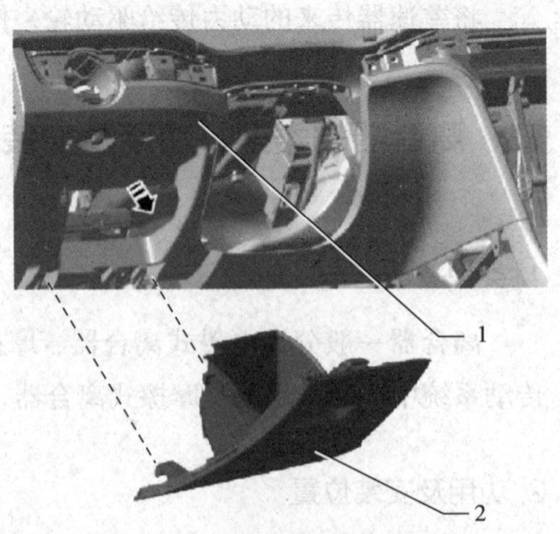

图 3–1–3　拆卸驾驶员侧杂物箱

1—驾驶员侧下部饰板　2—驾驶员侧杂物箱

（8）旋出三条装配支架的固定螺母。

（9）从发动机舱横隔板上拔出装配支架和离合器主缸。

3. 拆卸助力弹簧

（1）用装配工具 T10178 沿图 3–1–4 所示箭头 1 方向按压助力弹簧。

（2）如图 3–1–4 所示，沿箭头 2 方向转动装配支架，并拆下助力弹簧。

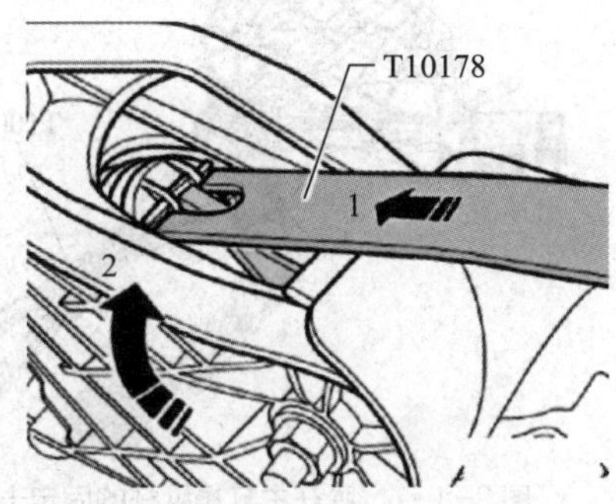

图 3–1–4　用装配工具按压助力弹簧

4. 拆卸离合器踏板

（1）如图 3–1–5 所示，用钳子 T10005 脱开主缸操纵杆的固定卡子。

（2）用装配工具 T10178 撬出助力弹簧。注意：弹簧张力很大，应小心拆卸，以防止弹簧飞出伤人。

（3）如图 3–1–6 所示，旋出螺母并拉出螺栓，将离合器踏板从装配支架 3 上拆下。

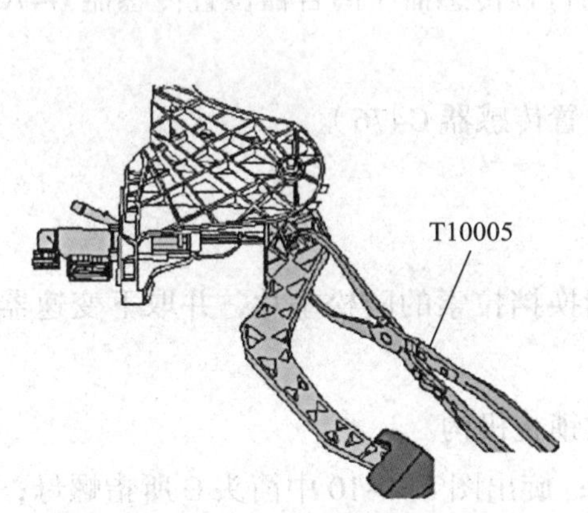

图 3–1–5　脱开主缸操纵杆的固定卡子

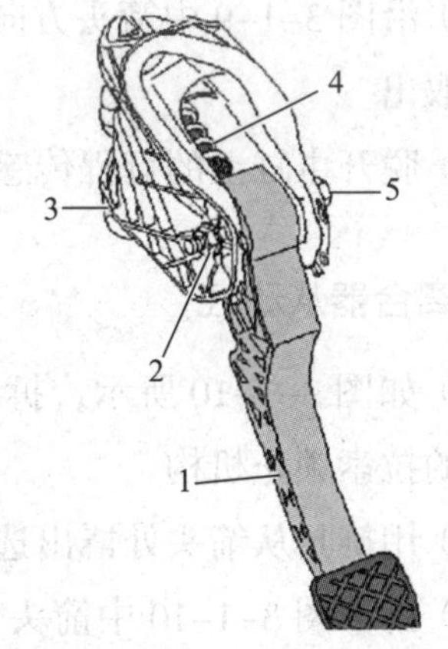

图 3–1–6　拆卸固定螺栓

1—离合器踏板　2—固定螺母

3—装配支架　4—助力弹簧　5—螺栓

5. 拆卸离合器主缸

（1）如图 3–1–7 所示，用钳子 T10005 脱开主缸操纵杆的固定卡子。

（2）如图 3–1–8 所示，将挡块 A 放置在离合器踏板和挡片之间，并按压离合器踏板至挡块；松开防松卡箍 B，沿箭头 1 方向旋转主缸，再沿箭头 2 方向将其拔出。

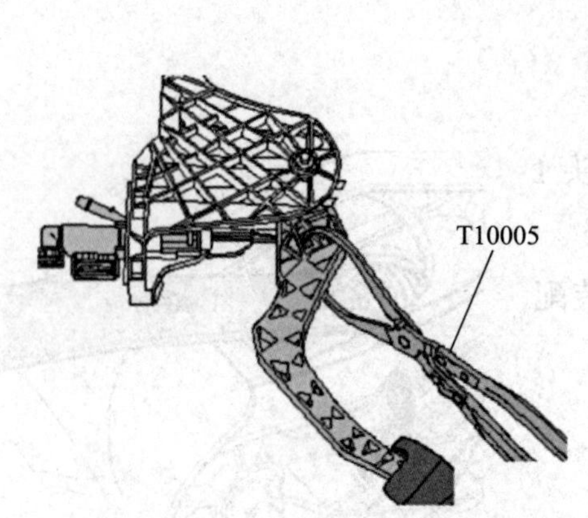

图 3–1–7　脱开主缸操纵杆的固定卡子

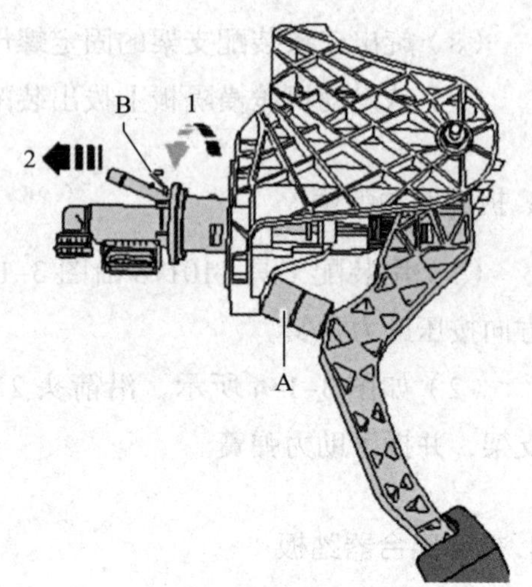

图 3–1–8　松开防松卡箍

A—挡块　B—防松卡箍

6. 拆卸行程传感器（离合器位置传感器 G476）

（1）如图 3–1–9 所示，拔下 5 针插头。

（2）沿图 3–1–9 中箭头方向按压主缸上的行程传感器（离合器位置传感器 G476），并将其取出。

（3）脱开主缸上的行程传感器（离合器位置传感器 G476）。

7. 拆卸离合器从动缸

（1）如图 3–1–10 所示，拆下箭头 A 所指换挡拉索的防松垫片，并取下变速器换挡杆上的拉索锁止机构。

（2）用旋具从箭头处撬出选挡杆上的拉索锁止机构。

（3）拆下图 3–1–10 中箭头 B 所指固定夹；旋出图 3–1–10 中箭头 C 所指螺母；拆下图 3–1–10 中变速器换挡杆 1。

（4）如图 3–1–11 所示，将箭头 B 所指的管路（或软管）从变速器上的支架中脱开，并旋出箭头 A 所指的螺栓；旋出箭头 C 所指的螺栓，从变速器上拆下拉索支座；绑起换挡拉索和选挡拉索，将一块不含纤维的抹布置于从动缸下。

（5）如图 3–1–12 所示，将用于管路（或软管）的防松卡子 A 从从动缸拉出至极限位置；将管路（或软管）B 从从动缸上拉出并封闭开口；旋出箭头所指从动缸螺栓，并取出从动缸。

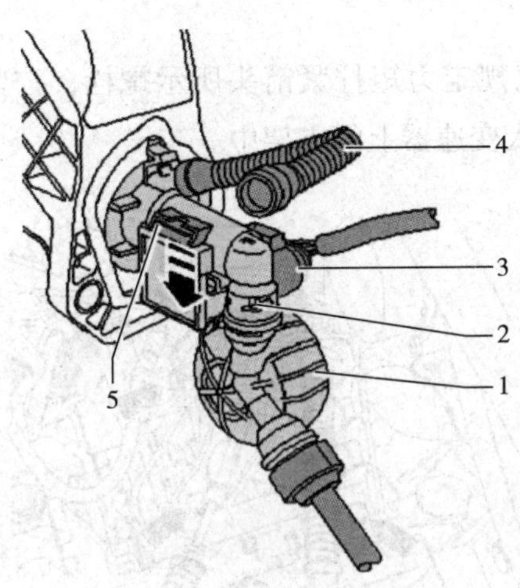

图 3-1-9　拔下 5 针插头
1—离合器油管总成　2—防松卡子
3—插头　4—供液管　5—行程传感器

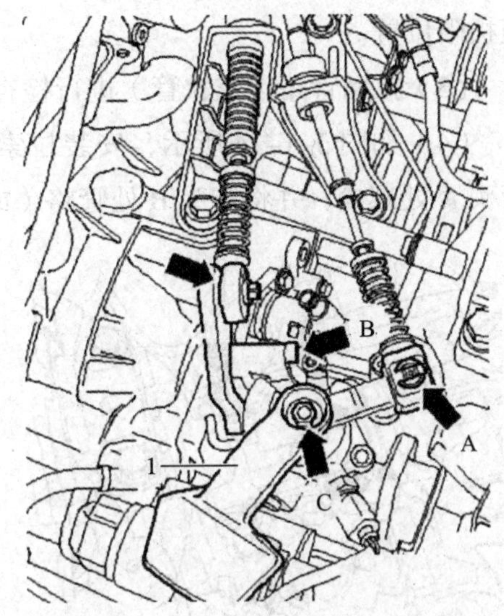

图 3-1-10　拆卸换挡拉索的防松垫片
1—换挡杆

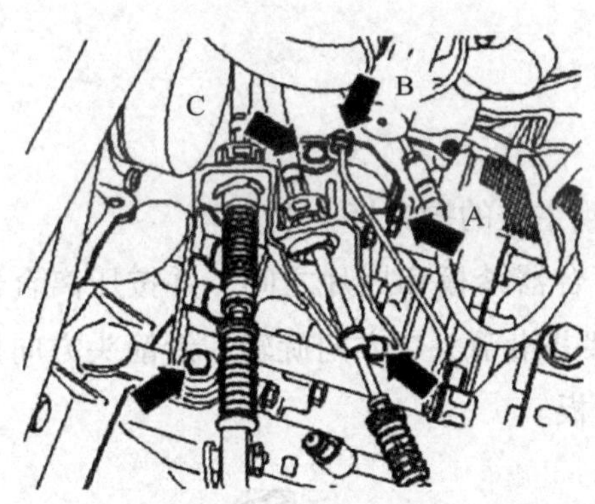

图 3-1-11　旋出箭头 A 所指的螺栓

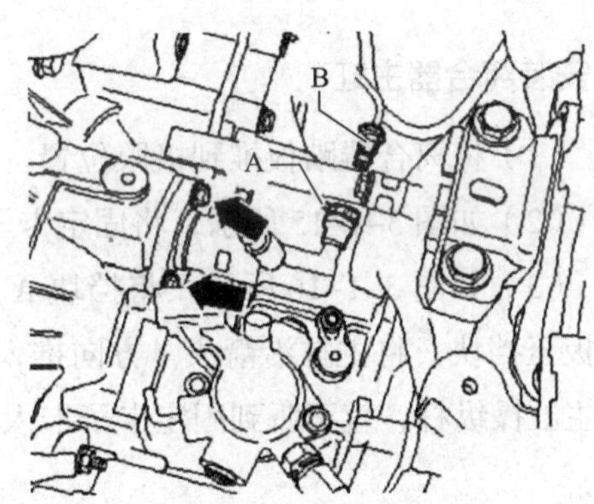

图 3-1-12　取出从动缸
A—防松卡子　B—从动缸油管

四、离合器总成的安装与调整

1. 安装离合器从动缸

安装按拆卸的相反顺序进行，安装时要注意以下事项。

（1）用润滑脂润滑推杆末端。

（2）如图 3-1-13 所示，安装从动缸并以规定的拧紧力矩拧紧箭头所示螺栓；将管路（或软管）B 插入从动缸至极限位置；压入防松卡子 A［用于固定管路（或软管）］

至极限位置。

（3）拉动管路（或软管）进行检查。

（4）如图 3–1–14 所示，安装拉索支架，并以规定力矩拧紧箭头所示螺栓；拧紧箭头 A 处螺栓，并将箭头 B 处管路（或软管）压入变速器上的支架中。

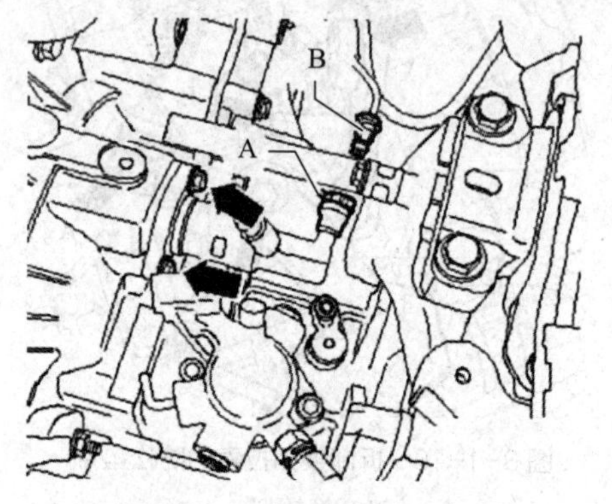

图 3–1–13　压入防松卡子

A—防松卡子　B—管路（或软管）

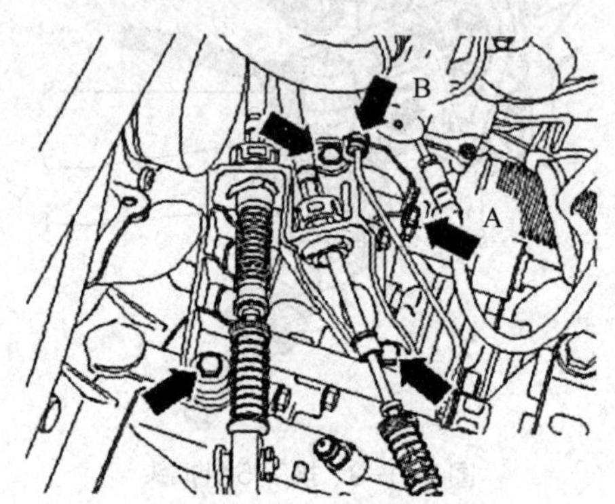

图 3–1–14　安装拉索支架

2. 安装离合器主缸

（1）将离合器踏板推到极限位置。

（2）如图 3–1–15 所示，将固定卡子 2 安装到主缸的操纵杆 1 上。

（3）如图 3–1–16 所示，将挡块 A 放置在离合器踏板和挡片之间，并按压离合器踏板至挡块；将主缸沿箭头 1 方向推入装配支架并沿箭头 2 方向旋转；沿箭头方向按下主缸操纵杆，直至听到固定卡子卡入离合器踏板。

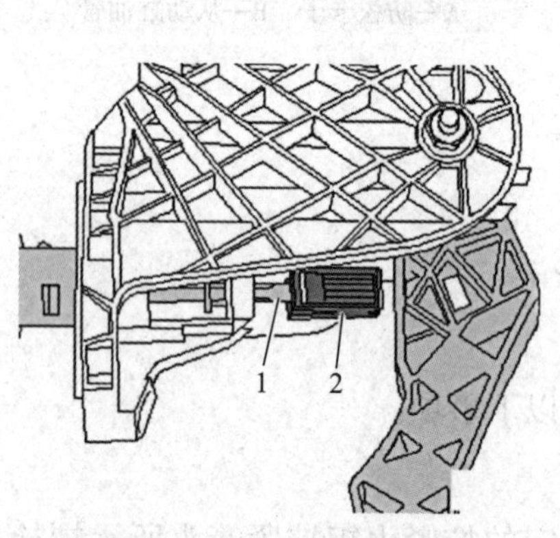

图 3–1–15　安装固定卡子

1—主缸操纵杆　2—固定卡子

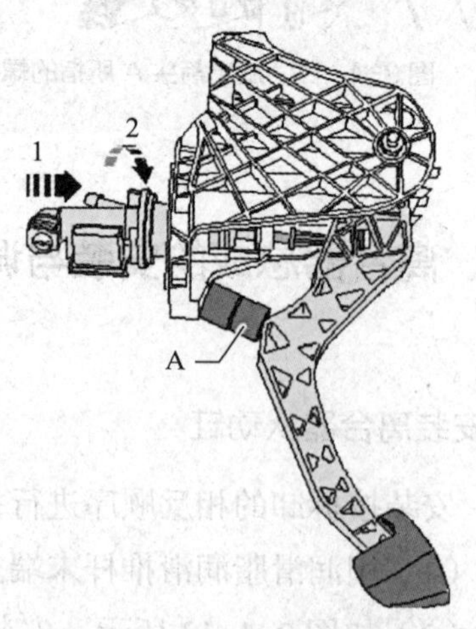

图 3–1–16　按下主缸操纵杆

3. 安装助力弹簧

（1）将助力弹簧放入装配支架中。

（2）如图 3-1-17 所示，A 为离合器踏板的端面，箭头所指处为助力弹簧的凹槽。

（3）如图 3-1-18 所示，用装配工具 T10178 沿箭头 1 方向按压助力弹簧；沿箭头 2 方向转动装配支架，直至离合器踏板的端面 A 能够压入助力弹簧的凹槽。

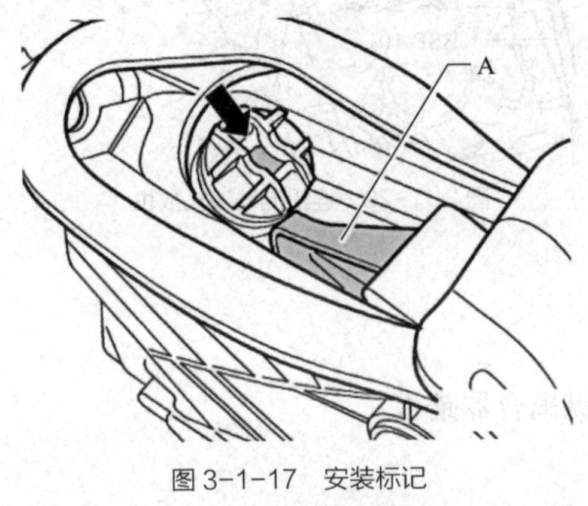

图 3-1-17　安装标记

A—离合器踏板的端面

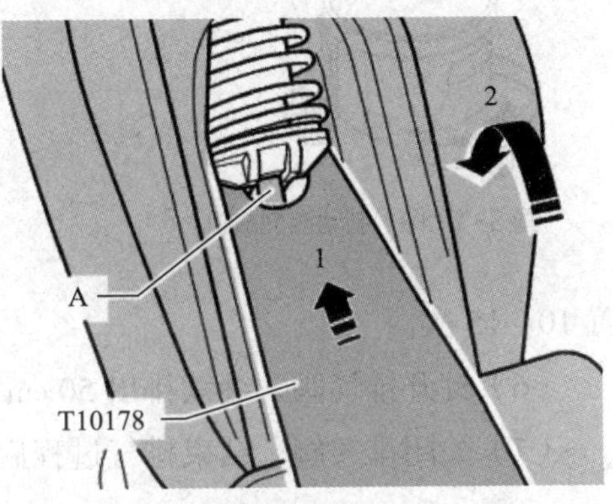

图 3-1-18　按标记按压助力弹簧

A—离合器踏板的端面

4. 安装装配支架

安装按拆卸的相反顺序进行。

（1）安装离合器位置传感器 G476。

（2）安装离合器主缸的管路，拉动管路（或软管）进行检查。

（3）连接离合器位置传感器 G476 的插头。

（4）安装驾驶员侧杂物箱。

（5）安装蓄电池支架和蓄电池。

（6）安装主缸。

5. 离合器分离装置排气

（1）将如图 3-1-19 所示的制动液充放机 BSF-10 的加压管与制动液储液罐相连接。

（2）如图 3-1-20 所示，将排气软管连接到从动缸放气阀（箭头所指位置）上。

（3）给系统加一个 2×10^5 Pa 的压力。

（4）打开排气阀，排出约 100 cm^3 的制动液。

（5）关闭排气阀，迅速均匀地操纵离合器踏板，从一个极限位置到另一个极限位

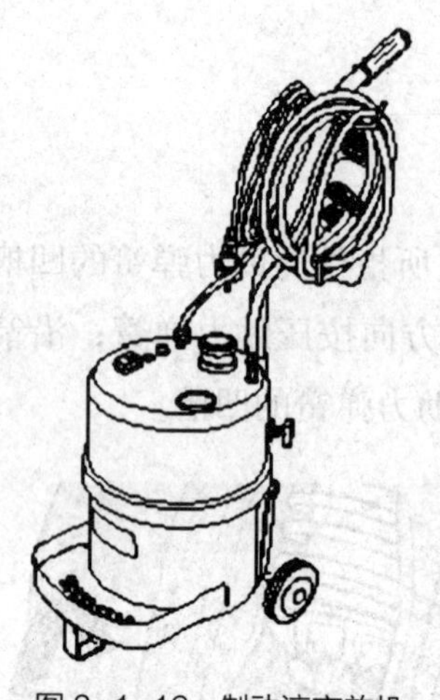

图 3-1-19　制动液充放机

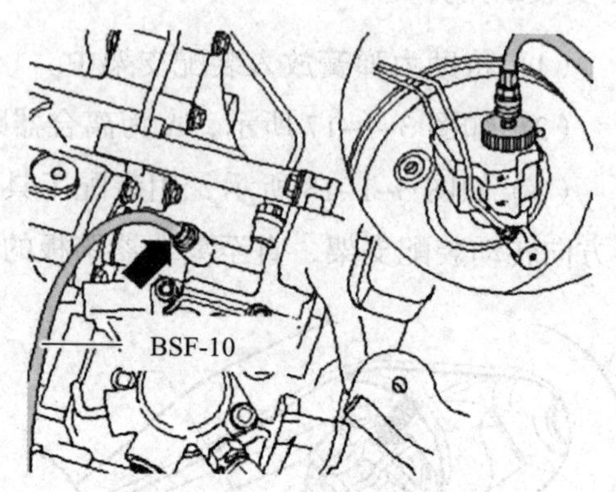

图 3-1-20　连接制动液充放机

置 10 ~ 15 次。

（6）打开排气阀，继续排出 50 cm^3 制动液。

（7）关闭排气阀，结束排气过程后多次操纵离合器踏板。

学习单元 2　更换手动变速器总成

一、手动变速器的功用、类型、结构及安装位置

1. 手动变速器的功用

（1）变向

变向即实现倒车行驶，在发动机曲轴旋转方向不变的条件下，使汽车能够倒退行驶，以满足掉头、出入货场和车库等需要。它是利用变速器中的倒挡齿轮传动来实现的。

（2）变速及变转矩

汽车行驶的条件不同，要求汽车行驶速度也应在一个很大范围内变化。因此，变速器设置了几个不同的传动比，以扩大驱动轮转矩和转速的变化范围，保证汽车正常

行驶。

（3）中断动力传递

中断动力传递即实现空挡。变速器内设有空挡，此时动力不向驱动轮输出，可满足汽车发动机启动、停车、制动和滑行等情况的需要。

（4）作为动力输出装置使用

利用变速器作为动力输出装置驱动其他机构，如自卸车的液压举升装置、汽车吊的工作装置等。

2. 手动变速器的类型

手动变速器用手操纵变速杆来选定挡位，并直接操纵变速器的换挡机构进行挡位变换。手动变速器按变速轴的数量可分为两轴式手动变速器和三轴式手动变速器，如图 3-1-21 所示。

变速轴的数目

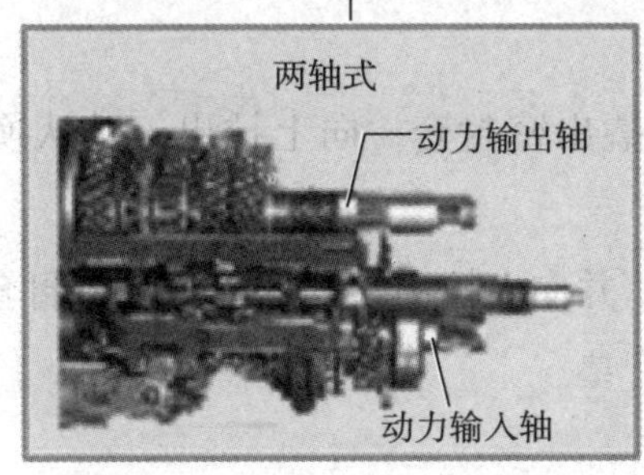

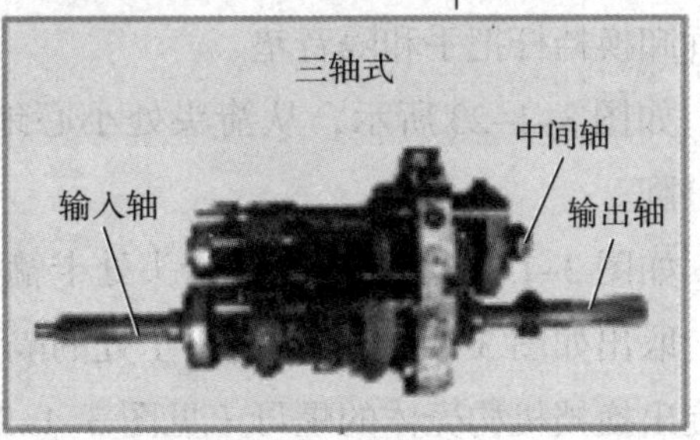

图 3-1-21　手动变速器的类型

3. 手动变速器的结构

对于不同的车型、不同的驱动方式，手动变速器（manual transmission，MT）具体安装位置也不同。一般变速器都在发动机和驱动桥之间，也就是在挡位操纵杆的下面。手动变速器主要由壳体、传动组件（轴、齿轮、同步器等）、操纵组件（换挡拉杆、拨叉等）组成，如图 3–1–22 所示。

图 3–1–22　手动变速器的结构

二、手动变速器总成的拆卸（以上汽大众新帕萨特轿车为例）

1. 拆装前准备

（1）对有密码的收音机设备的车辆应先查询防盗密码。

（2）断开蓄电池接地线。

（3）拆卸空气滤清器。

（4）拆下换挡操纵机构（拆卸换挡操纵机构前先拆下隔热板），不要折弯拉索。

2. 拆卸换挡杆把手和隔音垫

（1）如图 3–1–23 所示，从箭头处小心地撬出密封套，向上拉出，并从换挡杆把手上向上翻。

（2）如图 3–1–24 所示，松开箭头处卡箍，并向上拉出换挡杆把手和密封套。

（3）取出如图 3–1–25 所示箭头 1 处的隔音垫。

3. 旋出换挡机构壳体的螺母（见图 3–1–26）。

4. 拆卸选挡拉索和换挡拉索

（1）将换挡拉索和选挡拉索上的锁止机构沿箭头 1 方向向前拉至极限位置，然后向左沿箭头 2 方向转动锁定，如图 3–1–27 所示。

（2）旋出如图 3–1–28 所示箭头 A 处的螺栓，取下支架，将拉索支架从变速器上

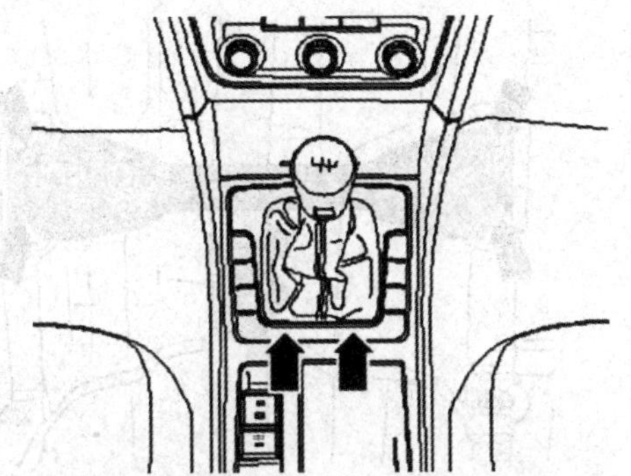

图 3-1-23　拆卸换挡杆把手和隔音垫

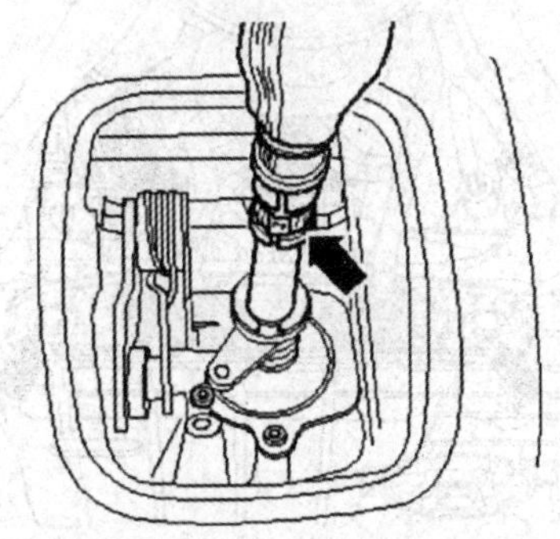

图 3-1-24　松开卡箍

图 3-1-25　取下隔音垫

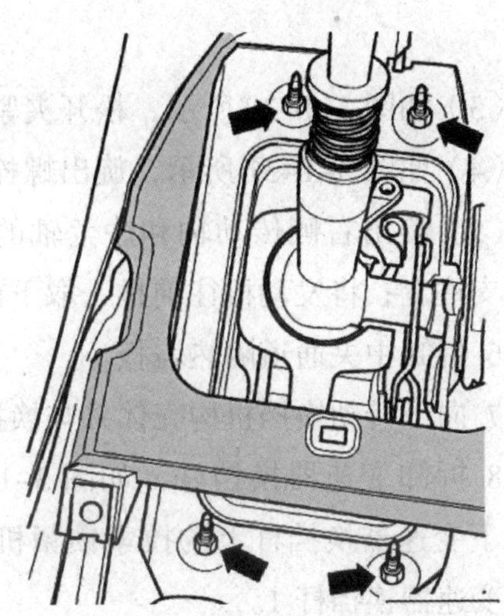

图 3-1-26　旋出换挡机构壳体的螺母

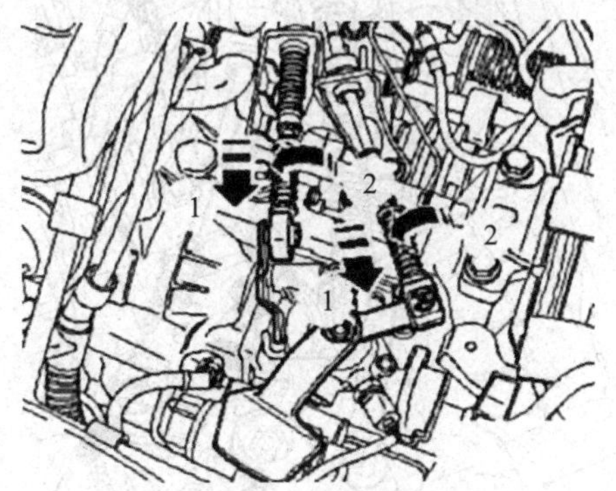

图 3-1-27　拆卸选挡拉索和换挡拉索

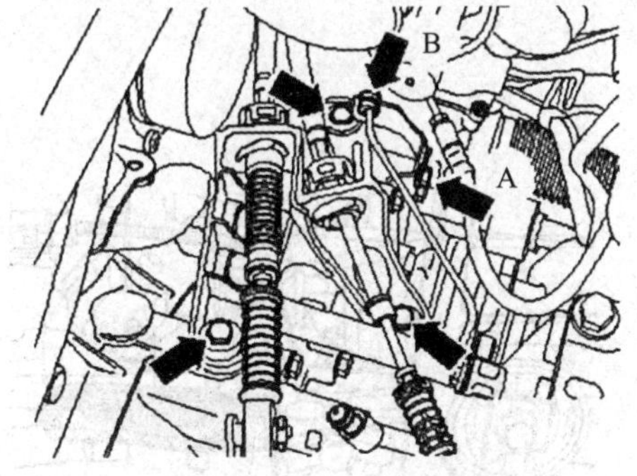

图 3-1-28　拆卸固定螺栓

取下；拔出支架上的拉索防松垫片；将拉索从支架上取下。

5. 拆卸前排气管

（1）如图 3-1-29 所示，旋出箭头处的前排气管支架固定螺栓。

（2）如图 3-1-30 所示，旋出车辆底板的槽梁螺母（箭头所指处），并取下槽梁。

图 3-1-29　拆卸前排气管支架螺栓

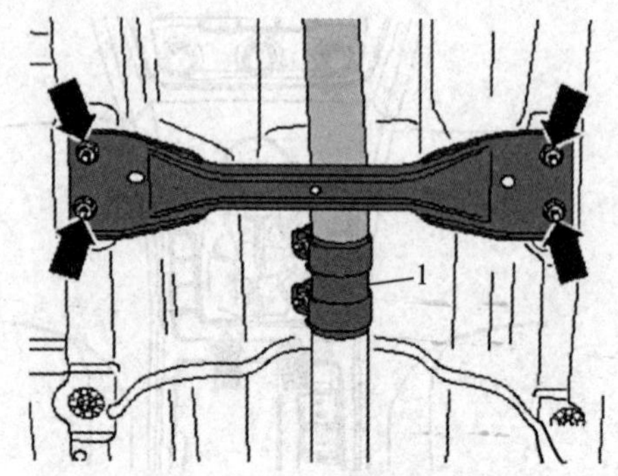

图 3-1-30　旋出车辆底板槽梁螺母

1—夹紧套

（3）如图 3-1-30 所示，松开夹紧套 1。

（4）如图 3-1-31 所示，旋出螺栓 1、2 和 3，取下摆动支承，取下吊架。

（5）旋出右侧传动轴和法兰轴的连接螺栓，用绑带 T10038 将右侧传动轴固定在减振支柱上；将发动机往前推，取下前排气管。

6. 拆卸中央通道隔热盖板。

7. 向下转动换挡机构壳体并与换挡拉索一起取出。

8. 拆卸变速器换挡杆，如图 3-1-32 所示，拆下箭头 A 处的换挡拉索防松垫片，并取下变速器换挡杆上的拉索锁紧机构；拆下箭头 B 处固定夹；旋出箭头 C 处螺母；拆下变速器换挡杆 1。

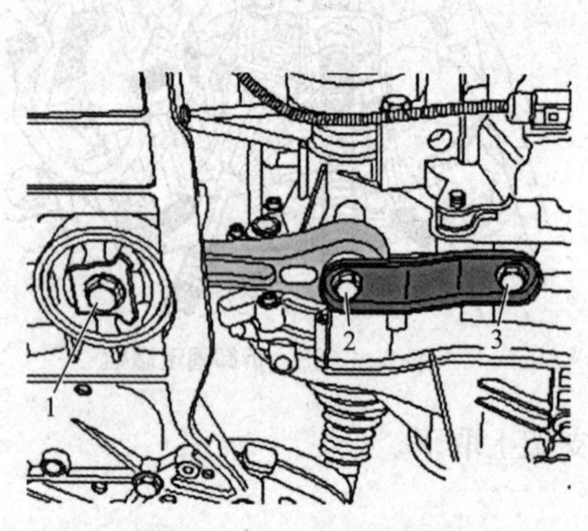

图 3-1-31　取下摆动支承

1、2、3—螺栓

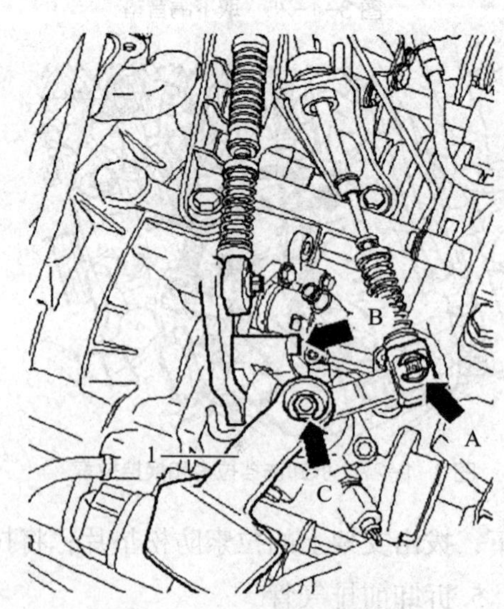

图 3-1-32　拆卸变速器换挡杆

1—换挡杆

9. 取下离合器从动缸（见图 3-1-33）

（1）旋出箭头 A 处的螺栓，取下支承杆。

（2）旋出箭头 B 处的螺栓，取下离合器从动缸，并放置一旁。不要打开管道系统。

注意：离合器从动缸拆下后不要再踩离合器踏板，否则有损坏离合器从动缸的危险。

10. 拆下起动机插头，如图 3-1-34 所示。

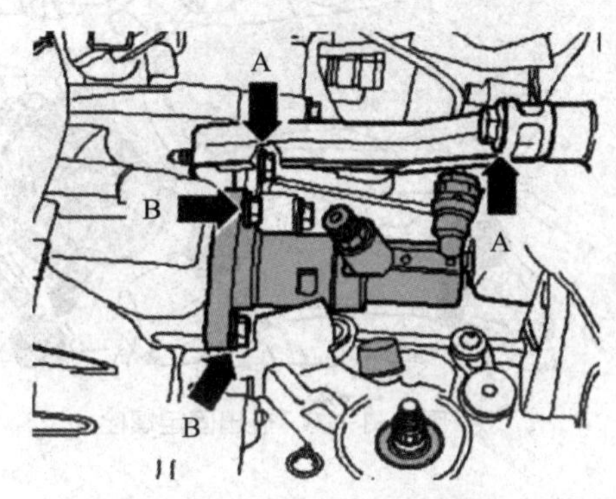

图 3-1-33　取下离合器从动缸

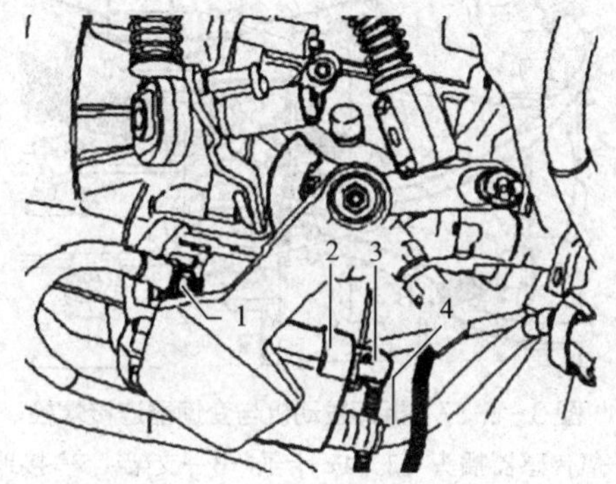

图 3-1-34　拆下起动机插头

1—螺母　2—保护套　3—电动机插头　4—导线

11. 拔下倒车灯开关 1，如图 3-1-35 所示。

12. 安装支承工具，如图 3-1-36 所示，用支承工具 10-222A 固定发动机机组。将发动机机组通过丝杆略微张紧。

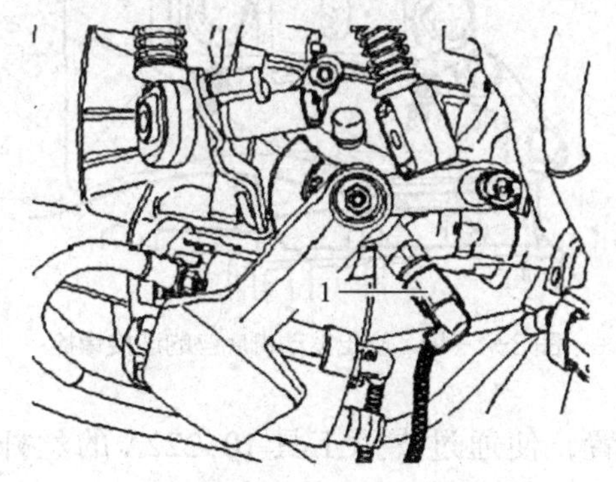

图 3-1-35　拔下倒车灯开关

1—倒车灯开关

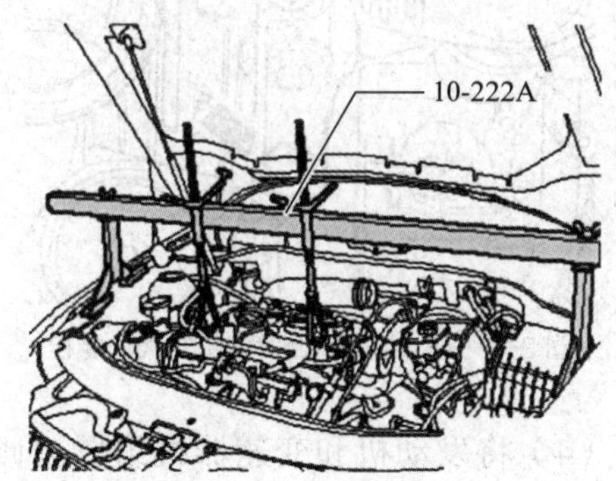

图 3-1-36　安装支承工具

13. 拆卸发动机与变速器连接螺栓，如图 3-1-37 所示。

（1）松开卡子，脱开接地线，并放置一旁。

（2）从支架上脱开氧传感器插头，并断开。

（3）松开卡子，将氧传感器线束放置一旁。

（4）旋出箭头 A 处的螺母，取下支架。

（5）旋出箭头 B 处的发动机与变速器连接螺栓。

14. 拆卸变速器总成

（1）旋出箭头处发动机与变速器上部的固定螺栓，如图 3–1–38 所示。

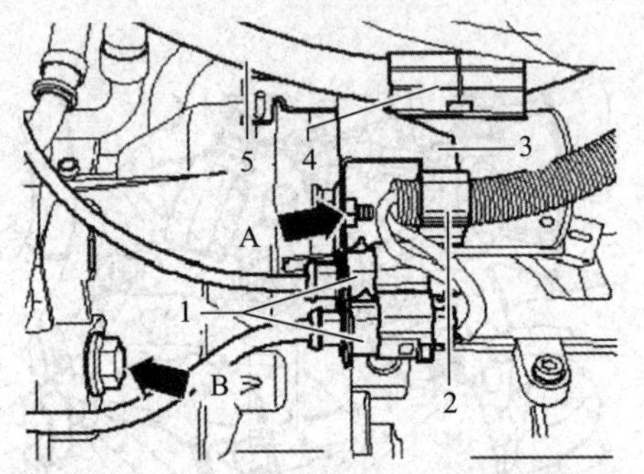

图 3–1–37　拆卸发动机与变速器连接螺栓

1—氧传感器插头　2、4—卡子　3—支架　5—接地线

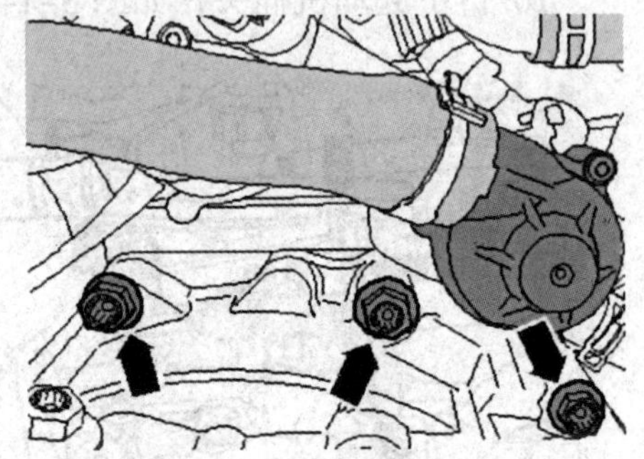
图 3–1–38　旋出固定螺栓

（2）松开箭头处右侧发动机支架的螺栓，约 10 圈，如图 3–1–39 所示。

（3）旋出箭头处变速器底座的连接螺栓，如图 3–1–40 所示。

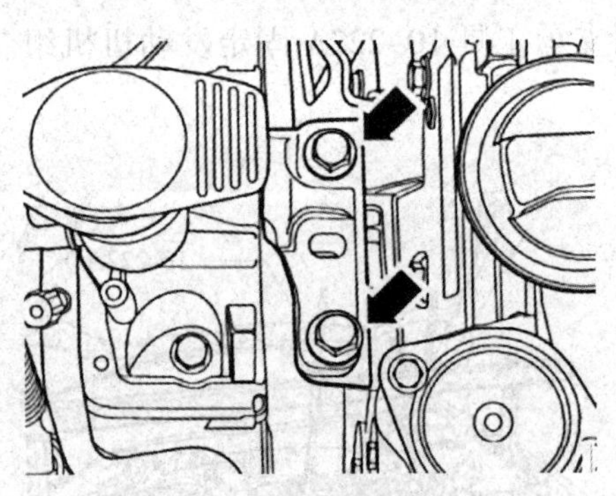
图 3–1–39　松开右侧发动机支架的螺栓

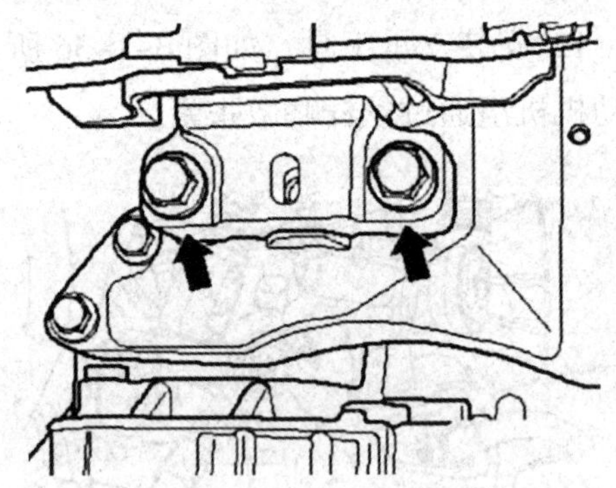
图 3–1–40　旋出发动机底座的连接螺栓

（4）将发动机和变速器机组置于倾斜位置，使通过支承工具 10–222A 的丝杆降低，旋出箭头处变速器支承件的螺栓，取下变速器支承件，如图 3–1–41 所示。

（5）旋出发动机和变速器机组下部的连接螺栓 8，如图 3–1–42 所示。

（6）用套筒 Hazet 6630c16 旋出箭头处螺栓，取下金属挡板，如图 3–1–43 所示。

（7）将变速器支架 3282 装入发动机和变速器举升装置 V.A.G 1383A，如图 3–1–44 所示。

（8）将调整板 3282/39 放到变速器支架 3282 上（调整板只在一个位置上合适）。

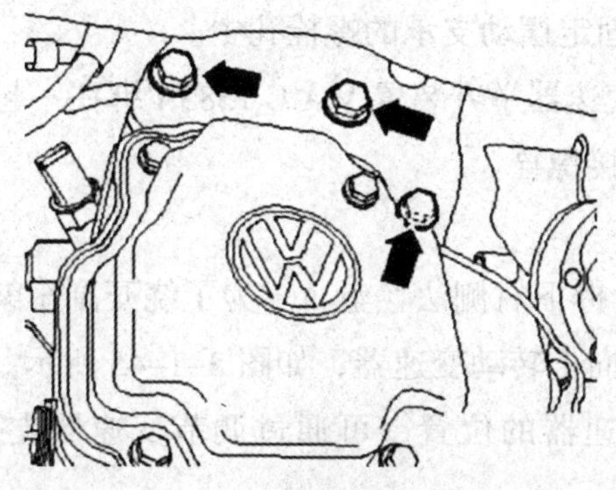
图 3-1-41　旋出变速器支承件的螺栓

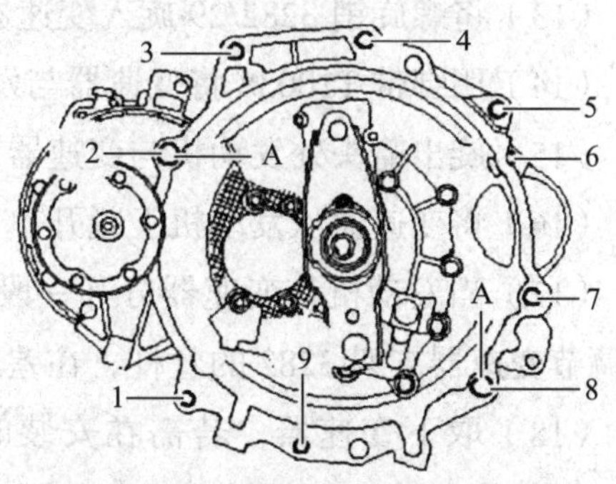

图 3-1-42　旋出发动机下部连接螺栓

1～9—螺栓　A—定位销

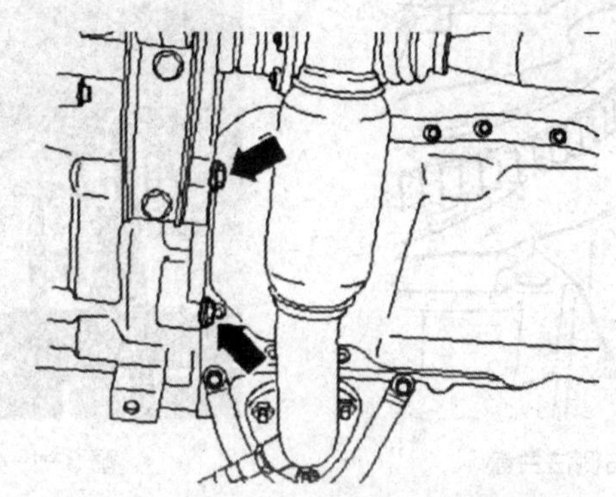
图 3-1-43　取下金属挡板

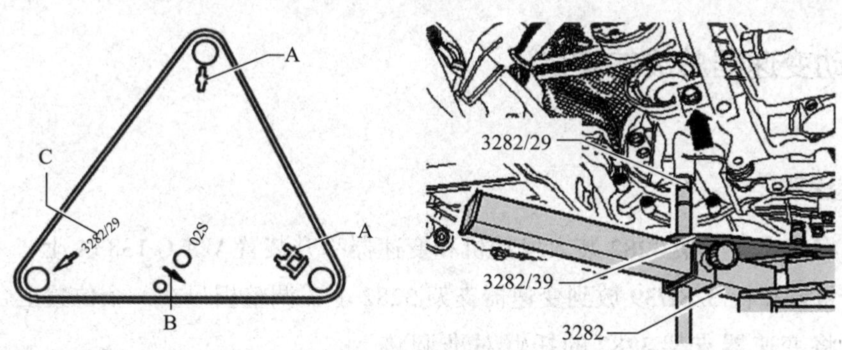

图 3-1-44　安装变速器支架 3282

（9）将变速器支架 3282 的托臂对准调整板 3282/39 上对应的孔。

（10）按调整板上的图示 A 和 C，把对应的定位元件旋入变速器支架 3282 的支承部件上。

（11）将发动机和变速器举升装置 V.A.G 1383A 放到车辆下面，调整板上的箭头符号 B 指向车辆行驶方向。

（12）使调整板与变速器平行，并将定位件锁定在变速器上。

（13）将螺旋销 3282/29 旋入变速器上用于固定摆动支承的螺栓孔中。

（14）用绑带 T10038 将变速器与发动机和变速器举升装置 V.A.G 1383A 绑在一起。

（15）旋出箭头处发动机与变速器最后的连接螺栓。

（16）将变速器从发动机上脱开。

（17）当发动机与变速器分开一段距离后，拆下右侧法兰盘 A。为了绕开副车架，可调节变速器支架 3282 的丝杆，在差速器区域向上转动变速器，如图 3–1–45 所示。

（18）取下变速器，若需在安装时降低变速器的位置，可通过调节变速器支架 3282 的丝杆改变变速器的位置，如图 3–1–46 所示。

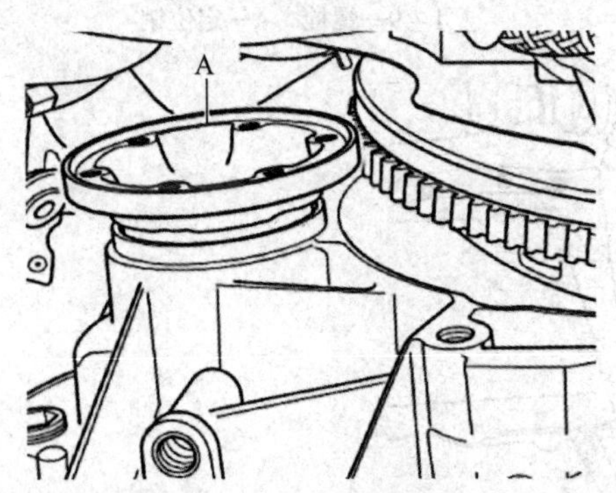

图 3–1–45　拆下右侧法兰盘

A—法兰盘

图 3–1–46　取下变速器

三、手动变速器总成的安装

1. 安装变速器

（1）将变速器支架 3282 装入发动机和变速器举升装置 V.A.G 1383A 上。

（2）将调整板 3282/39 放到变速器支架 3282 上（调整板只在一个位置上合适）。

（3）将变速器支架 3282 的托臂对准调整板上对应的孔。

（4）如图 3–1–47 所示，将支承部件连接到调整板 3282/39。将变速器放到发动机和变速器举升装置 V.A.G 1383A 上。

（5）如图 3–1–48 所示，用螺母将螺旋销 3282/29 固定在变速器上。

（6）校准调整板和变速器，使其相互平行。

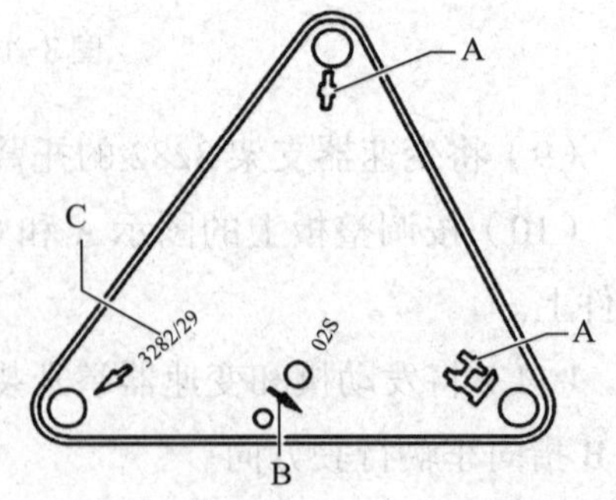

图 3–1–47　将支承部件连接到调整板 3282/39

（7）如图 3–1–48 所示，通过变速器支架 3282 的丝杆在差速器区域向上转动变速器。

（8）将发动机和变速器举升装置 V.A.G 1383A 放到车辆下面，调整板上的箭头符号 B 指向车辆行驶方向。

（9）如图 3–1–49 所示，将变速器的左侧法兰盘 A 在副车架上绕过。

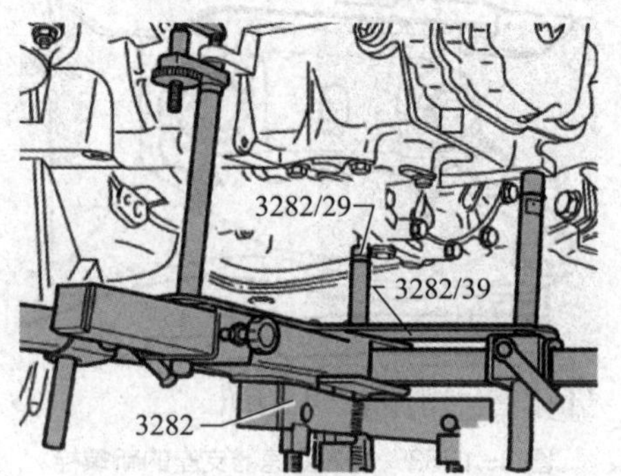

图 3–1–48　固定螺旋销 3282/29

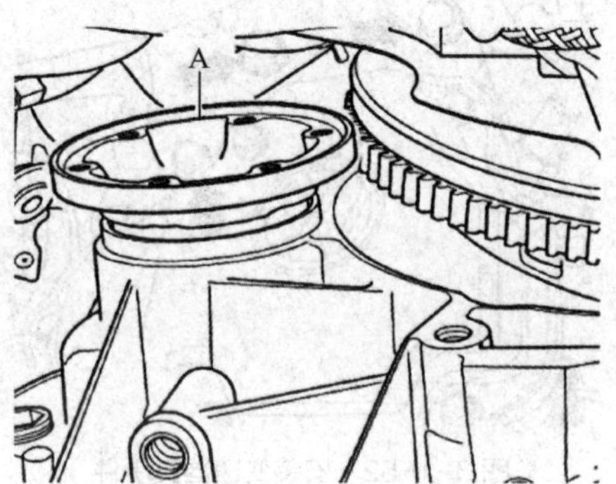

图 3–1–49　安装左侧法兰盘 A

（10）如图 3–1–50 所示，通过变速器支架 3282 的丝杆将变速器转到安装位置。

（11）安装右侧法兰盘 A。

（12）旋入箭头处发动机与变速器的连接螺栓。

（13）如图 3–1–51 所示，旋入发动机和变速器的下部连接螺栓 1、9 和 8，并将其拧紧。螺栓 1、9 的拧紧力矩为 40 N·m，螺栓 8 的拧紧力矩为 80 N·m。

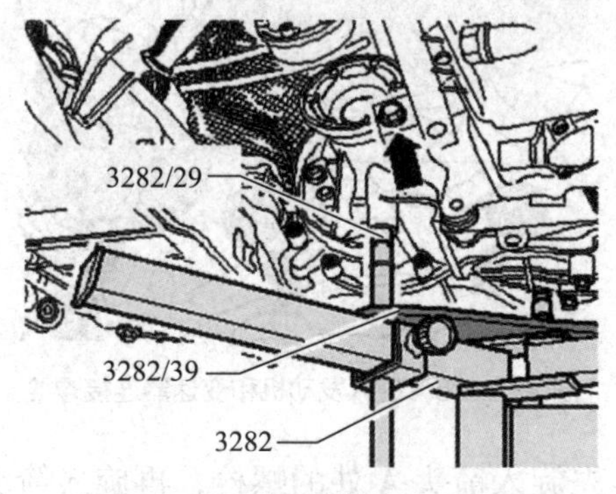

图 3–1–50　安装变速器支架 3282

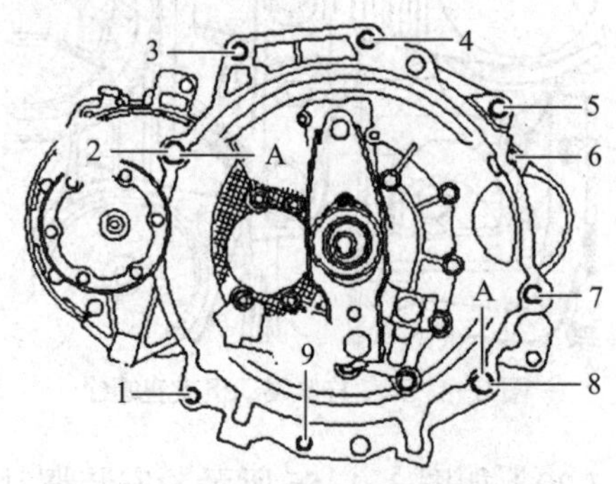

图 3–1–51　旋入发动机下部连接螺栓

1 ~ 9—螺栓　A—定位销

（14）变速器与发动机拧紧在一起后，将发动机和变速器举升装置 V.A.G 1383A 从变速器上拆下。

（15）如图 3–1–52 所示，安装变速器支承件，并以规定的拧紧力矩拧紧箭头处新螺栓。

（16）校正发动机和变速器的安装位置。拧紧支承工具 10–222 A 上的两个丝杆。

（17）如图 3–1–53 所示，旋入箭头所指处变速器支座的新螺栓，并以规定的拧紧力矩拧紧。

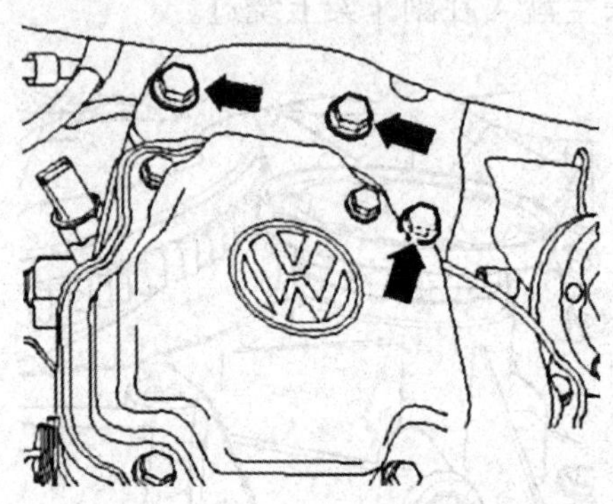

图 3–1–52　安装变速器支承件

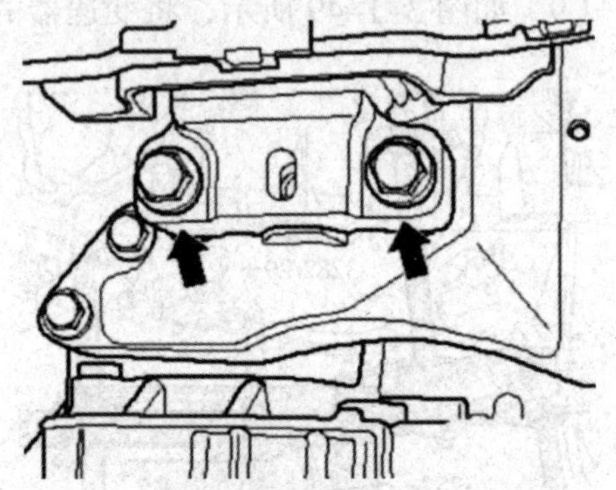

图 3–1–53　旋入变速器支座的新螺栓

（18）如图 3–1–54 所示，以规定的拧紧力矩拧紧箭头处发动机支座的六角螺栓，以规定的拧紧力矩拧紧左、右机组支承的螺栓后，再拆下支承工具 10–222A。

（19）如图 3–1–55 所示，旋入箭头处发动机和变速器的连接螺栓，并以规定的拧紧力矩（80 N · m）拧紧。

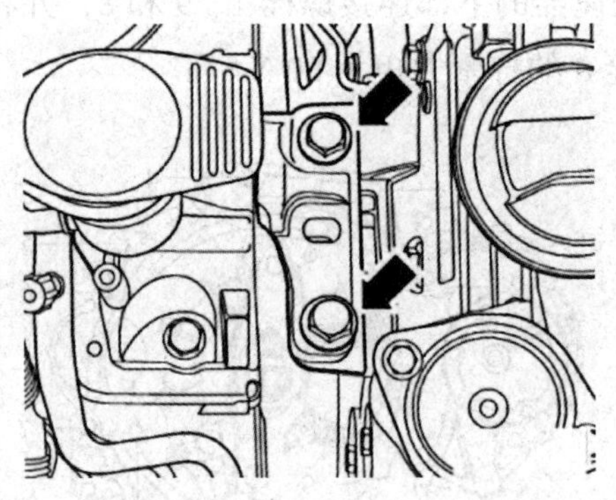

图 3–1–54　拧紧发动机支座螺栓

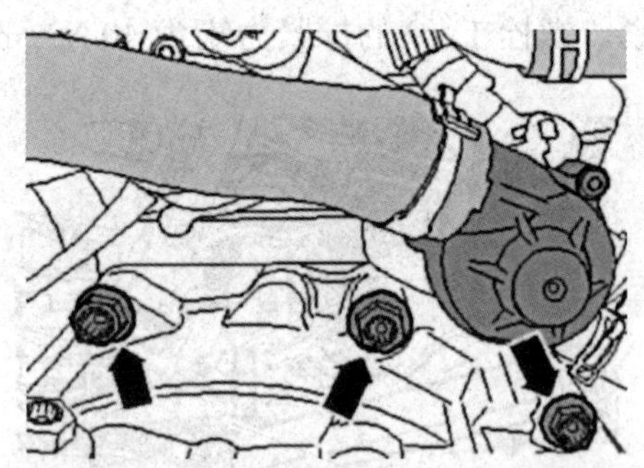

图 3–1–55　旋入发动机和变速器连接螺栓

（20）如图 3–1–56 所示，安装摆动支承，先旋入箭头 A 处的螺栓，再旋入箭头 B 和箭头 C 处的螺栓。

（21）如图 3–1–57 所示，将排气管支架装入副车架并拧紧箭头处螺栓。

（22）如图 3–1–58 所示，安装汽车右侧底部传动轴的隔热罩，并以规定的拧紧力矩拧紧箭头处螺栓。

（23）安装起动机。

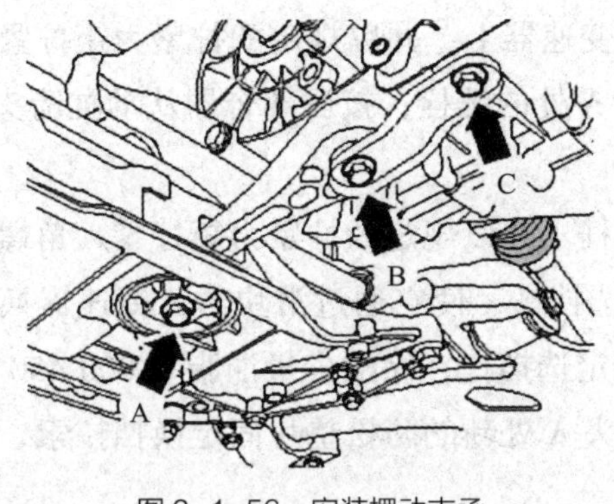

图 3-1-56　安装摆动支承

图 3-1-57　安装排气管支架

（24）连接倒车灯开关 F4 的插头 1，如图 3-1-59 所示。

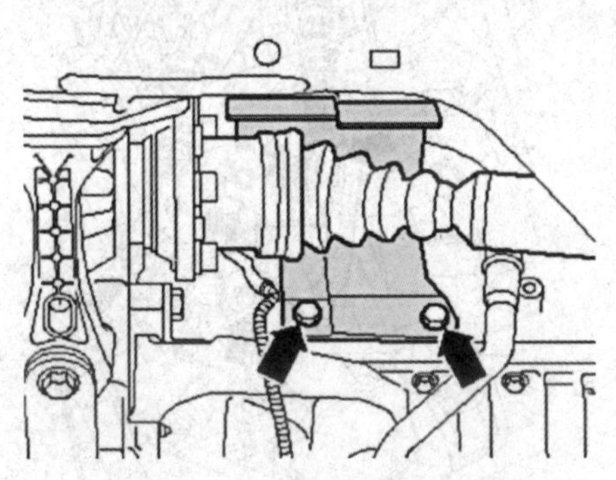

图 3-1-58　安装传动轴隔热罩

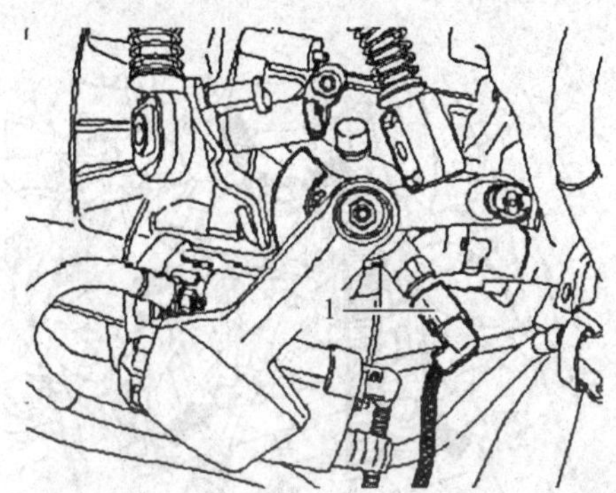

图 3-1-59　连接倒车灯开关 F4 的插头 1

（25）如图 3-1-60 所示，安装接地线，旋入螺母 1；安装导线 4 并盖好保护套 2；连接起动机插头 3。

（26）如图 3-1-61 所示，安装离合器从动缸并旋入箭头 B 处的螺栓；安装支承杆并旋入箭头 A 处的螺栓。

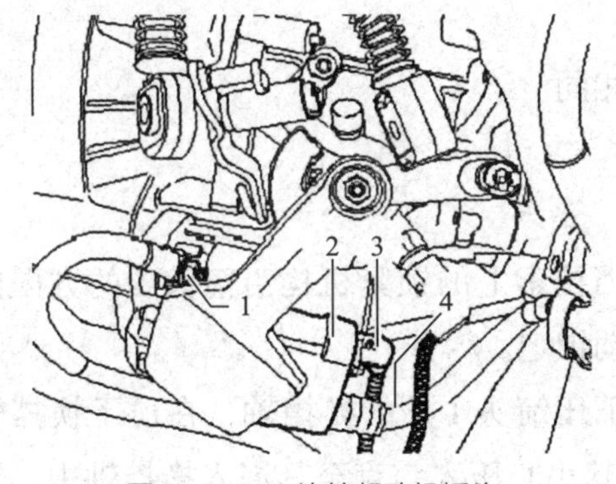

图 3-1-60　连接起动机插头

1—螺母　2—保护套　3—起动机插头　4—导线

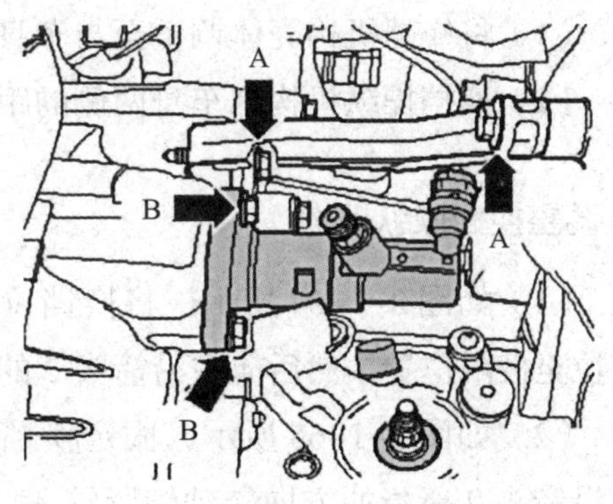

图 3-1-61　安装离合器从动缸和支承杆螺栓

（27）如图 3–1–62 所示，将拉索支架装到变速器上，并以规定的拧紧力矩拧紧箭头处的螺栓；安装变速器上的支架并旋入箭头 A 处的螺栓；按压离合器从动缸箭头 B 处的液压管路，将其固定在支架上。

（28）如图 3–1–63 所示，安装变速器换挡杆 1 并以规定的拧紧力矩拧紧六角螺母 3；将选挡杆 2 装入换挡盖板的支承中；转动选挡杆，使它通过滑块卡入变速器换挡杆 1 上的导向件中；用箭头 B 处新的固定夹固定选挡杆；涂敷少量油脂 G 000 450 02 在变速器换挡杆 1 和选挡杆 2 的销轴上；用箭头 A 处新的防松垫片固定换挡拉索，用箭头 B 处新的防松垫片固定选挡拉索。

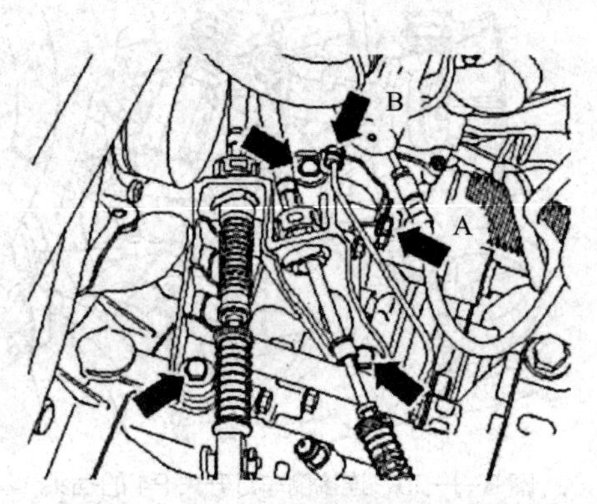

图 3–1–62　安装变速器支架螺栓

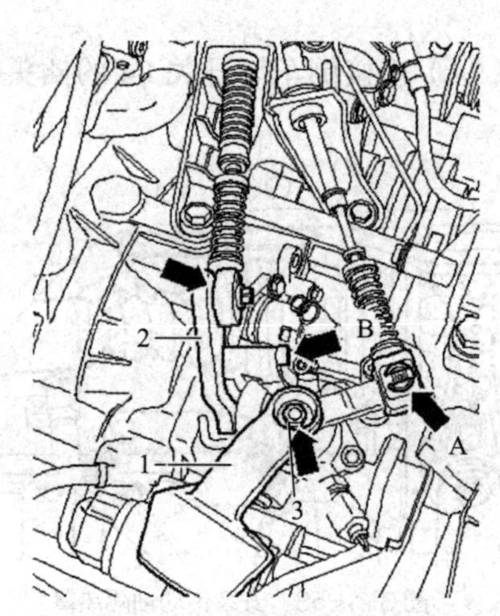

图 3–1–63　固定选挡拉索

1—换挡杆　2—选挡杆　3—螺母

2. 安装换挡操纵机构

安装按拆卸的相反顺序进行，安装时要注意下列事项：

（1）将换挡机构壳体调整至与车身平行。

（2）换挡操纵机构到车身两侧的距离必须相同。

3. 调整换挡操纵机构

（1）如图 3–1–64 所示，将换挡拉索和选挡拉索上的锁紧机构沿箭头 1 的方向向前拉至极限位置，然后向左沿箭头 2 的方向转动锁定。

（2）如图 3–1–65 所示，固定换挡轴，向下压箭头 1 处的换挡轴，在压下换挡轴时沿箭头 2 所指的方向转动锁紧销 A，同时将其小心压入，直至其嵌入换挡轴中，锁紧销必须垂直指向上方。

图 3-1-64　转动锁紧机构

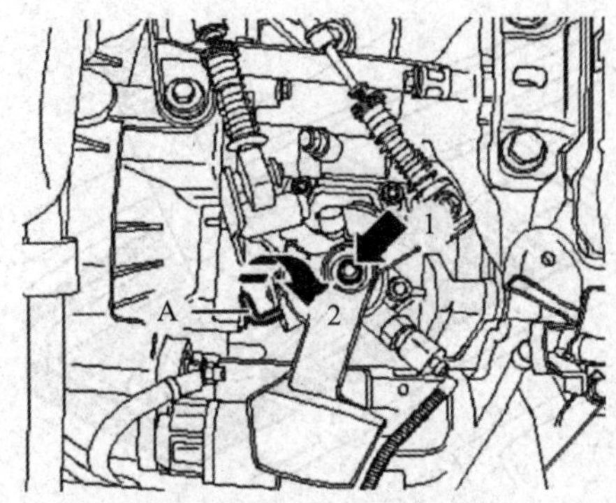

图 3-1-65　固定换挡轴

A—锁紧销

（3）将换挡杆挂入空挡。如图 3-1-66 所示，将锁紧销 T10027 A 穿过孔 A 插入孔 B。

（4）如图 3-1-67 所示，确保选挡拉索 / 换挡拉索 B 无应力地插入锁紧机构 A 中；沿箭头 1 的方向旋转选挡拉索 / 换挡拉索上的锁紧机构至极限位置；将锁紧机构沿箭头 2 的方向压回原始位置。

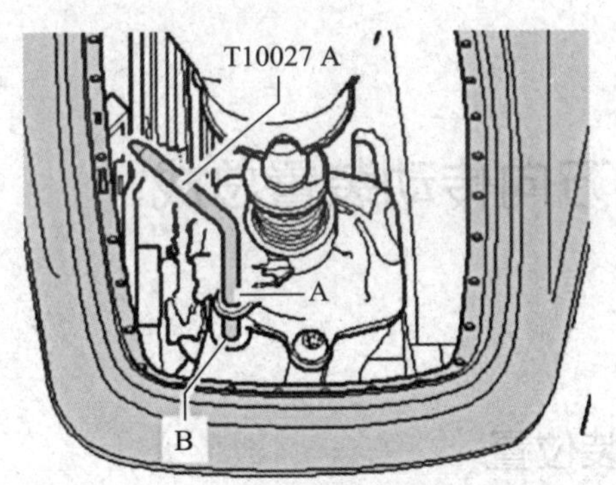

图 3-1-66　安装锁紧销 T10027 A

A、B—孔

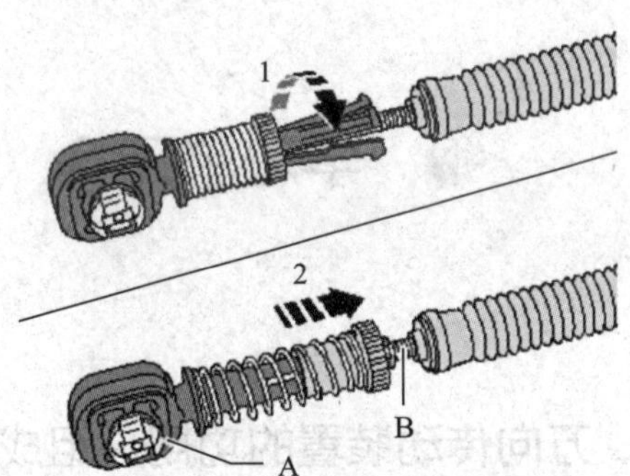

图 3-1-67　安装锁紧机构

A—锁紧机构　B—选挡拉索 / 换挡拉索

（5）如图 3-1-68 所示，将锁紧销 A 沿箭头方向转回原始位置，锁紧销必须平行于地面。

（6）将锁紧销 T10027 A 从孔 A 和 B 中拔出。

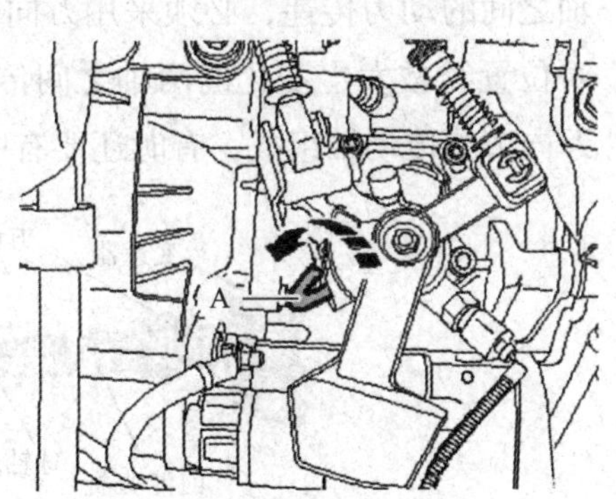

图 3-1-68　安装锁紧销

A—锁紧销

4. 安装换挡杆把手和隔音垫

（1）如图 3-1-69 所示，放置好箭头 1 处的隔音垫。

（2）如图 3-1-70 所示，箭头 B 所指的卡子必须卡入中控台。

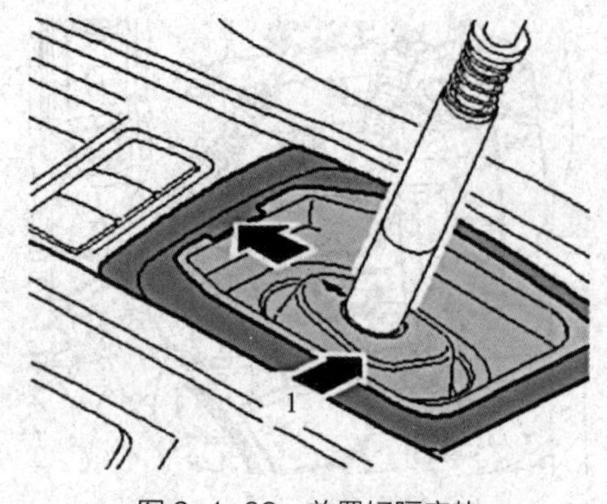

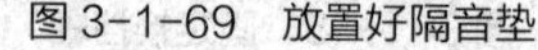
图 3-1-69　放置好隔音垫

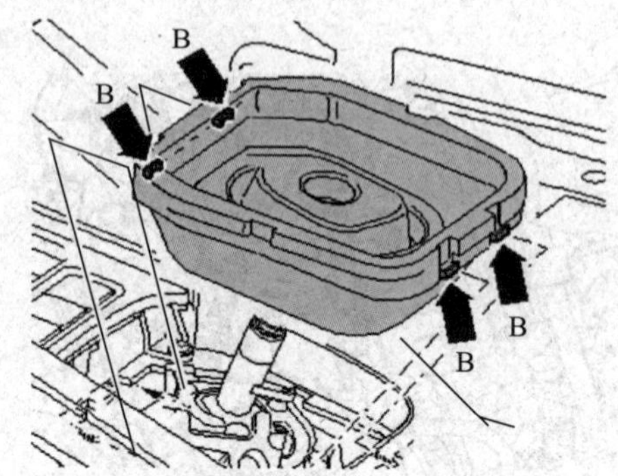

图 3-1-70　安装箭头 B 处的卡子

（3）将密封套从内向外翻折，将换挡杆把手嵌入换挡杆的环槽中。

（4）安装换挡杆把手和密封套后将新的卡箍用软管夹箍钳 V.A.G 1275 或 Hazet 18471 夹紧。

（5）将密封套压入中控台框架中。

学习单元 3　更换万向传动装置总成

一、万向传动装置的功用、组成及安装位置

在汽车传动系统及其他系统中，为了实现一些轴线相交或相对位置经常变化的转轴之间的动力传递，必须采用万向传动装置，万向传动装置的功用是在轴线相交且相对位置经常发生变化的两轴之间传递动力。如图 3-1-71 所示，万向传动装置一般由万向节和传动轴组成，有时还要有中间支承。

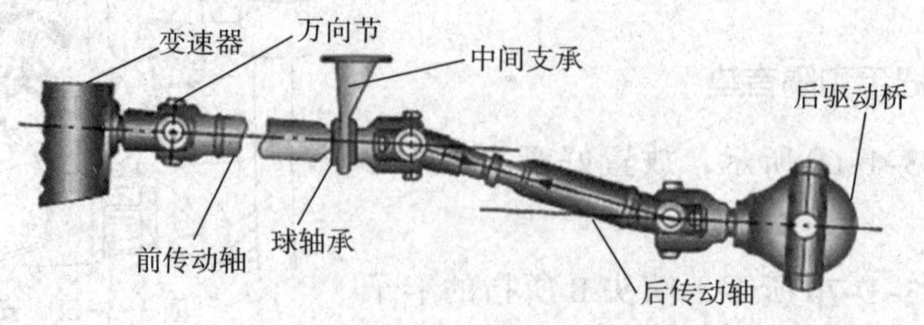

图 3-1-71　万向传动装置的组成

汽车上的万向节按其在扭转方向是否有明显的弹性可分为刚性万向节和挠性万向节。在刚性万向节中，动力靠零件的铰链式连接传递；在挠性万向节中，动力则靠弹性零件传递，且有缓冲、减振作用。

刚性万向节根据其运动特点又可分为不等速万向节、准等速万向节和等速万向节三种形式。常用的十字轴式刚性万向节具有不等速性，双联式万向节、三销轴式万向节和球面滚轮式万向节具有准等速特性，而球笼式万向节、球叉式万向节具有等速特性。

二、万向传动装置总成的拆卸（以上汽大众新帕萨特轿车为例）

1. 拆卸传动轴

（1）松开传动轴的十二角法兰螺栓，需注意：此时车辆不得以车轮承载，传动轴拆卸后不得移动车辆，否则会损坏车轮轴承；如果传动轴拆卸后需移动车辆，必须安装一个外万向节来取代传动轴，并以 120 N · m 的拧紧力矩拧紧该外万向节。

（2）当车辆以车轮承载时，使用十二角套筒 T10361 或 Hazet 900Z-24 松开十二角法兰螺栓，最多旋转 90°。

（3）举升车辆直到车轮完全离开地面。

（4）踩下制动踏板。

（5）拆下十二角法兰螺栓。

2. 拆卸带等速万向节 VL3700iLPD 的传动轴

（1）拆卸隔音板。

（2）拧下 6 个内十二角花键螺栓，如图 3-1-72 所示。

（3）从变速器的法兰轴上拆下传动轴。

（4）拆下车轮。

（5）用手将外万向节从轮毂中推出。

（6）如图 3-1-73 所示，拧下箭头处的六角螺母。

（7）将带主销球头的车轮轴承壳体从摆臂中拉出。

（8）把传动轴从轮毂上拉出。

3. 拆卸带等速万向节 UF3700i 和 UF3-41 的传动轴

（1）拆卸前注意事项如下：此时车辆不得以车轮承载，若松开螺栓，车轮轴承会

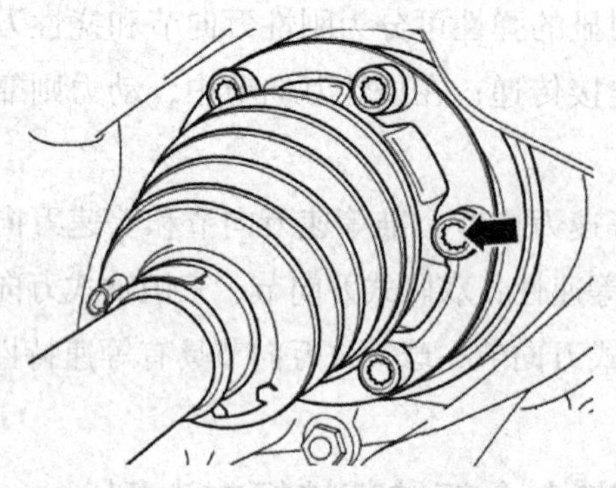
图 3-1-72　拆卸内十二角花键螺栓

图 3-1-73　拆卸六角螺母

由于车辆自重而损坏；如果传动轴拆卸后需移动车辆，必须安装一个外万向节来取代传动轴，并以 120 N · m 的拧紧力矩拧紧该外万向节。

（2）拆卸隔音板。

（3）拧下 6 个内十二角花键螺栓，如图 3-1-72 所示。

（4）从变速器的法兰轴上拆下传动轴。

（5）拆下车轮。

（6）用手将外万向节从轮毂中推出。

（7）如图 3-1-74 所示，拧下箭头处的六角螺母。

（8）将带主销球头的车轮轴承壳体从摆臂中拉出。

（9）把传动轴从轮毂上拉出。

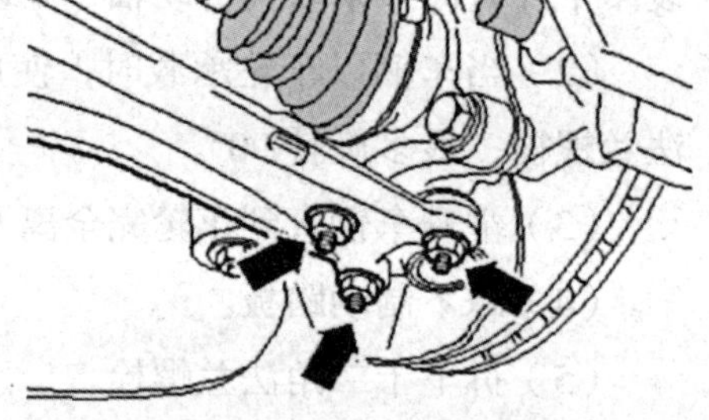
图 3-1-74　拆卸六角螺母

4. 拆卸带等速万向节 VL2900iLPD 的传动轴（螺栓紧固）

拆卸前注意事项如下：此时车辆不得以车轮承载，若松开螺栓，车轮轴承会由于车辆自重而损坏；如果传动轴拆卸后需移动车辆，必须安装一个外万向节来取代传动轴，并以 120 N · m 的拧紧力矩拧紧该外万向节。

拆卸带等速万向节 VL2900iLPD 的传动轴（螺栓紧固）的注意事项及步骤同拆卸带等速万向节 VL3700iLPD 的传动轴。

5. 拆卸带等速万向节 AC98 的传动轴（螺栓紧固）

拆卸带等速万向节 AC98 的传动轴（螺栓紧固）的注意事项及步骤同拆卸带等速万向节 UF3700i 和 UF3-41 的传动轴。

三、万向传动装置总成的安装

1. 安装带等速万向节 AC98 的传动轴（螺栓紧固），其余传动轴的安装与此步骤相同，在此不再赘述。

（1）去除外万向节螺纹和花键中可能存在的油漆残留物和锈蚀。

（2）装入传动轴。

（3）将外万向节尽可能插入轮毂花键中。

（4）用螺栓将主销球头和摆臂固定在一起，拧紧力矩为 40 N · m+45°，注意不要损坏和扭转橡胶防尘罩。

（5）安装传动轴的内万向节，以 10 N · m 的力矩对角交错预拧紧螺栓。

（6）将内十二角花键螺栓用规定的拧紧力矩以交叉方式拧紧，拧紧力矩为（40 ± 5）N · m。

（7）安装隔音板。

（8）拧紧传动轴至轮毂的十二角法兰螺栓，拧紧力矩为 70 N · m+90°。

2. 安装十二角法兰螺栓，注意使用新的十二角法兰螺栓。

（1）拧紧传动轴的十二角法兰螺栓时车辆不得以车轮承载，否则会损坏车轮轴承。

（2）踩下制动踏板（由另一个维修工完成）。

（3）用 70 N · m 的拧紧力矩拧紧十二角法兰螺栓。

（4）将十二角法兰螺栓再拧紧 90°，如图 3–1–75 所示。

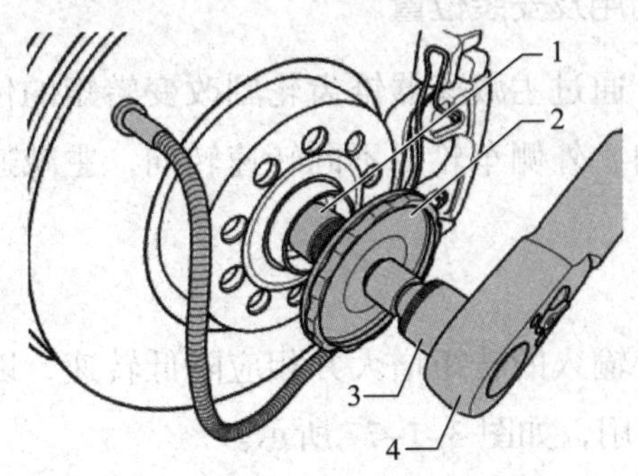

图 3–1–75　拧紧十二角法兰螺栓

1—十二角法兰螺栓（在套筒内）　2—转角仪　3—套筒　4—棘轮扳手

学习单元 4　更换主减速器及差速器总成

一、主减速器及差速器总成的功用、类型及安装位置

1. 驱动桥的组成

驱动桥由主减速器、差速器、半轴、万向节、驱动桥壳（或变速器壳体）和驱动车轮等零部件组成。

2. 驱动桥的功用

（1）通过主减速器齿轮的传动，降低转速，增大转矩。

（2）主减速器采用锥齿轮传动，以改变转矩的传递方向。

（3）通过差速器可以使内、外侧车轮以不同转速转动，适应汽车的转向要求。

（4）通过桥壳和车轮实现承载及传力作用。

3. 主减速器和差速器的功用及安装位置

在车辆行驶过程中，通过主减速器锥齿轮副改变转矩的传递方向，通过差速器实现两侧车轮差速，保证内、外侧车轮以不同转速转向，主减速器、差速器的安装位置如图 3–1–76 所示。

（1）主减速器的功用

主减速器的功用是将输入的转矩增大并相应降低转速，以及当发动机纵置时还具有改变转矩旋转方向的作用，如图 3–1–77 所示。

（2）主减速器的分类

主减速器按照参加减速传动的齿轮副数目分，有单级式主减速器（采用一对锥齿轮实现降速增扭）和双级式主减速器（采用两对齿轮实现降速增扭），如图 3–1–78 所示。

1）单级式主减速器的结构及原理。单级式主减速器就是一个主动锥齿轮（俗称角

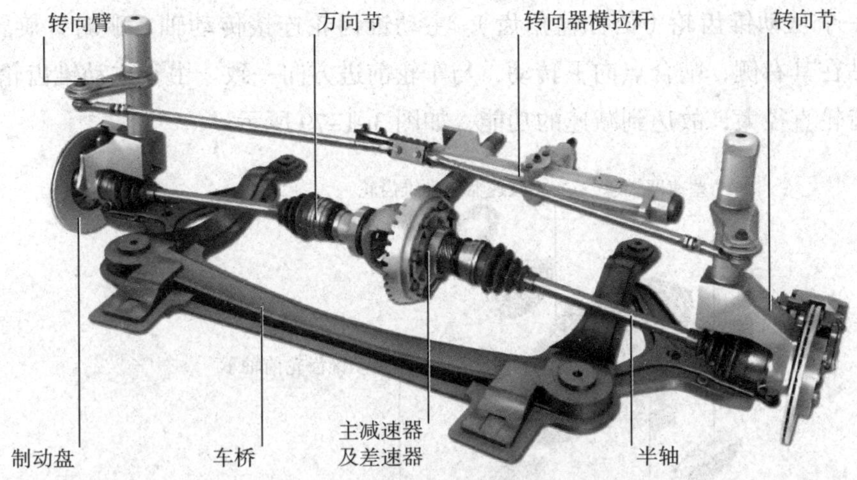

图 3-1-76　主减速器、差速器的安装位置

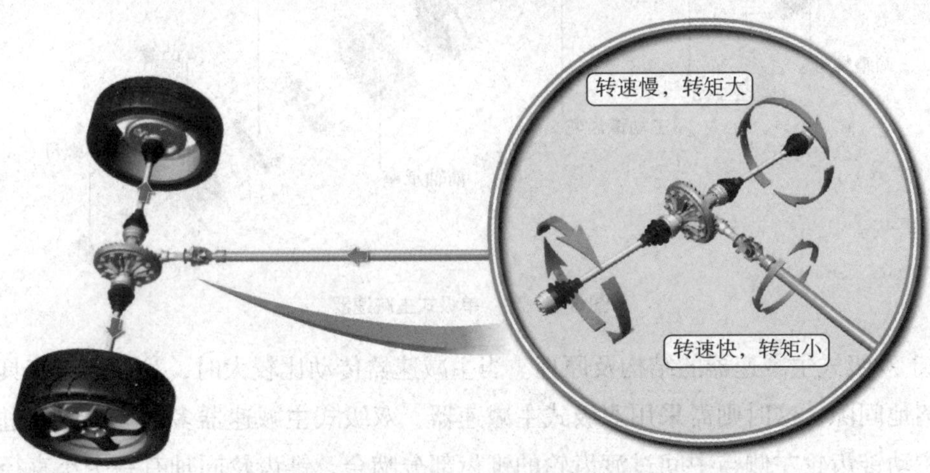

图 3-1-77　主减速器的功用

a）

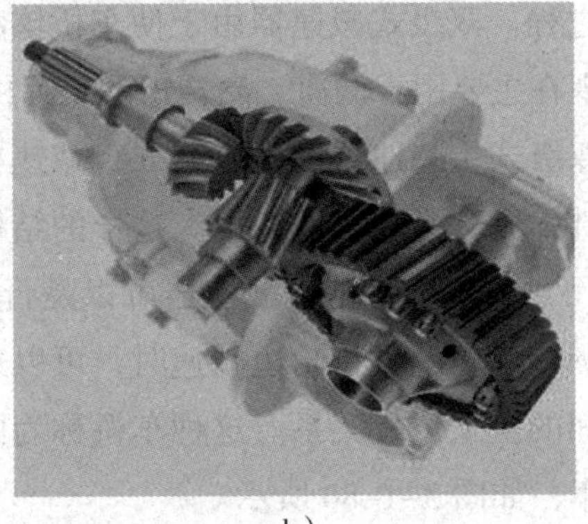

b）

图 3-1-78　主减速器的分类

a）单级式主减速器　b）双级式主减速器

齿）和一个从动锥齿轮（俗称盆角齿），主动锥齿轮连接传动轴，顺时针旋转，从动锥齿轮贴在其右侧，啮合点向下转动，与车轮前进方向一致。由于主动锥齿轮直径小，从动锥齿轮直径大，故达到减速的功能，如图 3–1–79 所示。

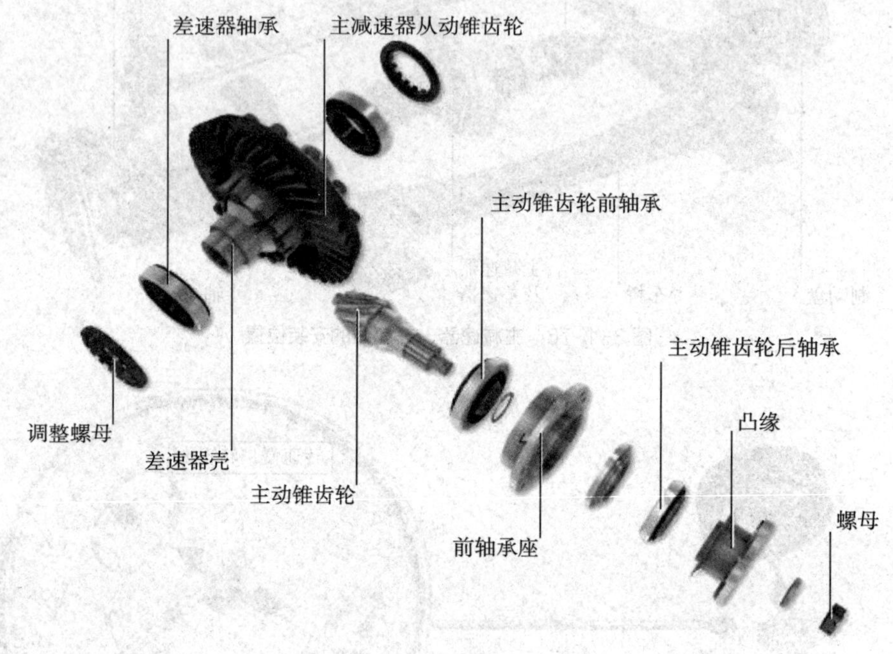

图 3–1–79 单级式主减速器

2）双级式主减速器的结构及原理。当主减速器传动比较大时，为保证汽车具有足够的离地间隙，这时则需采用双级式主减速器。双级式主减速器多了一个中间过渡齿轮，主动锥齿轮左侧与中间过渡齿轮的锥齿部分啮合，锥齿轮同轴有一个小直径的直齿轮，直齿轮与从动齿轮啮合。这样中间齿轮向后转，从动齿轮向前转动。中间有两级减速过程。双级式减速器由于使车桥体积增大，过去主要用在发动机功率偏低的车辆上，现在主要用于低速、高转矩的工程机械方面。

在双级式主减速器中，若第二级减速在车轮附近进行，实际上构成两个车轮处的独立部件，则称为轮边减速器。这样的结构可以减小半轴所传递的转矩，有利于减小半轴的尺寸和质量。轮边减速器可以是行星齿轮式，也可以由一对圆柱齿轮副构成。当采用圆柱齿轮副进行轮边减速时，可以通过调节两齿轮的相互位置改变车轮轴线与半轴之间的上下位置关系。这种车桥称为门式车桥，常用于对车桥高低位置有特殊要求的汽车，如图 3–1–80 所示。

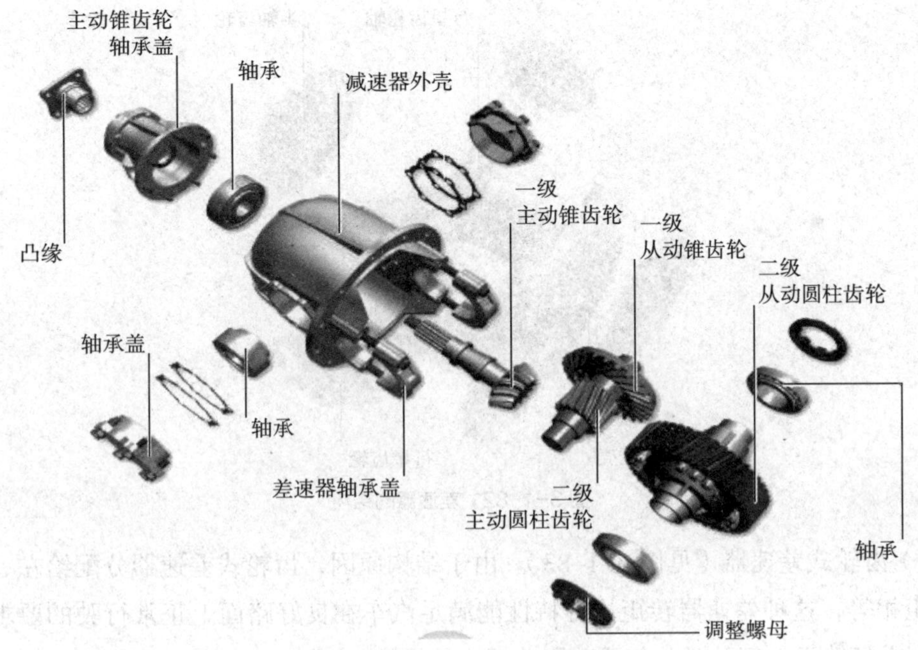

图 3-1-80　双级式主减速器

（3）差速器的结构和功用

差速器是一种能使旋转运动自一根轴传至两根轴，并使后者相互间能以不同转速旋转的差动机构，如图 3-1-81 所示。汽车上的差速器位于后桥内，由差速器壳、行星齿轮及半轴齿轮组成，如图 3-1-82 所示。

（4）差速器的分类

现代汽车上的差速器按其工作特性分为齿轮式差速器和防滑差速器两大类。

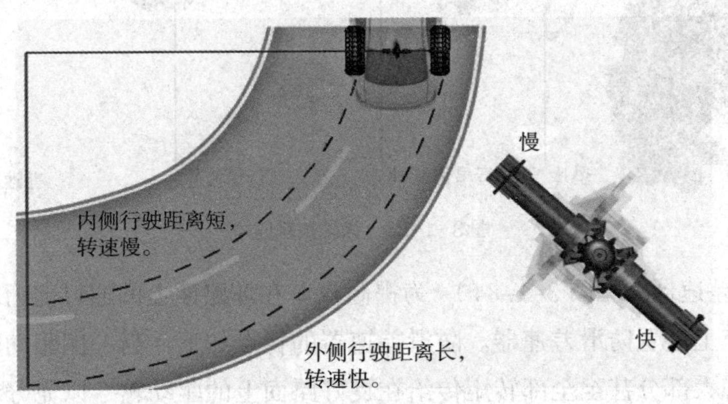

图 3-1-81　差速器的作用

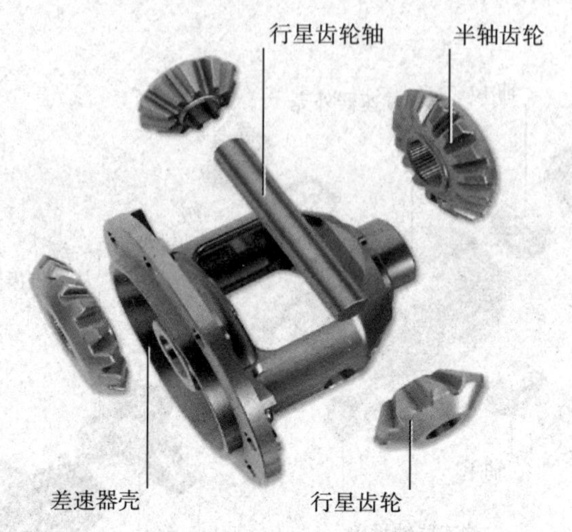

图 3-1-82　差速器的结构

1）齿轮式差速器（见图 3-1-83）。由于结构原因，齿轮式差速器分配给左、右轮的转矩相等，这种差速器转矩均分特性能满足汽车在良好路面上正常行驶的要求，但当汽车在坏路面上行驶时，却严重影响通过能力。

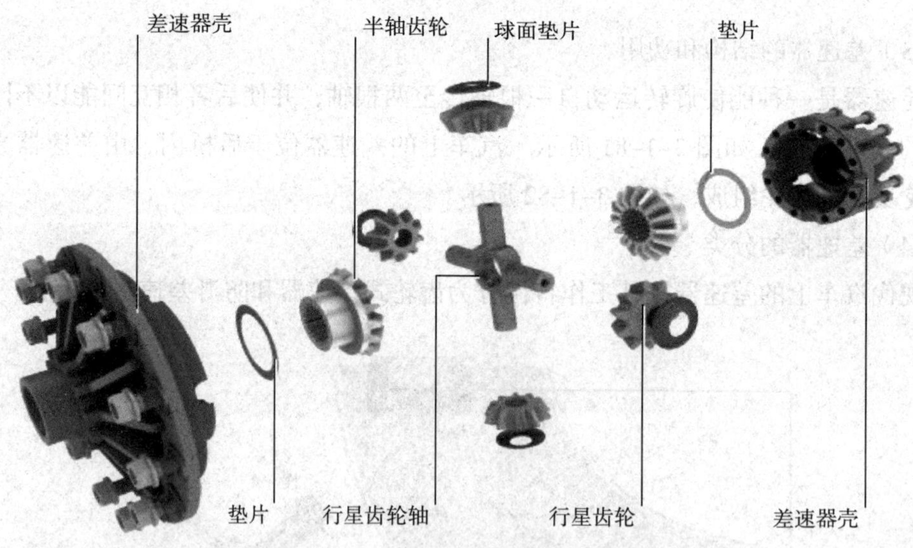

图 3-1-83　齿轮式差速器

2）防滑差速器（见图 3-1-84）。为提高汽车在坏路面上的通过能力，某些越野汽车及高级轿车上装置防滑差速器。防滑差速器的特点如下：当一侧驱动轮在坏路面上滑转时，能使大部分甚至全部转矩传给在良好路面上的驱动轮，以充分利用这一侧驱动轮的附着力来产生足够的驱动力，使汽车顺利起步或继续行驶。

图 3-1-84　防滑差速器

二、主减速器及差速器总成的拆卸

1. 拆卸离合器分离杠杆和分离轴承及导向套。

2. 如图 3-1-85 中箭头所示将变速器固定在装配架上。

（1）将支承架 T10323 或 CT10323 安装在变速器上，将支承架 30-211A 或 S30-211A 也安装在变速器上，将止推板 VW 447i 或 SVW 447i 放到变速器上对应输出轴底部，并拧紧螺栓 B，将垫块 32-111 或 S32-111 安装在输入轴上，并拧紧螺栓 A，如图 3-1-86 所示。

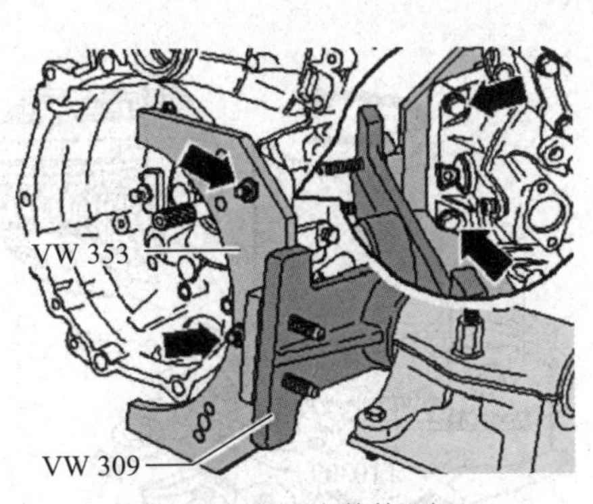

图 3-1-85　安装装配架

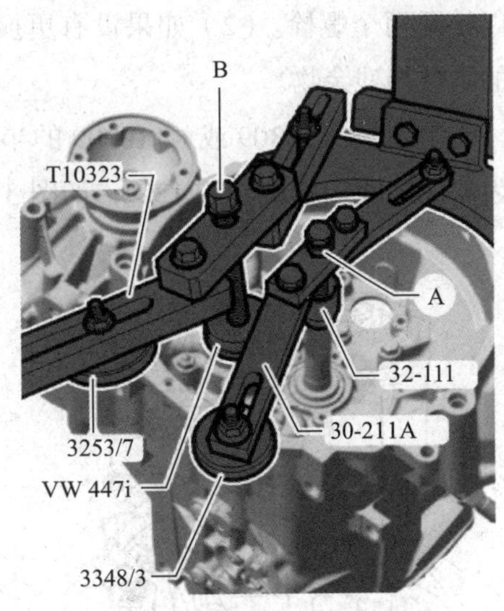

图 3-1-86　安装装配组件

（2）将收集盘放在变速器下面。

（3）打开加油螺塞和放油螺塞，排放齿轮油。

（4）旋出离合器壳体盖板的 5 个固定螺栓。

3. 如图 3-1-87 所示，拆下离合器壳体盖板，用干净的布遮盖拆开的部分。

4. 将换挡拨叉 1 调节到中间位置；旋出第 5 挡换挡拨叉的螺栓 2；然后旋出箭头处定位销的螺栓；拉出定位销；取下换挡拨叉，如图 3-1-88 所示。

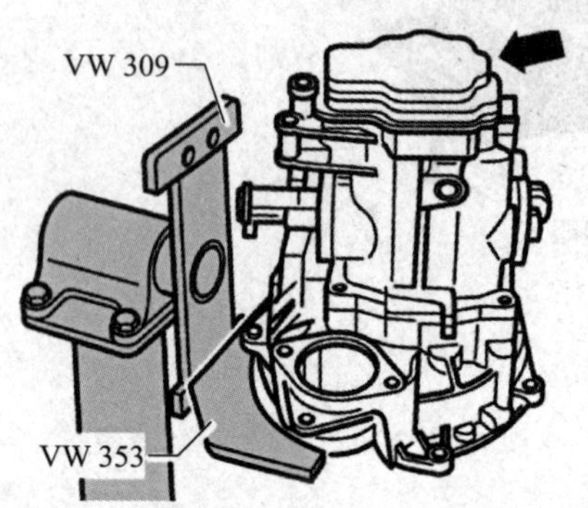

图 3-1-87　拆下离合器壳体盖板

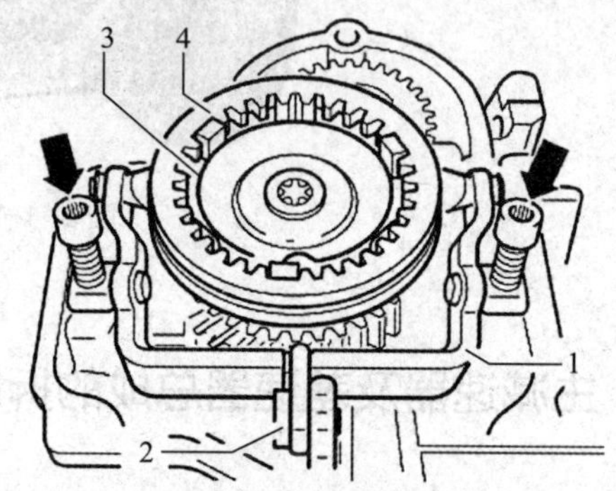

图 3-1-88　取下换挡拨叉

1—换挡拨叉　2—螺栓　3—弹簧　4—滑动套筒

注意：弹簧 3 和滑动套筒 4 不需要拆卸。

5. 挂入箭头 2 和箭头 3 处的第 1 挡，用花键头 Hazet 990/14 旋出箭头 1 处的第 5 挡同步器和齿轮螺栓 A，如图 3-1-89 所示。

注意：（1）挂入挡位后输入轴和输出轴即被锁定，同步器和齿轮不会转动，现在可以松开两个螺栓。（2）如果没有更换这两根轴，可用螺纹丝锥小心地清除掉螺纹孔上的防松剂残余物。

6. 将拉具 T10309 或 CT10309 的半圆柱形部分安装在第 5 挡同步环 1 和第 5 挡换挡齿轮 2 之间，并旋转约 180°，如图 3-1-90 所示。

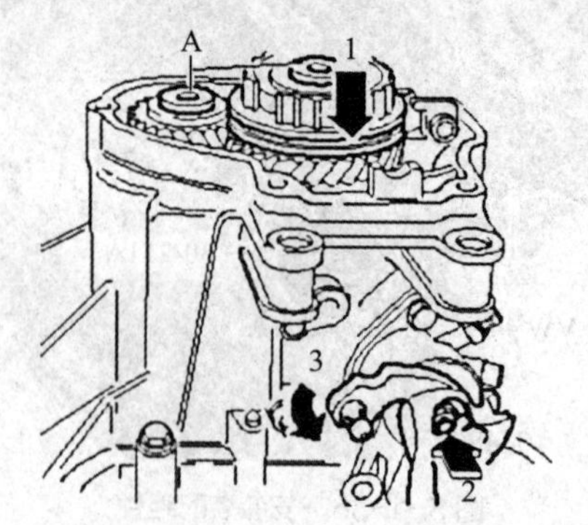

图 3-1-89　旋出第 5 挡同步器和齿轮的螺栓

A—螺栓

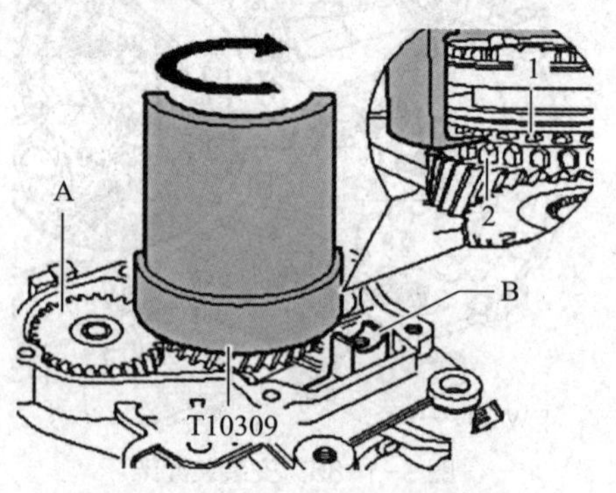

图 3-1-90　安装拉具半圆柱形部分

1—第 5 挡同步环　2—第 5 挡换挡齿轮

7. 将拉具 T10309 或 CT10309 其余部分安装至图 3–1–91 所示处，并拧紧螺母；拉出第 5 挡同步器，取出第 5 挡同步齿轮与滚针轴承。

8. 在输出轴中放入拉具附件 T10040/3 或 CT10040/3，使用双臂起拔器 Kukko 20–10 与拉具附件 T10040/2A 拉出第 5 挡齿轮，如图 3–1–92 所示。

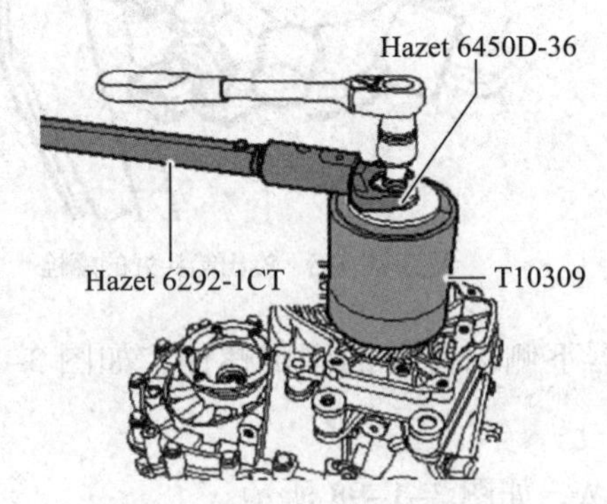

图 3–1–91　安装拉具其余部分

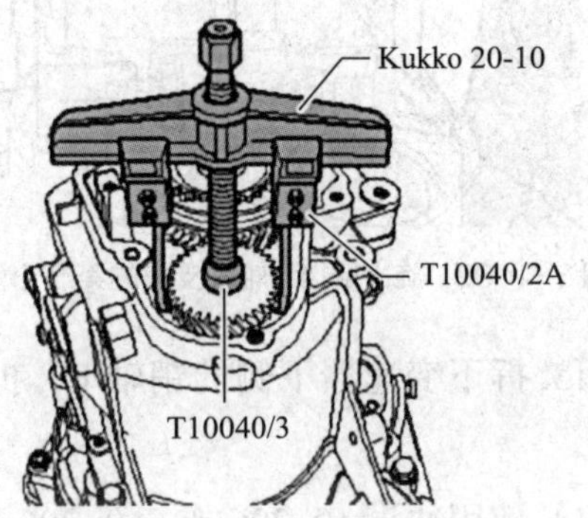

图 3–1–92　拉出第 5 挡齿轮

注意：（1）在拆卸时，注意拉具附件 T10040/2A 或 CT10040/2A 须与齿面保持垂直状态。（2）在拆卸时，必须使用热风机 V.A.G 1416 或 SVW 1978/14A 对齿轮进行加热。（3）检查齿轮表面是否有损坏，如有必要应进行更换。

9. 拆下两个法兰轴，如图 3–1–93 所示。

10. 如图 3–1–94 所示，旋出箭头处倒挡齿轮轴支座的两个螺栓。

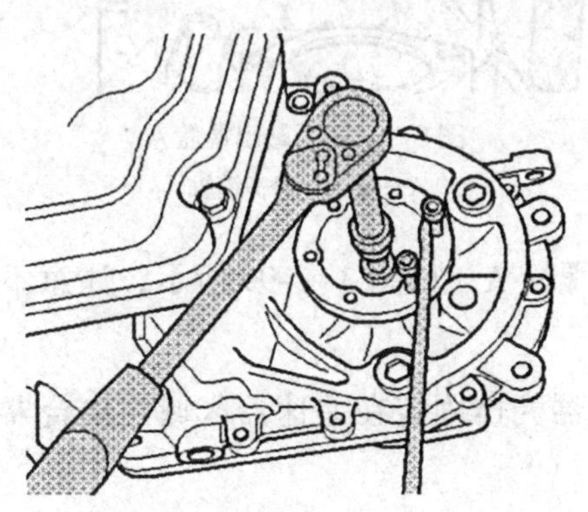

图 3–1–93　拆下两个法兰轴

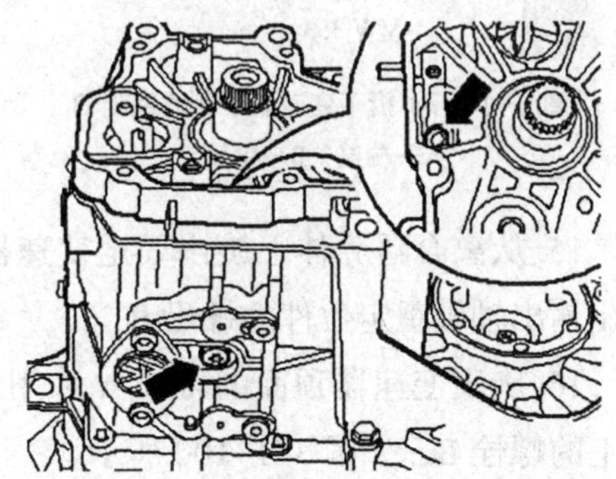

图 3–1–94　旋出倒挡齿轮轴支座的两个螺栓

11. 如图 3–1–95 所示，旋出箭头处倒挡齿轮轴支座的第 3 个螺栓。

12. 如图 3–1–96 所示，把换挡轴调节到空挡位置，旋出箭头处的螺栓，将换挡轴和换挡盖板从变速器壳体中拉出。

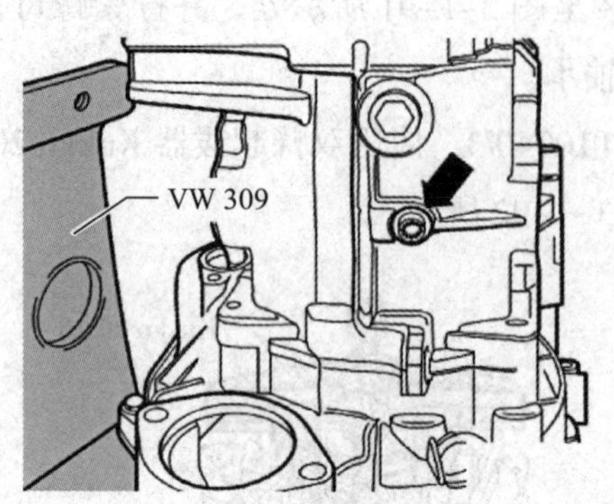

图 3–1–95　旋出倒挡齿轮轴支座的第 3 个螺栓

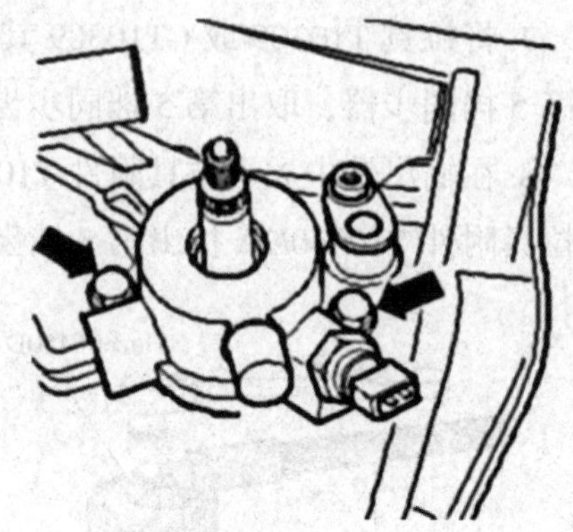

图 3–1–96　旋出箭头处的螺栓

13. 拆下变速器下侧的销轴 B，拆下变速器下侧端盖 A 的固定螺栓，如图 3–1–97 所示。

14. 使用冲头 10–206 或 S10–206 敲出端盖 A，如图 3–1–98 所示。

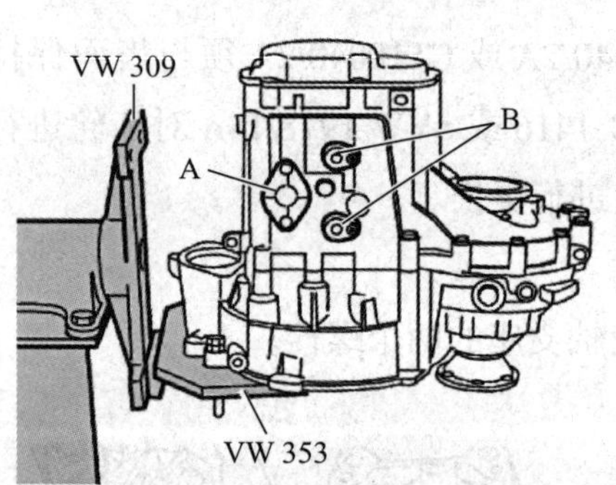

图 3–1–97　拆下变速器下侧的销轴 B

A—端盖　B—销轴

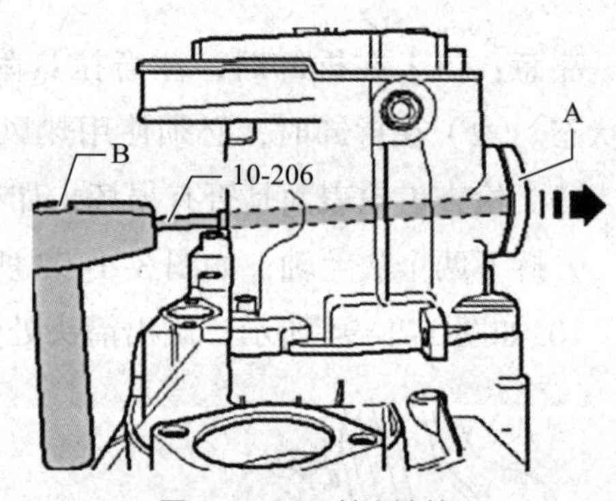

图 3–1–98　敲出端盖 A

A—端盖　B—销轴

15. 从离合器壳体上旋出固定变速器壳体的螺栓 A，如图 3–1–99 所示，注意不要旋出输出轴轴承定位件的螺母 B。

16. 旋出变速器顶面的轴销 A 和用于将变速器壳体固定在差速器区域内离合器壳体上的螺栓 B，如图 3–1–100 所示。

17. 取下变速器壳体，必要时小心地交替撬动箭头处四周凸出的壳体凸台，同时不要损坏密封面，如图 3–1–101 所示。

18. 将倒挡换挡拨叉 A 和换挡导轨一起取下；旋出倒挡换挡拨叉的固定螺栓 B，并取下倒挡换挡拨叉，注意此时不允许翻转变速器，如图 3–1–102 所示。

19. 如图 3–1–103 所示，从下方旋出输出轴轴承定位件的螺母 B。

20. 将倒挡齿轮轴支座 A 和倒挡齿轮轴 B、输入轴 C 和输出轴 D 依次从离合器壳体上取下，如图 3-1-104 所示。

21. 取出差速器。

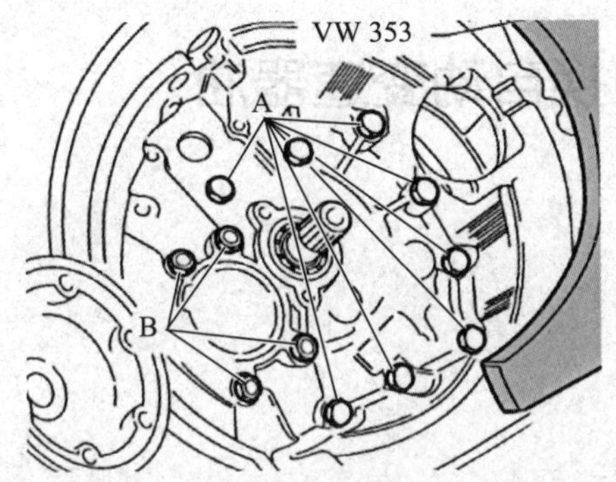

图 3-1-99　旋出固定变速器壳体的螺栓 A

A—螺栓　B—螺母

图 3-1-100　旋出壳体固定螺栓

A—轴销　B—螺栓

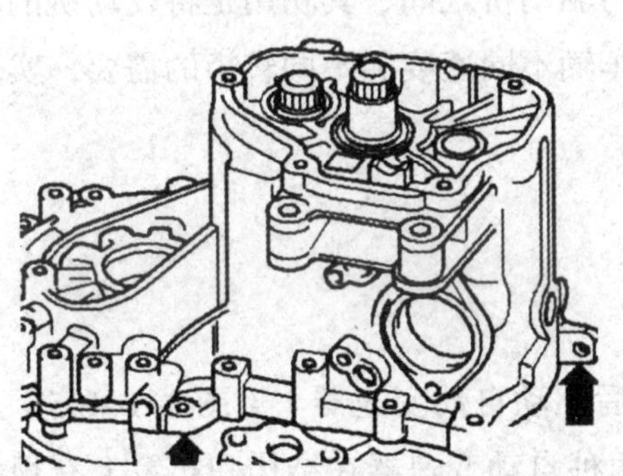

图 3-1-101　取下变速器壳体

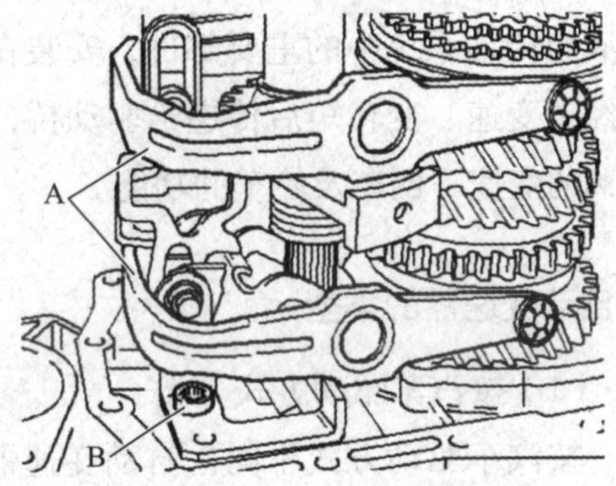

图 3-1-102　取下倒挡换挡拨叉

A—倒挡换挡拨叉　B—固定螺栓

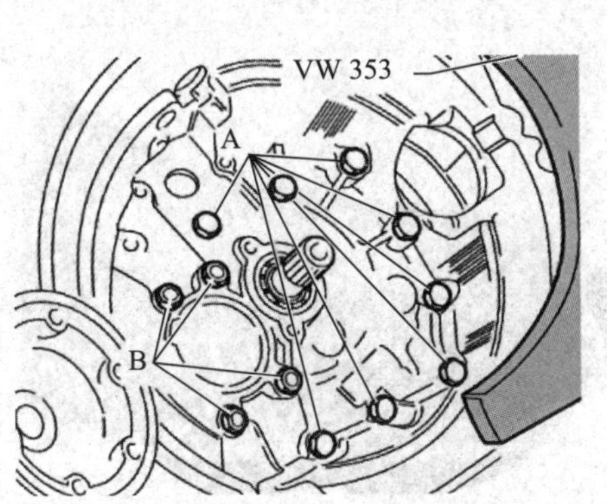

图 3-1-103　旋出输出轴轴承定位件的螺母 B

A—螺栓　B—螺母

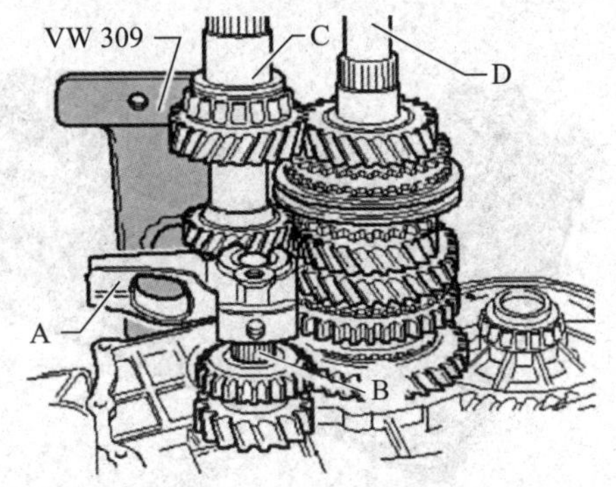

图 3-1-104　取下齿轮轴

A—倒挡齿轮轴支座　B—倒挡齿轮轴

C—输入轴　D—输出轴

学习单元 5　更换自动变速器油

一、自动变速器的功用、类型及型号

1. 自动变速器的功用

自动变速器以自动变速器油（automatic transmission fluid，ATF）作为传力介质，是液力传动系统中的重要部件，安装在发动机与驱动桥之间，其功用是将发动机的动力经过变速、变转矩后传递给驱动桥，以满足车辆不同速度和不同转矩的需要，实现车辆的变速、倒车及停车的功能。

2. 自动变速器的类型

（1）按汽车驱动方式分类

按汽车驱动方式不同，自动变速器可分为后驱动自动变速器（见图 3-1-105）和前驱动自动变速器（见图 3-1-106）两种，这两种自动变速器在结构和布置上有很大的不同。

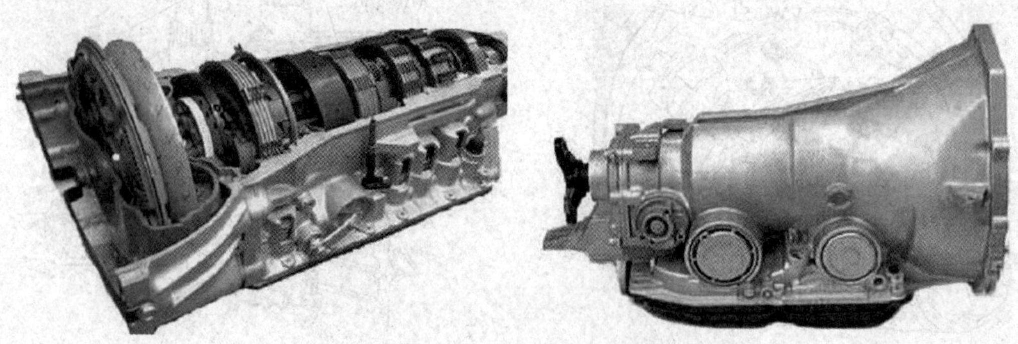

图 3-1-105　后驱动自动变速器

（2）按变速机构类型分类

按变速机构类型的不同，自动变速器可分为固定平行轴齿轮机构式自动变速器

图 3-1-106　前驱动自动变速器

（见图 3-1-107）、行星齿轮机构式自动变速器（见图 3-1-108）和无级自动变速器三种，其中无级自动变速器又分为金属带式无级自动变速器（见图 3-1-109）、链式无级自动变速器（见图 3-1-110）。

图 3-1-107　固定平行轴齿轮机构式自动变速器

图 3-1-108　行星齿轮机构式自动变速器

图 3-1-109　金属带式无级自动变速器

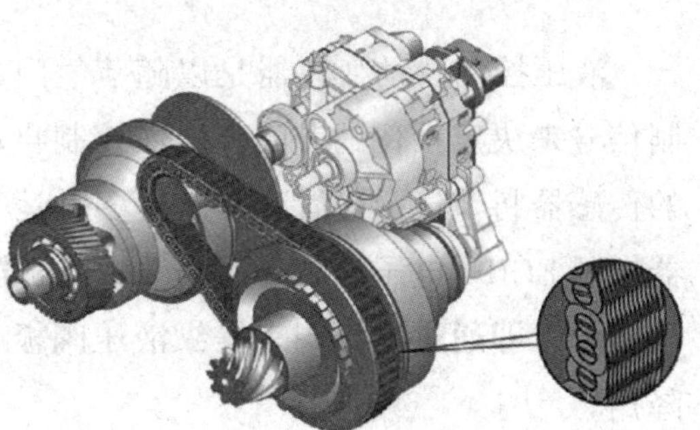

图 3-1-110　链式无级自动变速器

固定平行轴齿轮机构式自动变速器体积较大，传动比较小，只有本田等少数车型采用；行星齿轮机构式自动变速器结构紧凑，能获得较大的传动比，为多数轿车所采用。金属带式或链式无级自动变速器目前只在奥迪、本田飞度等部分轿车上使用。

（3）按控制方式分类

按控制方式不同，自动变速器可分为液压控制自动变速器（见图 3–1–111）、电液控制自动变速器（见图 3–1–112）和直接换挡自动变速器（见图 3–1–113）。

图 3–1–111　液压控制自动变速器

图 3–1–112　电液控制自动变速器

图 3–1–113　直接换挡自动变速器

液压控制自动变速器是以随节气门开度和汽车车速变化而变化的液压信号为控制信号来决定挡位的升降。电液控制自动变速器简称电控自动变速器，它使用不同的传感器将节气门位置和车速等多种运行参数转变为电信号，并将其送给自动变速器控制 ECU（电子控制单元），ECU 根据这些信号，按照设定的控制程序向执行器发出指令，即通过电磁阀来操纵液压阀板中各液压控制滑阀的动作，从而实现升挡和降挡。

（4）按自动变速器前进挡的挡位数分类

自动变速器按前进挡的挡位数不同，可分为 4 个前进挡（即四速）、5 个前进挡（即五速）、6 个前进挡（即六速，见图 3–1–114）和 7 个前进挡（即七速，见图 3–1–115）等多种。

图 3–1–114　大众 6 挡双离合器直接换挡（02E）自动变速器

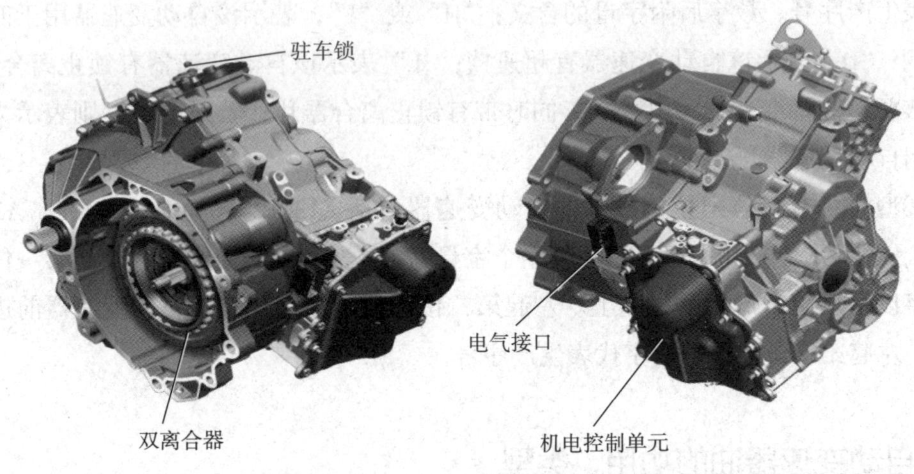

图 3–1–115　大众 7 挡双离合器自动变速器

3. 自动变速器的型号及其识别方法

（1）自动变速器型号识别方法

自动变速器型号可通过自动变速器壳体上的铭牌、零部件特征、变速器结构特征来识别。

（2）自动变速器型号

1）德国 ZF 公司（采埃孚股份公司）的自动变速器型号。例如，宝马 ZF4HP22-EH 表示由德国 ZF 公司生产，前进挡位数为 4，控制类型“H”代表液压控制，齿轮类型“P”代表行星齿轮，额定转矩为 22 N · m，末尾的“EH”表示电液控制类型。

2）通用公司自动变速器型号。该公司自动变速器的型号主要有 4T60E、4L60E 等。第一位阿拉伯数字表示前进挡的个数，“4”表示有 4 个前进挡。第二位字母表示驱动方式，“T”表示自动变速器横置（transverse）；“L”表示后置后驱动。第三、第四位数字表示自动变速器的额定驱动转矩。第五位字母表示控制类型，“E”表示电子控制。

3）丰田公司自动变速器型号。丰田公司自动变速器的型号分为两大类，一类为型号中除字母外有两位阿拉伯数字；另一类为型号中除字母外有三位阿拉伯数字。

①型号中有两位阿拉伯数字的自动变速器包括 A40、A41、A43DL、A45DF、A43D 等。字母“A”代表自动变速器。若左起第一位阿拉伯数字分别为“1”“2”或“5”，则表示该自动变速器为前轮驱动车辆用；若左起第一位阿拉伯数字分别为“3”“4”“6”或“7”，则表示该自动变速器为后轮驱动车辆用。左起第二位阿拉伯数字代表生产序号。数字后附字母的含义：“H”或“F”，表示该自动变速器用于四轮驱动车辆；“D”表示该自动变速器有超速挡；“L”表示该自动变速器有锁止离合器片；“E”表示该自动变速器为电控式，同时带有锁止离合器片；若无“E”，则表示为全液压控制自动变速器。

②型号中有三位阿拉伯数字的自动变速器包括 A130L、A440F、A340E、A340H、A341E、A340F、A540H 等。左起第一个字母“A”表示自动变速器，左起第一位阿拉伯数字以及后附字母的解释同上。左起第二位阿拉伯数字代表该自动变速器前进挡的个数。左起第三位阿拉伯数字代表生产序号。

二、自动变速器油的功用、类型

1. 自动变速器油的功用

自动变速器油简称 ATF，是用于自动变速器动力传递和控制的介质，对自动变速器的工作、使用性能及使用寿命都有非常重要的影响，如图 3-1-116 所示。ATF 在自动变速器中的功用如下。

（1）通过液力变矩器将发动机动力传递给变速器。

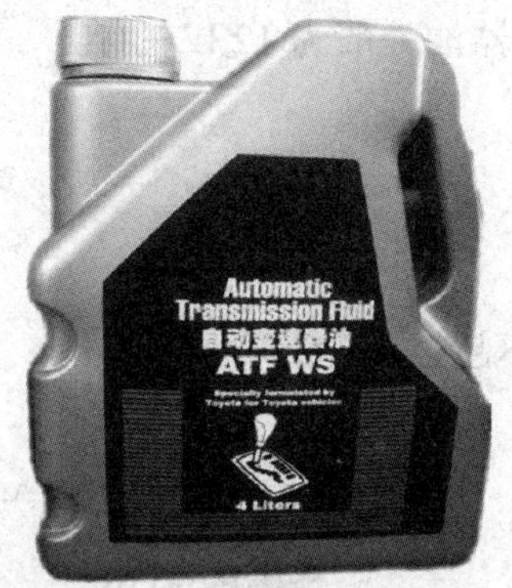

图 3-1-116　自动变速器油（ATF）

（2）通过电控、液控系统传递压力和运动，完成对各换挡元件的操纵。

（3）冷却：将变速器中的热量带出并传递给冷却介质。

（4）润滑：对行星齿轮机构和摩擦副进行强制润滑。

（5）清洁运动零件并起密封作用。

2. 自动变速器油的类型

ATF 油品型号有很多种，型号不同，摩擦因数也不同。我国目前使用的主要有 DEXRON、DEXRON-Ⅱ、DEXRON-Ⅲ型油（通用生产），ATF-F 型油（福特生产），我国研制的 8 号（主要用于各种小轿车液力自动传动系统）及 6 号油（主要用于发动机车和载重汽车的液力变矩器）等。中国车系的自动挡车可以选用 8 号油，也可以用 DEXRON-Ⅱ型油；日本、欧洲车系推荐使用 DEXRON 或 DEXRON-Ⅱ型油；美国车系大多使用 DEXRON-Ⅱ型油；福特轿车则通常应选用 ATF-F 型油。

三、自动变速器油的更换

1. 自动变速器油更换周期及用量

自动变速器经过长时间的使用，若不能及时更换自动变速器油，容易造成 ATF 污染，产生碎屑和颗粒，导致变质和降低黏度，加大摩擦片间的磨损，从而产生油路阻塞、拉伤阀体、阻塞柱塞、换挡冲击、增加油耗等工作异常情况，甚至损坏自动变速器。为保证自动变速器正常工作，应及时更换自动变速器油。自动变速器油的更换周期以行驶公里数或使用时间为准，若在车辆使用手册中同时给出了这两个指标，则哪一项指标先到就先执行，如果车辆使用手册未标明自动变速器的换油时间，则按照

60 000 ~ 80 000 km 的里程来更换，所需的自动变速器油一般为 12 L 左右。

2. 检查 ATF 的液位（以大众车系为例）

（1）检查条件

1）变速器不处于紧急运行状态，ATF 的温度不超过 30 ℃。

2）汽车水平放置。

3）变速器挡位置于“P”挡。

4）拆下隔音板。

5）把 ATF 加注容器 V.A.G 1924 安装在汽车上，如图 3–1–117 所示。

6）连接好 V.A.G 1552/1551。

（2）检查及调整 ATF 液位

1）启动发动机，怠速运行，关闭空调和其他用电设备。

2）举升汽车，并保持车辆水平。

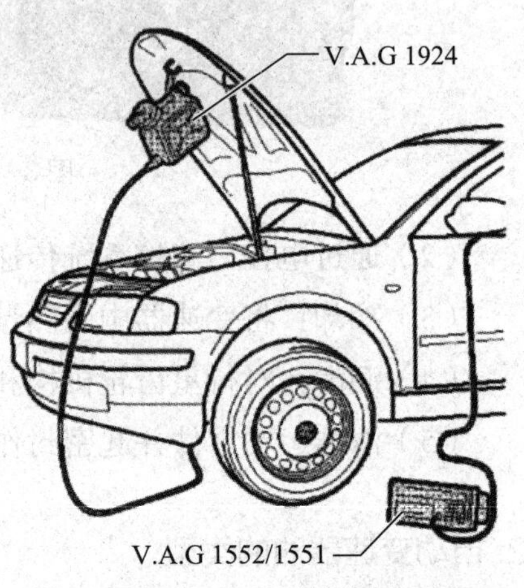

图 3–1–117　安装加油器

3）把换油机放在变速器下面。

4）拆下变速器上的 ATF 油位检查螺塞。此时漏出的油为溢流管（塑料管）中的存油。

5）操作诊断仪 V.A.G 1552/1551 或 VAS 505X 02–08–005 看第 1 区域的数据，当 ATF 的温度为 35 ~ 45 ℃时，若溢流管内的 ATF 缓慢流出，则说明液位达到标准。

6）若溢流管内的 ATF 大量流出，说明 ATF 太多，应将油从溢流管中放出，直到溢流管内的 ATF 缓慢流出为止。

7）若溢流管内无 ATF 流出，则需补充 ATF。

8）如图 3–1–118 所示，用旋具撬开加油管的防松盖；拔出密封塞，用 V.A.G 1924 加注 ATF，直到溢流管内的 ATF 缓慢滴出为止。

9）更换 ATF 油位检查螺塞上的密封垫，装上变速器并拧紧，拧紧力矩为 15 N · m，如图 3–1–119 所示。

10）在加油管上装上密封塞，并装上新的防松盖。

注意：ATF 加得太多或太少都将影响自动变速器的正常使用。

3. ATF 更换方法

（1）拆下变速器下面的隔音板，在变速器下面放置换油机。

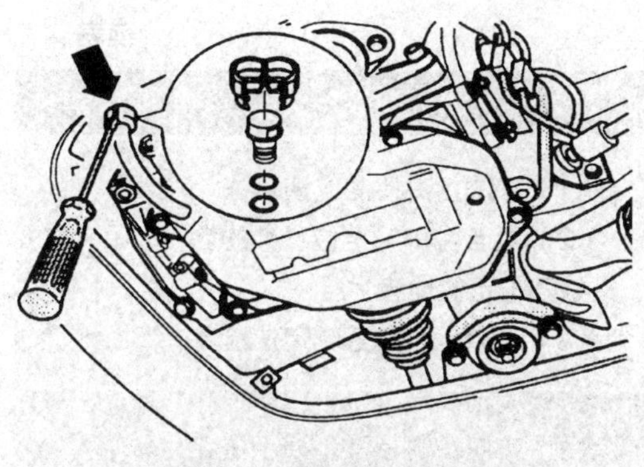

图 3-1-118　检查油液

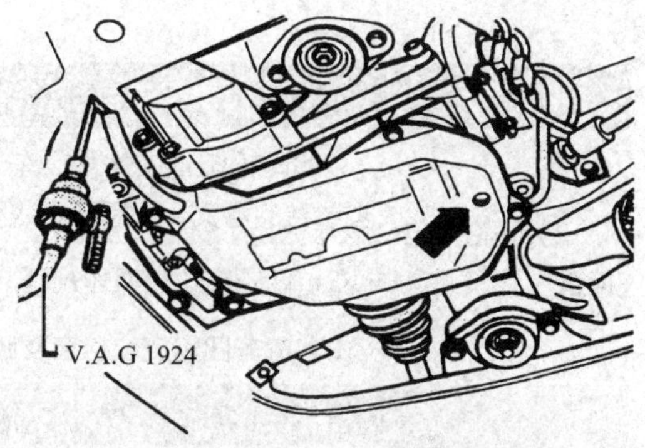

图 3-1-119　更换密封垫

（2）拆下变速器油底壳上的油位检查螺塞，拆下溢流管，排空 ATF。

（3）按规定安装溢流管，更换油位检查螺塞上的密封垫，用手旋紧油位检查螺塞，然后用 V.A.G 1924 向变速器内加入 3 L ATF。

（4）启动发动机，怠速运行，在停车状态下将换挡杆挂入每一个挡位，并在每个挡位上停留约 10 s。

（5）按上述方法检查并调整 ATF 液位，使其满足要求。

课程 3-2　检修行驶系统

【学习内容】

学习单元	课程内容	培训建议	课堂学时
（1）更换轮毂轴承	1）行驶系统的功用、结构及工作原理	（1）方法：讲授法、实物示教法、实训法 （2）重点：轮毂轴承的结构及拆装 （3）难点：轮毂轴承的拆装	4
	2）轮毂轴承的功用、型号、结构及安装位置		
	3）轮毂轴承的拆卸		
	4）轮毂轴承的安装及调整		

续表

学习单元	课程内容	培训建议	课堂学时
（2）四轮定位检查	1）车轮定位的类型、车轮定位参数的含义、功用及失效影响 2）四轮定位仪操作规程 3）汽车四轮定位检查及调整	（1）方法：讲授法、演示法 （2）重点：车轮定位参数的含义与四轮定位检查 （3）难点：汽车四轮定位检查	6
（3）车轮动平衡检查	1）车轮的结构 2）车轮平衡的类型及不平衡的实质与原因 3）车轮动平衡机操作规程 4）车轮的动平衡检查及调整	（1）方法：讲授法、演示法 （2）重点：车轮的结构与车轮动平衡检查及调整 （3）难点：车轮动平衡检查及调整	4
（4）更换轮胎	1）轮胎的功用、结构及型号 2）拆胎机的操作规程 3）用拆胎机拆卸轮胎 4）用拆胎机安装轮胎	（1）方法：讲授法、演示法 （2）重点：轮胎的结构及用拆胎机拆装轮胎 （3）难点：用拆胎机拆装轮胎	4

学习单元 1　更换轮毂轴承

一、行驶系统的功用、结构及工作原理

1. 行驶系统的功用

汽车行驶系统的功用是接收由发动机经传动系统输出的转矩，并通过驱动轮与路面间的附着作用，产生路面对汽车的牵引力来保证汽车的正常行驶；传递并承受路面作用于车轮的各向反作用力及其所形成的力矩；此外，行驶系统尽可能减缓不平路面对车身造成的冲击和振动，保证汽车行驶的平稳性，并且与汽车转向系统配合工作，实现对汽车行驶方向的正确控制。

2. 行驶系统的结构及工作原理

如图 3-2-1 所示，汽车行驶系统主要由车架、车桥、车轮和悬架组成。

图 3-2-1　汽车行驶系统

（1）车架的组成

车架主要由前部副车架和后部副车架组成。

1）前部副车架。如图 3-2-2 所示为三段式副车架，采用钢制冲压件，它能提高车身的刚度，更适合某些坏路面的行驶需求。

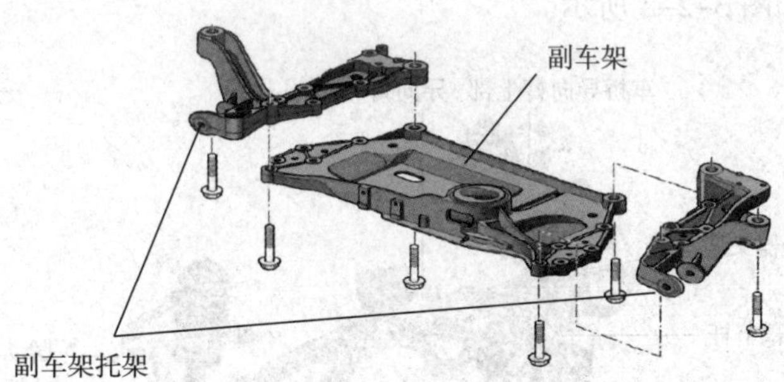

图 3-2-2　前部副车架

2）后部副车架。如图 3-2-3 所示，后部副车架是一种焊接结构，它还用于安装后桥主减速器，副车架通过大尺寸橡胶金属支座用螺栓拧在车身上，这样可以较好地隔绝传递至车身的噪声。

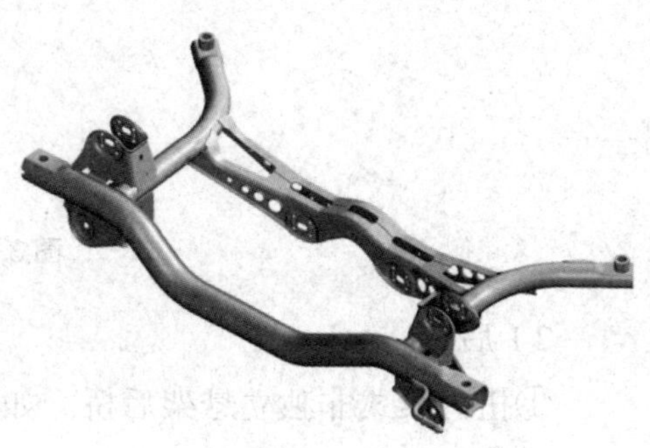

图 3-2-3　后部副车架

（2）车桥

车桥分为前桥和后桥。

1）前桥。其主要功用是传递车架与车轮

之间各方向的作用力，目前，几乎所有的轿车都是断开式车桥，与独立悬架配合使用。车桥还包括转向桥、转向驱动桥、支持桥，一般来说，四轮驱动发动机前置汽车的前桥都为转向驱动桥，既负责转向又起驱动作用，后桥是驱动桥。

如图 3–2–4 所示的麦弗逊前桥几乎适用于所有车型。

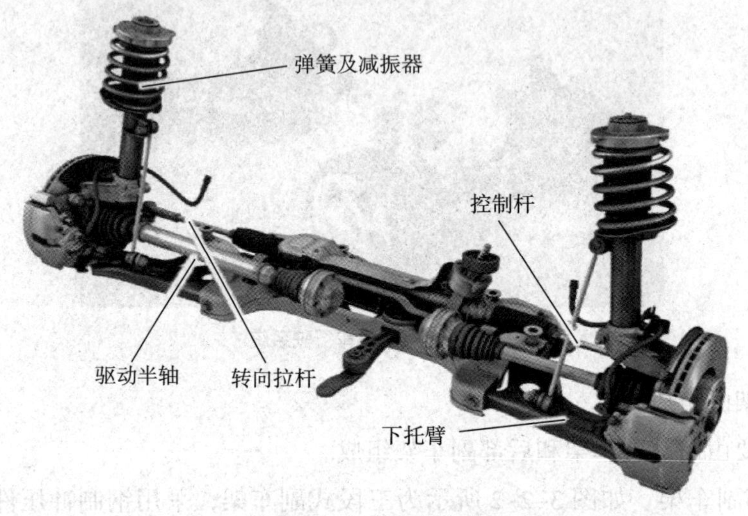

图 3–2–4　麦弗逊前桥

双叉臂前桥如图 3–2–5 所示。

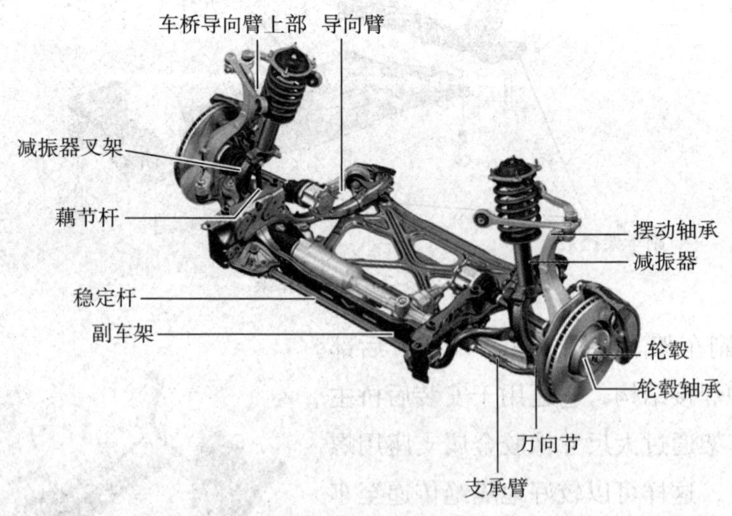

图 3–2–5　双叉臂前桥

2）后桥

①扭力梁式非独立悬架后桥。如图 3–2–6 所示，适用于 POLO、新桑塔纳、朗逸等车型。

②多连杆独立悬架后桥。如图 3-2-7 所示，适用于 PQ35/46（大众 PQ35 平台，P 代表平台，Q 代表发动机横置，3 代表 A 级轿车，5 指第五代。）和 MQB（modularer querbaukasten，横置发动机模块化）平台的上汽大众车型。

图 3-2-6　扭力梁式非独立悬架后桥　　图 3-2-7　多连杆独立悬架后桥

③ 4-Motion 后桥。如图 3-2-8 所示，后驱动桥通过更改副车架、稳定杆、车轮托架和车轮支承来实现，适用于四驱车型，如途观等。

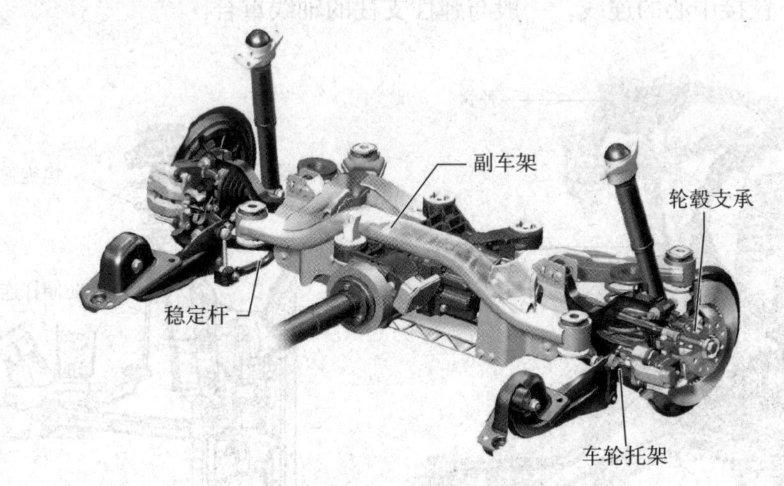

图 3-2-8　4-Motion 后桥

④梯形节臂后桥。如图 3-2-9 所示，后桥应用了梯形节臂后桥，弹簧和减振器的安装位置相互分开，应用于辉昂。

（3）悬架

如图 3-2-10 所示，汽车悬架包括弹性元件（弹簧）、减振器和导向稳定装置（各种拉杆、稳定杆等）三部分，分别起缓冲、减振和力的传递作用。

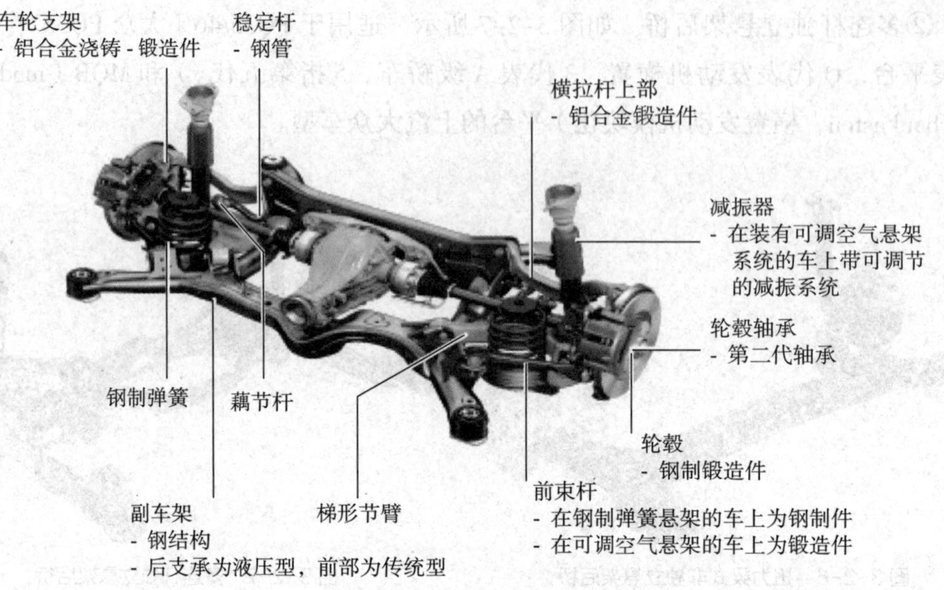

图 3-2-9　梯形节臂后桥

1）麦弗逊式独立前悬架。如图 3-2-11 所示，这种悬架没有传统的主销实体，转向轴线为上下铰接中心的连线，一般与弹性支柱的轴线重合。

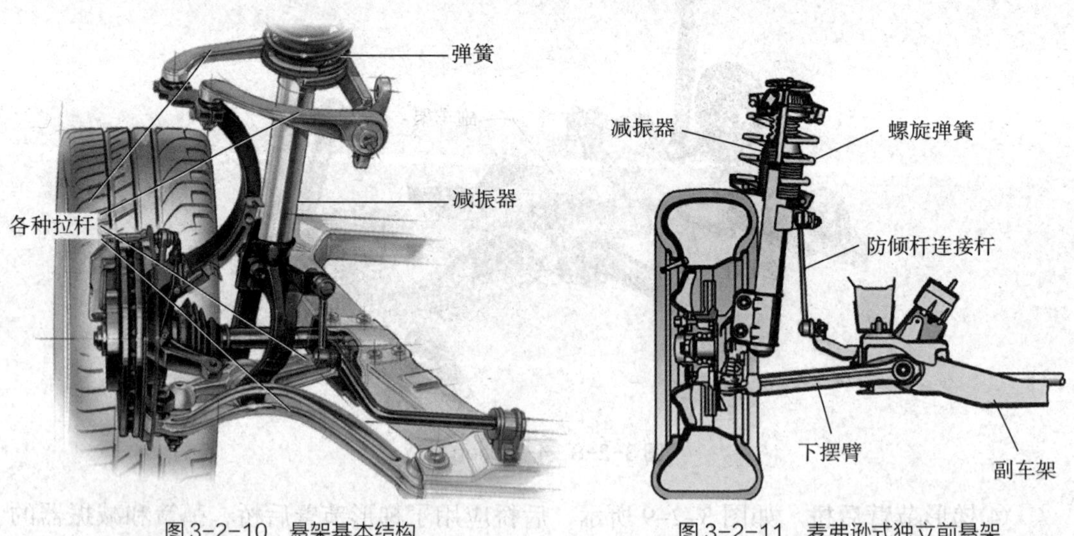

图 3-2-10　悬架基本结构　　图 3-2-11　麦弗逊式独立前悬架

①下摆臂。下摆臂又称下控制臂，如图 3-2-12 所示，其外侧通过三个螺栓与球铰链安装在一起。

下摆臂后端有六等分棱角，安装时要对准橡胶套内的棱角，前端螺栓要在无负载质量的状态下拧紧到规定力矩值。

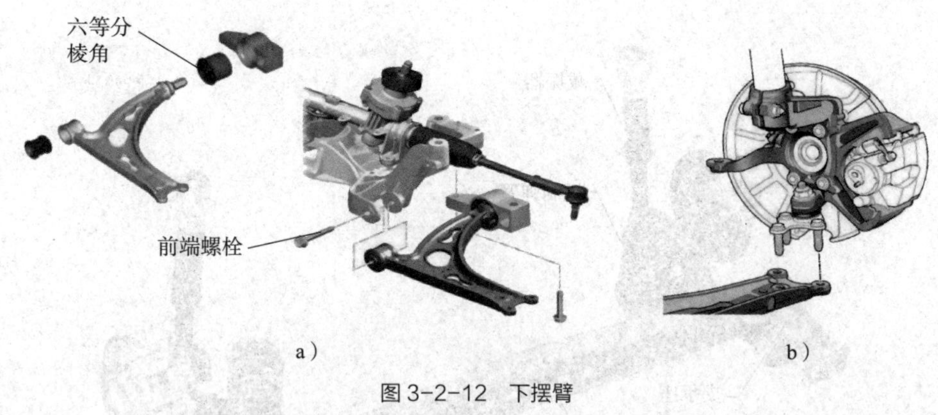

图 3-2-12　下摆臂

a）下摆臂的正确安装方法　b）下摆臂的安装位置

②横向稳定杆。如图 3-2-13 所示，横向稳定杆通过两个橡胶衬套被安装在副车架上，两侧末端用连杆连接到减振器外壳上，当左、右两侧车轮上下跳动不一致时，弹性的稳定杆所产生的扭转内力矩能减少车身的横向倾斜。

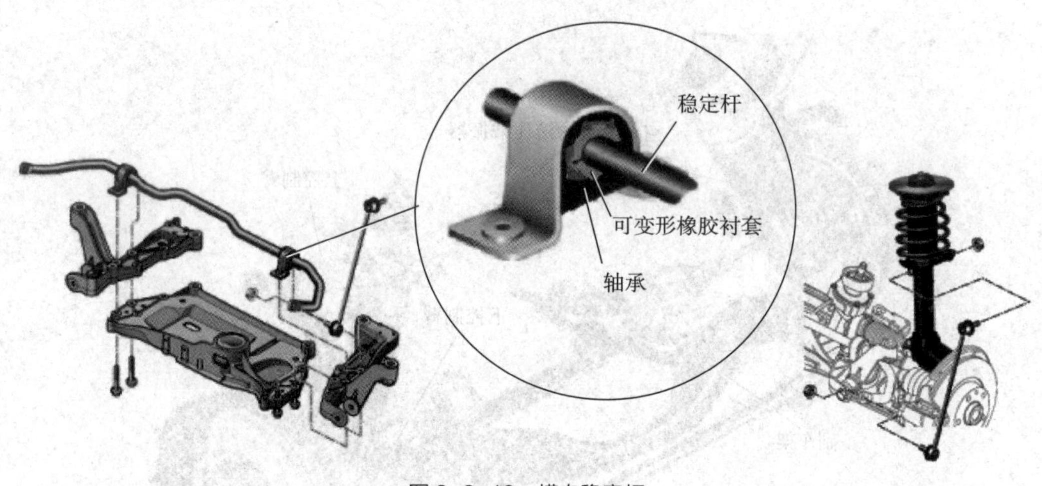

图 3-2-13　横向稳定杆

2）扭力梁式非独立悬架如图 3-2-14 所示。

3）双叉臂式独立悬架如图 3-2-15 所示。

4）紧凑型四连杆结构。如图 3-2-16 所示，紧凑型四连杆结构的两侧均由三个横摆臂（下部横摆臂、横拉杆和上部横摆臂）和一个纵摆臂组成。

5）减振器。如图 3-2-17 所示，减振器在汽车中的作用是迅速衰减由车轮通过悬架弹簧传给车身的冲击和振动，提高汽车行驶的平顺性。减振器在汽车悬架中是与弹性元件并联安装的。

如图 3-2-18 所示，上部减振器支架、弹簧坐落在一个直径较大的轴承上，并且

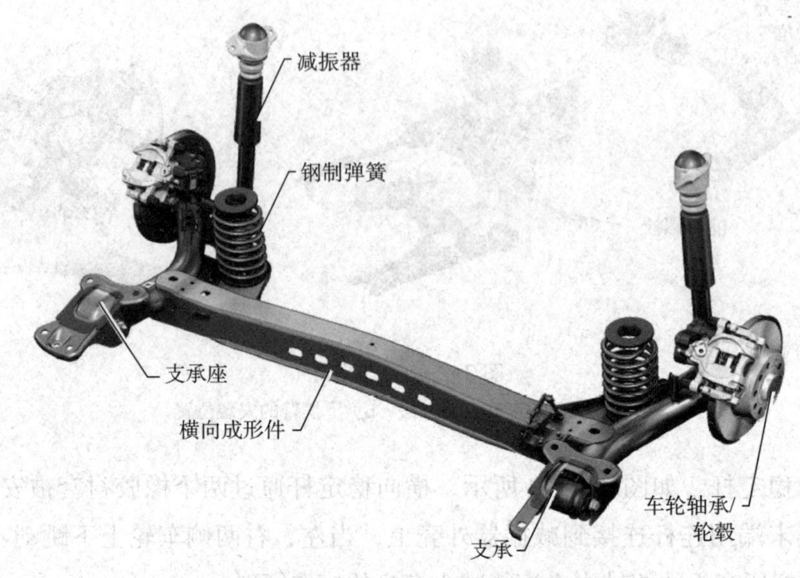

图 3-2-14　扭力梁式非独立悬架

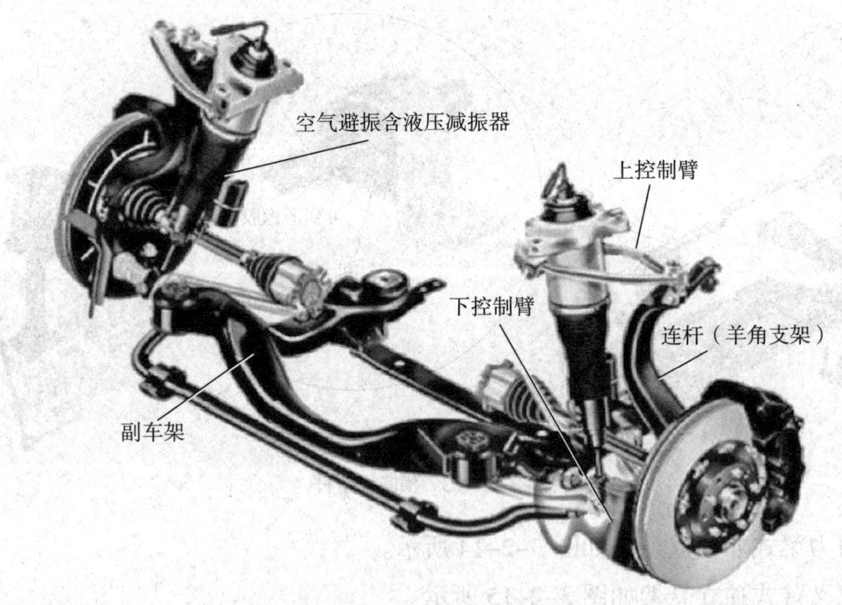

图 3-2-15　双叉臂式独立悬架

减振器的活塞杆被安装在支架的柔性部分。这样的结构使弹簧的作用力与减振器活塞杆对支架的影响力分离。一个辅助柔性元件被安装在减振器的活塞杆上。为了减轻质量，减振器活塞杆为空心结构。

①减振器上支承。如图 3-2-19 所示，安装减振器上支承时，有箭头的一侧朝向发动机舱的内侧，标记中的一个箭头指向行驶方向。

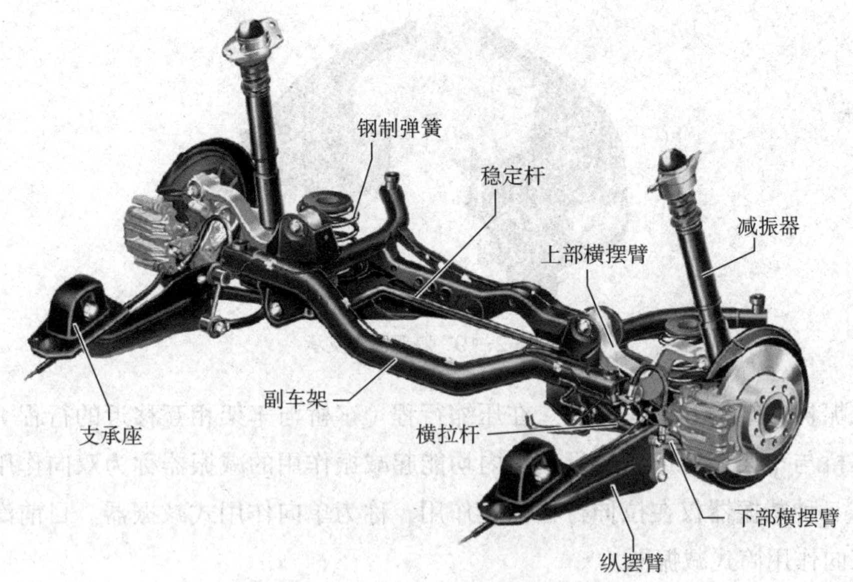

图 3-2-16　紧凑型四连杆结构

图 3-2-17　减振器的功用

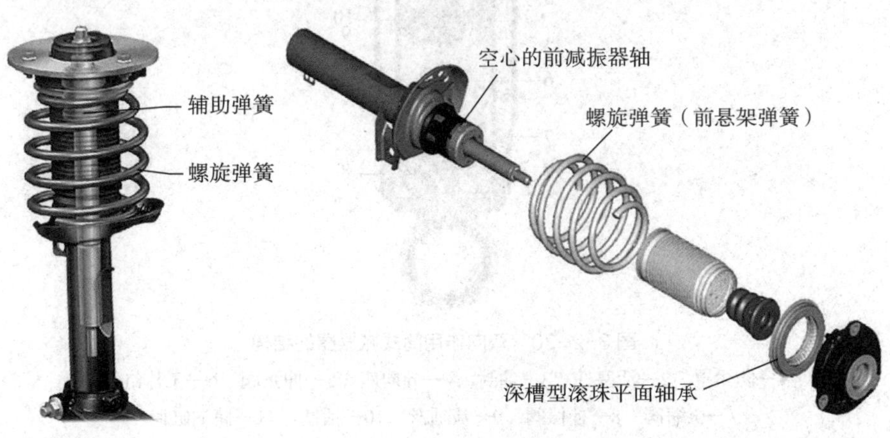

图 3-2-18　减振器弹簧

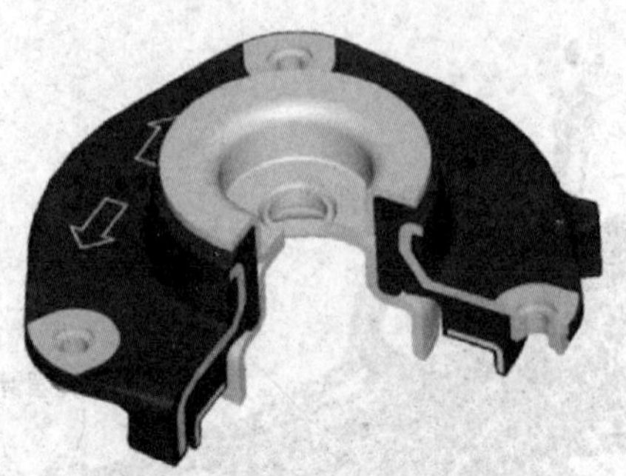

图 3-2-19　减振器上支承

②减振器的结构和工作原理。在压缩行程（车桥与车架相互移近的行程）和拉伸行程（车桥与车架相对远离的行程）内均能起减振作用的减振器称为双向作用式减振器。另有一种减振器仅在拉伸行程内起作用，称为单向作用式减振器。目前汽车上广泛采用双向作用筒式减振器。

如图 3-2-20 所示为双向作用筒式减振器的结构。

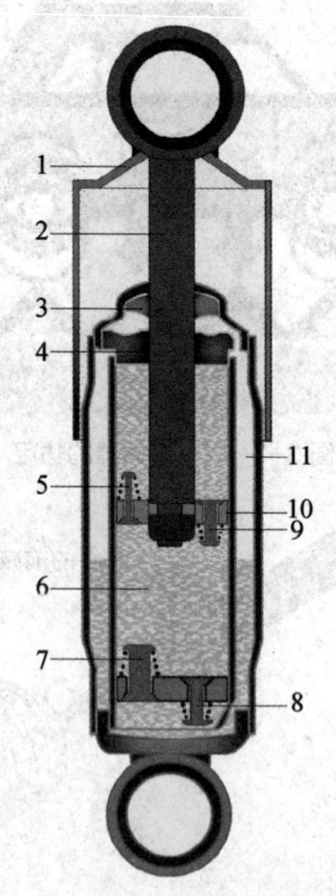

图 3-2-20　双向作用筒式减振器的结构

1—防尘罩　2—活塞杆　3—油封　4—导向座　5—伸张阀　6—工作缸筒
7—压缩阀　8—补偿阀　9—流通阀　10—活塞　11—储油缸筒

a. 压缩行程。如图 3-2-21a 所示，当车桥移近车架（或车身）时，减振器受压缩，此时减振器内活塞向下运动。活塞下面的腔室（下腔室）的容积减少，油压升高，油液经流通阀流到活塞上面的腔室（上腔室）。由于上腔室被活塞杆占去了一部分空间，因而上腔室增加的容积小于下腔室减少的容积，一部分油液于是就推开压缩阀流回储油缸筒。由于流通阀孔径大，产生的阻尼力小，活塞下行的速度较快。

b. 拉伸行程。如图 3-2-21b 所示，当车桥远离车架（或车身）时，减振器受拉伸，活塞上移，使上腔室油压升高，流通阀关闭，上腔室的油液便推开伸张阀流入下腔室。同样由于活塞杆的存在，上腔室减少的容积小于下腔室增加的容积，因而从上腔室流入下腔室的油液不足以充满下腔室所增加的容积，使下腔室产生一定的真空度，这时储油缸筒中的油液在真空度作用下推开补偿阀流进下腔室进行补充。由于伸张阀上弹簧的刚度和预紧力大，孔径小，所以减振器在拉伸行程产生的阻尼力比压缩行程产生的阻尼力大得多。

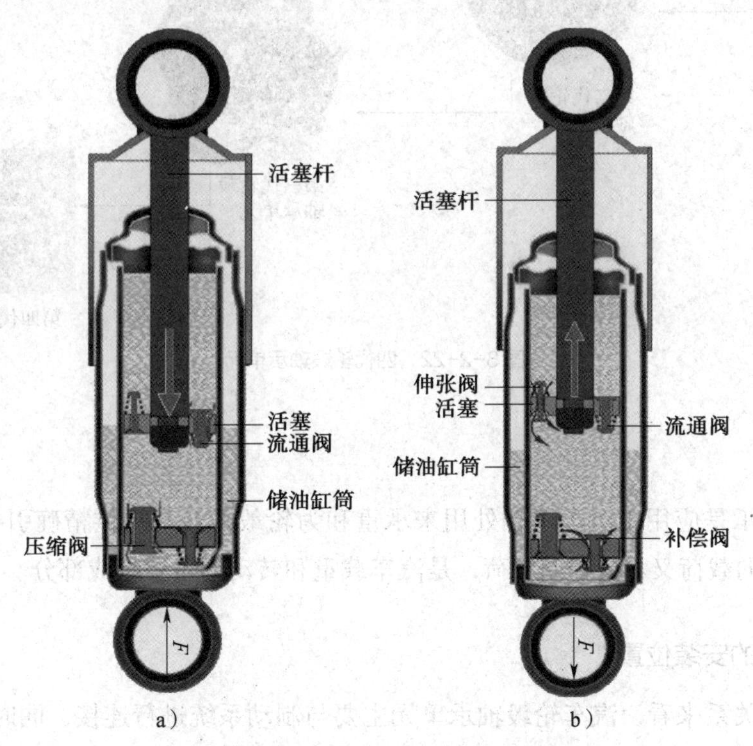

图 3-2-21　双向作用筒式减振器的工作原理

a）压缩行程　b）拉伸行程

二、轮毂轴承的功用、型号、结构及安装位置

轿车的轮毂轴承过去最多的是成对使用圆锥滚子轴承或球轴承。随着技术的发展，轿车已经广泛地使用轮毂轴承单元。轮毂轴承单元的使用范围和使用量日益增长，目前第四代已开发成功，如图 3–2–22 所示。

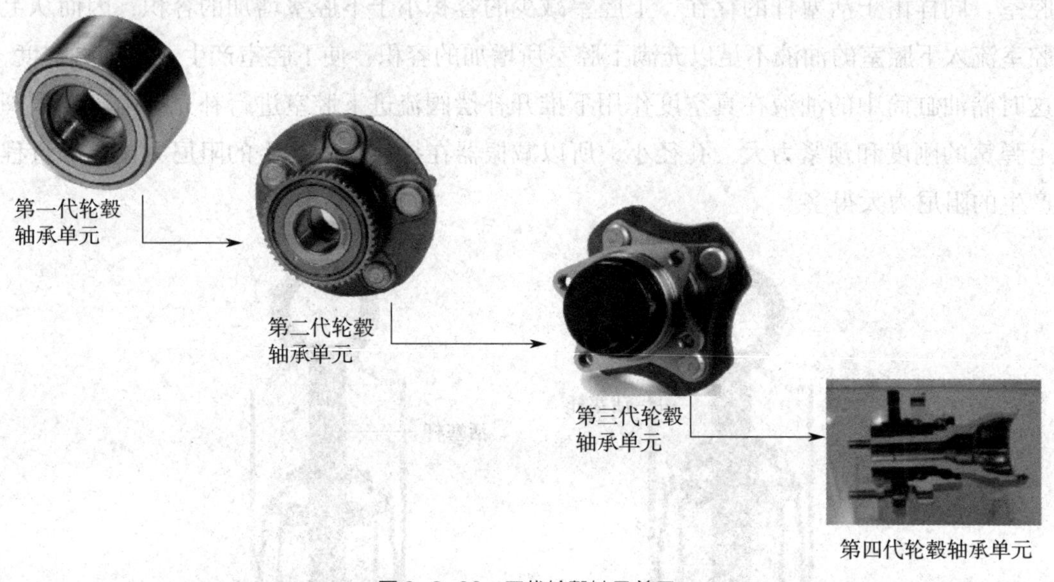

图 3–2–22　四代轮毂轴承单元

1. 功用

轮毂轴承是应用于汽车车轴处用来承重和为轮毂的转动提供精确引导的零部件，它既承受轴向载荷又承受径向载荷，是汽车载重和转动的重要组成部分。

2. 轮毂轴承的安装位置

从装配关系来看，汽车轮毂轴承单元主要与制动系统进行连接，同时轮毂轴承的功能之一就是为轮毂的转动提供精确的向导，尤其是第四代轮毂轴承开发成功以来，轮毂轴承与等速万向节构成一体，轮毂轴承与传动系统的关系更为紧密，如图 3–2–23 所示。

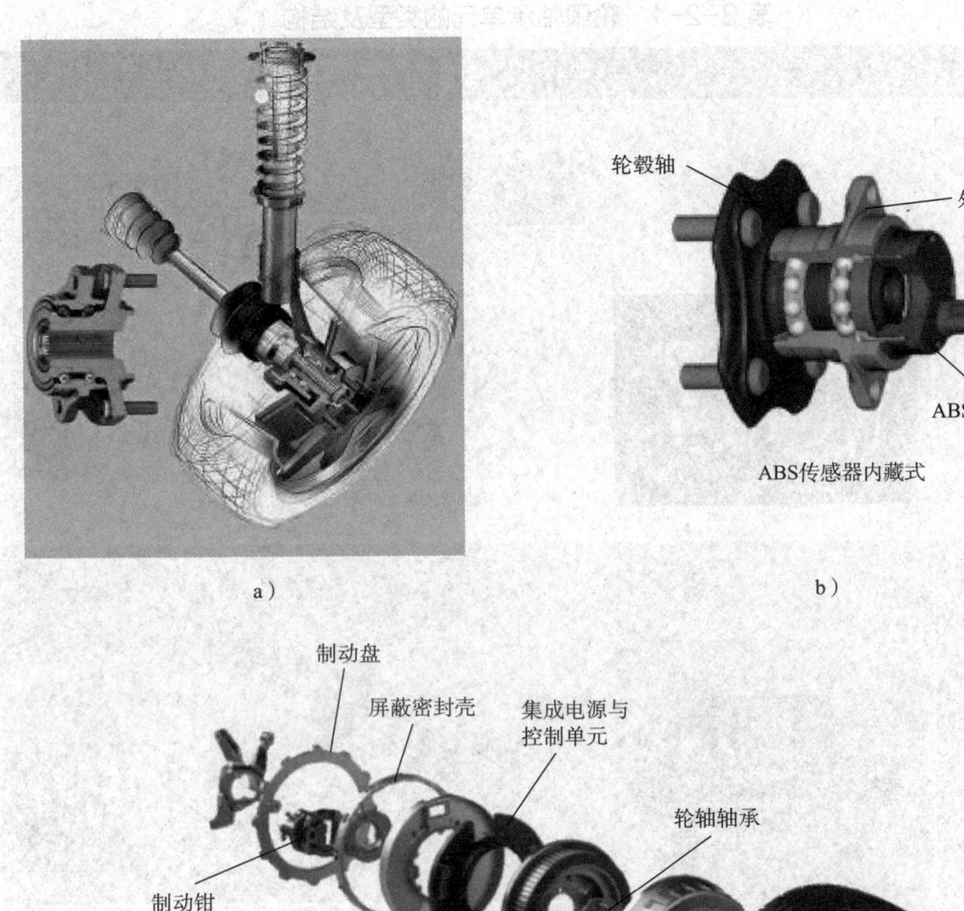

图 3-2-23　轮毂轴承

a）安装位置　b）结构（第三代）　c）装配图

3. 轮毂轴承单元的类型及结构（见表 3-2-1）

表 3-2-1　轮毂轴承单元的类型及结构

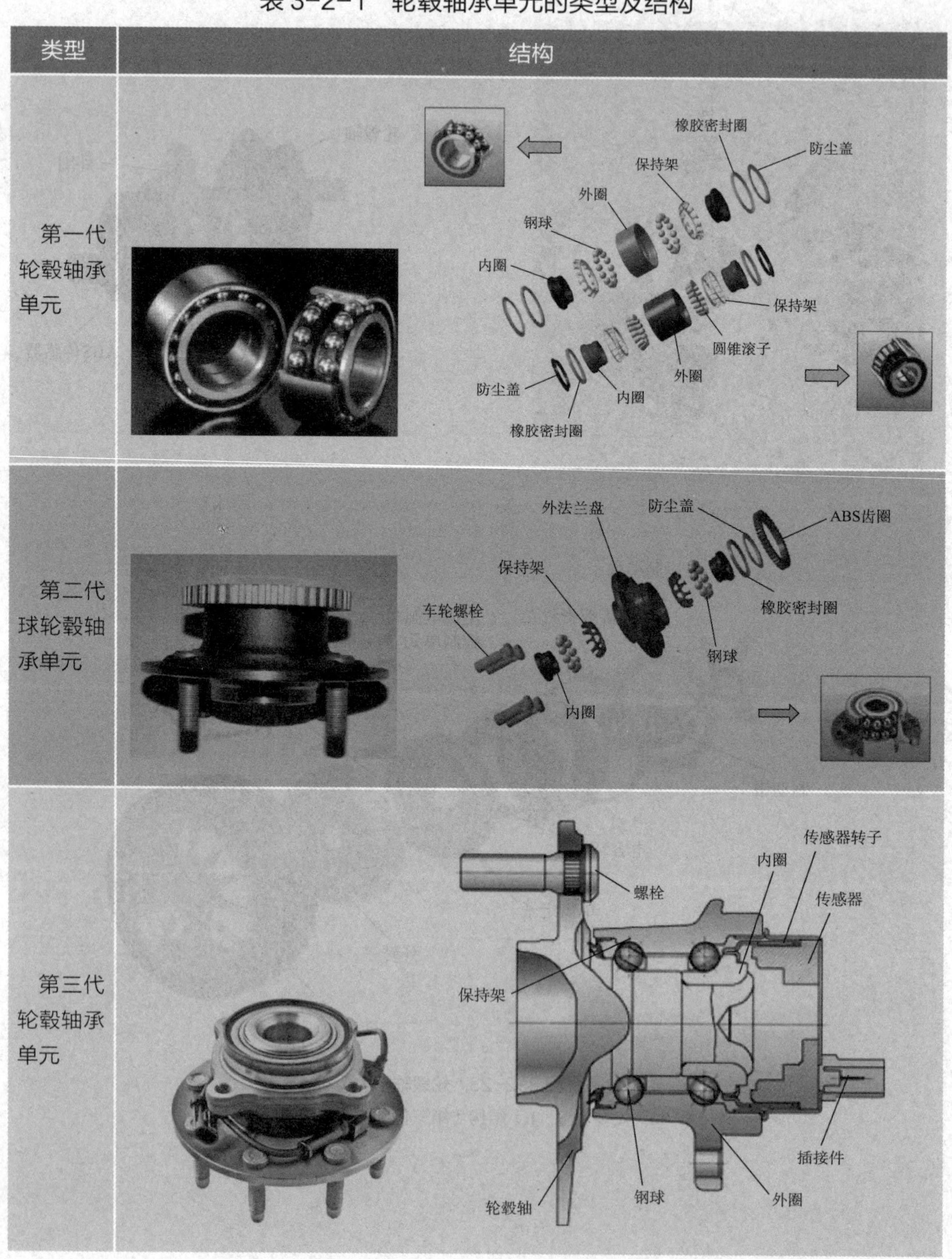

续表

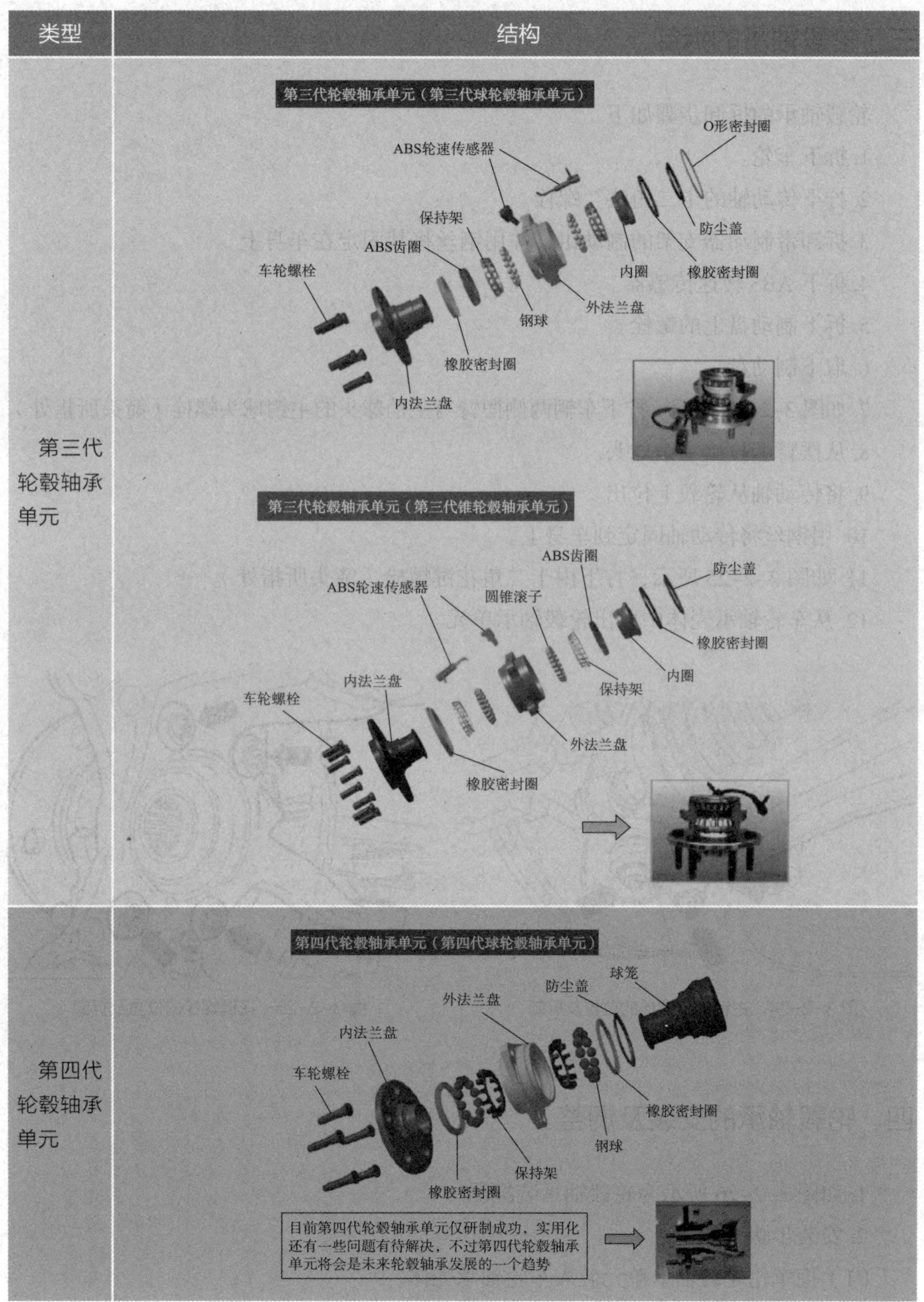

类型	结构
第三代轮毂轴承单元	第三代轮毂轴承单元（第三代球轮毂轴承单元） O形密封圈 ABS轮速传感器 防尘盖 保持架 ABS齿圈 内圈 橡胶密封圈 车轮螺栓 外法兰盘 钢球 橡胶密封圈 内法兰盘 第三代轮毂轴承单元（第三代锥轮毂轴承单元） ABS齿圈 防尘盖 ABS轮速传感器 圆锥滚子 橡胶密封圈 内圈 内法兰盘 保持架 车轮螺栓 外法兰盘 橡胶密封圈
第四代轮毂轴承单元	第四代轮毂轴承单元（第四代球轮毂轴承单元） 球笼 防尘盖 外法兰盘 内法兰盘 车轮螺栓 橡胶密封圈 钢球 保持架 橡胶密封圈 目前第四代轮毂轴承单元仅研制成功，实用化还有一些问题有待解决，不过第四代轮毂轴承单元将会是未来轮毂轴承发展的一个趋势

三、轮毂轴承的拆卸

轮毂轴承的拆卸步骤如下。

1. 拆下车轮。
2. 拧下传动轴的十二角法兰螺栓。
3. 拆卸带制动器支架的制动钳，并用钢丝将其固定在车身上。
4. 拆下 ABS 转速传感器。
5. 拆下制动盘上的螺栓。
6. 取下制动盘。
7. 如图 3–2–24 所示，拧下车辆两侧摆臂与主销球头的主销球头螺栓（箭头所指处）。
8. 从摆臂上拉出主销球头。
9. 将传动轴从轮毂上拉出。
10. 用钢丝将传动轴固定到车身上。
11. 如图 3–2–25 所示，拧下内十二角花键螺栓（箭头所指处）。
12. 从车轮轴承壳体中取出轮毂轴承单元。

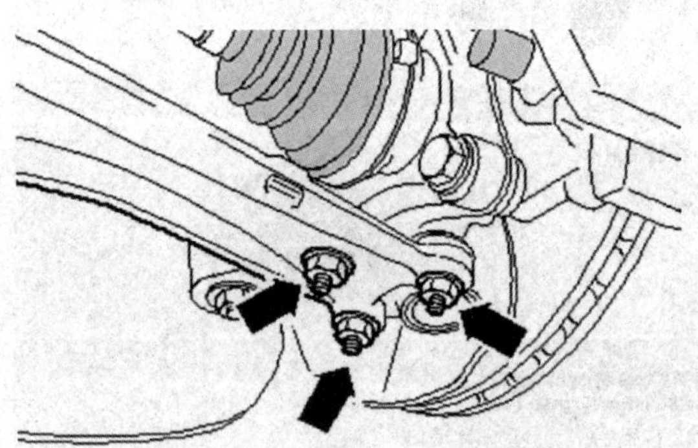

图 3–2–24　主销球头螺栓的位置及拆卸

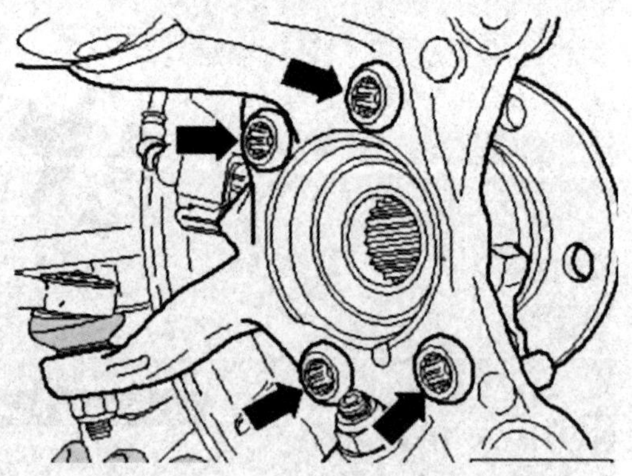

图 3–2–25　花键螺栓的位置及拆卸

四、轮毂轴承的安装及调整

1. 如图 3–2–26 所示为轮毂轴承装配图。
2. 安装步骤

（1）把车轮轮毂轴承单元装入车轮轴承壳体。

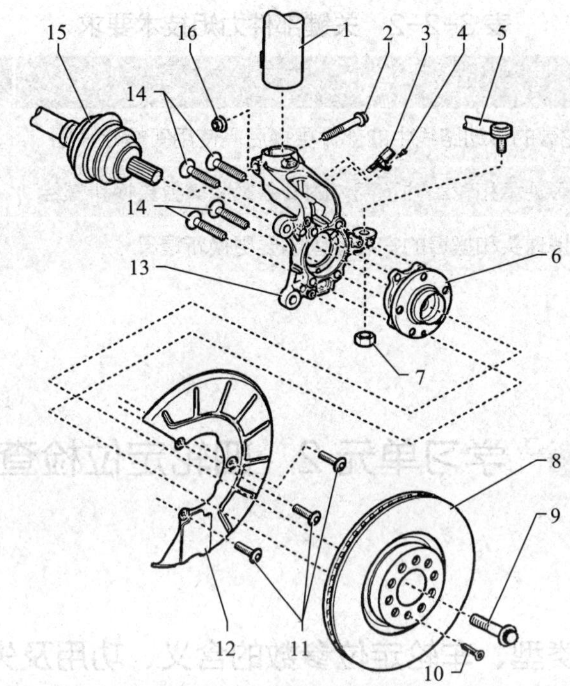

图 3-2-26　轮毂轴承装配图

1—悬架支柱　2、14—内十二角花键螺栓　3—转速传感器　4—内六角螺栓　5—转向横拉杆球头　6—带轮毂轴承的轮毂　7、16—六角螺母　8—内通风式制动盘　9—十二角法兰螺栓　10、11—Torx* 螺栓　12—盖板　13—轮毂轴承壳体　15—传动轴

（2）拧下内十二角花键螺栓。

（3）用钢丝将传动轴固定到车身上。

（4）将传动轴装入轮毂。

（5）将主销球头装入摆臂。

（6）按照规定力矩拧紧两侧摆臂与主销球头的六角螺母。

（7）装上制动盘。

（8）按照规定力矩拧紧制动盘上的 Torx 螺栓。

（9）装上 ABS 转速传感器。

（10）安装带制动器支架的制动钳。

（11）按照规定力矩拧紧传动轴的十二角法兰螺栓。

（12）按照操作要求安装车轮。

（13）安装过程各关键部件力矩技术要求见表 3-2-2。

* Torx——内、外六角梅花螺栓。

表 3-2-2　关键部件力矩技术要求

序号	部件	力矩要求
1	传动轴到轮毂的传动路线中的部件更换后需使用新螺栓紧固	70 N · m+90°
2	带轮毂的轮毂轴承和轮毂轴承壳体的安装紧固需要更换新螺栓	70 N · m+90°
3	主销球头和摆臂的安装紧固需要更换新螺母	60 N · m

学习单元 2　四轮定位检查

一、车轮定位的类型、车轮定位参数的含义、功用及失效影响

1. 车轮定位的类型

所谓车轮定位，就是汽车的每个车轮、转向节和车桥与车架的安装应保持一定的相对位置。转向轮定位参数有主销后倾角、主销内倾角、前轮外倾角、前轮前束 4 个。通常车轮定位主要是指前轮定位，现在也有许多车辆需要进行四轮定位。其作用是保持汽车直线行驶的稳定性，保证汽车转弯时转向轻便，且使转向轮自动回正，减少轮胎的磨损等。

2. 车轮定位参数的含义、功用及其失效影响

（1）车轮外倾角

1）定义。车轮外倾角是指通过车轮中心的汽车横向平面和车轮平面的交线与地面垂线之间的夹角，如图 3-2-27 所示，车轮外倾角有前轮外倾角和后轮外倾角。

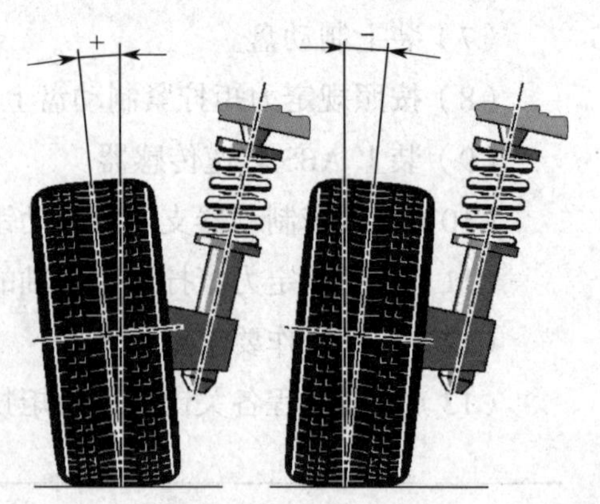

图 3-2-27　车轮外倾角

2）用途。车轮外倾角与主销内倾角构成主销偏距。合适的主销偏距使车辆易于驾驶，既可以减小路面的冲击，又可以使转向盘有很好

的回正能力。

3）失效影响。外倾角负方向过大，由于车辆速度快和轴载高使轮胎过热，导致其受损。

（2）主销内倾角

1）定义。主销内倾角是指主销轴线和地面垂直线在汽车横向断面内的夹角，如图 3–2–28 所示。

2）用途。主销内倾角与车轮外倾角构成主销偏距。合适的主销偏距使车辆易于驾驶，既减小路面的冲击，又保持很好的回正能力。

3）失效影响。内倾角过大，转向力与制动反力过大；内倾角过小，转向装置回复能力差，车轮容易受损，倾斜。

（3）主销后倾角

1）定义。主销后倾角是指主销轴线和地面垂线在汽车纵向平面内的夹角，如图 3–2–29 所示。

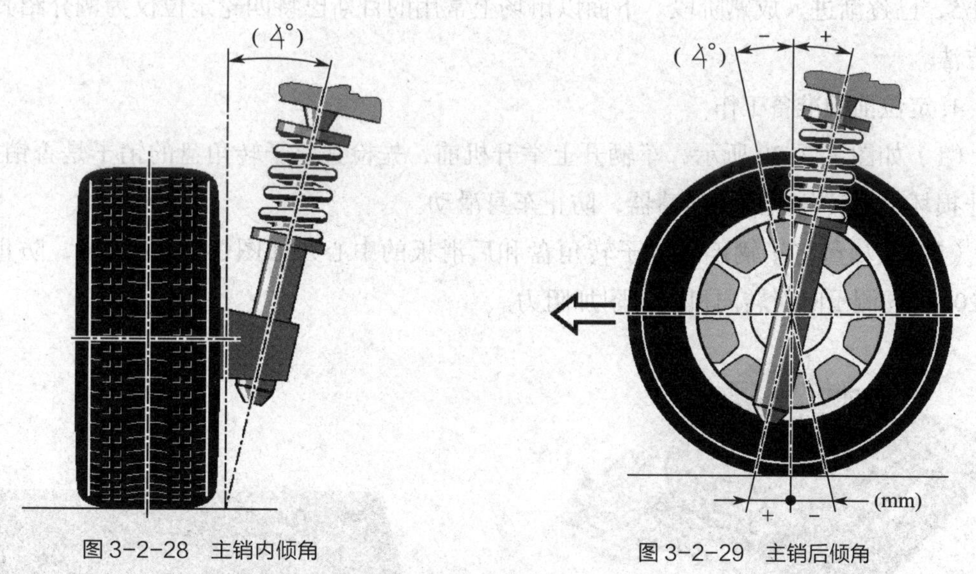

图 3–2–28　主销内倾角　　图 3–2–29　主销后倾角

2）用途。主销后倾角为正时，与车轮前束配合使车轮行进时保持稳定。

3）失效影响。主销后倾角为正，方向控制能力与制动力增强。但主销后倾角正向过大，会使转向能力降低，操控性下降。主销后倾角过小或为负，转向复位能力变差，易损坏轮胎，造成轮胎打滑，对方向过于敏感。高速行驶车辆稳定性差。

（4）车轮前束

1）定义。一个轴上的总前束由两个车轮的前束角之和计算得出。后轴的单独前束是指车辆中心线与车轮中心线的夹角。

前轴的单独前束是指几何轴线与车轮中心线的夹角。

2）用途。正确的前束角与车轮外倾角配合能够减少车辆行进时对轮胎的磨损。它补偿了由于车轮外倾角使得地面对轮胎产生的侧向力，使驾驶稳定。

3）影响。过大的正前束（前轮前束）使轮胎外侧磨损，直线行驶性差。过大的负前束（后轮前束）使轮胎内侧磨损，驾驶性能差。

二、四轮定位仪操作规程

四轮定位仪有前束尺和光学水准定位仪、拉线定位仪、CCD（charge coupled device，电荷耦合元件）定位仪、激光定位仪和3D（3 dimensions，三维）影像定位仪等几种。其中3D影像定位仪、CCD定位仪和激光定位仪是目前市场上的三大主流产品，3D影像定位仪是市场上最先进的四轮定位仪，其测量方式先进，测量时间仅为传统定位仪的1/5，已逐渐进入成熟阶段。下面以市场上常用的百斯巴特四轮定位仪为例介绍其使用方法。

1. 定位前的准备工作

（1）如图3–2–30所示，车辆开上举升机前，先检查电子转角盘的销子是否销好，防止损坏电子转角盘内的传感器，防止车身滑动。

（2）应尽量将车辆停在电子转角盘和后滑板的中心，如图3–2–31所示，防止前轮20°转向测量时对转向机构有附加阻力。

图3–2–30　电子转角盘

图3–2–31　后滑板

（3）将车辆在举升机上停正后，先检查一下轮胎气压是否正常，轮胎气压不正常会使车身倾斜。

（4）安装卡具。如图3–2–32所示，调整卡具尺寸与轮胎轮毂尺寸一致，如果需要，安装合适的卡爪护套。夹紧臂要钩住轮胎的同一胎纹内，防止卡具带来测量误差。

（5）如图 3-2-33 所示，安装卡具时需要将卡头臂黄色标签上的最长刻度对准相应的钢圈尺寸。测量时，按压振动能得到车辆悬架的真实值。

图 3-2-32　安装卡具

图 3-2-33　精确调整卡具

（6）将举升机升到最低锁孔位置（或调车位置），保证工作面水平。传感器在不同的水平平面会测出不同的数值。应在水平面上检测车辆。

2. 如图 3-2-34 所示，进入检测程序操作，正确填写信息。

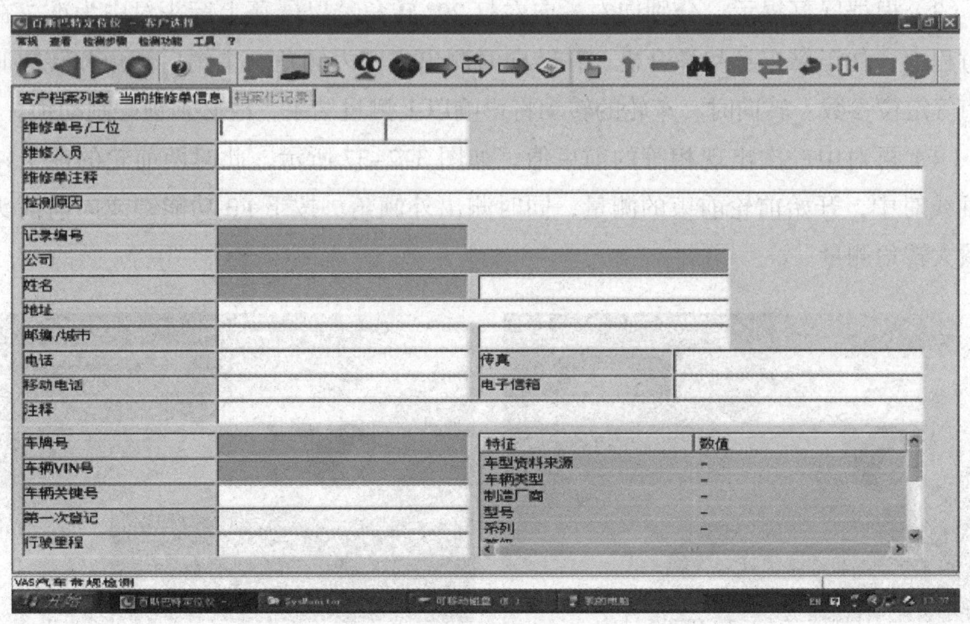

图 3-2-34　进入检测程序操作，正确填写信息

3. 偏位补偿（以四柱举升机为例）。偏位补偿的目的是消除四轮定位的传感器固定卡爪、夹具、轮辋等不可避免的由自身偏差引起的固定误差，保证传感器安装感测位

置的精确，以获得更精确的数据。需要定位仪对安装位置进行一个“匹配”。

4. 检测

（1）按屏幕提示操作，如图 3–2–35 所示。图 3–2–35 中右上角的图显示将方向对中。此时两前轮的前束以中心对称平面对中，开始后轮前束的测量，同时测出车轮外倾角。

（2）如图 3–2–36 所示，如果出现水平提示，调节各传感器的水平。

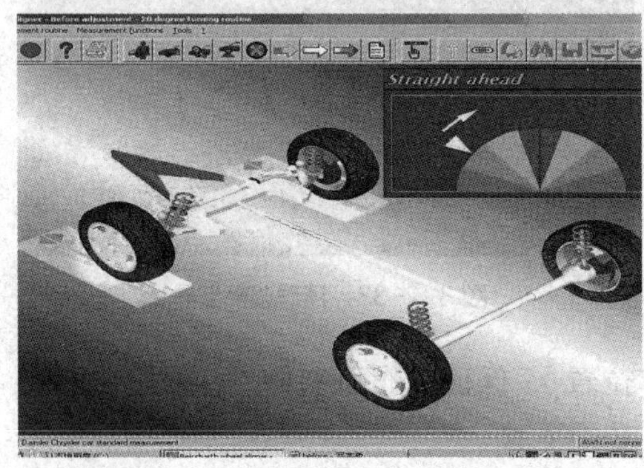

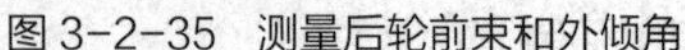
图 3–2–35　测量后轮前束和外倾角

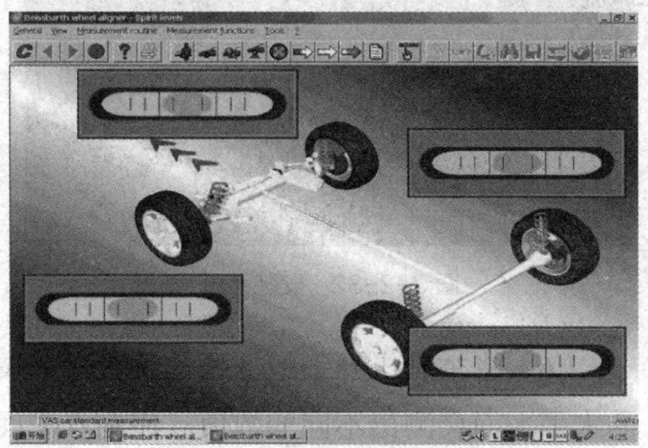

图 3–2–36　调节传感器

（3）根据屏幕提示，分别向右、向左打 20° 转角。以屏幕上箭头对中为准。在测量过程中，勿压靠车身和举升机。在转向时测出主销内倾角、主销后倾角和转向时负前束等定位参数。转向时，车轮的转动将影响以上测量结果，故必须锁好制动锁。

（4）再对中一次出现相等的前束值，如图 3–2–37 所示，此时两前轮的前束以几何轴线对中，开始前轮前束的测量，同时测出外倾角。按下 F3 功能键或向前箭头进入最大转角测量。

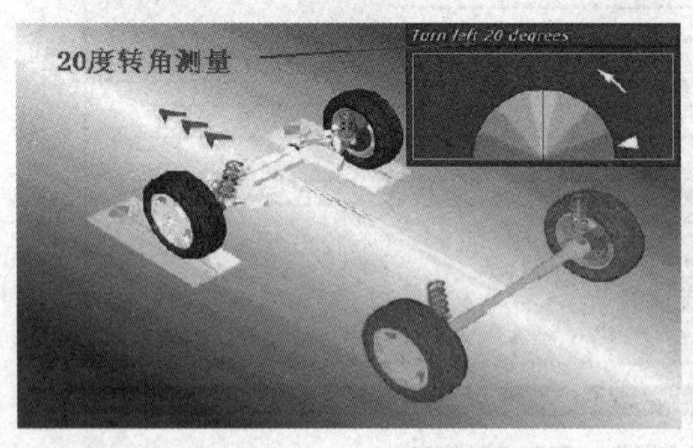

图 3–2–37　再对中一次出现相等的前束值

（5）使用电子转角盘测量最大转角。如图 3–2–38 所示，对中后提示将两个前传感器取下，其目的是防止方向打到头时传感器与车身相撞。将电子转角盘分别连续向右、向左打到头，握住，直到箭头跳转。再对中一次显示测量结果。绿色结果表示该参数合格，红色结果表示该参数不合格，黑色结果表示该参数无标准数据。

百斯巴特定位仪 - 调整前检测 - 检测摘要

常规　查看　检测步骤　检测功能　工具　?

检测报告(表格方式) | 检测报告(图形方式) | 轮胎老化

后轴		调整前检测		Target Data
外倾角	左侧	-1° 40'	绿色	-0° 30'[-1° 10'] +0° 30'
	右侧	-1° 38'		
左右外倾角差		-0° 02'		[0° 30']
单独前束	左侧	+0° 04'		-0° 06'[+0° 05'] +0° 07'
	右侧	+0° 12'		
左右前束差		-0° 08'		
总前束		+0° 16'	绿色	-0° 12'[+0° 10'] +0° 12'
前轴偏位		-0° 46'		
几何驱动轴线		+0° 04'		
前轴		**调整前检测**		**Target Data**
后倾角 (20度测量)	左侧	+3° 28'	红色	-0° 30'[+7° 34'] +0° 30'
	右侧	+3° 28'		
主销内倾角 (20度测量)	左侧	+11° 05'		-1° 20'[+14° 50'] +1° 20'
	右侧	+11° 05'		
转向前展差	左侧	-1° 21'		
	右侧	-1° 16'		
外倾角	左侧	-0° 35'	绿色	-0° 30'[-0° 30'] +0° 30'
	右侧	-0° 35'		
左右外倾角差		+0° 00'		[0° 30']
单独前束	左侧	+0° 13'	红色	-0° 05'[+0° 05'] +0° 05'
	右侧	-0° 01'		
左右前束差		+0° 14'		
总前束		+0° 12'	绿色	-0° 10'[+0° 10'] +0° 10'
前轴偏位		-0° 23'		
左转最大总转角	左侧	+55° 00'		
	右侧	+53° 00'		
右转最大总转角	左侧	+52° 00'		
	右侧	+54° 00'		

常规定位检测 * USER * 上海大众 * Touran(途安)多用途车 * SVW6440AAi, SVW6440CAi

图 3-2-38　使用电子转角盘测量最大转角

5. 定位调整

如图 3-2-39 所示，按照屏幕上的箭头打正转向盘。将转向盘锁住，目的是保证后轴调整时中心对称面的准确测量，并防止前轮调整时方向偏转，影响测量结果。

图 3-2-39　定位调整

（1）对于单个轴，一般先调整主销后倾角和外倾角，再调整前束。

（2）若调整时不需要移动前轴副车架，则车辆的调整顺序如下。

1）调整后轴的外倾角。

2）调整后轴的前束。

3）调整前轴的外倾角。

4）调整前轴的前束。

（3）若调整时需要移动前轴副车架，则车辆的调整顺序如下。

1）调整前轴的外倾角。

2）调整后轴的外倾角。

3）调整后轴的前束。

4）调整前轴的前束。

三、汽车四轮定位检查及调整

1. 实训项目：帕萨特 B5 轿车四轮定位的检查及调整

（1）实训目标

1）熟悉车轮定位参数、作用及调整位置。

2）学会使用四轮定位仪诊断车轮定位参数。

3）学会车轮定位参数的调整。

（2）安全要求及注意事项

1）遵守实训场地的安全制度。

2）爱护实训场地的实训设备。

3）保持实训场地清洁。

（3）设备、工具、耗材要求

上汽大众帕萨特 B5 轿车一辆、举升机一台、四轮定位仪一台。

（4）实训内容

用四轮定位仪检测车轮定位，并填写表 3–2–3。

表 3–2–3　用四轮定位仪检测车轮定位

参数	左前轮	右前轮	左后轮	右后轮	分析判断
左前束					
右前束					
总前束					

续表

参数	左前轮	右前轮	左后轮	右后轮	分析判断
外倾角					
主销后倾角					
主销内倾角					

2. 帕萨特 B5 轿车的前桥定位调整

（1）调整前桥外倾角，如图 3-2-40 所示。将车辆开到定位专用举升机上的正确位置，并按空载标准校正轮胎气压。

1）拆下螺栓 3 和 4，插入专用工具 V.A.G 1941。

2）用 10 N · m 的力矩拧紧螺栓 1。

3）松开螺栓 1、2、5、6、7 和 8。

4）旋转螺栓 2，以获得规定的前轮外倾角。

5）松开螺栓 2，释放螺栓 2 对副车架施加的力，检查车轮外倾角数据，若不正确则再次调整前轮外倾角；若正确，则做下一步。拆除专用工具 V.A.G 1941 的步骤如图 3-2-41 所示。

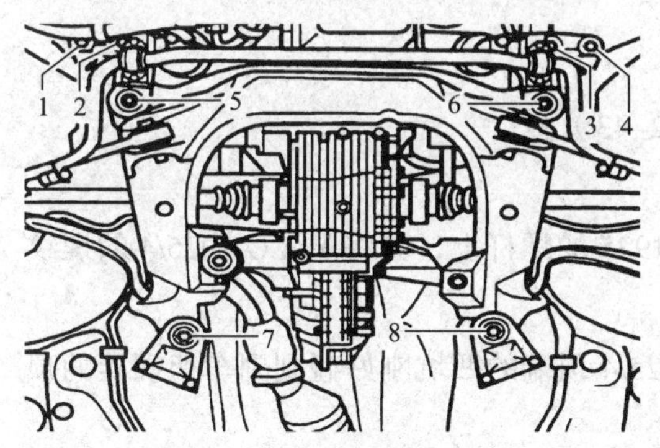

图 3-2-40　调整前桥外倾角

1 ~ 8—螺栓

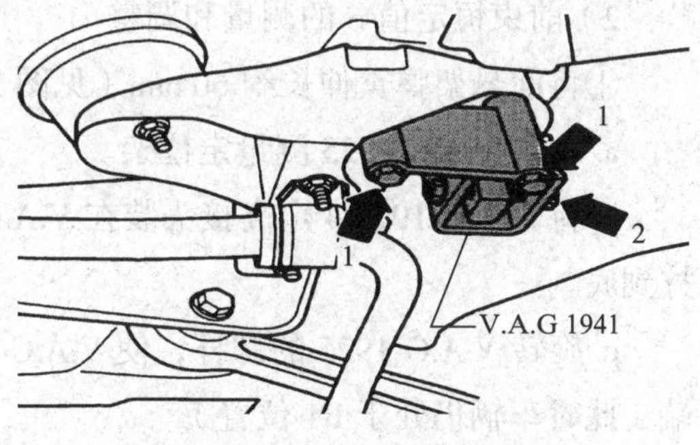

图 3-2-41　专用工具的拆除步骤

1、2—拆除步骤

注意：前轮外倾角调整好后必须做前束的检查。

（2）前束恒定值的调整

1）前束值 $C1$ 的测量和调整

①在前悬架弹簧处于 B1 位置（初始位置，前悬架弹簧处于车辆空载状态下的位置）时，测量前束值 $C1$。

②若前束测量值 $C1$ 超出前束检查值的范围，则调整前束值 $C1$。

③如图 3–2–42 所示，松开锁紧螺母 B。

④通过六角螺栓 A 上调整左、右轮的前束。

⑤若前轮的前束测量值 $C1$ 在前束调整值的范围内，可用 40 N·m 的力矩拧紧锁紧螺母 B。

⑥再次检查 B1 位置上的前束值 $C1$。

注意：在转动六角螺栓 A 时，横拉杆上的防尘套不能扭曲，否则防尘套将很快损坏。

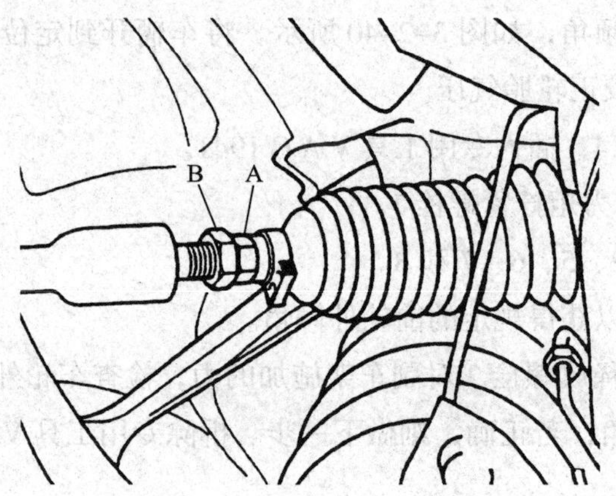

图 3–2–42　六角螺栓 A 和锁紧螺母 B

2）前束恒定值 S 的测量和调整

①将前悬架弹簧伸长约 60 mm（见图 3–2–43）

a. 放入 V.A.G 1925 测量定位架。

b. 将 V.A.G 1925/4 定高接头装在 V.A.G 1925 的螺杆上，并将 V.A.G 1925/4 的螺纹拧到底。

c. 旋转 V.A.G 1925 的螺杆，使 V.A.G 1925/4 顶端的凹坑刚好碰到副车架螺栓的顶端（此时车辆仍处于 B1 位置）。

d. 用举升机上的二次举升装置将车辆前部顶高 60 ~ 62 mm。

注意：此时前轮不能离开转盘，否则以后的测量都是错的。

e. 向上拔出 V.A.G 1925/4，插入锁销，并使锁销落在螺杆的半圆凹槽中。

f. 放下二次举升器，使车辆下降，并保证副车架螺栓落在 V.A.G 1925/4 的凹坑中。

g. 此时车辆就处于 B2 位置（前悬架弹簧在 B1 位置的基础上再伸长 60 mm 后的位置），前悬架弹簧伸长约 60 mm。

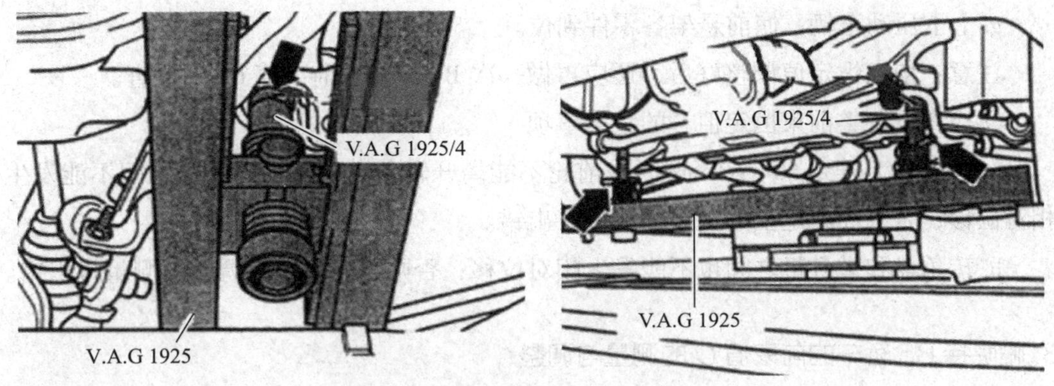

图 3-2-43　将前悬架弹簧伸长约 60 mm

②测量前束恒定值 S。若此时实际测量到的前束恒定值 S 超出了前束恒定值检查值的范围，则必须对前束恒定值进行调整。

注意：此时测量到的数据是 S，即前束恒定值，而不是前束值 $C1$。

③如图 3-2-44 所示调整前束恒定值 S。

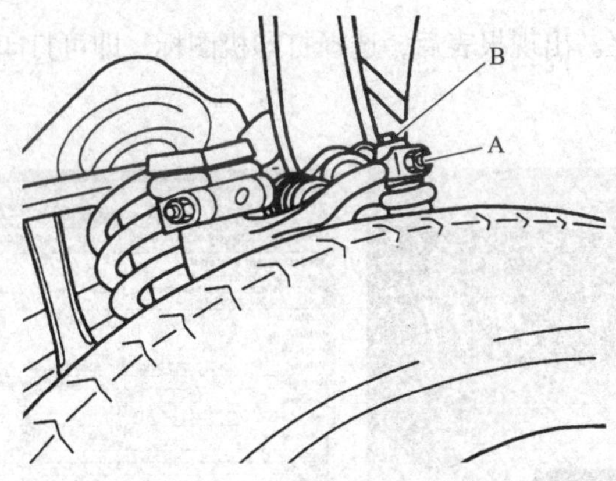

图 3-2-44　六角螺母 A 和螺栓 B

a. 旋松六角螺母 A，松开螺栓 B 大约 4 mm。

b. 向下压横拉杆，直到不能压下为止。

c. 旋转螺栓 B，直到获得精确的前束恒定值的调整值。

d. 用 45 N · m 的力矩拧紧六角螺母 A，并检查前束恒定值是否在前束恒定值调整值的范围内，如果不在此范围内，则重新调整；如果在此范围内，则用 7 N · m 的力矩拧紧螺栓 B。

e. 放下车辆，使车辆回到 B1 位置。

f. 拆除 V.A.G 1925/4。

g. 上下压动车辆，使前悬架各零件到位。

注意：前束恒定值调整好后，还应再做一次 B1 位置上前束值 $C1$ 的检查。

④检查及调整前束恒定值 S 的注意事项

a. 将车辆上升到 60 ~ 62 mm 时，前轮不能离开转角盘，轮胎和转盘之间不能发生相对位移；否则前轮定位的调整、测量将出错。

b. 转角盘和举升机之间也不能发生相对位移；否则前轮定位的调整、测量将出错。

3. 帕萨特 B5 轿车的前束值 C 的测量与调整

前束值 C 的测量与调整同前述前束值 $C1$ 的测量与调整。

4. 调整后检测

调整后的检测步骤与调整前的检测步骤相同。

5. 打印报表

选择菜单中打印栏。出现报表后，选择打印机图标，即可打印出报表，如图 3-2-45 所示。

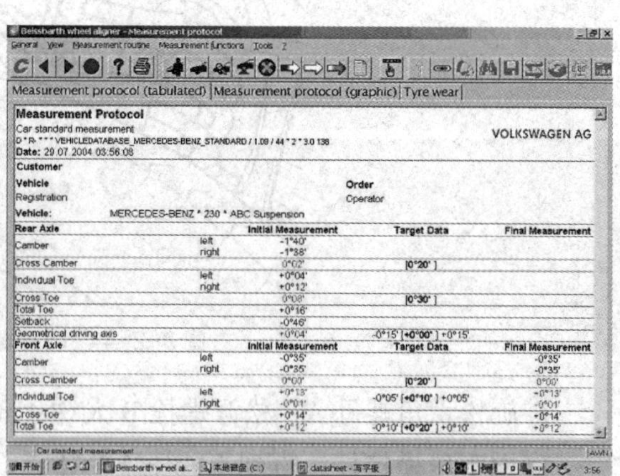

图 3-2-45　打印报表

不打印报表检测数据将不存储，单击“C”按钮重新进入另一辆车的检测。

学习单元 3　车轮动平衡检查

一、车轮的结构

车轮总成包括轮毂、轮辋及轮胎，如图 3-2-46 所示。

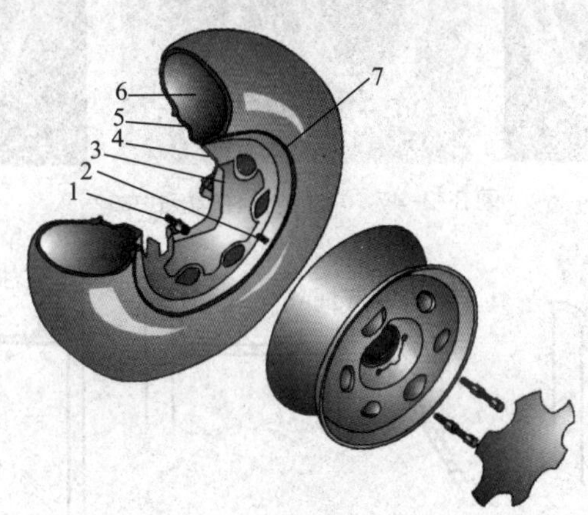

图 3-2-46　车轮总成的组成

1—车轮螺栓　2—气门嘴　3—装饰罩　4—轮辐　5—轮辋　6—轮胎　7—平衡块

1. 轮辐

早期的汽车轮辐采用辐条式车轮，随着现代机械技术的发展，现在汽车全部采用辐板式车轮。

常见的几种辐板式车轮如图 3-2-47 所示。

2. 轮辋

轮辋的类型和结构如图 3-2-48 所示。

深槽式轮辋：用于尺寸较小、弹性较大的小型车辆。

平底式轮辋：用于尺寸较大、弹性较小的中型车辆。

对开式轮辋：用于大、中型车辆。

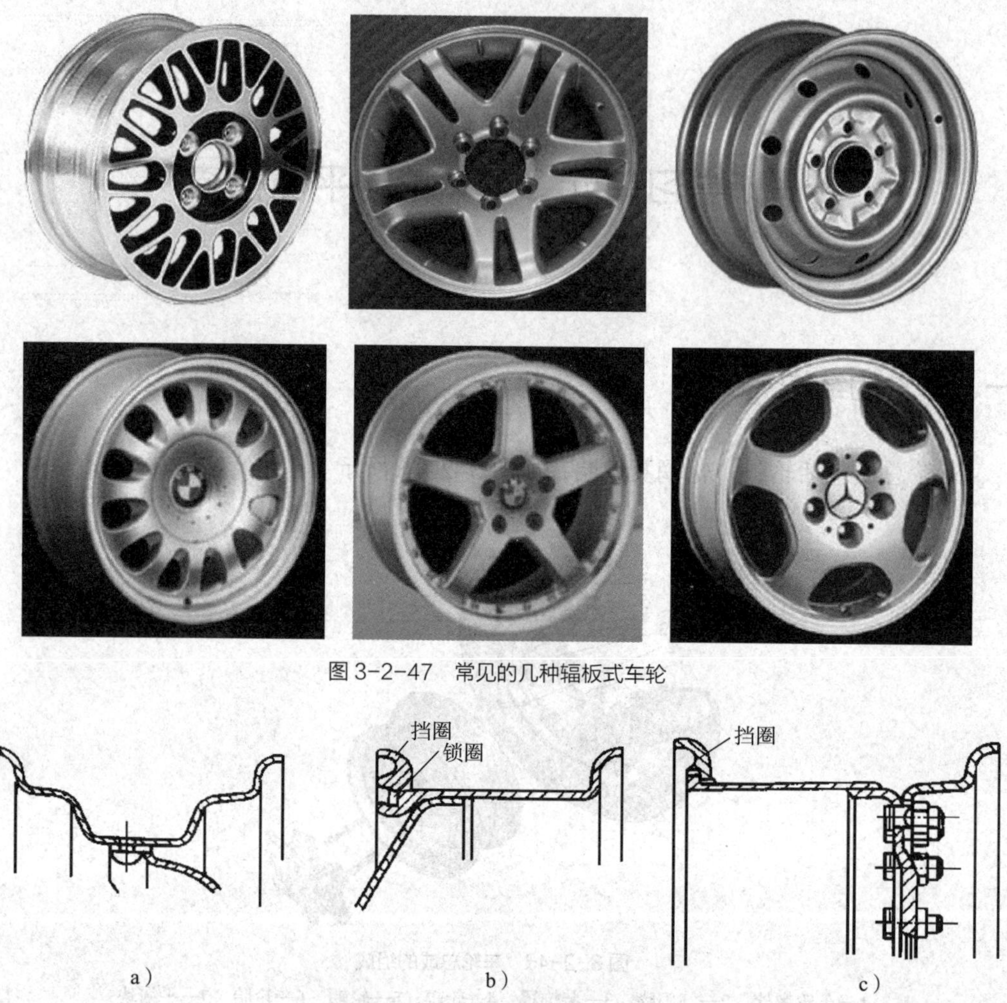

图 3-2-47　常见的几种辐板式车轮

图 3-2-48　轮辋的类型和结构

a）深槽式轮辋　b）平底式轮辋　c）对开式轮辋

二、车轮平衡的类型及不平衡的实质与原因

1. 车轮平衡的类型

车轮平衡主要有静平衡和动平衡两种，更换轮胎后要再次进行平衡。

为了消除车轮动不平衡，车轮在安装前必须经过专用设备——车轮动平衡机进行动平衡测试，在车轮质量偏小处增加适当的配重，使车轮在高速旋转下保持动平衡。车轮平衡机又称车轮平衡仪，用来检测车轮的平衡度，按其功能可分为车轮静平衡机和车轮动平衡机两类；按测量方法可分为就车式车轮动平衡机和离车式车轮动平衡机两类，如图 3-2-49 所示；按车轮平衡机转轴的形式可分为软式车轮平衡机和硬式车轮平衡机两类。

a）　b）

图 3-2-49　车轮动平衡机

a）离车式车轮动平衡机　b）就车式车轮动平衡机

2. 车轮不平衡的实质

车轮静不平衡的实质就是车轮的质心与车轮旋转中心不重合。车轮旋转时，离心力使车轮运转不平衡，车轮的质量分布相对车轮纵向中心面不对称，使得即使是静平衡的车轮，也可能动不平衡，其实质为车轮旋转时质心离心力的作用点与轮毂的质心不重合，产生了合力矩，动平衡的车轮一定静平衡，但静平衡的车轮不一定动平衡。

3. 车轮动不平衡的原因

引起车轮动不平衡的原因主要有以下几种情况。

（1）车轮定位不当，尤其是前束和车轮外倾角。

（2）轮胎和轮辋以及挡圈等几何形状失准或密度不均匀而造成先天的质心偏离。

（3）轮毂和轮辋定位误差使安装中心与旋转中心不重合。

（4）维修过程的拆装改变了整体综合质心，破坏了原有的良好平衡状态。

（5）轮辋直径过小，运行中轮胎相对于轮辋在圆周方面滑移，从而发生波状不均匀磨损。

（6）车轮碰撞造成变形引起的质心位移。

（7）轮胎翻新中因定位精度不高造成新胎冠厚度不均匀而改变质心。

（8）高速行驶中制动抱死而引起的纵向和横向滑移，造成轮胎局部的不均匀磨损。

三、车轮动平衡机操作规程

1. 安装车轮时，首先将弹簧和选择好的与被平衡车轮钢圈内孔相对的锥体装到匹配器上，再将车轮装到锥体上，装好后盖，然后用快速螺母锁紧。

2. 操作时，严格按规定程序进行操作，一定要注意保护匹配器及轴部，装卸车轮时，要轻拿轻放。

3. 用卡规测量钢圈到机箱的距离，旋转对应的旋钮，使之对应于测量值。

4. 打开机箱前右上方的电源开关，当显示板显示“GB–10”后，可按下“START”键，此时平衡采样开始，传动部分带动车轮旋转，自动停稳后，其结果显示在显示板上。

5. 用手缓慢转动车轮，其不平衡位置字符“∧”或“∨”会移动，如测量显示出现点阵符，同时会听到制动的声音，则停止转动车轮，这时垂直于轴线上方的外侧钢圈位置即是外侧应配重的位置。左侧采用同样方法，找出相对应配重的平衡位置，先在失重大的一侧进行平衡。

6. 经过几次配重，当动不平衡量小于 5 g 时，显示“OK”，说明已达到满意效果。

7. 试验结束，关闭电源。

四、车轮的动平衡检查及调整

1. 在开始进行车轮动平衡前，必须先符合下列要求：

（1）轮胎压力必须正常。

（2）轮胎花纹不得有单边磨损现象并且至少要有 4 mm 深。

（3）轮胎不得有明显的损伤，如切口、冲孔等。

（4）车轮悬架、转向机和转向拉杆，包括减振器都必须状态良好。

（5）必须进行道路测试。

2. 在车轮动平衡检测前先进行道路测试

若客户驱车来到维修站抱怨车辆有“振动”现象，则应在道路测试后再进行车轮动平衡。

（1）由此可得知不平衡运转因素的信息。

（2）可以确定在哪个转速范围内会发生车轮不平衡。

（3）在进行道路测试后立即使用升降台将车辆升起。

（4）在车辆上标记出轮胎的位置。

3. 操作步骤

（1）安装车轮

1）如图 3–2–50 所示，将车轮安装在动平衡机上。

2）如图 3–2–51 所示，安装锥形套到动平衡机的轴上，安装螺母并紧固。

图 3–2–50　将车轮安装在动平衡机上

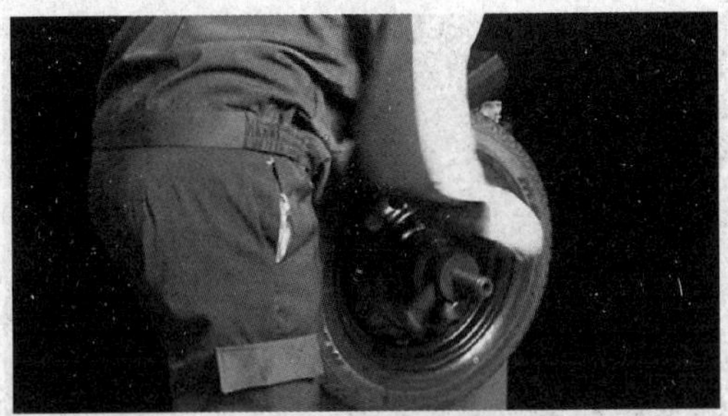

图 3–2–51　安装锥形套到动平衡机的轴上

（2）输入数据

1）如图 3–2–52 所示，打开轮胎动平衡机电源。

2）如图 3–2–53 所示，输入轮辋数据。

图 3–2–52　打开轮胎动平衡机电源

图 3–2–53　输入轮辋数据

3）输入轮辋距离 a，拉出测量尺，顶住轮辋边缘，移至测量位置后读出距离值，并将其输入动平衡机，如图 3–2–54 所示。

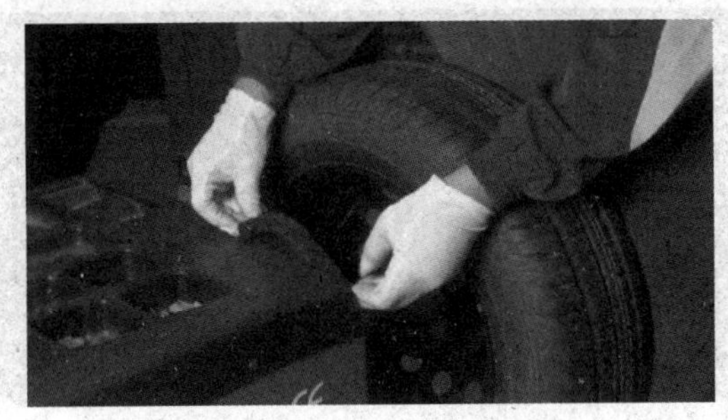

图 3–2–54　测量轮辋距离

4）输入轮辋宽度 b，用轮辋宽度测量尺测量车轮轮辋宽度，按宽度输入键，输入正确的轮辋宽度到动平衡机，如图 3–2–55 所示。

5）输入轮辋直径 d，在轮胎上标有直径值，读取直径值后，按直径键，输入轮辋直径，如图 3–2–56 所示。

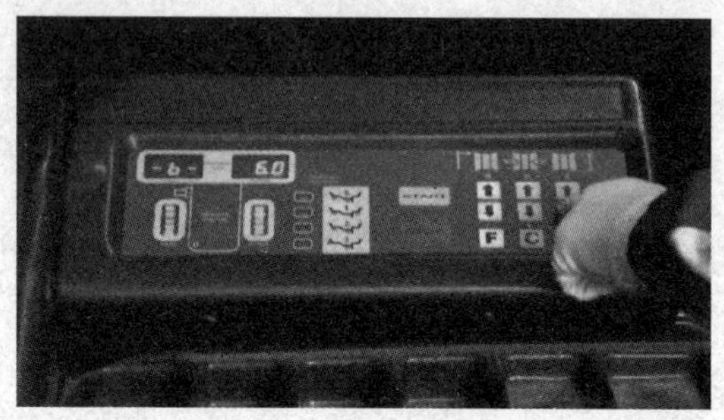

图 3–2–55 输入轮辋宽度

图 3–2–56 输入轮辋直径

（3）车轮动平衡检测

1）确认安全后，放下轮罩并按下启动开关，让轮胎在动平衡机上转动，如图 3–2–57 所示。

图 3–2–57 转动动平衡机上的轮胎

2）当车轮停止转动后，查看所测车轮两侧的动不平衡量数据，如图 3–2–58 所示。

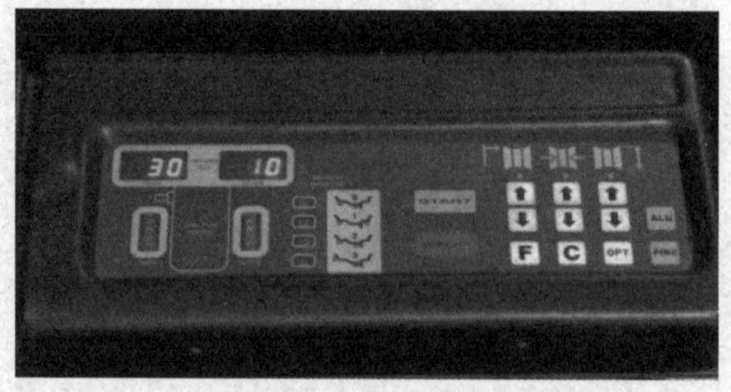

图 3–2–58 查看所测车轮两侧的动不平衡量数据

（4）在轮辋上装平衡块

1）转动车轮至外侧的不平衡点（此时该不平衡点指示灯亮），并用手扶住，如图 3–2–59 所示。

2）在车轮轮辋外侧最高点（时钟 12 点）位置，根据轮辋的构造、材质和屏幕显示的不平衡量，选择及安装形状和质量合适的平衡块，如图 3–2–60 所示。

图 3–2–59　转动车轮至外侧的不平衡点

图 3–2–60　在轮辋外侧安装平衡块

3）转动车轮至内侧的不平衡点（此时该不平衡点指示灯亮），并用手扶住，如图 3–2–61 所示。

4）在车轮轮辋内侧最高点（时钟 12 点）位置，根据检测到的不平衡量，装上相应质量的平衡块，如图 3–2–62 所示。

图 3–2–61　转动车轮至内侧的不平衡点

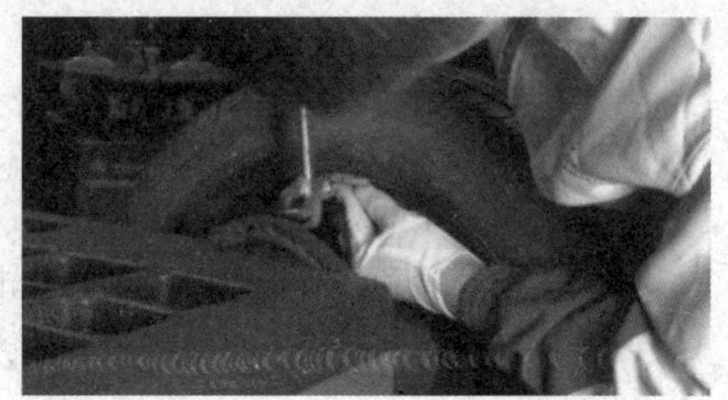

图 3–2–62　在轮辋内侧安装平衡块

（5）轮胎动平衡的复测

1）重新进行动平衡测试，确认安全后，放下轮罩并按下启动开关，让轮胎在动平衡机上转动，如图 3–2–63 所示。

2）测试结束后，如车轮仍存在动不平衡，应去掉已安装的平衡块，重新测试和安装平衡块，直至动不平衡量小于 5 g（最好为零）时为止，如图 3–2–64 所示。

（6）取下轮胎。

图 3-2-63　转动动平衡机上的轮胎

图 3-2-64　读取测量数据

4. 项目检查

经过车轮动平衡检测与维修后，要进行道路测试，检查转向盘抖动现象是否消除。

学习单元 4　更换轮胎

一、轮胎的功用、结构及型号

1. 轮胎的功用

（1）支承汽车的总质量。

（2）吸收及缓和汽车行驶时受到的冲击和振动。

（3）保证汽车与路面有良好的附着性，以提高汽车的牵引性和制动性。

2. 轮胎的结构

轮胎的结构如图 3-2-65 所示，分别由冠面、胎体等组成。

3. 轮胎的分类

（1）根据气压高低的不同，轮胎分为高压胎（0.49 ~ 0.686 MPa）、低压胎（0.196 ~ 0.49 MPa）、超低压胎（小于 0.196 MPa）。

（2）根据花纹不同，轮胎分为横向胎纹轮胎、纵向胎纹轮胎、混合胎纹轮胎等，如图 3-2-66 所示。

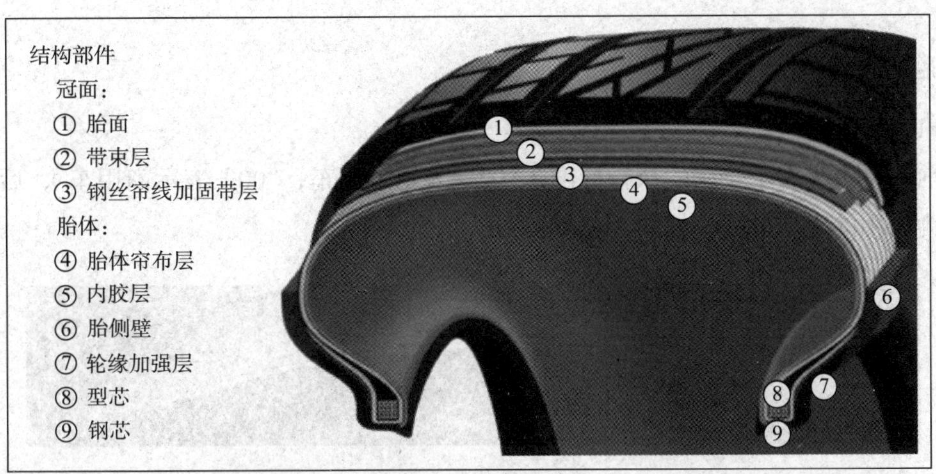

图 3-2-65 轮胎的结构

图 3-2-66 不同胎纹的轮胎

a）横向胎纹 b）纵向胎纹 c）混合胎纹

（3）按有无内胎将轮胎分为有内胎轮胎、无内胎轮胎。

（4）根据帘线材料不同，轮胎分为人造丝帘线轮胎、尼龙帘线轮胎、玻璃纤维帘线轮胎、钢丝帘线轮胎等。

（5）根据帘线排列方式的不同，轮胎分为斜交轮胎和子午线轮胎，如图 3-2-67 所示。

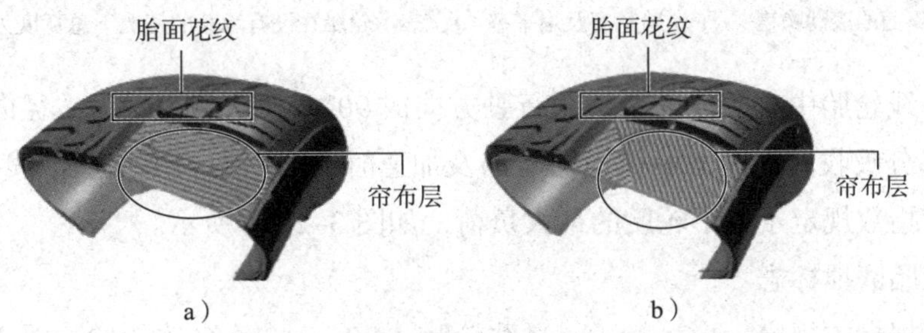

图 3-2-67 不同帘线排列方式的轮胎

a）子午线轮胎 b）斜交轮胎

4. 轮胎的特性

（1）E 标记

前两位数字表示轮胎的执行标准（“02”表示乘用车，“00”表示商用车），后面的数字为通用的生产批号，如图 3–2–68 所示。

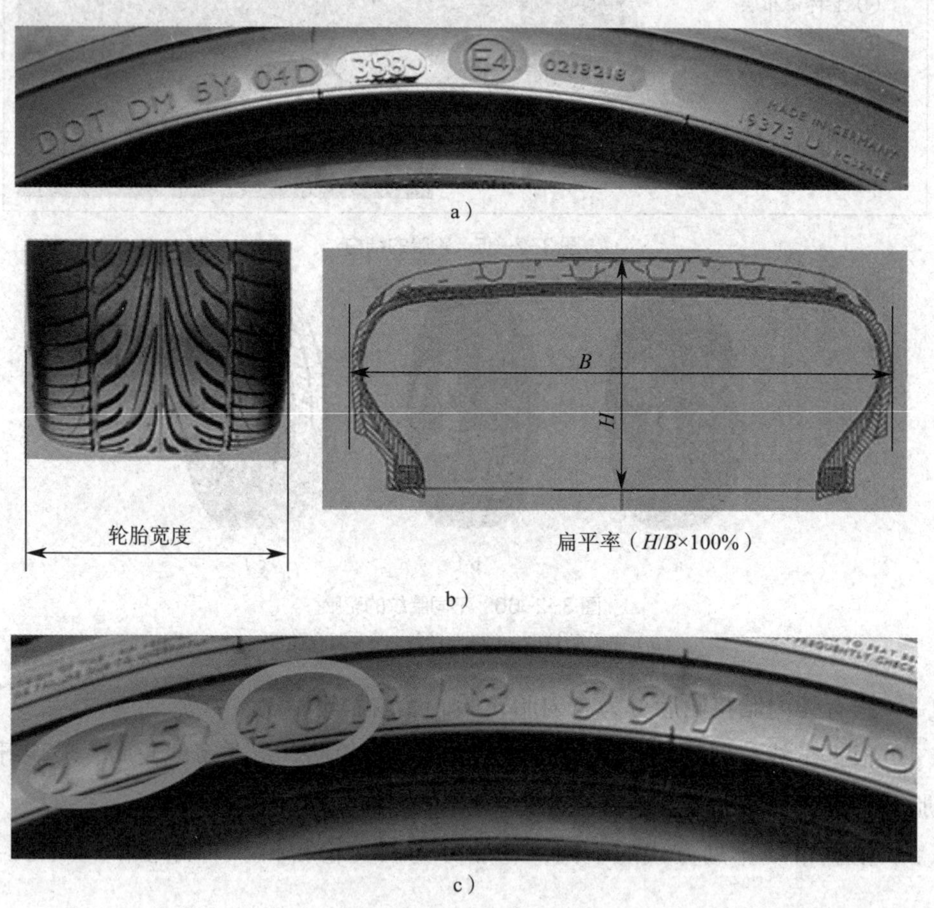

a）

b）

c）

图 3–2–68　轮胎的 E 标记等

a）轮胎路面的滚动噪声　b）轮胎宽度及扁平率　c）表示轮胎在没有承载的情况下总宽度为 275 mm

在子午线轮胎中，胎体的帘线与行驶方向成 90°，即从侧面看为“径向”。这样的排列只能部分吸收转向时的胎体横向力以及加速时的圆周力。由钢丝帘线提供支承和补充，负荷指数规定了单个轮胎的最大负荷，如图 3–2–69 所示。

（2）轮胎磨损标志

轮胎磨损标志规定：1.6 mm——夏季轮胎，4.0 mm——冬季轮胎。对于夏季轮胎，在纵向花纹槽中位于多个位置上的横条，在剩余花纹深度为 1.6 mm 时会显现。夏季轮

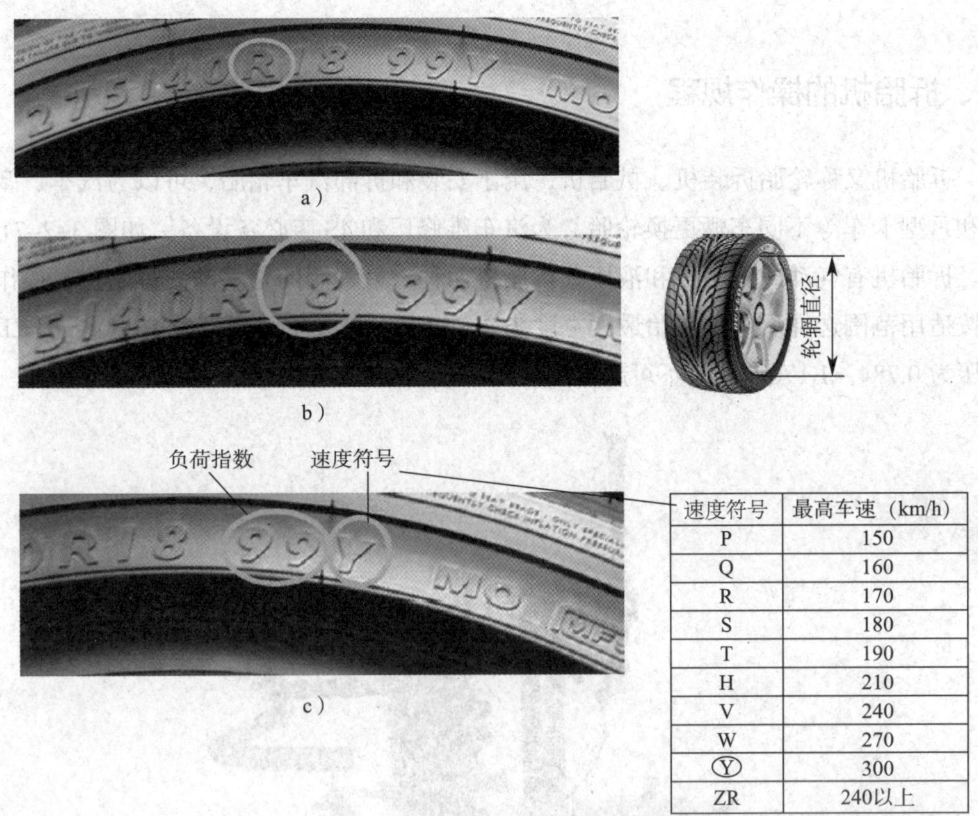

速度符号	最高车速（km/h）
P	150
Q	160
R	170
S	180
T	190
H	210
V	240
W	270
Ⓨ	300
ZR	240以上

图 3-2-69　轮胎的承载参数等标记

a）“R”表示子午线轮胎　b）“18”表示轮辋直径（单位为 in*）　c）负荷指数、速度标记

胎 TWI（tire wear indicator，轮胎磨损标志）凸起高度为 1.6 mm，主花纹沟内的花纹深度为 P，如图 3-2-70 所示。在测量轮胎花纹深度时，在主花纹沟上测量花纹深度，不要在“TWI”上测量。

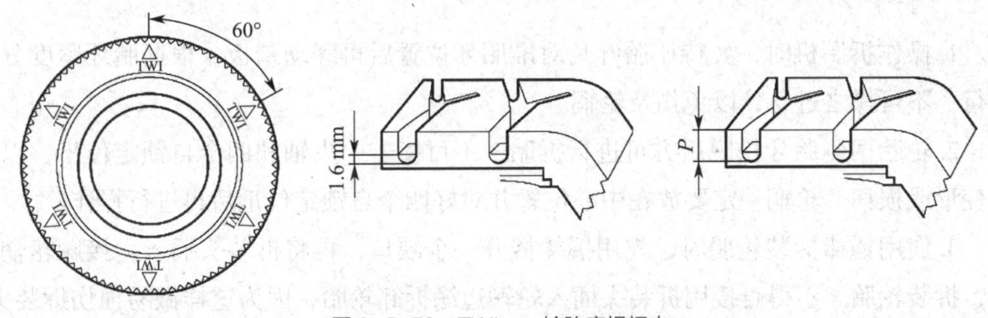

图 3-2-70　TWI——轮胎磨损标志

* in：英寸，1 in=25.4 mm。

二、拆胎机的操作规程

拆胎机又称轮胎拆装机、扒胎机，用于安装和拆卸汽车轮胎，可以为汽车、摩托车和重型卡车等不同车辆更换轮胎，为汽车维修厂和4S店必备设备，如图3–2–71所示。拆胎机有气动式拆胎机和液压式拆胎机两种，最常用的是气动式拆胎机。操作前应按适用范围选择尺寸，轮胎最大宽度为3～12 in，最大轮胎直径为1 030 mm，工作气压为0.784～1.176 MPa，不可超范围使用。

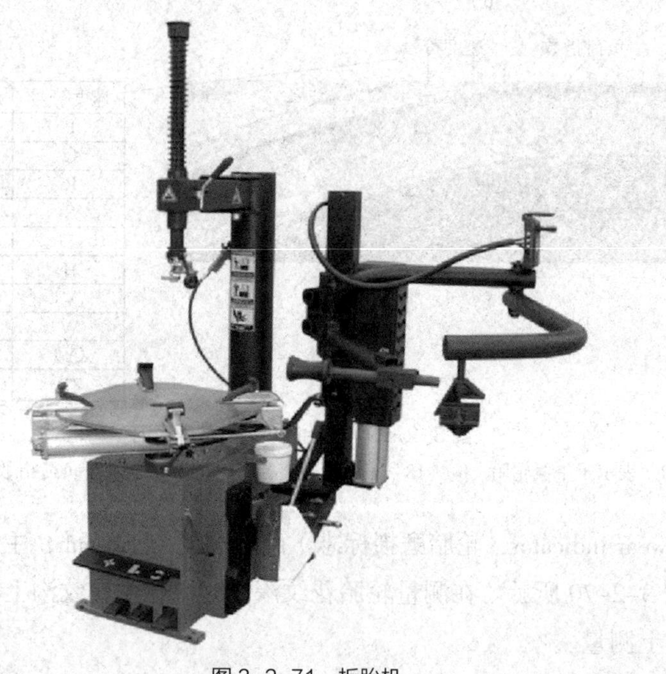

图3–2–71　拆胎机

1. 操作拆胎机时，要待压胎叶片对准胎牙位置后再踩动踏板，根据胎牙紧度分次进行，不可操之过急，以免伤及轮辋。

2. 轮胎两侧胎牙松脱后方可进行拆胎，不可撞击中央轴和四个自锁定位爪，以免其变形或损坏。轮辋一定要放在中心位置并对好四个自锁定位爪后再进行操作。

3. 使用撬棒拆装轮胎时，先用撬棒撬开一个缺口，再将拆装头插入，接触轮辋边缘，拆装轮胎。不得直接用拆装头插入轮辋边缘拆卸轮胎，因为这样做易损伤拆装头。

4. 四个自锁定位爪头部的喷气嘴可为真空胎及时充气，轮胎气压不足时可用充气管充气至规定的气压值。

5. 拆装轮胎前，应先将轮辋内、外平衡块拆掉，以防自锁定位爪偏置受力而损坏。

6. 经常保持设备及工作台面的清洁，不得使污物塞住自锁定位爪。自锁定位爪要定期涂少许润滑脂，以保持润滑。

7. 指定专人负责维护及使用，确保设备完好。

三、用拆胎机拆卸轮胎

1. 检查轮胎

（1）清洁轮胎、轮辋上附着的污泥、沙石等异物，如图 3–2–72 所示，检查轮胎外观有无异常磨损、损伤，测量轮胎花纹深度。

（2）取下轮辋上原有的平衡块，如图 3–2–73 所示。

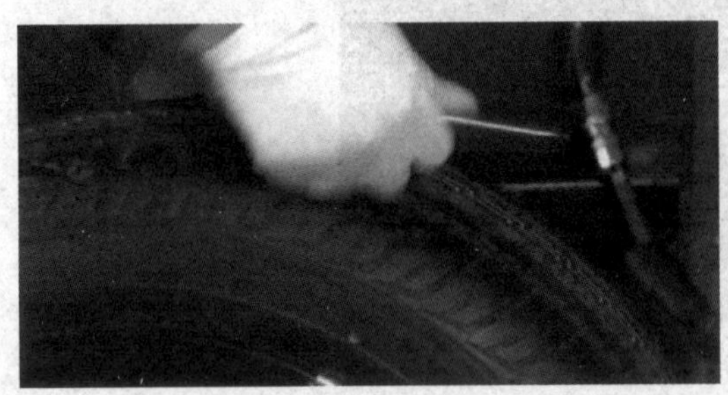

图 3–2–72　清洁轮胎、轮辋上附着的异物

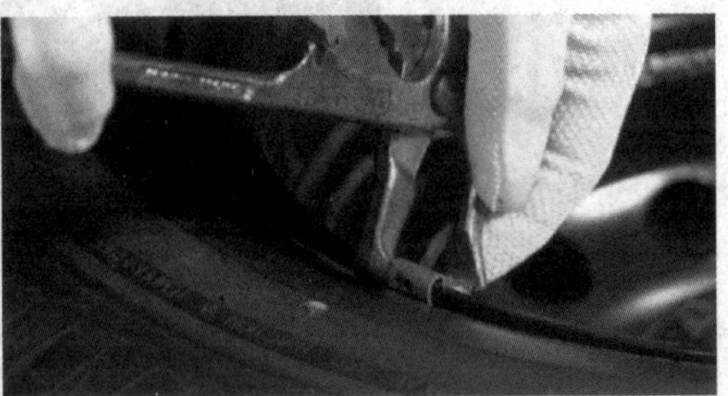

图 3–2–73　取下轮辋上原有的平衡块

2. 轮胎放气

根据维修手册规定，选用气门芯拆装专业工具。当轮胎中气体放完后，取出气门芯。

3. 分离轮辋与轮胎密封面

（1）通过手柄将分离轮胎密封面的专用工具——分离铲扳到距离轮辋边缘 10 mm 处，并贴靠轮胎胎侧位置，如图 3–2–74 所示。

（2）踩下分离踏板，使轮胎胎缘与轮辋分离。翻转车轮，重复以上步骤，使轮胎另一面的胎缘与轮辋彻底分离，如图 3–2–75 所示。

4. 把车轮固定在转盘上

将轮胎密封面已与轮辋分离的车轮放在拆胎机的转盘上，如图 3–2–76 所示。将

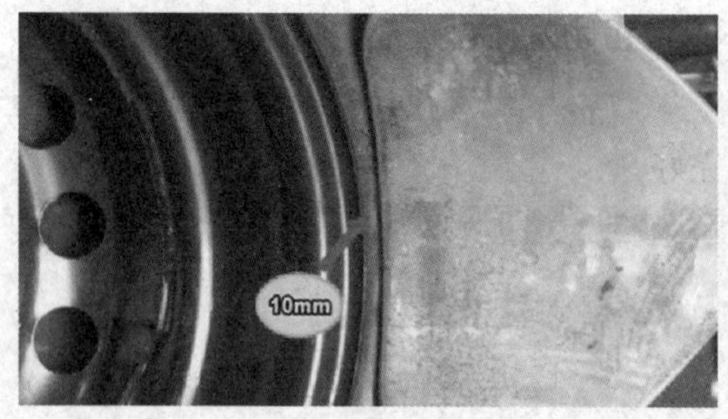

图 3-2-74　安装专用工具——分离铲

图 3-2-75　分离轮胎胎缘与轮辋

轮辋有气门嘴的一侧朝上，踩下夹紧踏板，将车轮可靠地固定在转盘上。

图 3-2-76　将车轮放在拆胎机的转盘上

5. 轮胎与轮辋分离

（1）移动轮胎拆装头的摆臂，让它往轮辋侧靠近，通过调整限位螺钉调整轮胎拆装头摆臂，如图 3-2-77 所示。

（2）向下按压轮胎拆装头的立柱，使轮胎拆装头靠近轮辋边缘，将轮胎拆装头与轮辋边缘的距离调整为 1 ~ 2 mm，如图 3-2-78 所示。用锁紧手柄将立柱锁紧。

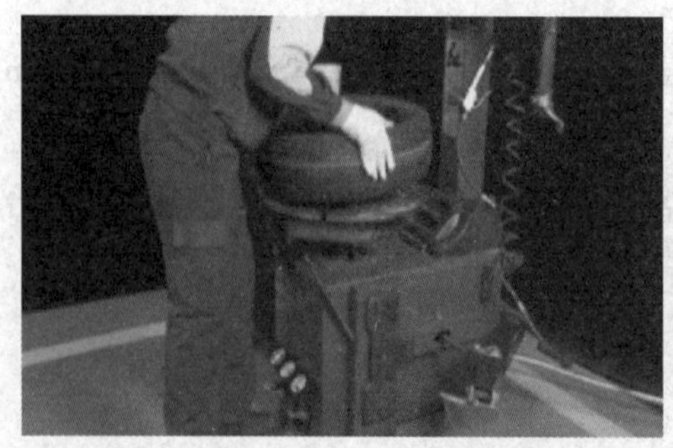
图 3-2-77　调整轮胎拆装头摆臂

图 3-2-78　调整轮胎拆装头与轮辋边缘的距离

（3）把撬棒靠住拆装头，手握撬棒上端，朝轮辋中心用力扳动，使胎缘内侧向上套在拆装头上。使轮胎与轮辋分离，如图 3–2–79 所示。

图 3–2–79　分离轮胎与轮辋

6. 检测轮辋

（1）清洁轮辋密封面的残余橡胶，检查轮辋密封面有无腐蚀、损伤，如图 3–2–80 所示。

（2）将轮辋安装在动平衡机上，检测轮辋径向圆跳动和轴向圆跳动是否小于等于 0.75 mm，如图 3–2–81 所示；如检测结果大于 0.75 mm，则更换轮辋。

图 3–2–80　清洁轮辋密封面的残余橡胶

图 3–2–81　检测轮辋径向圆跳动和轴向圆跳动

四、用拆胎机安装轮胎

1. 先用钢丝刷刷掉轮辋密封处的污物和锈迹。
2. 将橡胶润滑剂充足地加到新胎圈口区。
3. 将轮辋固定在转盘上，有气门嘴的一面朝上，如图 3–2–82 所示。
4. 将轮胎放在轮辋上，使用相关工具进行轮胎与轮辋的组装，如图 3–2–83 所示。

图 3-2-82　将轮辋固定在转盘上

图 3-2-83　将轮胎放在轮辋上

5. 轮胎的充气

（1）如图 3-2-84 所示，用气枪对准气门嘴给轮胎预充气，直至轮胎两侧密封层与轮辋边缘完全贴合，把气门芯装入气门嘴中并拧紧。

（2）如图 3-2-85 所示，给轮胎间断充气，直至气压达到规定值为止。

图 3-2-84　给轮胎预充气

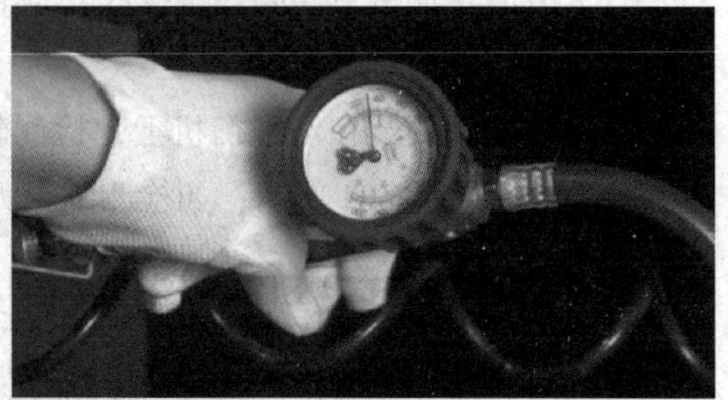
图 3-2-85　将气压充至规定值

（3）用肥皂水涂抹气门嘴、气门芯、轮胎与轮辋密封处，检查是否漏气，如图 3-2-86 所示，装上轮胎气门嘴防尘帽。

图 3-2-86　检查气门嘴等是否漏气

课程 3-3　检修转向系统

【学习内容】

学习单元	课程内容	培训建议	课堂学时
（1）更换转向器总成	1）机械式转向系统的结构	（1）方法：讲授法、演示法 （2）重点与难点：机械、液压及电动转向器总成的拆装	6
	2）液压助力转向系统的组成及主要部件		
	3）电动助力转向系统的类型与组成		
	4）机械转向器总成的拆装（以大众轿车为例）		
	5）液压助力转向器总成的拆装（以大众轿车为例）		
	6）电动助力转向器总成的拆装		
（2）更换转向传动机构	1）转向传动机构的功用、类型及组成	（1）方法：讲授法、演示法 （2）重点：转向传动机构的功用、类型、组成及拆装 （3）难点：转向传动机构的拆装	4
	2）转向传动机构的拆装		

学习单元 1　更换转向器总成

汽车转向系统的功能是按照驾驶员的意愿控制汽车的行驶方向。当汽车需要改变行驶方向时，必须使转向轮绕着主销轴线偏转一定角度，从而得到新的行驶方向。汽车转向系统按转向能源的不同分为机械式转向系统和动力式转向系统两大类。机械式转向系统以驾驶员的体力作为转向能源，动力式转向系统是兼用驾驶员体力和发动机（电动机）动力作为转向能源的转向系统。动力式转向系统又可分为液压助力转向系统和电动助力转向系统。

一、机械式转向系统的结构

机械式转向系统的传力件都是机械的。如图 3–3–1 所示，机械式转向系统由转向操纵机构、转向器和转向传动机构三大部分组成。

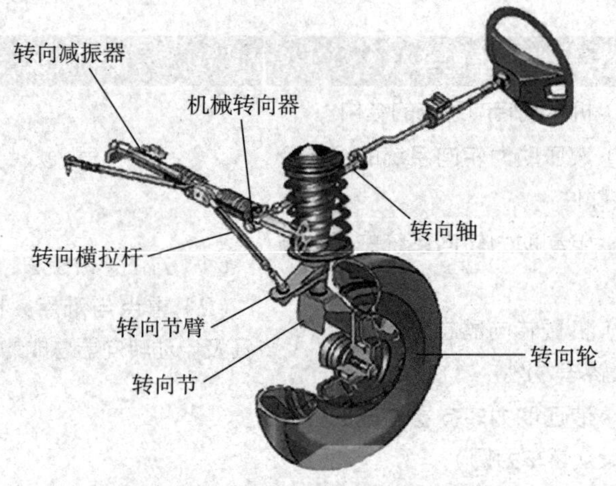

图 3–3–1　机械式转向系统的组成

1. 转向操纵机构

转向操纵机构由转向盘、转向轴、转向管柱等组成，它的作用是将驾驶员转动转向盘的操纵力传给转向器。

2. 转向器

转向器是完成由旋转运动到直线运动（或近似直线运动）的一组齿轮机构，同时也是转向系统中的减速传动装置。目前较常用的转向器有齿轮齿条式、循环球—曲柄指销式、蜗杆曲柄指销式、循环球—齿条齿扇式、蜗杆滚轮式等。

3. 转向传动机构

转向传动机构的功用是将转向器输出的力和运动传到转向桥两侧的转向节，使两侧转向轮偏转，且使两转向轮偏转角按一定关系变化，以保证汽车转向时车轮与地面的相对滑动尽可能小。转向传动机构主要由转向摇臂、转向直拉杆、转向节臂、转向横拉杆和转向减振器等组成。

二、液压助力转向系统的组成及主要部件

1. 液压助力转向系统的组成

液压助力转向系统是一套兼用驾驶员体力和发动机动力为转向能源的转向系统。在正常情况下，汽车转向所需的能量只有一小部分由驾驶员提供，而大部分能量由发动机通过转向加力装置提供。

液压助力转向系统常见的是齿轮齿条式，它主要由齿轮齿条转向器和液压助力系统两部分组成，如图 3–3–2 所示，主要包括转向盘、转向轴、万向节、齿轮齿条转向器以及液压助力系统的转向油罐、转向油泵、转向控制阀和转向动力缸等。

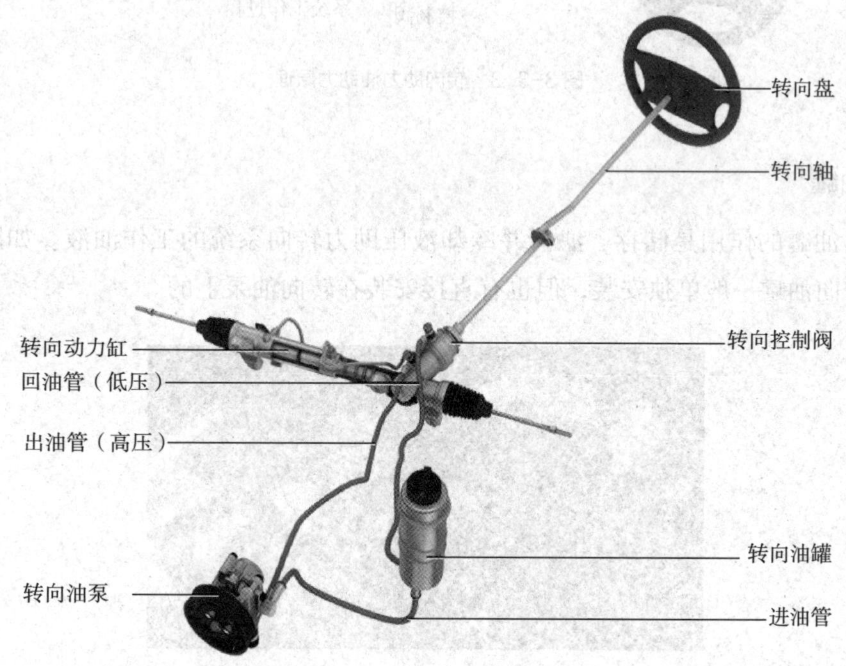

图 3–3–2　液压助力转向系统的组成

2. 转向助力油及其助力原理

转向助力油不但储存在转向油罐中，同时还存在于液压助力系统的转向动力缸中，是加注在助力转向系统内的一种介质油，起到传递转向力和缓冲的作用。

如图 3–3–3 所示，转向油罐中的低压油经过转向油泵加压后转换成高压油液，高压油液经过转向系统中的液压管路进入转向动力缸，推动助力液压缸中的活塞左右移动，从而使液压能转换成机械能，达到助力的作用。

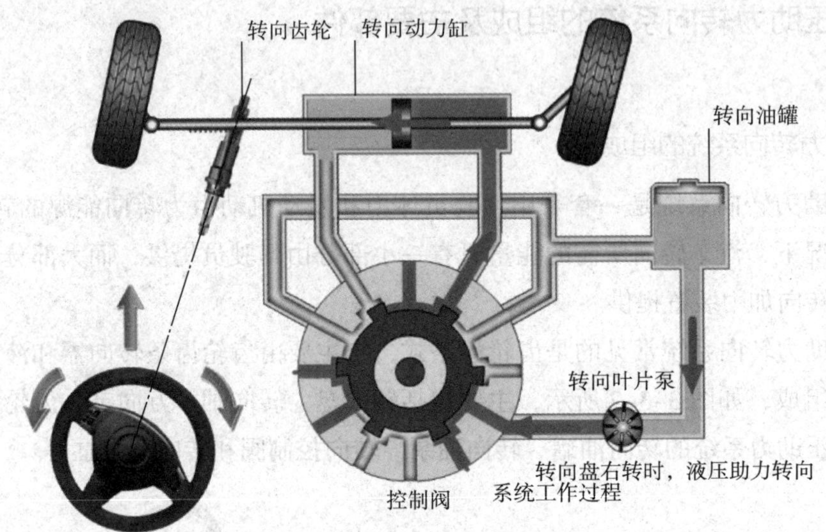

图 3–3–3　转向助力油助力原理

3. 转向油罐

转向油罐的作用是储存、滤清并冷却液压助力转向系统的工作油液。如图 3–3–4 所示，转向油罐一般单独安装，但也有直接安装在转向油泵上的。

图 3–3–4　转向油罐的安装位置

4. 转向油泵

（1）转向油泵的功用

如图 3–3–5 所示，转向油泵是液压助力转向装置的供能装置，转向油泵以发动机为动力，其作用是将发动机输入的机械能转换为液压能输出，为转向动力缸提供液压助力。

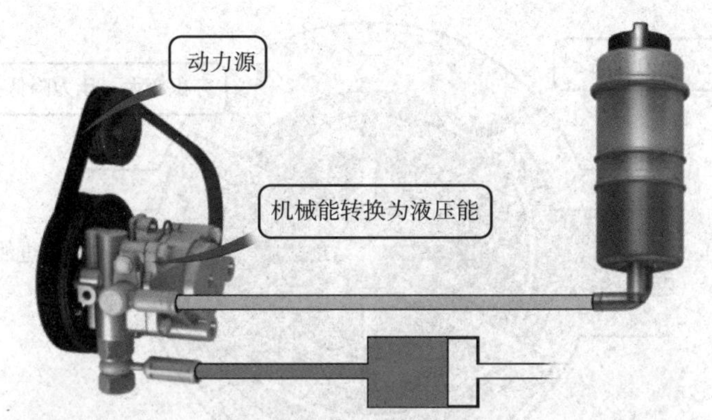

图 3-3-5　转向油泵的功用

（2）转向油泵的结构

转向油泵按结构形式分有齿轮泵、叶片泵、转子泵和柱塞泵等。常见的为叶片泵，其结构主要包括定子、带叶片的转子、安全阀、配油盘和壳体等，如图 3-3-6 所示。

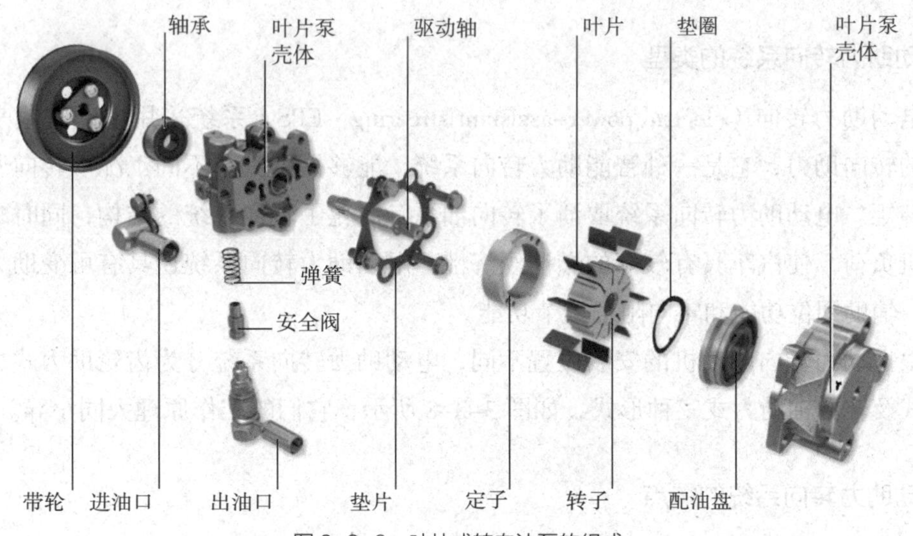

图 3-3-6　叶片式转向油泵的组成

（3）转向油泵的工作原理

如图 3-3-7 所示，当转子旋转时，叶片在离心力及高压液体的作用下紧贴在定子的内表面，叶片之间形成一个空腔，随着转子的旋转，空腔的工作容积由小变大，腔内压力逐渐变低，至进油口处吸进油液。转子继续旋转，腔内容积逐渐由大变小，腔内油液压力升高，旋转至出油口处输出高压油液。这种结构的转子泵，转子每旋转一周，每个工作腔都各自吸油、压油两次。

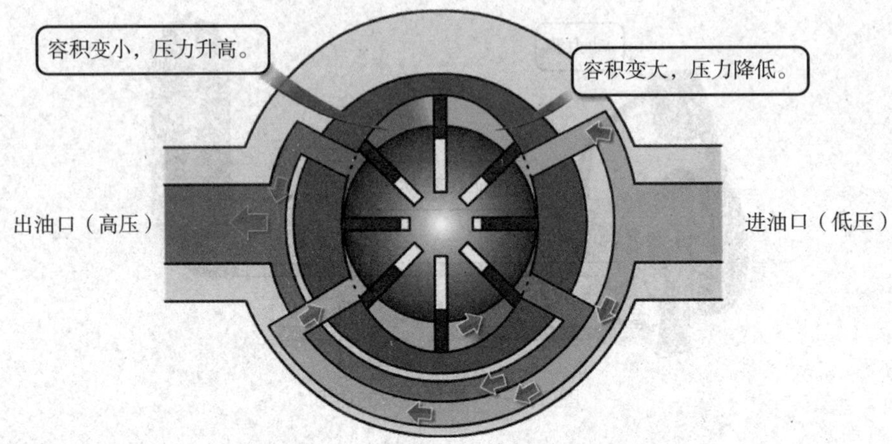

图 3–3–7　叶片式转向油泵的工作原理

三、电动助力转向系统的类型与组成

1. 电动助力转向系统的类型

电动助力转向（electric power–assistant streering，EPS）系统采用电动方式来实现汽车的转向助力，它是一种智能助力转向系统，能够提供汽车不同工况下转向所需的助力转矩。电动助力转向系统取消了转向油泵，简化了转向系统的结构，同时减轻了发动机负荷，使汽车具有较好的燃油经济性。电动助力转向系统还具有可变助力转向功能、辅助回位功能和转向阻尼调节功能。

根据动力转向电动机的安装位置不同，电动助力转向系统分为齿轮助力式、齿条助力式及转向轴助力式三种形式，如图 3–3–8 所示，它们的工作原理大同小异。

2. 电动助力转向系统的特点

（1）随着电动机械式助力转向器的使用，液压式助力转向系统可以被取消了。由于不再使用液压油，故该转向系统在环保方面做出了重大贡献。

（2）所使用的电动机械式助力转向器是一种双小齿轮结构。它以两个小齿轮（转向小齿轮和驱动小齿轮）命名。在小齿轮的帮助下，需要的转向力被传递到齿条上。

（3）提供转向助力时，ECU 将根据需要控制电动机。该系统为驾驶员提供了由行

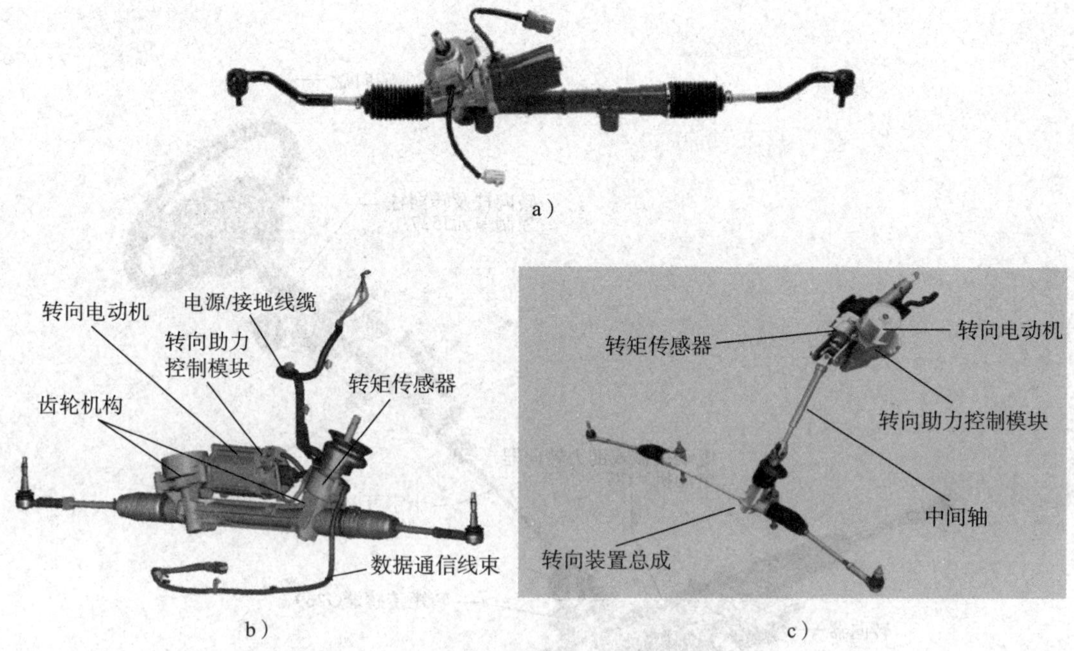

图 3-3-8　电动助力转向系统

a）齿轮助力式　b）齿条助力式　c）转向轴助力式

驶条件决定的转向助力。

（4）电动机械式助力转向器在“主动回位”功能下，支持转向系统回位到正前行驶位置。这就可以在任何行驶状态下提供出色的车轮正前行驶和格外精确的线性导向。

（5）当车辆处于持续侧向风冲击或倾斜的路面上时，正前行驶修正功能将产生一个助力的力矩，可以减轻驾驶员在正前行驶时的负担，避免在行车时不断地通过转动转向盘来修正车辆的行驶方向。

3. 电动助力转向系统的组成及工作原理

（1）组成

如图 3-3-9 所示，大众途安电动机械式转向系统的部件包括转向盘、带转向角度传感器 G85 的转向柱控制单元 J527、转向柱、转矩传感器 G269、电动机械式助力转向器电动机 V187、转向器、转向辅助控制单元 J500。

（2）工作原理

如图 3-3-10 所示，转向控制模块获取转矩传感器、动力转向电动机转动传感器、电源电压、车速和发动机转速等信息，以确定车辆转向所需助力转矩的大小和方向，并且控制动力转向电动机工作。另外，在配置电子车身稳定系统的基础上，电动助力

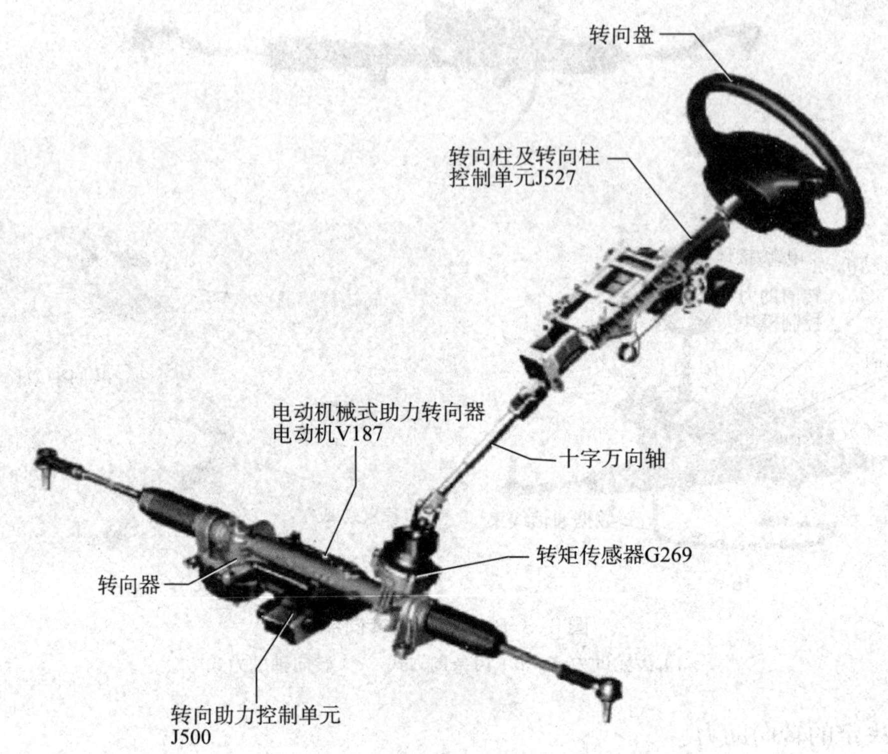

图 3-3-9　大众途安带双小齿轮的电动机械式助力转向器

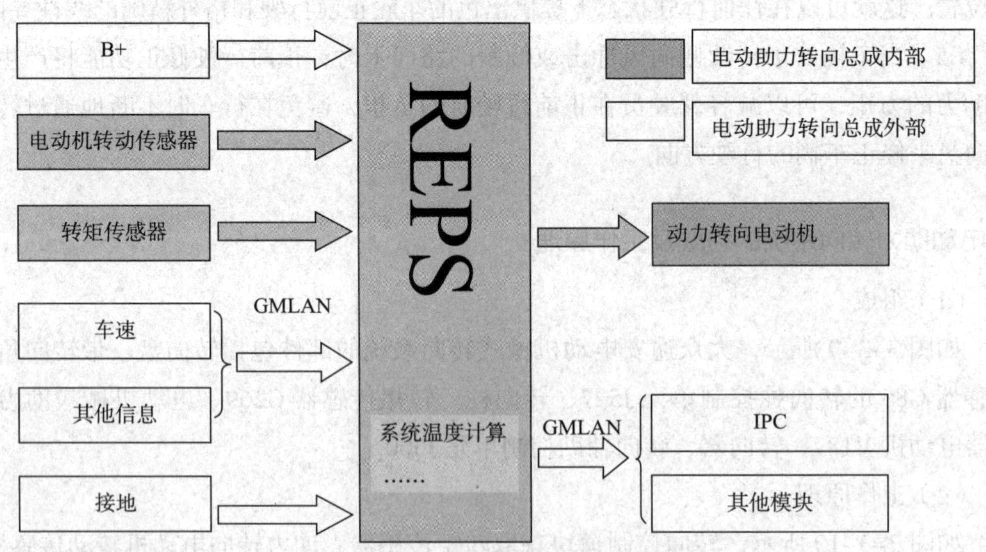

图 3-3-10　电动助力转向工作原理框图

转向系统还会考虑转向角度传感器信号。

4. 电动助力转向系统的主要部件

（1）转向角度传感器

转向角度传感器安装在复位环的后面，与安全气囊的滑环安装在一起，如图 3-3-11 所示。它位于组合开关和转向盘之间的转向柱上。转向角度传感器通过 CAN（controller area network，控制器局域网络）数据总线，向转向柱电子装置控制单元提供信号，以便测算转向角。

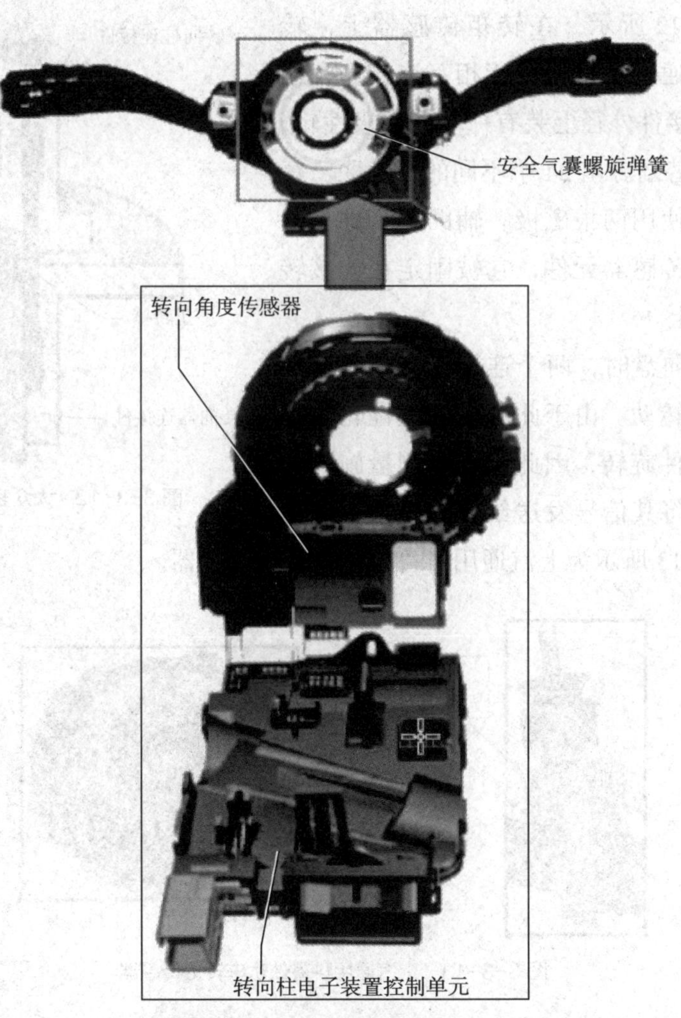

图 3-3-11　转向角度传感器 G85

在转向柱电子装置控制单元中设有电子系统，用于分析转向角度传感器输送的信号，然后通过数据总线将该信号传送给转向助力控制单元。

失效影响如下：

当转向角度传感器失灵时，紧急运行程序立即被启动。缺损的信号被设置成一个替代值。此时，转向系统完全保持转向助力，但设置在组合仪表中带有转向盘符号的警告灯会以黄色点亮显示。

（2）转矩（转向力矩）传感器

利用转矩传感器可以直接在转向小齿轮上计算转向盘转矩。该传感器属于有源传感器，是以磁阻的功能原理工作的，它被设计成双保险（备用），以保证获得最高的安全性。

如图 3–3–12 所示，在转矩传感器上，转向柱和转向器通过一根扭转棒相互连接。在连接转向柱的连接件外径上装有一个磁性极性轮，在其上面被交替划分出 24 个不同的极性区。每次分析转矩时使用两根磁极。辅助配合件是一个有源的磁阻传感器元件，它被固定在连接转向器的连接件上。

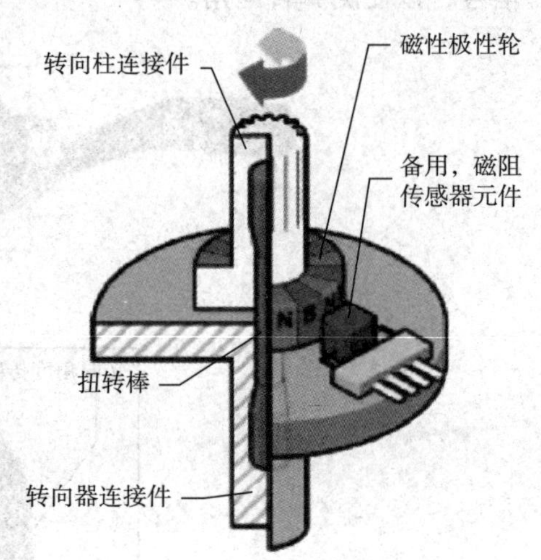

图 3–3–12　大众轿车转矩传感器

当操作转向盘时，两个连接件会根据施加的转矩做相对转动。由于此时磁性极性轮也相对于传感器元件旋转，因此，可以测量施加的转向力矩，并将其信号发送给转向助力控制单元。如图 3–3–13 所示为上汽通用科鲁兹轿车转矩传感器。

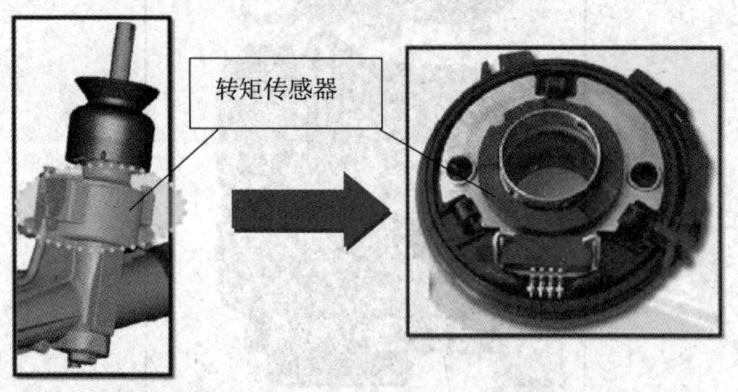

图 3–3–13　上汽通用科鲁兹轿车转矩传感器

当元件失效时将进行补偿。当转矩传感器发生故障时，必须更换转向器总成。当控制单元识别到故障时，将关闭转向助力。关闭的过程不是突然进行的，而是“缓慢地”进行。为了实现“缓慢”关闭，控制单元将根据转向角和电动机的转子角度计算出转向力矩的替代信号。故障将通过设置在组合仪表中带有转向盘符号的警告灯以红色点亮显示。

（3）电动机转动（转子转速）传感器

电动机转动传感器是电动机械式助力转向器电动机的一个组成元件。从外部无法接触到它。电动机转动传感器是根据磁阻功能原理工作的，在结构上与转矩传感器相同。它探测到电动机械式助力转向器电动机的转子转速，并将转速信号反馈给转向助力控制单元，以便其精确控制电动机的动作。

失效补偿作用如下：

当该传感器失灵时，会将转向角速度用作替代信号。转向助力将安全地缓慢降低。从而避免由于传感器的失灵而造成突然关闭转向助力。故障将通过设置在组合仪表中带有转向盘符号的警告灯以红色点亮显示。

（4）车速信号

车速信号由 ABS 控制单元通过数据总线提供给转向助力控制单元，如图 3-3-14 所示。

失灵时的补偿作用如下：

当车速信号失灵时，紧急运行程序被启动。驾驶员可以获得完全的转向助力，但是没有电控转向助力系统功能。故障将通过设置在组合仪表中带有转向盘符号的警告灯以黄色点亮显示。

（5）发动机转速传感器

发动机转速传感器是霍尔传感器，它用螺栓拧紧在曲轴密封凸缘外壳内，如图 3-3-15 所示。发动机控制单元根据发动机转速传感器的信号，探测到发动机的转速和曲轴的准确位置。然后，再将该信号通过 CAN 数据总线输送给转向助力控制单元，以便其用于调节转向助力的力矩大小。

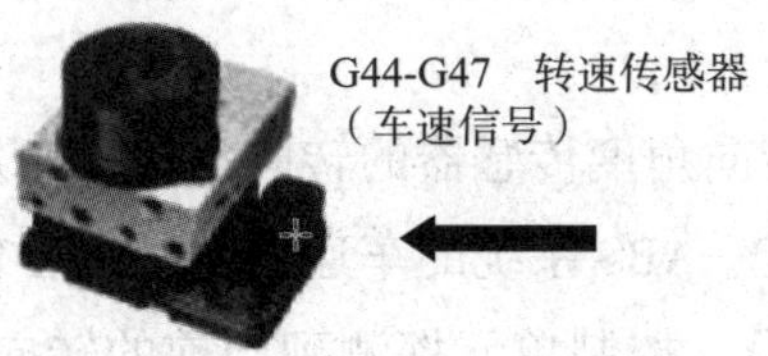

图 3-3-14　车速信号

图 3-3-15　发动机转速传感器 G28

信号失灵时的补偿作用如下：

当发动机转速传感器失灵时，转向系统通过总线端 15 运行，故障将不会通过设置在组合仪表中带有转向盘符号的警告灯 K161 点亮显示。

（6）转向助力电动机（电动机械式助力转向器电动机）

电动机为无刷异步电动机，如图 3–3–16 所示。工作时，它能够产生最大力矩为 4.1 N · m 的转向助力。异步电动机没有永久磁场或电磁激励。顾名思义，异步电动机在所施加的电压频率和电动机旋转频率之间有一个偏差。这两个频率不相同，因此叫作异步。

图 3–3–16　大众途安电动机械式助力转向器电动机

异步电动机的结构简单（无电刷），因此运行非常安全。响应性能非常短，所以也适用于最快的转向运动。电动机安装在铝合金的壳体内。它通过蜗杆传动与驱动小齿轮作用在齿条上。控制侧的轴端部有一块磁铁，控制单元用它来探测转子的转速，并利用该信号计算出转向速度。

失灵时的补偿作用如下：

异步电动机的优点在于它可以在无电压状态下通过转向器运转。这说明，即使电动机出现故障，以及因此而引起转向助力失灵时，也只需稍许用力来运转转向系统。甚至当短路时，电动机也不会被锁止。故障将通过设置在组合仪表中带有转向盘符号的警告灯 K161 以红色点亮显示。

（7）转向助力控制模块（转向助力控制单元）

如图 3–3–17 所示，转向助力控制模块直接固定在电动机上，因此无须铺设连接转向助力器部件的管路。

转向助力控制单元的控制原理：根据转向角度传感器的转向角信号、发动机转速传感器的转速信号、转向力矩和转子的转速、ABS 系统的车速信号、组合仪表中带显示单元的控制单元用于识别点火钥匙的信号，控制单元探测到当前的转向助力需要，计算出激励电流的电磁强度，并控制驱动电动机。

（8）动力转向警告灯

如图 3–3–18 所示，动力转向警告灯被设置在组合仪表的显示单元内，它用于显示电动机械式转向助力器的功能失灵或故障。

图 3–3–17　转向助力控制模块　　　图 3–3–18　动力转向警告灯

动力转向警告灯在功能失灵时，可以亮起两种颜色。黄色灯亮起表示是一种轻量警告。当红色灯亮起时，必须立刻将车开到维修站查询故障。在动力转向警告灯亮起红色灯的同时，还会发出 3 声报警音，作为声音警告信号。

在接通点火开关时，动力转向警告灯亮起红色灯属于正常情况，因为电动机械式转向助力系统正在进行自检。只有当转向助力控制单元收到系统工作正常的信号时，动力转向警告灯才会自动熄灭。这种自检过程约为 2 s。发动机启动时，动力转向警告灯会立刻熄灭。

四、机械转向器总成的拆装（以大众轿车为例）

1. 机械转向器总成的拆卸

（1）关闭点火开关后，拆下蓄电池接地线。

（2）举升车辆使前桥离地。

（3）拆下前车轮。

（4）如图 3–3–19 所示，拧下箭头所指处的六角螺母，从摆臂上拉出主销球头。

（5）如图 3–3–20 所示，将箭头所指处的内十二角花键螺栓从万向节上拧下，并沿箭头方向拔出万向节。

图 3–3–19　拧下六角螺母

（6）如图 3-3-21 所示，将六角螺母 1 在转向横拉杆球头 2 上旋松，但不要完全拧下。为了保护螺纹，将螺母留在转向横拉杆球头上并转上几圈。用球形万向节拔出器 3287A 将转向横拉杆球头 2 从车轮轴承壳体上压出。

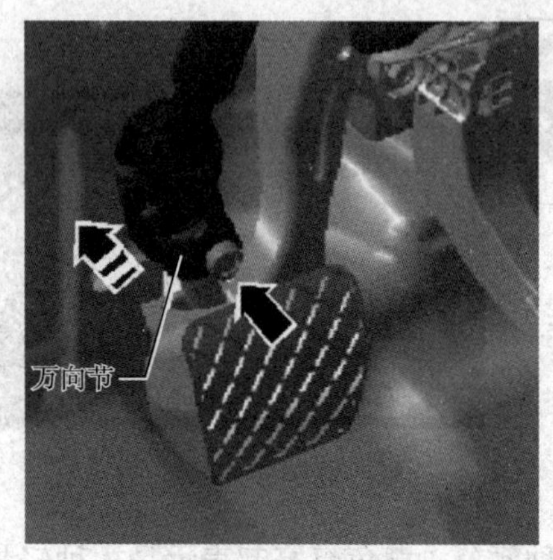

图 3-3-20　拆万向节

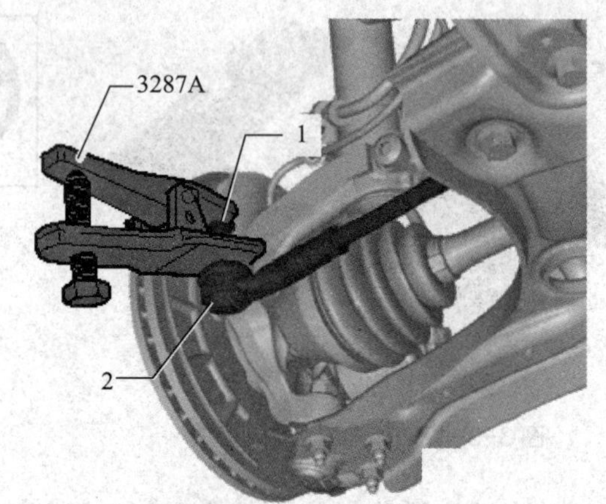

图 3-3-21　拆转向横拉杆
1—六角螺母　2—转向横拉杆球头

（7）如图 3-3-22 所示，将六角螺母 1 从连杆（左侧和右侧）上拧下，将连杆 3 分别从左侧和右侧的稳定杆 2 上拉出。

（8）如图 3-3-23 所示，从副梁上拧下转向器的螺栓（箭头所指处），并使副梁定位。

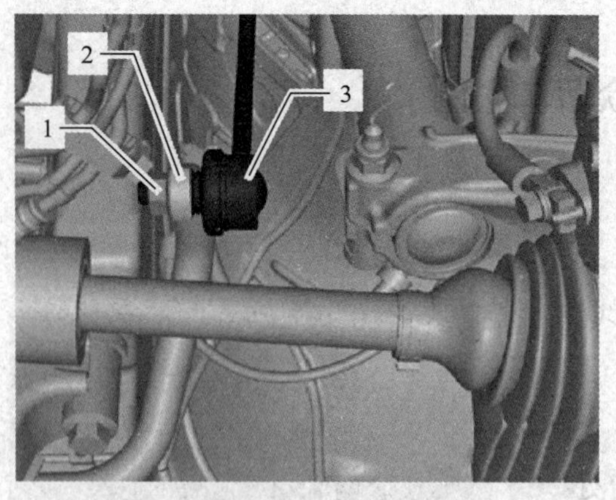

图 3-3-22　拆连杆
1—六角螺母　2—稳定杆　3—连杆

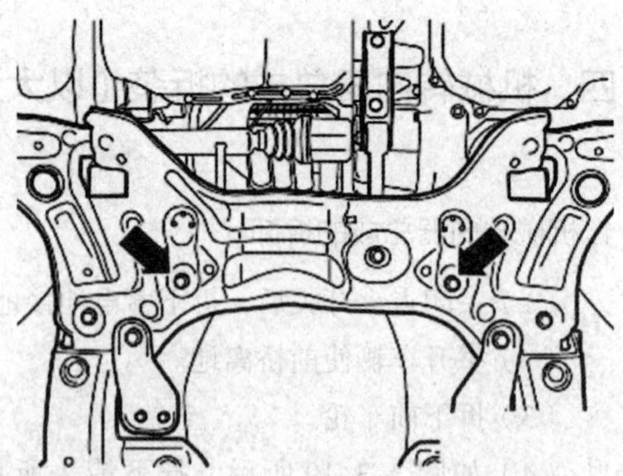

图 3-3-23　拆转向器固定螺栓

（9）用发动机和变速器举升装置 V.A.G 1383A 放低副梁。

（10）向后取出转向器。

2. 机械转向器总成的安装

（1）安装注意事项

1）安装转向器前，在转向器的密封件上涂润滑剂，如润滑皂等。

2）转向器安装到传动轴上后，注意转向器的密封件应无弯折地紧贴车身底板。脚部空间的开口必须正确密封；否则会有水进入或产生噪声。

3）注意密封面应保持清洁。

4）更换转向器的同时，安装新的防尘罩到转向横拉杆上。

5）插入副梁的螺栓前，在副梁上定位转向器并插入转向器螺栓。

（2）安装步骤

1）固定副梁。

2）如图 3–3–24 中箭头所指，用新的六角螺母将主销球头拧到摆臂上。注意不要损坏和扭转橡胶防尘罩。

图 3–3–24　安装主销球头

3）如图 3–3–25 中箭头所指，用六角螺栓将转向器拧到副梁上。

4）将转向横拉杆安装到车轮轴承壳体上。

5）如图 3–3–26 所示，沿箭头方向将万向节安装到转向齿轮上。

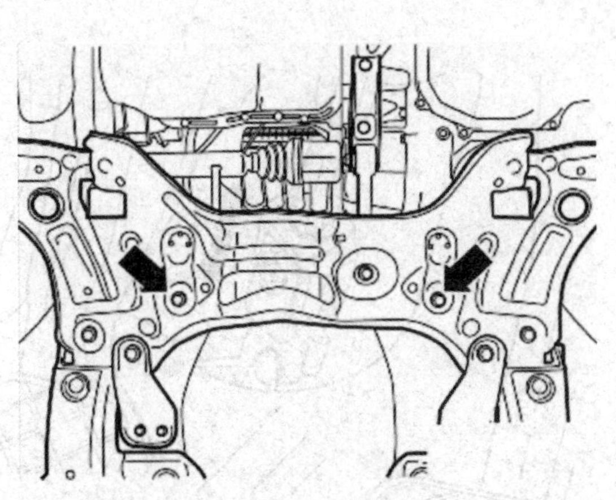

图 3–3–25　固定转向器

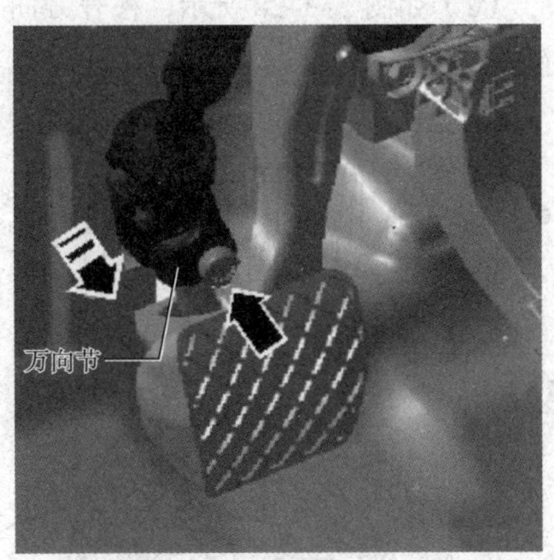

图 3–3–26　安装万向节

6）插入新的内十二角花键螺栓并拧紧。

7）连接蓄电池接地线。

8）装上车轮并拧紧螺栓或螺母。

9）安装后，在试车时必须检查转向盘的位置。如果转向盘倾斜，或安装了新的转向器，则必须检查前桥上的前束，必要时应进行调整。

10）检查前束调整情况。

11）相关部件的拧紧力矩见表 3–3–1。

表 3–3–1　相关部件的拧紧力矩

部件	拧紧力矩
主销球头拧到摆臂上，使用新螺母	40 N · m+45°
转向器拧到副梁上，使用新螺栓	50 N · m+180°
转向横拉杆拧到车轮轴承壳体上	20 N · m+90°
万向节拧到转向器上，使用新螺栓	20 N · m+180°

五、液压助力转向器总成的拆装（以大众轿车为例）

1. 液压助力转向器总成的拆卸

（1）如图 3–3–27 所示，拧下螺栓 1，拆卸盖板 A。

（2）如图 3–3–28 所示，松开万向节连接上的螺栓，并按照箭头方向拉出万向节连接。

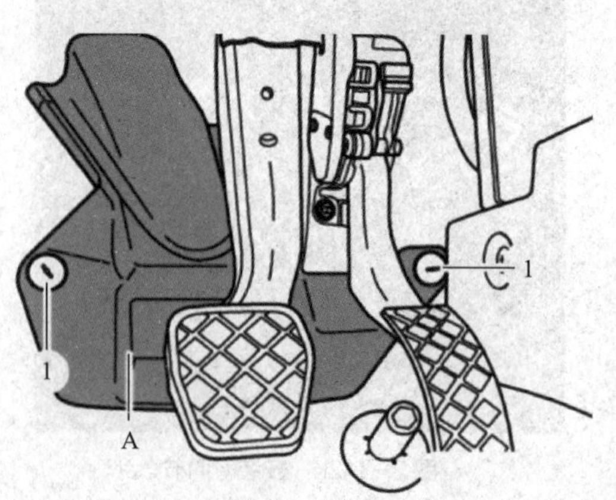

图 3–3–27　拆卸盖板
1—螺栓　A—盖板

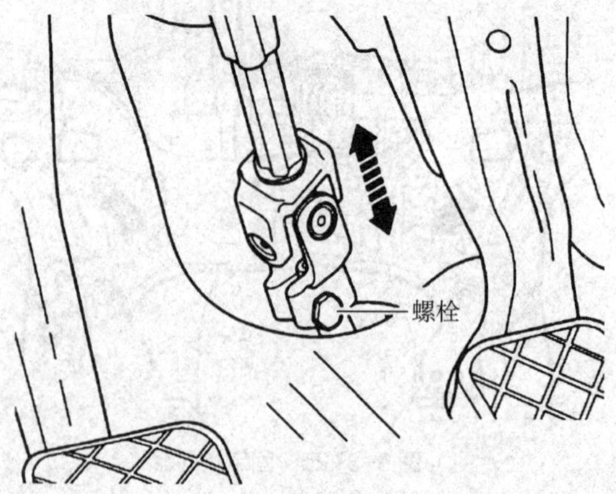

图 3–3–28　拆卸转向柱的万向节

（3）如图 3-3-29 所示，使用软管夹 3093 夹紧储液罐的软管。

（4）如图 3-3-30 所示，使用软管夹 3094 夹紧叶片泵的软管。

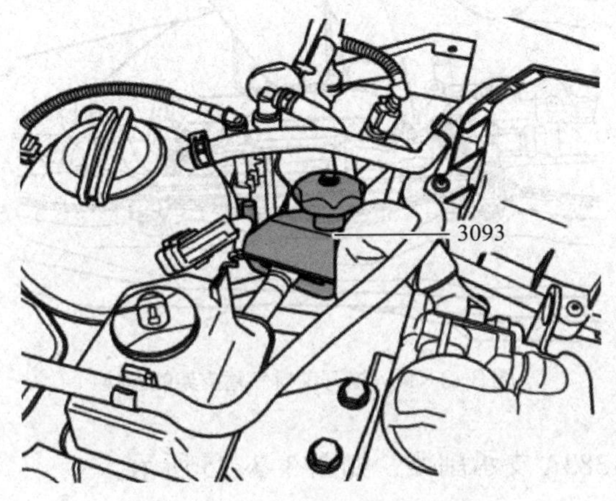

图 3-3-29　夹紧储液罐的软管

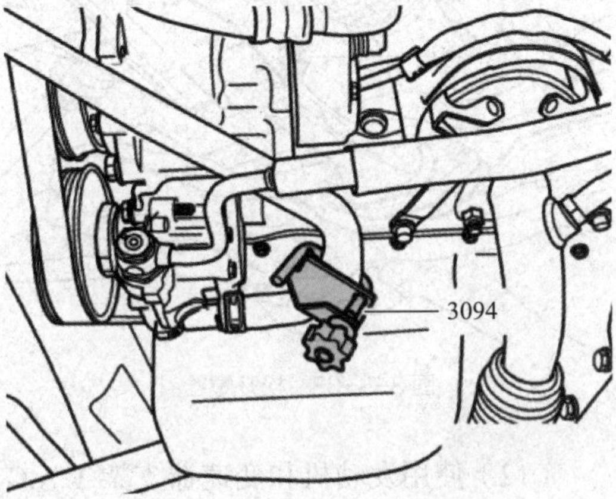

3094

图 3-3-30　夹紧叶片泵的软管

（5）拆下底部隔音板，在下面放置收集盘。

（6）从转向臂上压下牵引臂，如图 3-3-31 所示。

（7）从转向器上拔下软管并用塑料袋和黏结带密封。

（8）松开进油管 2，只有在降低了副梁后才可以松开回油管 1，如图 3-3-32 所示。

图 3-3-31　用专用工具压下牵引臂

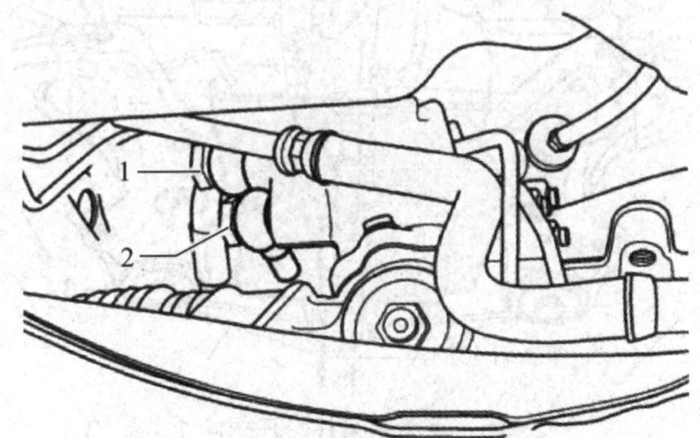

图 3-3-32　松开进油管和回油管

1—回油管　2—进油管

（9）用塑料密封塞密封助力转向器上的螺纹孔。

（10）松开六角螺栓，如图 3-3-33 所示。

（11）从副梁上松开前排气管支架的螺栓（箭头所指处）并将其分开，如图 3-3-34 所示。

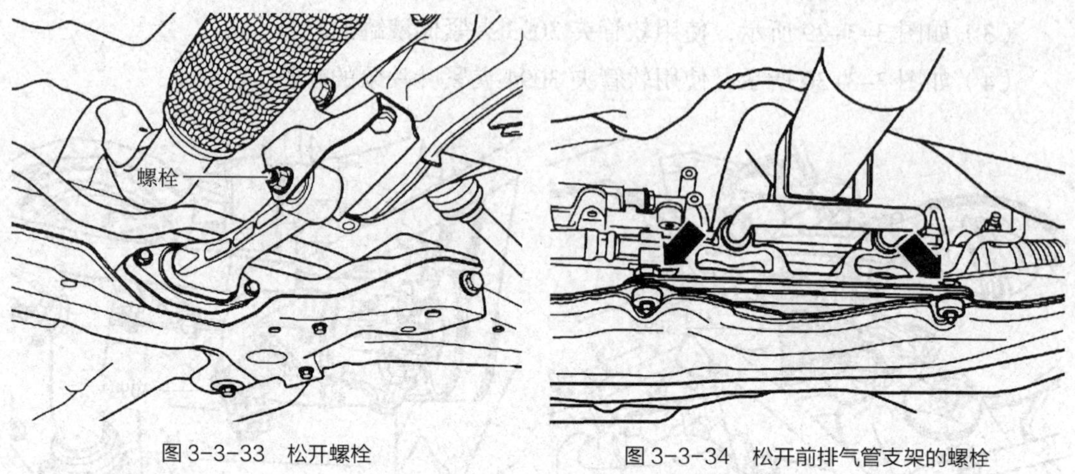

图 3-3-33　松开螺栓

图 3-3-34　松开前排气管支架的螺栓

（12）使用发动机和变速器支架 V.A.G 1383A 支承副梁，如图 3-3-35 所示。

（13）如图 3-3-35 所示，松开六角螺栓 1、2 和 3。

（14）使用发动机和变速器支架 V.A.G 1383A 降低副梁。

（15）从卡箍 1 和转向器 2 上松开回油管，如图 3-3-36 所示。

（16）拆卸助力转向器螺栓，将助力转向器向后拆下。

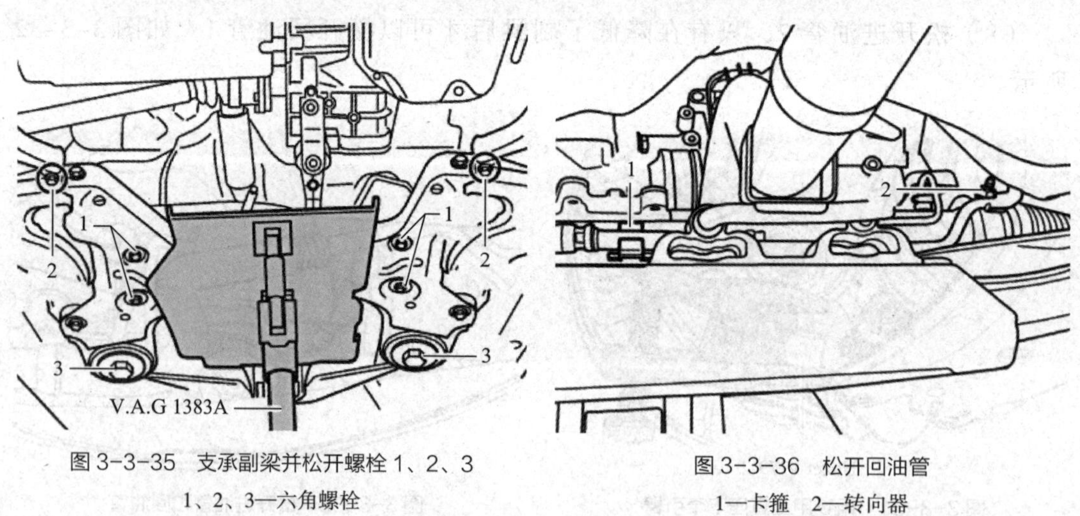

图 3-3-35　支承副梁并松开螺栓 1、2、3

1、2、3—六角螺栓

图 3-3-36　松开回油管

1—卡箍　2—转向器

2. 液压助力转向器的安装

（1）安装注意事项

1）对管路接头使用新的密封圈。在安装转向器前，在转向器的密封件上涂适当的润滑剂。

2）在将转向器定位到传动轴上后，确保转向器上的密封件在安装板上不弯曲，并正确地密封脚部空间的开口；否则会有水进入或产生噪声。

3）确保所有的密封表面清洁。

（2）安装步骤

1）将助力转向器安装到副梁上。注意螺纹衬套必须位于副梁的孔中，如图 3-3-37 所示。

2）安装回油管。

3）进一步的安装按照与拆卸相反的顺序进行。

4）相关部件的拧紧力矩见表 3-3-2。

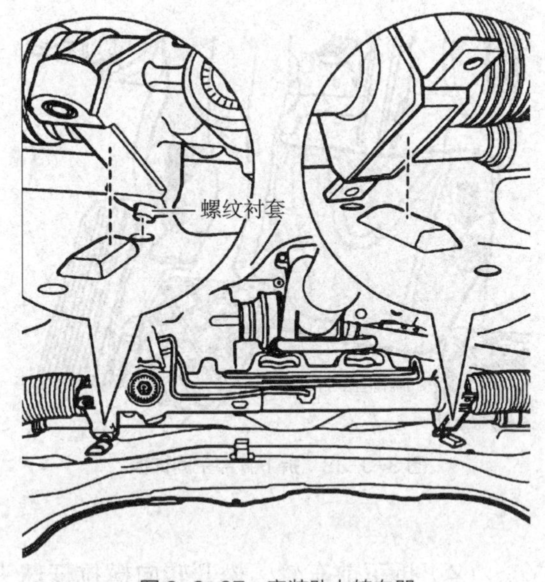

图 3-3-37　安装助力转向器

表 3-3-2　相关部件的拧紧力矩

部件	力矩值
助力转向器拧到副梁上，使用新的螺栓	20 N · m+90°
副梁拧到车身，使用新的螺栓	100 N · m+90°
万向节拧到助力转向器，使用新的螺栓	30 N · m
埋头螺栓拧到转向器上，M14 × 1.5	38 N · m
埋头螺栓拧到转向器上，M16 × 1.5	45 N · m
摆动支架拧到变速器上	50 N · m
牵引臂拧到转向臂上，使用新的螺栓	45 N · m

六、电动助力转向器总成的拆装

1. 电动助力转向器总成的拆卸

（1）断开蓄电池搭铁线。

（2）如图 3-3-38 所示，拧下箭头所指处的塑料螺母并拆下脚部空间饰板。

（3）如图 3-3-39 所示，拧下螺栓 1，并从转向器上拆下万向节 2。

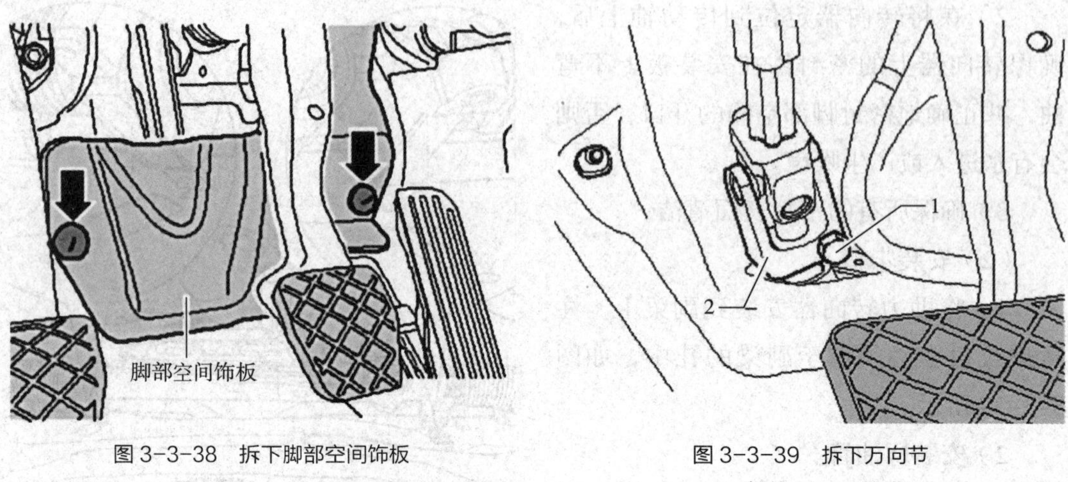

图 3-3-38　拆下脚部空间饰板

图 3-3-39　拆下万向节

1—螺栓　2—万向节

（4）拆下前车轮，松开转向横拉杆球头上的螺母但不要拆下。为了保护螺纹，将螺母留在转向横拉杆球头上并转上几圈。

（5）用球形万向节拔出器 3287A 将转向横拉杆球头从车轮轴承壳体上压出并拧下螺母，如图 3-3-40 所示。

（6）拆下隔音板，从稳定杆上拆下连杆。

（7）拧下如图 3-3-41 中箭头所指处的六角螺母。

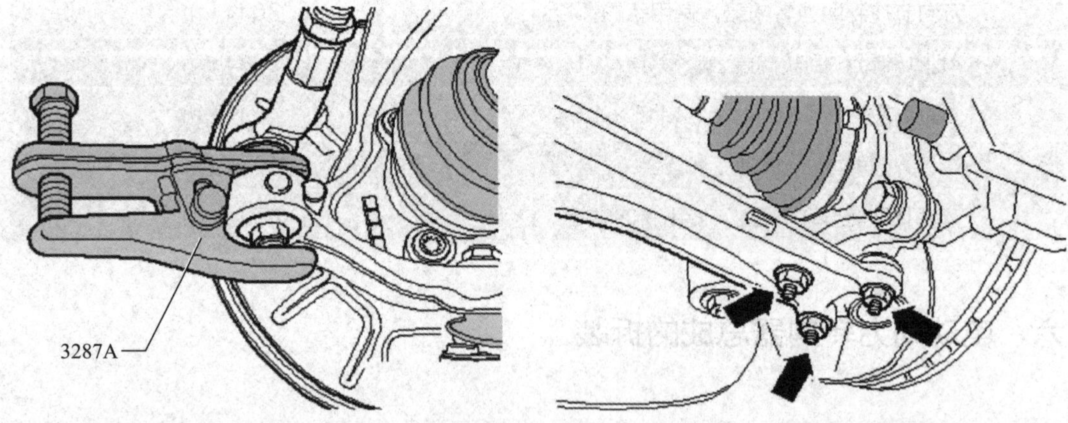

图 3-3-40　拆下转向横拉杆球头

图 3-3-41　拆下摆动支承固定螺母

（8）拧下图 3-3-42 中箭头所指处的六角螺栓，从变速器上拆下摆动支承。

（9）如图 3-3-43 所示，从副梁上拆下箭头所指处的排气管支架。

（10）如图 3-3-44 所示，拆下箭头所指处的转向器六角螺栓。

（11）如图 3-3-45 所示，拆下箭头所指处的稳定杆六角螺栓。

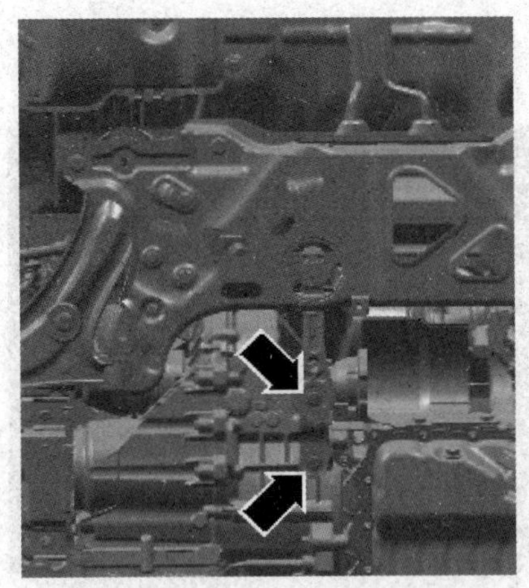

图 3-3-42　拆下摆动支承

图 3-3-43　拆下排气管支架

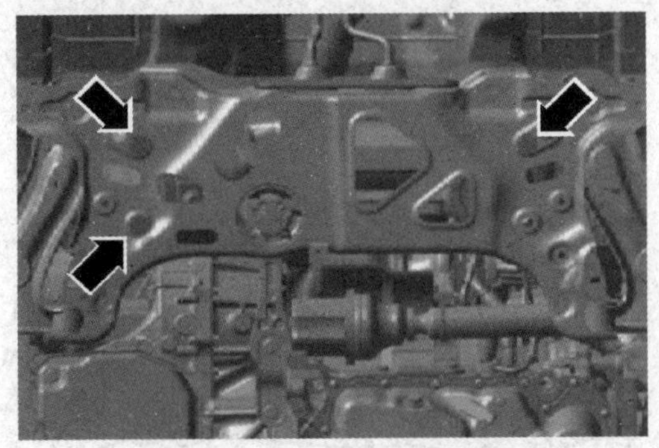

图 3-3-44　拆下转向器固定螺栓

图 3-3-45　拆下稳定杆固定螺栓

（12）使副梁定位。

（13）断开与油位 / 油温传感器的插头连接。

（14）如图 3-3-46 所示，将发动机和变速器举升装置 V.A.G 1383A 置于副梁下，并在其与副梁之间放置一个物体，如木块等。

（15）如图 3-3-47 所示，拧下箭头所指处的六角螺栓，且稍微放低副梁。在此过程中应注意电气线束。

（16）拆下隔热板上的 Torx 螺栓。

（17）如图 3-3-48 所示，拆下转向器上方的隔热板。

（18）如图 3-3-49 所示，从副梁上拆下箭头所指处的线束导向件。

（19）脱开所有转向器上的其他线束固定点。

（20）如图 3-3-50 所示，从转向器上断开连接插头 1 和 2。

（21）用发动机和变速器举升装置 V.A.G 1383A 小心地降低副梁。

（22）将稳定杆 1 轻轻地向前从副梁 2 上拆下，如图 3-3-51 所示。

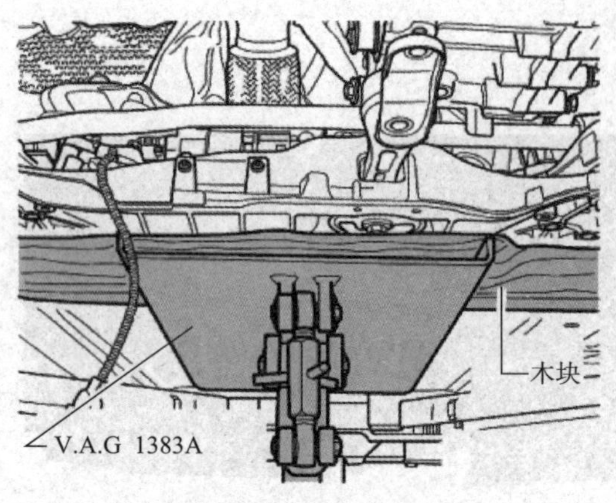

图 3-3-46　安装举升装置

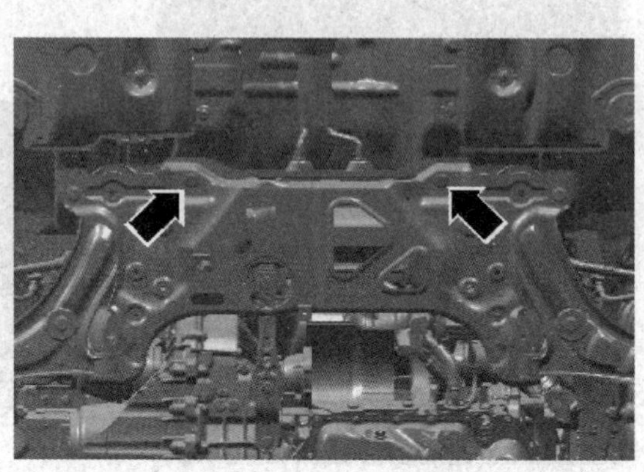
图 3-3-47　拆下六角螺栓

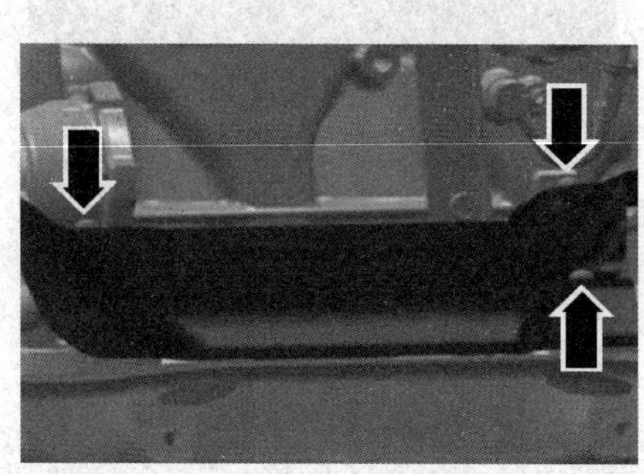
图 3-3-48　拆下隔热板

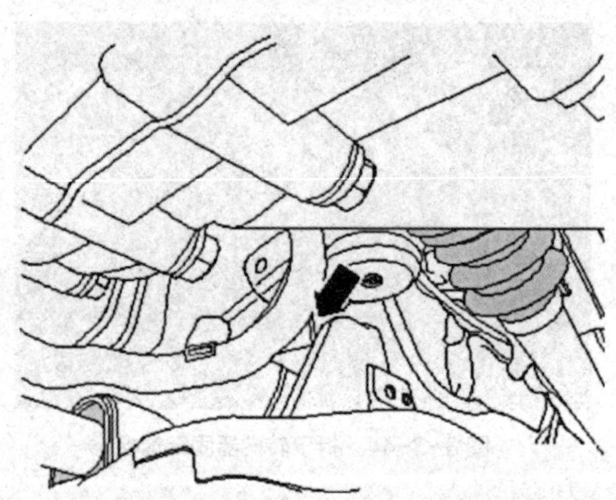
图 3-3-49　拆下线束导向件

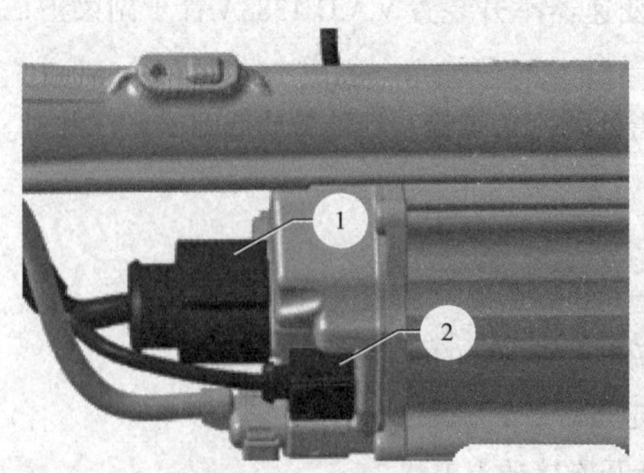

图 3-3-50　断开连接插头

1、2—插头

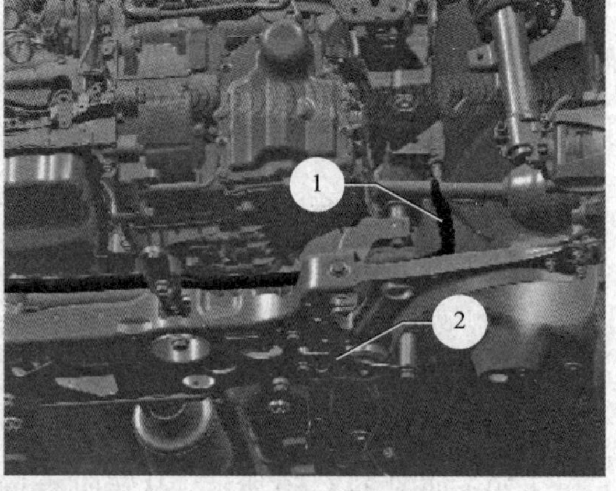

图 3-3-51　拆下稳定杆

1—稳定杆　2—副梁

（23）从副梁上拆下转向器。如图 3–3–52 所示，拆下转向器，以免损坏控制单元。

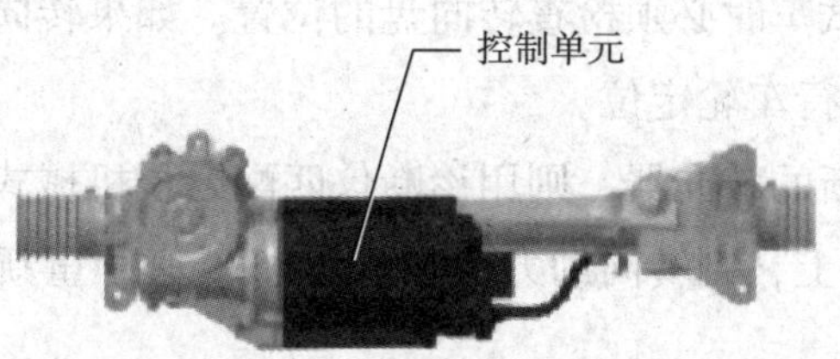

图 3–3–52　拆下转向器

2. 安装

安装按与拆卸相反的顺序进行，但须注意以下几点。

（1）如图 3–3–53 所示，检查箭头所指处的插座是否清洁且无损。如有污物应仔细地清洁该插座。若该插座损坏则更换转向器。

（2）如图 3–3–54 所示，连接插头 1 和 2，听到卡入的声音即表示插入到位。

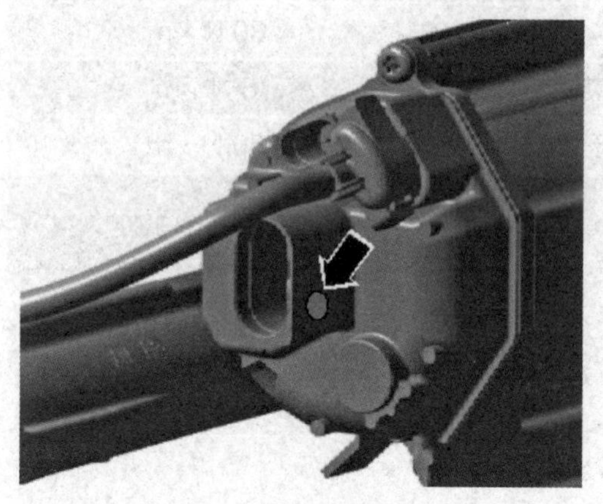

图 3–3–53　检查插座

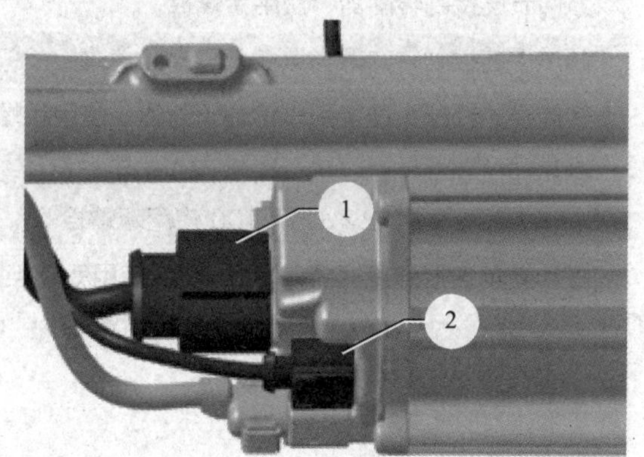

图 3–3–54　连接插头入位

1、2—插头

（3）转向器的螺纹套必须位于副梁孔中。

（4）安装转向器前，在转向器的密封件上涂润滑剂，如润滑皂等。

（5）转向器安装到万向节后，注意转向器的密封件是否无弯折地紧贴装配板，并且脚部空间的开口应正确密封，注意密封面应保持清洁。

（6）在安装副梁的螺栓前，在副梁上定位转向器并拧紧转向器和稳定杆的螺栓。

（7）安装隔音板。

（8）将万向节连接到转向器上。

（9）连接蓄电池搭铁线。

（10）用诊断仪进行车辆诊断与测量，并对转向角度传感器 G85 进行基础设定。

（11）安装后，在试车时必须检查转向盘的位置。如果转向盘倾斜或更换了新的转向器，则必须对车辆进行车轮定位。

（12）如果安装了新的转向器，则用诊断仪匹配电子机械式转向器。如果第二代驻车辅助系统安装在车辆上，则转向助力控制单元 J500 必须重新编码。

3. 相关部件拧紧力矩（见表 3-3-3）

表 3-3-3　相关部件拧紧力矩

部件使用要求	拧紧力矩
稳定杆连接到连杆上，使用新螺母；拧紧固定销轴的内花键	65 N · m
稳定杆连接到副梁，使用新螺栓	20 N · m+90°
主销球头连接到摆臂，使用新螺母	30 N · m+45°
转向器连接到副梁，使用新螺栓	50 N · m+90°
万向节连接到转向器，使用新螺栓	30 N · m
隔热板连接到转向器，螺栓 M6 为自锁式	6 N · m
转向横拉杆球头连接到车轮轴承壳体，使用新螺母	50 N · m
副梁连接到车身，M12×1.5×90 使用新螺栓 M12×1.5×100 使用新螺栓	70 N · m+180°
摆动支承连接到变速器，M10×35 使用新螺栓 M10×75 使用新螺栓	50 N · m+90°

学习单元 2　更换转向传动机构

一、转向传动机构的功用、类型及组成

1. 功用

转向传动机构的功用是将转向器输出的力和运动传到转向桥两侧的转向节，使两

侧转向轮偏转，且使两转向轮偏转角按一定关系变化，以保证汽车转向时车轮与地面的相对滑动尽可能小。

2. 类型及组成

转向传动机构通常有拉杆式和平行式两种类型。

（1）拉杆式转向传动机构

如图 3–3–55 所示，拉杆式转向传动机构与齿轮齿条式转向器配合使用，它主要由横拉杆、梯形臂、护套、转向节（球节）等组成。当齿条左右移动时，横拉杆也随之等量移动，推动梯形臂及转向节绕着支点转动，从而使转向轮偏转相应的角度。

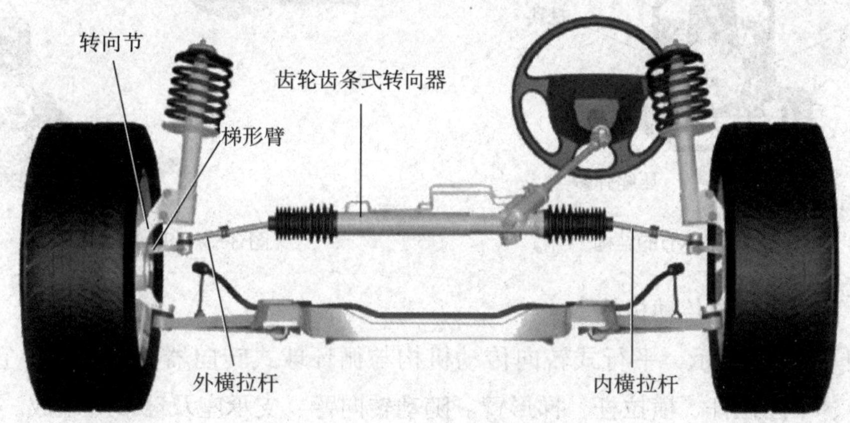

图 3–3–55　拉杆式转向传动机构

如图 3–3–56 所示，转向横拉杆是转向梯形机构的底边，齿轮齿条式转向器两侧各有一根转向横拉杆，连接在齿条和梯形臂之间。转向横拉杆由内横拉杆和外横拉杆组成，外横拉杆套在内横拉杆一端，并由锁紧螺母锁紧。松开锁紧螺母，转动内横拉杆，可以调整横拉杆的长度，从而调整转向轮前束。由于悬架在转向时会扭曲变形，因此，转向相对于车架或转向器的运动是空间运动，故转向横拉杆也是空间运动。为了防止其产生运动干涉，横拉杆通常使用球节连接其他部件。

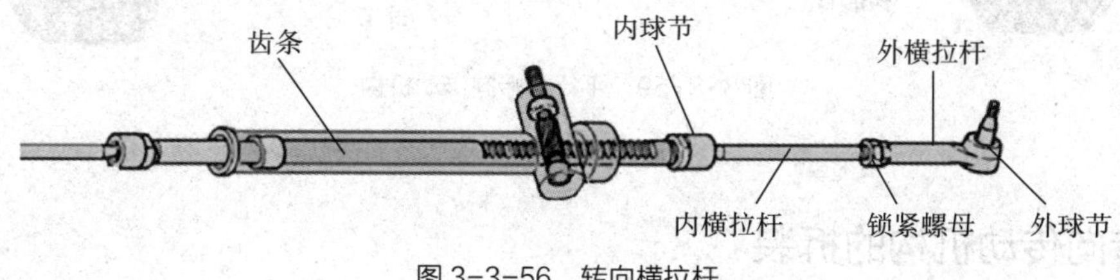

图 3–3–56　转向横拉杆

如图 3–3–57 所示，转向传动机构中所有运动部件大都使用球节连接，球节跟随转向传动机构左右移动，并且允许相关部件跟随悬架上下跳动。球节主要由球头、球头座、球节窝、压缩弹簧、防尘罩等组成。球节的润滑至关重要，因此，有些球节设计有润滑脂加注孔。有些汽车使用密封式球节，如图 3–3–58 所示，不需要初期加注润滑脂。

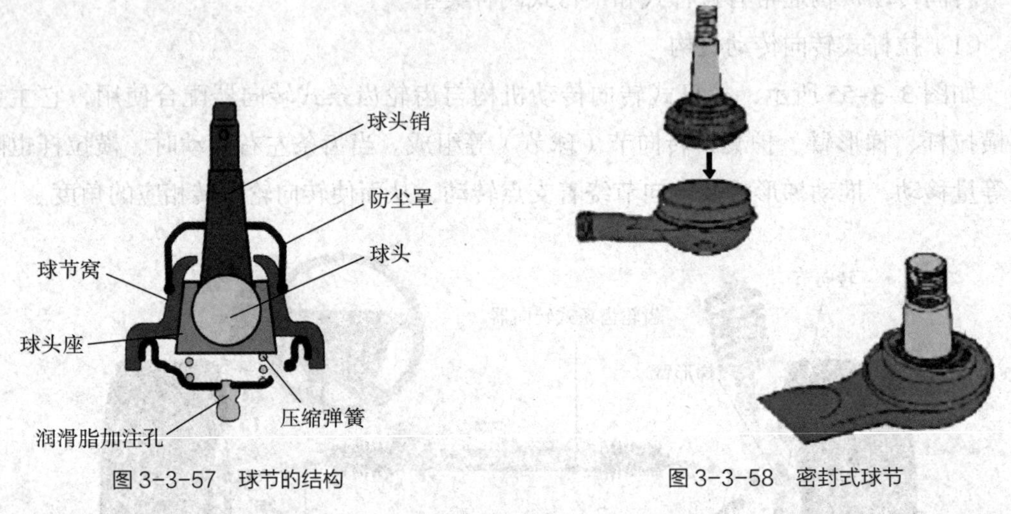

图 3–3–57　球节的结构　　图 3–3–58　密封式球节

（2）平行式转向传动机构

如图 3–3–59 所示，平行式转向传动机构与循环球式转向器配合使用，它主要由转向摇臂、中间拉杆、横拉杆、梯形臂、随动转向臂、支承座及球节等组成。转向时，转向器摇臂轴驱动摇臂摆动，中间拉杆随之移动，从而驱动左、右横拉杆横向移动，推动梯形臂及球节绕着支点转动，实现转向。

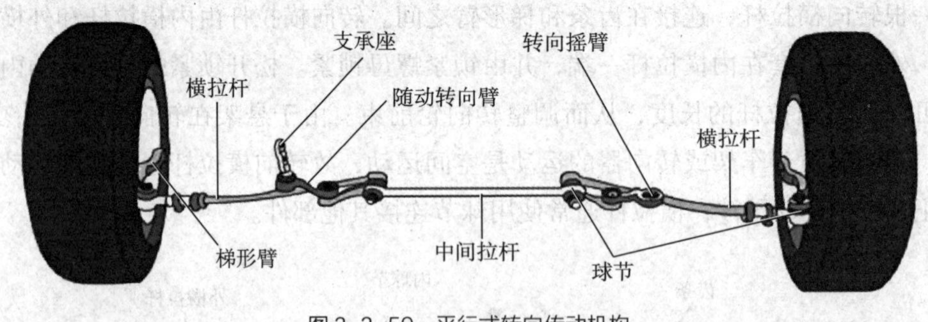

图 3–3–59　平行式转向传动机构

二、转向传动机构的拆装

拉杆及球节等转向传动机构部分部件的拆装在前面已完成学习，下面主要介绍转向传动机构橡胶防尘罩的拆装。

1. 拆卸橡胶防尘罩

（1）将转向盘转到使车轮朝向正前方的位置。

（2）拆下车轮。

（3）清洁橡胶防尘罩区域中的转向器外部，保证没有污物从损坏的橡胶防尘罩进入转向器内。

（4）如图 3–3–60 所示，标记转向横拉杆上箭头 3 所指螺母的位置。

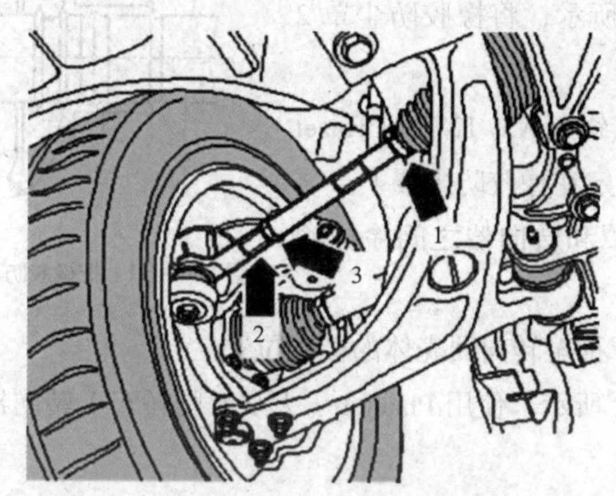

图 3–3–60　用专用工具松开锁紧螺母

（5）使用专用工具 Hazet 6450D–24 松开箭头 3 所指处的螺母，同时固定箭头 2 所指处的转向横拉杆球头。

（6）如图 3–3–60 所示，将箭头 1 所指处的弹簧卡箍用软管扎带钳 V.A.G 1275 或 Hazet 1847–1 从橡胶防尘罩上松开并推到转向横拉杆上。

（7）拆下橡胶防尘罩与转向器壳体的卡箍，并从转向器壳体上拉下橡胶防尘罩。

（8）将转向横拉杆从转向横拉杆球头上旋下。

（9）从转向横拉杆上拆下带弹簧卡箍的橡胶防尘罩。

注意事项：如果齿条上出现锈蚀、损坏、磨损或污物的痕迹，或者在齿条上无法看到润滑脂，必须更换整个转向器。

2. 安装橡胶防尘罩

（1）注意事项

转向器齿条上必须涂抹润滑脂。转向横拉杆球头到转向横拉杆拧紧力矩为 70 N · m。

（2）安装步骤

1）将转向盘转到使车轮朝向正前方的位置。

2）将新的卡箍和橡胶防尘罩安装到转向横拉杆上。

3）将转向横拉杆拧至拆卸时所做的标记处。

4）如图 3–3–60 所示，按规定的拧紧力矩拧紧箭头 3 所指处的防松螺母，并固定箭头 2 所指处的转向横拉杆球头。

5）在橡胶防尘罩和转向横拉杆之间涂抹润滑脂 G 052 168 A1。

6）如图 3–3–61 所示，将橡胶防尘罩 2 推到转向横拉杆 1 上。

7）使用软管扎带钳 V.A.G 1275 或 Hazet 1847–1 将弹簧卡箍固定在橡胶防尘罩上。

8）在橡胶防尘罩和转向器之间涂抹润滑脂 G 052 168 A1。

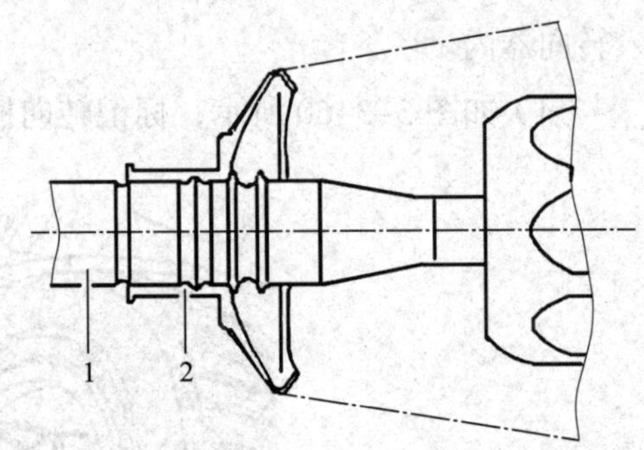

图 3–3–61　把橡胶防尘罩 2 推到转向横拉杆 1 上

9）将橡胶防尘罩推至转向器壳体的极限位置。

10）如图 3–3–62 所示，使用 Phaeton（大众辉腾轿车）转向器压力钳 VAS 6199 安装新的卡箍。

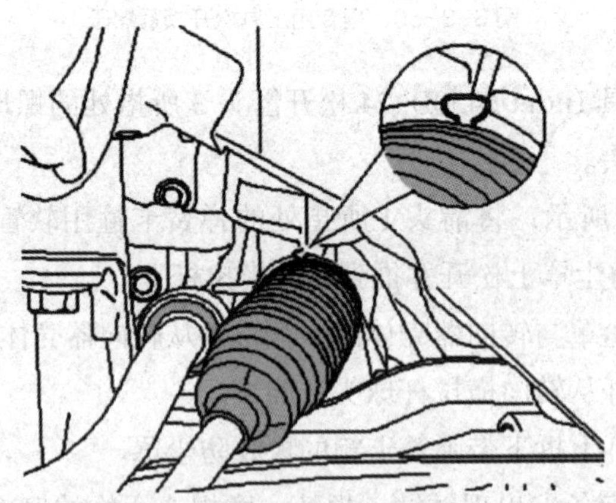
图 3–3–62　用转向器压力钳安装新的卡箍

11）余下的安装以与拆卸相反的顺序进行。

12）完成安装后进行车轮定位。

13）进行基础设定。通过车辆诊断、测量和信息系统 VAS 5051B、VAS 5052 或 VAS 5052A 的“引导性故障查寻”对转向角度传感器 G85 进行基础设定。

课程 3-4　检修制动系统

【学习内容】

学习单元	课程内容	培训建议	课堂学时
（1）更换制动主缸或制动控制阀	1）制动系统的工作原理 2）制动主缸或制动控制阀的结构原理（以 2014 款 1.4T 帕萨特轿车为例） 3）制动主缸或制动控制阀的拆卸 4）制动主缸或制动控制阀的安装与检查	（1）方法：讲授法、演示法及实训法 （2）重点：制动主缸或制动控制阀的结构原理及拆装 （3）难点：制动主缸或制动控制阀的拆装	6
（2）更换制动助力器总成	1）制动助力器总成的功用、结构及工作原理 2）制动助力器总成的拆卸 3）制动助力器总成的安装与检查 4）制动助力器总成的检修技术要求	（1）方法：讲授法、演示法 （2）重点：制动助力器总成的结构、工作原理及拆装、检查 （3）难点：制动助力器总成的拆装与检查	8
（3）检修制动器总成	1）鼓式制动器的检修 2）盘式制动器的检修	（1）方法：讲授法、演示法及实训法 （2）重点：盘式制动器与鼓式制动器的结构、原理及拆装、检查 （3）难点：盘式制动器与鼓式制动器的拆卸、检查、安装及调整	4
（4）检修驻车制动装置	1）驻车制动装置的结构及工作原理 2）驻车制动装置的分解	（1）方法：讲授法、演示法及实训法 （2）重点：驻车制动装置的结构、原理及拆装、检查	4

续表

学习单元	课程内容	培训建议	课堂学时
（4）检修驻车制动装置	3）驻车制动装置的检查 4）驻车制动装置的安装与调整	（3）难点：驻车制动装置的拆装、检查及调整	4

学习单元 1　更换制动主缸或制动控制阀

一、制动系统的工作原理

1. 制动系统不工作时，制动片（或制动蹄）与制动盘（或制动鼓）之间保持一定的间隙，使车轮自由旋转。

2. 当施加制动时，制动踏板的作用力经真空助力器助力放大后由液压系统传递给各车轮的制动器，使制动片（或制动蹄）与制动盘（或制动鼓）之间产生摩擦力，降低车轮速度，如图 3–4–1 所示。

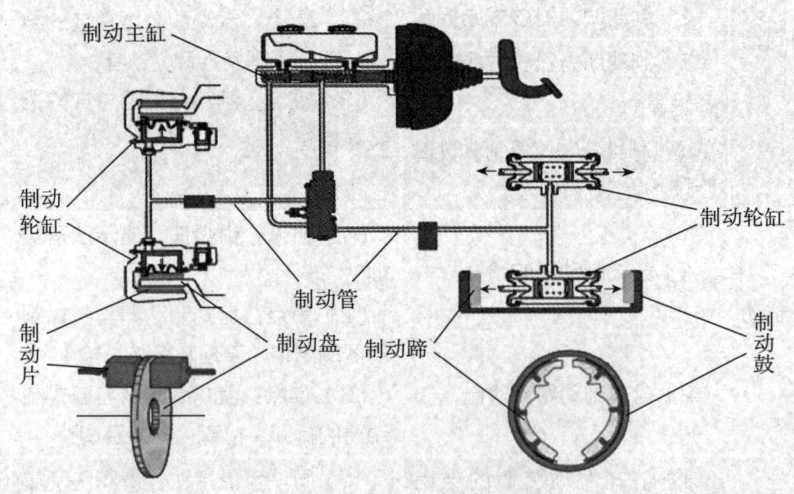

图 3–4–1　制动系统工作原理

二、制动主缸或制动控制阀的结构原理（以 2014 款 1.4T 帕萨特轿车为例）

1. 制动主缸或制动控制阀的结构如图 3-4-2 所示。

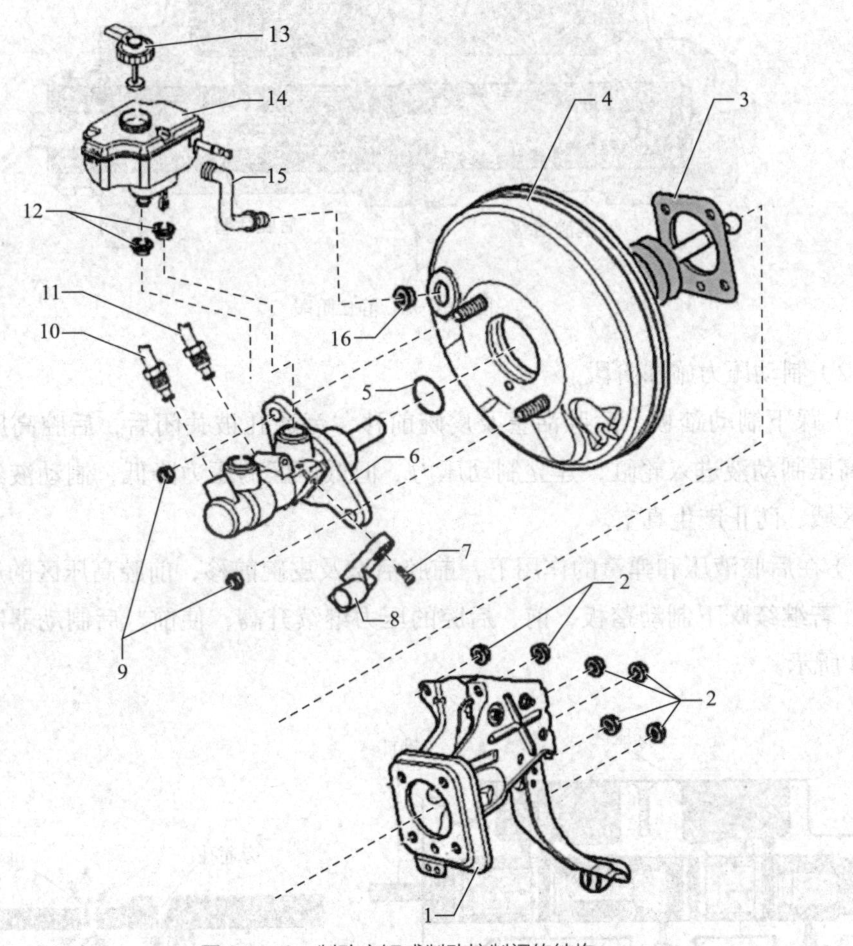

图 3-4-2　制动主缸或制动控制阀的结构

1—踏板机构　2、9—六角螺母　3、5—密封圈　4—制动助力器　6—制动主缸　7—Torx 螺栓
8—制动灯开关 F　10、11—制动管路　12、16—密封塞　13—密封盖　14—制动液储液罐　15—真空软管

2. 制动主缸或制动控制阀的原理。

制动主缸的工作可分为三个阶段，即静止阶段、制动压力施加阶段和释放阶段。

（1）静止阶段

当制动踏板未被踩压时，制动主缸活塞及皮碗处于静止状态，且各活塞的前皮碗位于旁通孔与进液孔之间，储液罐通过这两个孔与主缸连通，如图 3-4-3 所示，制动液可以自由地进出主缸。

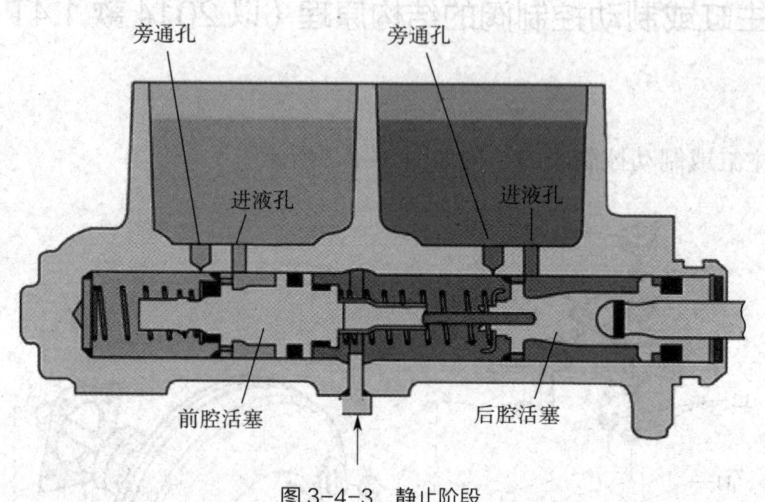

图 3-4-3 静止阶段

（2）制动压力施加阶段

1）踩下制动踏板，后腔活塞及皮碗前移，旁通孔被关闭后，后腔高压区压力升高，高压制动液进入轮缸，建立制动压力。但低压区的压力降低，制动液经进液孔进入该区域，防止产生真空。

2）在后腔液压和弹簧的作用下，前腔活塞及皮碗前移，前腔高压区的压力也随之升高。若继续踩下制动踏板，前、后腔的压力继续升高，使前、后制动器制动，如图 3-4-4 所示。

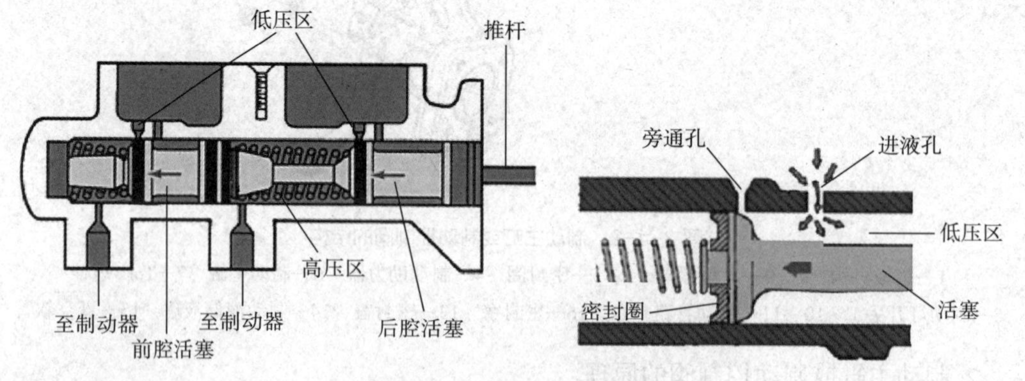

图 3-4-4 制动压力施加阶段

（3）释放阶段

1）制动踏板释放后，主缸前、后活塞及皮碗、轮缸活塞在各自回位弹簧的作用下回位。

2）由于制动液的黏性和制动管路阻力的影响，制动液不能及时流回主缸并填充因活塞后移而产生的空间，因此，在旁通孔开启前，主缸前、后腔高压区中都将产生一定的真空度。

3）此时低压区的压力大于高压区的压力。于是，低压区的制动液便从皮碗与缸壁间的间隙进入高压区以填补真空。

4）与此同时，储液罐中的制动液经进液孔进入低压区，当活塞完全回位后，旁通孔已经开启，制动液从制动管路中流回主缸，而多余的制动液便经旁通孔进入储液罐，如图 3-4-5 所示。

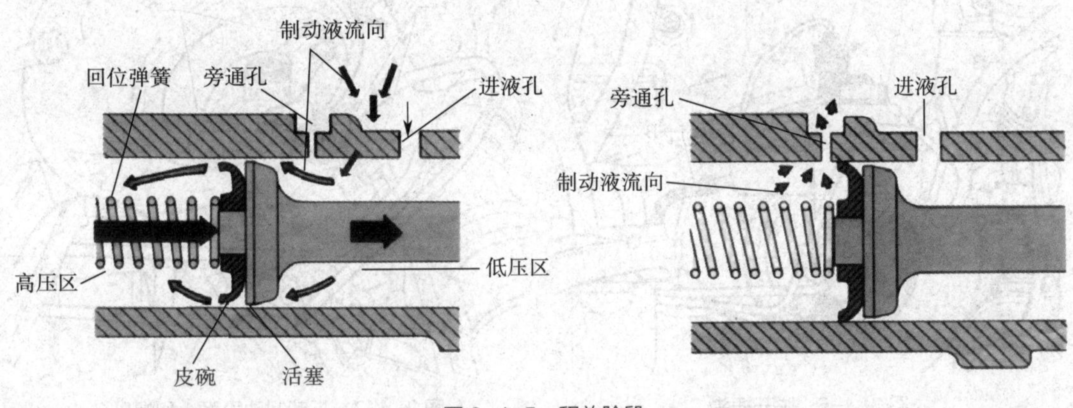

图 3-4-5　释放阶段

三、制动主缸或制动控制阀的拆卸

1. 必要时对带有编码的收音机先获得收音机编码。

2. 断开蓄电池。

3. 拆下空气滤清器。

4. 拆下蓄电池。

5. 拆下蓄电池托架。

6. 将足够多的非纤维质抹布放在发动机和变速器区域内。

7. 用制动液加注和排气装置 VAS 5234 或 V.A.G 1869、BSF-10 或 BF 1238B 从制动液储液罐中抽吸尽可能多的制动液。

对于装备手动变速器的车辆，拔下离合器主缸的供油软管 B，将其提起进行清理，然后固定住；或者用普通工具，如 Hazet 4590 将供油软管 B 夹住，然后将其拔下，如图 3-4-6 所示。

8. 从制动液液位报警触点 F34 上拔下插头 A，如图 3–4–6 所示。

9. 脱开制动灯开关 F 的插头 C 处的连接，如图 3–4–6 所示。

10. 拆卸制动液储液罐。为此要将储液罐上的卡钩向外压，同时将制动液储液罐从密封塞中拉出。

11. 拧下制动主缸上的制动管路 1，用维修套件（配件号为 1H0 698 311 A）中的密封塞封闭制动管路，如图 3–4–7 所示。

12. 从制动主缸上拧下六角螺母 2，如图 3–4–7 所示。

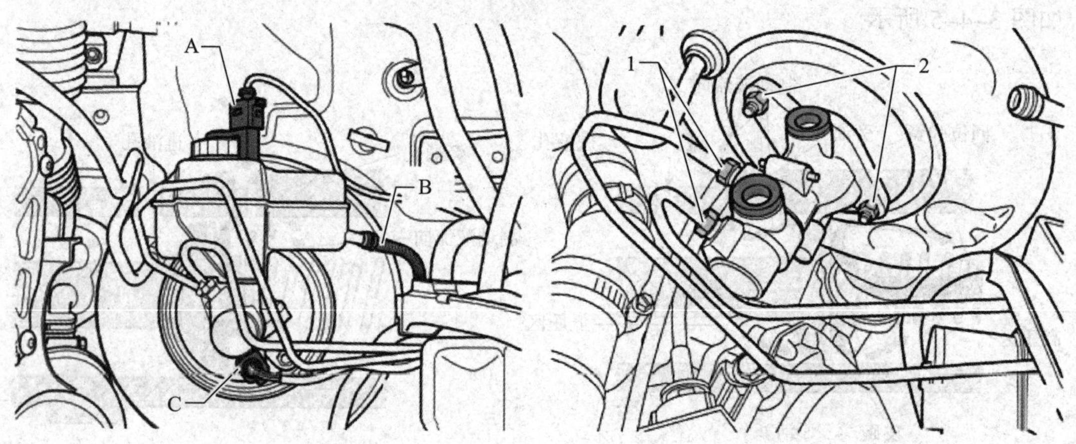

图 3–4–6　脱开插头
A、C—插头　B—供油软管

图 3–4–7　拆卸制动管路 1 和螺母 2

13. 小心地从制动助力器中取出制动主缸。

14. 从制动主缸上拆下制动灯开关 F。

四、制动主缸或制动控制阀的安装与检查

1. 安装按与拆卸相反的顺序进行。

2. 安装注意事项

安装带制动助力器的制动主缸时，注意推杆在制动主缸中的正确位置。

3. 制动系统排气。

4. 拧紧力矩见表 3–4–1。

表 3–4–1　拧紧力矩

部件	拧紧力矩
制动主缸拧到制动助力器上，使用新螺母	25 N · m

续表

部件	拧紧力矩
制动灯开关拧到制动主缸上	8 N · m
制动管路拧到制动主缸上	14 N · m

学习单元 2　更换制动助力器总成

一、制动助力器总成的功用、结构及工作原理

1. 制动助力器总成的功用

制动助力器是制动系统中的制动伺服装置，利用汽油发动机工作时所产生的真空或柴油发动机所加装的真空泵所产生的真空，按一定比例放大制动踏板力来推动主缸活塞，使制动主缸产生液压，并使车轮制动器产生阻力，进而使车辆减速或制动。

2. 制动助力器总成的结构及工作原理

（1）结构

真空助力器主要由真空伺服气室和控制阀组成，如图 3–4–8a 所示。

真空伺服气室由前壳体 1 和后壳体 19 组成，两者之间装有伺服气室膜片 20，将伺服气室分成前、后两腔。前腔经真空阀 9 通向真空源，外界空气经过滤环 11 和毛毡过滤环 14 滤清后进入伺服气室后腔。后腔膜片座 8 的毂筒中装有控制阀 6。控制阀由空气阀 10 和真空阀 9 组成，其结构图部分放大后如图 3–4–8b、3–4–8c 所示，空气阀与控制阀推杆 12 固装在一起，控制阀推杆借调整叉 13 与制动踏板机构连接。伺服气室膜片座 8 上有通道 A 和 B，通道 A 用于连通伺服气室前腔和控制阀，通道 B 用于连通伺服气室后腔和控制阀。真空伺服气室工作时产生的推力同踏板力一样，直接作用在制动主缸推杆 2 上。

（2）工作原理

真空助力器不工作时（见图 3–4–8b），空气阀 10 和控制阀推杆 12 在控制阀推杆

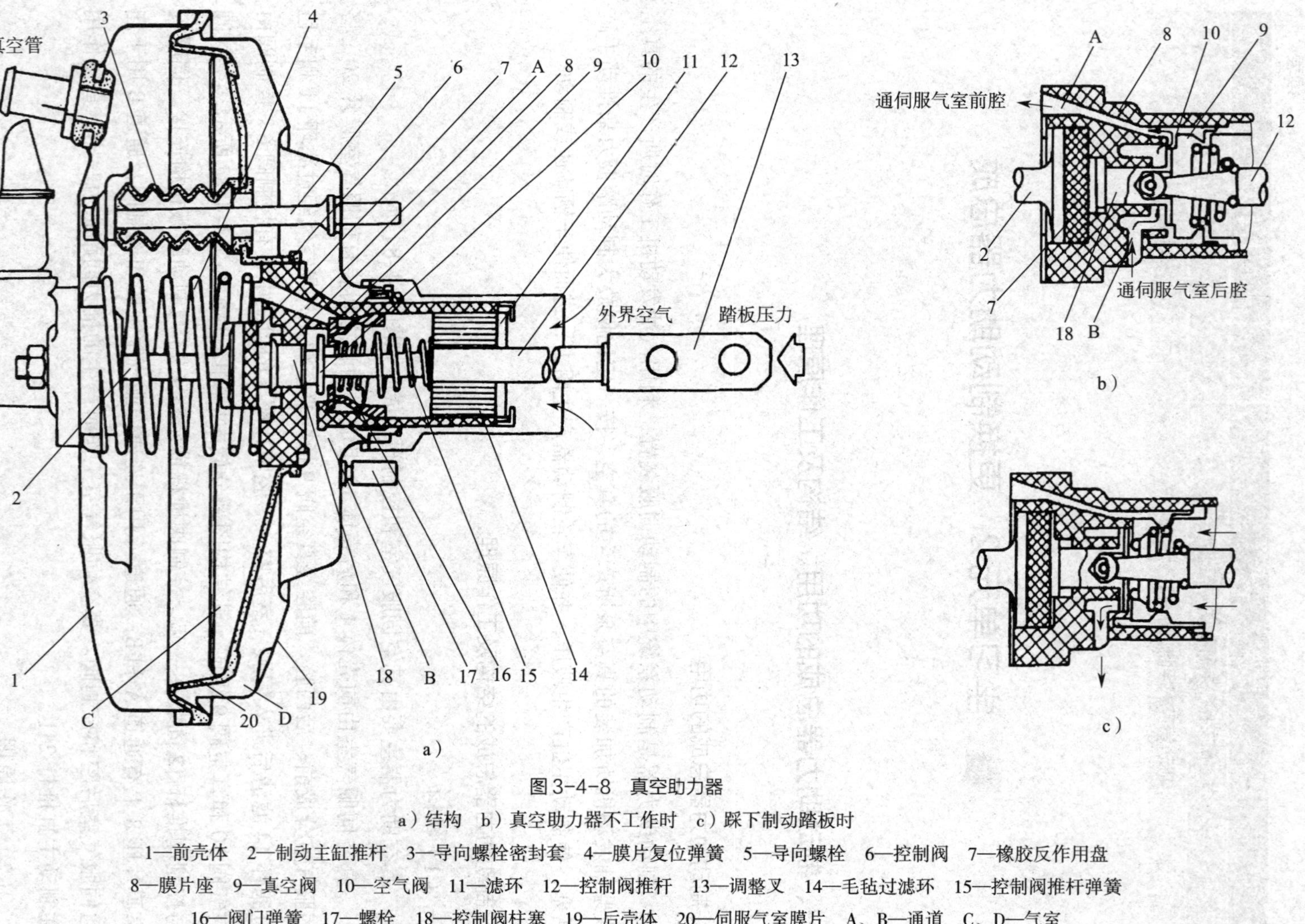

图 3-4-8　真空助力器

a）结构　b）真空助力器不工作时　c）踩下制动踏板时

1—前壳体　2—制动主缸推杆　3—导向螺栓密封套　4—膜片复位弹簧　5—导向螺栓　6—控制阀　7—橡胶反作用盘　8—膜片座　9—真空阀　10—空气阀　11—滤环　12—控制阀推杆　13—调整叉　14—毛毡过滤环　15—控制阀推杆弹簧　16—阀门弹簧　17—螺栓　18—控制阀柱塞　19—后壳体　20—伺服气室膜片　A、B—通道　C、D—气室弹簧 15 的作用下，离开橡胶反作用盘 7，处于右端极限位置，并使真空阀 9 离开膜片座 8 上的阀座，即真空阀处于开启状态。而真空阀又被阀门弹簧 16 压紧在空气阀上，即空气阀处于关闭状态。此时伺服气室的前、后两腔相互连通，并与大气隔绝。在发动机工作时，前、后两腔内都能产生一定的真空度。

制动时，踩下制动踏板（见图 3–4–8c），来自踏板机构的控制力推动控制阀推杆 12 和控制阀柱塞 18 向前移动，在消除柱塞与橡胶反作用盘 7 之间的间隙后，再继续推动制动主缸推杆 2，主缸内的制动液以一定压力流入制动轮缸，此力由制动踏板机构所提供。与此同时，在阀门弹簧 16 的作用下，真空阀 9 也随之向前移动，直到压靠在膜片座的阀座上，从而使通道 A 和 B 隔绝，即伺服气室的前腔和后腔隔绝，进而空气阀离开真空阀而开启，空气经过滤环 11、毛毡过滤环 14、空气阀的开口和通道 B 充入伺服气室后腔。随着空气的充入，在伺服气室膜片 20 的两侧出现压力差而产生推力，此推力通过膜片座 8、橡胶反作用盘 7 推动制动主缸推杆 2 向前移动，此力为压力差所提供。此时，制动主缸推杆上的作用力为踏板力和伺服气室反作用盘推力的总和，使制动主缸输出的压力成倍增长。

解除制动时，控制阀推杆弹簧 15 使控制阀推杆和空气阀向右移动，真空阀离开膜片座上的阀座而开启。伺服气室的前、后两腔相通，且均为真空状态。膜片座和膜片在膜片回位弹簧的作用下回位，制动主缸解除制动作用。

若真空助力器失效或真空管路无真空度时，控制阀推杆将通过空气阀直接推动膜片座和制动主缸推杆移动，使制动主缸产生制动压力，但作用在踏板上的力要增大。

二、制动助力器总成的拆卸

1. 必要时对带有编码的收音机先获得收音机编码。

2. 断开蓄电池。

3. 拆下空气滤清器。

4. 拆下蓄电池。

5. 拆下蓄电池托架。

6. 将足够多的非纤维质抹布放在发动机和变速器区域内。

7. 用制动液加注和排气装置 VAS 5234 或 V.A.G 1869、BSF–10 或 BF 1238B 从制动液储液罐中抽吸尽可能多的制动液。

对于装备手动变速器的车辆，拔下离合器主缸的供油软管 B，将其提起进行清理，然后固定住；或者用普通工具，如 Hazet 4590 将供油软管 B 夹住，然后将其拔下，如

图 3-4-9 所示。

8. 从制动液液位报警触点 F34 上拔下插头 A，如图 3-4-9 所示。

9. 脱开制动灯开关 F 的插头 C 处的连接，如图 3-4-9 所示。

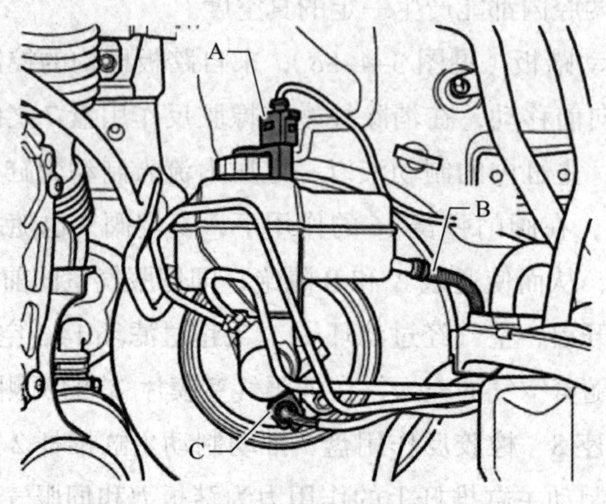

图 3-4-9　拆卸供油软管 B 及插头 A 和 C

10. 从制动助力器上拔下真空软管。

11. 标记连接制动主缸和液压单元的两根制动管路，并将它们拧下。

12. 立即用维修套件（配件号为 1H0 698 311 A）中的密封塞封住制动管路和螺纹孔。

13. 拧下塑料螺母（箭头所指处的）并拆下脚部空间饰板 1，如图 3-4-10 所示。

14. 脱开其余线束连接。

15. 拆下发动机舱隔热垫。

16. 从制动助力器上拆下制动踏板。

17. 从制动助力器上拧下六角螺母 1，如图 3-4-11 所示。

18. 从支承座上松开上部两个六角螺母 2，如图 3-4-11 所示。

19. 将制动助力器连同制动主缸一起小心地从车辆中取出。

20. 拧下制动主缸上的螺母。

21. 将制动主缸小心地从制动助力器中取出。

三、制动助力器总成的安装与检查

1. 安装以与拆卸相反的顺序进行。

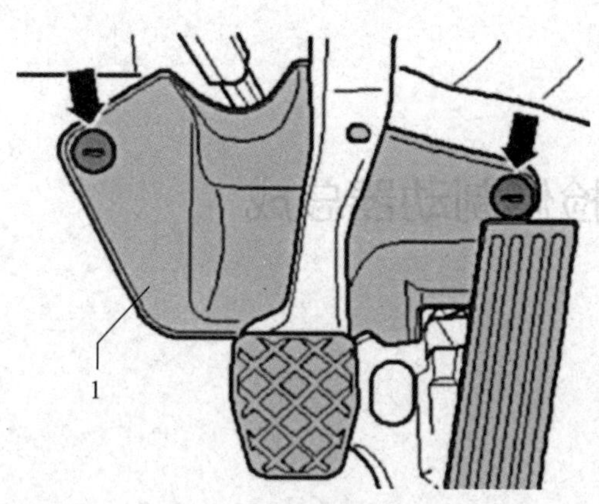

图 3-4-10　拆卸螺母和饰板

1—饰板

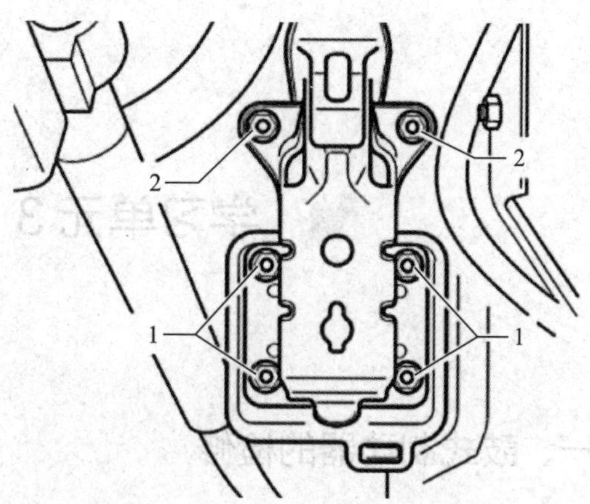

图 3-4-11　拧下螺母 1 并松开螺母 2

2. 安装注意事项

（1）确保防尘罩安装正确。

（2）夹紧带制动助力器的制动踏板。

（3）安装后给制动系统和离合器（如有安装）排气。

3. 安装时各部件拧紧力矩见表 3-4-2。

表 3-4-2　拧紧力矩

部件	拧紧力矩
制动助力器拧到踏板机构上，使用新螺母	25 N · m
制动主缸拧到制动助力器上，使用新螺母	25 N · m
制动管路拧到制动主缸上	14 N · m

四、制动助力器总成的检修技术要求

1. 用中等力踩住制动踏板并启动发动机。当制动助力器功能正常时，可以感觉到脚下的制动踏板有一定下沉。

2. 如果发生故障，更换整个制动助力器总成（事先检测所有的真空管路）。

学习单元3　检修制动器总成

一、鼓式制动器的检修

1. 鼓式制动器的结构及原理

（1）结构

如图3–4–12所示。制动底板4固定在后桥壳或前桥转向节凸缘上，在制动底板的下部装有两个偏心的调整螺钉1，两个制动蹄8、9的下端有孔，套装在偏心调整螺钉上，并用锁止螺母2锁止。制动底板的中部装有两制动蹄托架3，以限制制动蹄的轴向位置。制动蹄上端用回位弹簧7拉靠在制动轮缸6的顶块上。制动蹄的外圆面上用埋头螺钉铆接着制动片5。作为制动蹄促动装置的制动轮缸用螺钉固装在制动底板上。制动鼓固装在车轮轮毂的凸缘上，随车轮一起转动。

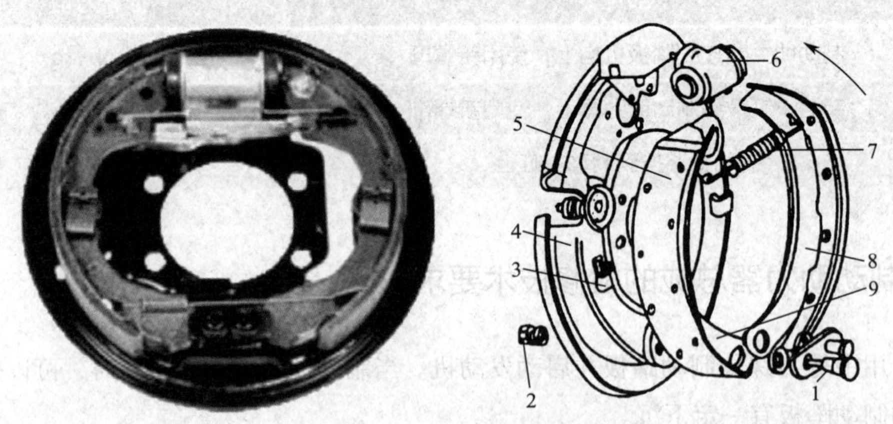

图3–4–12　鼓式制动器的结构

1—调整螺钉　2—锁止螺母　3—制动蹄托架　4—制动底板

5—制动片　6—制动轮缸　7—回位弹簧　8、9—制动蹄

（2）工作原理

1）当施加制动时，制动踏板作用力经助力器助力后传递到制动主缸。

2）制动主缸将液压力通过制动管和制动软管输入轮缸。

3）制动轮缸6的活塞推动制动蹄8和9外张，使之与制动鼓接触，从而降低车速。

4）当解除制动时，液压系统的液压力下降，在回位弹簧7的作用下，制动轮缸6的活塞回位，制动蹄与制动鼓分离，两者间的摩擦力消失，如图3-4-12所示。

2. 鼓式制动器的分解（以2016款1.6 L桑塔纳轿车为例）

（1）拆卸车轮。

（2）取下制动鼓。

（3）拆下带弹簧的弹簧座。

（4）将旋具放在支承板后沿箭头方向撬动制动蹄，如图3-4-13所示。

（5）拔下制动管路排气帽1，如图3-4-14所示。

（6）拧下制动轮缸的固定螺栓2，如图3-4-14所示。

（7）将导线和制动硬管从箭头所指处的卡子上脱开，如图3-4-14所示。

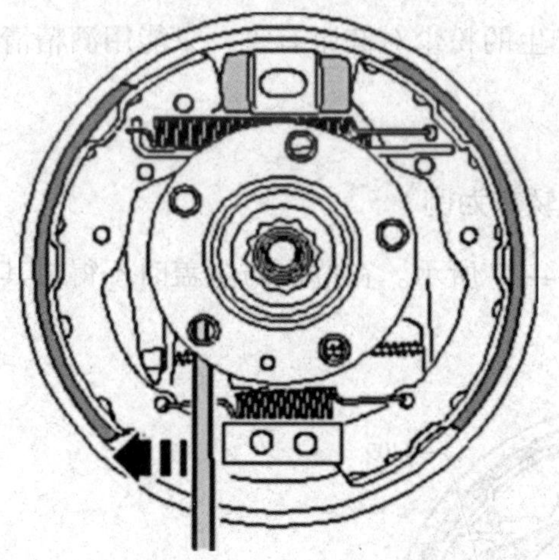

图3-4-13　拆卸制动蹄

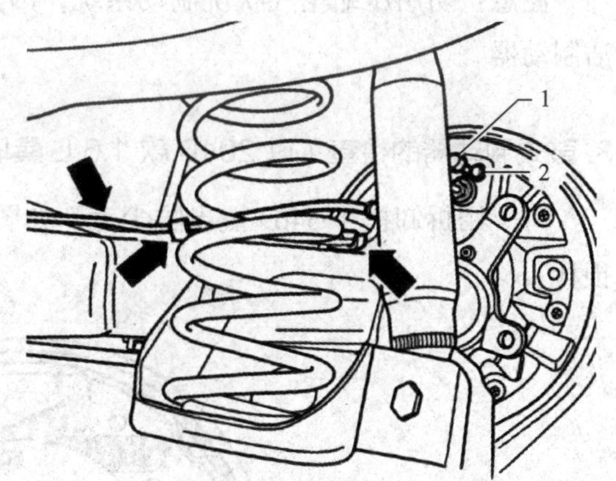

图3-4-14　拆卸鼓式制动器部件

1—排气帽　2—固定螺栓

（8）将制动轮缸略微脱开。

（9）拆下下部回位弹簧。

（10）拆下驻车制动器拉索。

（11）将制动蹄从轮毂和制动底板之间拉出。

（12）用台虎钳夹紧制动蹄。

（13）拆下楔子2上的弹簧1，如图3-4-15所示。

（14）使用钩子 3438 拆下上部回位弹簧 3，如图 3–4–15 所示。

（15）使用钩子 3438 拆下卡簧 1，如图 3–4–16 所示。

（16）将推杆 2 和楔子 3 从制动蹄上拆下，如图 3–4–16 所示。

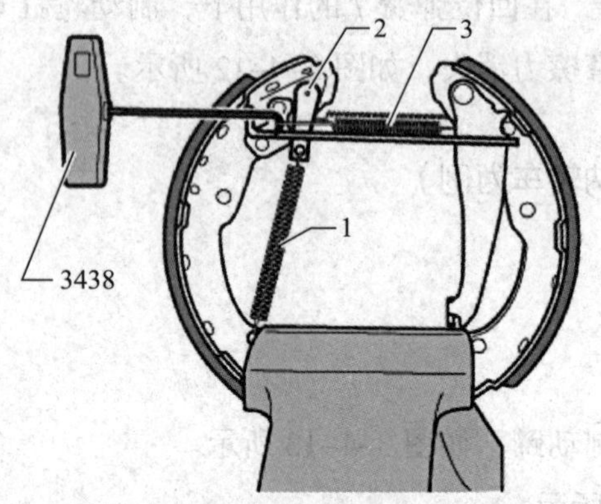

图 3–4–15　拆卸弹簧

1—弹簧　2—楔子　3—回位弹簧

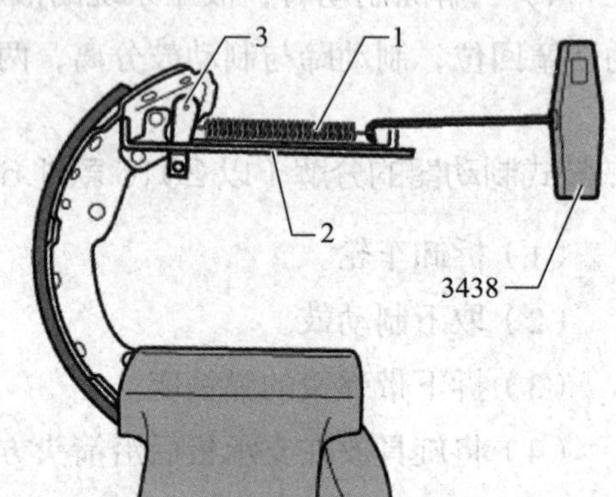

图 3–4–16　拆卸卡簧和推杆

1—卡簧　2—推杆　3—楔子

（17）拆卸后进行清洁。

注意：勿用压缩空气吹洗制动系统，因其产生的粉尘对健康有害，只能用酒精清洁制动器。

3. 鼓式制动器的检查（以 2016 款 1.6 L 桑塔纳轿车为例）

（1）用拆卸楔子 3409 撬出防尘盖，如图 3–4–17 所示。在撬出防尘盖时不得将其损坏。

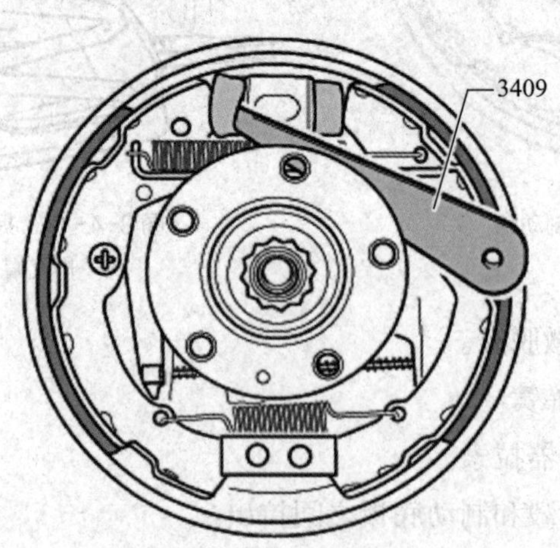

图 3–4–17　拆卸防尘盖

（2）如果在防尘盖上有制动液，则更换制动轮缸。

4. 鼓式制动器的安装与调整（以 2016 款 1.6 L 桑塔纳轿车为例）

（1）用钩子 3438 将卡簧 1 装入推杆 2，如图 3–4–18 所示。

（2）同时插入楔子 3，如图 3–4–18 所示。

安装位置：箭头所指处的凸起在安装时必须始终可见，如图 3–4–18 所示。

（3）将带手制动器拉杆的制动蹄插入推杆中。

（4）使用钩子 3438 安装回位弹簧 3，如图 3–4–19 所示。

（5）连接弹簧 1 和楔子 2，如图 3–4–19 所示。

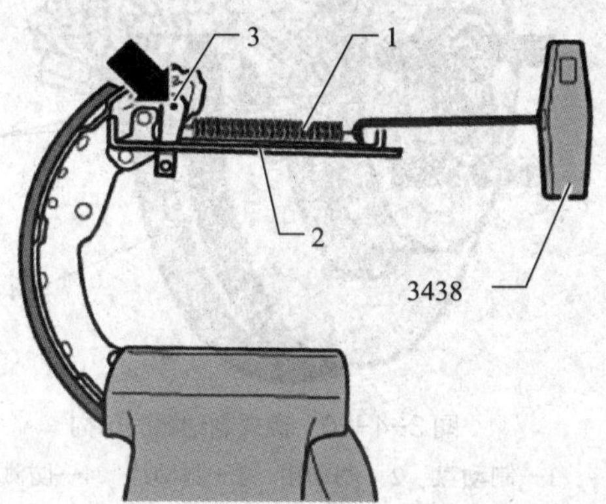

图 3–4–18　安装推杆和楔子

1—卡簧　2—推杆　3—楔子

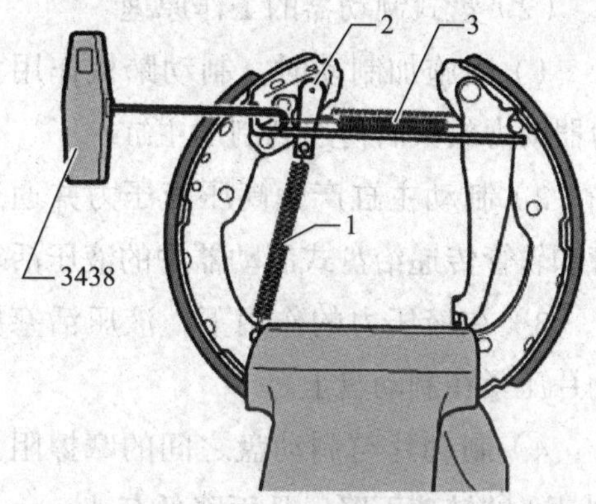

图 3–4–19　安装弹簧

1—弹簧　2—楔子　3—回位弹簧

（6）将制动蹄插入轮毂和制动底板之间。

（7）将制动蹄安装到制动轮缸的活塞处。

（8）连接驻车制动器拉索和制动杆。

（9）安装下部回位弹簧并将制动蹄安装到位。

（10）安装弹簧和弹簧座。

（11）安装制动鼓。

（12）安装车轮，拧紧力矩为 120 N · m。

（13）将制动踏板用力踩到底。

（14）调整驻车制动器。

二、盘式制动器的检修

1. 盘式制动器的结构及工作原理

（1）盘式制动器的结构

盘式制动器可用于前轮或者后轮，主要由制动钳、制动片、制动盘和防溅板组成，如图 3–4–20 所示。

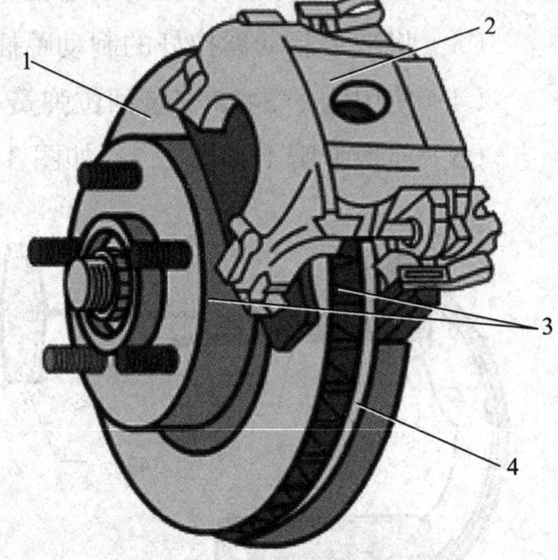

图 3–4–20　盘式制动器的结构

1—制动盘　2—制动钳　3—制动片　4—防溅板

（2）盘式制动器的工作原理

1）当施加制动时，制动踏板作用力经助力器助力放大后传递到制动主缸。

2）制动主缸产生高压液压力并通过制动管和软管传递给盘式制动器中的液压活塞。

3）在液压力的作用下，液压活塞推动制动片压紧在制动盘上。

4）制动片与制动盘之间的摩擦阻力迫使制动盘的转速下降，从而降低车速。

5）当解除制动时，液压力下降，活塞回位，制动片与制动盘分离。

2. 盘式制动器的分解

现代轿车大多是盘式制动器，下面以 1.4 T 帕萨特轿车前轮为例进行介绍。

（1）拆卸前应在需继续使用的制动片上做好标记，以便以后安装在原来的位置上；否则会导致制动效果不均匀。

（2）拆下车轮。

（3）用旋具将制动片的止动弹簧从箭头所指处的制动钳中撬出并取下，如图 3–4–21 所示。

（4）脱开制动片磨损指示器的插头，如图 3–4–22 所示。

（5）拆下箭头所指处的盖罩，如图 3–4–23 所示。

（6）松开箭头所指处的两个导向销，并将其从制动钳上取出，如图 3–4–24 所示。

（7）从制动器支架上取下制动钳。

（8）用活塞复位装置 T10145–1 完全压回活塞，如图 3–4–25 所示。

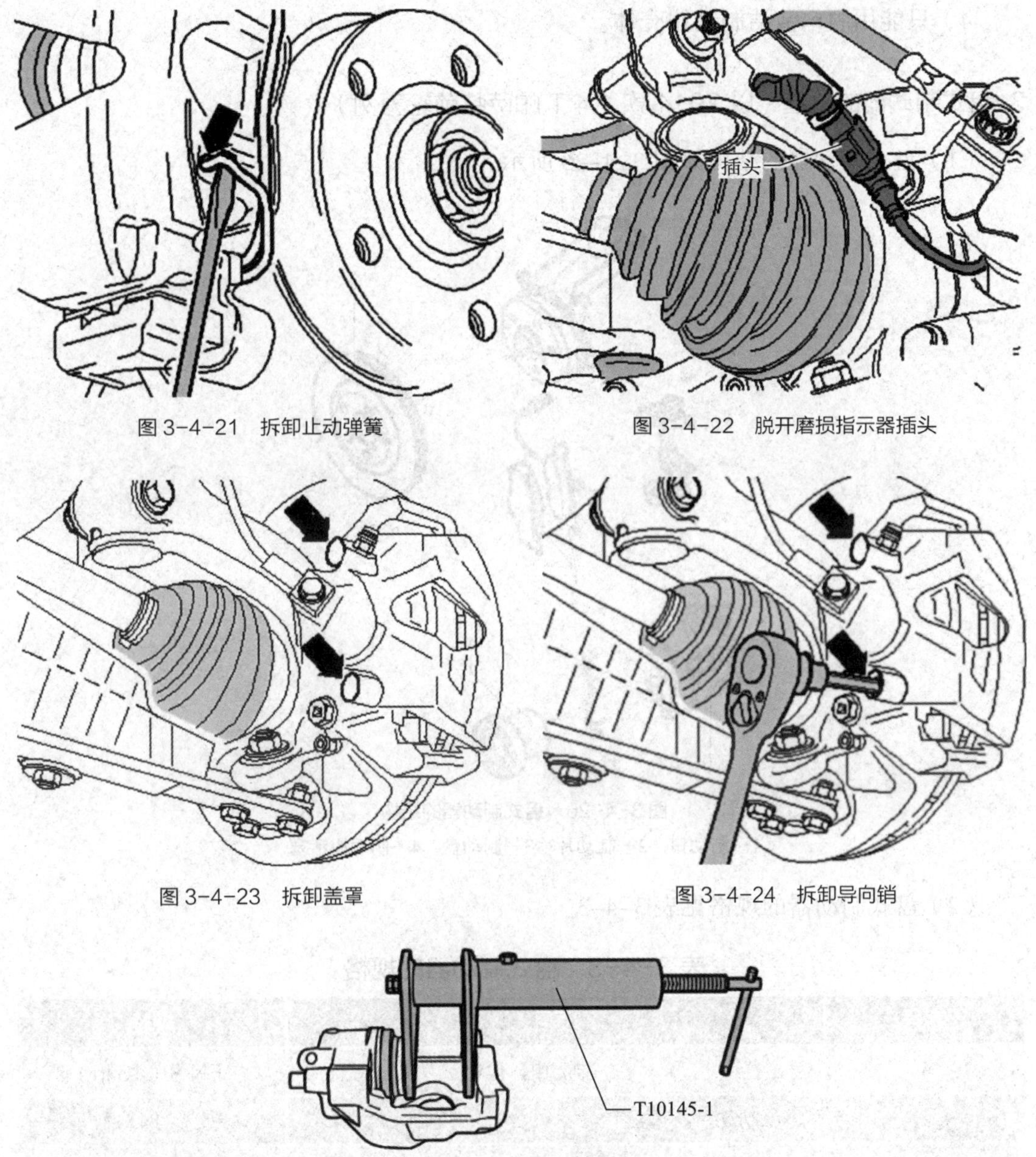

图 3-4-21　拆卸止动弹簧

图 3-4-22　脱开磨损指示器插头

图 3-4-23　拆卸盖罩

图 3-4-24　拆卸导向销

图 3-4-25　使活塞复位

（9）用钢丝固定制动钳，以免制动钳的质量使制动软管受载或损坏。

（10）拆下制动片和其固定片。

（11）清洁注意事项如下

1）勿用压缩空气吹洗制动系统，因其产生的粉尘对健康有害。

2）彻底清洁制动器支架上制动片的接触面，清除锈蚀。

3）清洁制动钳，尤其是制动片黏结面。必须确保其无油脂和其他附着物。

4）只能用酒精清洁制动钳壳体。

3. 盘式制动器的检查（以 2014 款 1.4 T 帕萨特前轮为例）

（1）盘式制动器的结构如图 3-4-26 所示。

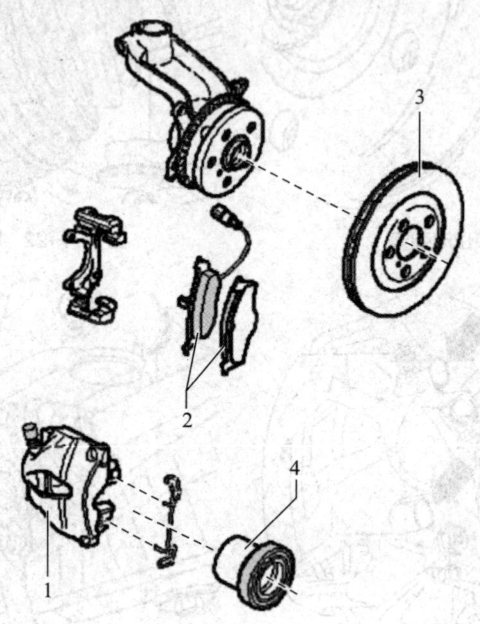

图 3-4-26　盘式制动器的结构

1—制动钳　2—制动片　3—制动盘　4—制动钳活塞

（2）盘式制动器的规格见表 3-4-3。

表 3-4-3　盘式制动器的规格

序号	项目		规格
1	制动钳		FN 3（16 in）
2	制动片，厚度	mm	14
3	制动盘	ϕ（mm）	312
	制动盘，厚度	mm	25
4	制动钳活塞	ϕ（mm）	57

4. 盘式制动器的安装与调整（以 2014 款 1.4 T 帕萨特轿车前轮为例）

提示：在用活塞复位装置将活塞压入气缸前，必须从制动液储液罐内抽出制动液。

（1）使活塞复位，如图 3–4–27 所示。

（2）去除外侧制动片底板上的保护膜。

（3）将外侧制动片安装在制动器支架上。

（4）将带有止动弹簧的内部制动片装入制动钳（活塞）内。安装制动钳时，确保制动片在没有正确定位前不要卡在制动钳内。不得损坏接触面。

（5）用两个导向销将制动钳固定到制动器支架上。导向销到制动器支架螺栓拧紧力矩为 30 N · m，如图 3–4–28 所示。

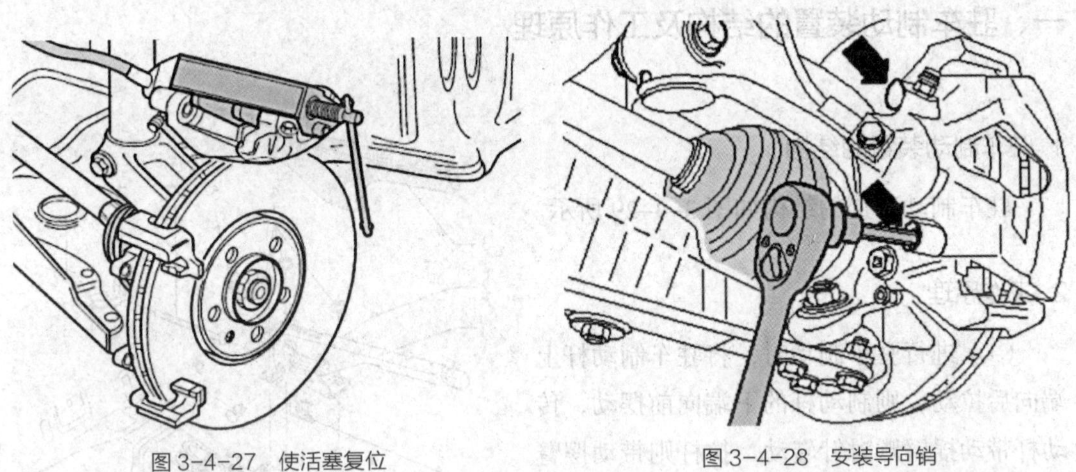

图 3–4–27　使活塞复位　　图 3–4–28　安装导向销

（6）装上两个盖罩。

（7）将止动弹簧装入制动钳内。

（8）连接制动片磨损指示器的插头。

（9）安装车轮，车轮螺栓的拧紧力矩为 140 N · m。

提示：

（1）每次更换制动片后，要在静止状态下多次用力将制动踏板踩到底，以使制动片进入与其运行状态相对应的位置。

（2）更换制动片后检查制动液液面高度。

学习单元4　检修驻车制动装置

一、驻车制动装置的结构及工作原理

1. 驻车制动装置的结构

驻车制动装置的结构如图 3-4-29 所示。

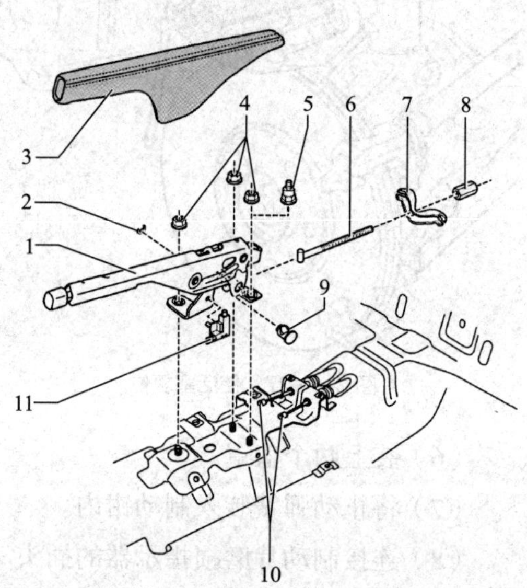

图 3-4-29　驻车制动装置的结构

1—驻车制动杆　2—夹箍　3—驻车制动杆饰件　4—六角螺母（拧紧力矩为 25 N·m）　5—连接器　6—拉杆　7—补偿块　8—调整螺母　9—销钉　10—驻车制动拉索　11—驻车制动警告开关

2. 工作原理

（1）进行驻车制动时，将驻车制动杆上端向后拉动，则制动杆的下端向前摆动，传动杆带动摇臂顺时针转动，拉杆则带动摆臂顺时针转动，凸轮轴也顺时针转动，凸轮则使两制动蹄以支承销为支点向外张开，压靠到制动鼓上，产生制动作用。

（2）当制动杆拉到制动位置时，棘爪嵌入齿扇上的棘齿内，起锁止作用。

（3）解除制动时，按下驻车制动杆上的按钮使棘爪脱离棘齿，向前推动制动杆，则传动杆、拉杆、凸轮轴按逆时针方向转动，制动蹄在回位弹簧的作用下回位，制动蹄与制动鼓间恢复制动间隙，制动解除。

二、驻车制动装置的分解

1. 拆卸中央控制通道。

2. 松开驻车制动杆。

3. 松开箭头所指处的调整螺母，直到驻车制动拉索可以从补偿块上松开为止，如

图 3–4–30 所示。

4. 举起车辆。

5. 拆卸卡子 1，如图 3–4–31 所示。

6. 按照箭头方向按下制动杆 2 并松开驻车制动拉索 3，如图 3–4–31 所示。

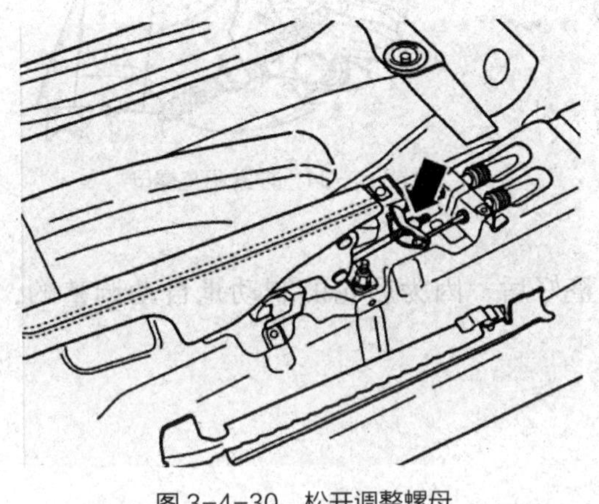

图 3–4–30 松开调整螺母

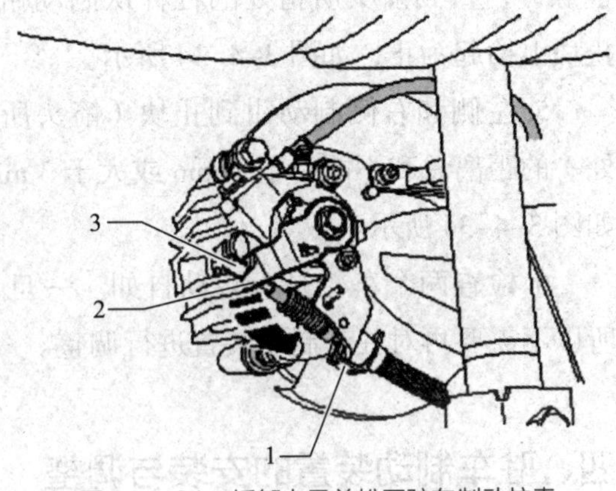

图 3–4–31 拆卸卡子并松开驻车制动拉索

1—卡子 2—制动杆 3—驻车制动拉索

7. 从后桥梁的支架上松开箭头 A 所指处的驻车制动拉索卡子，并从支架上松开箭头 B、C 所指处的卡子，如图 3–4–32 所示。

8. 从导向管上按照箭头所指方向拉出驻车制动拉索，如图 3–4–33 所示。

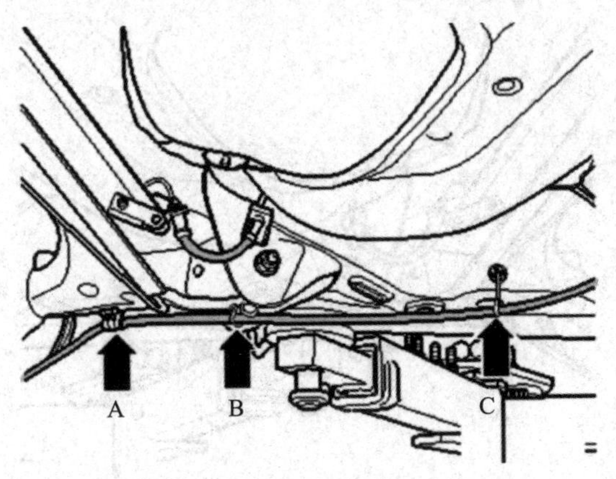

图 3–4–32 拆卸驻车制动拉索（支架上）

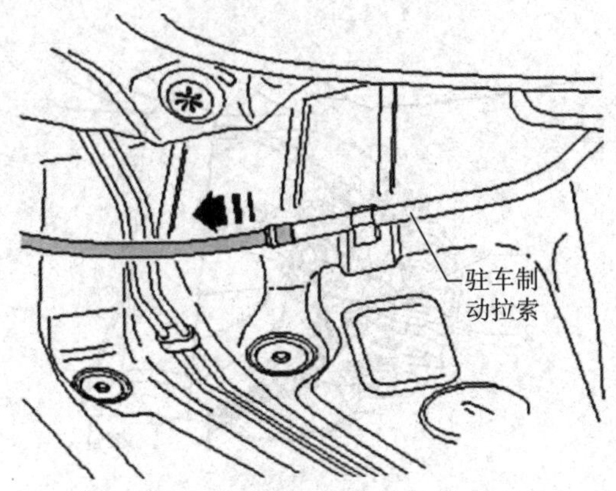

图 3–4–33 拆卸驻车制动拉索（导向管上）

三、驻车制动装置的检查

当更换了驻车制动拉索、制动钳和制动盘后才需要进行检查和调整。

1. 拆卸中央控制通道。

2. 用力踩下制动踏板（至少三次）。

3. 拉动驻车制动杆三次并松开。

4. 驻车制动拉杆处于松开位置。拧紧调整螺母，直到箭头所指处的杠杆从制动钳的止块上抬起为止，如图 3–4–34 所示。

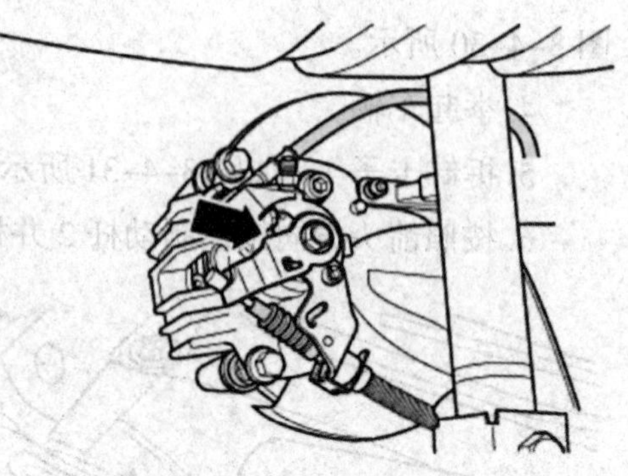

图 3–4–34　拧紧调整螺母

5. 左侧和右侧制动钳到止块（箭头所指处）的距离总和不能小于 1 mm 或大于 3 mm，如图 3–4–34 所示。

6. 检查两个车轮是否转动自如。一旦调整好后，因为后轮的制动是自动调整的，所以不需要再对驻车制动装置进行调整。

四、驻车制动装置的安装与调整

1. 将驻车制动拉索导入导向管。

2. 按照箭头所指方向按下制动杆 2 并松开驻车制动拉索 3，如图 3–4–35 所示。

3. 拆卸卡子 1，如图 3–4–35 所示。

4. 将箭头 A 所指处的驻车制动拉索卡子卡在后桥梁的支架上，如图 3–4–36 所示。

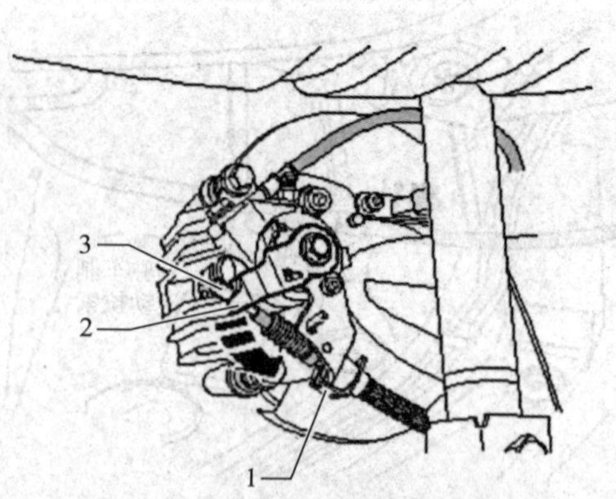

图 3–4–35　拆卸驻车制动拉索和卡子

1—卡子　2—制动杆　3—驻车制动拉索

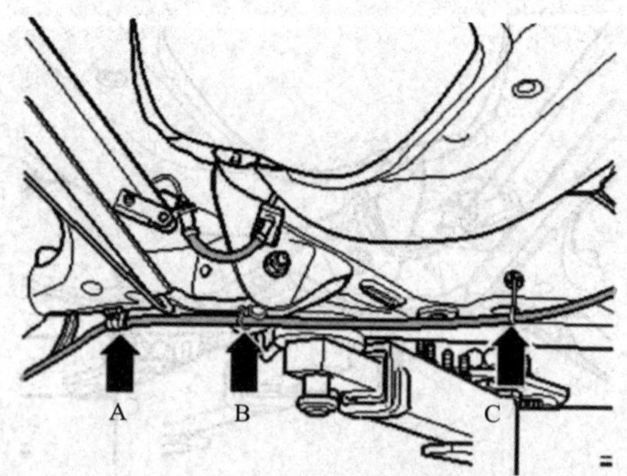

图 3–4–36　安装驻车制动拉索

5. 驻车制动拉索的夹紧环必须处于卡子的中部。

6. 将驻车制动拉索钩在箭头 B、C 所指处的支架上，如图 3–4–36 所示。

7. 将驻车制动拉索钩在补偿块上。

8. 用箭头所指处的调整螺母预紧驻车制动拉索，如图 3-4-37 所示。

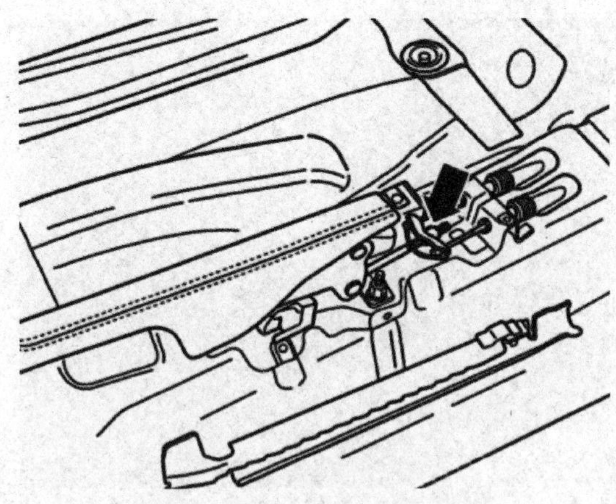

图 3-4-37　预紧驻车制动拉索

9. 调整驻车制动杆。

10. 安装中央控制台。

模块4 检修汽车电器

- 课程 4-1　检修蓄电池
- 课程 4-2　检修起动机
- 课程 4-3　检修充电系统
- 课程 4-4　检修照明、信号及仪表系统
- 课程 4-5　检修辅助电器系统
- 课程 4-6　检修空调制冷系统
- 课程 4-7　拆装空调取暖和通风系统

课程设置

课程	学习单元	课堂学时
4-1　检修蓄电池	（1）检查蓄电池	2
	（2）蓄电池充电	2
4-2　检修起动机	（1）检查、判断起动机性能	2
	（2）检修起动机总成	4
	（3）检修起动系统线路	2
4-3　检修充电系统	（1）检查、判断发电机性能	2
	（2）检修发电机总成	4
	（3）检修充电系统线路	2
4-4　检修照明、信号及仪表系统	（1）检修照明系统线路及元件	6
	（2）检修信号系统线路及元件	6
	（3）检修仪表系统线路及元件	4
4-5　检修辅助电器系统	（1）更换车窗玻璃升降器电动机及开关	6
	（2）更换门锁电动机及开关	6
	（3）更换电动后视镜及开关	6
	（4）更换刮水器电动机及开关	6
	（5）更换座椅电动机及开关	8
4-6　检修空调制冷系统	（1）更换空调压缩机电磁离合器	8
	（2）检修空调制冷循环系统	8
	（3）更换制冷系统各组件	8
4-7　拆装空调取暖和通风系统	（1）更换热水阀	2
	（2）更换鼓风机和通风装置	4

课程 4-1　检修蓄电池

【学习内容】

学习单元	课程内容	培训建议	学时
（1）检查蓄电池	1）蓄电池的结构及工作原理 2）蓄电池技术状况的检查 3）蓄电池电解液液面高度的检查 4）蓄电池性能的检查与判断	（1）方法：讲授法、演示法、实训法 （2）重点：蓄电池技术状况的检查 （3）难点：蓄电池性能的判断	2
（2）蓄电池充电	1）蓄电池的充电及检查 2）蓄电池充电注意事项	（1）方法：演示法、实训法 （2）重点：蓄电池充电 （3）难点：蓄电池充电检查	2

学习单元 1　检查蓄电池

一、蓄电池的结构及工作原理

1. 蓄电池的结构

如图 4-1-1 所示，蓄电池主要由极板组、隔板、电解液、壳体、连接条、极柱等组成。

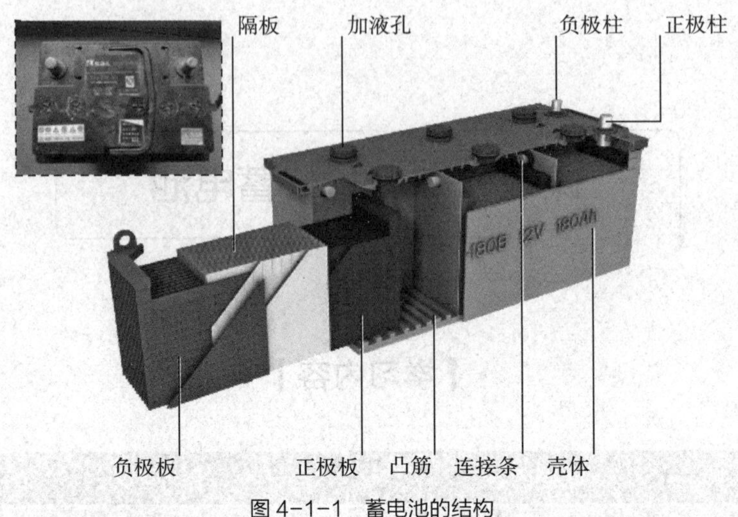

图 4–1–1　蓄电池的结构

（1）极板组

蓄电池的充电和放电过程是由极板上的活性物质与电解液的电化学反应来实现的。如图 4–1–2 所示，极板由栅架及铅膏涂料组成。极板分正极板和负极板两种。正极板上的活性物质为二氧化铅，呈深褐色；负极板上的活性物质为海绵状纯铅，呈青灰色。

图 4–1–2　极板组

（2）隔板

隔板的作用是将正、负极板隔离开，防止两极板短路。如图 4–1–3 所示，隔板常用的材料有木质、微孔橡胶和微孔塑料等。微孔塑料隔板孔径小，孔率高，薄而软，生产效率高，成本低，目前被广泛采用。

（3）电解液

电解液是由相对密度为 1.84 g/cm^3 的纯硫酸和蒸馏水配制而成的。电解液的密度一般在 1.24～1.31 g/cm^3 范围内，南方和北方略有差异。气温低的地方要用高密度电解液，以防冻。

（4）外壳

外壳由电池槽和电池盖组成。外壳的功用是盛装电解液和极板组。

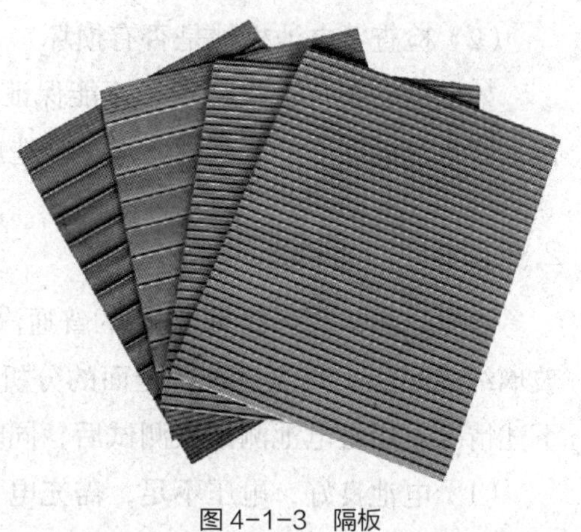

图 4-1-3　隔板

2. 蓄电池的工作原理

在蓄电池中，正极板为二氧化铅，负极板为铅，电解液为硫酸。将正、负极板插入电解液中，在正、负极板间就会产生约 2.1 V 的电势。在蓄电池放电过程中，正、负极板上的活性物质转化成的硫酸铅是一种结构疏松、晶体细密的物质，活性程度非常高。在蓄电池充电过程中，正、负极板上面疏松、细密的硫酸铅在外界充电电流的作用下会重新分解还原成二氧化铅和铅，蓄电池又处于充足电的状态。其具体的化学反应方程式如下：

正极：$2PbO_2+2H_2SO_4 \rightarrow 2PbSO_4+O_2\uparrow+2H_2O$

负极：$Pb+H_2SO_4 \rightarrow PbSO_4+H_2\uparrow$

总反应：$2PbO_2+3H_2SO_4+Pb \rightarrow 3PbSO_4+2H_2O+O_2\uparrow+H_2\uparrow$

由此可知，以上反应是可逆的。正是这种可逆的电化学反应，使蓄电池实现了储存电能和释放电能的功能。

二、蓄电池技术状况的检查

1. 目视检查

检查时不得揭下蓄电池上的贴纸，也不能补充蒸馏水，只能进行目视检查。

（1）检查蓄电池壳体是否有损坏

如果蓄电池壳体损坏使电解液溢出，可能使车辆部件产生严重的损坏，要用酸中和剂或肥皂水对受到蓄电池酸影响的地方进行处理。

（2）检查蓄电池极柱是否有损坏

如果极柱损坏，极柱卡子不能保证良好的接触，应更换。根据维修手册规定力矩拧紧蓄电池极柱卡子，否则，虚接会造成电气系统故障。

2. 使用蓄电池测试仪进行测试

蓄电池测试仪可以对 12 V 的普通汽车蓄电池和 AGM（absorbent glass mat，吸附式玻璃纤维隔板）蓄电池进行全面的分析，包括电压、电池状况和所能提供的电力。在下述情况下用蓄电池测试仪测试后，同时要用万用表进行电流测试。

（1）电池良好，电压不足，需充电。

（2）充电后用万用表进行电流测试。

（3）如果电流不满足要求，则需更换电池。

三、蓄电池电解液液面高度的检查

电解液指示器（俗称电眼）能够通过颜色显示提供诸如电解液的液面以及蓄电池充电状态的信息。根据电解液指示器不同的颜色显示进行判断。

1. “黑色”表示电解液液面正常。

2. “无色或淡黄色”表示电解液液面太低。

四、蓄电池性能的检查与判断

1. 通过观察电解液指示器不同的颜色来判断蓄电池的性能

（1）“绿色”表示蓄电池充电充足。

（2）“黑色”表示蓄电池部分放电。

（3）“无色或淡黄色”表示必须更换蓄电池。

2. 检查蓄电池端电压

（1）关闭点火开关。

（2）拆下蓄电池电缆。

（3）清洁蓄电池极柱。

（4）使用高率放电计测量蓄电池两极柱间电压，测试时间为 5 ~ 10 s。负载电流为

110 A 时，最小电压不得低于 9.6 V。如果蓄电池电压低于规定的数值，则需对蓄电池进行补充充电或更换蓄电池。

（5）装上蓄电池电缆。

学习单元 2　蓄电池充电

一、蓄电池的充电及检查

1. 蓄电池的充电方法

蓄电池的常规充电方法有定电流充电和定电压充电两种，非常规充电方法有脉冲快速充电。新蓄电池或修复后的蓄电池在使用前的首次充电称为初充电。

2. 蓄电池的充电

（1）一般充电

1）将充电机电源插头插在 500 W 以上的专用线束插座上。

2）如图 4-1-4 所示，将红色夹夹在蓄电池正（+）极，黑色夹夹在蓄电池负（-）极。

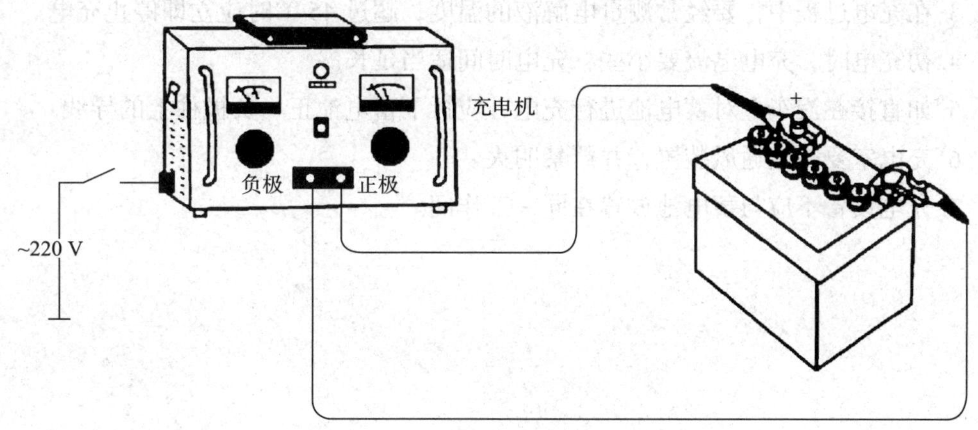

图 4-1-4　蓄电池与充电机的连接

3）将切换开关扳至正确电压侧，如 12 V 或 24 V 等。

4）转动调节器至规定的充电电流，补充充电的电流一般为额定容量的 1/10，初充电的电流一般为额定容量的 1/15。

5）可根据蓄电池的剩余电量来确定充电时间。

6）充电完成后，先关闭充电机开关，再拆开蓄电池的连接线，并收放整齐。

（2）快速充电

1）车上蓄电池充电前，必须先拆开蓄电池的搭铁线。

2）将快速充电机插头插在 500 W 以上的线束插座上。

3）将红色夹夹在蓄电池正（+）极，黑色夹夹在蓄电池负（–）极。

4）将切换开关扳至正确电压侧，如单一蓄电池在 12 V 侧。

5）旋转电流调节开关至充电电流为蓄电池额定容量安培数的 1/2，如 100 A · h 时，充电电流为 50 A。

6）利用定时器设定充电时间，如 30 min。

7）测量电解液温度，超过 45 ℃时应降低充电电流或停止充电。

8）充电完成后，先关闭充电机开关，再拆开蓄电池的连接线，并收放整齐。

二、蓄电池充电注意事项

1. 充电前，要将充电机导线夹子与蓄电池极柱连接牢固；停止充电时，要先切断电源，再拆下导线夹子，以防止产生火花。

2. 充电过程中，要密切观察各单格电池的电压和密度变化，及时判断其充电程度和技术状况。

3. 在充电过程中，要经常测量电解液的温度，超过 45 ℃时应立即停止充电。

4. 初充电时，充电电流要小些，充电时间适当延长。

5. 如直接在汽车上对蓄电池进行充电，应拆下蓄电池正、负极柱上的导线。

6. 充电室要安装通风装置，并严禁明火。

7. 充电设备不应与蓄电池放置在同一工作间。

课程 4-2　检修起动机

【学习内容】

学习单元	课程内容	培训建议	学时
（1）检查、判断起动机性能	1）起动系统的组成、作用及工作原理 2）起动机就车性能的检查与判断	（1）方法：讲授法、演示法、实训法 （2）重点：起动机就车性能的检查 （3）难点：起动机就车性能的判断	2
（2）检修起动机总成	1）起动机各部件的功用、组成及工作原理 2）起动机总成的分解 3）起动机各部件的检查 4）起动机总成的装配与检查	（1）方法：讲授法、演示法、实训法 （2）重点：起动机总成的检查 （3）难点：起动机总成的检查	4
（3）检修起动系统线路	1）起动系统电路图的识读 2）起动系统线路的检修	（1）方法：讲授法、演示法、实训法 （2）重点：起动系统线路的检修 （3）难点：起动系统电路图的识读	2

学习单元 1　检查、判断起动机性能

一、起动系统的组成、作用及工作原理

1. 起动系统的组成

如图 4–2–1 所示，起动系统由起动机及控制电路两大部分组成，其主要部件包括蓄电池、起动机、启动继电器、点火开关等。

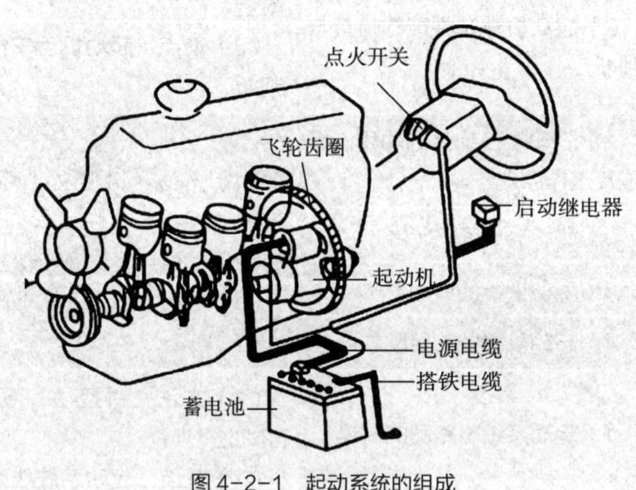

图 4–2–1　起动系统的组成

2. 起动系统的作用

起动系统的作用是启动发动机。起动机在点火开关和启动继电器的控制下产生转矩，带动发动机飞轮转动，使发动机启动。

3. 起动系统的工作原理

如图 4–2–2 所示为桑塔纳 2000 的起动系统电路，其中起动机电源端子 30 用黑色导线与蓄电池正极连接，起动机端子 50 用红黑色导线与中央线路板 C 插座的 18 接点

C18 连接。

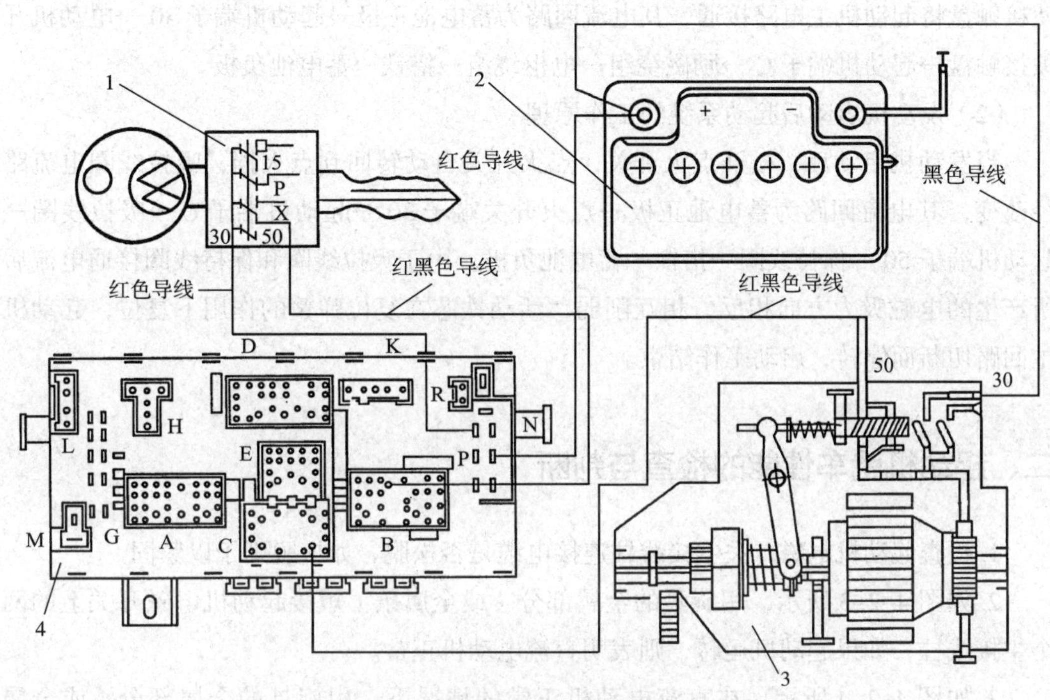

图 4-2-2　桑塔纳 2000 的起动系统电路

1—点火开关　2—蓄电池　3—起动机　4—中央线路板

（1）启动发动机时起动系统的工作原理

1）接通启动开关，电磁开关线圈电路接通。启动发动机时，将点火开关转到启动挡，电磁开关中吸拉线圈和保持线圈即被接通。

吸拉线圈电流回路：蓄电池正极→中央线路板单端子插座 P→中央线路板内部电路→中央线路板单端子插座 P→点火开关端子 30→点火开关启动挡→点火开关端子 50→中央线路板 B8 接点→中央线路板内部电路→中央线路板 C18 接点→起动机端子 50→吸拉线圈→起动机端子 C（图中未画出）→励磁绕组→电枢线圈→搭铁→蓄电池负极。

保持线圈电流回路：蓄电池正极→中央线路板单端子插座 P→中央线路板内部电路→中央线路板单端子插座 P→点火开关端子 30→点火开关启动挡→点火开关端子 50→中央线路板 B8 接点→中央线路板内部电路→中央线路板 C18 接点→起动机端子 50→保持线圈→搭铁→蓄电池负极。

2）电磁开关与传动机构工作，起动机主电路接通，起动机产生电磁转矩使发动机转动，启动发动机。

当吸拉线圈和保持线圈接通电流时，两线圈产生的电磁吸力使活动铁芯向右移动，使接触盘将起动机主电路接通，其电流回路为蓄电池正极→起动机端子 30→电动机开关接触盘→起动机端子 C→励磁绕组→电枢绕组→搭铁→蓄电池负极。

（2）发动机启动后起动系统的工作原理

当发动机启动后，松开点火开关，点火开关自动转回到点火挡，吸拉线圈电流路径改变，其电流回路为蓄电池正极→点火开关端子 30→起动机端子 C→吸拉线圈→起动机端子 50→保持线圈→搭铁→蓄电池负极。由于吸拉线圈和保持线圈接通电流后所产生的电磁吸力方向相反，相互削弱，活动铁芯在复位弹簧的作用下复位，起动机主回路切断而停转，启动工作结束。

二、起动机就车性能的检查与判断

1. 检查起动机电磁开关主接线柱连接电缆是否松脱，如松脱则予以紧固。

2. 如图 4–2–3 所示，用旋具的金属部分（或金属条）短接起动机电磁开关上的两个主接线柱，如果起动机运转，则表明直流电动机正常。

3. 如图 4–2–4 所示，在直流电动机正常的情况下，用旋具的金属部分（或金属条）连接电磁开关端子 30 和电磁开关端子 C，如果起动机运转，则表明起动机电磁开关良好。

图 4–2–3　短接两个主接线柱

图 4–2–4　短接起动机端子 C 和端子 30

学习单元 2　检修起动机总成

一、起动机各部件的功用、组成及工作原理

起动机通常由直流电动机、传动机构和操纵机构三部分组成。

1. 直流电动机

（1）功用

直流电动机是将电能转变为机械能的设备，用来产生发动机启动时所需要的电磁转矩。

（2）组成

如图 4-2-5 所示，直流电动机主要由外壳、电枢、磁极、电刷、换向器、端盖等组成。

图 4-2-5　直流电动机的组成

1—电枢　2—换向器　3—磁极　4—外壳　5—电刷

（3）工作原理

直流电动机以通电导体在磁场中受磁力作用这一原理为基础，其工作原理如图 4-2-6 所示。

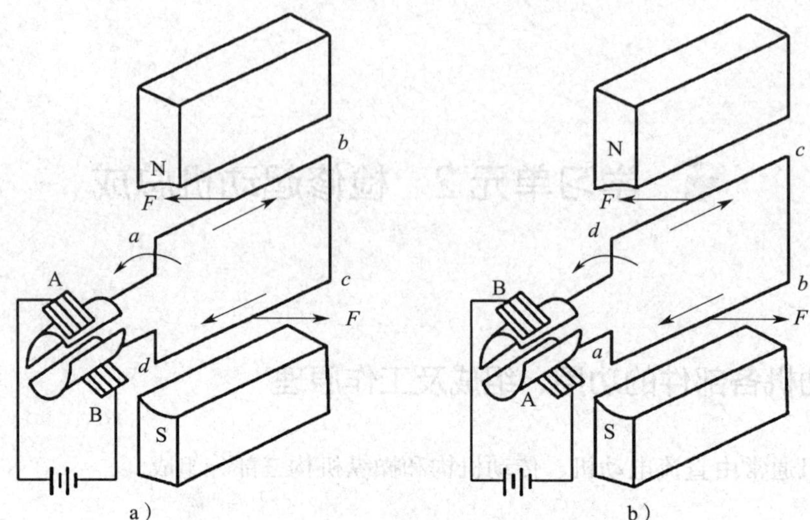

图 4-2-6　直流电动机的工作原理

a）线圈中电流方向 $a \rightarrow d$　b）线圈中电流方向 $d \rightarrow a$

如图 4-2-6a 所示，换向片 A 与正电刷接触，换向片 B 与负电刷接触，线圈中的电流方向为 $a \rightarrow d$，由左手定则可以确定线圈 ab 段所受的作用力 F 向左，cd 段所受的作用力 F 向右，线圈受到力矩作用逆时针方向转动。如图 4-2-6b 所示，当线圈转过半周后，换向片 B 与正电刷接触，换向片 A 与负电刷接触，线圈中的电流方向变为 $d \rightarrow a$，线圈受力矩作用仍按逆时针方向转动。在电源连续向直流电动机供电时，线圈就不停地按同一方向转动。

由于一个线圈所产生的转矩太小，且转速不稳定，因此，实际上电动机的电枢上绕有很多线圈，换向片数也随线圈的增多而相应增加，从而保证产生足够大的转矩和稳定的转速。

2. 传动机构

（1）功用

传动机构的功用如下：在发动机启动时，使驱动齿轮与飞轮齿圈啮合，将电动机的转矩传给发动机飞轮，带动曲轴旋转；在发动机启动后，使驱动齿轮打滑或与飞轮齿圈自动脱开。

（2）组成

如图 4-2-7 所示，传动机构由驱动齿轮、

图 4-2-7　传动机构的组成

1—驱动齿轮　2—单向离合器　3—拨叉

单向离合器、拨叉等组成，与电枢轴花键滑动连接。

（3）工作原理

如图 4–2–8 所示，启动发动机时，传动机构使驱动齿轮沿花键移出与飞轮齿圈啮合，将电动机产生的力矩通过飞轮传递给曲轴。滚柱式单向离合器主要由外壳、花键套筒、滚柱、十字块、护盖、啮合弹簧等组成，如图 4–2–9 所示。齿轮圆柱面与离合器套筒之间有 4 ~ 6 个滚柱，内、外环间的空隙宽窄不等。启动时，转子旋转，通过花键套筒使离合器外环随着旋转，滚柱滚到窄处，卡紧自锁，靠滚柱楔紧内、外环，以传递转矩给起动机小齿轮。启动后，起动机小齿轮转速大大提高（若发动机转速为 2 000 r/min，则起动机转速可能为 20 000 ~ 30 000 r/min），内环成为主动件，转速比外环高，滚柱滚至宽处，离合器打滑，转矩不能从驱动齿轮传给电枢，避免起动机转子超速。

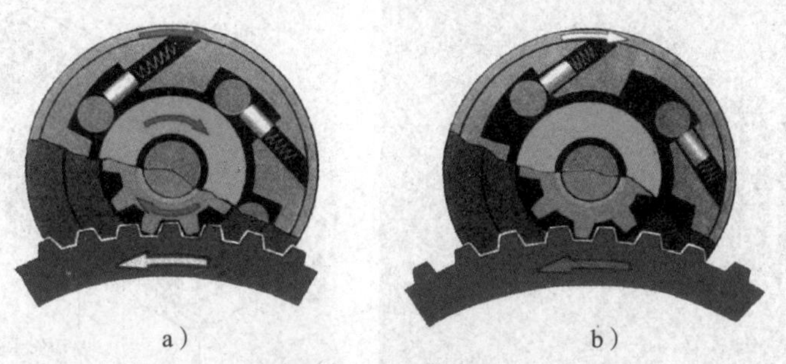

图 4–2–8　传动机构单向离合器的工作原理

a）启动时　b）启动后

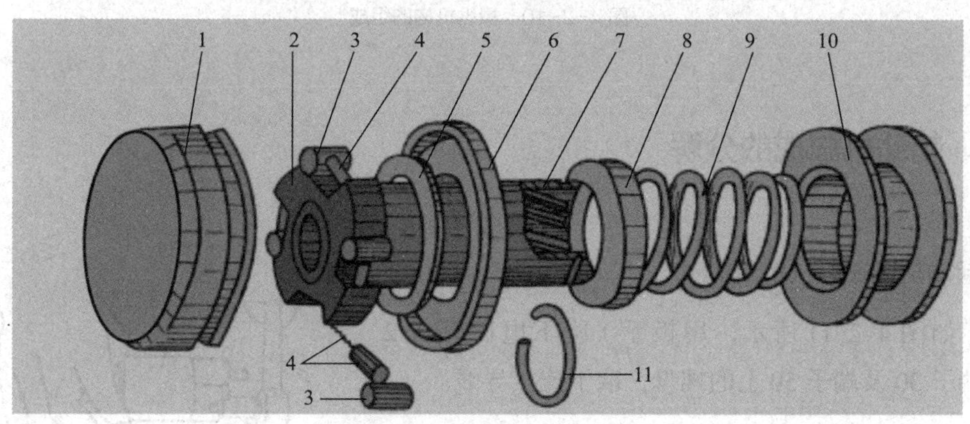

图 4–2–9　滚柱式单向离合器

1—外壳　2—十字块　3—滚柱　4—压帽弹簧　5—垫圈　6—护盖

7—花键套筒　8—弹簧座　9—啮合弹簧　10—拨环　11—卡簧

3. 操纵机构

（1）功用

操纵机构用来接通电动机与蓄电池之间的电路，同时控制拨叉将单向离合器推出并使驱动齿轮与飞轮齿圈啮合。

（2）组成

如图 4-2-10 所示，操纵机构主要是指起动机的电磁开关。

（3）工作原理

启动时开关通电，吸拉线圈产生吸力，触点导通，电磁铁的活动铁芯在装有螺线管线圈的黄铜衬套中顺利移动，铁芯拉杆通过拨叉与单向离合器相连。

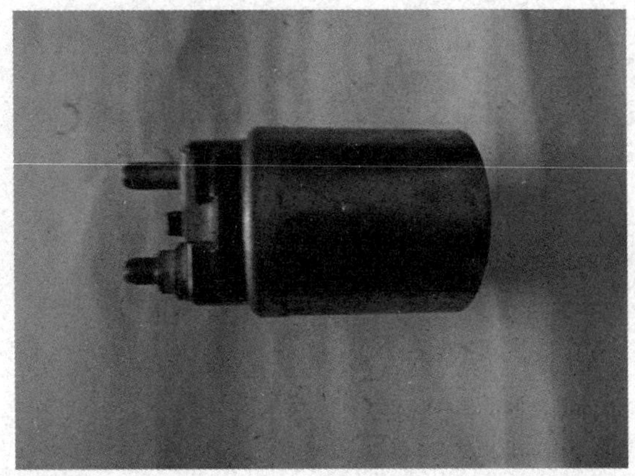

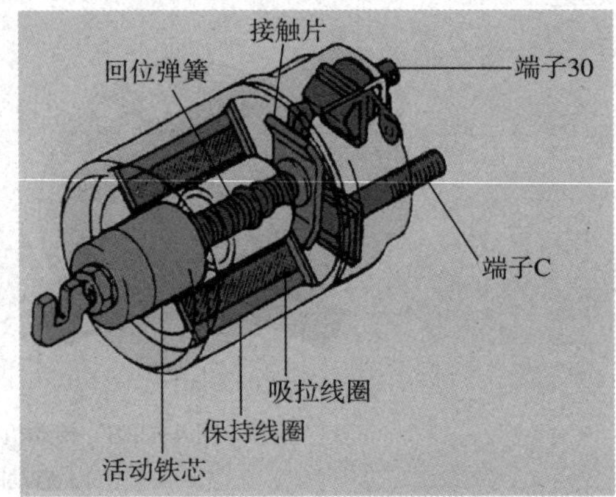

图 4-2-10　操纵机构的组成

二、起动机总成的分解

1. 起动机电磁开关的拆卸

如图 4-2-11 所示，用扳手 1 旋下电磁开关 2 的端子 30 及端子 50 上的螺母，取下连接导线。

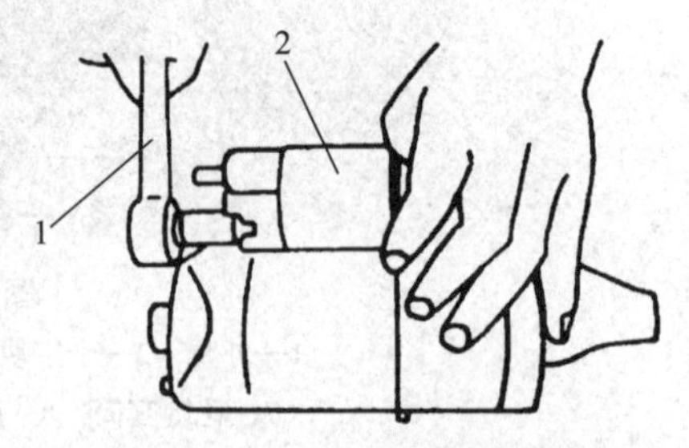

图 4-2-11　拆下电磁开关的导线
1—扳手　2—电磁开关

2. 起动机衬套及端盖的拆卸

如图 4-2-12 所示，旋下起动机贯穿螺钉 1 和衬套螺钉 2，取下衬套座和端盖 3，取出垫片组件和衬套。

3. 起动机电刷的拆卸

如图 4-2-13 所示，用尖嘴钳 1 将电刷弹簧 2 抬起，拆下电刷架及电刷。

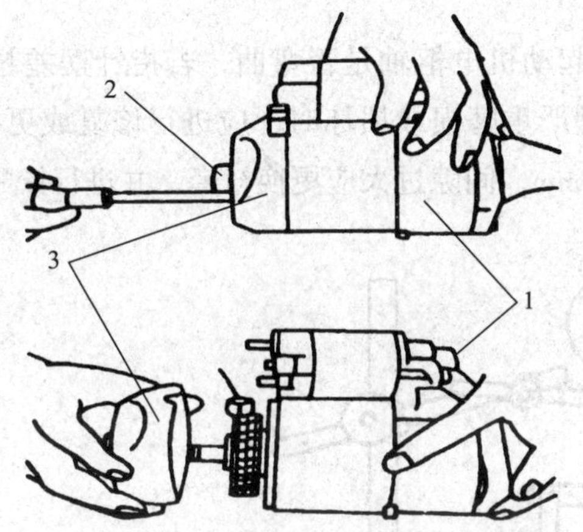

图 4-2-12　拧下起动机连接螺栓及取下后端盖

1—贯穿螺钉　2—衬套螺钉　3—衬套座和端盖

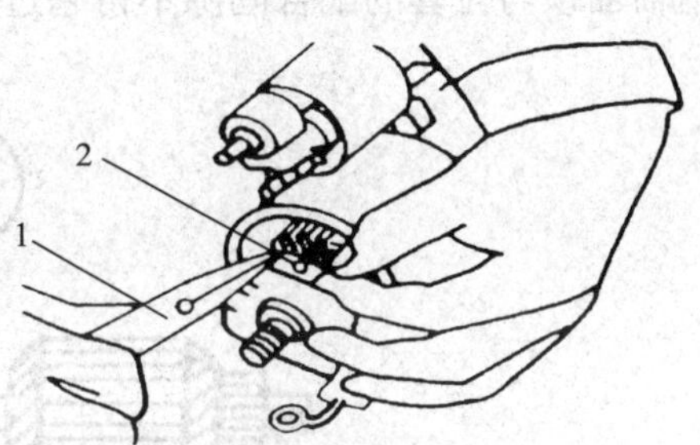

图 4-2-13　拆下电刷架及电刷

1—尖嘴钳　2—电刷弹簧

4. 起动机电磁开关的拆卸

如图 4-2-14 所示，取下定子后，用扳手 1 旋下螺栓，从驱动端盖 2 上取下电磁开关总成 3。

5. 起动机传动叉的拆卸

如图 4-2-15 所示，在取出转子后，从端盖上取下传动叉 1，然后取出驱动齿轮 2 与单向离合器，再取出驱动齿轮端衬套。

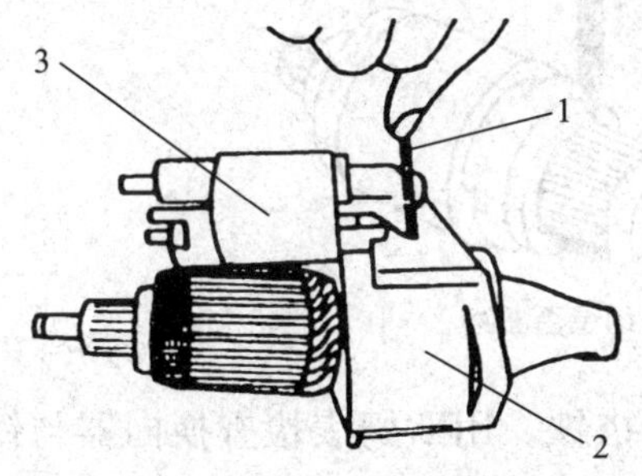

图 4-2-14　拆下电磁开关

1—扳手　2—驱动端盖　3—电磁开关总成

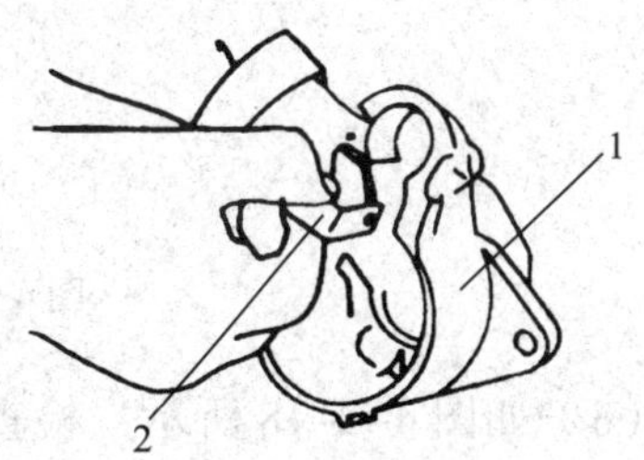

图 4-2-15　取下传动叉

1—传动叉　2—驱动齿轮

三、起动机各部件的检查

1. 电枢的检查

（1）如图 4-2-16 所示，用百分表检查起动机电枢轴是否弯曲，若指针摆差超过 0.1 mm，应进行校正。电枢轴上的花键齿槽严重磨损或损坏时，应进行修复或更换。电枢轴轴颈与衬套的配合间隙不得超过 0.15 mm，间隙过大应更换衬套，并进行铰配。

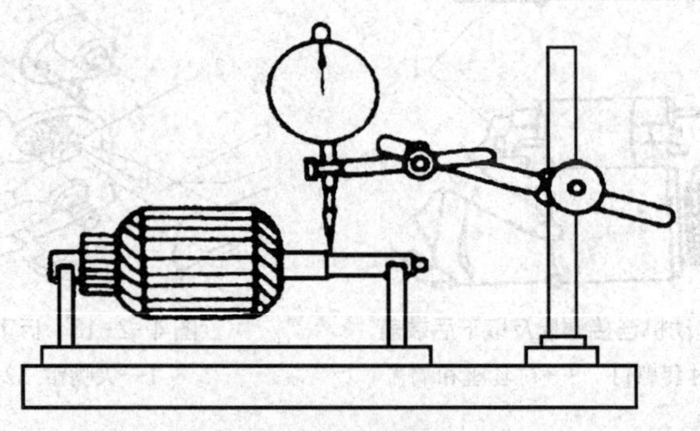

图 4-2-16　电枢轴的检查

（2）如图 4-2-17 所示，检查电枢绕组是否断路。用欧姆表检查换向器片之间应导通；否则说明电枢绕组断路，要更换电枢。

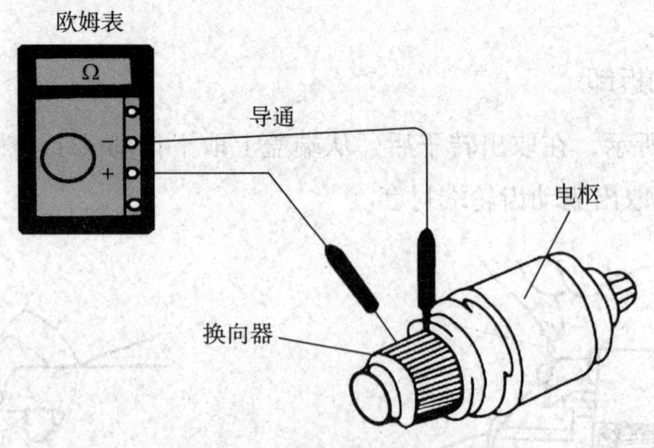

图 4-2-17　检查电枢绕组是否断路

（3）如图 4-2-18 所示，检查电枢绕组是否搭铁。用欧姆表检查换向器与铁芯之间应不导通；否则说明电枢绕组搭铁，要更换电枢。

（4）如图 4-2-19 所示，用游标卡尺测量换向器的直径。若直径小于最小值，应

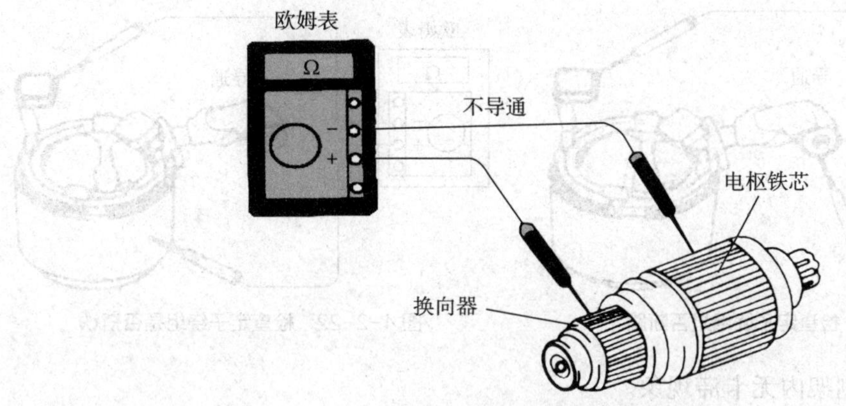

图 4-2-18 检查电枢绕组是否搭铁

更换电枢。

（5）如图 4-2-20 所示，检查换向器有无污物和表面烧蚀，若出现此情况，用 400 号砂纸打磨或在车床上修整。检查底部凹槽深度应符合要求；槽内应清洁、无异物，边缘光滑。若凹槽深度小于最小值，应用手锯进行修整。

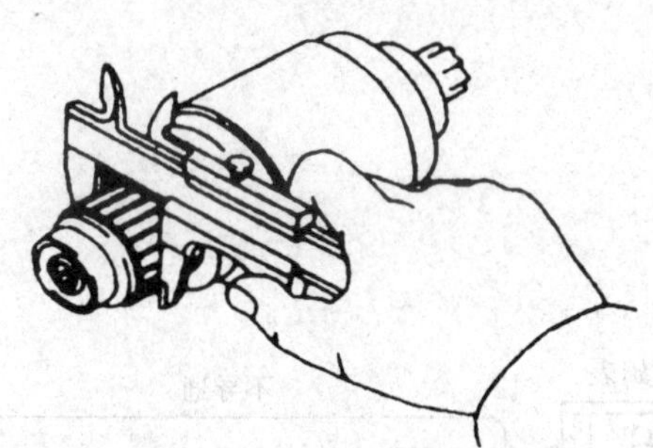

图 4-2-19 测量换向器的直径

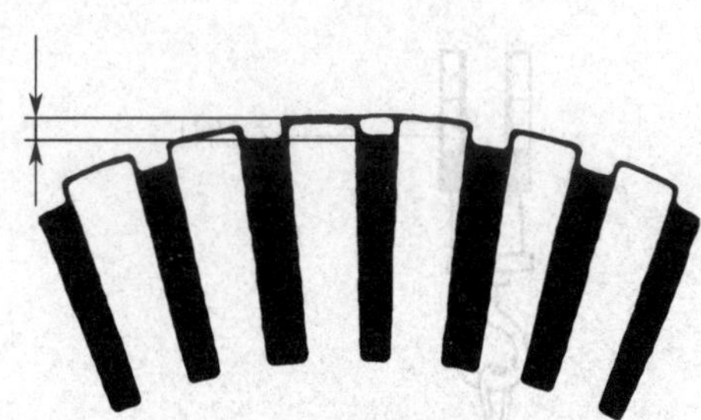

图 4-2-20 测量换向器凹槽深度

2. 定子绕组的检查

（1）如图 4-2-21 所示，检查定子绕组是否断路。用欧姆表检查磁场绕组和电刷引线之间应导通；否则应更换磁极框架。

（2）如图 4-2-22 所示，检查定子绕组是否搭铁。用欧姆表检查磁场绕组末端与磁极框架之间应不导通；否则应更换磁极框架。

3. 电刷的检查

（1）电刷基本情况的检查

电刷的高度一般应不低于标准高度值的 2/3，电刷的接触面积应不小于 75%，并

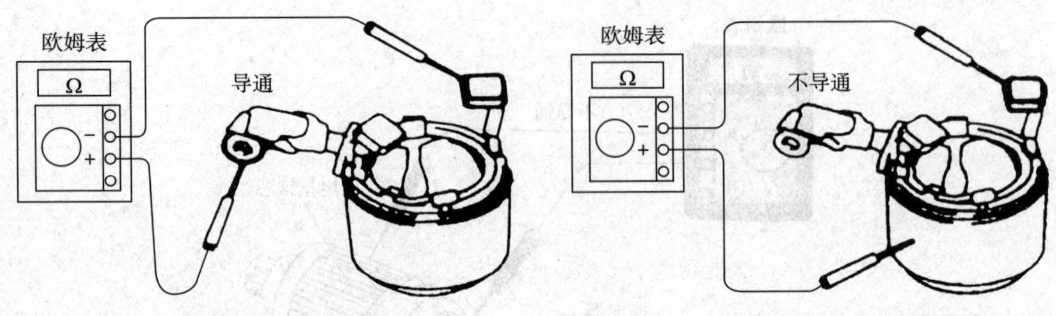

图 4-2-21　检查定子绕组是否断路　　图 4-2-22　检查定子绕组是否搭铁

且要求电刷在电刷架内无卡滞现象。

（2）电刷弹簧的检查

如图 4-2-23 所示，读取电刷弹簧从电刷分离瞬间的拉力计读数，若小于规定值，应更换电刷弹簧。

（3）电刷架的检查

如图 4-2-24 所示，用欧姆表检查电刷架正极与负极之间应不导通；否则应修理或更换电刷架。

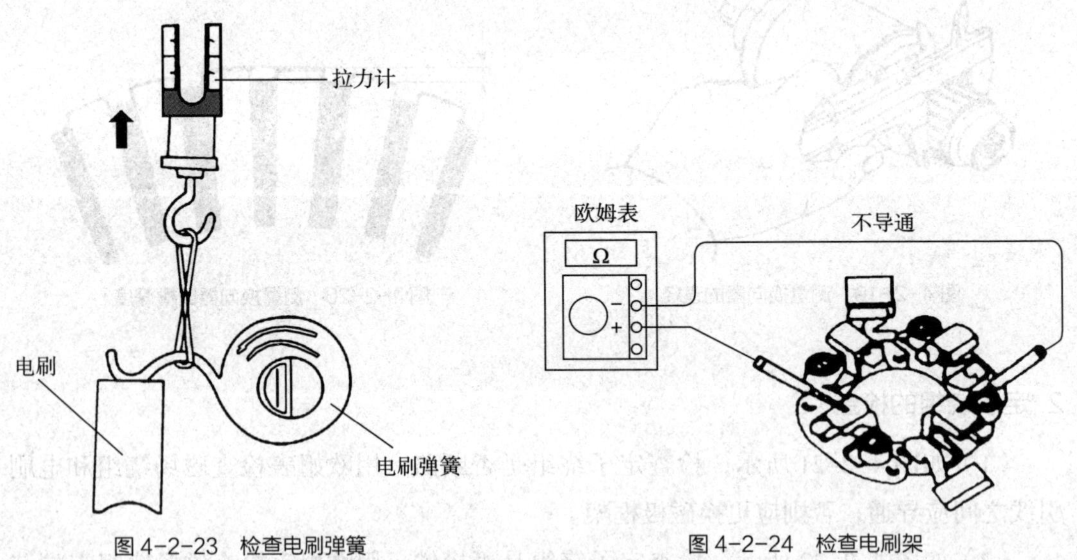

图 4-2-23　检查电刷弹簧　　图 4-2-24　检查电刷架

4. 离合器和驱动齿轮的检查

（1）检查离合器和驱动齿轮是否严重损伤或磨损。如有损坏，应进行更换。

（2）如图 4-2-25 所示，检查起动机单向离合器是否打滑或卡滞。将单向离合器和驱动齿轮夹在台虎钳上，在花键套筒中套入花键轴，将扭力扳手接在花键轴上，测得的力矩应大于规定值；否则说明单向离合器打滑。反向转动单向离合器应不卡滞；否则应修理或更换单向离合器总成。

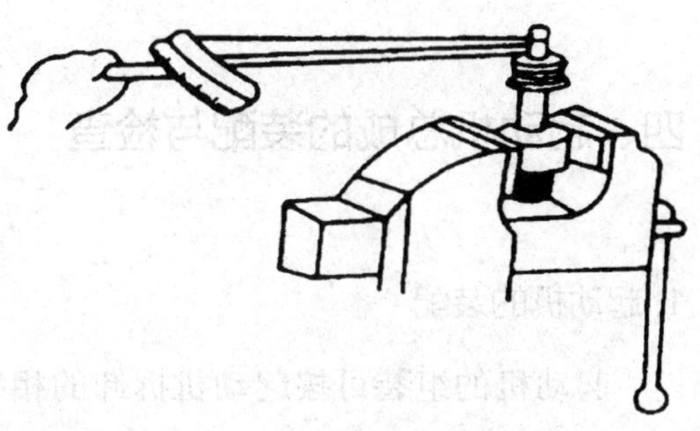

图 4-2-25　检查单向离合器

5. 电磁开关的检查

如图 4-2-26 所示，检查电磁开关内部线圈是否存在断路、短路或搭铁故障，可用万用表测量线圈电阻后与标准值比较进行判断。

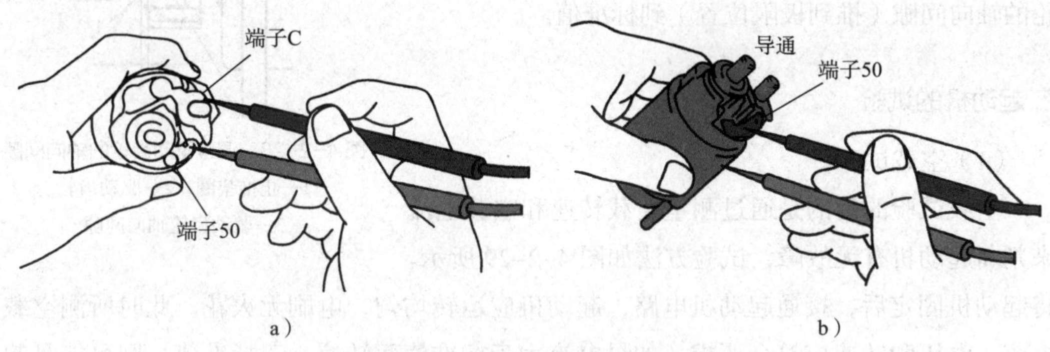

图 4-2-26　检查电磁开关内部线圈
a）检查断路　b）检查短路或搭铁

如图 4-2-27 所示连接好线路，接通开关 K 后应能听到活动铁芯动作的声音，同时试灯 L 应被点亮；开关 K 断开后，试灯 L 应立即熄灭。否则，应更换电磁开关或更换起动机总成。

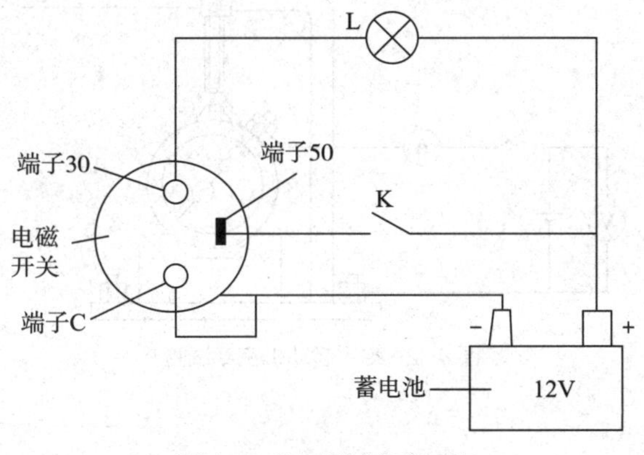

图 4-2-27　测试电磁开关

四、起动机总成的装配与检查

1. 起动机的装配

起动机的组装可按起动机拆卸的相反顺序进行，但应注意以下事项。

（1）安装时，衬套中应涂上润滑脂。

（2）如图 4–2–28 所示，用止推垫圈调整驱动齿轮的轴向间隙（推到极限位置）到标准值。

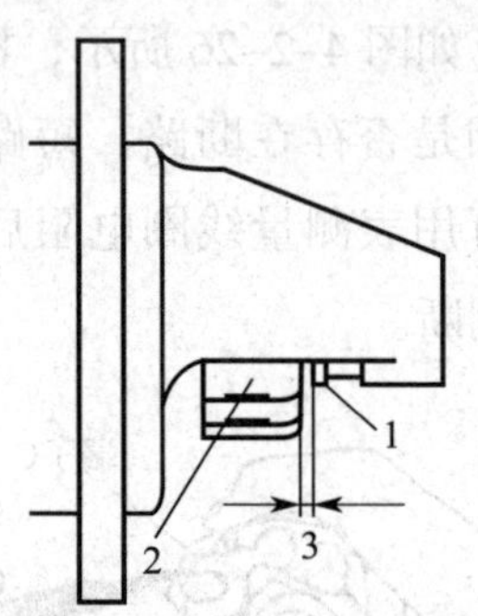

图 4–2–28　调整驱动齿轮的轴向间隙
1—止推垫圈　2—驱动齿轮
3—驱动齿轮轴向间隙

2. 起动机的试验

（1）空载试验

空载试验的目的是通过测量空载转速和空载电流来判断起动机有无故障，试验方法如图 4–2–29 所示。将起动机固定后，接通起动机电路，起动机应运转均匀，电刷无火花。此时所测空载电流、电压和转速应符合要求。如果电流大于标准值而转速小于标准值，则可能是起动机装配过紧，电枢绕组、励磁绕组有短路或搭铁故障；如果电流和转速都小于标准值，则说明起动机内部电路有接触不良处。注意，每次空载试验时间应不超过 1 min，以免起动机过热。

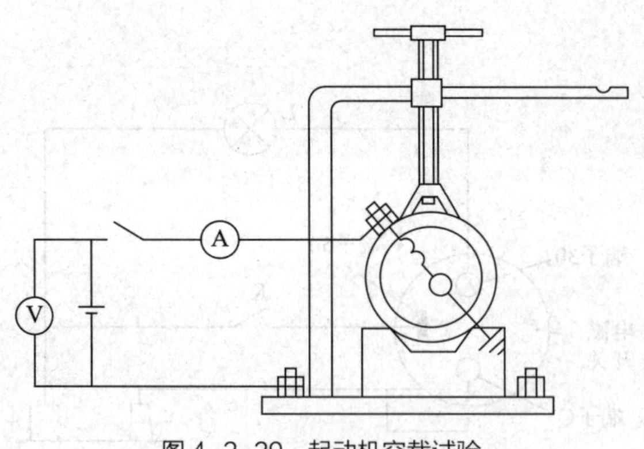

图 4–2–29　起动机空载试验

（2）全制动试验

全制动试验是在空载试验通过后进行的，其目的是通过测量全制动时的电流和转矩来判断起动机有无故障，试验方法如图 4-2-30 所示。试验时观察在制动状态下单向离合器是否打滑，并迅速记下电流表、电压表和弹簧秤的读数。如果电流大而转矩小，说明励磁绕组或电枢绕组有短路或搭铁故障；如果电流和转矩都小，则说明起动机内部线路电阻过大。注意，每次制动试验时间应不超过 5 s，以免损坏起动机或蓄电池。

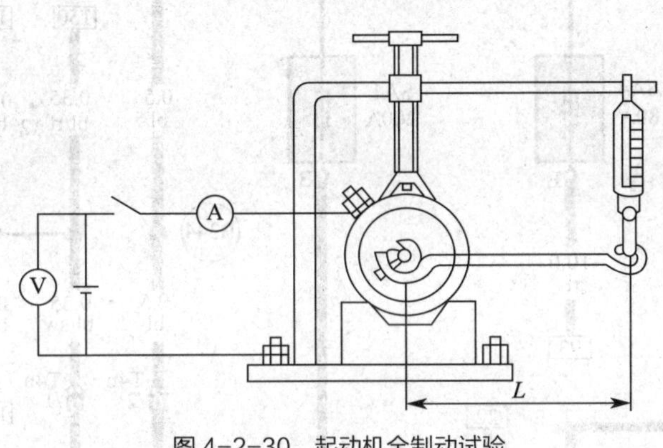

图 4-2-30　起动机全制动试验

学习单元 3　检修起动系统线路

一、起动系统电路图的识读

起动系统电路图如图 4-2-31、图 4-2-32 所示，点火开关置于启动挡，将点火、启动信号送到 J527-J519，分别控制 J329 和 J682 两线圈通电，蓄电池端子 30—J329 的触点—J682 的触点—起动机端子 50—起动机经电磁开关、电枢线圈搭铁—起动机工作。

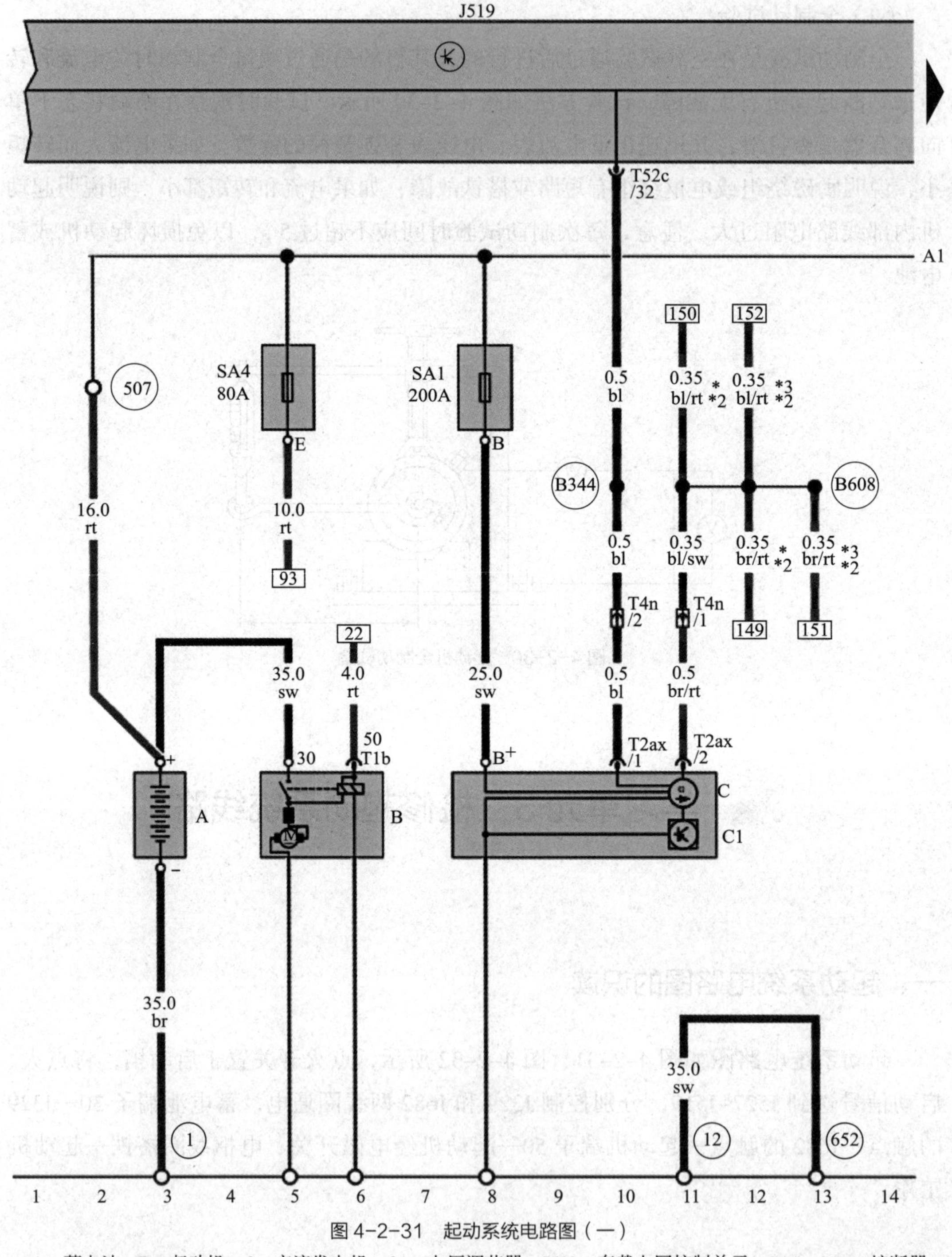

图 4-2-31　起动系统电路图（一）

A—蓄电池　B—起动机　C—交流发电机　C1—电压调节器　J519—车载电网控制单元　SA1、SA4—熔断器　T1b—1 芯插头连接　T2ax—2 芯插头连接　T4n—4 芯插头连接　T52c—52 芯插头连接　1—接地，蓄电池—车身　12—发动机舱内左侧接地点　507—螺栓连接（30），在蓄电池熔断器架上　652—变速器和发动机地线的接地点　B344—连接 1（61），在主导线束中　B608—连接 4，在车内导线束中

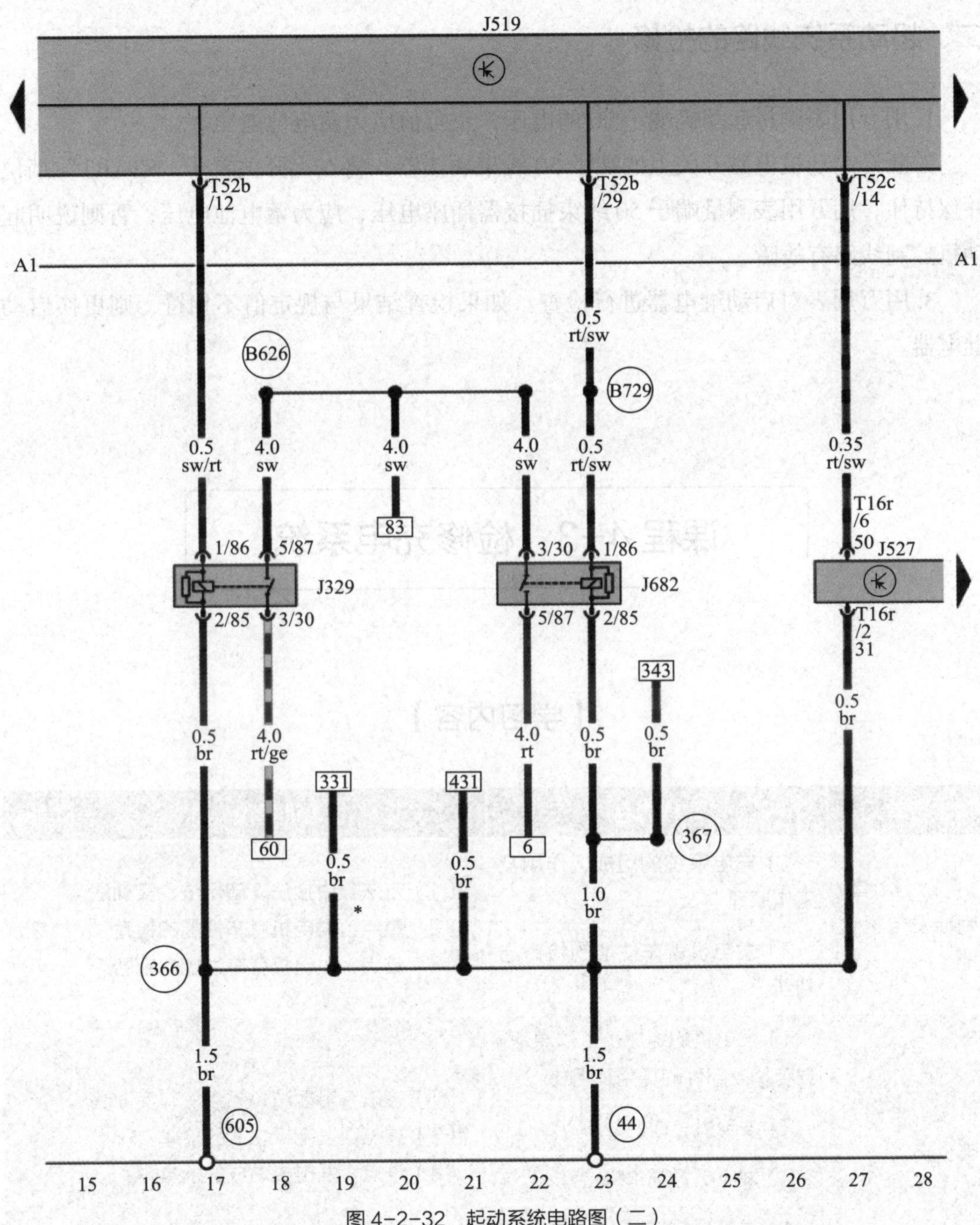

图 4-2-32　起动系统电路图（二）

J329—端子 15 供电继电器　J519—车载电网控制单元　J527—转向柱电子装置控制单元

J682—供电继电器，总线端　T16r—16 芯插头连接　T52b、T52c—52 芯插头连接　44—接地点，左侧 A 柱下部

366—接地连接 1，在主导线束中　367—接地连接 2，在主导线束中　605—接地点，在上部转向柱上

B626—正极连接 2（15），在主导线束中　B729—连接 1（50），在主导线束中

二、起动系统线路的检修

1. 用万用表测量起动机端子 30 的电压，正常值应为蓄电池电压。

2. 断开起动机电磁开关上的端子 50 线束插接器，将点火开关置于“START”挡位并保持住，用万用表测量端子 50 线束插接器插座电压，应为蓄电池电压；否则说明起动机控制线路有故障。

3. 用万用表对启动继电器进行检查。如果检查结果与规定值不相符，则更换启动继电器。

课程 4-3　检修充电系统

【学习内容】

学习单元	课程内容	培训建议	学时
（1）检查、判断发电机性能	1）充电系统的组成、作用及工作原理	（1）方法：讲授法、演示法、实训法 （2）重点：发电机就车性能的检查 （3）难点：发电机就车性能的判断	2
	2）发电机就车性能的检查与判断		
（2）检修发电机总成	1）发电机的组成及工作原理，发电机各部件的功用及组成	（1）方法：讲授法、演示法、实训法 （2）重点：发电机总成的检修 （3）难点：发电机总成的检查	4
	2）发电机总成的分解		
	3）发电机各部件的检查		
	4）发电机总成的装配与检查		
（3）检修充电系统线路	1）充电系统电路图的识读	（1）方法：讲授法、演示法、实训法 （2）重点：充电系统线路的检修 （3）难点：充电系统电路图的识读	2
	2）充电系统线路的检修		

学习单元 1　检查、判断发电机性能

一、充电系统的组成、作用及工作原理

1. 组成

充电系统由蓄电池、发电机及电压调节器总成和充电指示灯等组成。

2. 作用

充电系统的作用就是向整车用电设备提供电能，以及给蓄电池充电。

3. 工作原理

在汽车上，蓄电池与交流发电机并联，并向所有用电设备供电。发电机是主电源，蓄电池是辅助电源。电压调节器是一种电压调节装置，其功用是在发电机转速变化时自动调节发电机的输出电压，并使输出电压保持稳定。

二、发电机就车性能的检查与判断

1. 检查线路

（1）检查各导线端头的连接部位是否正确。

（2）检查插接器的插座与线束插头的连接是否锁紧。

（3）打开点火开关后充电指示灯应点亮，否则需检查电路。

2. 检查能否发电

发电机发电的检查有两种方法，一是观察充电指示灯熄灭情况；二是用万用表直流电压挡测量电压。

（1）发动机未启动时，将万用表置于直流电压挡（DCV），用表的“-”极接发电机“搭铁”端子或外壳，表的“+”极接发电机的“输出”端子，所测电压为蓄电池的电压。

（2）启动发动机并将其转速升高到怠速以上，此时万用表指示的电压若高于蓄电池的电压，说明发电机能发电；若万用表指示的电压低于发动机未启动时的蓄电池电压，说明发电机不发电，应对发电机及其线路进行全面检查。

3. 检查有无噪声

由于交流发电机的电刷及轴承等有机械磨损，因此，使用一段时间后容易出现轴承松旷、轴承破损、轴弯曲等故障，在发电机工作时会发出异常的噪声。检查时，逐渐加大发动机节气门开度，使发电机转速逐渐升高，同时监听发电机有无异常噪声，若有，则应拆下发电机并解体检修。

学习单元 2　检修发电机总成

一、发电机的组成及工作原理，发电机各部件的功用及组成

1. 发电机的组成

如图 4–3–1 所示，发电机由定子、转子、整流器和调节器等组成。

2. 发电机的工作原理

（1）发电机的发电原理

如图 4–3–2 所示，发电机产生交流电的基本原理是电磁感应原理，即利用产生磁场的转子旋转，使穿过定子绕组的磁通量发生变化，在定子绕组内产生感应电动势。发电机三相定子绕组按一定规律分布在发电机的定子槽中，彼此相差 120° 电角度。转子是产生旋转磁场的部件。当转子旋转时，磁场交替地在定子铁芯中间穿过，形成一个旋转的磁场，它与固定不动的三相定子绕组之间产生相对运动，在三相定子绕组中

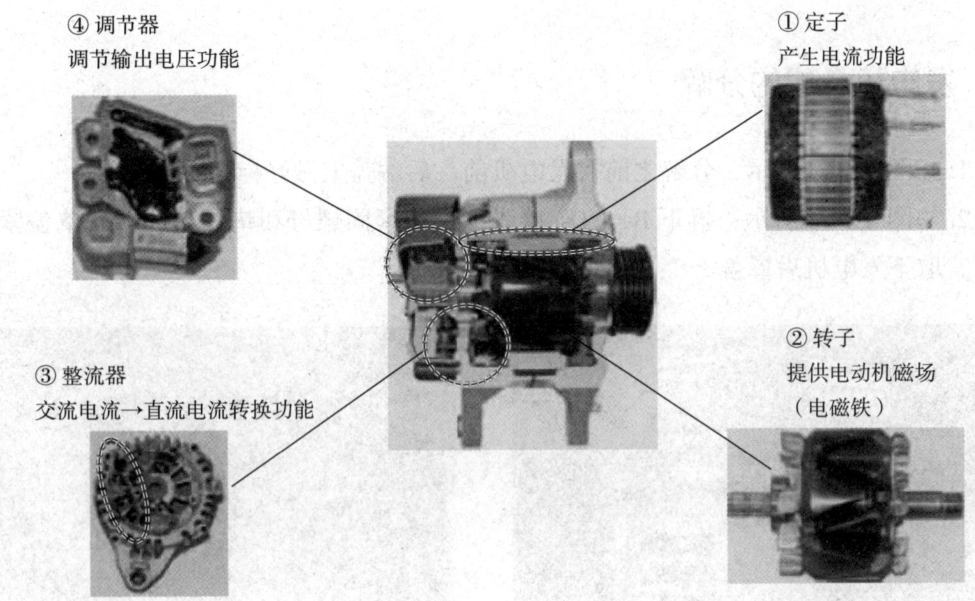

图 4-3-1　发电机的组成

产生三相交流电动势，各电动势的频率相同、幅值相等、相位角相差 120°。

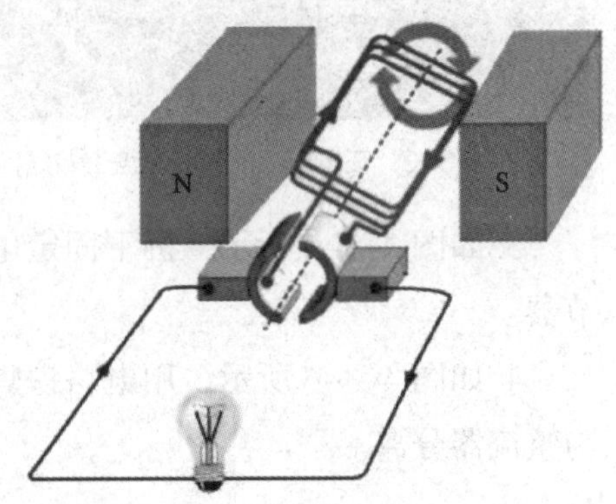

图 4-3-2　发电机的发电原理

（2）调节器的工作原理

电压调节器使发电机的输出电压保持恒定，以满足汽车用电设备的需求。发电机的输出电压随转速而变化，若在规定电压值以上时，调节器通过减小励磁电流或切断电流的方式降低输出电压；相反，若输出电压值下降到规定电压值以下时，调节器通过加大励磁电流提高输出电压，使其输出电压值保持恒定。

3. 发电机各部件的组成和功用

（1）由定子、转子、带轮、风扇、前端盖、后端盖、电刷及电刷架等部件组成三相交流发电机，三相交流发电机的作用是产生三相交流电。

（2）整流器由硅二极管组成，它的作用是将三相交流发电机产生的三相交流电变成直流电输出。

（3）调节器使发电机的输出电压保持恒定。

二、发电机总成的分解

1. 如图 4–3–3 所示，分解之前在发电机前、后端盖上做好标记。

2. 如图 4–3–4 所示，拆下 B+、D+ 接线柱上的紧固螺母和垫片，拆下后罩盖紧固螺钉，取下发电机后罩盖。

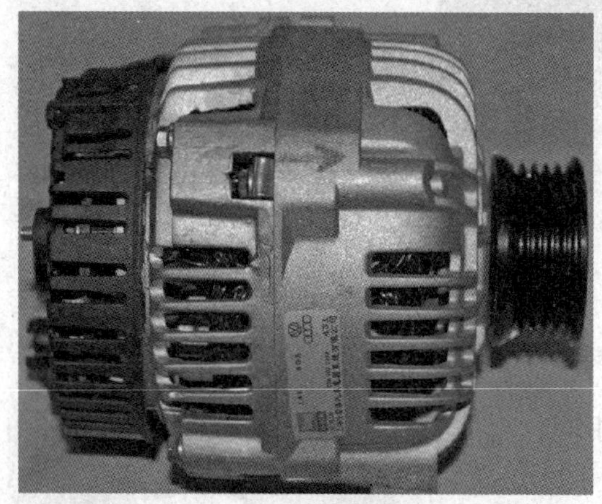

图 4–3–3　在发电机前、后端盖上做好标记

图 4–3–4　拆下发电机后罩盖

3. 如图 4–3–5 所示，拆下固定电刷组件和调节器的两个螺钉，取下电刷组件和调节器。

4. 如图 4–3–6 所示，用电烙铁焊开定子绕组与整流器二极管的引线，使定子总成与整流器分离。

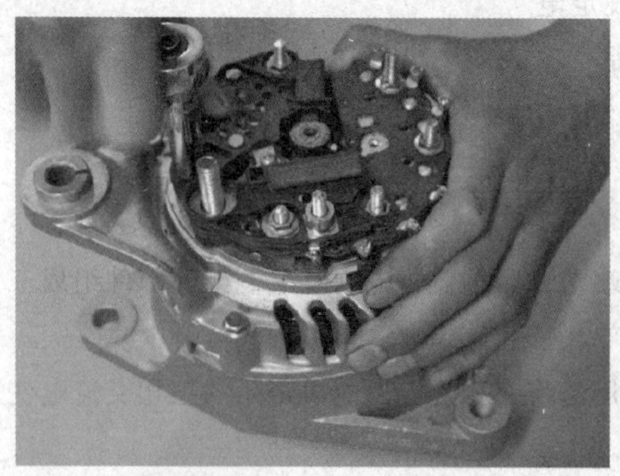

图 4–3–5　拆下发电机电刷组件

图 4–3–6　分离定子总成与整流器

5. 如图 4–3–7 所示，拆下整流器的紧固螺栓，取下整流器总成。

6. 如图 4–3–8 所示，用拉拔器分离发电机后端盖。

图 4–3–7　取下整流器总成

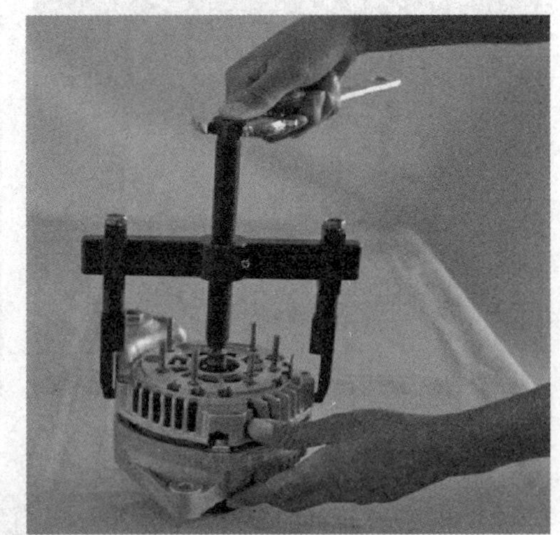

图 4–3–8　分离发电机后端盖

7. 如图 4–3–9 所示，拆下定子总成。

图 4–3–9　拆下定子总成

8. 如图 4–3–10 所示，将转子用软物包好并夹在台虎钳上，拆下带轮的紧固螺母。

9. 如图 4–3–11 所示，取下楔形带轮、转子总成和半圆键。

三、发电机各部件的检查

1. 转子的检查

（1）如图 4–3–12 所示，目视检查滑环脏污或烧蚀的程度，若滑环脏污和烧蚀明

图 4-3-10　拆下带轮的紧固螺母

图 4-3-11　取下楔形带轮、转子总成和半圆键

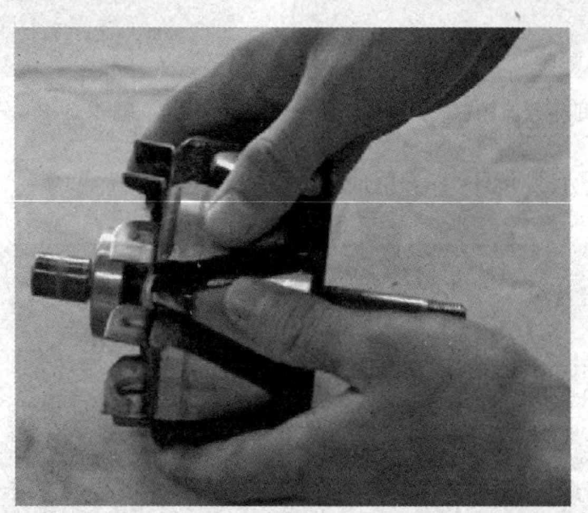
图 4-3-12　检查滑环和转子轴表面

显，应更换转子总成。

（2）如图 4-3-13 所示，用万用表检测两滑环之间的电阻值，检查励磁绕组的断路和短路故障。

（3）如图 4-3-14 所示，用万用表检查励磁绕组的搭铁故障。

2. 定子的检查

（1）如图 4-3-15 所示，检查定子铁芯表面和定子绕组表面。

（2）如图 4-3-16 所示，用万用表检查定子绕组的搭铁故障。

（3）如图 4-3-17 所示，用万用表检查定子绕组匝间断路和短路故障。

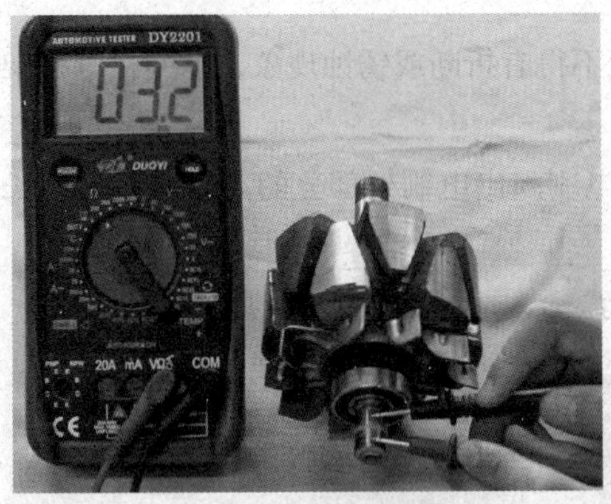

图 4-3-13　检查励磁绕组的断路和短路故障

图 4-3-14　检查励磁绕组的搭铁故障

图 4-3-15　检查定子表面

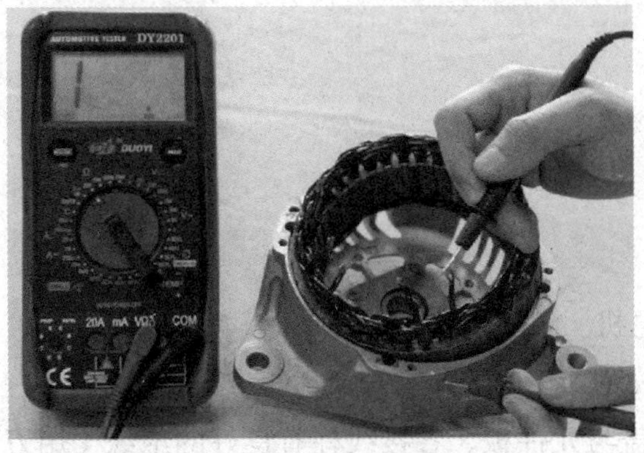

图 4-3-16　检查定子绕组的搭铁故障

图 4-3-17　检查定子绕组匝间断路和短路故障

3. 电刷总成的检测

（1）电刷和电刷架应无破损或裂纹，弹簧不得有折断或锈蚀现象，电刷在电刷架中应活动自如。

（2）如图 4–3–18 所示，检查电刷高度。电刷露出电刷架部分的高度应超出原长的 1/2，否则应更换。

（3）如图 4–3–19 所示，检查电刷弹簧压力。

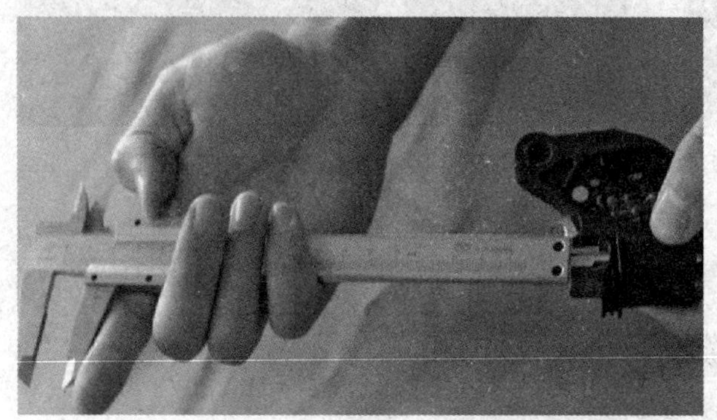

图 4–3–18　检查电刷高度

图 4–3–19　检查电刷弹簧压力

4. 整流器的检测

用万用表的二极管测试功能挡可检测二极管的工作状况。若所测二极管正、反向电压值大于标准值或指示截止，说明二极管有接触不良或断路故障。若所测二极管正、反向均有导通电压或蜂鸣器鸣响，则说明二极管有短路击穿故障。只有测得结果显示正向导通电压为 0.5 V 左右且反向截止时，才表示二极管技术状况正常。

四、发电机总成的装配与检查

1. 发电机的组装

（1）按照与拆卸时相反的顺序组装发电机。

（2）在紧固各部位螺栓、螺母时，要按照其正确顺序和拧紧力矩进行。

（3）组装后端盖元件时，应保证后端盖与元件板、各接线柱有良好的绝缘（用万用表检查）。

（4）组装后，转子轴应转动自如，无松旷或碰擦、卡滞现象。

2. 发电机性能试验

发电机性能试验是检测发电机达到额定电压时的转速是否符合技术要求，以确定发电机的技术状况。如图 4–3–20 所示，将发电机接到试验台上，当电压表的读数达到 12.4 ~ 14.5 V 时，发电机的转速应不大于 1 050 r/min，否则要检查发电机。

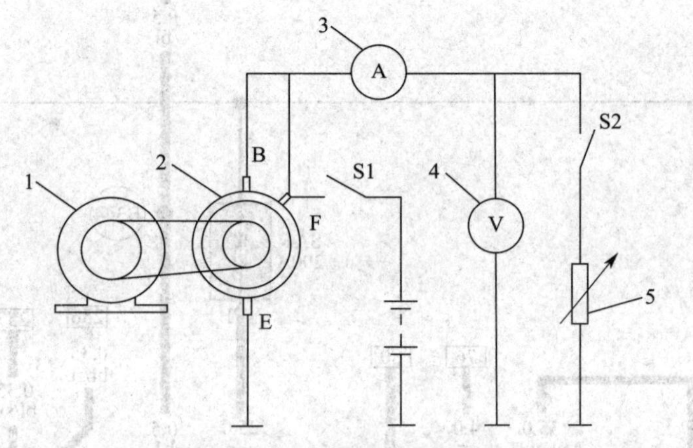

图 4–3–20　发电机的空载试验

1—试验台电动机　2—发电机　3—电流表　4—电压表　5—试验台可变电阻

学习单元 3　检修充电系统线路

一、充电系统电路图的识读

如图 4–3–21 所示，充电系统电路由蓄电池、交流发电机、电压调节器、车载电网控制单元、熔断器等组成。

二、充电系统线路的检修

1. 发电机端子 B 和调节器端子 S 的检测。用万用表电压挡测量在静态下的端子 B 和端子 S 的电压，应为蓄电池电压，否则为断路。

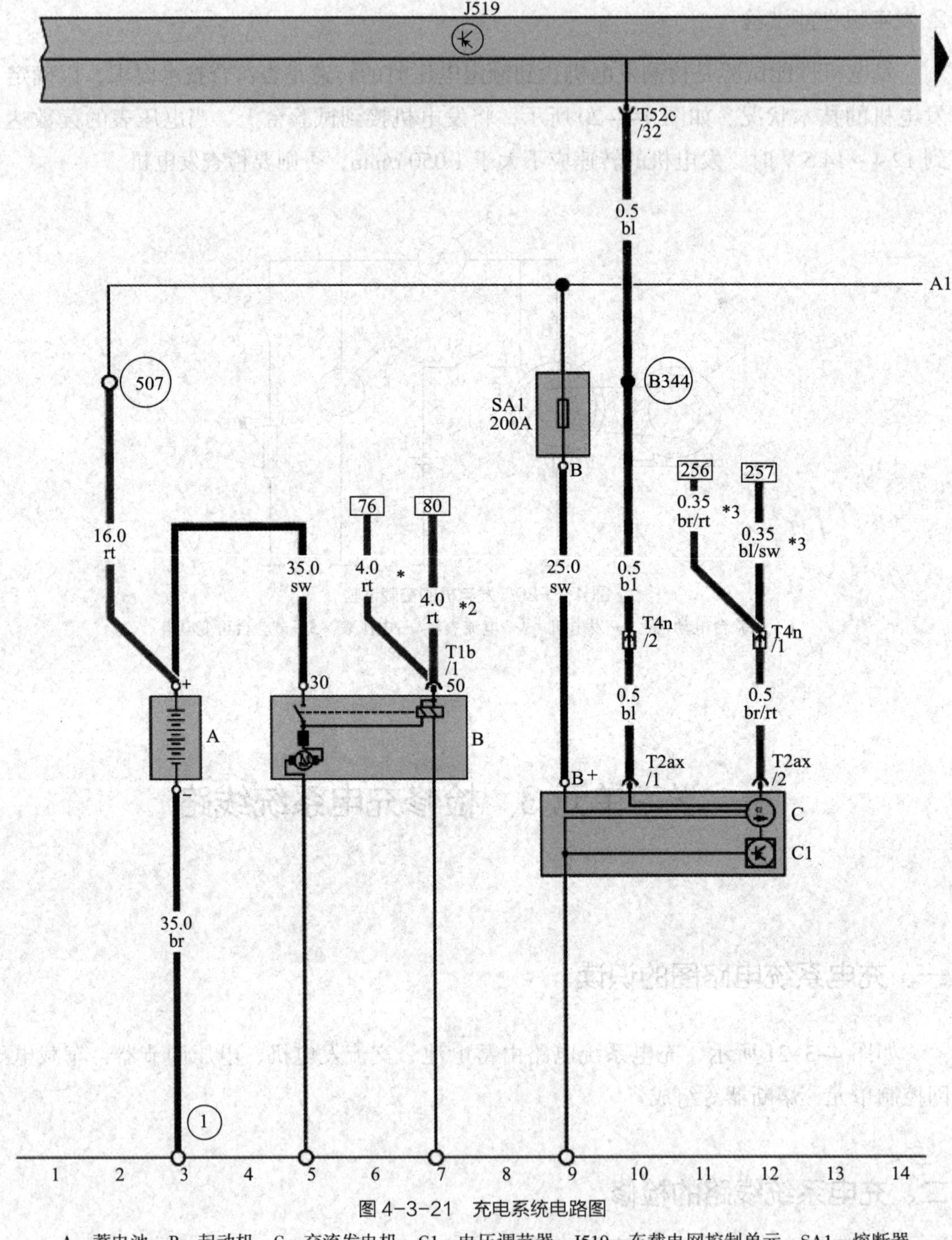

图 4-3-21　充电系统电路图

A—蓄电池　B—起动机　C—交流发电机　C1—电压调节器　J519—车载电网控制单元　SA1—熔断器

T1b—1 芯插头连接　T2ax—2 芯插头连接　T4n—4 芯插头连接　T52c—52 芯插头连接

1—接地，蓄电池—车身　507—螺栓连接（30），在蓄电池熔断器架上　B344—连接 1（61），在主导线束中

2. 发电机调节器端子 IG 和端子 L 的检测。断开外部接线端子与调节器的连接，用万用表电压挡测量，在打开点火开关时应有电压，否则为断路；用万用表导通挡测量端子 IG 和端子 L 与搭铁间的导通情况，应为截止状态，否则为短路或搭铁。

3. 检查起动机交流发电机接线柱 B+、起动机电磁开关端子 30、交流发电机接线柱 B+ 导线连接是否松脱；如有，则将其连接紧固。

4. 用万用表检查交流发电机接线柱 B+ 有无电压（蓄电池电压）。如果无电压，则表明交流发电机接线柱 B+ 至起动机电磁开关端子 30 导线断路。

课程 4-4　检修照明、信号及仪表系统

【学习内容】

学习单元	课程内容	培训建议	学时
（1）检修照明系统线路及元件	1）照明系统的组成及原理	（1）方法：讲授法、演示法、实训法 （2）重点与难点：检修照明系统线路	6
	2）照明系统电路图的识读		
	3）照明系统元件的检查		
	4）照明系统线路及元件的检修		
（2）检修信号系统线路及元件	1）信号系统的组成及原理	（1）方法：讲授法、演示法、实训法 （2）重点与难点：检修信号系统线路	6
	2）信号系统电路图的识读		
	3）信号系统元件的检查		
	4）信号系统线路的检修		
（3）检修仪表系统线路及元件	1）仪表系统的组成及原理	（1）方法：讲授法、演示法、实训法 （2）重点与难点：检修仪表系统线路	4
	2）仪表系统电路图的识读		
	3）仪表系统元件的检查		
	4）仪表系统线路及元件的检修		

学习单元 1　检修照明系统线路及元件

一、照明系统的组成及原理

1. 照明系统的组成

汽车照明系统由电源、照明装置、控制部分组成。

（1）照明装置包括外部灯和内部灯两大类。外部灯包括前照灯、尾灯、雾灯、牌照灯等，内部灯包括仪表灯、阅读灯、顶灯等。

（2）控制部分包括各种灯光开关和继电器等。

2. 照明系统的工作原理

前照灯的控制部件包括灯光开关、变光开关、前照灯继电器等。

（1）灯光开关通常采用组合开关，将前照灯、前位灯、后位灯、转向信号灯及变光等开关制成一体，安装在转向盘左下方的转向柱上。组合开关操纵杆端部旋钮有三个位置，转动旋钮，可依次接通前位灯、后位灯和前照灯。

（2）变光开关的作用是变换前照灯的近光和远光。变光开关串接在前照灯电路中。将组合开关操纵杆端部旋钮置于前照灯位置，拨动操纵杆可使前照灯变光（近光与远光的变换）。

（3）前照灯工作电流较大，如用灯光开关直接控制前照灯，灯光开关易烧坏，因此，在前照灯电路中设有前照灯继电器。当接通灯光开关（前照灯位置）时，继电器线圈通电，触点闭合，通过变光开关向前照灯供电。

二、照明系统电路图的识读

1. 前照灯控制电路分析

如图 4-4-1 所示为桑塔纳 2000 轿车的前照灯控制电路图。

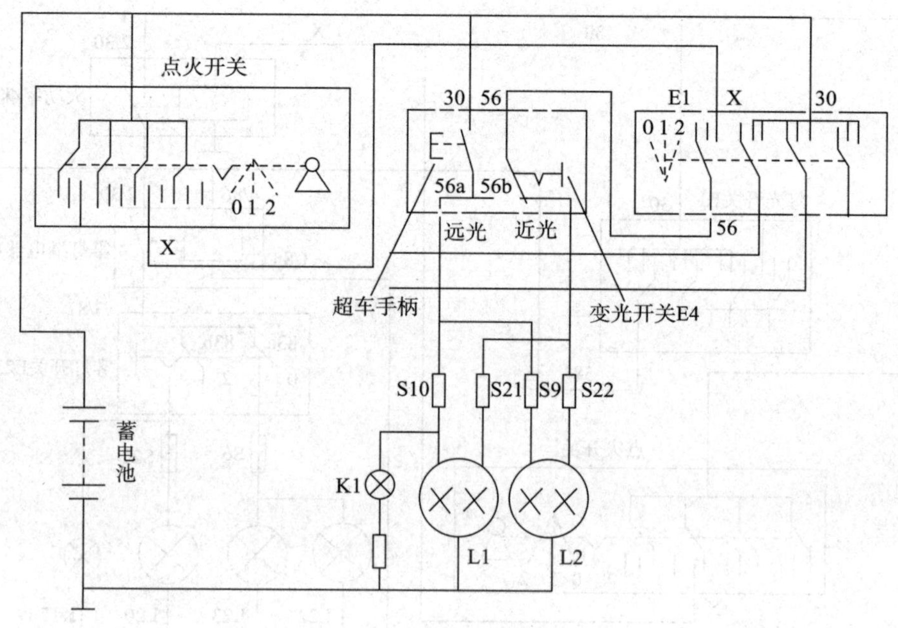

图 4-4-1　前照灯控制电路图

（1）近光灯控制电路

如图 4-4-1 所示，当点火开关置于位置 2、灯光开关 E1 置于前照灯位置时，前照灯变光开关 E4 接通近光，近光灯点亮。电流流向：蓄电池（发电机）—点火开关—灯光开关 E1（X—56）—变光开关 E4（56—56b）—S21/S22—L1/L2 近光灯丝—搭铁。

（2）远光灯控制电路

如图 4-4-1 所示，当点火开关置于位置 2、灯光开关 E1 置于前照灯位置时，前照灯变光开关 E4 接通远光，远光灯点亮。电流流向：蓄电池（发电机）—点火开关—灯光开关 E1（X—56）—变光开关 E4（56—56a）—S9/S10—L1/L2 远光灯丝—搭铁。

（3）超车变光控制电路

如图 4-4-1 所示，直接将前照灯变光开关 E4 置于超车变光位置时，远光灯点亮。电流流向：蓄电池（发电机）—变光开关 E4（30—56a）—S9/S10—L1/L2 远光灯丝—搭铁。

2. 雾灯控制电路分析

如图 4-4-2 所示为桑塔纳 2000 轿车的雾灯控制电路图。

（1）前雾灯控制电路

如图 4-4-2 所示，当点火开关置于位置 2、灯光开关 E1 置于前位灯、后位灯或前照灯位置，E23 置于前雾灯位置，前雾灯点亮。控制电路电流流向：蓄电池（发

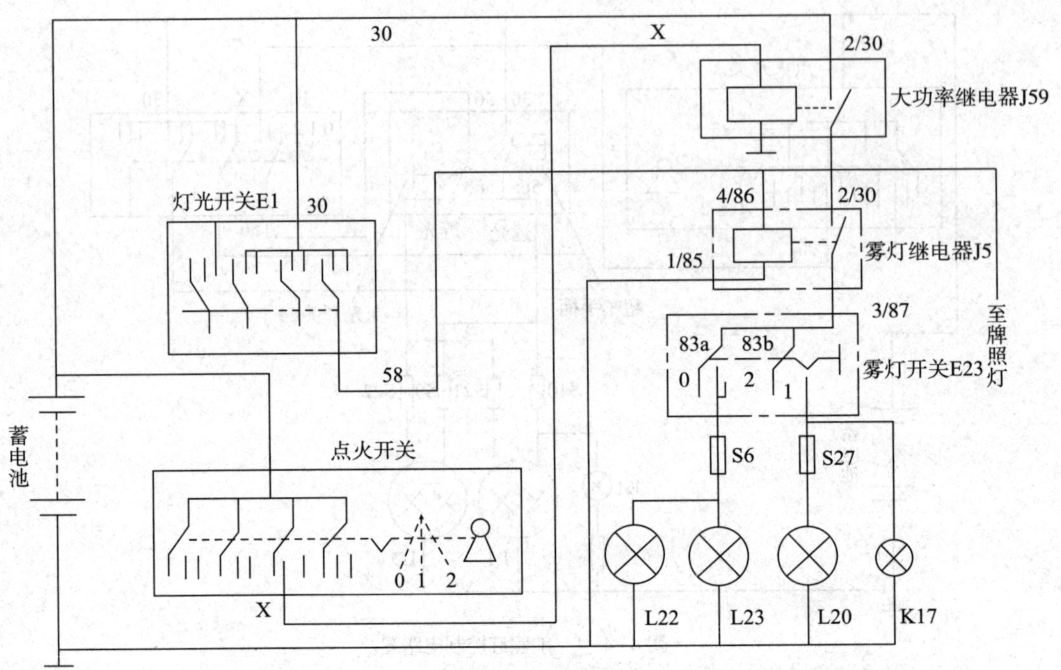

图 4-4-2　雾灯控制电路图

电机）—灯光开关 E1（30—58）—雾灯继电器 J5（85—86）—搭铁。雾灯继电器 J5 触点闭合后接通雾灯供电电路：大功率继电器 J59 供电端 X—雾灯继电器 J5（30—87）—雾灯开关 E23（—83a）—S6（15A）—L22/L23—搭铁。

（2）后雾灯控制电路

如图 4-4-2 所示，当点火开关置于位置 2、灯光开关 E1 置于前位灯、后位灯或前照灯位置，E23 置于后雾灯位置，前、后雾灯点亮。供电电流流向：大功率继电器 J59 供电端 X—雾灯继电器 J5（30—87）—雾灯开关 E23（—83a/83b）—S6（15A）/S27（10A）—L22/L23/L20—搭铁。

三、照明系统元件的检查

1. 前照灯电路元件的检测

（1）点火开关的检测

用万用表测量点火开关在不同挡位时各接线柱通断情况。

（2）灯光开关的检测

用万用表测量灯光开关在不同挡位时各接线柱通断情况。

（3）变光开关的检测

用万用表测量变光开关在不同挡位时各接线柱通断情况。

（4）熔断器的检测

用万用表测量熔断器两端，电阻为零时熔断器导通；电阻为无穷大时熔断器烧断。

（5）灯泡的检测

可用万用表直接测量电阻来判断灯泡是否损坏。

2. 雾灯电路元件的检测

（1）雾灯开关的检测

用万用表检测开关在两个位置时的通断情况。

（2）雾灯继电器的检测

给继电器线圈端子加 12 V 电压时，触点端子由断路到导通为良好。

（3）熔断器的检测

通过测量电阻来确定熔断器是否被烧断。

四、照明系统线路及元件的检修

1. 前照灯控制电路线路的检修

分别接通前照灯开关及变光开关的远光和近光挡位，检查电源到达前照灯远光插接器和近光插接器的情况。

（1）检测灯光开关的电源线。

（2）检测变光开关的电源线。

（3）检测灯光开关与变光开关的线路。

（4）检测变光开关经熔断器到近光灯的线路。

（5）检测变光开关经熔断器到远光灯的线路。

（6）检测远光灯、近光灯搭铁线路。

（7）操作点火开关、灯光开关、变光开关，观察前照灯工作情况。

2. 前照灯控制电路元件的检修

（1）检查蓄电池电压，应在 10 ~ 14 V 范围内。

（2）检查前照灯熔断器，电压和电阻值应符合要求。

（3）拆下前照灯灯泡，调整万用表至电阻测量挡，将万用表导线连接到灯泡上，检查近光端子和远光端子的导通性。

（4）检查前照灯开关和变光开关的导通情况。

学习单元 2　检修信号系统线路及元件

一、信号系统的组成及原理

1. 组成

灯光信号装置的作用是以灯光向其他车辆驾驶员和行人发出示意或警告信号。主要灯光信号装置有前位灯、后位灯、转向信号与危险报警灯、制动灯、尾灯、倒车灯等。

2. 工作原理

（1）前位灯、后位灯：用于夜间行驶或停车时指示宽度轮廓。

（2）转向信号与危险报警灯：发出明、暗交替的闪光信号。

（3）制动灯：装于后面，多用组合式灯具，用于制动时起警示作用。

（4）尾灯：装于尾部，用于夜间示警。

（5）倒车灯：装于尾部，用于倒车时起警示作用。

二、信号系统电路图的识读

1. 转向灯与危险报警灯的电路

转向信号装置一般由转向开关、转向信号灯、转向指示灯和闪光器等组成。

转向信号灯控制电路的特点可归纳如下。

（1）如图 4–4–3 所示，转向灯 7、8（或 9、10）与转向灯开关 6 及闪光继电器 5 经危险报警灯开关 4 的常闭触点与点火开关 2 串联，即转向信号灯在点火开关处于工作挡时使用。

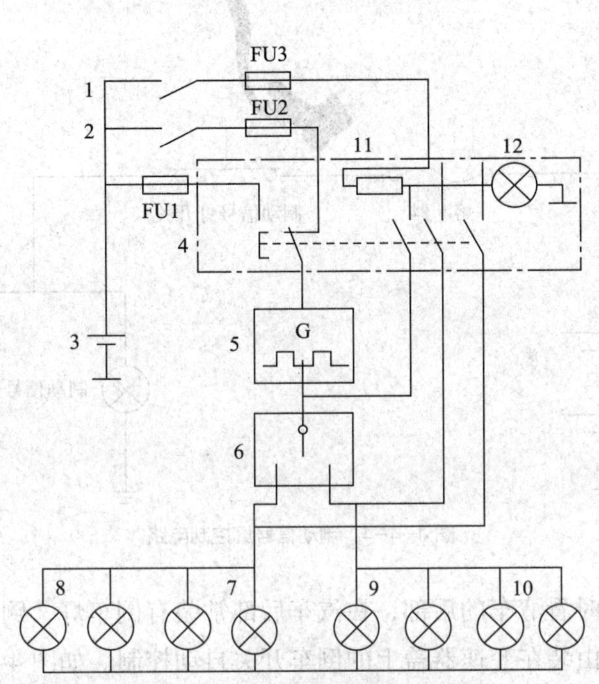

图 4-4-3　转向灯与危险报警灯电路图

1—照明灯开关　2—点火开关　3—蓄电池　4—危险报警灯开关　5—闪光继电器
6—转向灯开关　7—左转向信号灯　8—左转向指示灯　9—右转向信号灯
10—右转向指示灯　11—降压电阻　12—危险报警指示灯

（2）危险报警灯的使用场合如下：本车有故障不能行驶，或本车有牵引其他车的任务，需要其他车辆注意；或本车需要优先通过，需其他车辆注意。此时，本车可以在发动机不工作时使用危险报警灯。为此，电路中需设有危险报警灯开关 4。此开关是一个多触点联动开关，它在点火开关处于不工作状态时，将蓄电池电源线与闪光器及灯泡相连，并将闪光继电器 5 的输出端与左、右转向信号灯相连。在闪光器工作时，左、右转向信号灯及指示灯同时闪光发出危险信号。

2. 制动信号灯控制电路

如图 4-4-4 所示，当踩下制动踏板时，制动信号灯开关闭合，制动信号灯点亮。制动信号灯电路一般不受点火开关控制，直接由电源、熔断器到制动信号灯开关。

3. 倒车灯控制电路

汽车倒车时，为了警告车后的行人和驾驶员，也为了给驾驶员提供额外照明，使

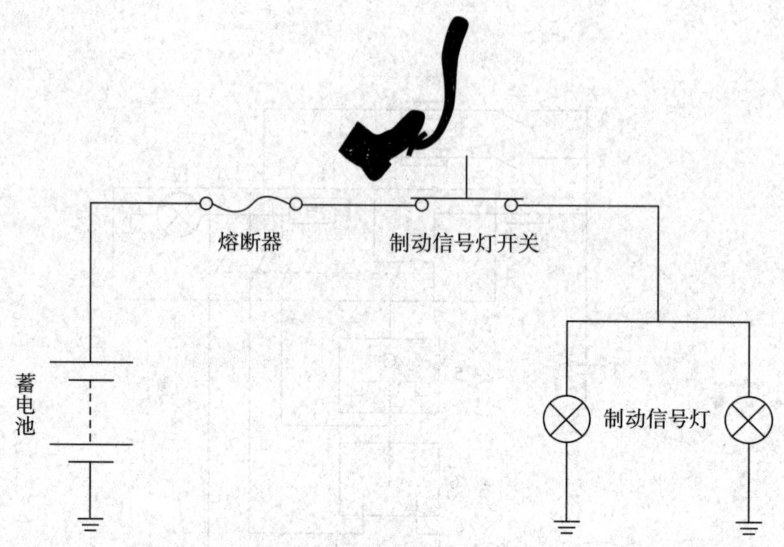

图 4-4-4　制动信号灯控制电路

其能够在夜间倒车时看清车的后部，在汽车后部常装有倒车灯、倒车蜂鸣器或语音倒车报警器，它们均由装在变速器盖上的倒车开关自动控制。如图 4-4-5 所示，当汽车处于倒车状态时，倒车灯开关接通，倒车灯点亮。倒车雷达装置在倒车时起辅助报警功能，使倒车更加安全。

三、信号系统元件的检查

1. 转向信号系统元件的检查

（1）检查转向灯泡。

（2）检查转向开关。用万用表分别检测左转位置和右转位置的导通情况。

（3）检查危险报警灯开关。用万用表检测该开关的导通情况。

（4）检查闪光继电器。如图 4-4-6 所示，将稳压电源、闪光继电器、试灯接入试验电路，检查闪光继电器工作情况。将稳压电源的输出电压调至 12 V，接通试验电路，观察灯泡闪烁情况。如果灯泡能够正常闪烁，则闪光继电器完好；如果灯泡不亮，则表明闪光继电器损坏。

2. 制动信号系统元件的检测

（1）检查制动灯灯泡。

（2）检查制动灯开关。

3. 倒车信号系统元件的检测

（1）检查倒车灯灯泡。

（2）检查倒车灯开关。

四、信号系统线路的检修

1. 转向信号系统线路的检修

（1）检测电源到熔断器、熔断器到危险报警灯开关的线路。

（2）检测危险报警灯开关到闪光器的线路。

（3）检测闪光器到转向开关的线路。

（4）分别检测转向开关到左、右转向信号灯及指示灯的线路。

（5）检测转向信号灯到搭铁的线路。

（6）操纵转向开关，查看线路连接情况。

2. 制动信号系统线路的检修

踩下制动踏板，依次检修线路连接情况。

3. 倒车信号系统线路的检修

挂入倒挡，依次检修线路连接情况。

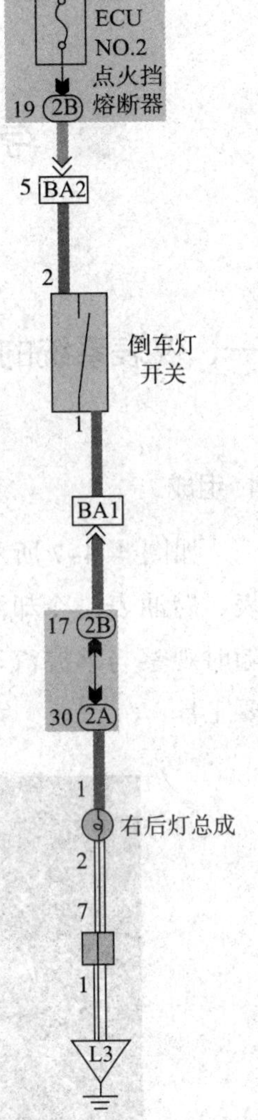

图 4-4-5　倒车灯控制电路

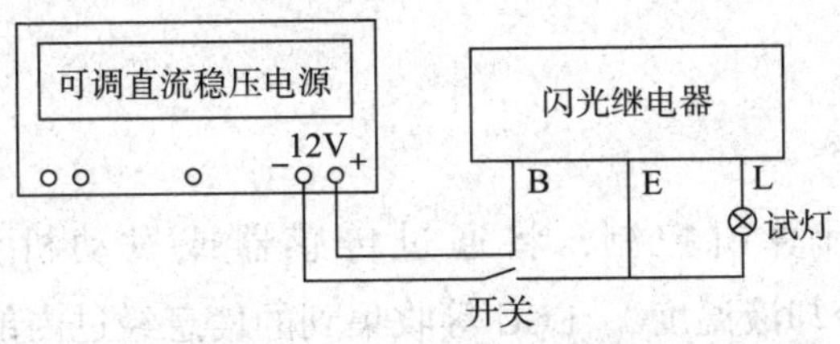

图 4-4-6　检查闪光继电器

学习单元 3　检修仪表系统线路及元件

一、仪表系统的组成及原理

1. 组成

如图 4-4-7 所示，汽车上的常用仪表有车速里程表、发动机转速表、机油压力表、燃油表、冷却液温度表等。仪表系统的作用是监测车辆的运转状况，使驾驶员随时观察与掌握汽车各系统的工作状态；同时，也是维修人员发现及排除故障的重要工具。

图 4-4-7　汽车仪表系统

2. 工作原理

仪表系统采用计算机控制，将通过传感器或发动机和 ECT（engine coolant temperature，发动机冷却液温度）、ECU 等收集到的信息经过内部计算机进行处理和计算，然后把处理结果送到组合仪表的显示部分显示出来，驾驶员可以通过车辆的仪表板及时、准确地了解车辆的各种静态和动态信息。

（1）机械式仪表

机械式仪表是指基于机械作用力而工作的仪表。

（2）电气式仪表

电气式仪表是指基于电测原理，通过各类传感器将被测的非电量变换成电信号（模拟量）加以测量的仪表。

（3）模拟电路电子式仪表

模拟电路电子式仪表的工作原理与电气式仪表基本相同，只不过是用电子器件（分立元件和集成电路）取代原来的电气器件，现在均采用各种专用集成电路。

（4）数字式仪表

数字式仪表是指由 ECU 采集传感器的信号，将模拟量转换为数字量，经分析处理后控制显示装置的仪表。

二、仪表系统电路图的识读

1. 冷却液温度表控制电路

冷却液温度表用来检测和显示发动机水套中冷却液的工作温度，以防因冷却液温度过高而使发动机过热。它由冷却液温度指示表和冷却液温度传感器等部分组成。冷却液温度传感器信号经发动机和 ECT、ECU 输送给组合仪表，由组合仪表经过处理和计算后通过冷却液温度表显示出来。如图 4-4-8 所示为冷却液温度传感器与发动机和 ECT、ECU 及组合仪表之间的连接线路。

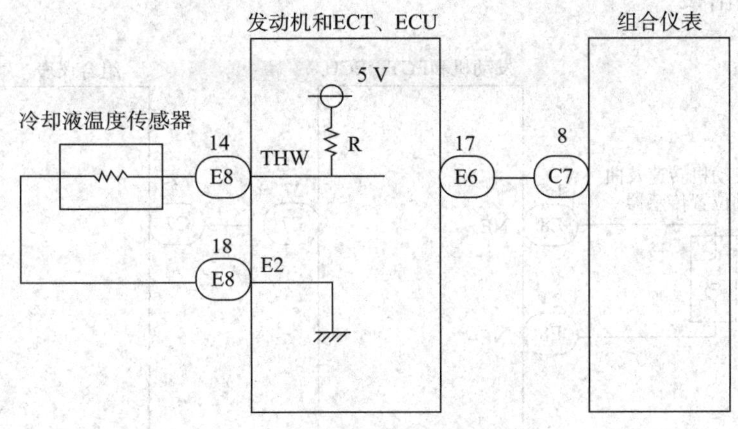

图 4-4-8　冷却液温度表控制电路

2. 燃油表控制电路

燃油表用来指示燃油箱内燃油的储存量。它由燃油表和燃油量传感器两部分组成。传感器的信号输入组合仪表，由组合仪表经过处理和计算后通过燃油表显示出来，如图 4–4–9 所示为燃油量传感器与组合仪表之间的连接线路。

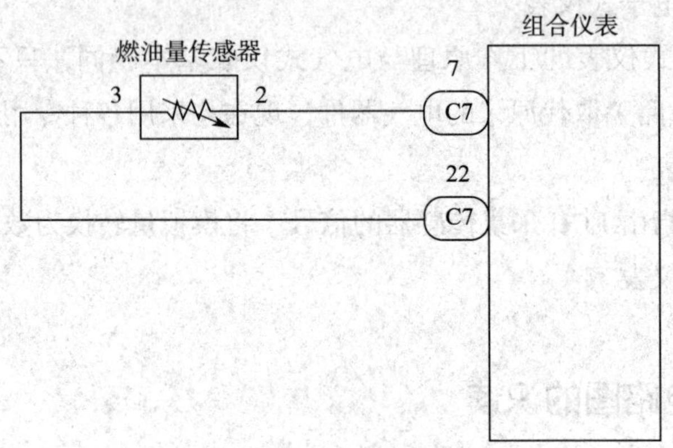

图 4–4–9　燃油表控制电路

3. 发动机转速表控制电路

发动机转速表用于指示发动机的运转速度。电子式转速表获取转速信号的方式有三种，即取自点火系统、发动机的转速传感器和发电机。如图 4–4–10 所示，发动机转速及曲轴位置传感器一体化，发动机转速信号输入发动机和 ECT、ECU，再由发动机和 ECT、ECU 通过信号线输送给组合仪表，由组合仪表经过处理和计算后通过发动机转速表显示出来。

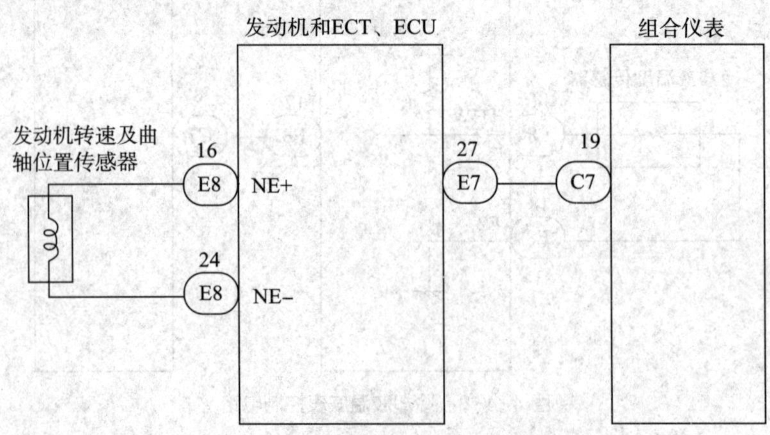

图 4–4–10　发动机转速表控制电路

4. 车速里程表控制电路

车速里程表用来指示汽车行驶速度和累计行驶里程数。它主要由车速传感器、电子电路、车速表和里程表四部分组成。车速传感器的信号输入组合仪表，由组合仪表经过处理和计算后通过车速表显示出来。如图 4-4-11 所示，利用 ABS 电脑采集四轮轮速传感器信号，计算出车速后与发动机 ECU 共享，由发动机 ECU 输出信号至组合仪表，经仪表放大处理后显示出车速。而汽车的行驶里程则通过车速表信号计算后得出。

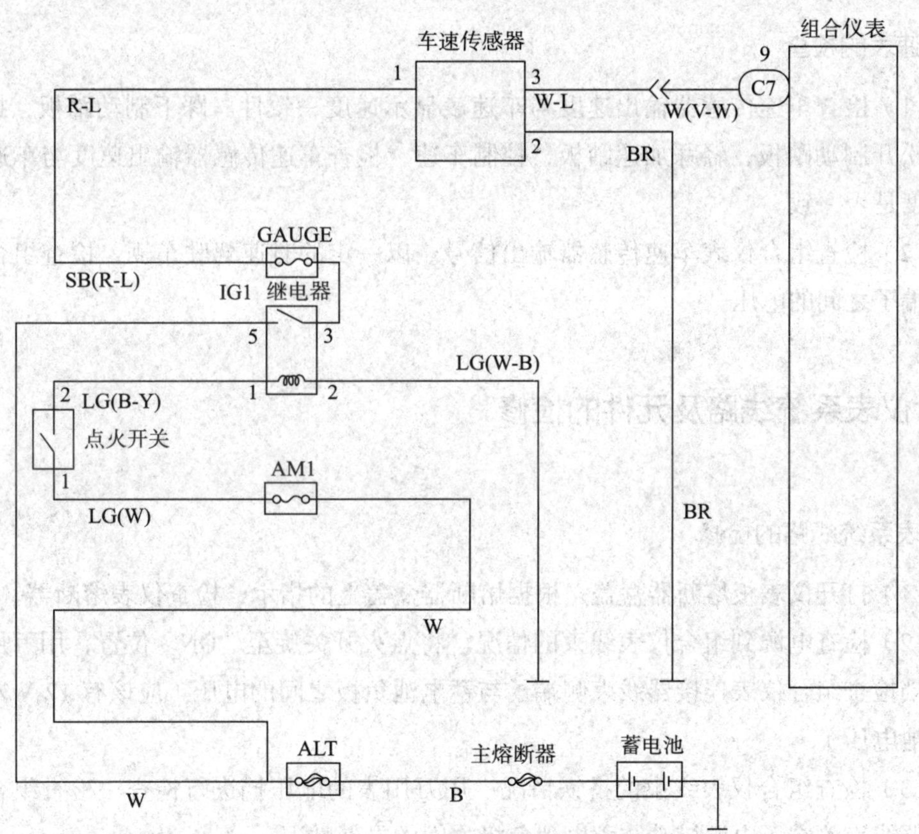

图 4-4-11　车速里程表控制电路

三、仪表系统元件的检查

1. 冷却液温度表的检查

（1）检查传感器。拆下冷却液温度传感器，放入不同温度的冷却液中，用万用表测量各端子之间的电阻。

（2）检查及校验冷却液温度表。

2. 燃油表的检查

（1）检测指示表与传感器的电阻值。对燃油量传感器总成进行检测时，按照浮子高度的不同对端子之间的电阻进行检测，并与标准值进行对照。

（2）检查及校验燃油表与传感器。

3. 车速表的检查

（1）检查车速传感器输出速度与车速表显示速度一致性。踩下制动踏板，换入 D 挡，松开制动踏板，轻踩加速踏板，控制车速，检查车速传感器输出速度与车速表显示速度是否一致。

（2）检查组合仪表车速传感器输出信号。以一定的时速驾驶车辆，检查组合仪表总成端子之间的电压。

四、仪表系统线路及元件的检修

1. 仪表系统线路的检修

（1）打开仪表板熔断器盒盖，根据熔断器盒盖上的指示，检查仪表熔断器。

（2）检查电源到组合仪表线束的情况。将点火开关旋至“ON”位置，用万用表的电压挡检查组合仪表连接器线束侧端子与蓄电池负极之间的电压（应该有 12 V 左右的蓄电池电压）。

（3）检查组合仪表线束的搭铁情况。用万用表的电压挡进行检查，检查组合仪表连接器线束侧端子电源搭铁与蓄电池负极之间的导通情况。

2. 仪表指示灯的识别

仪表板上还有其他一些警告灯和指示灯，都是与相关的电路连接在一起并由各自的电路控制的。为了便于驾驶员识别和控制，在各指示灯、开关的相应位置标有醒目的形象符号，详细情况见表 4–4–1。

表 4-4-1　各仪表指示灯的含义

符号	含义
EPC	EPC（electronic power control，发动机电子稳定系统）指示灯在大众品牌车型中比较常见。打开点火开关，车辆开始自检，EPC 指示灯会点亮数秒，随后熄灭。如车辆启动后仍不熄灭，说明车辆机械与电子系统出现故障
ABS	ABS 指示灯用来显示车辆的 ABS 工作状况。当打开钥匙门后，车辆开始自检时，ABS 指示灯会点亮数秒，随后自动熄灭。如果 ABS 指示灯未闪亮或者车辆启动后仍不熄灭，表明该车 ABS 出现故障
	该指示灯用来显示安全带是否处于锁止状态。当该灯点亮时，说明安全带没有及时扣紧，有些车型还会有相应的提示音。当安全带被及时扣紧后，该指示灯自动熄灭
O/D OFF	O/D 挡指示灯用来显示自动挡的 O/D 挡（over-drive，超速挡）的工作状态。当 O/D 挡指示灯闪亮时，说明 O/D 挡已锁止，此时加速能力获得提升，但会增加油耗
- +	该指示灯用来显示蓄电池使用状态。打开点火开关，车辆开始自检时该指示灯点亮，启动后自动熄灭。如果启动后蓄电池指示灯常亮，说明该蓄电池出现了问题，需要更换
	该指示灯用来显示发动机内机油的压力状况。打开点火开关，车辆开始自检时指示灯点亮，启动后熄灭。若该指示灯常亮，说明该车发动机机油压力低于规定标准，需要维修
	该指示灯用来显示车辆内储油量的多少。打开点火开关，车辆进行自检时，该油量指示灯会短时间点亮，随后熄灭。如启动后该指示灯点亮，则说明车内油量已不足

续表

符号	含义
	该指示灯用来显示安全气囊的工作状态。打开点火开关，车辆开始自检时，该指示灯自动点亮数秒后熄灭。如果该指示灯常亮，则说明安全气囊出现故障
	该指示灯用来显示车辆制动盘磨损的状况。一般情况下，该指示灯为熄灭状态；当制动盘出现故障或磨损过度时，该灯点亮，修复后熄灭
	该指示灯用来显示车辆各车门状况。任意车门未关上，或者未关好，该指示灯都有相应的车门指示灯点亮，提示驾驶员车门未关好；当车门关闭或关好时，相应车门的指示灯熄灭
	该指示灯用来显示车辆驻车制动手柄（即手刹）的状态。平时为熄灭状态。当驻车制动手柄被拉起后，该指示灯自动点亮；驻车制动手柄被放下时，该指示灯自动熄灭。有的车型在行驶中未放下驻车制动手柄会伴随有警告音
	该指示灯用来显示发动机内冷却液的温度。打开点火开关，车辆自检时会点亮数秒，随后熄灭。如果水温指示灯常亮，则说明冷却液温度超过规定值，需立即暂停行驶。水温正常后熄灭
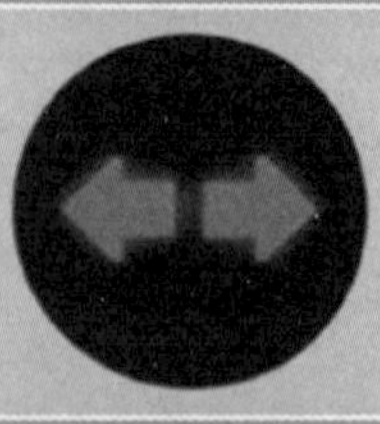	该指示灯用来显示车辆转向灯所在的位置。通常为熄灭状态。当驾驶员点亮转向灯时，会同时点亮相应方向的转向指示灯；转向灯熄灭后，该指示灯自动熄灭
	该指示灯用来显示车辆远光灯的状态。通常情况下该指示灯为熄灭状态。当驾驶员点亮远光灯时，该指示灯会同时点亮，以提示驾驶员车辆的远光灯处于开启状态

课程 4-5　检修辅助电器系统

【学习内容】

学习单元	课程内容	培训建议	课堂学识
（1）更换车窗玻璃升降器电动机及开关	1）辅助电器系统的组成与工作原理 2）车窗系统的组成及原理 3）车窗玻璃升降器电动机及开关的检查 4）车窗玻璃升降器电动机及开关的更换	（1）方法：讲授法、演示法、实训法 （2）重点与难点：车窗玻璃升降器电动机的更换	6
（2）更换门锁电动机及开关	1）门锁系统的组成及原理 2）门锁电动机及开关的检查 3）门锁电动机及开关的更换	（1）方法：讲授法、演示法、实训法 （2）重点与难点：门锁电动机的更换	6
（3）更换电动后视镜及开关	1）电动后视镜的组成及原理 2）电动后视镜及开关的检查 3）电动后视镜及开关的更换	（1）方法：讲授法、演示法、实训法 （2）重点与难点：电动后视镜开关的更换	6
（4）更换刮水器电动机及开关	1）刮水器系统的组成及原理 2）刮水器电动机及开关的检测 3）刮水器电动机及开关的更换	（1）方法：讲授法、演示法、实训法 （2）重点与难点：刮水器开关的更换	6
（5）更换座椅电动机及开关	1）电动座椅系统的组成及原理 2）座椅电动机及开关的检查 3）座椅电动机及开关的更换	（1）方法：讲授法、演示法、实训法 （2）重点与难点：座椅电动机的更换	8

学习单元1　更换车窗玻璃升降器电动机及开关

一、辅助电器系统的组成与工作原理

随着汽车工业的发展和现代化技术在汽车方面的应用，现代汽车装用的辅助电器越来越多，除了汽车用音响设备、通信器材和汽车电视等服务性装置外，还有一些与汽车本身使用性能有关的辅助电器，如电动刮水器、电动车窗清洗装置、电动车窗玻璃升降器、暖风通风装置、电动座椅、发动机冷却系统电动风扇、汽车空调系统、安全与舒适系统等。

汽车辅助电器系统的组成部件按照其作用可以分为信号收集器、电控单元、执行器三大类。信号收集器采集到汽车各种情况下的相关信号，传递给电控单元，经过电控单元的计算分析，发出指令并传递给执行器，最后执行器做出动作满足驾驶员的意愿。

二、车窗系统的组成及原理

1. 前、后风窗的结构

汽车前、后风窗的结构一般包括车门、风窗玻璃、车门内板、固定螺栓、车窗玻璃升降器电动机、车窗玻璃升降器等。如图4-5-1所示为大众新帕萨特轿车前车窗装配结构，图4-5-2所示为大众新帕萨特轿车后车窗装配结构。

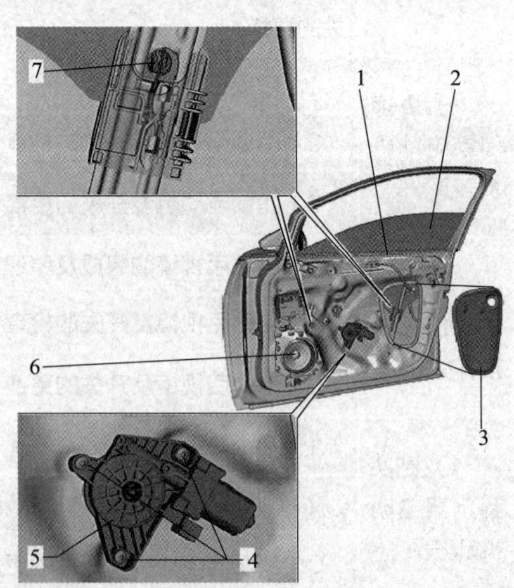

图4-5-1　前风窗结构

1—前车门　2—风窗玻璃　3—车门内板　4—螺栓
5—车窗玻璃升降器电动机　6—盖板　7—卡钩

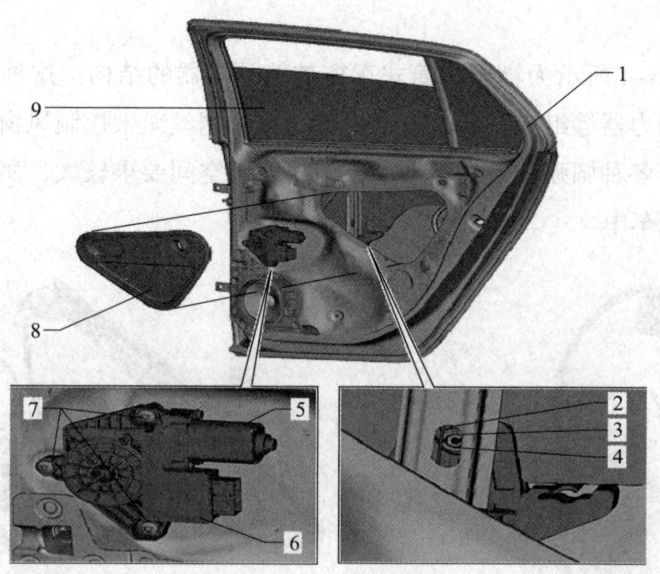

图 4-5-2　后车窗结构

1—后车门　2—车窗玻璃升降器　3—膨胀销　4—膨胀塞　5—车窗玻璃升降器电动机
6—车门控制单元　7—螺栓　8—车门内板　9—风窗玻璃

2. 车窗系统工作原理

电动车窗系统通过改变电动机电流方向来实现电动机的正反转，由电动机带动车窗玻璃升降器上升或下降，从而实现风窗玻璃的升降。

（1）车窗玻璃升降器电动机

车窗玻璃升降器电动机是用来为风窗玻璃升降提供动力的装置。车窗玻璃升降器电动机一般采用双向直流电动机，它有永磁型和双绕组型两种。每个车窗安装有一个电动机，通过开关控制其电流方向。另外，为了防止电动机过载，在电路或者电动机内部装有一个或者多个热敏电路开关，用来控制电流。当风窗玻璃上升到极限位置或者由于结冰使风窗玻璃不能自由移动时，即使操纵控制开关也不会使电动机因通电时间过长而烧坏。

（2）车窗玻璃升降器

按传动方式不同，车窗玻璃升降器一般可分为齿扇式、钢丝滚筒式两种。

1）如图 4-5-3 所示为齿扇式车窗玻璃升降器的结构。齿扇上连有螺旋弹簧，当风窗玻璃下降时螺旋弹簧收缩而吸收能量，当风窗玻璃上升时螺旋弹簧伸展而释放能量，以减轻电动机的负荷。于是，无论风窗玻璃上升或下降，电动机的负荷基本相同。当电动机转动时，通过蜗轮蜗杆减速并改变旋转方向而使齿扇转动，带着风窗玻璃升降。

2）如图 4–5–4 所示为钢丝滚筒式车窗玻璃升降器的结构。这种升降器主要由滑轮、钢丝绳、张力器等组成，通过电动机转动拉动钢丝绳来控制风窗玻璃的升降。这种升降器可用于各种圆弧玻璃的车型中，但对安装空间要求较大，所以常见于中高档轿车和高档面包车中。

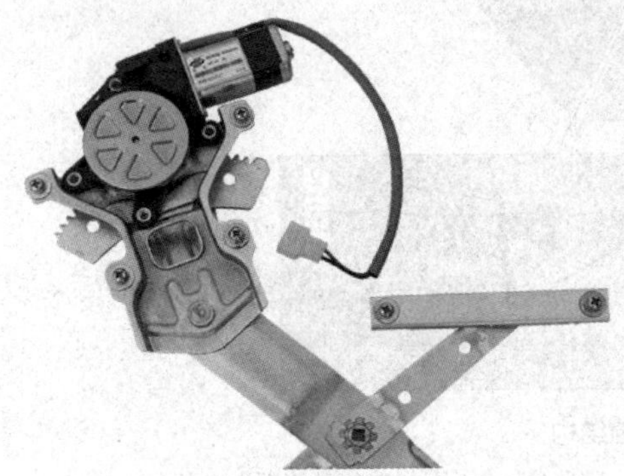
图 4–5–3 齿扇式车窗玻璃升降器的结构

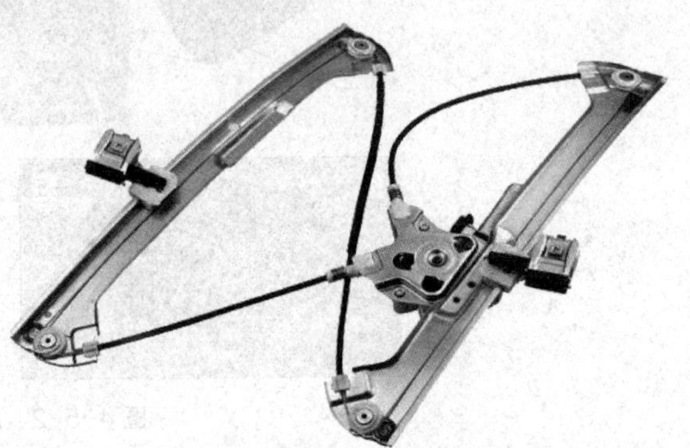
图 4–5–4 钢丝滚筒式车窗玻璃升降器的结构

三、车窗玻璃升降器电动机及开关的检查

1. 检查车窗玻璃升降器电动机运转情况

如图 4–5–5 所示为车窗玻璃升降器电动机端子。按照以下步骤检测车窗玻璃升降器电动机。

（1）蓄电池正极接电动机端子 1，蓄电池负极接电动机端子 2。

（2）蓄电池正极接电动机端子 2，蓄电池负极接电动机端子 1。

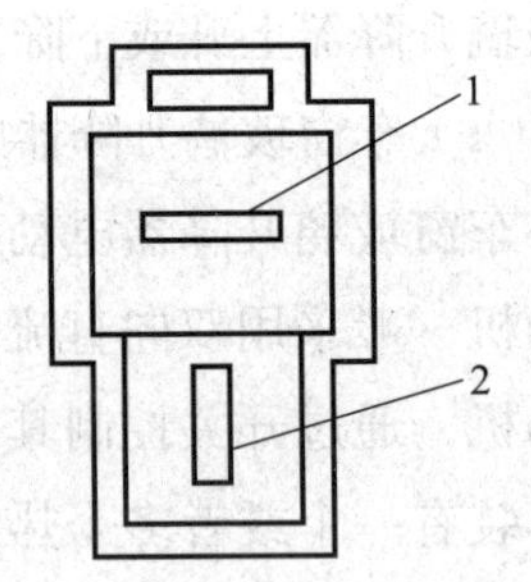

图 4–5–5 车窗玻璃升降器电动机端子
1—端子 1 2—端子 2

检测时玻璃升降器电动机运转情况见表 4–5–1。

表 4–5–1 电动机运转情况

连接条件	规定状态
蓄电池正极—电动机端子 1，蓄电池负极—电动机端子 2	电动机顺转
蓄电池正极—电动机端子 2，蓄电池负极—电动机端子 1	电动机逆转

2. 检查车窗玻璃升降器开关

如图 4–5–6 所示为常见的汽车车窗玻璃升降器开关。车窗玻璃升降器开关一般有五个端子，两个端子连接电动机，其余三个端子一个连接电源、两个连接负极。

图 4–5–6　车窗玻璃升降器开关

按照以下步骤检测车窗玻璃升降器开关。

（1）按下开关上升侧，用万用表检测上升侧负极端子与电源端子是否导通，导通则说明开关良好。

（2）按下开关下降侧，用万用表检测下降侧负极端子与电源端子是否导通，导通则说明开关良好。

四、车窗玻璃升降器电动机及开关的更换

1. 车窗玻璃升降器电动机的更换

（1）车窗玻璃升降器电动机的拆卸步骤

如图 4–5–7 所示为车窗玻璃升降器电动机的安装位置，其拆卸步骤如下。

1）关闭点火开关和所有用电器，拔出点火钥匙。

2）拆卸前车门饰板。

3）用胶带固定车窗玻璃升降器电动机，以免其滑落。

4）脱开电器连接插接件 3。

5）拧出固定螺栓 2（3 件）。

6）从拉索鼓轮定位件上取下车窗玻璃升降器电动机 1。

（2）车窗玻璃升降器电动机的安装步骤

1）将车窗玻璃升降器电动机 1 插到拉索鼓轮定位件上。轻轻地上下拉动风窗玻璃，以使车窗玻璃升降器电动机和拉索鼓轮之间的啮合齿更好地到位。

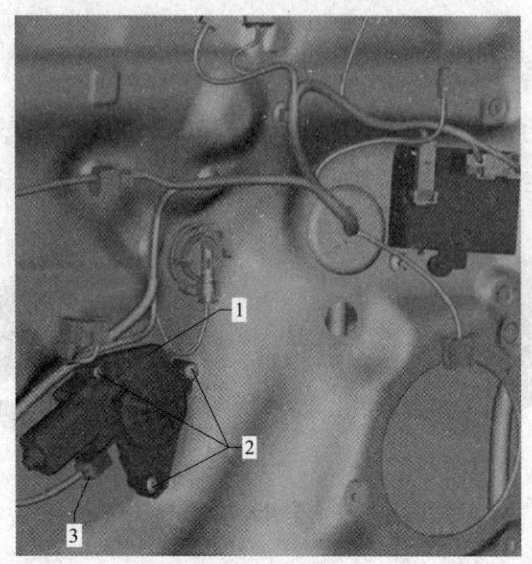

图 4-5-7　车窗玻璃升降器电动机的安装位置

1—车窗玻璃升降器电动机　2—固定螺栓　3—电器连接插接件

2）连接电器连接插接件 3。

3）通过车辆诊断测试仪对新的车窗玻璃升降器电动机进行编码。对于新安装的车窗玻璃升降器电动机，必须对其附加功能和闭合力限制功能进行编码。

4）拧紧固定螺栓。

2. 车窗玻璃升降器开关的更换

（1）如图 4-5-8 所示为车窗玻璃升降器开关位置。使用一字旋具用力均匀地撬开车内门把手内饰板。

图 4-5-8　车窗玻璃升降器开关位置

（2）如图 4–5–9 所示为车内门把手内饰板。拆下后轻撬框边，把玻璃升降器开关取出。

图 4–5–9　车内门把手内饰板

（3）更换新的玻璃升降器开关，以拆卸的相反顺序进行安装。

学习单元 2　更换门锁电动机及开关

一、门锁系统的组成及原理

门锁系统主要由控制部分和执行机构组成。

1. 门锁控制部分

门锁控制部分主要由门锁开关、钥匙操纵开关、门锁总成和门锁控制单元等组成，如图 4–5–10 所示为门锁控制部分。

（1）门锁开关

门锁开关包括驾驶员侧的门锁总控开关及其他车门的门锁分控开关。

驾驶员侧的门锁总控开关由门锁控制开关、行李舱开启器等组成。

门锁控制开关一般安装在车门扶手内饰板处。驾驶员通过其左侧门锁总控开关可同时锁上和打开所有的车门。乘员通过其所在位置的门锁分控开关可以锁上和打开相

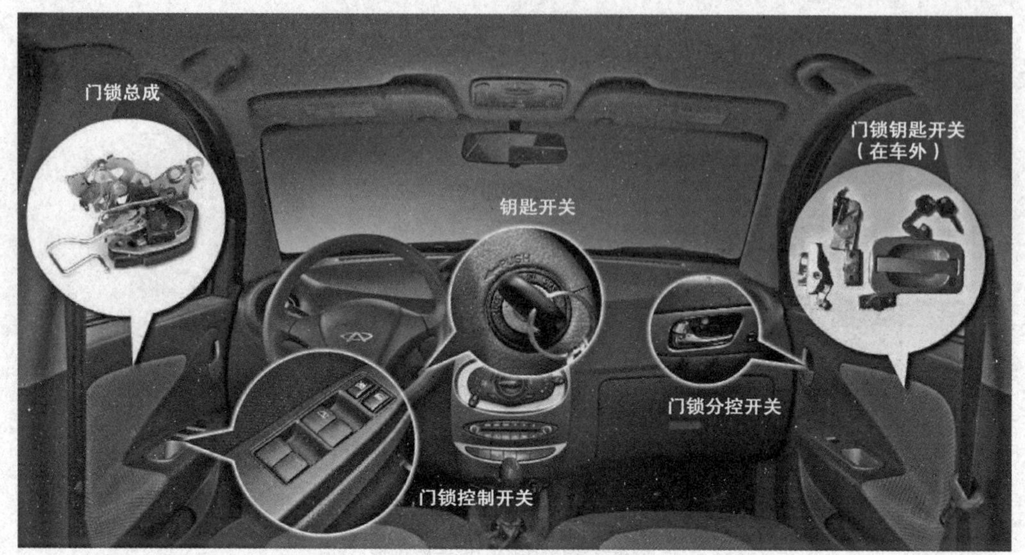

图 4-5-10　门锁控制部分

应的车门。为了高速行驶的安全性，当驾驶员按下总控开关的锁止开关时，乘员侧的开关就会被锁止，无法随意打开车门。

（2）门锁钥匙开关

如图 4-5-11 所示为门锁钥匙开关。用门锁钥匙开关拨动门锁锁芯转过一定的角度，即可接通门锁执行机构的电路，使电磁线圈产生吸力，将门锁锁止或开启。

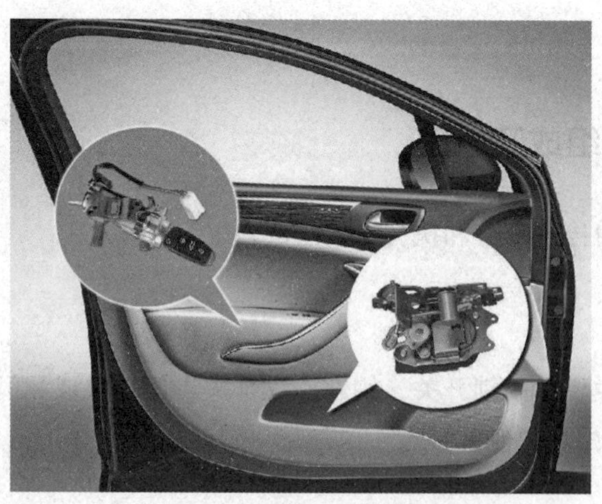
图 4-5-11　门锁钥匙开关

（3）门锁总成

门锁总成（见图 4-5-12）主要由门锁传动机构、锁芯开关和外壳等组成。如图 4-5-13 所示为门锁传动机构，其中一个杆连接执行器和锁销，另一个连接锁销和突出在车门顶部的按钮。执行器向上移动锁销时，外部车门把手将和打开装置连接；锁销下移时，外部车门把手将与打开装置断开连接，从而锁定车门。

图 4-5-12　门锁总成

图 4-5-13　门锁传动机构

（4）门锁控制单元

门锁控制单元是为门锁执行机构提供锁止或者开启的脉冲电流的控制装置。无论何种门锁执行机构，都通过改变执行机构通电电流方向控制连杆左右移动，从而实现门锁的锁止和开启。

2. 门锁执行机构

门锁执行机构的作用是执行驾驶员的指令，将门锁锁止或开启。门锁执行机构常见的有电磁线圈式门锁执行机构、直流电动机式门锁执行机构和永磁电动机式门锁执行机构。

（1）电磁线圈式门锁执行机构

如图 4-5-14 所示为电磁线圈式门锁执行机构，它的内部设有两个电磁线圈，其

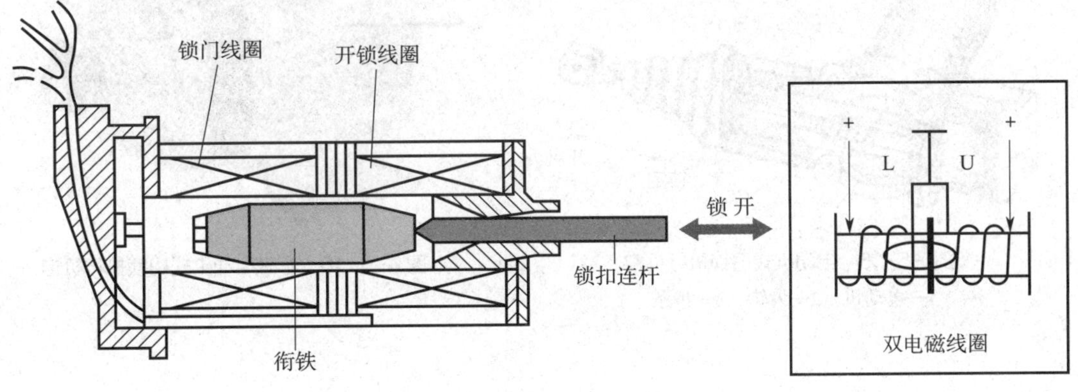

图 4-5-14　电磁线圈式门锁执行机构

绕制方向相反，以便改变电流方向使执行机构开启或锁止。线圈通电后产生的电磁力吸引衔铁轴向移动，衔铁通过连接杆将门锁锁扣锁止。电磁线圈式门锁执行机构的优点是故障少，使用寿命长，同时还减少了维修费用。其缺点是机构耗电量大。

（2）直流电动机式门锁执行机构

如图 4-5-15 所示为直流电动机式门锁执行机构。它通过电动机转动并经传动装置（传动装置分为螺杆传动、齿条传动和直齿轮传动）将动力传给门锁锁扣，使门锁锁扣开启或锁止。由于电动机能双向转动，因此通过电动机的正反转实现门锁的锁止或开启。

直流电动机式门锁执行机构与电磁线圈式门锁执行机构相比，耗电量较小。虽然直流电动机式门锁执行机构电路中设有定时装置，但设定的时间与实际的门锁开启或锁止时所需的时间不一定相等。

（3）永磁电动机式门锁执行机构

如图 4-5-16 所示为永磁电动机式门锁执行机构。它的作用与前述两种形式的门锁执行机构相同，但结构差异较大。永磁电动机的转子带有凸齿，凸齿与定子磁极径向间隙小而磁通量大。定子上带有轴向均布的多个电磁极，而每个电磁极上的电磁线圈按径向布置。定子周向均布铁芯，每个铁芯上绕有线圈，当电流通过某一相位的线圈时，该线圈的铁芯产生吸力，吸动转子上的凸齿对准定子线圈的磁极，转子将转到最小的磁通处，即是一步进位置。要使转子继续转动一个步进角，根据需要的转动方向向下一个相位的定子线圈输入一个脉冲电流，转子即可转动。转子转动时，通过连杆使门锁锁扣锁止。

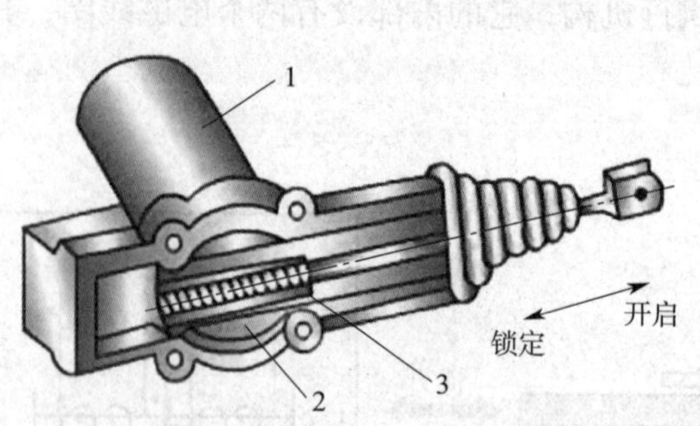

图 4-5-15　电动机式门锁执行机构

1—电动机　2—齿轮　3—齿条

图 4-5-16　永磁电动机式门锁执行机构

二、门锁电动机及开关的检查

1. 检查门锁电动机运转情况

门锁电动机运转情况的检查同本课程学习单元 1 中车窗玻璃升降器电动机运转情况的检查。

2. 检查门锁开关

（1）检查门锁钥匙开关

用万用表欧姆挡检测中控门锁控制的插接件端子，检查方法见表 4–5–2。

表 4–5–2　门锁钥匙开关检查方法

测量端子	测量条件	规定值
电源端子与钥匙锁止端子	门锁设置为锁止	≤1 Ω
电源端子与钥匙锁止端子	门锁设置为开启	≥10 kΩ
电源端子与钥匙开启端子		
电源端子与钥匙开启端子	门锁设置为锁止	≤1 Ω

（2）检查门锁总控开关

用万用表欧姆挡检测中控门锁控制的插接件端子，检查方法见表 4–5–3。

表 4–5–3　门锁总控开关检查方法

测量端子	测量条件	规定值
电源端子与按键端子	蓄电池正极接电动机端子 1 蓄电池负极接电动机端子 2	≥10 kΩ
电源端子与按键端子	蓄电池正极接电动机端子 2 蓄电池负极接电动机端子 1	≤1 Ω

三、门锁电动机及开关的更换

1. 门锁电动机的更换

（1）门锁锁块拆卸步骤

更换门锁电动机前需要拆下门锁锁块，这样才能看到电动机。门锁锁块拆装如图4-5-17所示，具体拆卸步骤如下。

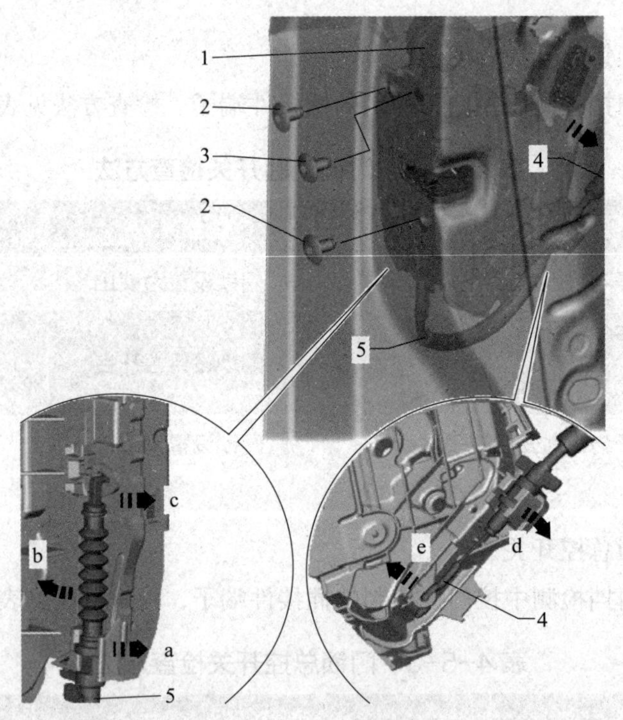

图4-5-17　门锁锁块拆装

1—门锁锁块　2、3—锁块固定螺栓　4、5—拉索

1）关闭点火开关和所有用电器，拔出点火钥匙。

2）拆卸车门饰板及车门内板。注意门板上的其他线束。

3）拆卸车门把手。如果有插头连接，应将其脱开。

4）拧出锁块固定螺栓2、3。

5）从车门中取出门锁锁块1。

6）拆卸锁块盖板。

7）将拉索5旋转90°，顺着箭头a将其从固定支架中取出。

8）顺着箭头 b 尽量向上翻拉索 5，直至可以从门锁锁块 1 的锁环内顺着箭头 c 穿出拉索，松开到车门内部操纵机构的拉索。

9）将拉索 4 旋转 90°，并将其从固定支架中取出。

10）顺着箭头 d 尽量翻转拉索 4，直至可以从门锁锁块 1 的锁环内顺着箭头 e 穿出拉索。

11）从门锁锁块上拆下电动机。

（2）门锁锁块的安装步骤

更换新的门锁电动机后再将门锁锁块装回，其安装步骤如下。

1）将拆下的拉索 4 和 5 安装到门锁锁块 1 上。

2）安装盖板。

3）将门锁锁块 1 装入车门内。

4）拧入锁块固定螺栓 2、3。

5）如果有插头连接，将其连接好。

6）卡入盖罩。

其他安装大体按照与拆卸的相反顺序进行。安装好后必须在车门打开时进行一次功能检测。如果拉索调整和锁止不正确，车门锁将无法解锁，同时车门也无法打开。

2. 门锁开关的更换

（1）如图 4-5-18 所示为门锁总控开关的位置。使用一字旋具用力均匀地撬开车内门把手内饰板。

图 4-5-18　门锁总控开关的位置

（2）如图 4-5-19 所示为门把手内饰板内部。从门把手内饰板上拆下门锁总控开关。

（3）断开电器插接件，更换新的门锁总控开关。

（4）安装以拆卸的相反顺序进行。

图 4-5-19　门把手内饰板内部

学习单元 3　更换电动后视镜及开关

一、电动后视镜的组成及原理

为了便于驾驶员调整后视镜的角度，很多轿车安装了电动后视镜，驾驶员行车时便可方便地对左、右后视镜的角度进行调节。如图 4-5-20 所示为电动后视镜安装位置。

图 4-5-20　电动后视镜安装位置

1. 电动后视镜的组成

如图 4-5-21 所示为电动后视镜内部结构。电动后视镜主要由镜片、调整开关、电动机、传动机构、执行机构、外壳及连接件等组成。

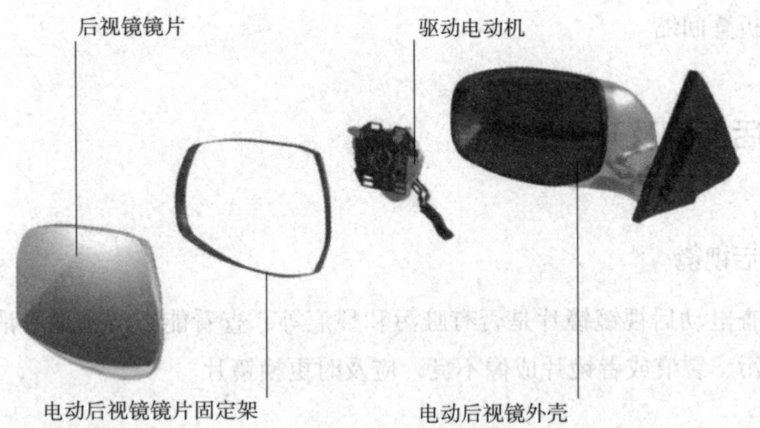

图 4-5-21　电动后视镜内部结构

2. 电动后视镜的工作原理

左、右后视镜的背后各装有两套电动机，可通过操纵开关控制镜片上下及左右方向的转动。通常上下方向的转动用一个电动机控制，左右方向的转动用另一个电动机控制。通过改变电动机的电流方向，就可完成对后视镜上下、左右方向的调整。

如图 4-5-22 所示为电动后视镜开关。当后视镜调节转换开关置于“L”位置时，驾驶员侧车门控制单元接收调节后视镜上下或者左右的动作信号，控制及调节后视镜电动机转动；当后视镜调节转换开关置于“R”位置时，驾驶员侧车门控制单元仅控制右侧后视镜。

图 4-5-22　电动后视镜开关

为了使车辆能够获得最大的驻车间隙，通过尽可能狭小的路段，有的电动后视镜还带有伸缩功能，由伸缩开关控制伸缩电动机工作，使两个后视镜整体回转伸出或缩回。当后视镜回缩开关接通时，驾驶员侧车门控制单元接收后视镜回缩开关接通信号，控制驾驶员侧后视镜调节电动机动作；同时，控制右后视镜调节电动机动作，使左右两侧后视镜折叠回缩。

二、电动后视镜及开关的检查

1. 检查电动后视镜

目视检查电动后视镜镜片是否有脏污和裂痕等，查看能否清晰地看清车身后的情况。若有脏污、裂痕或者镜片成像不良，应及时更换镜片。

2. 检查电动后视镜开关

首先从左前车门的内拉手下面拆下电动后视镜开关，用万用表欧姆挡检查开关的好坏。

（1）在开关接通状态下，万用表的两个表笔分别接电动后视镜控制上下或左右的两个端子，测出的电阻值应小于 0.5 Ω。

（2）在开关不通状态下，万用表的两个表笔分别接电动后视镜控制上下或左右的两个端子，测出的电阻值应为无穷大。

三、电动后视镜及开关的更换

1. 电动后视镜的更换

如图 4–5–23 所示为电动后视镜的结构。电动后视镜更换步骤如下。

（1）拆卸前车门内饰板。

（2）松开盖板 3 及固定胶带 4。

（3）拆卸扬声器。

（4）通过扬声器开口抓住并脱开车外后视镜 1 的电器连接插件 8。

（5）拧出车外后视镜 1 的固定螺栓 5。

（6）拆卸车门控制单元并顺着箭头方向松开安装在其后面的夹子 7。

（7）通过开口将导线 6 穿入车门中并取下车外后视镜 1，更换新的后视镜。

（8）安装以拆卸的相反顺序进行，同时要注意以下几点。

1）固定胶带或夹子损坏时应更换盖板。

2）进行功能检测。

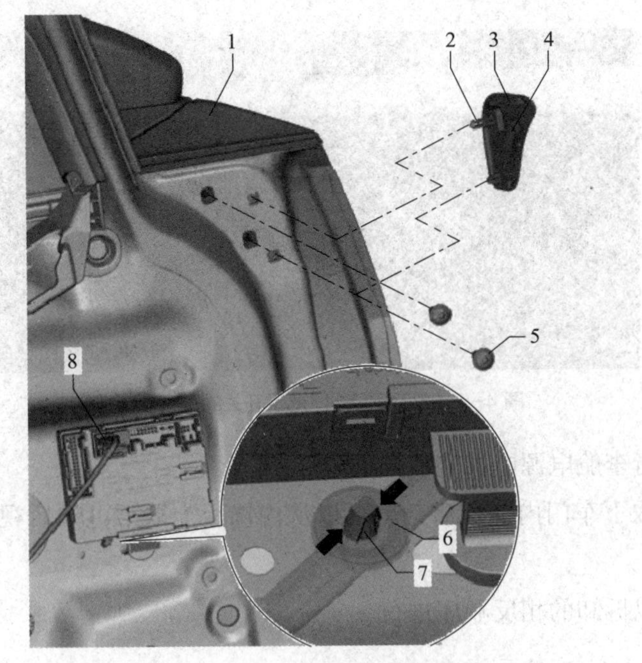

图 4-5-23　电动后视镜的结构

1—车外后视镜　2、5—固定螺栓　3—盖板　4—固定胶带　6—导线　7—控制单元夹子　8—电器连接插件

2. 电动后视镜开关的更换

（1）拆卸门把手内饰板，断开门把手上门锁开关、玻璃升降开关的电器连接插件。

（2）如图 4-5-24 所示为拆卸车门内饰板。拆卸时，需要在向上提的同时往外拽，因为车门内饰板内衬有多个塑料卡扣，会有些阻力。注意防止损坏塑料卡扣，提前备好备用件。

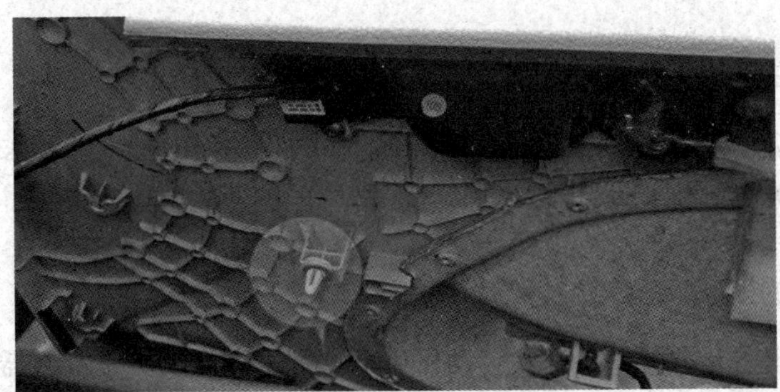

图 4-5-24　拆卸车门内饰板

（3）如图 4-5-25 所示，拆卸外门把手开关的车门拉索挂钩。

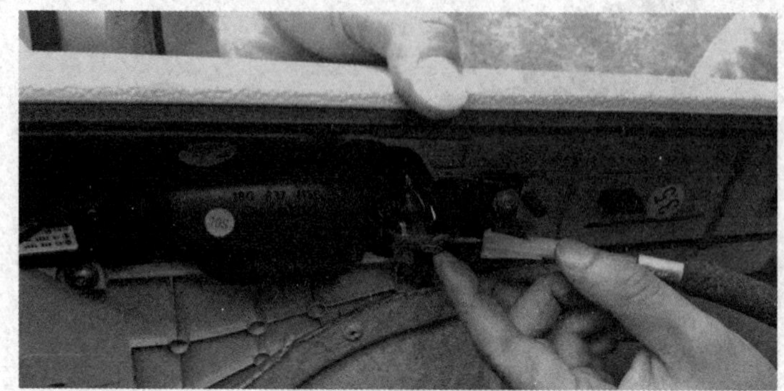

图 4-5-25　拆卸外门把手开关的车门拉索挂钩

（4）断开行李舱电源电器连接插件。

（5）彻底取下车门内饰板后，就可以从内饰板上取下电动后视镜开关并更换新的开关。

（6）安装以拆卸的相反顺序进行。

学习单元 4　更换刮水器电动机及开关

一、刮水器系统的组成及原理

1. 刮水器系统的组成

如图 4–5–26 所示为刮水器系统的结构。刮水器系统由刮水器开关、电动机、减速器、四连杆机构、刮水臂心轴、刮水片总成、继电器等组成。

2. 刮水器系统的工作原理

当按下刮水器开关时，刮水器电动机启动。刮水器电动机是刮水器系统的动力来源。电动机的转矩经过蜗轮蜗杆的减速增扭作用驱动刮水臂，刮水臂带动四连杆机构，四连杆机构带动安装在前围板上的转轴左右摆动，最后由转轴带动刮水片刮扫风窗玻璃。

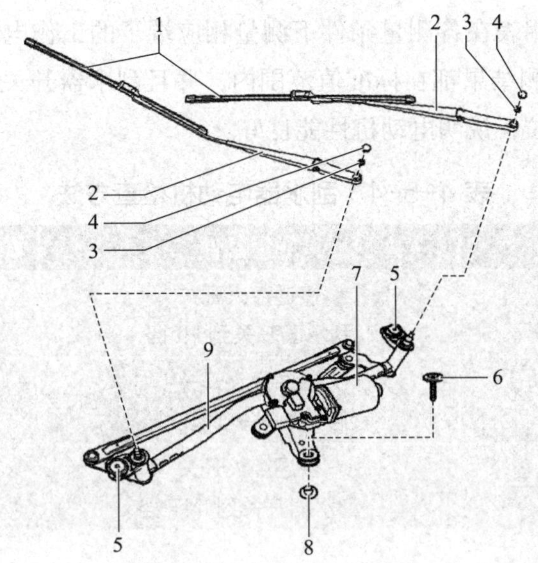

图 4-5-26　刮水器系统的结构

1—无连接刮水片　2—刮水臂　3—螺母　4—盖子　5、6—螺栓　7—电动机　8—间隔垫圈　9—框架

如图 4-5-27 所示为刮水器系统电动机。刮水器电动机的质量要求是相当高的，采用直流永磁电动机，一般与蜗轮蜗杆机械部分做成一体。

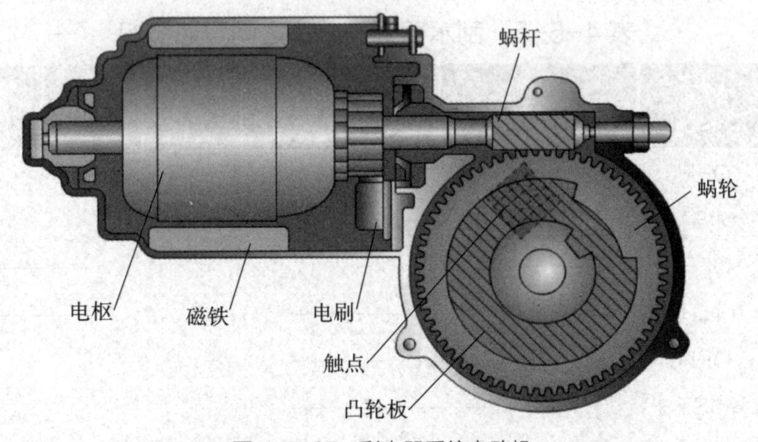

图 4-5-27　刮水器系统电动机

二、刮水器电动机及开关的检测

1. 检测刮水器电动机

采用电位测量法检测刮水器电动机在各挡位下的工作情况。刮水器电动机检查方

法见表 4–5–4。用万用表在各测量条件下测量相应端子的工作电压值，将其与表内标准值进行比较。若检测结果都在标准值范围内，并且刮水器开关打到各挡位时电动机都正常工作在相应挡位，说明电动机性能良好。

表 4–5–4　刮水器电动机检查方法

测量端子	测量条件	标准值
搭铁端子与高速挡端子	接通点火开关 刮水器开关到 HI 挡	11～14 V
搭铁端子与低速挡端子	接通点火开关 刮水器开关到 LO 挡	11～14 V
搭铁端子与间歇挡端子	接通点火开关 刮水器开关到 INT 挡	11～14 V

2. 检查刮水器开关

（1）刮水器开关端子之间导通情况见表 4–5–5。用万用表检查刮水器开关各端子的导通情况。

表 4–5–5　刮水器开关端子之间导通情况

开关＼端子		4	7	13	18	8	12	16	9
OFF	OFF	—	—						
	MIST		—	—	—				
INT	OFF	—	—				—	—	
	MIST		—	—	—		—	—	
LO	OFF		—	—	—				
	MIST		—	—	—				
HI	OFF			—	—			—	—
	MIST		—	—	—			—	—

（2）检查端子 4 和 16 之间的电阻值。当开关在间歇、低速位置时，阻值为 50 kΩ；当开关在间歇、高速位置时，阻值小于 10 kΩ。

三、刮水器电动机及开关的更换

1. 刮水器电动机的拆卸

如图4-5-28所示为刮水器电动机的拆装。刮水器电动机拆卸步骤如下。

（1）拆卸风窗玻璃刮水器框架。

（2）用撬杆在球形万向节上撬出电动机曲柄2中的工作杆4。

（3）拧下六角螺栓1。

（4）从风窗玻璃刮水器电动机轴上拔下电动机曲柄2。

（5）旋出螺栓3。

（6）从风窗玻璃刮水器框架中取出刮水器电动机。

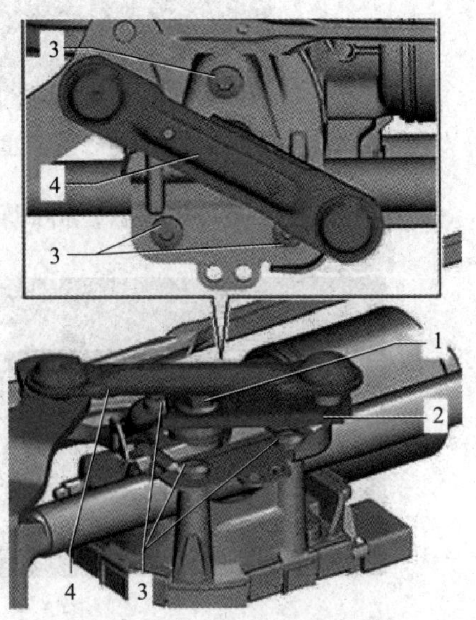

图4-5-28　刮水器电动机的拆装

1—六角螺栓　2—电动机曲柄

3—螺栓　4—工作杆

2. 刮水器电动机的安装

安装大体以拆卸的相反顺序进行，具体步骤如下。

（1）连接电气插头与风窗玻璃刮水器电动机。

（2）打开点火开关。

（3）将风窗玻璃刮水器电动机运行至限位位置。

（4）将风窗玻璃刮水器电动机安装到刮水器框架上，拧入螺栓3。

（5）将电动机曲柄2安装到风窗玻璃刮水器电动机轴上，拧上六角螺母1。

（6）平行对准工作杆4和电动机曲柄2，拧紧六角螺母1。

（7）将工作杆4和电动机曲柄2连接到球形万向节上。

（8）安装风窗玻璃刮水器框架。

3. 刮水器开关的更换

（1）如图4-5-29所示拆卸转向盘上气囊盖，拧下转向盘中央固定大螺栓，拆下转向盘。

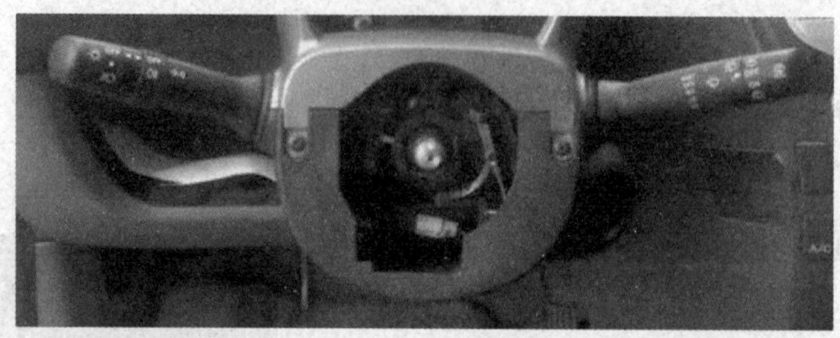

图 4-5-29　拆卸气囊盖

（2）如图 4-5-30 所示，拆卸转向盘底座上下外壳，露出刮水器组合开关。

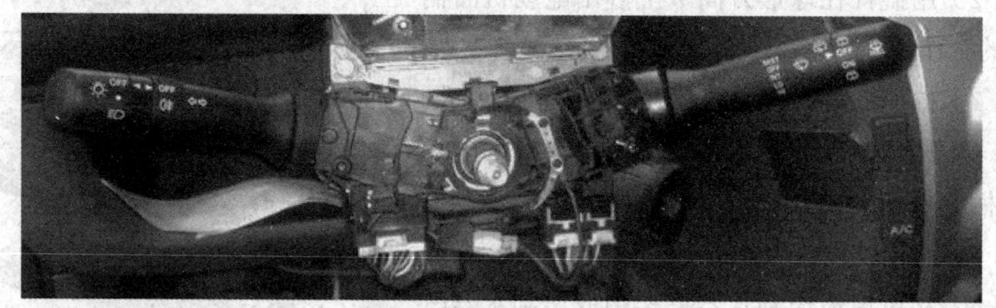

图 4-5-30　拆卸转向盘底座上下外壳

（3）取下刮水器组合开关并更换。

学习单元 5　更换座椅电动机及开关

一、电动座椅系统的组成及原理

在汽车电动座椅系统中，座椅不仅起椅子的作用，它已经属于舒适性系统的一个组成部分，其技术含量越来越高，维修难度也越来越大。电动座椅的控制方式有座椅前后滑动调节、座椅前部的上下调节、座椅后部的上下调节、靠背的倾斜调节、头枕的上下调节及腰垫的前后调节等。驾驶员通过操纵电动座椅开关将座椅位置调节好后，按下位置储存开关，电控装置就把各位置传感器的信号储存起来，以备下次恢复座椅位置时使用。当下次使用时，只要一按位置复位开关，座位 ECU 便驱动座椅电动机，将座椅调整到原来储存的位置。座椅系统安装位置如图 4-5-31 所示。

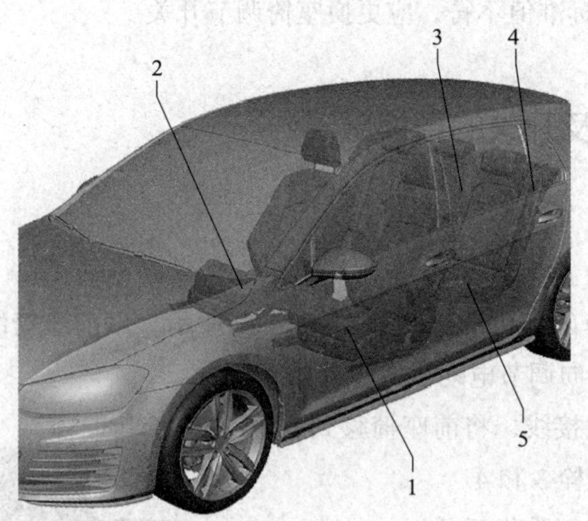

图 4-5-31　座椅系统安装位置

1—驾驶员侧前座椅　2—副驾驶员侧前座椅　3—后排座椅靠背　4—侧面软垫　5—后排座椅

电动座椅系统包括传感器、电子控制单元（ECU）及执行机构的驱动电动机三大部分。传感器包括座椅位置传感器、后视镜位置传感器、安全带扣环传感器以及转向盘倾斜传感器等。ECU 包括输入接口、计算机 CPU 和输出处理电路等。执行机构的驱动电动机主要包括执行座椅调整、后视镜调整、安全带扣环及转向盘倾斜调整等的微型电动机，而且这些电动机均可灵活地进行正、反转，以执行各种装置的调整功能。另外，该系统还备有手动开关，当手动操作此开关时，各驱动电动机电路也可接通，电动机输出转矩而进行各种调整。

二、座椅电动机及开关的检查

1. 检查座椅电动机

分别给调节座椅前端上下移动的电动机、调节座椅后端上下移动的电动机、调节座椅前后移动的电动机、调节靠背倾斜度的电动机的两个端子通两次电流方向相反的电，观察电动机是否可以正常工作。若电动机无法正常工作，则应更换电动机。

2. 检查座椅开关

用万用表欧姆挡检查座椅各调节开关性能是否良好。当按下调节开关时，开关两个端子之间的电阻应该为无穷大；当开关弹回时，两个连接端子之间的电阻应小于1 Ω。若测量结果与标准值不符，应更换座椅调节开关。

三、座椅电动机及开关的更换

1. 更换座椅电动机

前座椅纵向调节电动机的拆卸如图 4-5-32 所示。以前座椅纵向调节电动机损坏为例，更换前座椅纵向调节电动机的步骤如下。

（1）断开蓄电池接线，将前座椅移到最靠前位置，拧出螺栓 3 和 4。

（2）将前座椅移到最靠后位置，拧出螺栓 1 和 2。

（3）将座椅向后翻，打开底板垫中的盖板。

（4）松开并拔下接线板上的座椅线束插接件。

（5）用右手抓住靠背和座椅软垫之间，左手抓住座椅软垫前端，从车上搬出座椅。当从车中取出或运送座椅时，不得抓握零件，如安全锁扣、座椅前后调节装置连杆、座椅高度调节装置或座椅饰板连杆等，以避免损坏零件。

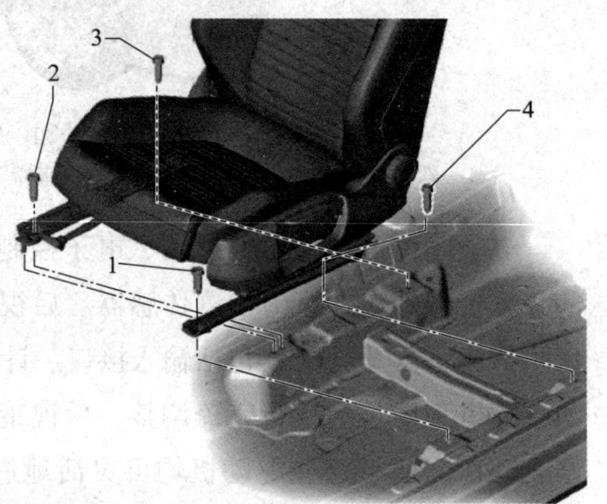

图 4-5-32　前座椅纵向调节电动机的拆卸

1～4—螺栓

（6）从座椅槽上脱开座椅槽底架，然后取下调节电动机。

（7）安装时以拆卸的相反顺序进行。注意，如果在安装座椅时损坏了座椅横梁支承板的螺纹，则不允许对受损的螺纹再次进行机加工。在这种情况下必须更换座椅横梁支承板。

2. 更换座椅开关

座椅调节开关一般位于座椅底座，用旋具拆下座椅调节开关的固定螺栓，均匀用力撬出调节开关，拔开电器连接插接件，就可以更换新的开关。安装以拆卸的相反顺序进行。

课程 4-6　检修空调制冷系统

【学习内容】

学习单元	课程内容	培训建议	课堂学时
（1）更换空调压缩机电磁离合器	1）空调系统的组成及工作原理 2）空调压缩机电磁离合器的组成及原理 3）空调压缩机电磁离合器的拆卸 4）空调压缩机电磁离合器的检查 5）空调压缩机电磁离合器的装配	（1）方法：讲授法、演示法、实训法 （2）重点与难点：空调压缩机电磁离合器的检查	8
（2）检修空调制冷循环系统	1）空调制冷循环系统的组成及原理 2）空调制冷循环系统的检漏方法及维修措施 3）空调制冷循环系统的检漏 4）空调制冷循环系统的压力检查 5）空调制冷循环系统制冷剂加注补给作业 6）冷媒加注回收机的操作规程	（1）方法：讲授法、演示法、实训法 （2）重点与难点：空调制冷循环系统制冷剂加注补给作业	8
（3）更换制冷系统各组件	1）制冷系统各主要组成件的作用及工作原理 2）制冷系统各主要组成件的检查 3）制冷系统各主要组成件的更换	（1）方法：讲授法、演示法、实训法 （2）重点与难点：制冷系统各主要组成件的更换	8

学习单元 1 更换空调压缩机电磁离合器

一、空调系统的组成及工作原理

汽车空调是对汽车车厢内空气进行调节的装置，它能保证车内环境的舒适性，保持车内空气的温度、湿度、流速、洁净度等在舒适性的标准范围内，不仅有利于司乘人员身体健康，提高了工作效率和生活质量，而且还增加了汽车行驶的安全性。

汽车空调系统一般由制冷系统、取暖系统、送风系统、空气净化系统、电气控制系统五大部分组成。

1. 制冷系统

如图 4-6-1 所示，制冷系统由压缩机、冷凝器、储液干燥过滤器、蒸发器、膨胀阀等组成。

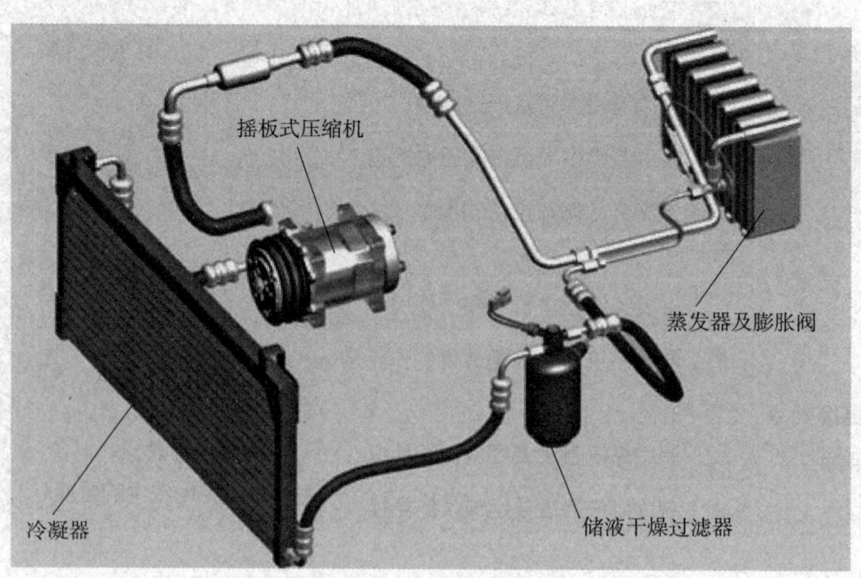

图 4-6-1 制冷系统

2. 取暖系统

如图 4-6-2 所示，取暖系统由加热器芯、热水阀、水管、发动机等组成。

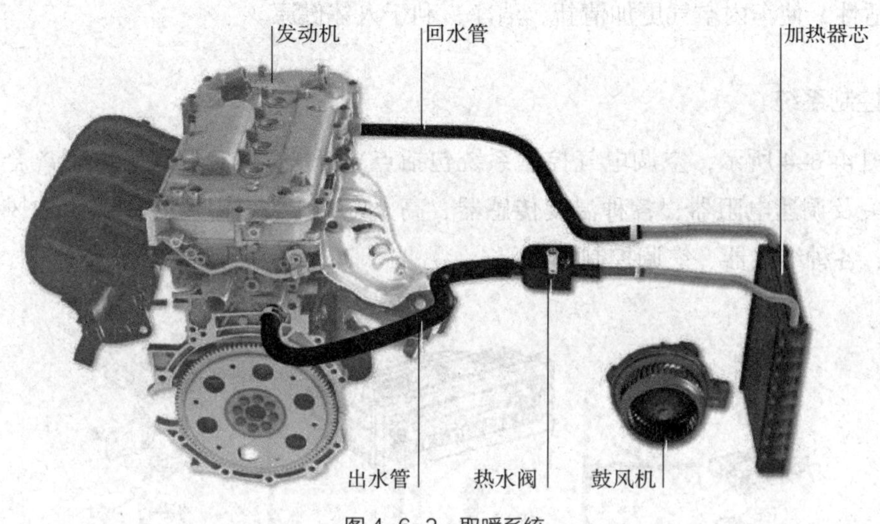

图 4-6-2　取暖系统

3. 送风系统

如图 4-6-3 所示，送风系统由各式风门、鼓风机、导风管等组成。

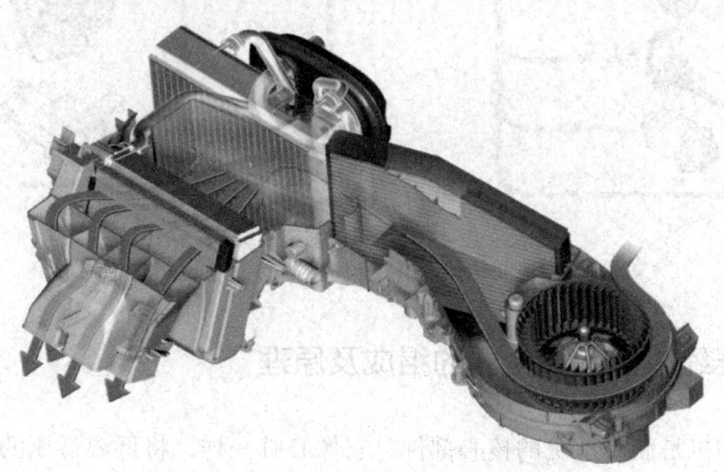

图 4-6-3　送风系统

4. 空气净化系统

空气净化系统一般由鼓风机、空气过滤器、杀菌器、负氧离子发生器和进风口、出风口等组成，其作用是使车厢内的空气保持清新、洁净。

空气净化方式有过滤式和静电集尘式两种。在一些高级轿车上，除了使用以上除尘方法外，还装用了负离子发生器，以增加空气中负离子含量，改善车内空气质量，提高舒适性，使车内空气更加清新、洁净，利于人体健康。

5. 电气控制系统

如图 4–6–4 所示，空调电气控制系统包括点火开关、A/C 开关、电磁离合器、鼓风机开关及调速电阻器、各种温度传感器、高 / 低压开关、温度控制器、送风模式控制装置、各种继电器、空调控制单元等。

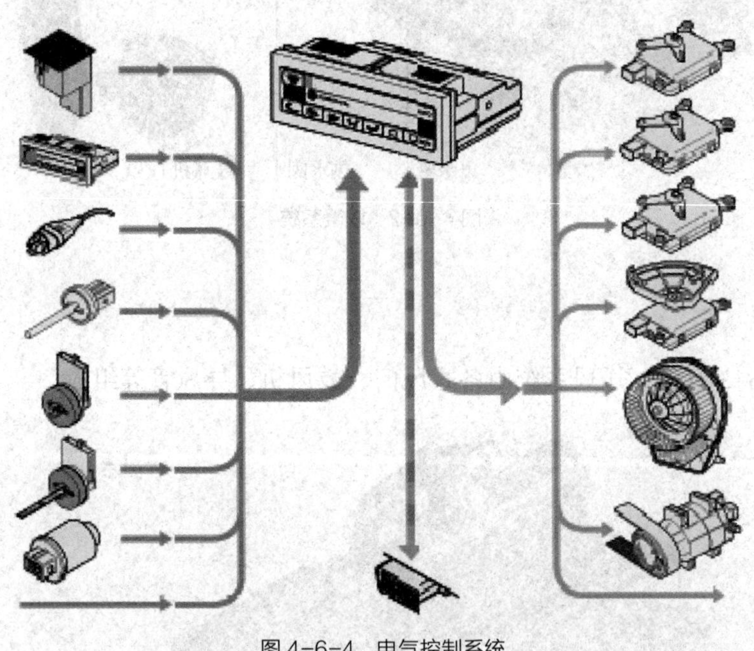

图 4–6–4　电气控制系统

二、空调压缩机电磁离合器的组成及原理

空调压缩机是制冷系统的核心部件，它像心脏一样，将低温低压的制冷剂压缩成高温高压的制冷剂并使之循环。

如图 4–6–5 所示，一般轿车的空调压缩机是由汽车发动机通过电磁离合器来驱动的。电磁离合器可以使压缩机与发动机分离，也可以使它们接合而传递动力。电磁离合器安装在压缩机主轴伸出端。

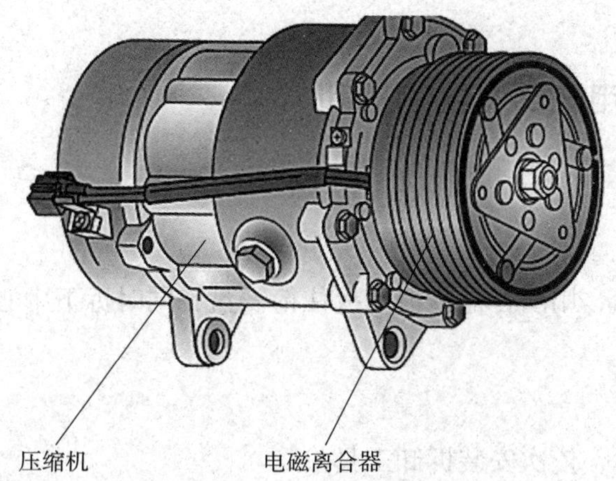

图 4-6-5　压缩机和电磁离合器

如图 4-6-6 所示，空调压缩机电磁离合器由带轮、电磁线圈、压力板等组成。在电磁离合器线圈没有通电时，压力板与带轮之间保持一定的间隙而分离，空调压缩机主轴不转，压缩机不工作。当有电流流过电磁线圈时，电磁线圈产生电磁力，使离合器的压力板与带轮接合，将发动机的动力传递给压缩机主轴，使压缩机主轴旋转；当电磁离合器断电时，电磁力消失，在弹簧片弹簧力的作用下，压力板与带轮脱离，压缩机停止工作。

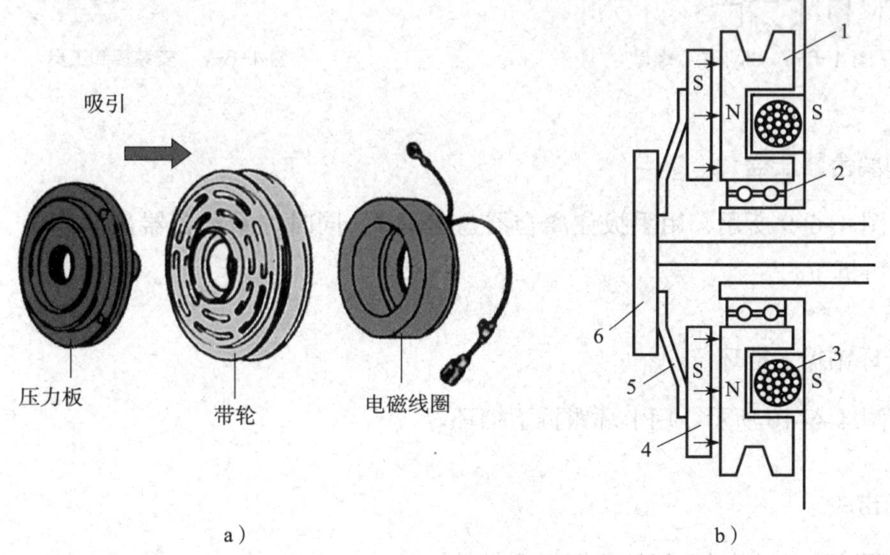

图 4-6-6　电磁离合器

1—带轮　2—轴承　3—线圈　4—压力板　5—弹簧片　6—驱动盘

三、空调压缩机电磁离合器的拆卸

1. 拆下中心螺母

如图 4-6-7 所示，用离合器盘扳手扳住衔铁盘，同时拆下中心螺母。

2. 安装拆卸工具

如图 4-6-8 所示，依次安装拆卸工具。

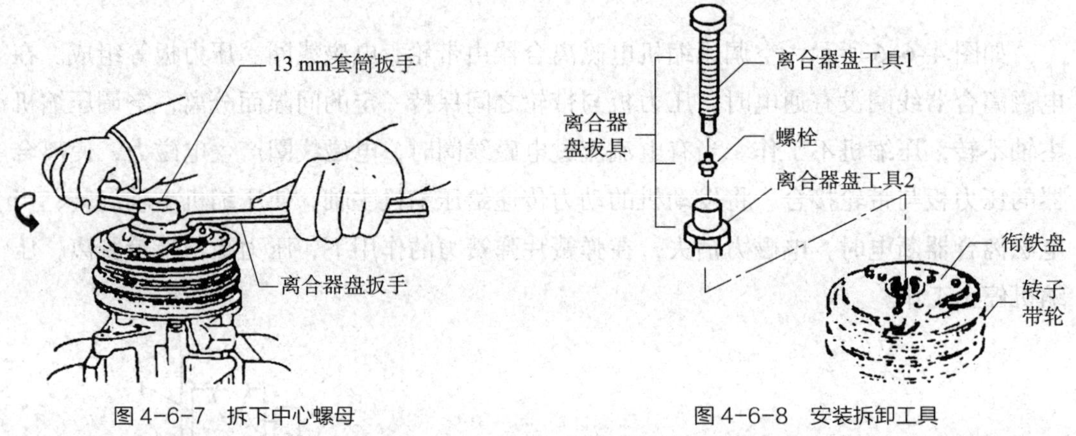

图 4-6-7　拆下中心螺母　　图 4-6-8　安装拆卸工具

3. 拆卸离合器压盘

如图 4-6-9 所示，用手扳住离合器盘工具 1，同时拧紧离合器盘工具 2，离合器压盘即可拆下。

4. 用卡环钳拆下挡环

如图 4-6-10 所示，用卡环钳拆下挡环。

5. 拆卸带轮

如图 4-6-11 所示，用拉拔器拆下带轮。

6. 拧下导线固定螺钉并拆下线圈

如图 4-6-12 所示，用拉拔器拆下电磁离合器线圈。拆卸线圈时，注意不要使拉

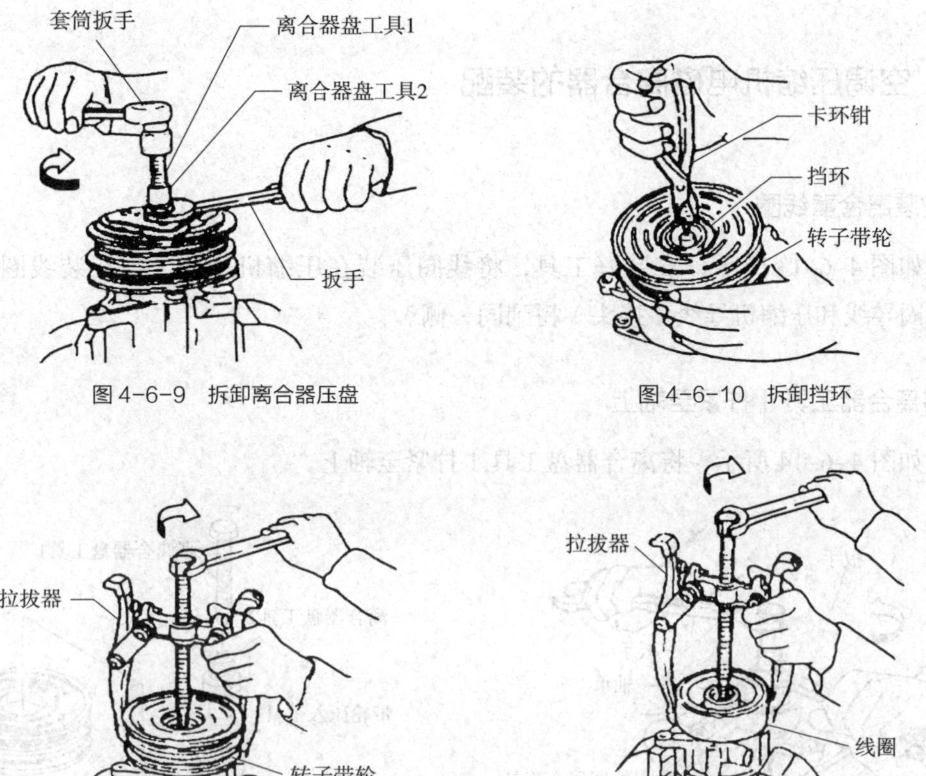

图 4-6-9　拆卸离合器压盘

图 4-6-10　拆卸挡环

图 4-6-11　拆卸带轮

图 4-6-12　拆电磁离合器线圈

拔器的卡爪损伤导线和接地线。

四、空调压缩机电磁离合器的检查

电磁离合器用在所有的定排量压缩机和部分变排量压缩机系统中。电磁离合器常见的故障包括电磁线圈断路、打滑、分离不彻底等。针对这些故障，应做以下检查。

1. 检查离合器从动盘（前压板）是否变形，摩擦表面是否有因过热和打滑而引起的刮痕，如有，应更换带轮总成；如果摩擦表面有油垢或脏污应清洗干净。

2. 检查带轮轴承是否松旷，转动是否平稳、无杂声，如有损坏应及时更换。

3. 检查线圈阻值及绝缘性，阻值应在规定值范围内。

4. 轮毂与带轮之间的间隙要符合要求，一般为 0.3 ~ 0.6 mm，如不合适应进行调节（根据需要增减垫片）。

五、空调压缩机电磁离合器的装配

1. 安装离合器线圈

如图 4–6–13 所示，安装好工具，将线圈压装在压缩机主体上。压装线圈之前，将线圈导线和压缩机导线（接头）捋到同一侧。

2. 将离合器工具 1 拧紧至轴上

如图 4–6–14 所示，将离合器盘工具 1 拧紧至轴上。

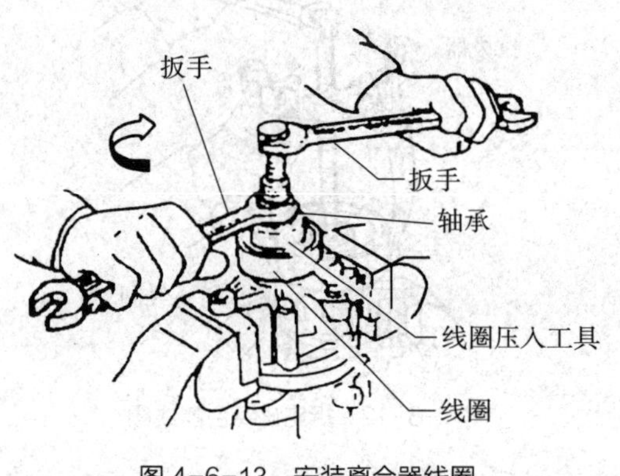

图 4–6–13　安装离合器线圈

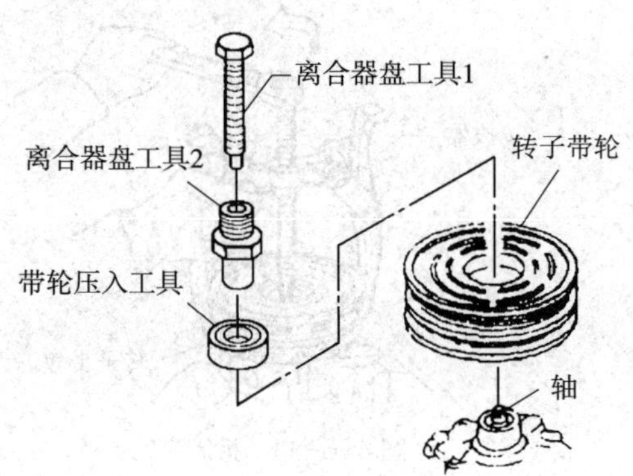

图 4–6–14　安装工具

3. 安装带轮

如图 4–6–15 所示，用扳手扳住离合器盘工具 1、2，同时拧紧；然后将转子带轮压装好；用卡环钳装上新卡环，安装时使锥面朝上。注意不要损坏轴承密封。

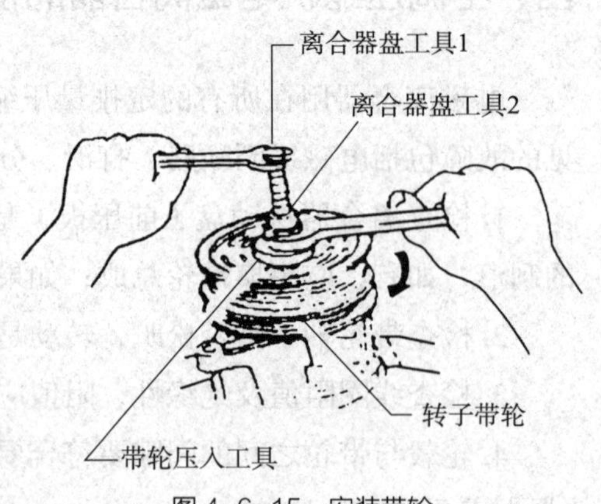

图 4–6–15　安装带轮

4. 安装离合器衔铁盘

如图 4–6–16 所示，对准轴的键槽和衔铁盘的键槽，插入轴键（要换用新轴键），用扳手扳住离合器盘工具 1、2 并拧紧。注意调整离合器间隙。

5. 安装中心螺母

如图 4–6–17 所示，用离合器盘扳手安装中心螺母（最好用新螺母）。拧紧螺母时要达到规定的拧紧力矩。

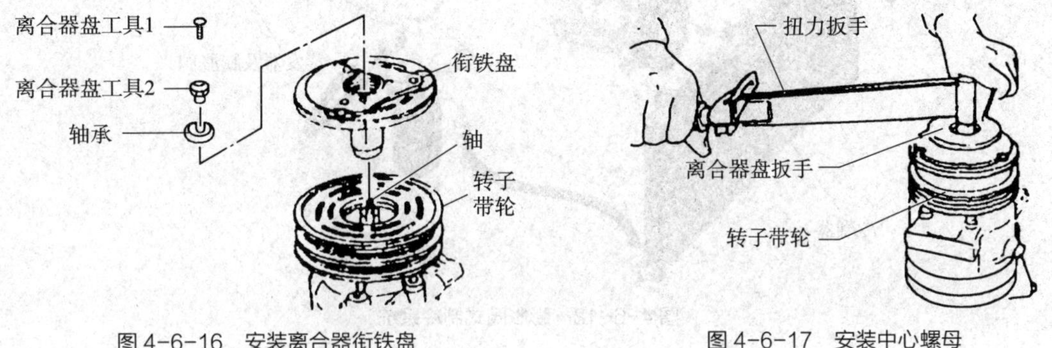

图 4–6–16　安装离合器衔铁盘

图 4–6–17　安装中心螺母

学习单元 2　检修空调制冷循环系统

一、空调制冷循环系统的组成及原理

1. 制冷循环系统的组成

汽车空调制冷系统由压缩机、冷凝器、储液干燥器（或集液干燥器）、膨胀阀（或孔管）、蒸发器、鼓风机、压力开关、高低压检修阀和制冷管道等组成。现代汽车空调根据制冷系统中所采用的节流元件不同分为膨胀阀系统和孔管（节流管）系统两类。如图 4–6–18 所示为膨胀阀式制冷系统，图 4–6–19 所示为孔管式制冷系统。

2. 制冷原理

（1）制冷剂及冷冻机油

1）制冷剂。又称冷媒，可以根据空调系统的要求变化状态，实现制冷循环。目前

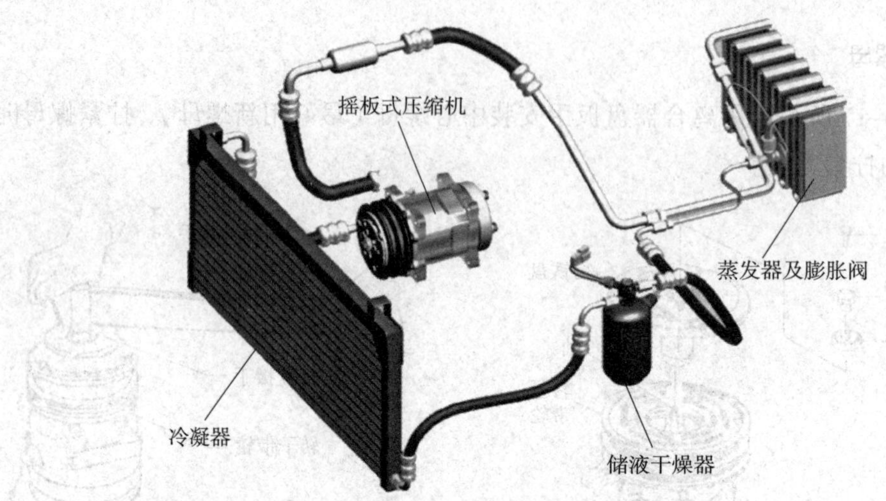

图 4-6-18　膨胀阀式制冷系统

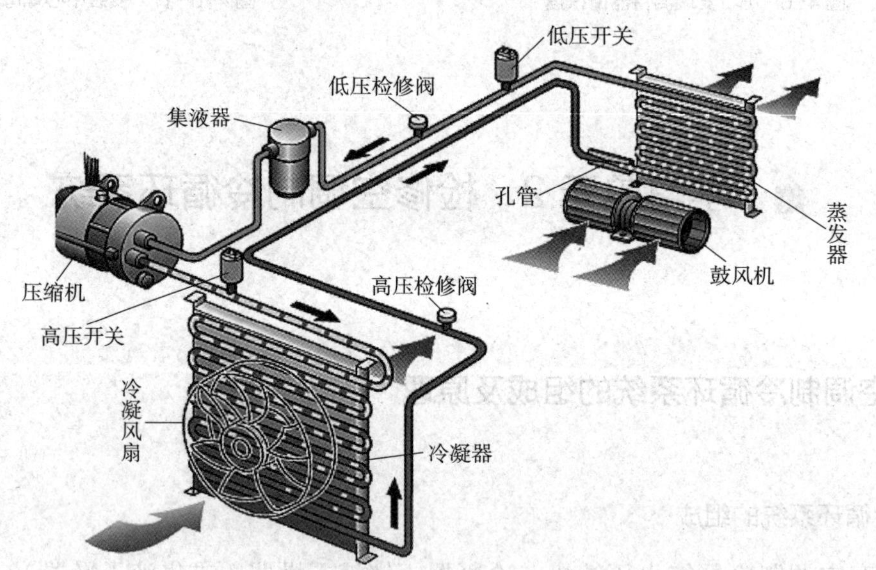

图 4-6-19　孔管式制冷系统

汽车空调常用的制冷剂是 R134a，它不会像 R12 那样破坏臭氧层。R134a 与 R12 制冷剂特性对比见表 4-6-1。

表 4-6-1　制冷剂特性对比

制冷剂	R12	R134a
中文名称	二氯二氟甲烷	四氟乙烷
物理性质	不易燃，无色，无味，无毒，对金属或橡胶无腐蚀作用，吸湿性较强	不易燃，无色，无味，无毒，对金属或橡胶无腐蚀作用，吸湿性较强

续表

制冷剂	R12	R134a
优点	安全，制冷效率高，价格便宜	不会破坏大气臭氧层
缺点	破坏大气臭氧层	与冷冻机油混合后会腐蚀钢，成本高
制冷温度范围	-60～10 ℃	
系统润滑剂	采用矿物油作为系统的润滑剂	不能与矿物润滑油亲和，需采用聚酯合成润滑油
适用范围	现在已经基本不用	应用广泛
使用安全措施	蒸发快，任何东西接触后均会结冰；其为天然油溶剂，皮肤接触会引起刺激和烧伤；另外，其高压泄漏易伤害眼睛；制冷剂罐不得用力碰撞，不得置于高温处，应将其放在阴凉处	

注意：

①制冷剂储存过程中不能将其暴露于明火、阳光直射、高温等环境。

②不同类型的制冷剂不能混用。

③操作制冷剂时要戴护目镜，以防冻伤。

2）冷冻机油。它是一种在高、低温工况下均能正常工作的特殊润滑油。

冷冻机油为浅黄色、无味的液体；混入杂质后变成棕色或黑色，并且有一定的气味。如果发现冷冻机油变色或有气味，则冷冻机油已变质，应该更换新机油。

冷冻机油通常按制冷剂类型分类，其型号见表 4-6-2。

表 4-6-2　制冷剂及冷冻机油的类型

制冷剂类型	R12 制冷系统	R134a 制冷系统
冷冻机油类型	矿物油	聚烷撑乙二醇（合成油）

注意：冷冻机油有很强的吸水性，在维修中为防止其被污染，一旦断开管路应及时密封。

（2）制冷原理

如图 4-6-20 所示为制冷剂在管路中的循环过程。

1）压缩过程。压缩机吸入蒸发器蒸发吸热后的低温低压制冷剂气体，将其压缩成高温高压气体排出，进入冷凝器。

2）放热过程。高温高压的制冷剂气体进入冷凝器后与外面的空气进行热交换，放

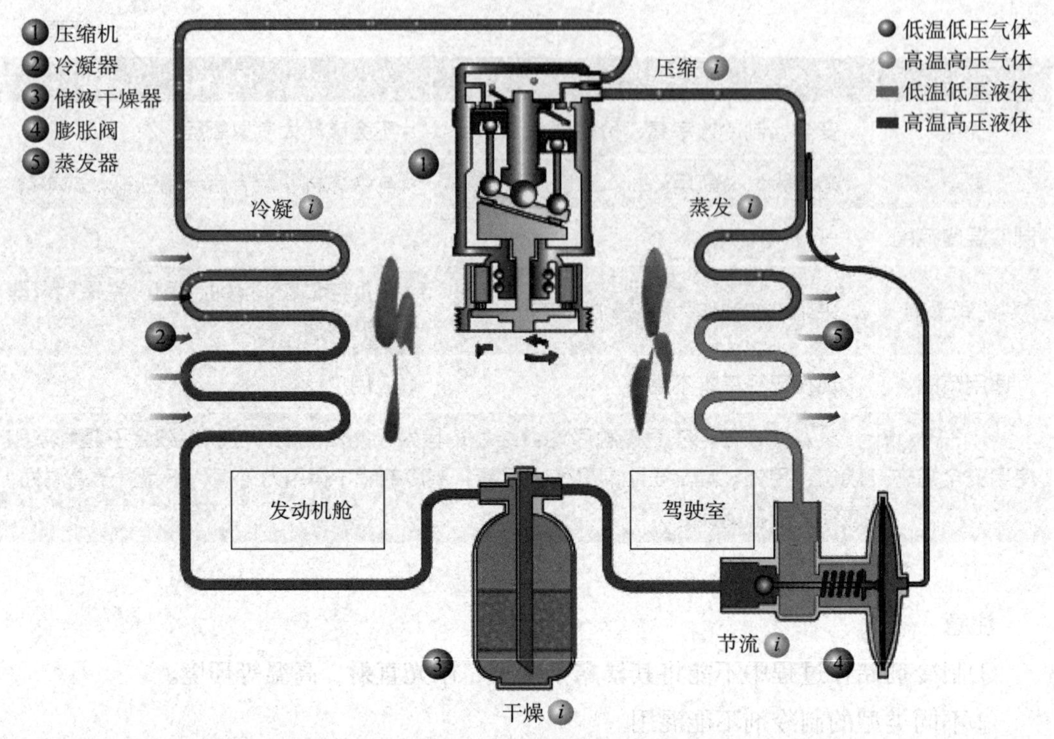

图 4-6-20　制冷原理

出大量的热后冷凝为高温高压液体流入干燥过滤器，并过滤流出。

3）节流过程。高温高压液体经过膨胀阀的节流作用后体积变大，压力和温度急剧下降，以雾状（细小液滴）进入蒸发器。

4）吸热过程。雾状制冷剂进入蒸发器，此时制冷剂的沸点远低于蒸发器的温度，故制冷剂沸腾汽化，吸取车厢内空气的热量而使车厢降温，然后又进入压缩机，进行下一个循环。如此往复循环达到制冷的目的。

二、空调制冷循环系统的检漏方法及维修措施

汽车空调工作环境比较恶劣，在振动和老化的影响下，各接口之间密封性会变差，制冷效果不好，这就需要进行空调制冷系统的检漏。空调制冷系统常用的检漏方法有外观检漏、真空检漏、荧光检漏、肥皂泡检漏、压力检漏、电子检漏仪检漏、卤素灯检漏等。常用检漏方法见表 4-6-3。

表 4-6-3　常用检漏方法

类型	操作方法
外观检漏	外观检漏即观察法检漏，是指目视查看制冷系统（特别是制冷系统的管接头）有无冷冻机油渗漏痕迹。因制冷剂与冷冻机油可互溶，所以渗漏处必然也带油迹，因此，有油迹的部位就必然是渗漏处
真空检漏	先把歧管压力表高压软管接到空调系统高压维修阀上，再把低压软管接到低压维修阀上，把中间管接到抽真空机上。打开歧管压力表高压手动维修阀与低压手动维修阀，启动真空泵，并观察低压表上的真空部分，直到将压力抽真空至 90 kPa 左右。然后关闭歧管压力表上的手动高、低压维修阀，观察低压表压力是否回升，如回升则表示空调系统有泄漏。注意：真空检漏不能确定泄漏点
荧光检漏	这种方法是利用荧光检漏剂在紫外检漏灯照射下会发出亮光的原理，对各类系统中的流体渗漏进行检测。在使用时，只需将荧光剂按一定比例加入系统中，系统运行 20 min 后戴上专用眼镜，用紫外检漏灯照射系统的外部，泄漏处将呈黄绿色荧光。荧光检漏的优点是定位准确，渗漏点可以直接看到，而且检漏仪器使用简单，携带方便
肥皂泡检漏	如制冷系统还有一定量的制冷剂，那么在怀疑的漏点处涂上肥皂液，漏点处会有气泡产生，要仔细观察
电子检漏仪检漏	电子检漏仪探头吸收任何漏出的制冷剂。发现制冷剂泄漏时，检漏仪即发出声响报警或闪烁光，是较灵敏的检测仪。这是目前常用的检漏方法

在确定泄漏部位后，应该鉴别并回收空调系统中的制冷剂，对泄漏部件进行更换，再次加注制冷剂并做压力检查。

三、空调制冷循环系统的检漏

1. 荧光检漏

荧光检漏的操作步骤如下。

（1）如图 4-6-21 所示，连接注射管与荧光剂瓶。

（2）如图 4-6-22 所示，安装荧光剂瓶与注射枪。

（3）如图 4-6-23 所示，加注荧光剂，确保管路中无压力。

（4）如图 4-6-24 所示，连接紫外检漏灯。

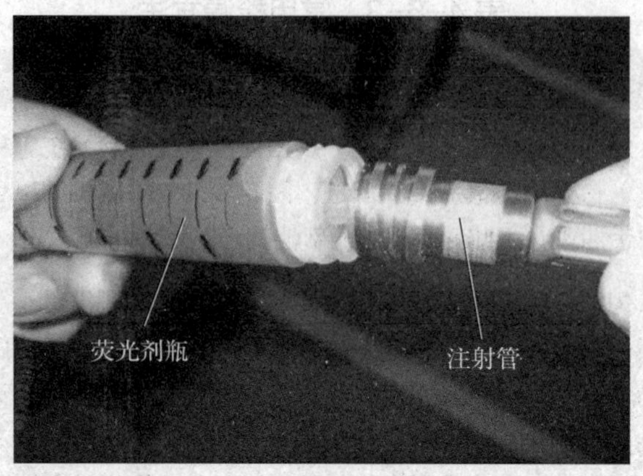

图 4-6-21　连接注射管与荧光剂瓶

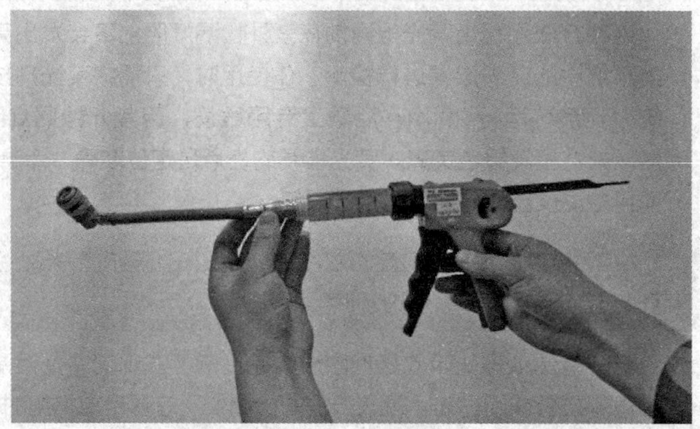

图 4-6-22　安装荧光剂瓶与注射枪

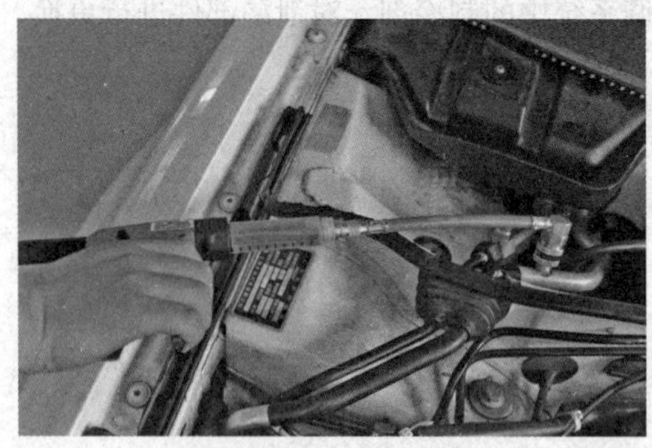

图 4-6-23　加注荧光剂

图 4-6-24　连接紫外检漏灯

（5）查找漏点。如图 4-6-25、图 4-6-26 所示，空调系统运行 15 min 以上，使荧光剂与制冷剂充分混合，戴上滤光镜查找漏点。

图 4-6-25　查找漏点

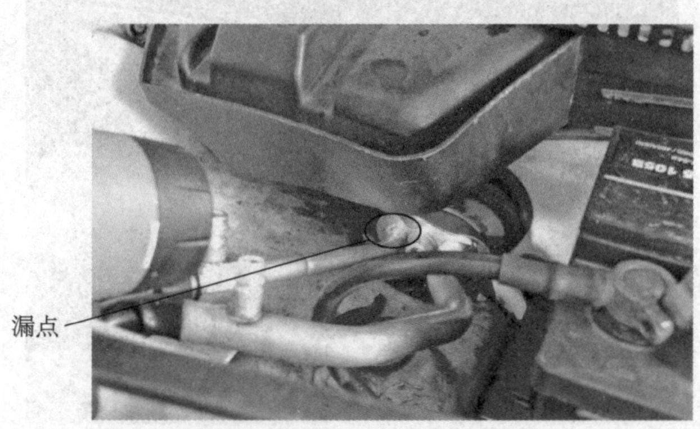

图 4-6-26　漏点外呈黄绿色

2. 电子检漏仪检漏

如图 4-6-27 所示为常见的电子检漏仪，其检漏操作方法如下。

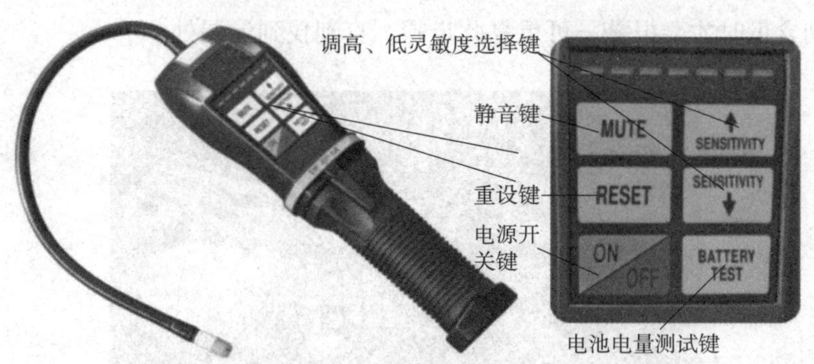

图 4-6-27　电子检漏仪

（1）如图 4-6-28 所示，按电源开关键“ON/OFF”开机。

（2）如图 4-6-29 所示，调节灵敏度，使第一个 LED 灯点亮，仪器发出低频“嘀

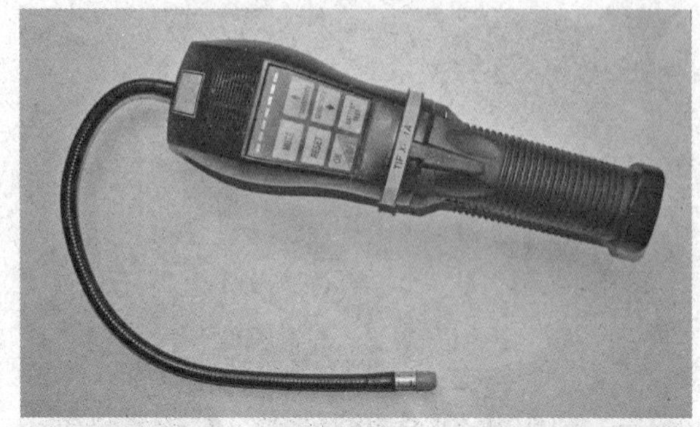

图 4-6-28　电子检漏仪开机

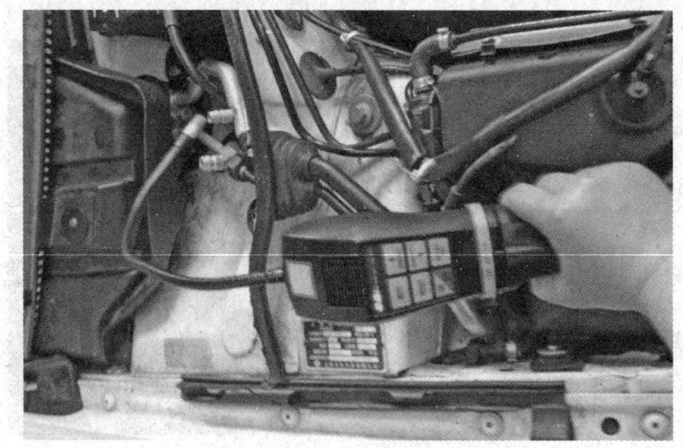

图 4-6-29　调节灵敏度

嘀”声。

（3）如图 4-6-30 所示，探头指向被检区域（不要接触），若点亮的 LED 灯增多，声音频率增高，则说明有渗漏。当仪器报警时，按重设键“RESET”，此后只有更高浓度的制冷剂含量时才会报警。可重复此步骤，直到找到渗漏处。

图 4-6-30　检漏

四、空调制冷循环系统的压力检查

1. 歧管压力表的使用

如图 4–6–31 所示，歧管压力表由高压表、低压表、高压手动阀、低压手动阀、阀体及三根维修软管组成。歧管压力表配有不同颜色的三根连接软管，一般规定蓝色软管用于低压侧（接低压工作阀），红色软管用于高压侧（接高压工作阀），黄色（也有绿色的）软管接在中间，连接真空泵或制冷剂罐。所用压力表为弹簧管式压力表。低压表既用于显示压力，也用于显示真空度。

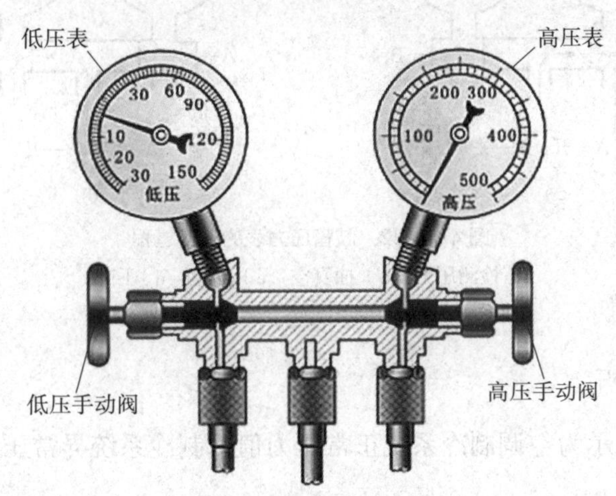

图 4–6–31　歧管压力表

如图 4–6–32 所示为歧管压力表的工作过程。

用歧管压力表检测系统压力的操作步骤如下。

（1）分别连接歧管压力表的高、低压维修软管到制冷系统高、低压侧的维修接口上。

（2）关闭高、低压手动阀。

（3）启动发动机，保持发动机转速为 1 500 ~ 2 000 r/min。

（4）设置鼓风机速度开关在最大位置、温控开关在最大制冷挡时，测量低压侧的压力为 0.15 ~ 0.25 MPa，高压侧的压力为 1.4 ~ 1.6 MPa，表示制冷系统工作正常。由于标准压力值受外界气温影响很大，在根据压力值检测及判断故障原因时，一定要考虑到外界气温和制冷剂的种类。在不同气温下，高、低压压力值的标准不一样。

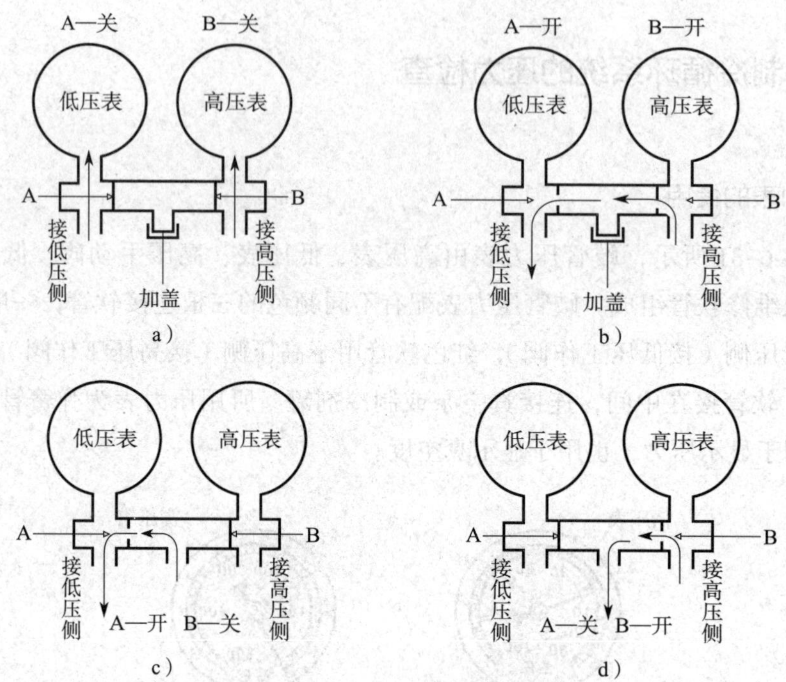

图 4-6-32　歧管压力表的工作过程

a）检测压力　b）抽真空　c）加注　d）回收

2. 空调系统压力分析

如图 4-6-33 所示为空调制冷系统正常压力值。制冷系统异常压力分析见表 4-6-4。

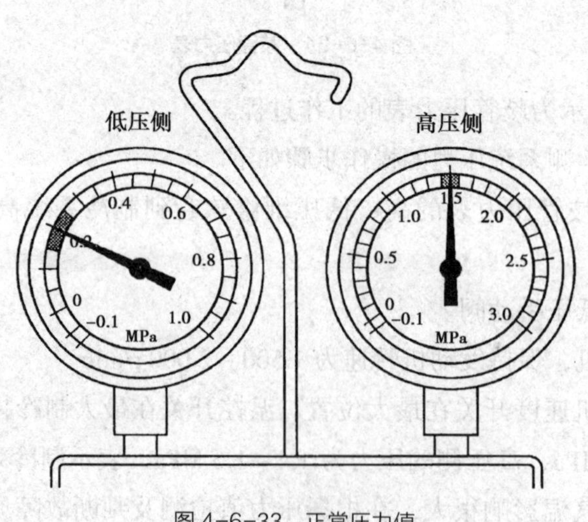

图 4-6-33　正常压力值

表 4-6-4　制冷系统异常压力分析

1. 高、低压两侧压力指示过低	
压力检测图示	
原因分析	制冷剂不足或管道有轻微的渗漏
处理措施	检漏，补充制冷剂
2. 高、低压两侧压力均较高（高压为 1.85 MPa，低压超过 0.25 MPa）	
压力检测图示	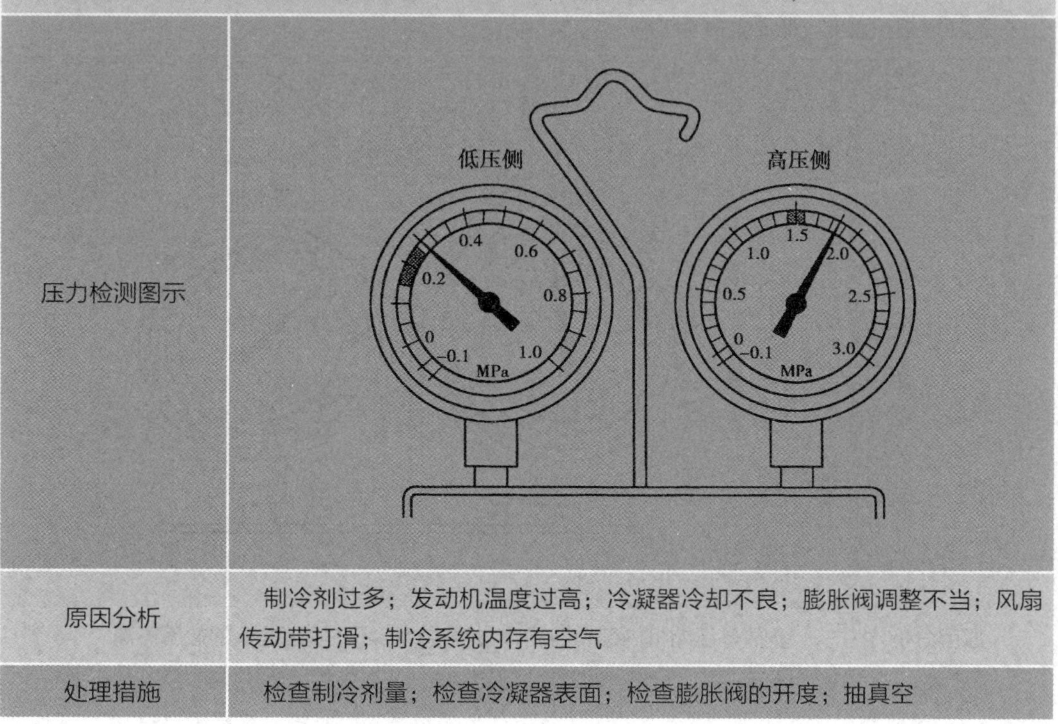
原因分析	制冷剂过多；发动机温度过高；冷凝器冷却不良；膨胀阀调整不当；风扇传动带打滑；制冷系统内存有空气
处理措施	检查制冷剂量；检查冷凝器表面；检查膨胀阀的开度；抽真空

续表

3. 在发动机运转中，压力表显示低压侧压力有时为负值，有时正常；高压侧压力有时正常，有时比正常压力低	
压力检测图示	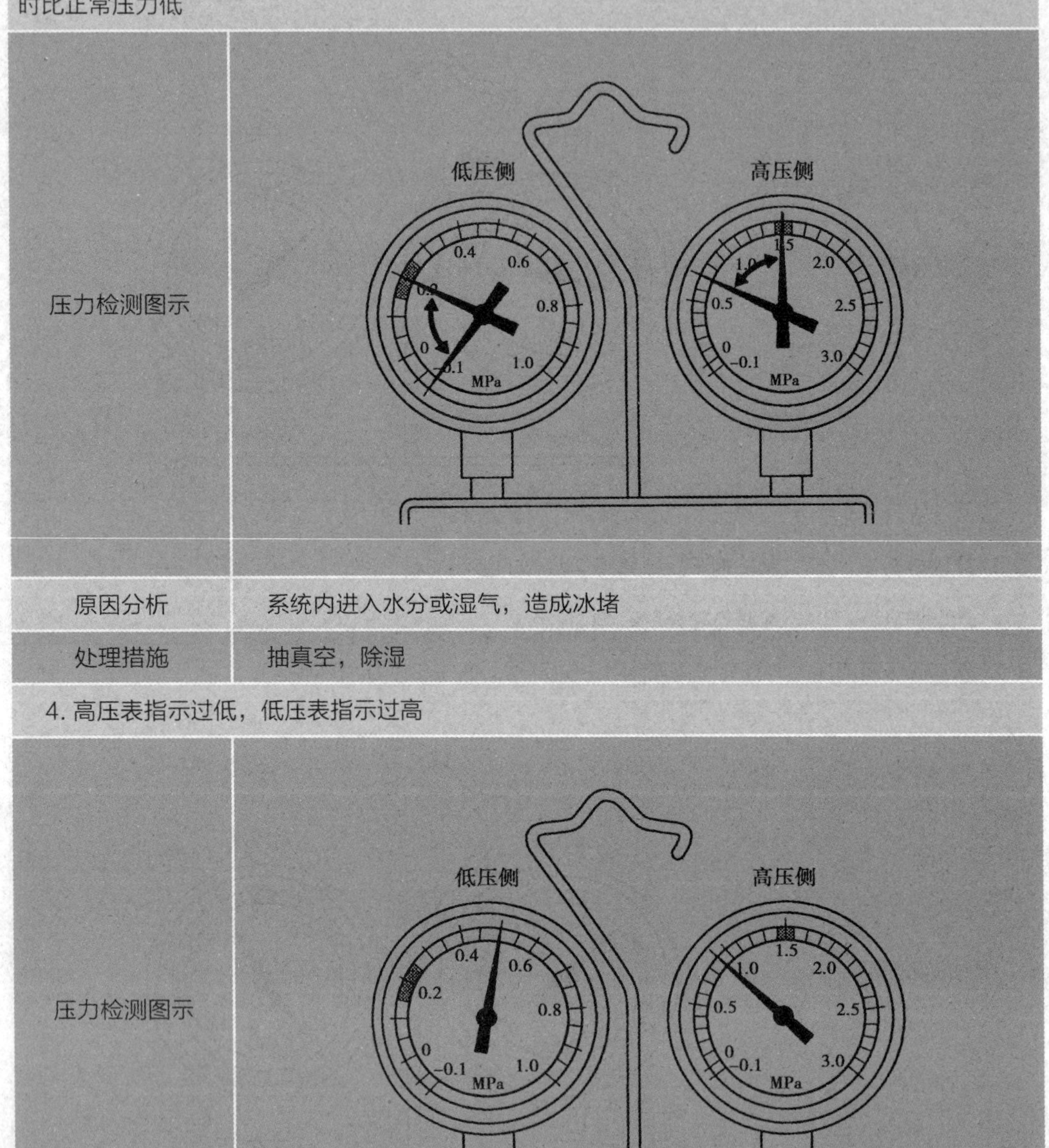
原因分析	系统内进入水分或湿气，造成冰堵
处理措施	抽真空，除湿
4. 高压表指示过低，低压表指示过高	
压力检测图示	低压侧 高压侧 MPa MPa
原因分析	多数是压缩机内部有泄漏，衬垫或阀损坏，使压缩机的效率不高
处理措施	更换压缩机

续表

5. 检测时，低压侧指示负压，高压侧指示的压力比正常压力低	
压力检测图示	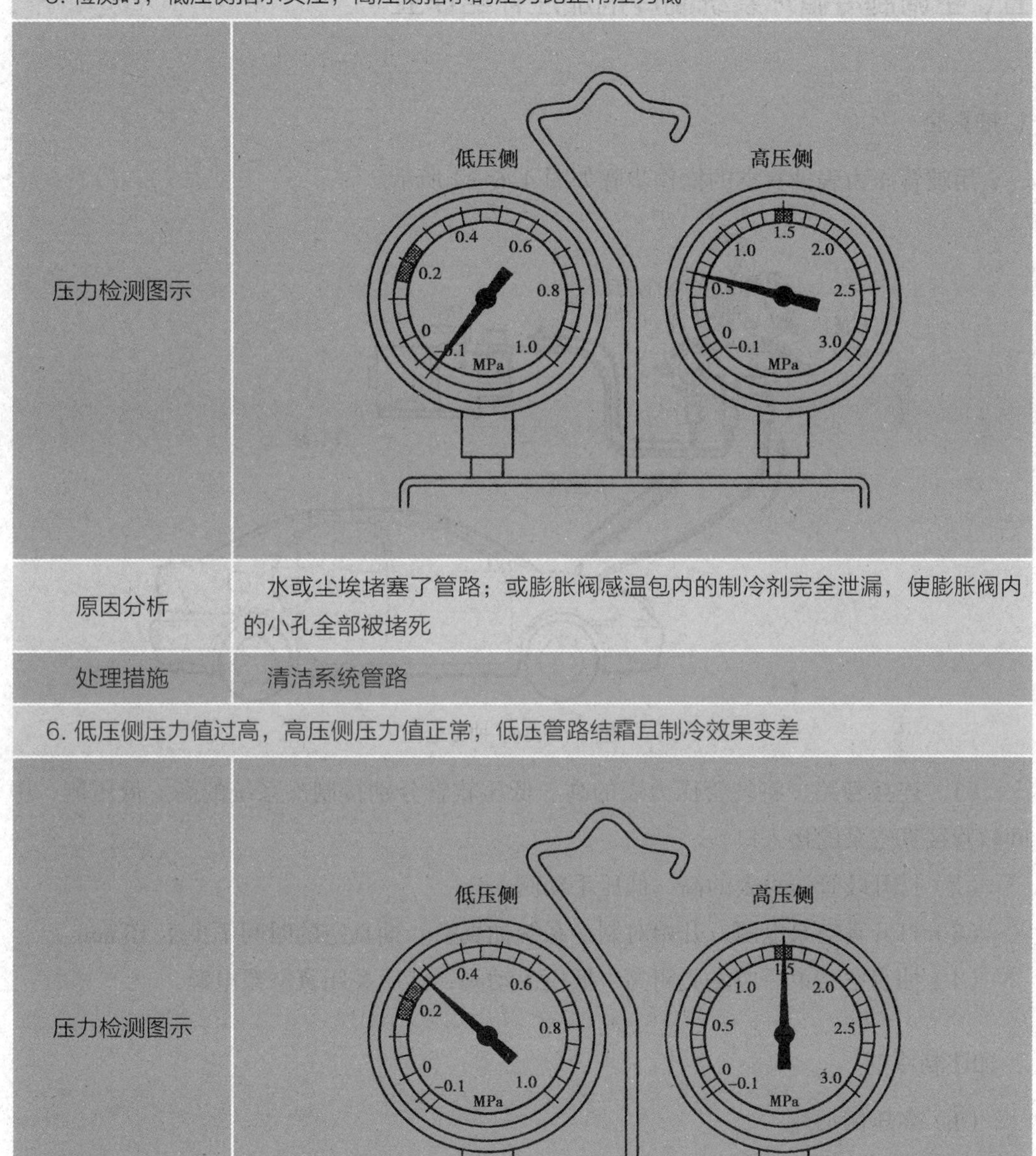
原因分析	水或尘埃堵塞了管路；或膨胀阀感温包内的制冷剂完全泄漏，使膨胀阀内的小孔全部被堵死
处理措施	清洁系统管路
6. 低压侧压力值过高，高压侧压力值正常，低压管路结霜且制冷效果变差	
压力检测图示	
原因分析	膨胀阀开度过大
处理措施	更换膨胀阀

五、空调制冷循环系统制冷剂加注补给作业

1. 抽真空

用歧管压力表抽真空的操作步骤如图 4–6–34 所示。

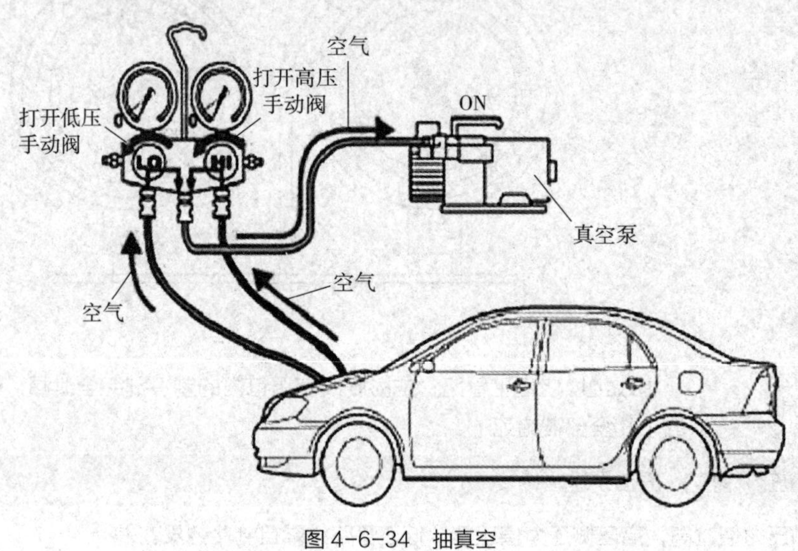

图 4–6–34　抽真空

（1）连接管路。将歧管压力表的高、低压软管分别接制冷系统的高、低压侧，中间软管接真空泵的接入口。

（2）打开歧管压力表的高、低压手动阀。

（3）打开真空泵电源，开始对制冷系统抽真空。抽真空的时间不少于 15 min 。

（4）抽真空结束后应先关闭高、低压手动阀，然后关闭真空泵电源。

2. 加注制冷剂

（1）高压侧加注

从制冷系统高压维修接口加注，充入的是液态制冷剂，特点是安全、快速，适用于制冷系统的第一次加注，即给经检漏、抽真空后的系统加注制冷剂。加注时不得开动压缩机，制冷剂罐倒立。

如图 4–6–35 所示，从制冷系统高压侧充入液态制冷剂的操作方法如下。

1）抽真空后，将中间软管与制冷剂加注阀或制冷剂罐连接。

2）将中间软管中的空气排出。

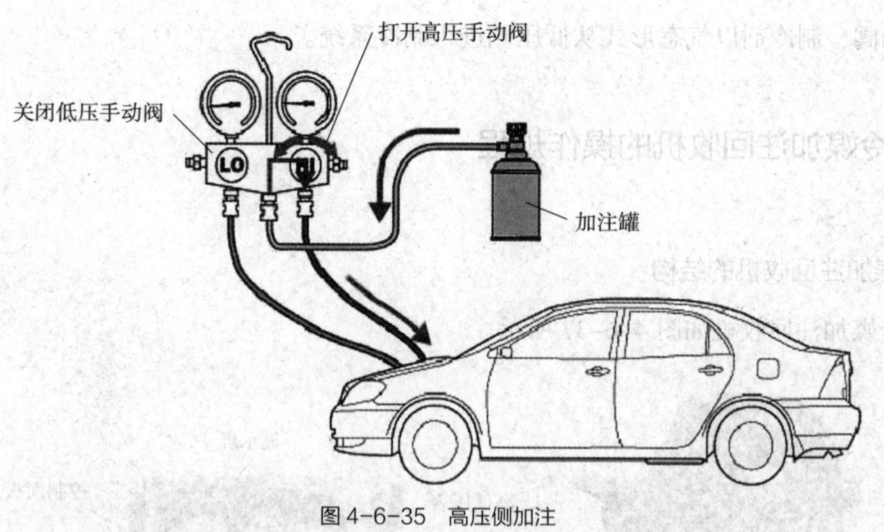

图 4-6-35　高压侧加注

3）旋开高压手动阀到全开位置，关闭低压手动阀，制冷剂罐倒立，将制冷剂以液态形式加入制冷系统。

（2）低压侧加注

从制冷系统低压维修接口加注，充入的是气态制冷剂，特点是速度慢，适合给制冷系统补充制冷剂。

如图 4-6-36 所示，从系统低压侧充入气态制冷剂的操作方法如下。

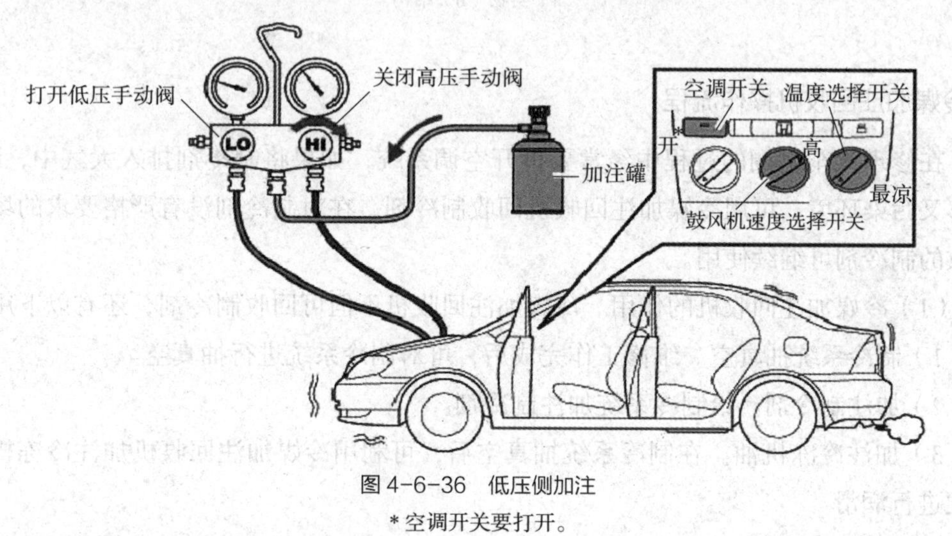

图 4-6-36　低压侧加注

* 空调开关要打开。

1）将中间软管与制冷剂罐连接好。

2）将中间软管中的空气排出。

3）启动发动机并运行空调，将制冷量和风速调至最大，关闭高压手动阀，旋开低压手动阀，制冷剂以气态形式从低压侧进入制冷系统。

六、冷媒加注回收机的操作规程

1. 冷媒加注回收机的结构

冷媒加注回收机如图 4-6-37 所示。

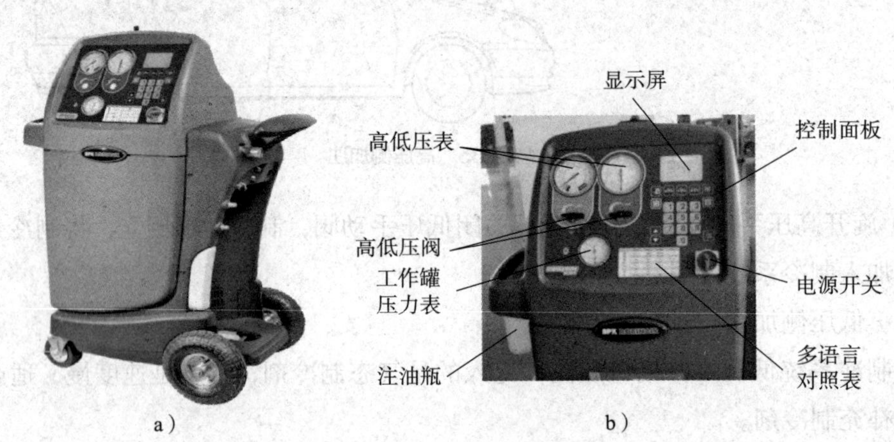

图 4-6-37　冷媒加注回收机
a）实物　b）结构

2. 冷媒加注回收机操作流程

在修理汽车空调的过程中经常要拆开空调系统，如果将制冷剂排入大气中，既浪费，又污染环境。可用冷媒加注回收机回收制冷剂，在对制冷剂没有严格要求的场合，回收的制冷剂可继续使用。

（1）冷媒加注回收机的作用。冷媒加注回收机不但可回收制冷剂，还有以下用途。

1）制冷系统抽真空。维修工作完成后，可对制冷系统进行抽真空。

2）加注制冷剂。给制冷系统加注制冷剂。

3）加注冷冻机油。在制冷系统抽真空后，可利用冷媒加注回收机加注冷冻机油，以便进行润滑。

4）测量制冷系统压力。可通过面板上的高、低压组合压力表测量制冷系统压力，确定系统中的制冷剂量或判断故障。

（2）AC350C 冷媒加注回收机操作流程，如图 4-6-38 所示。

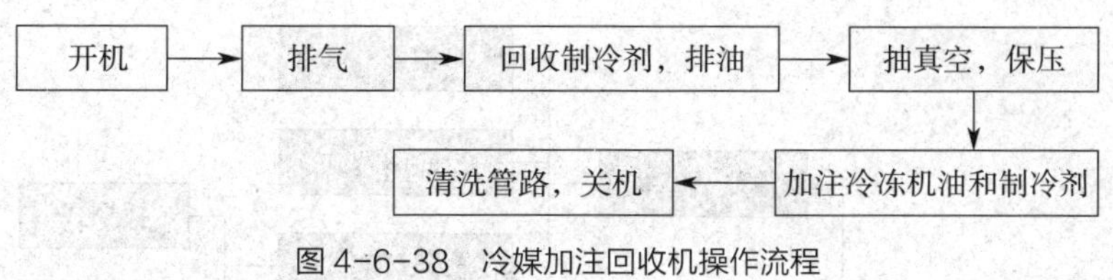

图 4-6-38　冷媒加注回收机操作流程

学习单元 3　更换制冷系统各组件

一、制冷系统各主要组成件的作用及工作原理

1. 压缩机

（1）压缩机的作用

当压缩机转动时，将蒸发器内产生的低温低压制冷剂蒸气吸入，然后将低温低压气态制冷剂压缩成高压气态制冷剂，压力上升使制冷剂温度升高，高温高压气态制冷剂被排到冷凝器中去。压缩机的工作使制冷剂在系统内不断循环，达到制冷的目的。

（2）压缩机的类型

目前应用在汽车空调上的空调压缩机有很多种，大多是容积式制冷压缩机。压缩机按其运动形式和主要零部件形状分类如图 4-6-39 所示。

压缩机根据容积是否可变分为定排量压缩机和变排量压缩机，定排量压缩机多应用在手动空调的汽车上；而变排量压缩机一般应用于自动空调的汽车上，它可以根据制冷负荷的变化调节压缩机的排量。

（3）压缩机的特点

定容量斜盘式压缩机的特点如下。

1）斜盘式轴向活塞压缩机不能自动调节。

2）斜盘的角度是恒定不变的。

3）工作容积是恒定不变的。

（4）压缩机的结构

如图 4-6-40 所示，大众车系采用的压缩机多为摇摆斜盘式压缩机。定容量摇摆

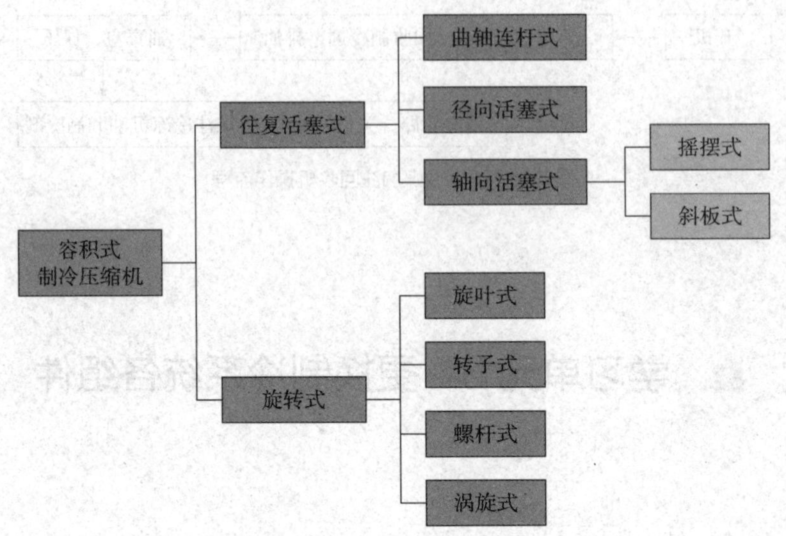

图 4-6-39　压缩机分类

斜盘式压缩机与曲轴连杆式压缩机一样，均有进气阀和排气阀，工作循环也具有压缩、排气、膨胀、吸气四个过程。当活塞向左运动时，该气缸处于膨胀、吸气两个过程；而摆盘另一端的活塞向右移动，使该气缸处于压缩、排气两个过程。主轴每转动一周，一个气缸便要完成上述的压缩、排气、膨胀、吸气一个循环。一般一个摆盘配有五个活塞，这样相应的五个气缸在主轴转动一周时就有五次排气过程。

图 4-6-40　压缩机

驱动轴的旋转运动由斜盘转换成轴向运动（即活塞的升程）。根据结构形式的不同可以使用 3 ~ 10 个活塞，这些活塞以驱动轴为中心布置在其周围，每个活塞配备一个进气阀和排气阀。这些阀以工作行程的节拍自动打开或关闭。空调装置是以压缩机最高转速来设计的。

2. 冷凝器

（1）冷凝器的功用及安装位置

如图 4-6-41 所示，冷凝器的功用是将来自压缩机的高温气态制冷剂（温度为 50 ~ 70 ℃）压入冷凝器的上部，冷凝器的蛇形管和金属薄片会吸收热量，凉的外部空气穿过冷凝器也会吸收热量，于是气态制冷剂就冷却下来。制冷剂在冷却过程中会冷凝，于是气态制冷剂就变成了液态，液态制冷剂从冷凝器的下部流出。

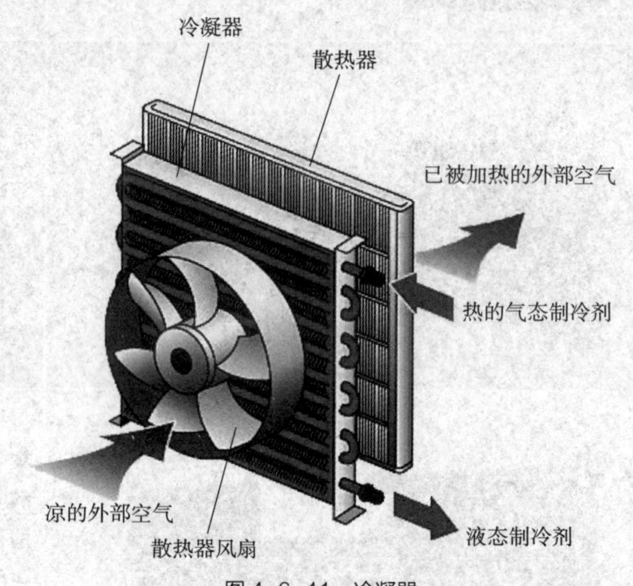

图 4-6-41　冷凝器

冷凝器一般都安装在散热器的前方，这样可以提高冷凝器的效率。冷凝器内的热交换通过空气冷却的方式来完成。这种冷却是由行车产生的风和散热器风扇（根据结构形式可能还有辅助风扇）来实现的。在大多数情况下，接通空调的同时风扇就开始工作。若冷凝器脏污会减少空气的通过量，这就会影响制冷能力以及发动机的冷却效果。

（2）冷凝器的类型与结构

常见冷凝器的类型有管片式冷凝器、管带式冷凝器和平行流式冷凝器，它们的结构和特点见表 4-6-5。

表 4-6-5　各种冷凝器的结构和特点

类型	结构	特点
管片式冷凝器	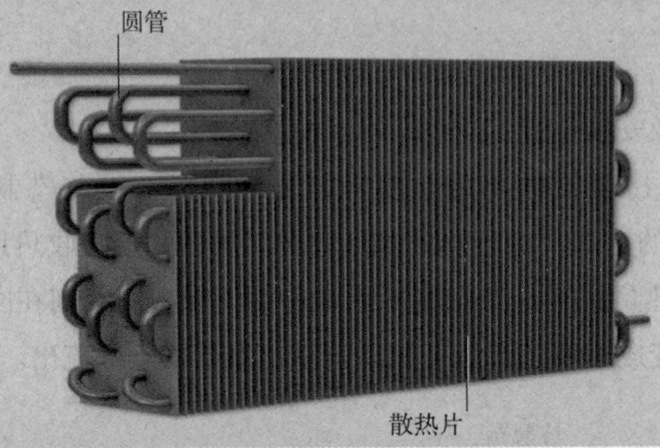 圆管 散热片	管片式冷凝器由安装在一系列薄散热片上的制冷剂螺旋管组成。它是汽车空调中早期采用的一种冷凝器，其制造工艺简单。这种冷凝器由于散热效果差，已经被淘汰
管带式冷凝器	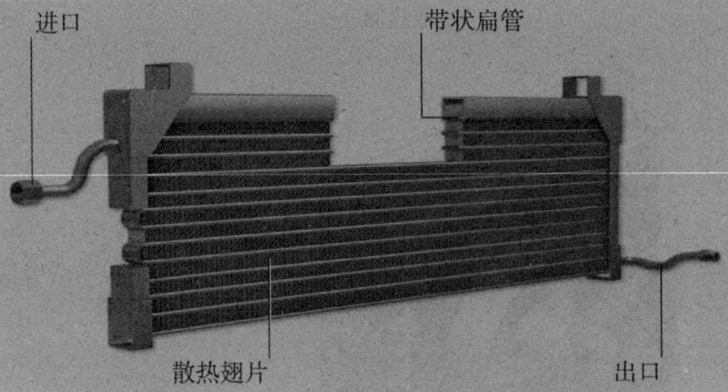 进口 带状扁管 散热翅片 出口	管带式冷凝器一般是将扁管弯成蛇形，在其中安装三角形的翅片或其他类型的散热片。这种冷凝器的传热效率比管片式冷凝器提高 15%～20%
平行流式冷凝器	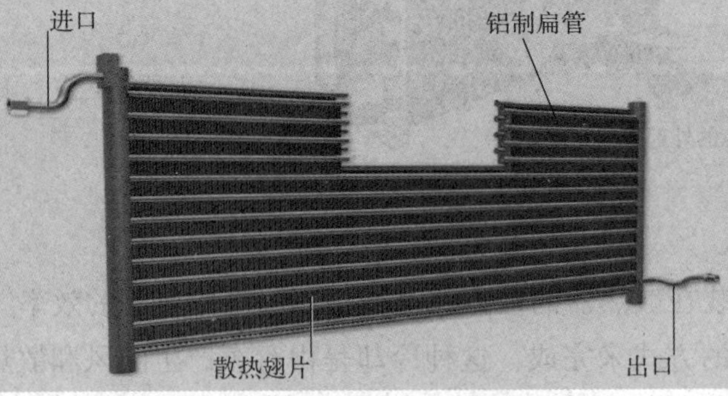 进口 铝制扁管 散热翅片 出口	平行流式冷凝器由集流管、扁管、波形散热翅片及连接管组成，是专为 R134a 提供的一种新型冷凝器。这种冷凝器的传热效率比管带式冷凝器又提高 30%～40%

（3）冷凝器的工作原理及失效影响

压缩机排出的高温高压气态制冷剂通过冷凝器将热量散发到车外的空气中，使高温高压的气态制冷剂冷凝成为高温高压的液态制冷剂，从而使系统制冷。冷凝器的工作原理如图 4-6-42 所示。

如果冷凝器散热不好，会有大量的制冷剂以气态的形式离开冷凝器，严重影响制冷效果。

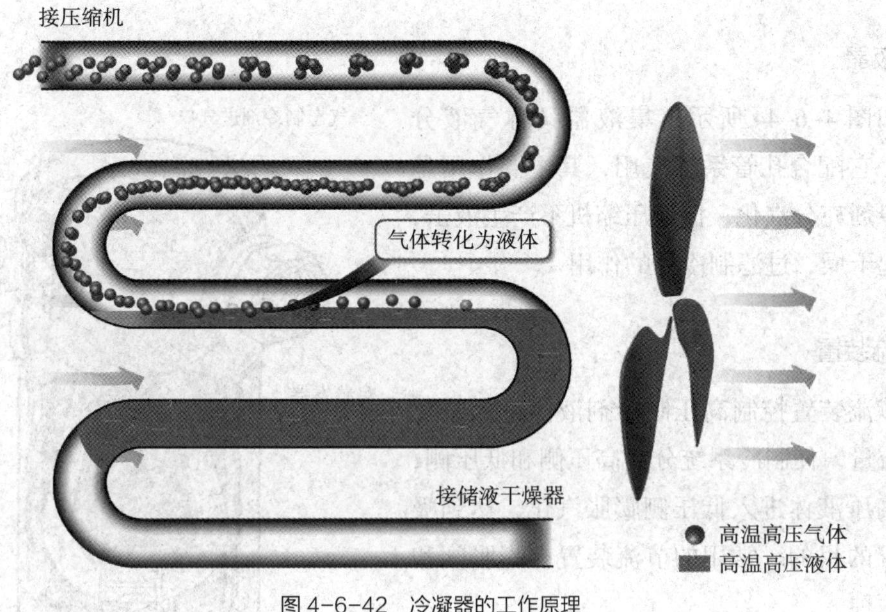

图 4-6-42　冷凝器的工作原理

3. 储液干燥器的结构及作用

如图 4-6-43 所示，储液干燥器配合膨胀阀使用，安装在系统的高压侧，其主要作用除储存、干燥、过滤制冷剂外，还可以防止气态制冷剂进入蒸发器。

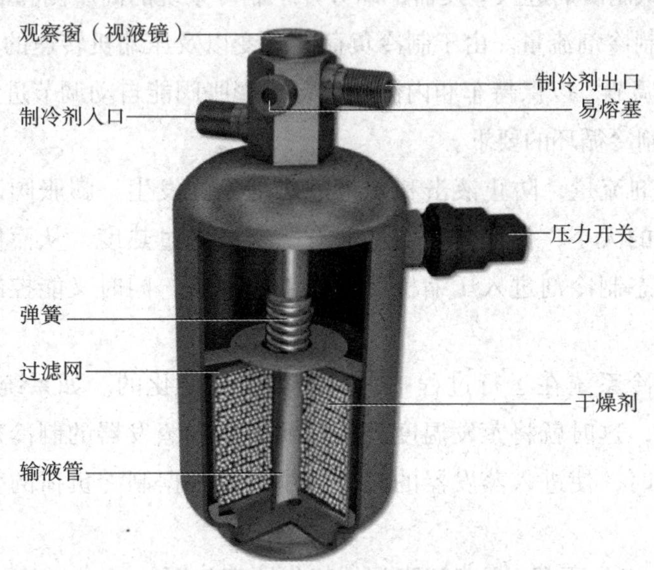

图 4-6-43　储液干燥器

4. 集液器

如图 4–6–44 所示，集液器又称气液分离器，它配合孔管系统使用，其主要作用是使制冷剂充分汽化，保证压缩机不产生液击，同时起干燥、过滤制冷剂的作用。

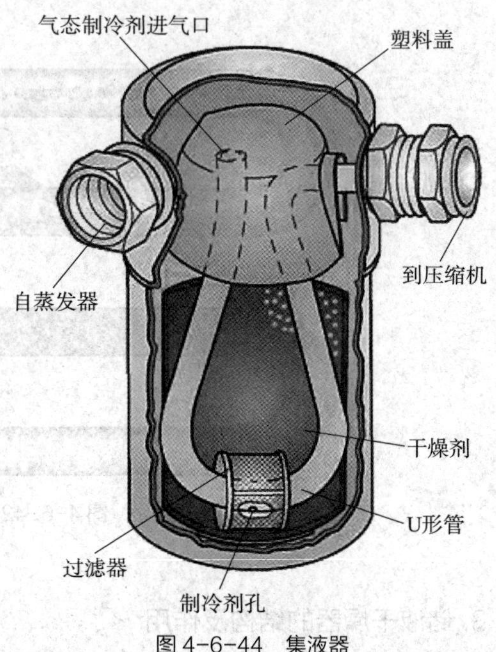

图 4–6–44　集液器

5. 节流装置

节流装置控制高压制冷剂液体进入蒸发器的流量，使制冷系统分为高压侧和低压侧，这样高压液体进入低压侧膨胀汽化，达到吸热降温的目的。常用的节流装置有膨胀阀和孔管两种。

（1）膨胀阀

1）膨胀阀的作用。膨胀阀一般有以下三个作用。

①节流降压。膨胀阀将从冷凝器来的高温高压液态制冷剂节流降压，成为容易蒸发的低温低压雾状制冷剂进入蒸发器，即分开了制冷系统的高压侧和低压侧。

②自动调节制冷剂流量。由于制冷负荷的改变以及压缩机转速的改变，要求制冷剂流量做相应的调节，以保持车厢内温度稳定。膨胀阀能自动调节进入蒸发器的制冷剂流量，以满足制冷循环的要求。

③控制制冷剂流量，防止液击和异常过热现象的发生。膨胀阀以感温包作为感温元件控制流量的大小，保证蒸发器尾部有一定量的过热度，从而保证蒸发器的有效作用，避免液态制冷剂进入压缩机而造成液击现象，同时又能控制过热度在一定范围内。

汽车空调制冷系统在运行过程中，其冷负荷是变化的。如系统刚开始降温时，车内的温度较高，这时就将蒸发温度升高，要求进入蒸发器的制冷剂流量增大；而当车内温度较低时，使进入蒸发器的流量减小，即根据制冷负荷的变化自动调节其流量。

2）膨胀阀的工作原理。F 型膨胀阀的工作原理如图 4–6–45 所示。当蒸发器中温度稳定时，感温包的压力、弹簧压力及蒸发器内制冷剂压力处于平衡状态，球阀 4 处于静止状态，制冷剂的流量稳定。当蒸发器温度升高时，其出口温度上升，感温包压力增大，克服弹簧压力的作用，使球阀下移，阀门开度增大，制冷剂流量增大。当蒸发器温度降低时，其出口温度下降，弹簧压力大于感温包压力，球阀上移，阀门开度减小，制冷剂流量减小。

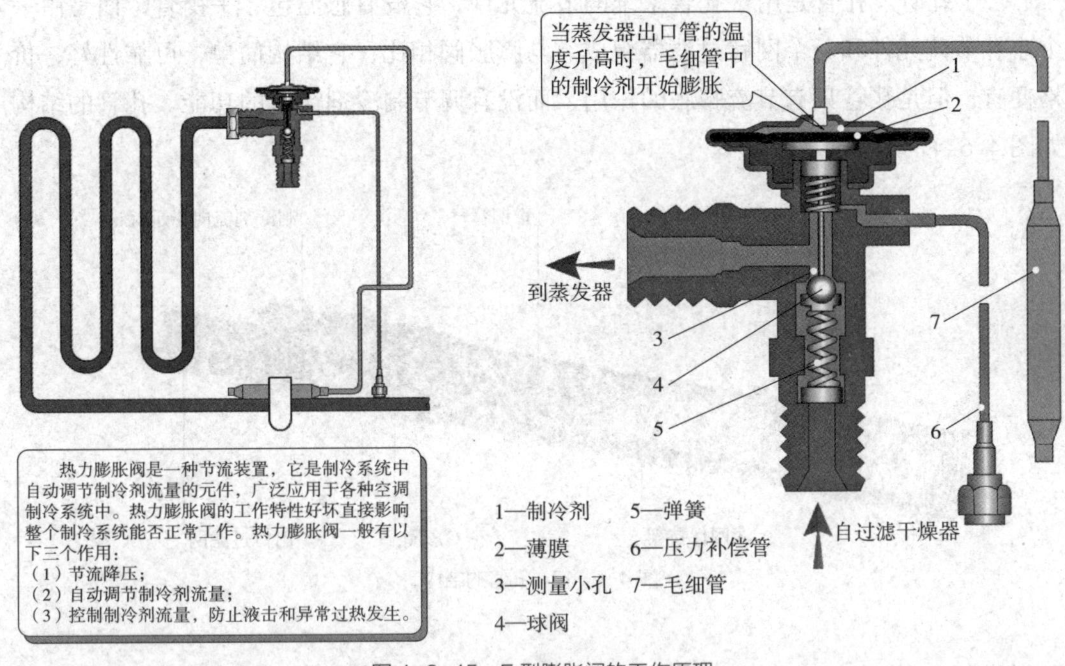

图 4-6-45　F 型膨胀阀的工作原理

H 型膨胀阀的工作原理如图 4-6-46 所示。阀门的开度由弹簧压力、蒸发器出口压力和感温包压力的大小决定。该膨胀阀采用热控制方式来控制，它的调节元件是感

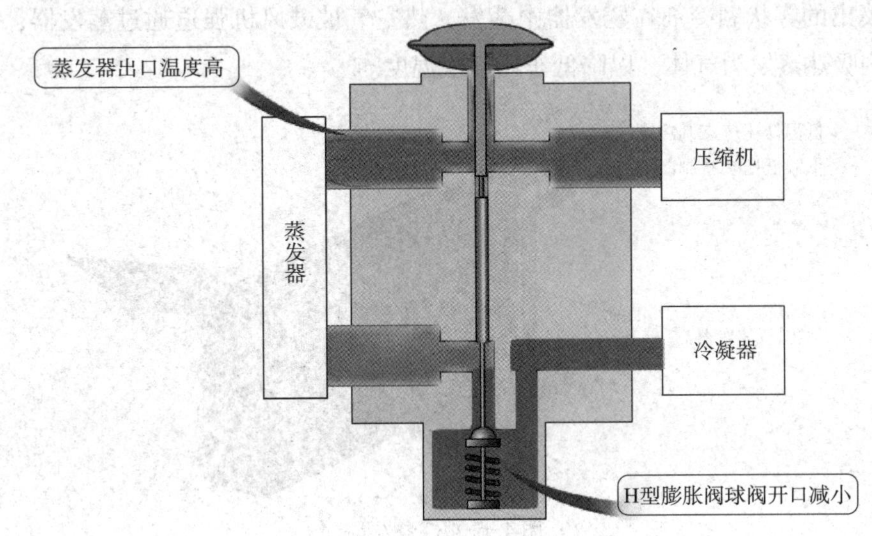

图 4-6-46　H 型膨胀阀的工作原理

温包和球阀。感温包内膜片的一侧充满了一种专用气体，另一侧通过压力平衡孔与蒸发器出口（低压）相连。球阀通过一个推杆来操纵。低压一侧的温度决定了专用气体的压力，也就决定了制冷剂的喷射量。

（2）孔管。孔管是用于孔管系统的节流元件，它没有感温包、平衡管，而是由一个小孔节流元件和一个网状过滤器组成。与膨胀阀相比，它结构简单，可靠性好，价格便宜；但是孔管只有节流膨胀的作用，而没有调节制冷剂流量的功能。孔管的结构如图 4–6–47 所示。

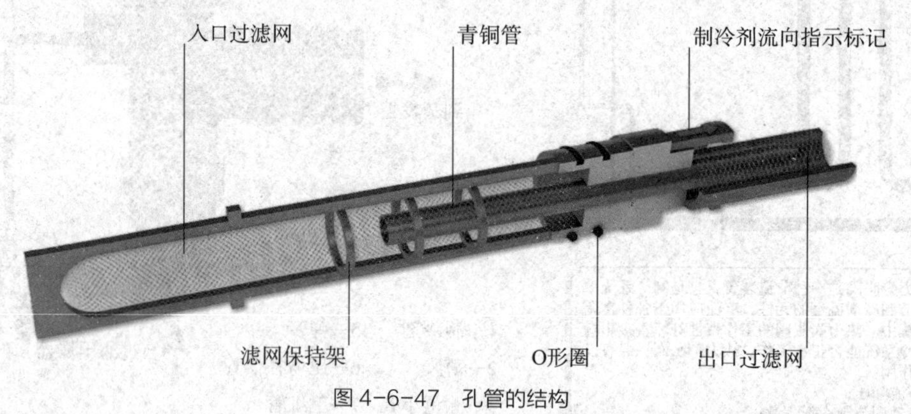

图 4–6–47　孔管的结构

6. 蒸发器

如图 4–6–48 所示，蒸发器也是一个热交换器。蒸发器的作用是将低温低压的气液混合体吸热汽化，使之成为低温低压的气体被压缩机吸入。蒸发器的工作过程是将膨胀阀喷出的雾状制冷剂在蒸发器中蒸发，热空气被鼓风机强迫通过蒸发器，雾液混合制冷剂吸热蒸发为气体，以降低车内空气温度。

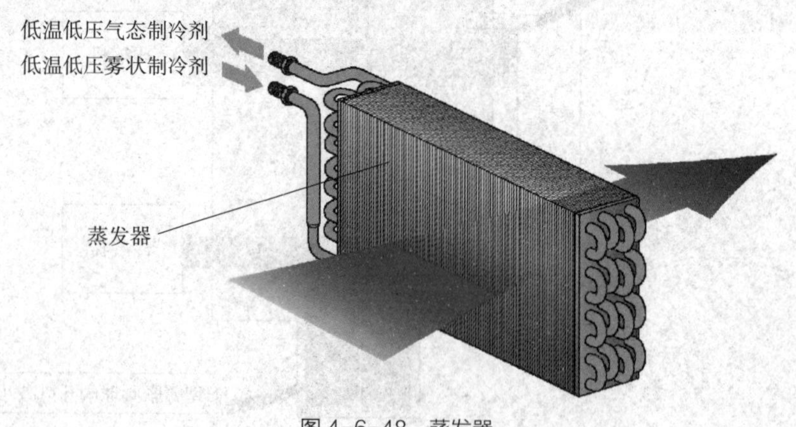

图 4–6–48　蒸发器

蒸发器还有除湿的功能。因为冷却的空气中的水分在低于露点温度时会聚集在一起，也就是说冷凝了，产生了冷凝水，于是空气就被“脱水”了（变干燥了），这样就可以明显改变车内的湿度和空气质量。

二、制冷系统各主要组成件的检查

1. 压缩机的检查

压缩机常见故障有卡死、泄漏、不制冷、噪声大等。出现故障时不要盲目拆检压缩机，一定要查清故障原因后才能拆检压缩机。压缩机的种类和型号很多，但维修内容和注意事项基本相同，主要有以下几个方面。

（1）如果听到异常响声，说明压缩机的轴承、阀片、活塞环或其他部件有可能损坏，或者润滑油量过少。

（2）用手摸压缩机缸体，如果进口和出口两端有明显温差，说明工作正常；如果温差不明显，可能是制冷剂泄漏或阀片密封不严。

（3）如果有剧烈振动，可能是传动带太紧、带轮偏斜、电磁离合器过松或制冷剂过多。

2. 冷凝器的检查

（1）检查冷凝器管道，如表面有污垢和杂物，必须及时清除。可用水清洗后再用压缩空气吹干，但要注意防止水进入盘管里面。

（2）检查散热片表面，如有污物堵塞，可用水冲洗，再用压缩空气吹干，一些碎屑可用硬毛刷子刷掉。要注意防止因清洗而弄坏散热片。如果散热片弯曲变形，可用尖嘴钳或一字旋具校正；如果散热片严重变形，也应校正。

（3）若冷凝器表面有脱漆现象，应注意及时补漆，以免锈蚀。

（4）在检修后安装冷凝器时，需注意以下两点。

1）在未装连接管接头前，不要长时间打开管口的保护盖，以免潮气进入。

2）从压缩机排出的高压气态制冷剂，必须由冷凝器上部管口进入。

3. 储液干燥器的检查

（1）用手摸储液干燥器进口管和出口管，并观察视液镜。如果进口管很烫，而且出口管温度也接近气温，从视液镜中看不到或很少有制冷剂流过，或者制冷剂很浑浊、有杂质，可能是储液干燥器滤网堵了。

（2）检查视液镜是否有裂纹，周围是否有油迹。

4. 膨胀阀的检查

（1）膨胀阀是制冷系统中灵敏度极高的元件，检修时应特别小心，防止损坏。

（2）拆卸膨胀阀后，应检查其进口处的滤网（有些膨胀阀没有滤网），如有污物则要清洗；若膨胀阀的感温包有渗漏，应换新件。

（3）膨胀阀可分解和清洗，装配后要进行性能检测和调整（拆卸时注意螺钉转动的圈数）。一般膨胀阀出现故障就应换新件。

5. 蒸发器的检查

（1）检查蒸发器散热片表面，若有污垢堵塞，应予以清除（不可用水清洗），并用压缩空气吹干。

（2）检查散热片，如果弯曲变形，应用尖嘴钳或一字旋具校正。

（3）检查管道和接头螺纹等，如果破裂或者被异物或风扇碰坏，有裂纹或划痕等，应予以更换。

6. 制冷软管的检查

看制冷软管是否有裂纹、鼓包、油迹，是否老化，是否会碰到尖锐物、热源或者运动部件。

三、制冷系统各主要组成件的更换

1. 压缩机的就车更换

压缩机就车拆装步骤见表 4–6–6。不同车型稍有变化，但主要流程一致。

表 4-6-6　压缩机就车拆装步骤

顺序	拆装内容	图示
1	拆下电磁离合器电源线及搭铁线	
2	使用冷媒加注回收机回收空调制冷管路中的制冷剂	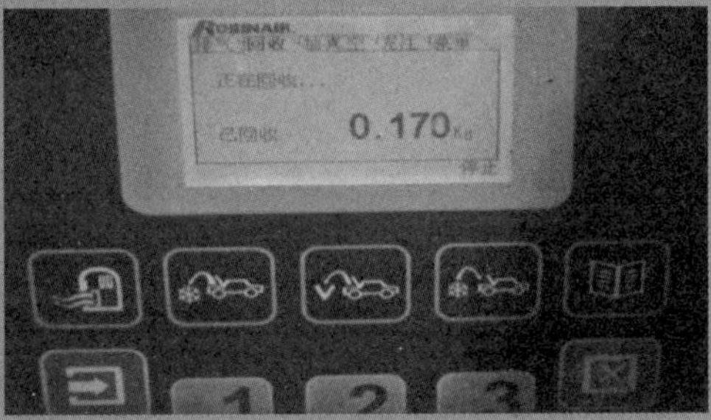
3	松开压缩机传动带张紧器螺母	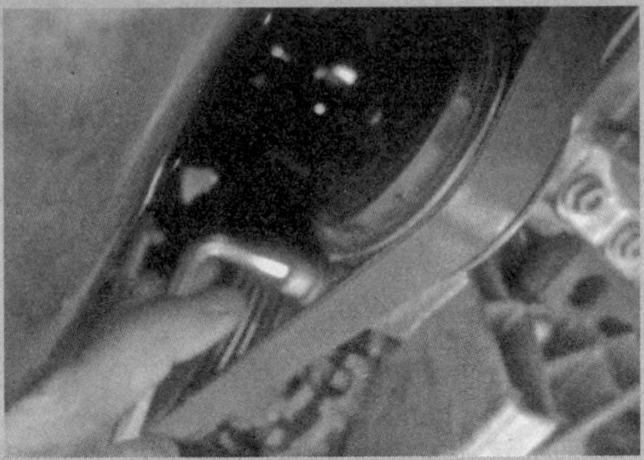
4	拆下压缩机传动带	

续表

顺序	拆装内容	图示
5	拆下压缩机和空调管路的连接螺母，将高、低压管从压缩机进气口和排气口卸下，并及时用盖子或堵头将接口封堵，以防止湿气和异物进入压缩机	
6	松开压缩机的固定螺栓，取下压缩机	
7	安装时按照与拆卸相反的步骤进行	

2. 冷凝器的更换

冷凝器就车拆装步骤见表 4–6–7。

表 4–6–7　冷凝器就车拆装步骤

序号	拆卸步骤	图示
1	拆下前保险杠	

续表

序号	拆卸步骤	图示
2	拆下前围支架	
3	松开冷凝器上的制冷剂管路	
4	取下冷凝器两侧的导风件	
5	松开冷凝器两侧的定位销及定位元件	

续表

序号	拆卸步骤	图示
5	松开冷凝器两侧的定位销及定位元件	
6	从定位支座上取下冷凝器	

3. 蒸发器的更换

（1）蒸发器的拆卸

1）用专门的回收设备回收制冷剂 R134a。

2）拆卸仪表板。

3）拆卸副驾驶侧杂物箱。

4）拆卸进风罩。

5）拆卸蒸发器至压缩机管路，并封住已拆下管子的端口。

6）拆卸储液干燥器至蒸发器管路，并封住已拆下管子的端口。

7）松开蒸发器总成的固定螺栓，取下蒸发器总成。

8）用一字旋具撬开蒸发器外壳的固定卡子，分解蒸发器总成，小心取下蒸发器。

（2）安装时按与拆卸相反的顺序进行。

综合实训

【实训任务】

某客户的上汽大众朗逸轿车出风不凉，风量正常，经组长检查确认是由制冷剂不足引起的。根据组长的分工，请你为客户的轿车加注制冷剂。

【操作准备】

1. 工具材料

（1）上汽大众朗逸轿车。

（2）汽车维修常用工具。

（3）车辆、冷媒加注回收机、制冷剂鉴别仪等。

2. 教学资料

（1）PPT。

（2）工作页。

（3）上汽大众朗逸轿车维修手册。

【操作步骤】

任务：空调制冷系统制冷剂鉴别、冷媒加注回收机（AC350C）补给作业等操作。

（1）制冷剂的鉴别见表 4-6-8。

表 4-6-8　制冷剂的鉴别

操作步骤	内容及要求	图示
1	连接电源	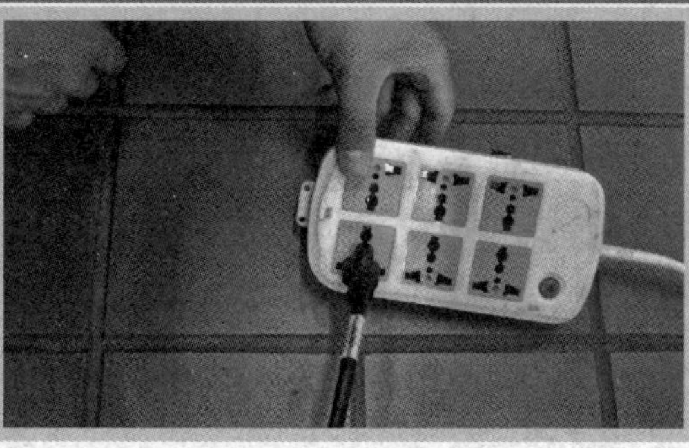

续表

操作步骤	内容及要求	图示
2	同时按下 A 和 B 键，选择海拔高度	
3	系统自检	
4	正常待机状态	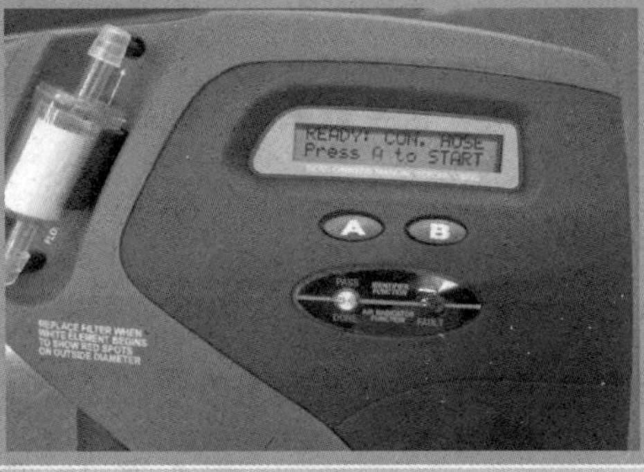
5	连接检测仪与车辆空调管路	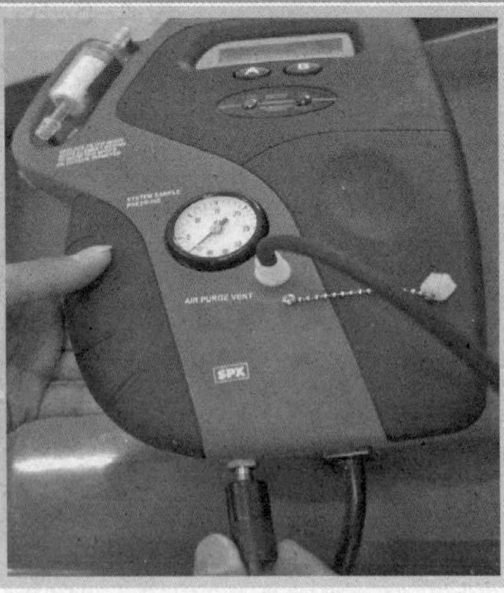

续表

操作步骤	内容及要求	图示
6	按下 A 键开始检测	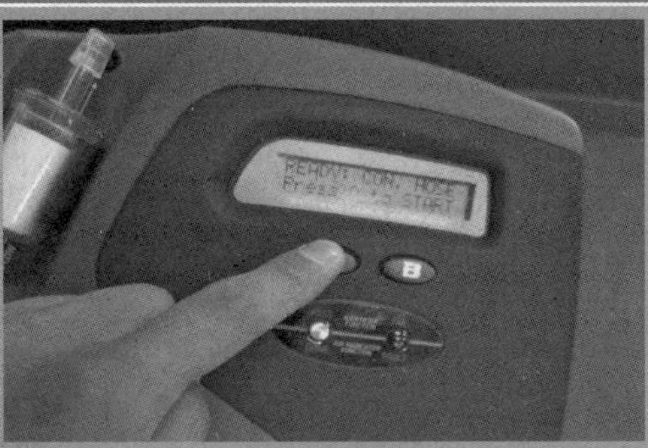
7	检测结果显示： R134a 为 98.8% R22 为 1.2% R12 为 0 HC 为 0.0 AIR 为 0.0 PASS：达标	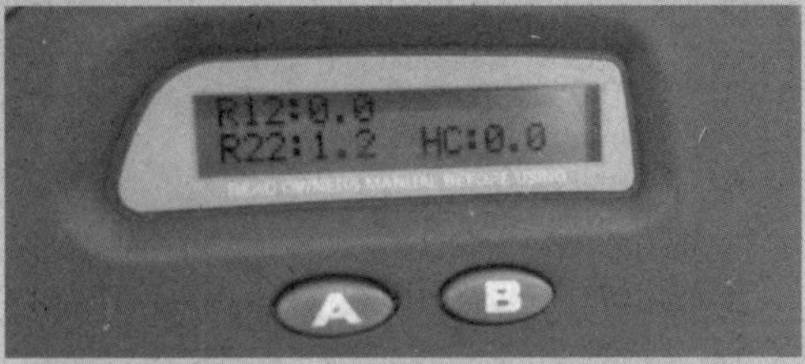 

（2）空调压力检查、制冷系统补给作业流程见表 4-6-9。

表 4-6-9　检查与补给作业流程

操作顺序	操作方法	图示
1	打开冷媒加注回收机的电源	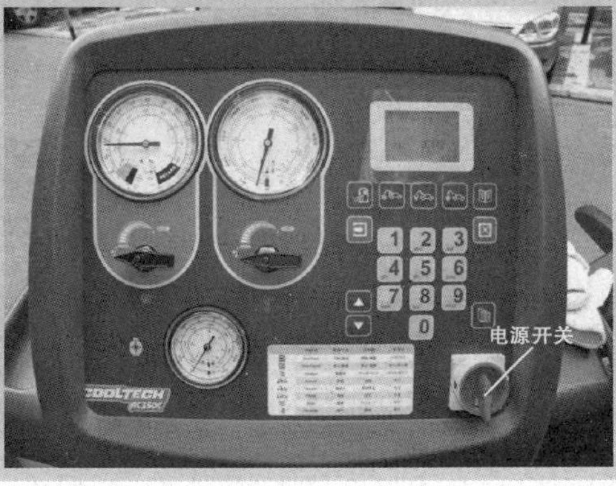 电源开关

续表

操作顺序	操作方法	图示
2	显示制冷剂净重并将回收前工作罐中的制冷剂净重记录在作业记录表中 注意：制冷剂净重不超过罐体标称质量的 80%	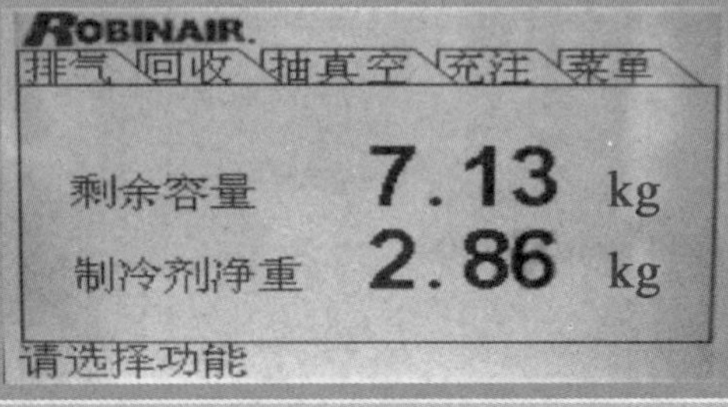
3	启动制冷装置运行 3～5 min	
4	按“回收”键，进入回收程序	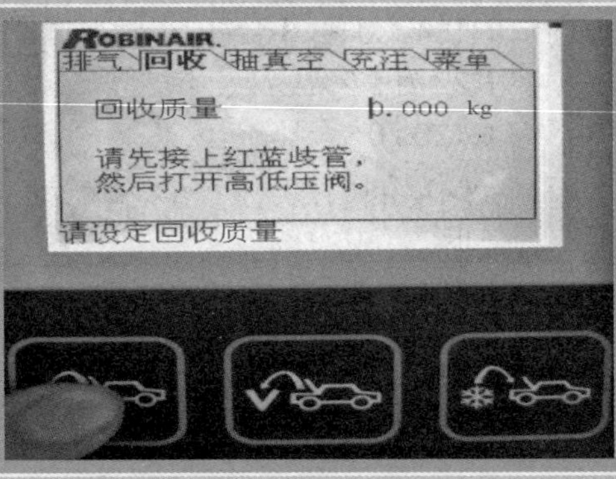
5	选择回收质量	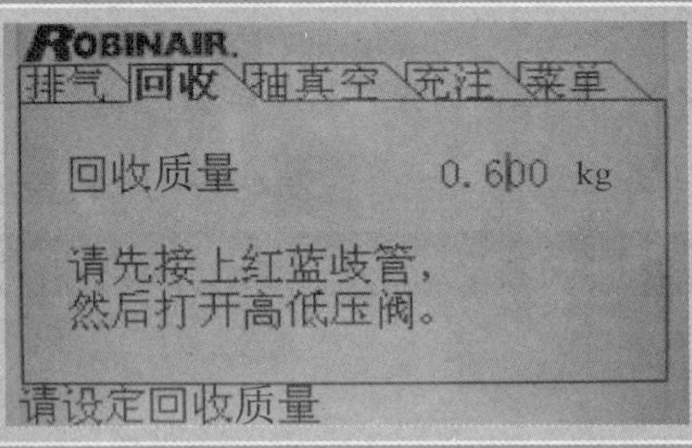
6	连接管路，将高、低压快速接头正确连接至制冷系统的检测接口 注意：顺时针拧开高、低压开关时，速度应慢一些，防止冷冻机油被制冷剂带出系统	

续表

操作顺序	操作方法	图示
7	打开仪器上的高、低压阀	
8	设备自动启动清理管路功能	 ROBINAIR. 排气 回收 抽真空 充注 菜单 清理管路1分钟... 0:05 停止
9	进行制冷剂回收。在回收过程中，应不断地观察压力表指针，当压力到达负压时，压缩机在抽真空，应及时按“取消”键，停止回收，以防止损坏回收机中的压缩机	  ROBINAIR. 排气 回收 抽真空 充注 菜单 正在回收... 已回收 0.032kg 停止
10	回收结束后，显示回收的制冷剂量，仪器准备进行排废油	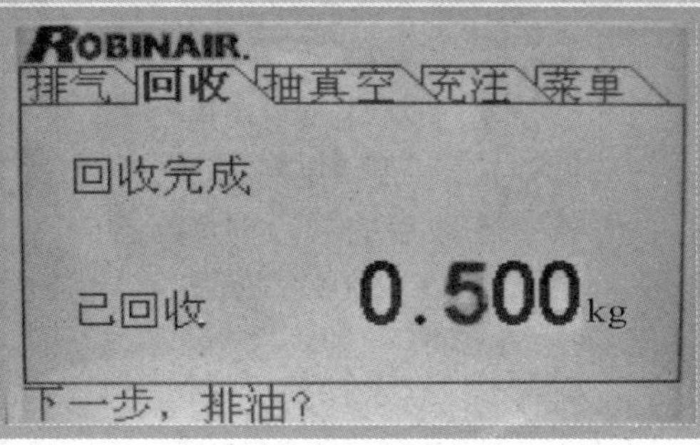 ROBINAIR. 排气 回收 抽真空 充注 菜单 回收完成 已回收 0.500kg 下一步，排油?

续表

操作顺序	操作方法	图示
11	排油瓶表面有刻度，查看排油瓶内的废油液面并做记录	
12	显示仪器正在排废油	 ROBINAIR. 排气 回收 抽真空 充注 菜单 正在排油... 已排油 0:03
13	关闭控制面板上的阀门	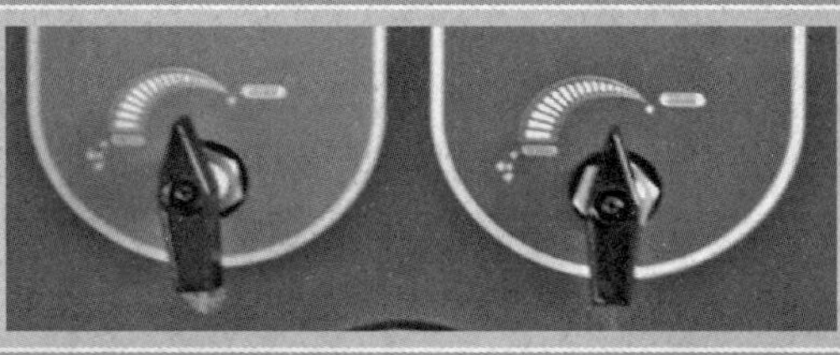
14	等待一段时间，待废油无气泡后，查看排油瓶废油液面并做记录，计算出排出的冷冻机油（废油）量。冷冻机油回收量＝回收后的液面－回收前的液面	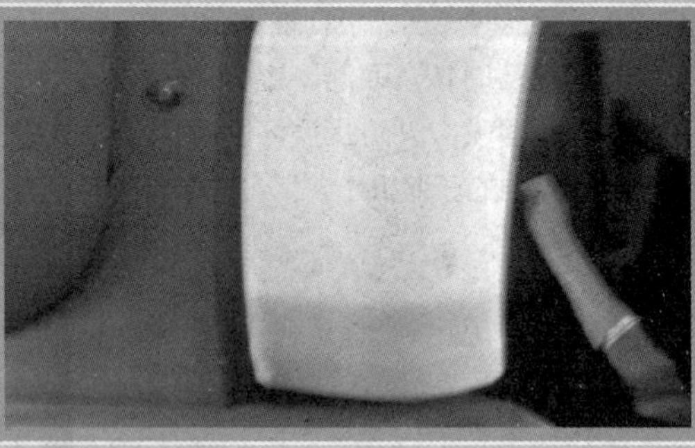
15	查看回收后制冷剂净重并做记录。制冷剂回收质量＝回收后的制冷剂净重－回收前的制冷剂净重	 ROBINAIR. 排气 回收 抽真空 充注 菜单 剩余容量 6.63 kg 制冷剂净重 3.36 kg 请选择功能

续表

操作顺序	操作方法	图示
16	选择“抽真空”键	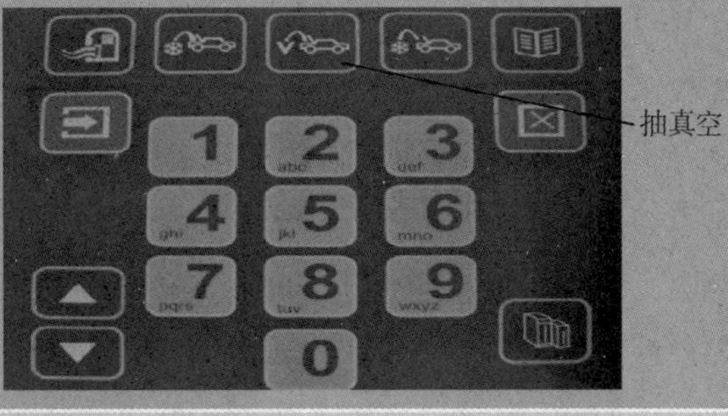抽真空 1 2 abc 3 def 4 ghi 5 jkl 6 mno 7 pqrs 8 tuv 9 wxyz 0
17	按数字键选择抽真空时间。在达到要求的真空度时，应继续抽真空操作，持续时间应不少于 15 min，以充分排除制冷装置中的水分	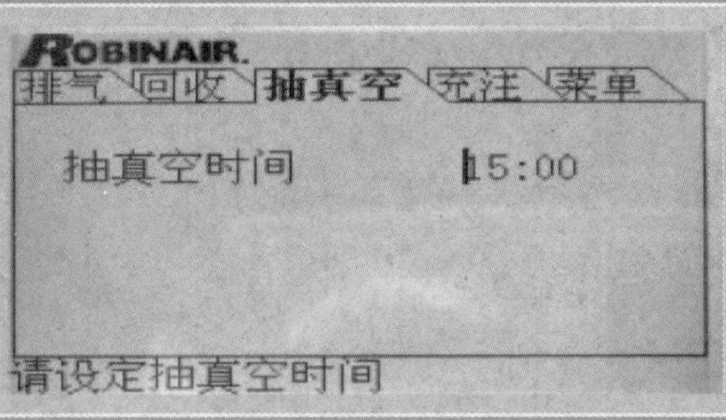ROBINAIR. 排气 回收 抽真空 充注 菜单 抽真空时间 15:00 请设定抽真空时间
18	打开高、低压阀	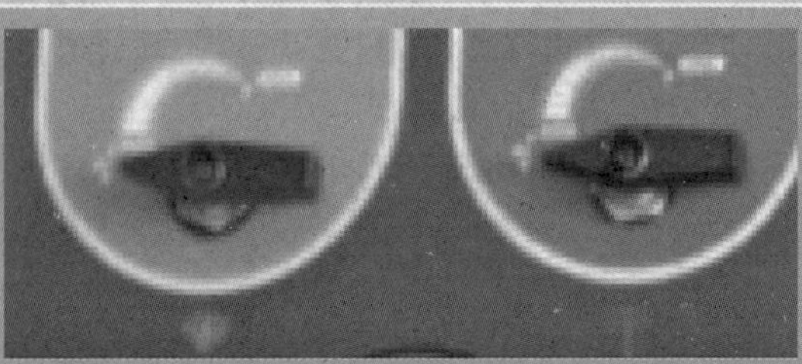
19	抽真空至系统真空度低于 −90 kPa	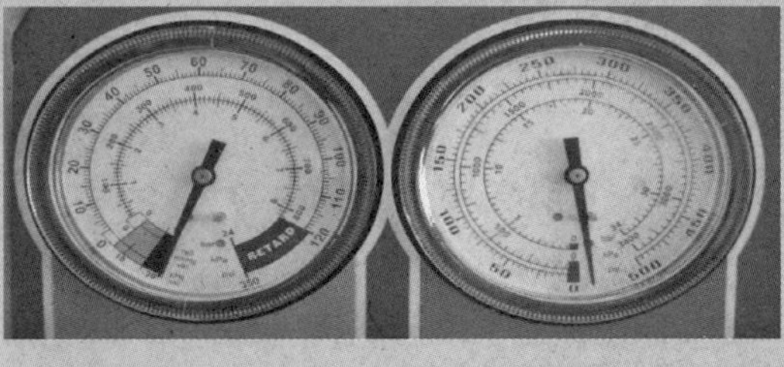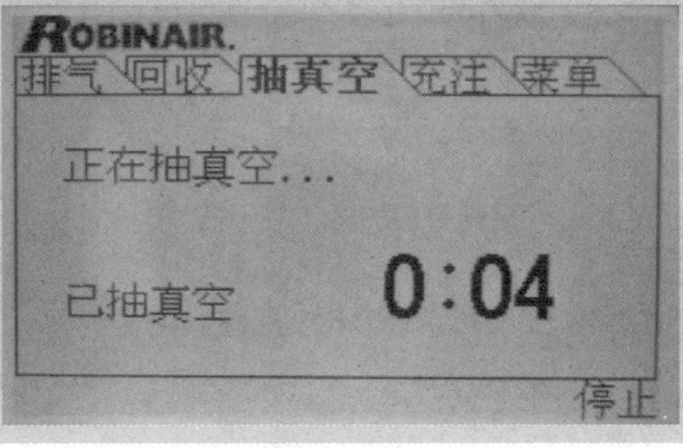ROBINAIR. 排气 回收 抽真空 充注 菜单 正在抽真空... 已抽真空 0:04 停止

续表

操作顺序	操作方法	图示
19	在抽真空时，仪器同时进行工作罐中制冷剂的净化	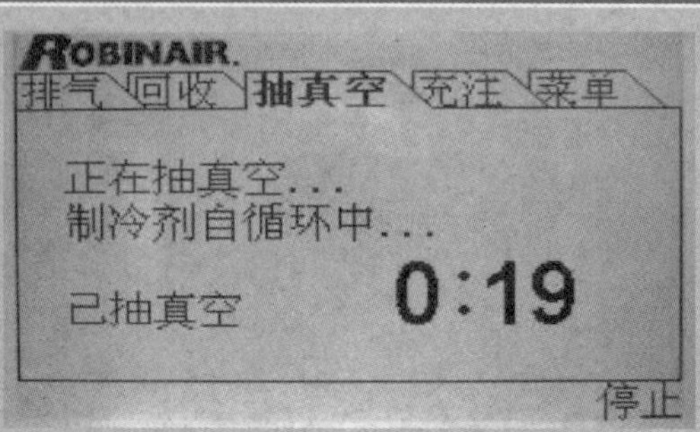
20	抽真空结束，仪器自动停止真空泵的工作 按“确认”键，仪器对系统进行泄漏检测 注意：观察高、低压表，表针应无回升	 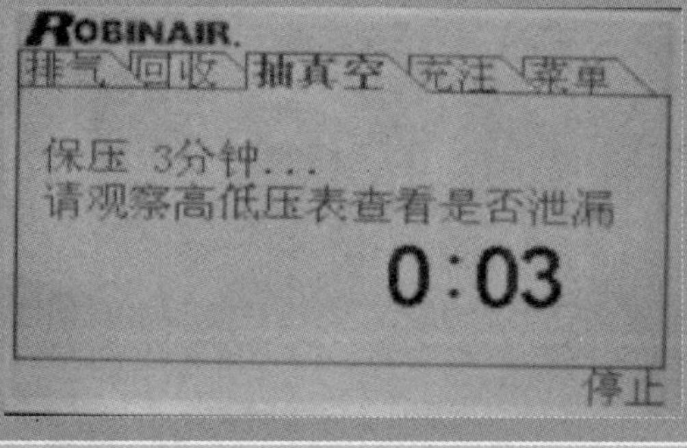
21	检漏结束，准备加注冷冻机油 建议补充量为排出量+20 mL	
22	采用单管加注，关闭低压阀（防止冷冻机油进入压缩机），打开高压阀。	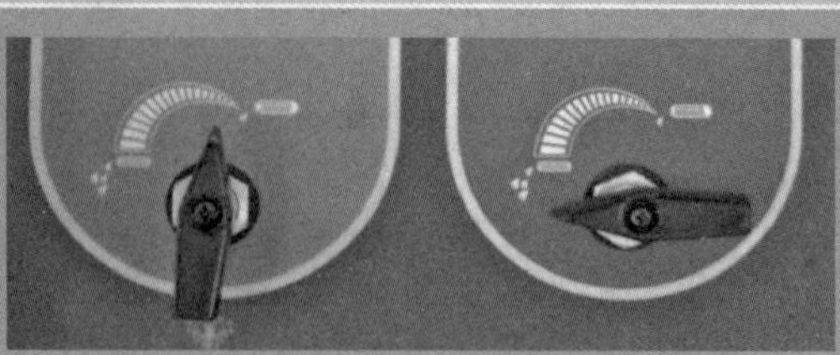

续表

操作顺序	操作方法	图示
22	在加注过程中，必须一直观察注油瓶液面，达到补充量后及时按“确认”键，暂停加注冷冻机油，确认加注量达到要求后，按“取消”键，结束冷冻机油的加注	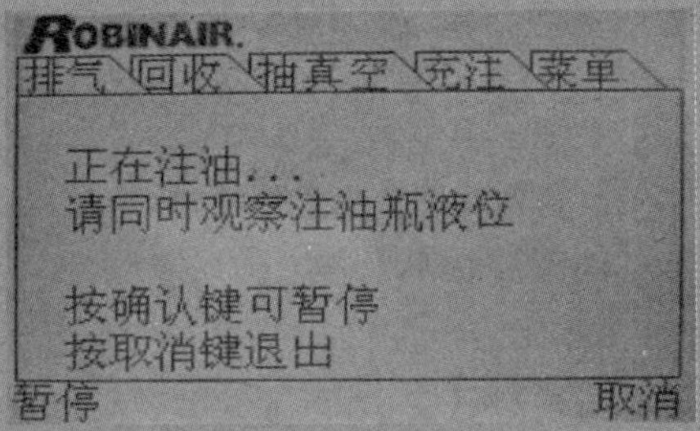 ROBINAIR. 排气 回收 抽真空 充注 菜单 正在注油... 请同时观察注油瓶液位 按确认键可暂停 按取消键退出 暂停　取消
23	加注冷冻机油结束，准备充注制冷剂。查阅《车辆使用手册》或数据库，确认制冷装置中制冷剂的类型及加注量	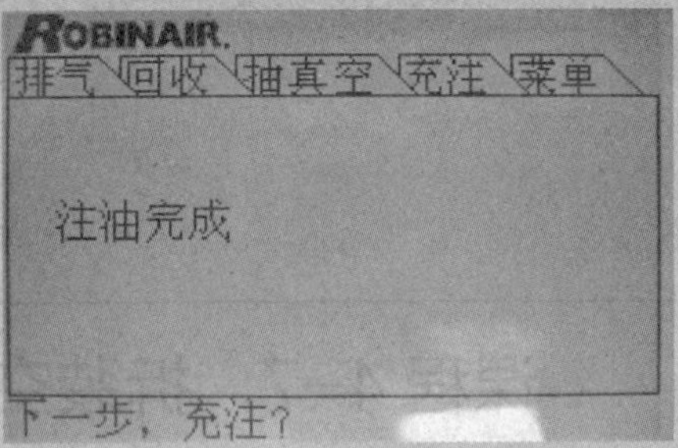 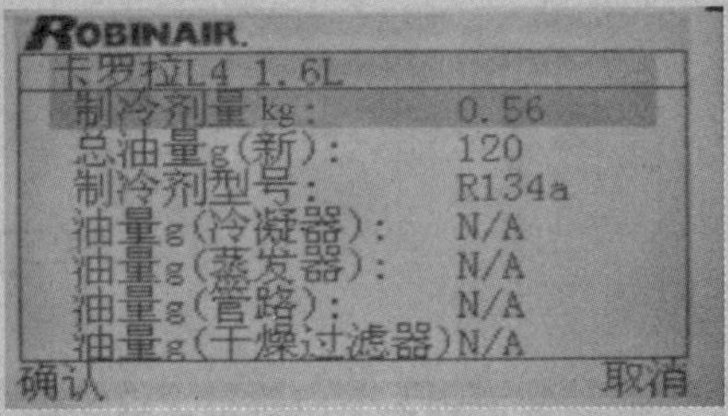 ROBINAIR. 排气 回收 抽真空 充注 菜单 注油完成 下一步，充注？ ROBINAIR. 卡罗拉L4 1.6L 制冷剂量 kg:　0.56 总油量g(新):　120 制冷剂型号:　R134a 油量g(冷凝器):　N/A 油量g(蒸发器):　N/A 油量g(管路):　N/A 油量g(干燥过滤器)N/A 确认　取消
24	按“确认”键，进入制冷剂充注界面	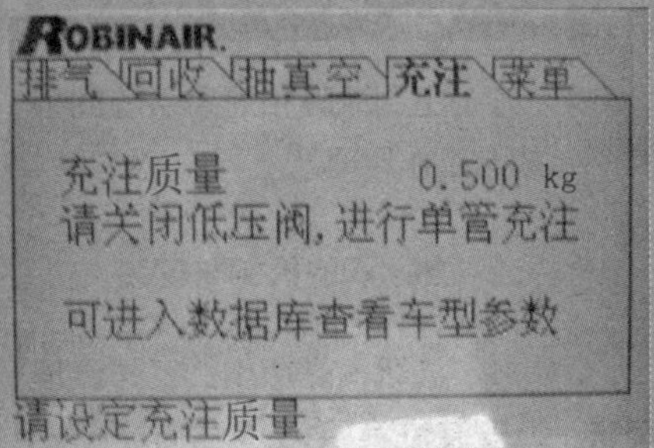 ROBINAIR. 排气 回收 抽真空 充注 菜单 充注质量　0.500 kg 请关闭低压阀，进行单管充注 可进入数据库查看车型参数 请设定充注质量
25	加注结束，根据界面显示，逆时针旋转高压快速接头，将加注管与制冷系统断开，准备对管路进行清理	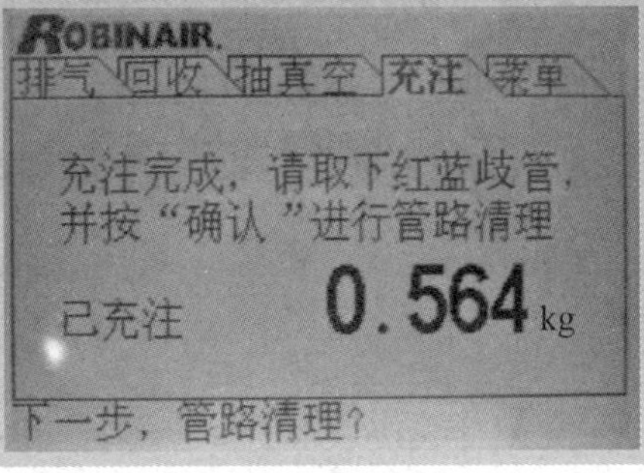 ROBINAIR. 排气 回收 抽真空 充注 菜单 充注完成，请取下红蓝歧管， 并按“确认”进行管路清理 已充注　0.564 kg 下一步，管路清理？

续表

操作顺序	操作方法	图示
26	管路清理。仪器对管路清理完成后，按“确认”键退出	ROBINAIR. 排气 回收 抽真空 充注 菜单 管路清理完成，请退出 2:00 确认

课程 4-7　拆装空调取暖和通风系统

【学习内容】

学习单元	课程内容	培训建议	课堂学时
（1）更换热水阀	1）空调取暖和通风系统的组成与工作原理 2）热水阀的拆卸与安装	（1）方法：讲授法、演示法、实训法 （2）重点与难点：通风系统的工作原理	2
（2）更换鼓风机和通风装置	1）鼓风机的功用、工作原理及安装位置 2）鼓风机的拆卸与安装 3）通风装置的拆卸与安装	（1）方法：讲授法、演示法、实训法 （2）重点与难点：鼓风机的更换	4

学习单元 1　更换热水阀

一、空调取暖和通风系统的组成与工作原理

1. 空调取暖系统

汽车空调取暖系统的作用是将冷空气送入加热器芯，吸收冷却液的热量将冷空气加热，并将热空气送入车厢内进行取暖。

（1）空调取暖系统的组成及分类

汽车空调取暖系统主要由热水阀及操纵拉索、鼓风机和加热器芯等组成，如图 4–7–1 所示。

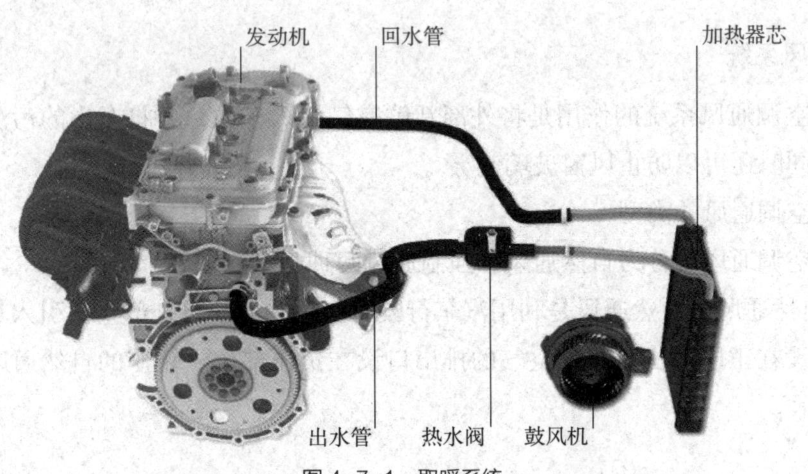

图 4–7–1　取暖系统

汽车空调的取暖装置按热量来源不同可分为余热式和独立式两类。余热式取暖装置利用汽车发动机工作时产生的剩余热量取暖，其又分为水暖式和气暖式两种。现代轿车上大多采用水暖式取暖系统。

（2）水暖式取暖系统的工作原理

如图 4–7–2 所示，发动机启动后，水泵把发动机的冷却液通过水管送入加热器

芯，这时鼓风机吸入的冷空气被送入加热器芯，与加热器芯内的冷却液进行热交换后，冷空气变成热空气送入车内实现取暖，而冷却液在水泵的作用下又回到发动机。发动机一直运转，加热器芯的冷却液不断循环加热空气，达到连续取暖的目的。

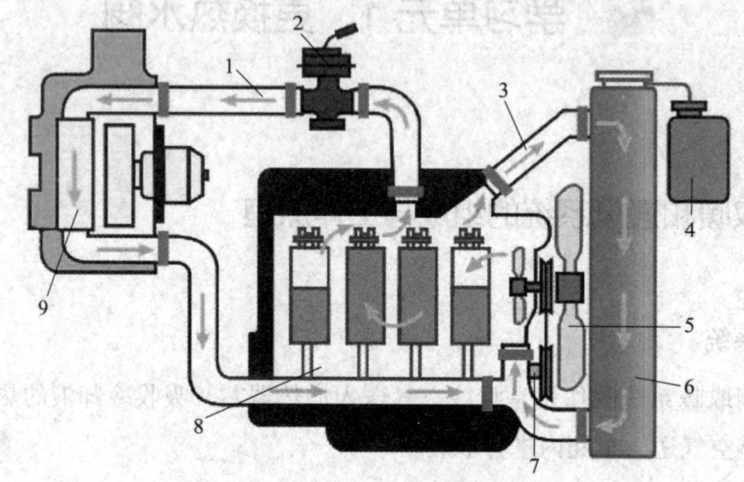

图 4-7-2 水暖式取暖系统

1—加热器软管 2—热水阀 3—散热器软管 4—膨胀水箱
5—风扇 6—散热器 7—水泵 8—发动机 9—加热器芯

2. 空调通风系统

汽车空调通风系统的作用是将外部新鲜空气引入车内，并将车内的污浊空气排出车厢外，同时还可以防止风窗玻璃起雾。

（1）空调通风的类型

汽车空调通风可分为自然通风和强制通风两种类型。

1）自然通风。自然通风是利用汽车行驶时产生的风压将外部空气引入车内，空气的引入口设在正压部位，车内空气的排出口设在负压部位。轿车的自然通风方式如图 4-7-3 所示。

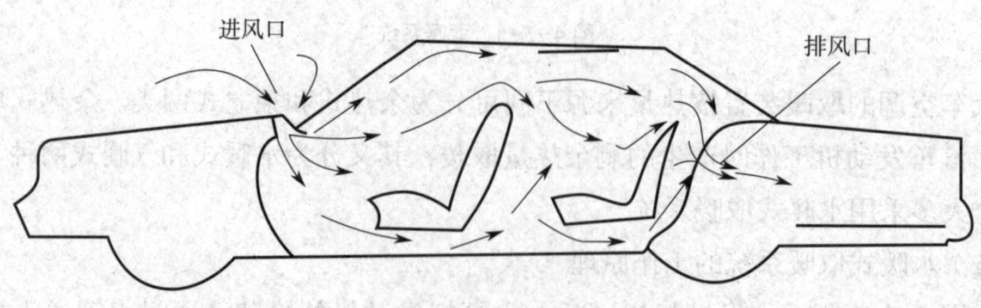

图 4-7-3 自然通风

2）强制通风。强制通风方式是利用风机强制引入车外的新鲜空气。汽车空调配气系统的作用是将通风装置引入车内的新鲜空气与冷气、暖风进行有机的配合调节，形成冷暖适宜的气流，从不同的出风口吹出。

（2）强制通风配气系统的组成及工作原理

强制通风配气系统一般由空气进入段、空气混合段和空气分配段三部分组成，如图 4-7-4 所示。

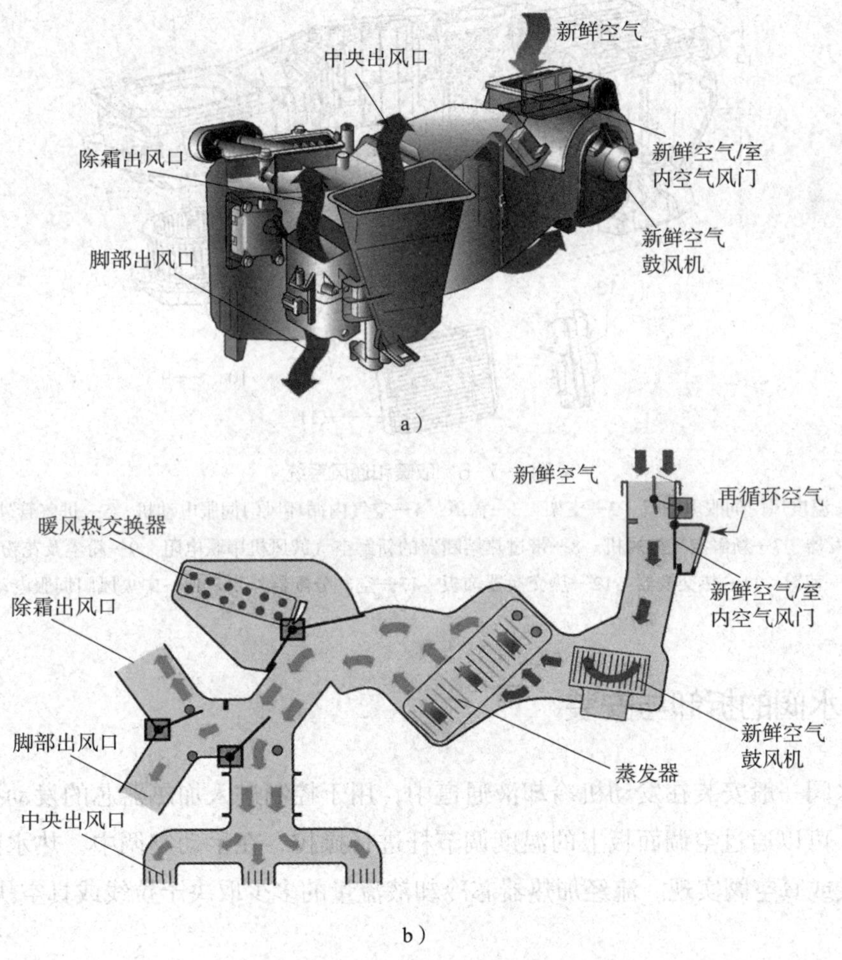

图 4-7-4　强制通风配气系统

a）实物图　b）平面解剖图

1）空气进入段，由进风口、车内外循环风门和鼓风机组成，用来控制再循环空气或室外新鲜空气的进入。

2）空气混合段，由蒸发器、加热器芯和调温门组成，用来调节空气的温度。

3）空气分配段，主要包括中央风门、脚部风门、除霜风门和上、中、下出风口，使空气可吹向面部、脚部和风窗玻璃。

新帕萨特轿车取暖和通风系统如图 4–7–5 所示。

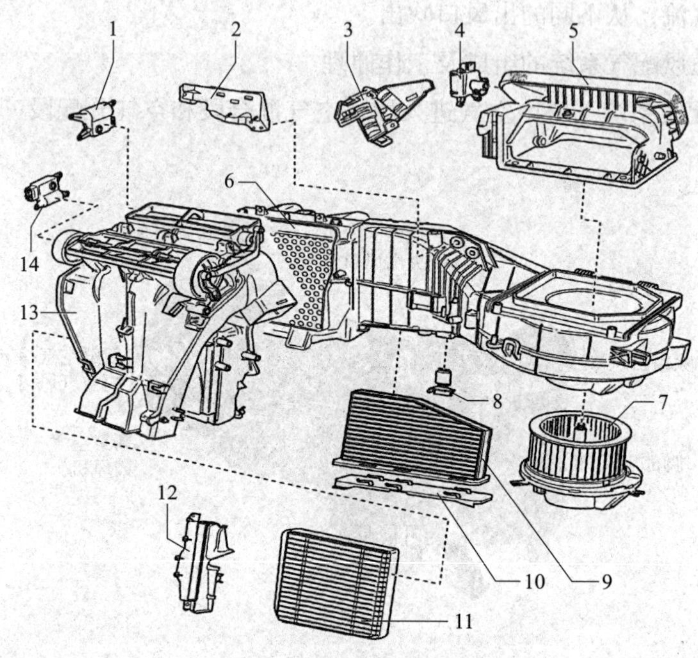

图 4–7–5　取暖和通风系统

1—温度风门伺服电动机　2—支架　3—盖罩　4—空气内循环风门伺服电动机　5—进气管外壳　6—蒸发器　7—新鲜空气鼓风机　8—带过热熔断器的新鲜空气鼓风机串联电阻　9—粉尘及花粉过滤器　10—盖罩　11—热交换器　12—热交换器饰板　13—空气分配器外壳　14—中央风门伺服电动机

二、热水阀的拆卸与安装

热水阀一般安装在发动机冷却液通道中，用于控制进入加热器芯的发动机冷却液的流量，可以通过空调面板上的温度调节杆进行操控，在手动空调中，热水阀的控制可由拉线或真空阀实现。流经加热器芯冷却液流量的多少取决于拉线或真空执行器。

1. 拆卸

下面以凌志 LS400 轿车热水阀的拆卸为例。

（1）断开蓄电池的负极。

（2）从发动机舱盖的下方松开拉线卡夹，然后从加热器上断开加热器阀控制拉线，并将加热器阀臂转动至全开位置，如图 4–7–6 所示。

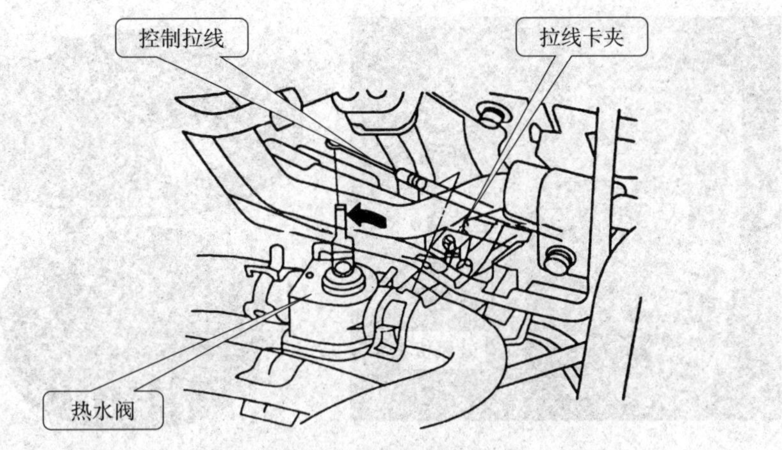

图 4-7-6　热水阀的拆装

（3）发动机冷却后，排出散热器中的发动机冷却液。

（4）向后滑动软管卡箍，然后从加热器芯上断开加热器进液软管。断开软管时，发动机冷却液将会流出，应将冷却液排入清洁的容器中。

（5）拆下装配螺栓和热水阀。

2. 安装

按与拆卸时相反的顺序进行安装。

学习单元 2　更换鼓风机和通风装置

一、鼓风机的功用、工作原理及安装位置

1. 鼓风机的功用及安装位置

汽车空调一般采用离心式鼓风机，它一般装在蒸发器的里侧，其功用是使车内或车外的空气流向蒸发器或加热器芯，经过热交换将空气送入车厢内，这样不断地使空气循环，如图 4-7-7 所示。

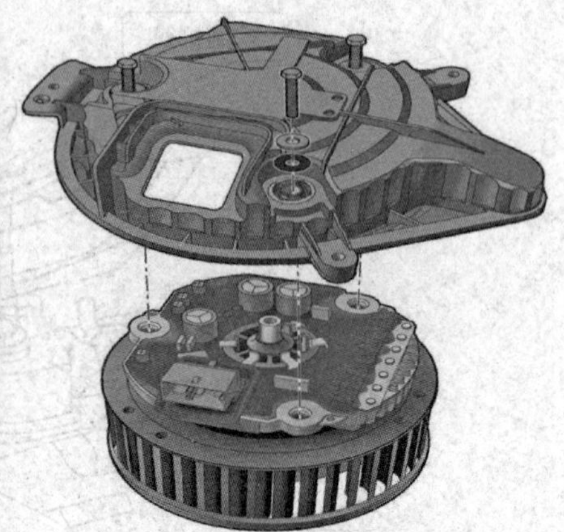

图 4-7-7　鼓风机的工作原理

2. 鼓风机的工作原理

当叶轮旋转时，由与旋转轴平行的方向吸进空气，向着与旋转轴垂直的方向——离心力作用的方向吹出。离心式风机结构比较简单，一般由叶轮、蜗壳和进口集流器组成。

二、鼓风机的拆卸与安装

1. 鼓风机的拆卸

（1）如图 4-7-8 所示，可从前排乘客侧的脚部空间拆卸新鲜空气鼓风机。

（2）拆卸暖风装置隔板。

（3）断开新鲜空气鼓风机的插头连接 A。

（4）松开卡扣 B，然后把新鲜空气鼓风机沿箭头方向转动并拆下。

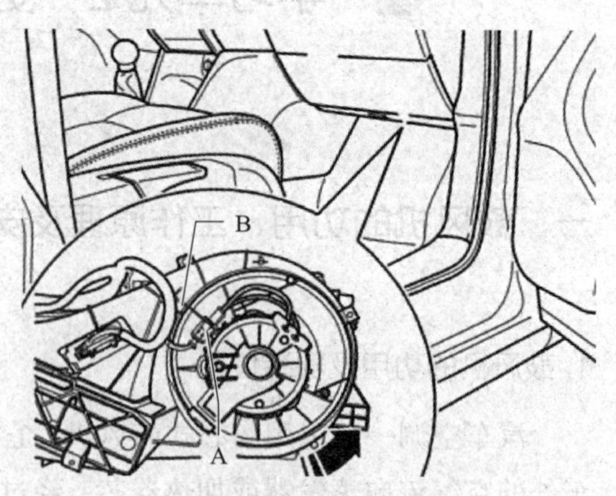

图 4-7-8　鼓风机的拆卸

A—插头连接　B—卡扣

2. 鼓风机的安装

鼓风机安装以拆卸时的相反顺序进行。

三、通风装置的拆卸与安装

1. 拆卸和安装中央出风口

（1）所需要的专用工具——拆卸楔如图 4–7–9 所示。

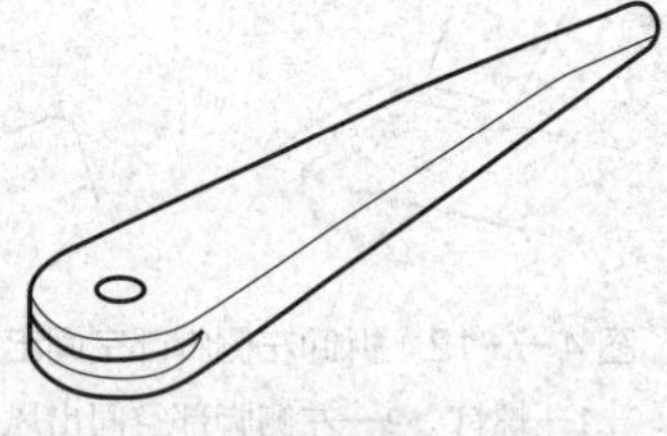
图 4–7–9　专用工具——拆卸楔

（2）如图 4–7–10 所示，为避免损坏仪表板 1，撬出部件时需垫上衬垫，用拆卸楔从仪表板上撬出报警灯按钮和模拟表。

（3）用拆卸楔从仪表板上撬出中央出风口 2。

（4）安装以拆卸时的相反顺序进行。

2. 拆卸和安装驾驶员侧或乘客侧出风口（两侧出风口的拆卸方式相同）

（1）如图 4–7–11 所示，为避免损坏仪表板 1，撬出部件时需垫上衬垫。

（2）用拆卸楔从仪表板上撬出侧窗出风口 2。

（3）用拆卸楔从仪表板上撬出仪表板出风口 3。

（4）安装以拆卸时的相反顺序进行。

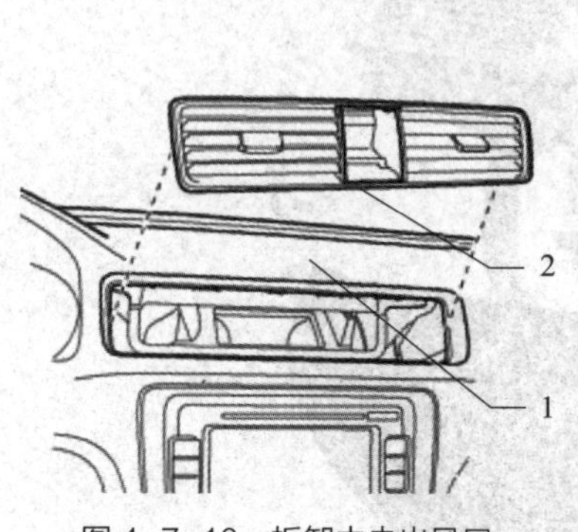

图 4–7–10　拆卸中央出风口

1—仪表板　2—中央出风口

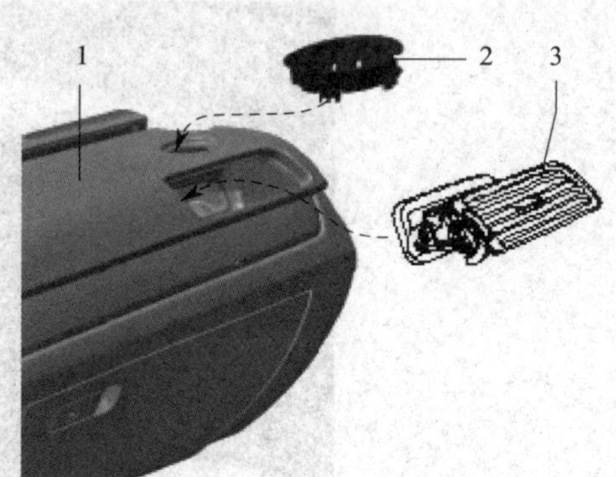

图 4–7–11　拆卸乘客侧出风口

1—仪表板　2—侧窗出风口　3—仪表板出风口

3. 拆卸和安装左侧脚部空间出风口

（1）如图 4–7–12 所示，拆卸左侧脚部空间出风口饰板 2。

（2）如图 4–7–13 所示，拧下螺钉 2 并拆下左侧脚部空间出风口 1。

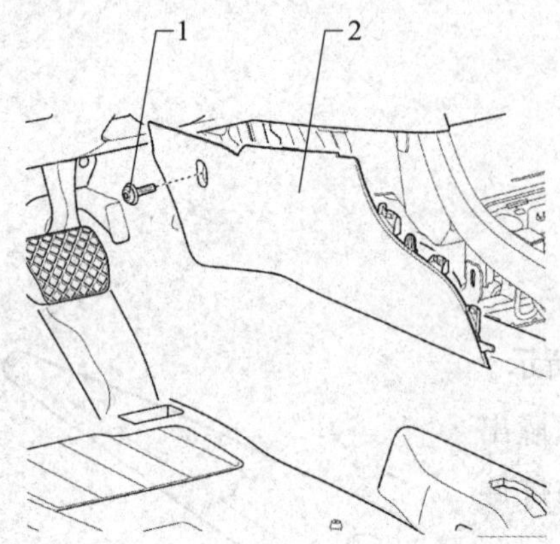

图 4-7-12　拆卸左侧脚部空间出风口饰板

1—螺钉　2—左侧脚部空间出风口饰板

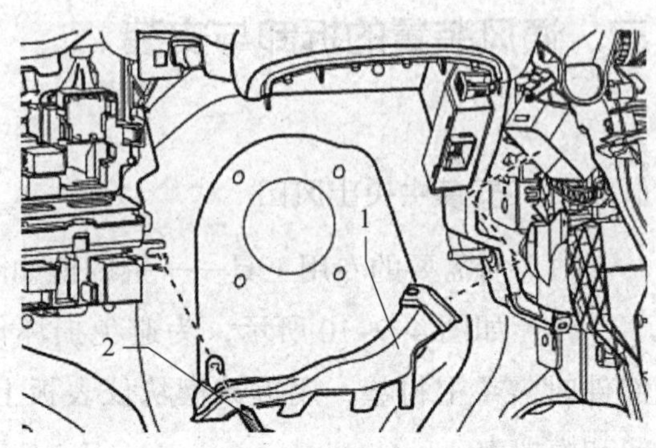

图 4-7-13　拆卸左侧脚部空间出风口

1—左侧脚部空间出风口　2—螺钉

（3）安装以拆卸时的相反顺序进行。

4. 拆卸和安装右侧脚部空间出风口

（1）拆卸仪表板右侧盖板。

（2）拆卸前排乘客侧杂物箱照明灯 W6。

（3）如图 4-7-14 所示，拧下螺钉 1、3 和 4，从仪表板上拆下前排乘客侧杂物箱 2。

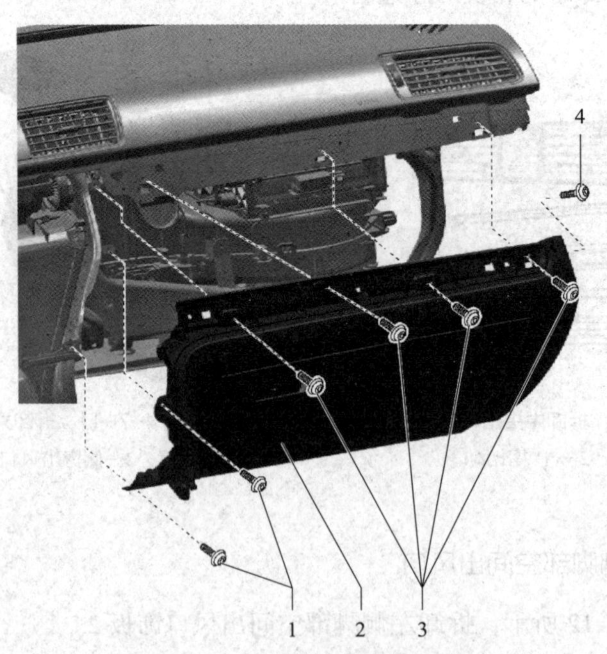

图 4-7-14　拆卸前排乘客侧杂物箱

1、3、4—螺钉　2—前排乘客侧杂物箱

（4）断开前排乘客侧杂物箱照明灯开关 E26 的线束连接。

（5）如图 4–7–15 所示，拧下螺钉 2 并拆下右侧脚部空间出风口 1。

（6）安装以拆卸时的相反顺序进行。

图 4–7–15　拆卸右侧脚部空间出风口

1—右侧脚部空间出风口　2—螺钉

5

电动汽车检修

- 课程 5-1　电动汽车维护
- 课程 5-2　检修动力电池总成
- 课程 5-3　检修高压附件

课程设置

课程	学习单元	课堂学时
5-1　电动汽车维护	进行电动汽车定期维护	12
5-2　检修动力电池总成	检查与更换动力电池箱	4
5-3　检修高压附件	检查与更换高压附件	8

课程 5-1　电动汽车维护

【学习内容】

学习单元	课程内容	培训建议	课堂学时
进行电动汽车定期维护	1）汽车保养的意义 2）保养周期表和保养项目及内容 3）汽车定期保养项目	（1）方法：演示法、实训法 （2）重点与难点：电动汽车保养周期表以及定期保养项目	12

学习单元　进行电动汽车定期维护

一、汽车保养的意义

在车辆行驶的过程中，许多零部件处于非常苛刻的运转环境，如高温、高速、多尘、颠簸的路面等，零件经常高速运动，不断磨损，有时不经意地磕伤，这就需要及时进行检查、调整或更换。定期保养主要以检查和调整为主，对制动系统、转向系统、传动系统、悬架、高压部件等进行定期检查，这样既可以拥有安全的驾驶环境，还可以通过定期的检查和保养，及时发现及解决存在的隐患和故障，避免更大故障的发生。

二、保养周期表和保养项目及内容（见表 5-1-1 和表 5-1-2）

表 5-1-1　保养周期表

保养类别	保养项目	累计行驶里程（km）					
		10 000	20 000	30 000	40 000	50 000	以此类推
A 级保养	全车保养	√		√		√	
B 级保养	高压、安全检查		√		√		√

表 5-1-2　保养项目及内容

保养项目及内容								
系统类别	检查内容	处理方法	A 级保养			B 级保养		
			项目	配件及材料	数量或价格	项目	配件及材料	数量或价格
1. 动力电池系统	安全防护	检查并视情况处理	√			√		
	绝缘电阻	检查并视情况处理	√			√		
	插接件状态	检查并视情况处理	√			√		
	标识	检查并视情况处理	√			√		
	螺栓紧固力矩	检查并视情况处理	√			√		
	动力电池加热功能检查	检查并视情况处理	√					
	外部检查	清洁处理	√					
	数据采集	分析并视情况处理	√			√		

续表

保养项目及内容								
系统类别	检查内容	处理方法	A 级保养			B 级保养		
			项目	配件及材料	数量或价格	项目	配件及材料	数量或价格
2. 电动机系统	安全防护	检查并视情况处理	√			√		
	绝缘检查	检查并视情况处理	√			√		
	电动机及控制器冷却检查	检查并视情况处理	√			√		
	外部检查	清洁处理	√			√		
3. 电器电控系统	发动机舱及各部位低压线束防护与固定	检查并视情况处理	√			√		
	发动机舱及各部位 插接件状态	检查并视情况处理	√			√		
	发动机舱及底盘高压线束防护与固定	检查并视情况处理	√			√		
	发动机舱及底盘各高、低压电器固定与插接件连接状态	检查并视情况处理及清洁	√			√		
	蓄电池	检查电量状态并视情况处理	√			√		
	灯光、信号	检查并视情况处理	√			√		
	充电口及高压线	检查并视情况处理	√			√		
	高压绝缘监测系统	检测并视情况处理	√					
	故障诊断系统报警监测	检测、检查并视情况处理	√					

续表

保养项目及内容								
系统类别	检查内容	处理方法	A 级保养			B 级保养		
			项目	配件及材料	数量或价格	项目	配件及材料	数量或价格
4. 制动系统	驻车制动器	检查效能并视情况处理	√			√		
	制动装置	泄漏检查	√			√		
	制动液	液位检查	√	更换制动		√	检查并视情况处理	
	制动真空泵、控制器	检查（漏气）并视情况处理	√			√		
	前、后制动摩擦副	检查并视情况更换	√			√		
5. 转向系统	转向盘及转向管柱连接紧固状态	检查并视情况处理	√			√		
	转向机本体连接紧固状态	检查并视情况处理	√			√		
	检查转向横拉杆间隙及防尘套	检查并视情况处理	√			√		
	检查转向助力功能	路试并视情况处理	√					
6. 车身系统	风窗玻璃及洗涤器和刮水器	检查并视情况处理或更换	√	添加风窗玻璃洗涤剂	材料收费	√	检查并视情况添加	
	顶窗	检查并视情况处理	√			√		
	座椅及滑道	检查并视情况处理	√	加注润滑脂	润滑脂 250 g	√	加注润滑脂	润滑脂 250 g
	门锁及铰链	检查并视情况处理	√			√		

续表

保养项目及内容								
系统类别	检查内容	处理方法	A 级保养			B 级保养		
			项目	配件及材料	数量或价格	项目	配件及材料	数量或价格
6. 车身系统	发动机舱铰链及锁扣	检查并视情况处理	√			√		
	行李舱门铰链及锁扣	检查并视情况处理	√			√		
7. 传动及悬架系统	变速器（减速箱）	检查减速箱连接紧固及渗漏情况	√	更换减速箱齿轮油	E150EV 单减 1.1 L 多减 2 L C70 为 1.1 L	√	检查并视情况添加	
	传动轴	检查球笼间隙及护罩并视情况处理	√			√		
	轮辋	检查、紧固并视情况处理	√					
	轮胎	检查胎压并视情况处理	√			√		
	副车架及各悬置连接状态	检查、紧固	√					
	前、后减振器	检查渗漏情况并紧固，视情况更换	√					
8. 冷却系统	冷却液液位及冰点	液位及冰点测试，视情况添加	√	更换冷却液	冷却液 6 L	√	检查并视情况添加	
	冷却管路	检查渗漏情况并处理	√			√		
	水泵	检查渗漏情况并处理	√			√		
	散热器	检查并清洁	√			√		
9. 空调系统	空调冷、暖风功能	测试并处理	√					

续表

保养项目及内容								
系统类别	检查内容	处理方法	A 级保养			B 级保养		
			项目	配件及材料	数量或价格	项目	配件及材料	数量或价格
9. 空调系统	压缩机及控制器	检查压缩机及控制器安装与线束插接件状态	√					
	空调管路及连接、固定情况	管路防护检查并视情况检漏处理	√			√		
	空调系统冷凝水排水口	检查、处理	√					
	空调滤芯	检查、处理	√	更换空调滤芯	滤芯收费（首次保养免费）	√	清洁	

三、汽车定期保养项目

1. 动力电池系统检查

（1）检查动力电池外观有无磕碰、损坏。将车辆举升，目测动力电池底部有无磕碰、划伤、损坏的现象。

（2）动力电池定期充放电，单体电池一致性测试。定期对动力电池满充、满放一次。使用专用检测仪对单体电池进行测试。

（3）检查 BMS（battery management system，电池管理系统）、绝缘电阻、插接件与紧固件情况。使用专用检测仪器对动力电池 BMS、绝缘电阻进行测试。目测动力电池高、低压插接件变形、松脱、过热、损坏的情况。

（4）固定螺栓力矩检查。螺栓标准拧紧力矩为 95 ~ 105 N · m。

2. 充电系统检查

（1）AC/DC（alternating current/direct current，交流电 / 直流电）功能

检测项目：车载充电机工作状态。

检测方法：对车辆进行充电，查看指示灯是否正常，如图 5–1–1 所示。

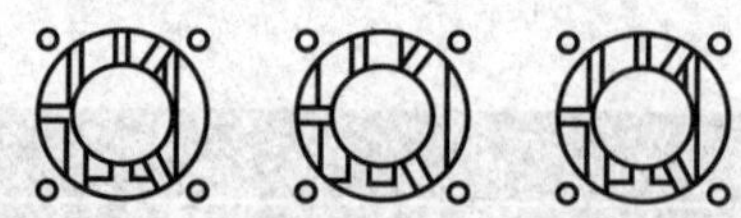

图 5–1–1 车载充电机

车载充电机指示灯含义如下。

“Power”灯是电源指示灯，当接通交流电后，电源指示灯亮起。

“Charge”灯是充电指示灯，当车载充电机接通电池进入充电状态后，充电指示灯亮起。

“Error”灯是报警指示灯，当车载充电机内部有故障时报警指示灯亮起。

（2）充电线检查

检测项目：充电线功能、外观及其插头状态。目测充电线外观是否有破损、裂痕，同时进行充电测试，检测充电线是否导通。

（3）充电口盖开关状态检测

检测方法：当充电口盖打开时，仪表充电指示灯应常亮；当关闭充电口盖时，仪表充电指示灯应熄灭，如图 5–1–2 所示。

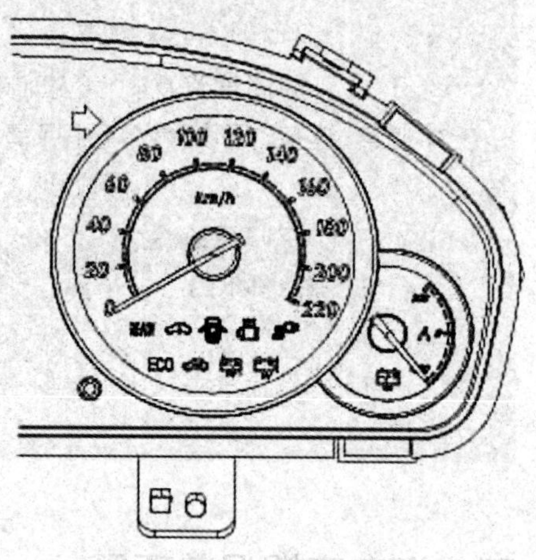

图 5–1–2 检测充电指示灯

（4）检查充电口盖能否正常开启或关闭（见图 5–1–3）。

（5）DC/DC 功能检测

1）将车钥匙置于“OFF”挡，断开所有用电器并拔出车钥匙。

2）如图 5–1–4 所示，按压低压蓄电池锁扣，打开盖板并裸露出低压蓄电池正极。

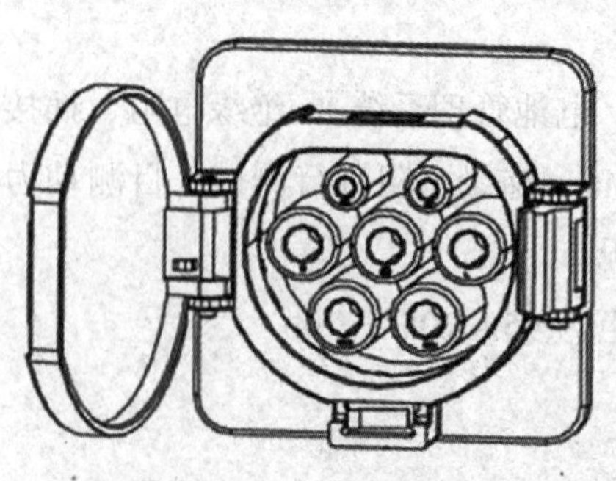

图 5–1–3 检查充电口盖

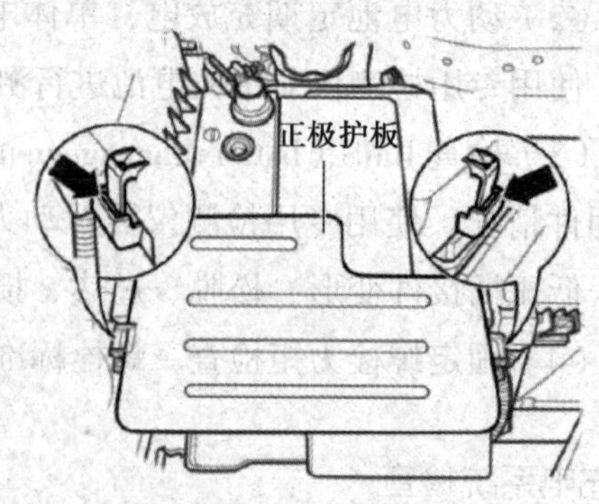

图 5–1–4 蓄电池

3）使用专用万用表电压挡测量低压蓄电池的电压（并记录此电压值）。

4）将车钥匙置于“ON”挡位置。

5）使用专用万用表电压挡测量低压蓄电池的电压，这时所测得的电压值是 DC/DC 输出的电压。

6）DC/DC 正常输出电压为 13.2 ~ 13.5 V（或 13.5 ~ 14 V，在关闭车上用电设备的情况下）。

3. 制动系统检查

（1）检查制动液液位和制动装置

检查制动液液位，看制动装置是否有泄漏和损坏，制动液液位必须位于 MAX 和 MIN 之间。为了避免制动液从储液罐中流出，制动液不允许超过最高标记 MAX。如图 5-1-5 所示为常规保养时的制动液液位，必须根据制动片磨损的情况决定是否需添加制动液。在行车时，由于制动片的磨损和自动调节，液位会略微降低。

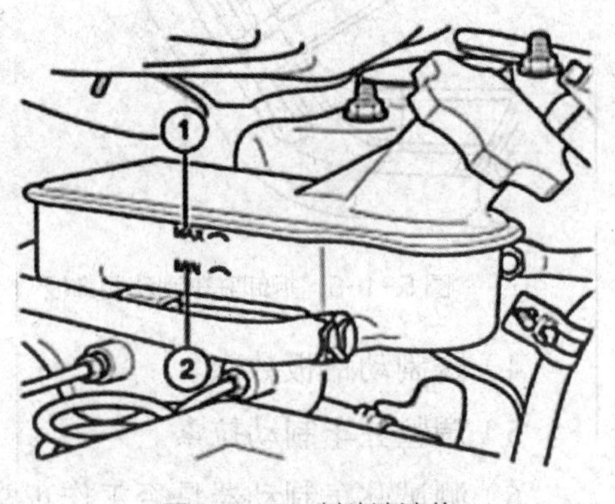

图 5-1-5　制动液液位

1—MAX　2—MIN

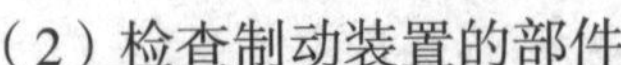

（2）检查制动装置的部件

1）检查制动主缸有无渗漏和损坏。

2）检查真空助力器有无渗漏和损坏。

3）检查制动器有无渗漏和损坏。

4）检查制动软管有无裂纹、渗漏。

5）检查制动管路是否有擦伤、渗漏。

6）检查制动管路接口和固定装置是否牢固，是否有渗漏和锈蚀。

（3）制动真空泵、控制器功能检测

1）在车辆静止状态下打开钥匙开关（“ON”挡），完全踩下制动踏板，踩踏三次后真空泵应正常启动，当真空度达到设定值时，电动机应停止工作。

2）制动真空泵运转 5 min 后（反复踩踏制动踏板至真空泵连续运转几次），观察真空泵有无异响、异味，真空泵控制器插接件和连接线有无变形、发热。

（4）检查驻车制动

正常情况下，当驻车制动杆拉到整个行程的 70% 时，驻车制动杆就应该处在正常的制动位置，在检查驻车制动杆制动力前，需要先找到这个点，可以通过数棘轮的响声来确定（正常为 6 ~ 7 齿），70% 这个位置就是驻车制动杆的有效工作点。调整驻车制动器的步骤如下。

1）如图 5–1–6 所示，拆卸驻车制动器饰板。

2）放下驻车制动杆。

3）如图 5–1–7 所示，松开调整螺母。

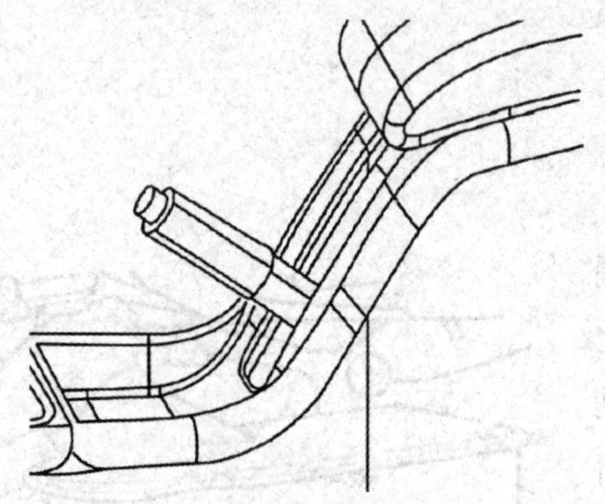
图 5–1–6　拆卸驻车制动器饰板

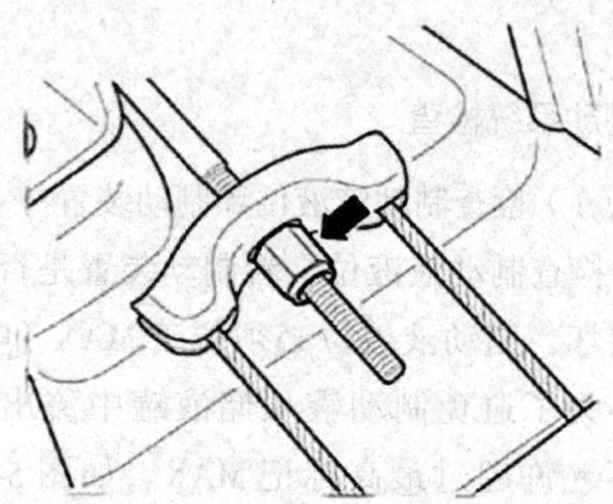
图 5–1–7　松开调整螺母

4）踩制动踏板数次。

5）调整驻车制动拉索。

6）测试驻车制动器是否工作正常。

7）安装驻车制动器盖板。

（5）检查行车制动

1）检查前、后制动片的厚度及制动盘（根据使用情况更换）。如图 5–1–8 所示，测量内、外制动片的厚度，制动片有效尺寸为 9.2 mm（不计背板厚度）。如果制动片厚度（不计背板厚度）为 2.0 mm，则说明制动片达到了磨损极限，必须予以更换。

2）用千分尺在制动盘表面的中心测量制动盘厚度，如图 5–1–9 所示。如果制动盘磨损，制动盘厚度低于最小厚度值，则需更换制动盘。制动盘直径 × 厚度为

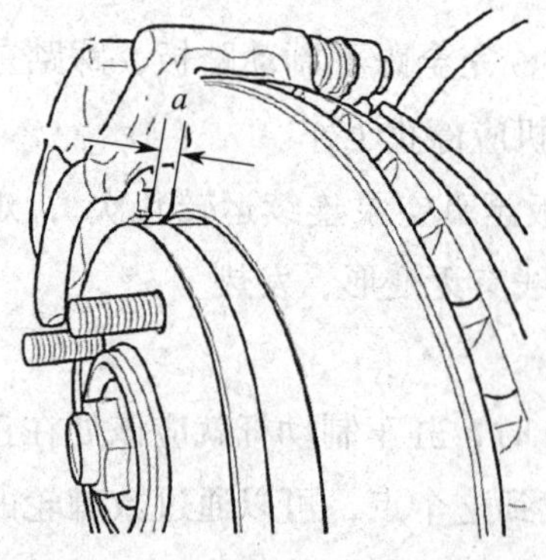

图 5–1–8　测量内、外制动片的厚度

图 5–1–9　测量制动盘厚度

256 mm × 24 mm，制动盘极限厚度为 22 mm。

3）如图 5–1–10 所示，测量后部毂式制动片。检查制动片厚度（不计背板厚度）：制动片有效尺寸为 4.0 mm。如果制动片厚度（不计背板厚度）为 1.6 mm，则说明制动片达到了磨损极限，必须予以更换。提示：如果更换毂式制动片，务必检查制动毂的磨损情况！必要时，更换制动毂（维修措施）。检查制动毂摩擦表面凹槽是否过深或制动毂是否变为椭圆，如有以上现象必须与制动蹄一起更换。

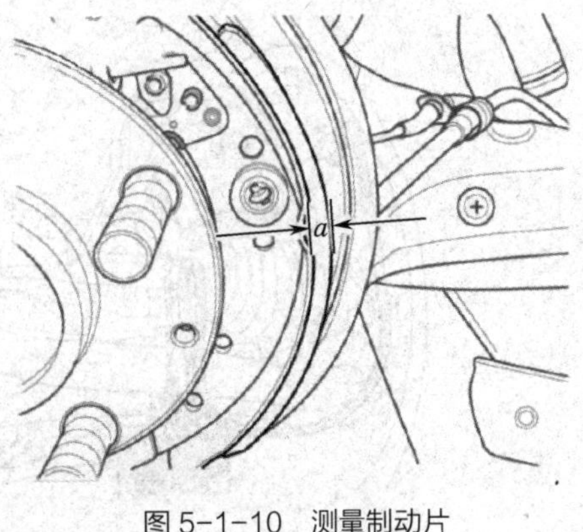

图 5–1–10　测量制动片

（6）更换制动液

更换制动液的步骤如下。

1）从制动液储液罐上拧下密封盖。

2）用制动液加注及排气装置的吸油软管从制动液储液罐中抽吸尽可能多的制动液。

3）将制动液加注及排气装置的适配接头拧在制动液储液罐上（详情可参考使用说明书）。

4）将制动踏板加载装置放到驾驶员座椅和制动踏板之间，并预紧。

5）将制动液加注及排气装置的加注软管连接在适配接头上，并启动装置。

6）拔下左前制动钳排气螺栓上的盖罩。

7）如图 5–1–11 所示，用油管扳手旋松排气螺栓，并将收集瓶的排气软管插在左前车轮的排气螺栓上，然后放出相应量的制动液，拧紧排气螺栓。

8）依次从左前、右前、左后、右后重复上述步骤 7）的工作。制动液排出总量约为 1.15 L。

9）拧下制动液储液罐的适配接头。

10）如图 5–1–12 所示，检查制动液液位，必要时予以修正。制动液液位必须位于 MAX 和 MIN 之间。

11）拧上制动液储液罐的密封盖。

12）拆下制动踏板加载装置。

13）检测踏板压力和制动踏板的自由行程。踏板的自由行程为踏板行程最大值的 1/3。

注意：不要将制动液和矿物油（如清洁剂等）混合在一起。矿物油会损坏制动装

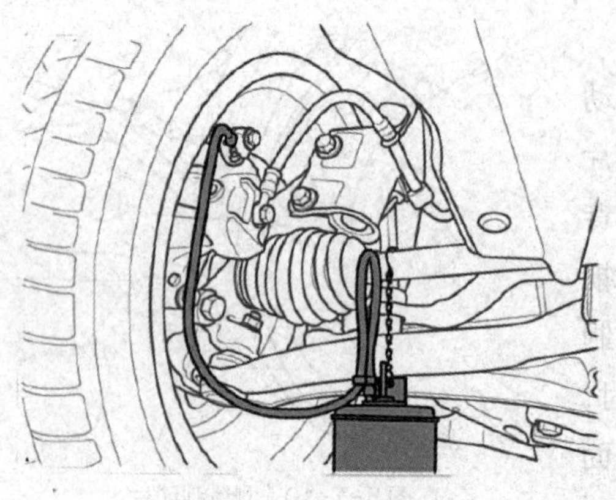
图 5–1–11　制动液回收

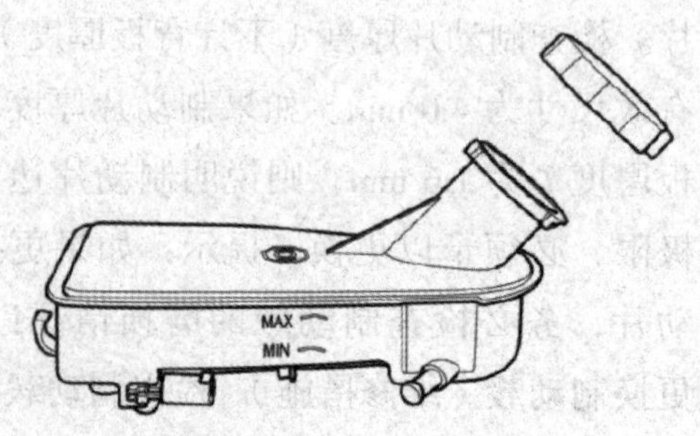

图 5–1–12　制动液液位

置的密封件。制动液是有毒的。此外，制动液有腐蚀性，因此，不允许其与油漆接触。制动液具有吸湿性，这意味着它会从周围环境中吸收湿气，因此，制动液必须保存在密闭容器中。如果制动液溢出，要用大量的水冲洗。注意废弃物处理规定。目前电动汽车上仅允许使用备件编号为 DOT4 的制动液。

4. 转向系统检查

如图 5–1–13 所示，检查转向横拉杆球头的间隙、紧固程度及防尘套状态，按照下列步骤进行作业：

（1）举升车辆（车轮悬空），通过摆动车轮和转向横拉杆来检查转向横拉杆球头的间隙。

（2）检查转向横拉杆球头的固定螺母 2 是否牢固。

（3）检查转向横拉杆的防尘罩 1 有无损坏及安装位置是否正确。

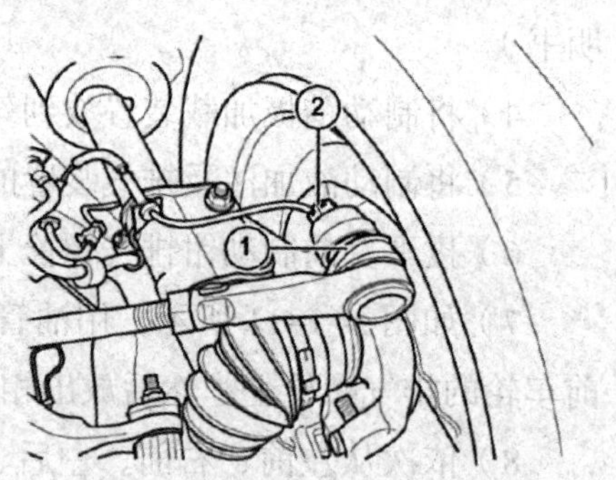

图 5–1–13　检查转向横拉杆球头
1—防尘罩　2—固定螺母

5. 车身检查

（1）如图 5–1–14 所示，检查仪表各警报指示灯的工作状态，看仪表功能显示有无异常。

（2）检查用电设备及车外所有灯光的工作状态、前照灯光束，如有必要，调整前照灯光束。

1）检查项目：检查仪表灯光、收音机、全车灯光功能，通过组合开关控制，逐个

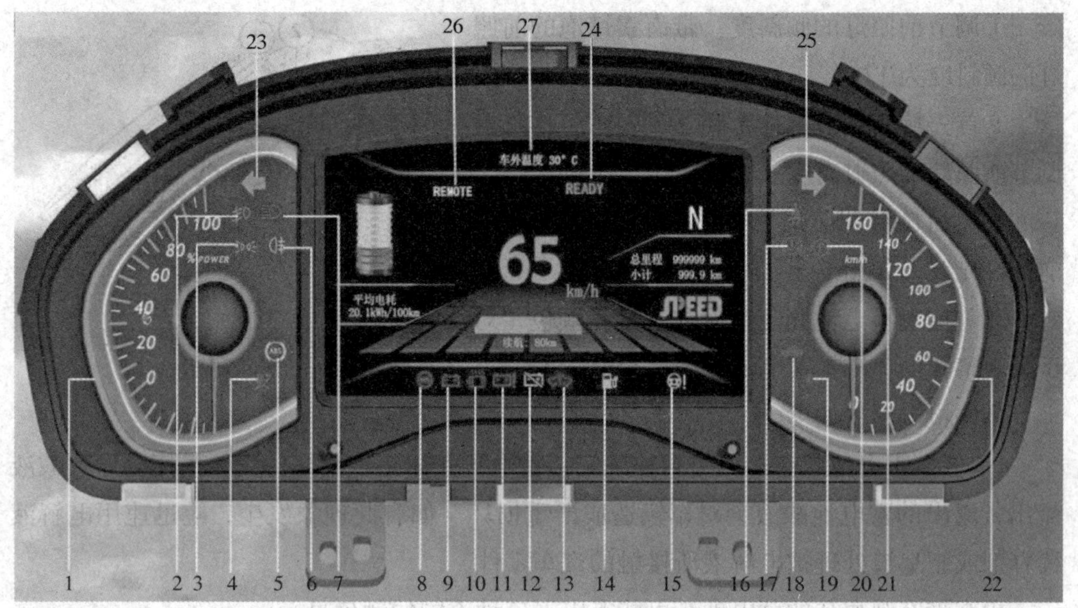

图 5-1-14　仪表认识与检查

1—驱动电动机功率表　2—前雾灯　3—前位灯、后位灯　4—安全气囊指示灯　5—ABS 指示灯　6—后雾灯　7—远光灯　8—跛行指示灯　9—蓄电池故障指示灯　10—电动机及控制器过热指示灯　11—动力电池故障指示灯　12—动力电池断开指示灯　13—系统故障灯　14—充电提醒灯　15—EPS 故障指示灯　16—安全带未系指示灯　17—制动故障指示灯　18—防盗指示灯　19—充电线连接指示灯　20—驻车制动指示灯　21—门开指示灯　22—车速表　23/25—左 / 右转向指示灯　24—READY 指示灯　26—REMOTE 指示灯　27—室外温度提示

检测灯光是否正常。

2）前照灯调节装置。检查和调节条件如下。

①轮胎充气压力正常。

②不得损坏或污损前照灯的灯罩。

③反光罩和灯泡正常。

④必须已加载汽车负荷。

⑤汽车必须行驶几米，或者多次压缩前、后部悬架，使悬架调节到位。

⑥汽车和前照灯调节装置必须处于同一平面上。

⑦必须调节倾斜度。

⑧负荷：驾驶员座椅上仅有一个人或 75 kg 的重物，负荷为空（空车质量）。空车质量包括所有在运行中附带的装备（如备用车轮、工具、汽车千斤顶、灭火器等）的质量。

3）调节带卤素灯泡的前照灯。检测左、右两侧前照灯在照明距离内手动调节时的表现是否相同。

①调节前照灯的倾斜度。带卤素灯泡的前照灯的倾斜度为 1.0%。

②首先旋转调节螺栓 1 和 3（见图 5–1–15），调节前照灯的照射高度。

③然后旋转调节螺栓 2 和 4，左右方向调节前照灯光线，如图 5–1–15 所示。

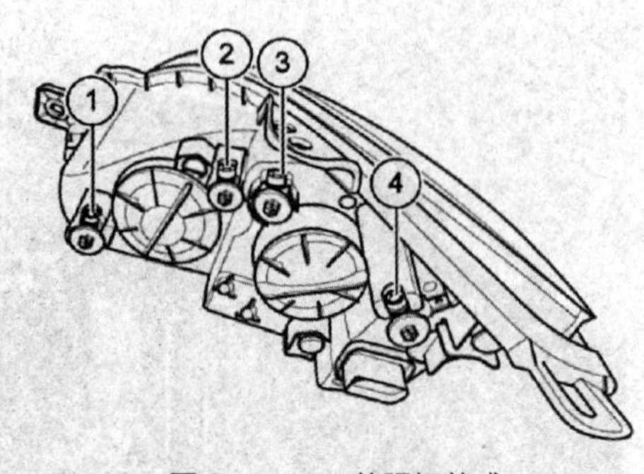

图 5–1–15　前照灯总成

1～4—调节螺栓

（3）检查蓄电池固定情况和观察孔颜色（对于无观察孔的免维护蓄电池，则检查电压）。

具体检测项目如下。

1）低压蓄电池状态。通过目检确定：蓄电池壳体是否损坏，壳体损坏会导致酸液流出，流出的蓄电池酸液会对车辆造成严重损坏。如有此现象发生，应迅速用电解液稀释剂或肥皂液处理被电解液所接触的汽车零件。

检查带有观察孔的蓄电池，可能有以下三种不同的颜色显示。

“绿色”表示蓄电池已充分充电。

“黑色”表示蓄电池部分充电，充电状态 <65% 或者放电。

“无色或者黄色”表示必须更换蓄电池。

2）低压蓄电池接线柱是否牢固。检查蓄电池电极（蓄电池导线接头）是否安装牢固、腐蚀、受损。如果蓄电池电极松动、腐蚀、损坏，将无法保证蓄电池接线端接触良好。必要时以规定的拧紧力矩拧紧固定螺栓。

注意：如果未正确固定蓄电池，车辆振动可能会导致栅格损坏，缩短蓄电池的使用寿命，有爆炸危险。

（4）检查风窗玻璃刮水器、清洗装置功能及刮水器的停止位置，如有必要，调整喷嘴。

1）检查清洗液液位，若有必要则加注，应加注至规定的液位位置，并用冰点仪（见图 5–1–16）检查清洗液的冰点。

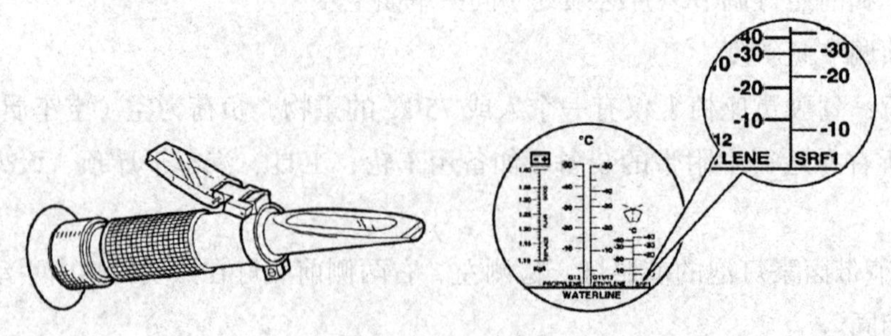

图 5–1–16　冰点仪

汽车玻璃清洗剂的配比见表 5–1–3。

表 5–1–3　清洗剂配比

防冻温度至	汽车玻璃清洁剂	纯水
−17/−18 ℃	1 份	3 份
−22/−23 ℃	1 份	2 份
−37/−38 ℃	1 份	1 份

2）检查风窗玻璃刮水片。极限位置的工作步骤如下。

①将刮水器运行至终端停留位置。

②调节风窗玻璃刮水片的终端停留位置。

驾驶员侧：如图 5–1–17 所示，刮水器橡胶片尖端和排水槽盖板上边缘之间的距离 A 必须为 45 mm。

③必要时，通过调节刮水臂来调节风窗玻璃刮水片的终端停留位置。

④拆卸刮水臂。

⑤拧紧紧固螺栓，拧紧力矩为 12 N · m。

前排乘员侧：如图 5–1–18 所示，刮水器橡胶片尖端和排水槽盖板上边缘之间的距离 B 必须为 10 mm。

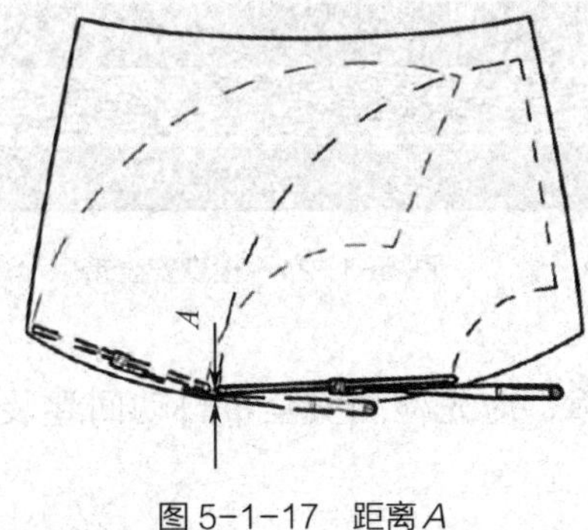

图 5–1–17　距离 A

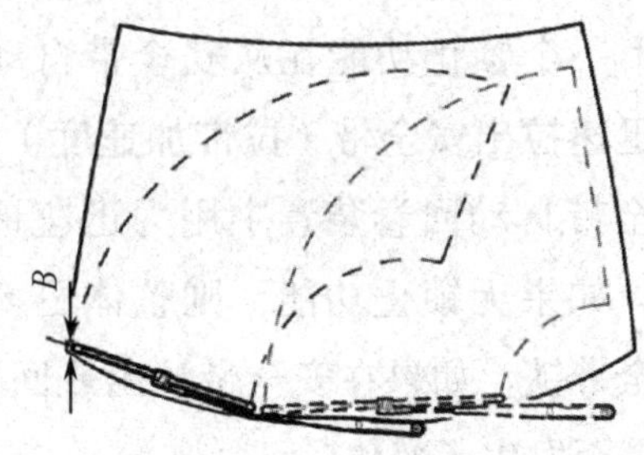

图 5–1–18　距离 B

⑥必要时，通过调节刮水臂来调节风窗玻璃刮水片的终端停留位置。

⑦拆卸刮水臂。

⑧拧紧紧固螺栓，拧紧力矩为 12 N · m。

（5）检查电动天窗功能，清洁轨道并用专用润滑脂润滑。

按照下列步骤进行作业：

1）首先检测电动天窗的功能，开启电动天窗，检查电动天窗的运行状况。

2）如图 5–1–19 所示，清洁电动天窗的导轨，用专用润滑脂润滑导轨。

（6）检查安全气囊和安全带状态及安全气囊外壳是否损坏。

1）前排乘员安全气囊。如图 5–1–20 所示，安全气囊标识是仪表板右侧的字母“AIRBAG”，目视检查仪表板外壳表面的损坏情况。

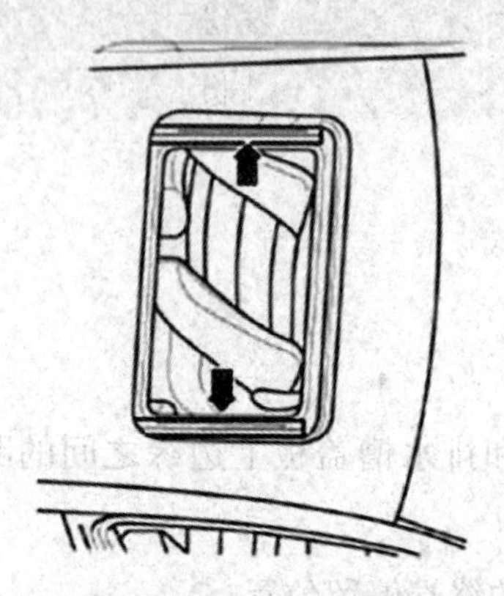

图 5–1–19　电动天窗

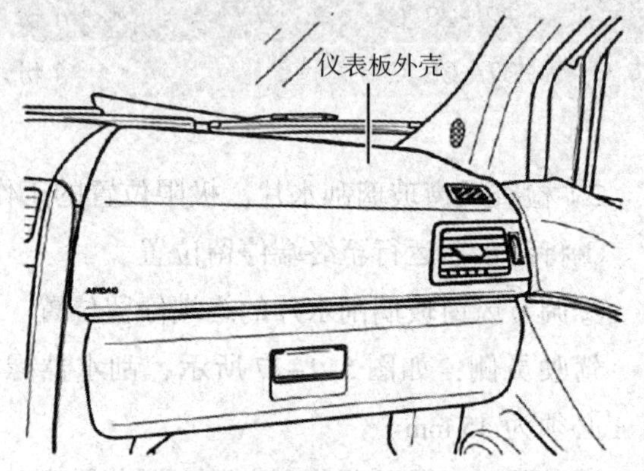

图 5–1–20　检查安全气囊

2）如图 5–1–21 所示检查安全带。将安全带从安全带自动回卷装置中完全拉出，检查安全带是否脏污、破损等。

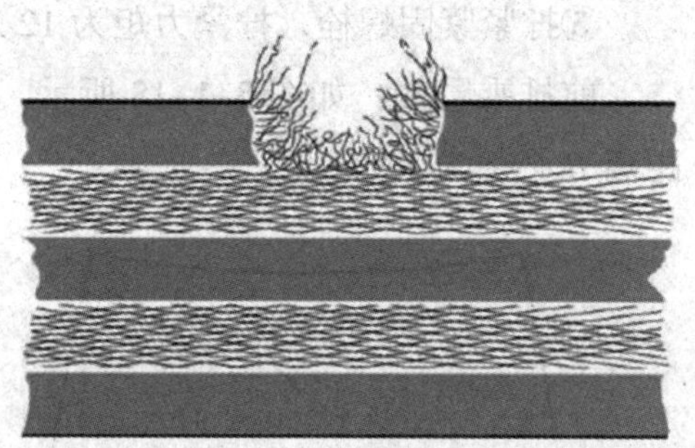

图 5–1–21　检查安全带

3）检查自动回卷装置（锁止功能），安全带自动回卷装置有双重锁止功能。

第一个锁止功能在从安全带自动回卷装置中迅速拉出安全带（拉带加速度）时触发。从安全带自动回卷装置中用力迅速地拉出安全带，如果无锁止功能，则整体更换安全带和安全带锁。如果在安全带拉出或回卷时发生故障，应先检测安全带自动回卷装置的位置是否发生了变化。

第二个锁止功能通过改变汽车行驶的状态而触发，汽车必须行驶在平坦的路面上。

①系好安全带。

②将汽车加速到 20 km/h，然后用行车制动器进行全制动。

③如果在制动过程中安全带未被锁止机构锁止，则必须整体更换安全带和安全带锁。

4）目检安全带带扣。检查安全带带扣是否有裂缝或裂开。如有损坏，应整体更换安全带和安全带带扣。

5）检查安全带锁。将锁舌推入安全带带扣中，直到能听到卡入的声音。用力拉动安全带，检测锁止机构是否卡入。在5次以上的检测过程中，即使锁舌只有一次未锁止在安全带锁中，也必须整个更换安全带和安全带锁。

6）检查解锁装置

①用手指按压安全带带扣上的按键，松开安全带。

②在安全带较松时，锁舌必须自动从安全带带扣中弹出。至少进行5次检测。只要锁舌有一次未弹出，就必须整体更换安全带和安全带锁。

6. 底盘的检查

（1）目测等速万向节防护套有无泄漏或损坏

如图5–1–22所示，目测外侧和内侧万向节防护套（箭头所指处）是否有泄漏和损坏情况。

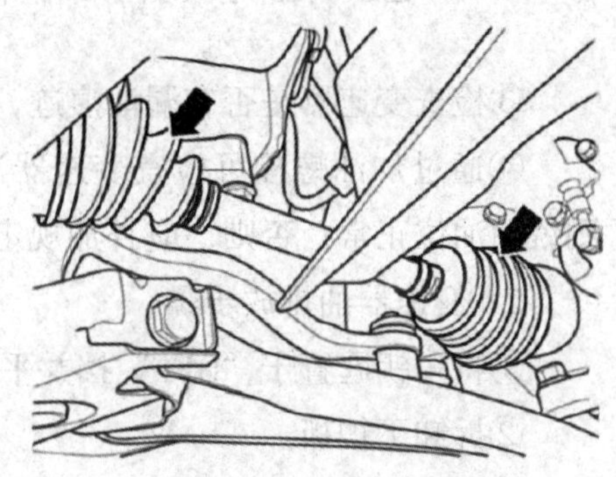

图5–1–22　检查万向节

（2）检查车身底部防护层、驱动电动机及电动机控制器

1）通过目测检查汽车的车厢底板、轮罩和边梁。必须特别注意，所有导线固定在支架中，所有塞子都处于规定位置，并且底板未受到任何损坏。

2）驱动电动机、电动机控制器的外表面清洁。使用压缩空气或干布对驱动电动机、电动机控制器的外表面进行清洁，并检查高、低压线束插接件是否插接牢靠。

注意：严禁使用水枪对驱动电动机、电动机控制器喷水清洗。

3）检查驱动电动机是否有磕碰、损坏等，驱动电动机及变速器悬置软垫固定螺栓拧紧力矩为（65±5）N·m，如图5–1–23所示。

4）检查车辆行驶中驱动电动机是否有异响，检查驱动电动机与减速器轴花键表面是否有润滑脂，如有润滑脂流失需及时补充。

（3）如图5–1–24所示，检查变速器悬置连接力矩。

螺母（2个）：95～105 N·m　螺栓（1个）：85～90 N·m

（4）变速器润滑油油位及油质，如有必要，添加或更换润滑油

1）变速器油检查步骤

①将车钥匙置于“OFF”挡并平稳地举升汽车，确认车辆是否处于水平状态，以检查油位。

②拆卸下护板。

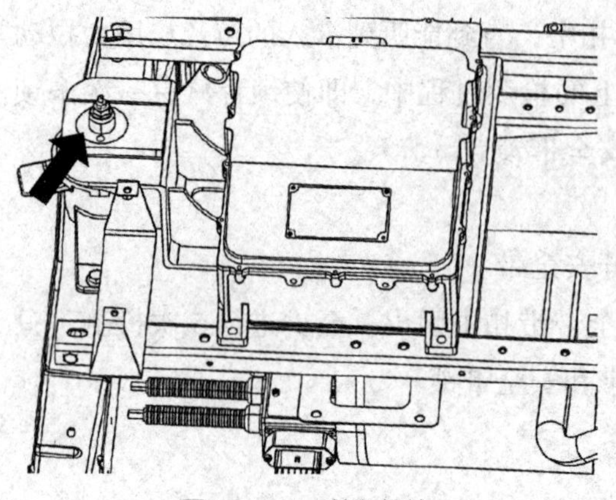

图 5-1-23　拧紧螺栓

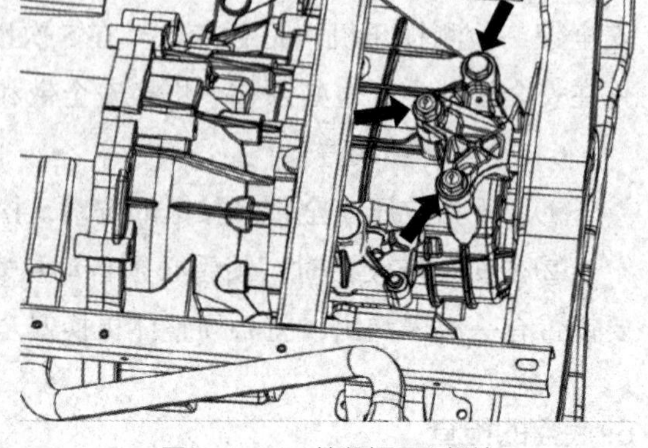

图 5-1-24　拧紧螺母和螺栓

③检查变速器是否有漏油痕迹，如有，应修理漏油部位。

④通过加油螺栓可检查变速器油位，即拆下加油螺栓，如变速器油从孔口流出，则说明油位正常；否则，应补加规定的变速器油，直到孔口出油为止。

2）变速器油排放步骤

①将车钥匙置于“OFF”挡并平稳地举升汽车。

②拆卸下护板。

③旋出放油螺栓，用一个带有刻度的桶来收集变速器油。

④安装放油螺栓。

3）变速器油添加步骤

①拆下加油螺栓。

②用变速器油加注器按规定加注变速器油，加注至变速器油从孔口流出，则说明油位正常。

③重新装上加油螺栓。

④安装下护板。

放油螺栓、加注螺栓拧紧力矩为 12 ~ 18 N · m。

变速器油依据国家标准《重负荷车辆齿轮油（GL–5）》（GB 13895—2018）选取，牌号为 75 W–90，加注油量为 1.8 ~ 2.0 L。

（5）检查底盘高压线束的外观及连接状况，检查底盘高压线束保护套是否进水、老化、破损。

（6）检查轮胎胎面、充气压力、胎纹深度及车轮螺栓拧紧力矩。

1）轮胎胎面。检查轮胎胎面和侧面是否有损坏、裂纹、异常磨损、异物等，如钉子或碎片等。

2）充气压力：检查轮胎气压是否符合标准。

3）胎纹深度。如图5-1-25所示，用测量规检查胎纹深度（花纹深度最小值为1.6 mm）或检查胎纹磨损极限，达到磨损极限必须更换。

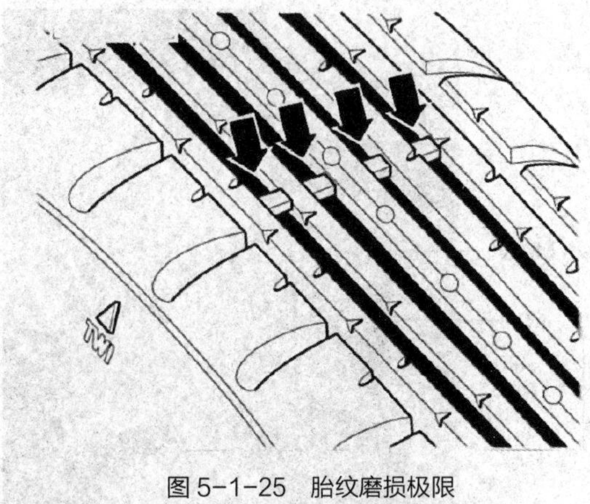
图5-1-25　胎纹磨损极限

4）车轮螺栓拧紧力矩。以对角的方式交叉拧紧车轮螺栓，拧紧力矩为（110±10）N·m。

（7）驻车制动。检查正常情况下手制动杆的有效工作点。

（8）检查车门限位器、门锁。检查车门限位器是否正常，并涂抹润滑脂。注意使用固体润滑脂。检查门锁是否正常。

（9）前、后悬架。检查四轮减振器及减振弹簧外观，目测车辆减振器有无漏油及螺栓松动现象。

7. 冷却系统的检查

（1）检查冷却系统是否渗漏

检查冷却系统管路、散热器、水泵、驱动电动机、电动机控制器等是否有渗漏处。

（2）冷却液液面高度及冰点检查

注意：当冷却系统温度高于环境温度时，请勿打开散热器盖，否则热的蒸气或沸腾的冷却液会从散热器中飞溅出来，对人体造成伤害。

检查方法：透明的冷却液储液罐位于发动机舱内。在冷态下检查储液罐内冷却液的高度应保持在两条标记线之间，如图5-1-26所示。如图5-1-27所示，用冰点仪检查冷却液的冰点，应符合新能源汽车的要求。

注意：冷却液高度明显降低意味着冷却系统发生了泄漏。如果发生这种情况，应检查泄漏点并进行排除。如果冷却液高度降到储液罐上的低位刻度线以下，打开盖子并向储液罐中添加冷却液（见“冷却液规格”）。在加注时，应避免将冷却液溅到车身上，冷却液会损坏漆面。因为冷却系统是密封的，所以正常的冷却液损耗是非常少的。

（3）散热器的清洁

清洗散热器的散热片是保证良好传热效果所必需的。当散热器和空调散热片出现

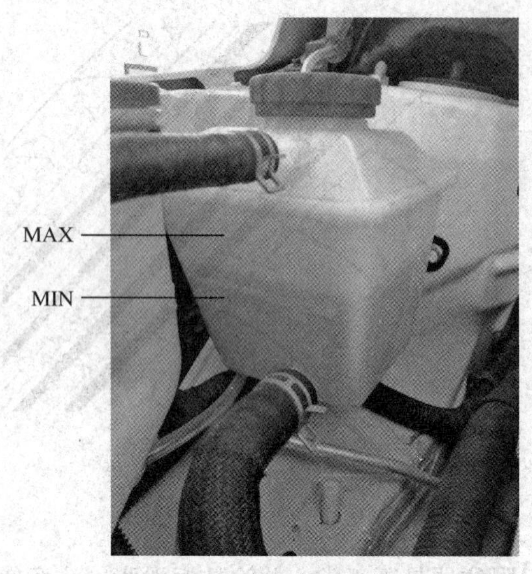

图 5-1-26　检查冷却液液面高度

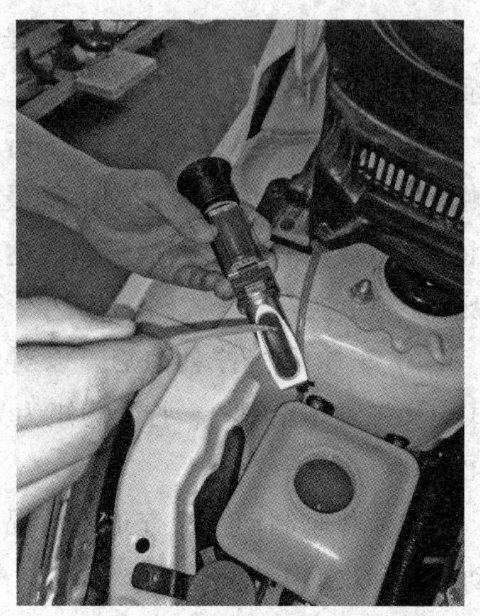

图 5-1-27　检查冷却液冰点

碎屑堆积时应进行清洗。在电动机冷却后，在散热器后部（电动机侧）使用压缩空气来冲走散热器或空调冷凝器的碎屑。

（4）更换冷却液

注意：在打开散热器密封盖时，可能有热蒸气溢出，须戴好护目镜并穿上防护服，以免伤害眼睛或被烫伤。用抹布盖住密封盖并小心打开。

1）打开散热器密封盖。

2）将收集盘置于车下。

3）如图 5-1-28 所示，松开散热器冷却液排放螺栓。

4）排净散热器及管路中的冷却液。

5）向冷却系统加注符合新能源汽车使用标准的冷却液，目测冷却液至加注口位置时，开启电动水泵，循环运行 2 ~ 3 min 后，再补充冷却液至加注口，重复以上加注操作，直至达到冷却系统加注量的要求，加注至膨胀水箱上限位置。

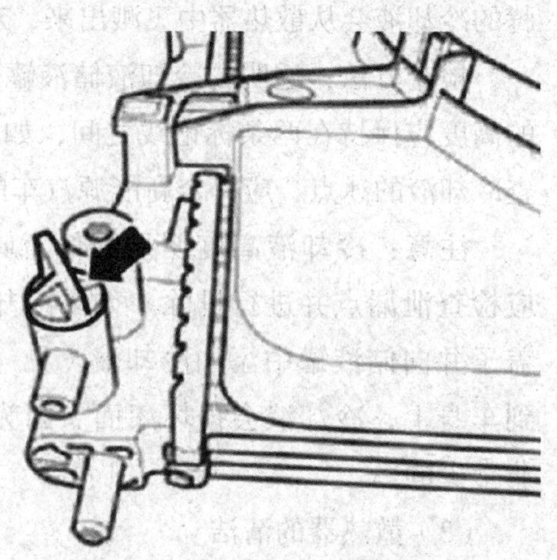

图 5-1-28　松开冷却液排放螺栓

8. 空调系统的检查

（1）清洁粉尘及花粉过滤器外壳，更换滤芯。

提示：粉尘及花粉过滤器位于副驾驶员侧脚部空间的上方。

拆卸步骤如下。

1）拆下杂物箱。

2）旋出螺钉。

3）略微向外拉杂物箱固定架，同时脱开粉尘及花粉过滤器盖板的锁止卡。

4）取下盖板。

5）向下从空调暖风系统中取出粉尘及花粉过滤器。

安装按照与拆卸相反的顺序进行。

提示：注意粉尘及花粉过滤器的安装位置。

（2）空调压缩机功能及有无异响。

检查及排除措施如下。

1）打开空调，待压缩机工作后检查其安装部位是否正常。

2）判断制冷剂加注量及加注过程是否符合标准，最后对空调系统中的压缩机进行检查。

3）判定压缩机工作声音是否正常，可用听诊器直接放在空调压缩机上听取，若是电动机及内部零件运转及摩擦声音，属正常工作声音。

（3）检查暖风功能。

1）打开风机并通过按"+"或"–"调节温度，使显示屏温度条显示至"Hi"方向位置（左方四个格范围内），制热功能启动，空气通过加热器从仪表板出风口输出。

2）打开暖风功能，工作几分钟后检查吹出的风有无焦煳味。

9. 其他部分的检查

查询监控终端所需专用工具：诊断测试仪。

检测系统故障码，检测方法如下。

（1）拧开转向盘底部固定下盖板的螺钉（左右两个），向右侧旋转拆下盖板。

（2）连接诊断测试仪。

（3）将车钥匙置于"ON"挡。

（4）进行测试，查询故障码。

课程 5-2　检修动力电池总成

【学习内容】

学习单元	课程内容	培训建议	课堂学时
检查与更换动力电池箱	1）动力电池箱的外观检查	（1）方法：演示法、实训法 （2）重点与难点：动力电池箱的拆装	4
	2）动力电池箱的拆装		

学习单元　检查与更换动力电池箱

一、动力电池箱的外观检查

1. 检查动力电池箱箱体外观是否良好。

2. 检查动力电池箱箱体螺栓紧固是否完好，箱体密封性是否良好。

3. 检查动力电池低压控制线束插接件外观是否良好。

4. 检查动力电池高压线束、动力电池端插接件外观是否良好。

二、动力电池箱的拆装

1. 作业前准备。

（1）如图 5-2-1 所示，设置安全隔离并放置安全警示牌。

（2）如图 5-2-2 所示，检查并穿戴个人安全防护用品，检查并调校仪器、设备、

图 5-2-1　场地设施

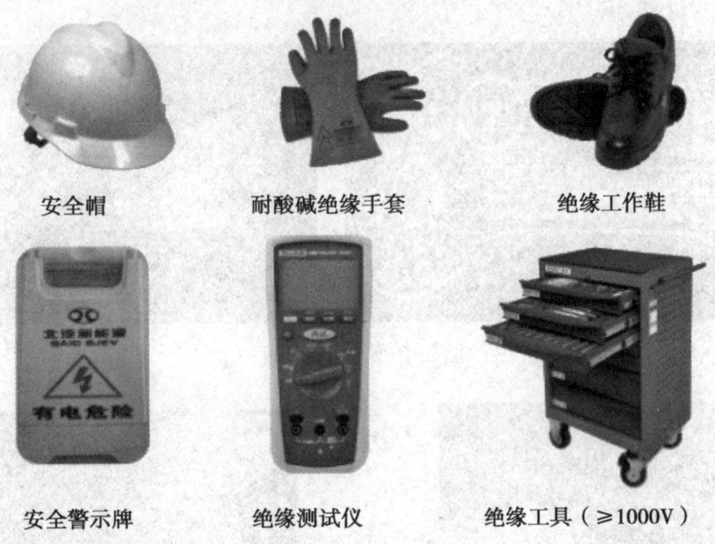

图 5-2-2　防护用品

维修工具等。

（3）如图 5–2–3 所示，检查举升机、动力电池举升车。

（4）如图 5–2–4 所示，检测绝缘垫对地绝缘性能。

2. 如图 5–2–5 所示，进行车辆初步检查。

（1）检查、确认车辆停放位置。

（2）确认车辆处于“N”挡并启动车辆。

（3）用故障诊断仪检查车辆是否有故障。

3. 高压电系统断电。

（1）如图 5–2–6 所示，关闭点火开关，断开 12 V 蓄电池负极（绝缘处理），断开维修开关。

（2）如图 5–2–7 所示，断开 PDU（power distribution unit，高压配电盒）低压控制

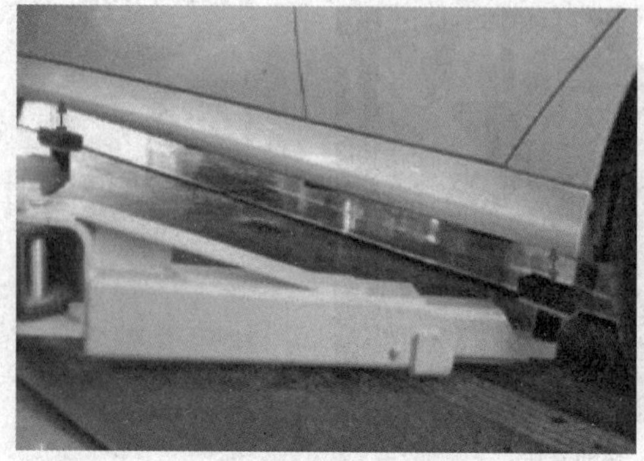
图 5-2-3　举升机使用检查

图 5-2-4　绝缘检测

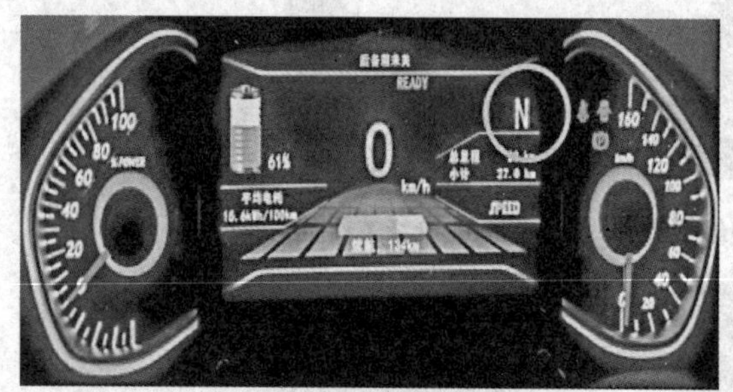

图 5-2-5　初检车辆

图 5-2-6　断开蓄电池负极

图 5-2-7　断开 PDU

电路。

（3）举升车辆到需要的高度，锁止举升机。

（4）如图 5-2-8 所示，拆卸动力电池低压控制线束插接件和高压线缆插接件。

4. 如图 5-2-9 所示，测量高压电，确认无电后再操作。

（1）测量动力电池端插座母线正、负输出端电压。

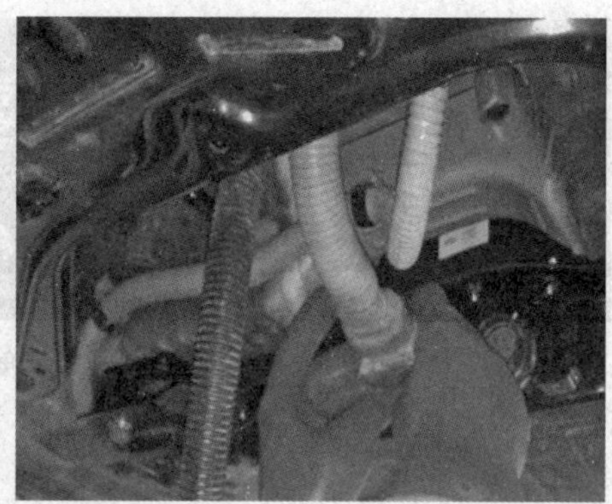

图 5-2-8　断开高压插接件

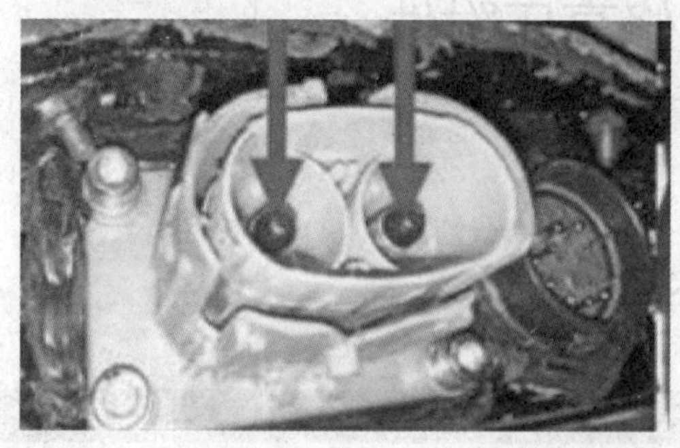

图 5-2-9　测量高压电

（2）用放电工艺装备对高压负载端进行放电（绝缘处理）。

5. 如图 5-2-10 所示，拆卸动力电池。

（1）将电池举升车升至接触到电池包底部。

（2）拆卸动力电池紧固螺栓。

（3）放下动力电池，检查动力电池外观并清洁箱体。

图 5-2-10　拆卸动力电池

6. 如图 5-2-11 所示，动力电池的安装顺序与拆卸顺序相反，确认安装正常。

（1）安装完毕，观察螺栓是否松动，电池箱体是否有破损或变形，确保动力电池稳固、牢靠。

（2）启动车辆，仪表出现“READY”指示灯。

（3）再次读取故障码，确认无故障码。

（4）进行充电验证，确认车辆充电正常。

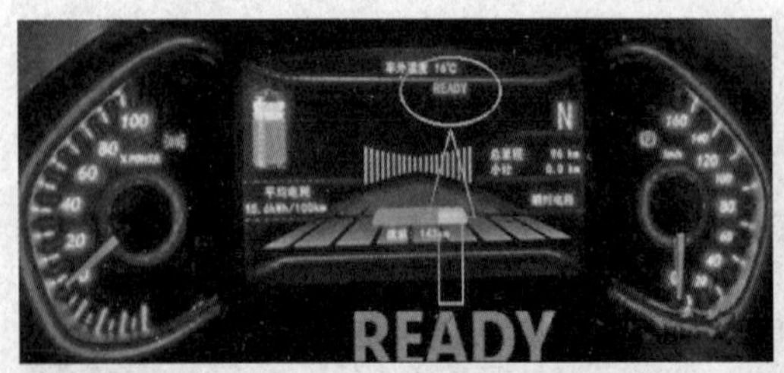

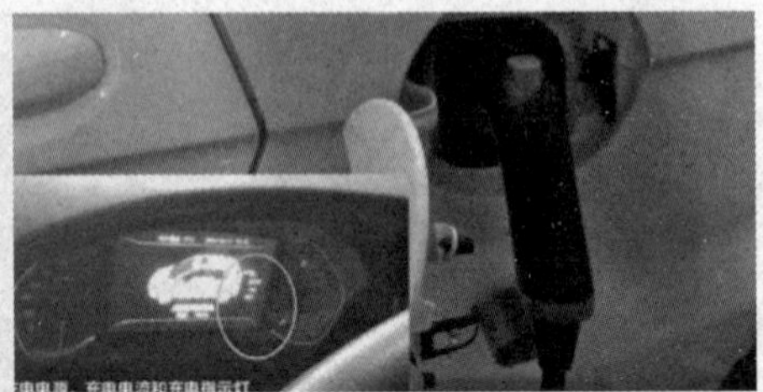

图 5-2-11　确认动力电池安装正常

课程 5-3　检修高压附件

【学习内容】

学习单元	课程内容	培训建议	课堂学时
检查与更换高压附件	1）车载充电机的检查与更换	（1）方法：演示法、实训法 （2）重点与难点：各高压附件的检查与更换	8
	2）DC/DC 转换器的检查与更换		
	3）高压控制盒的检查与更换		
	4）高压线束的检查与更换		
	5）外部高压熔断器的检查与更换		

学习单元　检查与更换高压附件

一、车载充电机的检查与更换

1. 车载充电机的结构与功用

如图 5-3-1 所示为车载充电机，其功用是将 220 V 交流电转换为大于动力电池电压的直流电，并对动力电池进行充电。

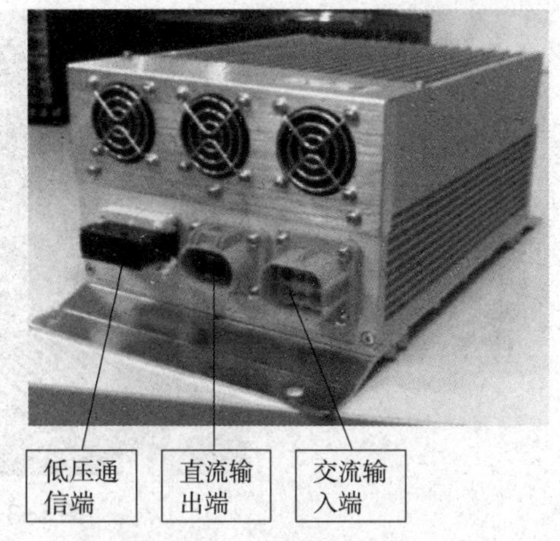

图 5-3-1　车载充电机及端面

2. 车载充电机的检查

对车辆进行充电，查看指示灯是否正常（见图 5-1-1）。

如果充电正常，“Power” 灯和 “Charge” 灯均点亮；如果启动 30 s 后仍只有 “Power” 灯亮，有可能为电池无充电请求或已充满；如果 “Error” 灯点亮，则说明充电系统出现异常；如果充电灯都不亮，检查充电桩、充电线束及插接件。

检查车载充电机外壳有无破损、变形，螺栓是否松动，如有则更换或紧固。

3. 车载充电机的更换

（1）关闭点火开关，断开蓄电池负极并做绝缘处理。

（2）如图 5-3-2 所示，戴绝缘手套断开车载充电机所有高、低压连接线束插接件并做绝缘处理。

（3）如图 5-3-3 所示，用万用表测量车载充电机高压端的电压，如果高压端电压不为 0 V，则用放电工艺装备进行放电，直到电压为 0 V。

图 5-3-2　断开车载充电机线束插接件

图 5-3-3　测量电压

（4）如图 5-3-4 所示，用绝缘工具更换车载充电机。

图 5-3-4　更换车载充电机

二、DC/DC 转换器的检查与更换

1. DC/DC 转换器的结构与功用

如图 5-3-5 所示为 DC/DC 转换器，相当于传统汽车的发电机，它将动力电池的高压直流电转换为低压 12 V 直流电，给整车低压用电系统供电并对低压电池进行充电。

图 5-3-5　DC/DC 转换器

2. DC/DC 转换器的检查

（1）点火开关在“OFF”挡，使用万用表测量铅酸蓄电池端电压并记录。

（2）点火开关到“ON”挡，读取万用表数值，如果数值为 13.5 ~ 14 V，则 DC/DC 转换器工作正常。

（3）检查 DC/DC 转换器外壳有无破损、变形，螺栓是否松动，如有则更换或紧固。

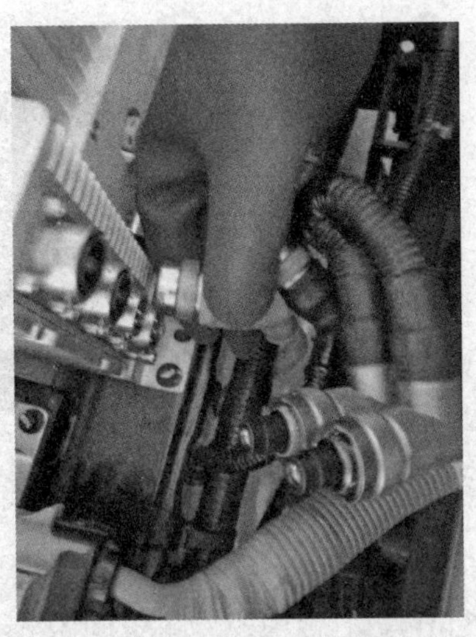
图 5-3-6　断开 DC/DC 转换器线束插接件

3. DC/DC 转换器的更换

（1）关闭点火开关，断开蓄电池负极并做绝缘处理。

（2）如图 5-3-6 所示，戴绝缘手套断开 DC/DC 转换器所有高、低压连接线束插接件并做绝缘处理。

（3）如图 5-3-7 所示，用万用表测量 DC/DC 转换器高压端的电压，如果高压端电压不为 0 V，则用放电工艺装备进行放电，直到电压为 0 V。

（4）如图 5-3-8 所示，用绝缘工具更换 DC/DC 转换器。

图 5-3-7　测量电压

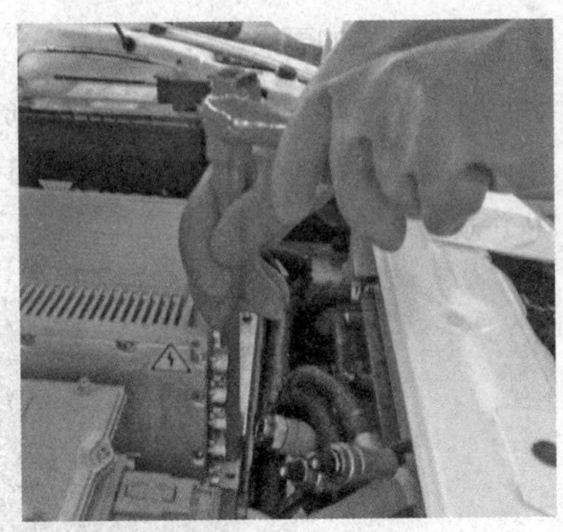
图 5-3-8　更换 DC/DC 转换器

三、高压控制盒的检查与更换

1. 高压控制盒的结构与功用

如图 5-3-9 所示为高压控制盒的外观及外部接口。其作用是输出动力电池的高压电并进行分配，同时对高压部件进行保护和切断。

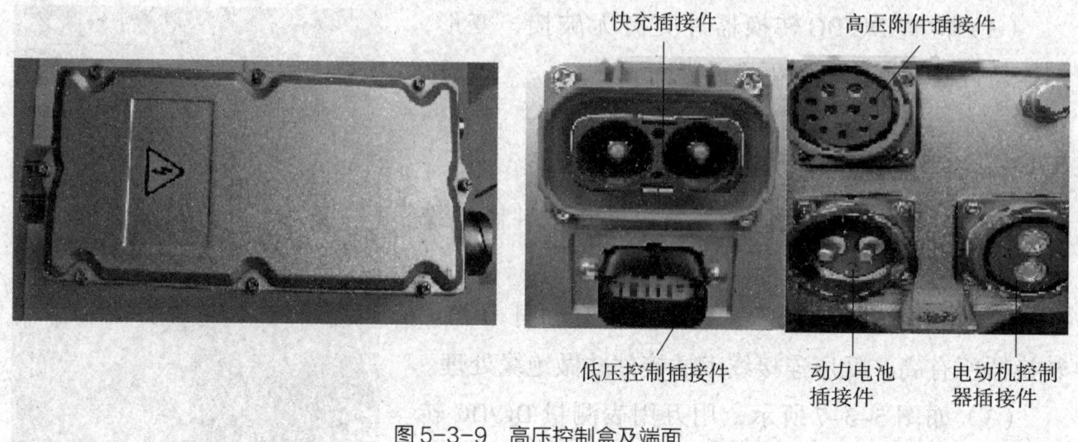

图 5-3-9　高压控制盒及端面

2. 高压控制盒的检查

检查高压控制盒外壳有无破损、变形，螺栓是否松动，如有则更换或紧固。

3. 高压控制盒的更换

（1）关闭点火开关，断开蓄电池负极并做绝缘处理。

（2）如图 5-3-10 所示，戴绝缘手套断开高压控制盒所有高、低压连接线束插接件并做绝缘处理。

图 5-3-10　断开高压控制盒插接件

（3）如图 5-3-11 所示，用万用表测量高压控制盒高压端的电压，如果高压端电压不为 0 V，则用放电工艺装备进行放电，直到电压为 0 V。

（4）如图 5-3-12 所示，用绝缘工具更换高压控制盒。

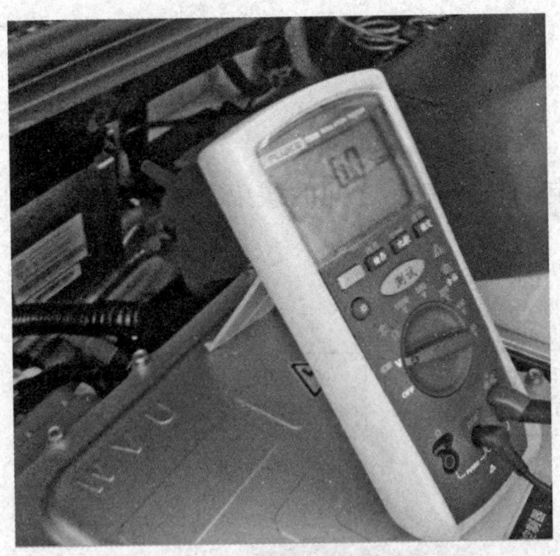

图 5-3-11　测量电压

图 5-3-12　更换高压控制盒

四、高压线束的检查与更换

1. 检查与更换动力电池高压线束

（1）动力电池高压线束的结构与功用

动力电池高压线束是连接动力电池到高压控制盒之间的线束，线束及两端端面如图 5-3-13 所示。

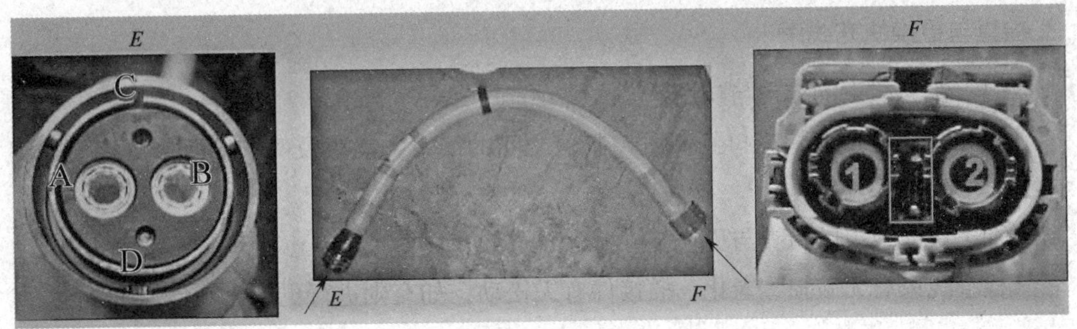

图 5-3-13　动力电池高压线束及端面

（2）动力电池高压线束的检查与更换

检查线束有无破损、老化，插接件有无松动，如有则进行更换。

2. 检查与更换电动机控制器线束

（1）电动机控制器线束的结构与功用

电动机控制器线束是连接高压控制盒到电动机控制器之间的线束，线束及两端端面接口定义如图 5-3-14 所示。

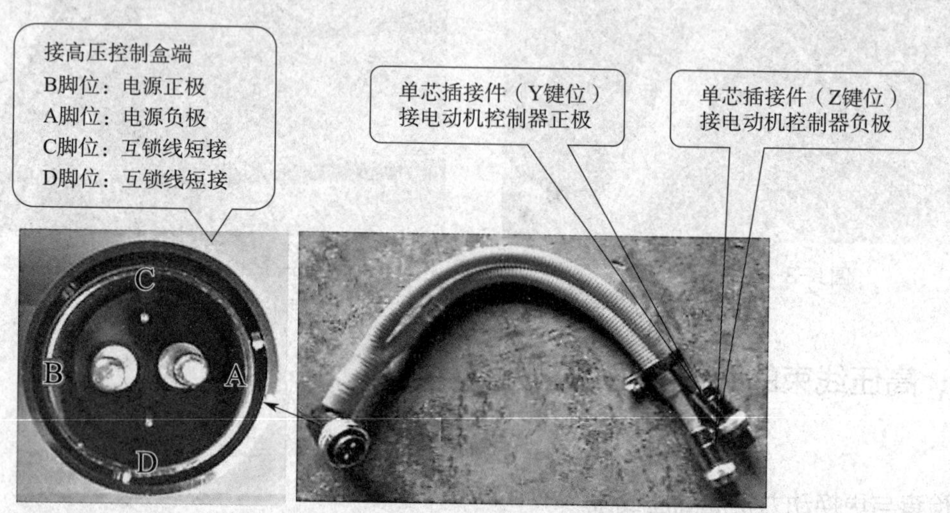

图 5-3-14　电动机控制器线束及端面接口定义

（2）电动机控制器线束的检查与更换

检查线束有无破损、老化，插接件有无松动，如有则进行更换。

3. 检查与更换快充线束

（1）快充线束的结构与功用

快充线束是连接快充口到高压控制盒之间的线束，线束及两端端面接口定义如图 5-3-15 所示。

（2）快充线束的检查与更换

检查线束有无破损、老化，插接件有无松动，如有则进行更换。

4. 检查与更换慢充线束

（1）慢充线束的结构与功用

慢充线束是连接慢充口到车载充电机之间的线束，线束及两端端面接口定义如图 5-3-16 所示。

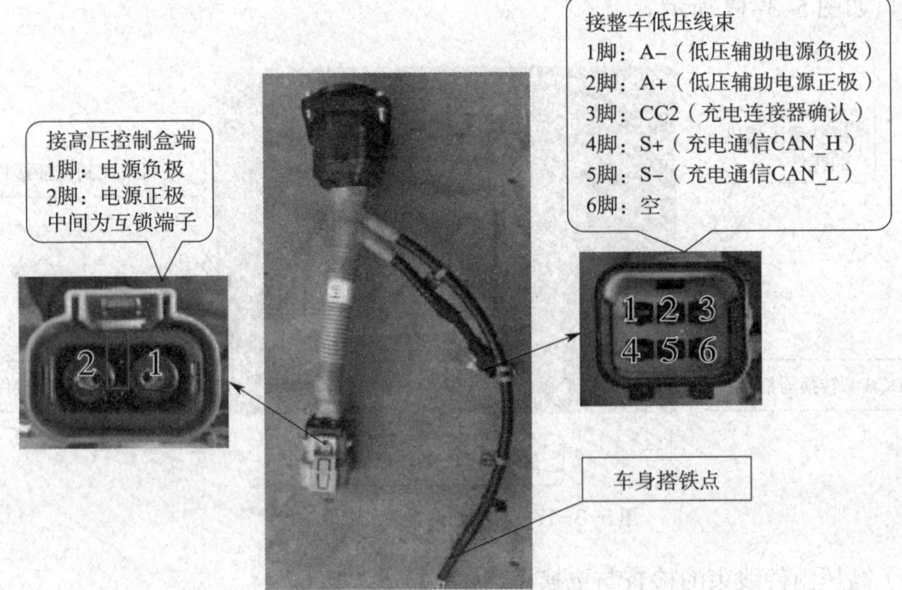

图 5-3-15　快充线束及端面接口定义

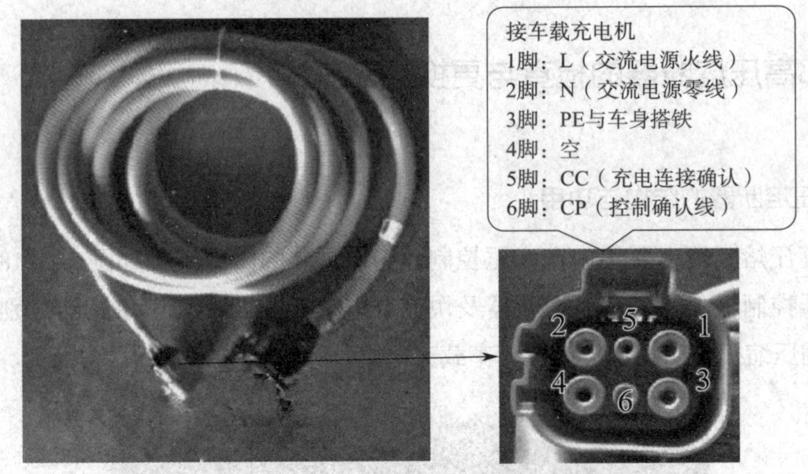

图 5-3-16　慢充线束及端面接口定义

（2）慢充线束的检查与更换

检查线束有无破损、老化，插接件有无松动，如有则进行更换。

5. 检查与更换高压附件线束（高压线束总成）

（1）高压附件线束的结构与功用

高压附件线束是连接高压控制盒到 DC/DC 转换器、车载充电机、空调压缩机、空调 PTC（positive temperature coefficient，正温度系数）加热器之间的线束，线束及两端端面接口如图 5–3–17 所示。

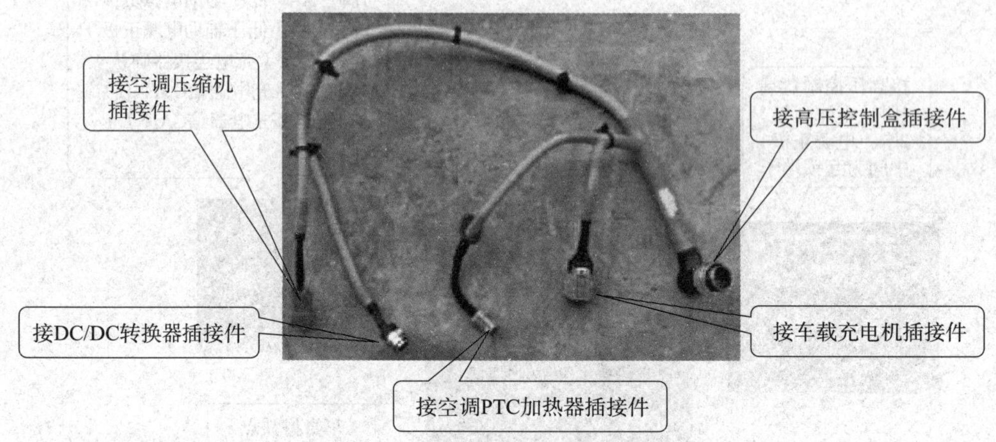

图 5–3–17　高压附件线束及端面接口

（2）高压附件线束的检查与更换

检查线束有无破损、老化，插接件有无松动，如有则进行更换。

五、外部高压熔断器的检查与更换

1. 外部高压熔断器的结构与功用

外部高压熔断器主要集中在高压控制盒内，具体的内部结构如图 5–3–18 所示，有 PTC 加热器控制板、四个高压熔断器及快充继电器等。四个高压熔断器分别接 PTC 加热器、空调压缩机、DC/DC 转换器、车载充电机。

图 5–3–18　高压盒内部结构

2. 外部高压熔断器的检查

用万用表电阻挡测量高压熔断器电阻，如果万用表显示无穷大则更换高压熔断器。

3. 外部高压熔断器的更换

（1）关闭点火开关，断开蓄电池负极并做绝缘处理。

（2）如图 5-3-10 所示，戴绝缘手套断开高压控制盒所有高、低压连接线束插接件并做绝缘处理。

（3）如图 5-3-11 所示，用万用表测量高压控制盒高压端的电压，如果高压端电压不为 0 V，则用放电工艺装备进行放电，直到电压为 0 V。

（4）如图 5-3-19 所示，拆卸高压控制盒盖板。

（5）如图 5-3-20 所示，用绝缘工具更换高压熔断器。

图 5-3-19　拆卸高压控制盒盖板

图 5-3-20　更换高压熔断器